agenda Frieden 19

Johannes Esser / Dieter von Kietzell
Barbara Ketelhut / Joachim Romppel

Frieden vor Ort

Alltagsfriedensforschung – Subjektentwicklung –
Partizipationspraxis

agenda Frieden

19

Johannes Esser / Dieter von Kietzell
Barbara Ketelhut / Joachim Romppel

Frieden vor Ort

Alltagsfriedensforschung – Subjektentwicklung –
Partizipationspraxis

a

agenda Verlag
Münster
1996

Die Deutsche Bibliothek – CIP-Einheitsaufnahme

Frieden vor Ort :
Alltagsfriedensforschung – Subjektentwicklung –
Partizipationspraxis / Johannes Esser ...
– Münster : Agenda-Verl., 1996
 (Agenda Frieden ; 19)
 ISBN 3-929440-74-1
NE: Esser, Johannes; GT

© 1996 Thomas Dominikowski
agenda Verlag Münster
Hammer Str. 223, D-48153 Münster,
Tel.: 02 51 / 79 96 10, Fax: 02 51 / 79 95 19
Alle Rechte vorbehalten
Umschlag: Derek Pommer
Druck: ZEITDRUCK GmbH
Printed in Germany
ISBN 3-929440-74-1

Inhaltsübersicht

Inhalt

Kapitel 1

Vorwort

Das Niedersächsische Ministerium für Wissenschaft und Kultur in Hannover hat 1993 den Projektverbund „Friedens- und Konfliktforschung in Niedersachsen" eingerichtet, der aus Mitteln des „Nieders. Vorab der Volkswagenstiftung" finanziert wird.

Für diese wissenschaftspolitisch bedeutsame Entscheidung, die Weiterentwicklung der Friedensforschung über einen längeren Zeitraum zu unterstützen, ist der Ministerin, Frau Helga Schuchardt, zu danken.

Im Rahmen dieser Maßnahme wurde das Forschungsprojekt „Alltagsfriedensforschung in der Kommune – Theoretische Grundlagen, professionelle Vermittlungsstrukturen, sozialräumliche Untersuchungen" über zwei Jahre, und zwar im Zeitraum 1993–1995, gefördert.

Die Ergebnisse dieser handlungsorientierten und praxisbezogenen Studie werden hier vorgelegt.

Konzeptionell und organisatorisch bedingt werden 1993 zu Projektbeginn an der Fachhochschule Nordostniedersachsen in Lüneburg und an der Evangelischen Fachhochschule in Hannover je eine Forschungsstelle eingerichtet. Als Projektnehmer tragen die Professoren Dr. Johannes Esser und Dieter von Kietzell gemeinsam die Gesamtverantwortung; in Lüneburg werden Dr. Barbara Ketelhut und in Hannover Joachim Romppel für sozialwissenschaftliche Forschungsarbeiten eingestellt.

Es ist an dieser Stelle den beiden Rektoren, Prof. Dr. Weihe und Prof. Bergs, zu danken, die diese Forschungsarbeit in organisatorischer Hinsicht unterstützt haben. So konnte ein Projekt realisiert werden, in dem verschiedene Fachhochschulen und unterschiedliche Fachrichtungen einen kontinuierlichen und fachlich intensiven Verbund eingehen: Johannes Esser bringt die Bereiche der Pädagogik, Friedens- und Konfliktforschung, Dieter von Kietzell die der Sozialethik und Gemeinwesenarbeit, Barbara Ketelhut die empirische Soziologie und die feministische Forschung, Joachim Romppel die soziale Stadtteilarbeit und die Stadtentwicklungsplanung ein.

Bisherige friedenstheoretische Analysen haben überwiegend Arbeitsansätze aus dem Ost-West- und aus dem Nord-Süd-Gegensatz sowie zur Kriegsursachenforschung behandelt. Inzwischen ist es jedoch notwendig, die Friedensthematik so weiterzuentwickeln, daß Friede als eine Aufgabe des Alltags begriffen werden kann. Denn Friedenswissenschaft bleibt nicht nur in der Beratung der Außenpolitik und zur Gestaltung der internationalen Beziehungen praxisrelevant. Sie muß auch als eine Forschung initiiert werden, mit der 'Bausteine für eine Friedenspraxis' in den Kommunen gestaltet werden können.

In *Teil A* dieser Studie erfolgt durch die Forschungsstellen Hannvover und Lüneburg die Auseinandersetzung zur theoretischen Grundlegung einer „Alltagsfriedensforschung". Dabei wird ein weiter Bogen gespannt, der bei einer Friedenstheorie ansetzt, die an Konflikten des Kalten Krieges orientiert war und der sich über die Weiterentwicklung des differenzierten Gewaltbegriffs, des Konzeptes vom positiven Frieden und von Friedensvisionen bis zum Alltag der Subjekte und den alltäglichen Lebenswelten in der Risikogesellschaft erstreckt. Armut und Erwerbslosigkeit werden hier als beispielhafte gesellschaftliche Risiken angeführt, in die die Subjekte hineingezwungen werden.

Als Leitbegriffe einer Friedensarbeit in den Gewaltstrukturen dieser Gesellschaft werden „Partizipation" bzw. „Alltagspartizipation" herausgearbeitet. An den vorfindlichen politischen, rechtlichen und sozialen Strukturen der Kommune ist reflektiert, welche Hindernisse einer Partizipation einfordernder Friedensarbeit im Wege stehen und welche konkreten Ansatzpunkte bereits vorliegen. Der kommunalen Friedensarbeit, die in verschiedenen Städten wichtige Impulse gesetzt hat, ist ein Kapitel gewidmet, allerdings werden auch Korrekturaufgaben benannt, die sich für kommunale Friedensarbeit in den neunziger Jahren ergeben.

Damit ist der Rahmen definiert, in der nun „Alltagspartizipation" detailliert entfaltet werden kann. Forschung, die sich auf Praxis und Alltag einläßt, muß dazu ihr wissenschaftliches Selbstverständnis darlegen und das Theorie-Praxis-Verhältnis sowie die Aufgabe der „Vermittlung" klären. Auf diese Weise kann das „ungewöhnliche" Konzept „Alltagsfriedensforschung in der Kommune" begründet werden.

Schließlich wird auf drei wichtige gesellschaftliche Konfliktfelder eingegangen, um an ihnen aufzuzeigen, welche Relevanz diejenige Friedensarbeit bekommt, die einerseits Gewaltminderung intendiert und die andererseits Partizipationschancen eröffnet, und zwar im Geschlechterverhältnis, bei den Spannungen zwischen Deutschen und MigrantInnen sowie bei der Beziehungs- und Lernarbeit zwischen Kindern und Erwachsenen.

Teil A setzt dazu „Frieden" als einen Orientierungsbegriff an, der auf Subjektebene dem Denken, Empfinden und Handeln in den vielfältigen gesellschaftlichen Feldern und Konflikten eine zentrale Richtung geben kann. Friede ist *konkreter Handlungsimpuls und Vision*, ist Leitthema für *die Arbeit in politischen Strukturen, aber auch für die Bewältigung der Alltagsaufgaben* im Zusammenleben von Erwachsenen und Kindern, Deutschen und MigrantInnen, Männern und Frauen. Den AutorInnen ist bewußt, daß ExpertInnen in bestimmten Fachgebieten vielleicht eine noch ausführlichere Darstellung einzelner Ansätze wünschen. Dieses Vorhaben richtete sich jedoch mehr darauf, die Bedeutung des Leitwertes Frieden im Kontext von Alltag zu entfalten.

Teil B enthält eine sozialräumliche Fallstudie. Als Praxisforschung wird untersucht, wie drei kommunale Einrichtungen handeln, wenn sie Möglichkeiten der Partizipation erweitern wollen. Teil B wird von der Forschungsstelle Hannover verantwortet.

Die Teile C und D der Forschungsstelle Lüneburg entwickeln Konzepte und

Anregungsmaterialien für die Praxis. Sind es in *Teil C* konkrete Lernschritte, wie sie Kinder in Kindertagesstätte und Schule gestalten können, so werden in *Teil D* drei innovatorische Entwürfe vorgestellt, eine Zukunftswerkstatt mit Kindern, das Konzept eines kommunalen Solidaritätszentrums und die Planung öffentlicher Räume, die kinder- und jugendfreundlich angelegt ist.

An Teil D wie an Kapitel 13 hat Holger Hofmann, Berlin-Zehlendorf, in Kooperation mit Johannes Esser mitgewirkt und Textvorlagen entwickelt, in denen es darum geht, was und wie anders gelernt werden kann.

Dieses Forschungsvorhaben hat von vielen Seiten Unterstützung erfahren. Für die Forschungsstelle Lüneburg ist den Dekanen des Fachbereichs Sozialwesen zu danken. Für die Forschungsstelle Hannover gilt der Dank den KollegInnen Goldbach, zu Klampen, Müller, Terbuyken und Strang für die Diskussion des methodischen Vorgehens im Forschungsprozeß zu Teil B, Herrn Tillmann für die Erschütterung der verbreiteten Selbstverständnisse von Wissenschaft, Herrn Dunse für die Auswertung der Befragungen mit statistischen Programmen sowie Frau Graßhof für das sorgfältige Transkribieren von Tonbandprotokollen.

Nicht minder ist hier dem Verleger zu danken für sein großes Maß an Geduld und sein kritisches Mitlesen.

Hannover/Lüneburg, im September 1995

Teil A

Theoretische Grundlagen

Einleitung

Wer will
daß die Welt
so bleibt
wie sie ist
der will nicht
daß sie bleibt.
(Erich Fried)

Mit Beendigung der Ost-West-Konfrontation sind nicht nur die großen gesellschaftlichen Orientierungen verschwunden, sondern auch die Sicherheit, die aus der Unsicherheit erwächst. Diese Krise hat wie jede Krise zwei Seiten. Eine, die zu weiteren Kriegen führt, und eine, die für Frieden produktiv genutzt werden kann.

1.1 Kriege und Kriegspotentiale nach dem Kalten Krieg

In Diskussionen wird der „Verlust der Disziplinierungsfunktion, die die militärische Polarisierung im Ost-West-Verhältnis auf die gesamte Staatenwelt ausgeübt habe", betont (Brock 1993, 5). Zu einem ähnlichen Ergebnis kommt auch Kaldor aufgrund ihrer Analyse des Ost-West-Konflikts: „Das Blöcke-System hat wirkliche militärische Konflikte innerhalb der Blöcke beseitigt und für einen Rahmen wirtschaftlicher und sozialer Interdependenz gesorgt, der einer transnationalen Zivilgesellschaft eine materielle Basis liefert." (Kaldor 1992, 265)

Der Kalte Krieg ist zu Ende, dennoch finden viele neue Kriege statt. Seit dem 2. Weltkrieg ist es weltweit und in Europa noch nie so kriegsgefährlich wie heute. Die Auflösung der Machtpolarität führt die Staatenwelt „nunmehr in die Normalität nationalstaatlicher Interessenkonkurrenz zurück." (Brock 1993, 5) Demnach ist aus dem Kampf von Gesellschaftsformationen auf der einen Seite eine Vielzahl von Nationalitätenkriegen geworden. Die vorhandenen militärischen Ressourcen werden in Bürgerkriegen angewendet. Auf der anderen Seite zeigen sich aber auch Schwierigkeiten, Rüstung zu rechtfertigen. Da Aufrüstung zunächst durch den jeweiligen Verweis auf die Gefahren, die aus den anderen Gesellschaftssystemen drohten, legitimiert wurde, stand z. B. die deutsche Bundeswehr vor der Frage, wie die Aufrechterhaltung von Rüstung zu begründen sei. So müssen dann Krieg und Kriegsgefahr als anthropologische Konstanten herhalten, die durch „bewußt inszenierte Verfeindungen" aufrechterhalten werden (vgl. Buro 1994).

Diese bellizistische Seite der Krise verdeutlicht einmal mehr, daß sich Krieg durch sich selbst legitimiert. Ohne die vorhandenen militärischen Potentiale könnte es die derzeitigen (Bürger-)Kriege gar nicht geben, sondern es hätten andere Formen der Konfliktaustragung gefunden werden müssen. Weil militärisch aufgerüstet wird, wird Krieg möglich und nicht verhindert. Weil Krieg möglich bleiben soll, wird aufgerüstet. Krieg und Aufrüstung bleiben, die Diskurse verändern sich (vgl. Scarry 1992).

Fragt man nach den Interessen, die dahinter stehen, zeigt sich, daß auch diese sich wenig verändert haben. Aus westlicher Sicht ging es zu Zeiten des Ost-West-Konfliktes um die Durchsetzung oder Beibehaltung solcher Gesellschaftsformen, die sich an Wettbewerb und Markt orientierten, also an kapitalistisch organisierten Gesellschaften. Man denke z. B. an Kriege, die von den USA gegen Länder geführt worden sind, in denen sich Befreiungsbewegungen für alternative Gesellschafts- und Wirtschaftsformen stark machten, wie z. B. in Nicaragua oder in Panama. Ein ähnliches Vorgehen läßt sich auch für die ehemalige UdSSR in bezug auf Afghanistan festhalten.

Heute werden paradoxerweise militärische Einmärsche in andere Länder als Möglichkeit gesehen, um Frieden zu schaffen und existenzbedrohende Zustände, wie z. B. den Hunger in Somalia, zu beseitigen (vgl. Jäger 1993b, 25).[1] In diesen Diskursen werden Krieg und Frieden nicht mehr als einander ausschließende gesellschaftliche Zustände gesehen. Tod und Verderben vieler Menschen verschwinden hinter dieser absurden Sprache. Auch gegen die zunehmenden Ungleichheiten wird gerüstet, vor allem was die Verteilung von Ressourcen betrifft, wie z. B. die Ölvorkommen im Golfkrieg, aber, so ist zu vermuten, auch präventiv gegen Widerstand aus Ländern der Dritten Welt. Es ging oder geht also in beiden Fällen um die Aufrechterhaltung ungleicher Verteilungen von Ressourcen, von Wohlstand und von Wettbewerbsfähigkeiten, wenn nicht sogar um die Vergrößerung der Schere zwischen armen und reichen Ländern.[2] Schließlich gehört zum westlichen Leben nicht nur Rassismus, Arbeitslosigkeit, Armut und Gewalt in den Städten, sondern auch die Ausplünderung der Dritten Welt (vgl. Kaldor 1992, 260). Die Hoffnungen auf „Frieden in der Dritten Welt durch demokratisierende Reformen" werden durch die vielen Kriege zunichte gemacht (Birckenbach u. a. 1992, 10). Nach dem Ost-West-Konflikt besteht der Nord-Süd-Konflikt weiter (Strübel 1992, 221 f).

Eindeutige Ursachen für Kriege sind schwer auszumachen. Das gilt insbesondere für den Nord-Süd-Konflikt: „Alle Kriege in der Zweidrittel-Welt weisen komplexe Ursachen auf, so daß allgemeine Aussagen über die Kriegsursachen und einfache Erklärungen kaum möglich sind. Oftmals handelt es sich um Ursachenbündel" (Jäger 1993, 25).[3]

---

[1] Auch die Evangelische Akademie Nordelbien setzte sich im November 1993 mit dieser Möglichkeit auf ihrer Tagung „Gewalt für den Frieden?" auseinander.

[2] Das zeigt sich schon beim bloßen Vergleich von Pro-Kopf-Einkommen. 1987 betrug es in den meisten Ländern Afrikas 400 US-Dollar im Jahr oder weniger (ohne Hoffnung auf wesentliche Veränderung bis 1995), während es im gleichen Jahr in der Bundesrepublik bei 10.940 US-Dollar lag (vgl. Michler 1991[2], 55).

[3] Das gilt offensichtlich nicht nur für Kriege in der „Zweidrittel-Welt", wenn z. B. allgemein Unei-

Die Art und Weise, wie Fragen nach Kriegsursachen gestellt werden, trägt oft zusätzlich dazu bei, daß die Gründe, die zu Kriegen führen, nicht deutlich hervortreten. So fragt Plänkers auf der Suche nach Kriegsprävention u. a., „ob der Entschluß zur Kriegshandlung nicht Ausdruck einer zu früh abgebrochenen denkenden Konfliktregelung ist", wobei sich die streitenden Parteien nur noch als Feinde wahrnehmen (Plänkers 1993, 8 f). Soll Krieg vermieden werden, ist diese Frage immer produktiv, da sie als Lösung weitere verbale Verhandlungen nahelegt. Problematisch an der *Frage*, keineswegs an ‚Plänkers' Absicht, ist, daß sie zu spät ansetzt, an einer Stelle und einem Zeitpunkt, wo nach den Gründen für die Konflikte (in der Regel sind das historische, politische und ökonomische Interessen und Herrschaftsansprüche) nicht mehr gesucht wird. Ausbeutungsverhältnisse oder Besitzgier, bezogen auf die knappen Ressourcen, werden so ganz aus Versehen marginalisiert, wenn nicht sogar übersehen. Dies kann verheerende Folgen fürs Denken und Handeln haben, denkt man nur z. B. daran, daß die Entfaltungsmöglichkeiten der Menschen in der Dritten Welt und die Entwicklungsmöglichkeiten ihrer Gesellschaften aufgrund ungleicher Verteilungen von Ressourcen, ökonomischer Abhängigkeiten (z. B. durch hohe Verschuldungen) und damit zusammenhängend die Entwicklungen ihrer jeweiligen Kultur und Gesellschaftsorganisation existentiell von den Industrieländern der Ersten Welt und ihrer Politik abhängig sind (vgl. auch Jäger 1993b, 25). Fragt man an dieser Stelle ausschließlich nach Konfliktregulierungen, läßt man die ungleichen Voraussetzungen, die mit zum Konflikt geführt haben, außer acht. So sind die Probleme in Somalia nicht vorwiegend darauf zurückzuführen, daß die Regierung mit den streitenden Lagern nicht fertig wird, sondern vielmehr darauf, daß afrikanische Länder von vorwiegend westlichen Industrieländern ausgebeutet werden.

Krieg hat ganz allgemein den Effekt, daß sich eine Kultur gegen eine andere durchsetzt, wobei bisherige gesellschaftliche Strukturen zerstört werden (vgl. Scarry 1992). Krieg hat auch den Effekt, daß ein Land seinen Anspruch auf Wohlstand gegen die Interessen eines anderen behauptet oder zu vergrößern trachtet. Auf den Wegen dorthin werden Menschen verletzt und getötet, materielle Ressourcen zerstört. Das aber heißt, daß z. B. ein Kampf um Ressourcen dazu beiträgt, daß sich diese *weltweit* verringern, wie z. B. das sinnlos verbrannte Öl während des Golfkrieges und die damit zusammenhängenden ökologischen Folgen.

Vom Menschheitsstandpunkt aus gesehen, dienen Kriege der Zerstörung und Vernichtung von Natur, Ressourcen, Entwicklungsmöglichkeiten und Menschen. Scarry beschreibt treffend, daß Krieg die Form eines Wettkampfes annimmt, da Sieger und Verlierer ermittelt werden sollen. Der Krieg unterscheidet sich von anderen Wettkämpfen, da es darum geht, „den anderen mehr Verluste beizubringen, als man selbst erdulden muß." (Scarry 1992, 134). Dieser Wettkampf – der Krieg – setzt nicht nur Ungleichheiten voraus, sondern schafft zusätzliche. *Will man Krieg also vermeiden, muß man nicht nur weltweit abrüsten, sondern auch*

---

nigkeit darin besteht, ob aus einer geringen Machtkonzentration eine geringe Wahrscheinlichkeit kriegerischer Konflikte folgt oder umgekehrt (vgl. Mendler und Schwegler-Rohmeis 1987, 167).

und vor allem die ungleichen Lebens- und Entwicklungsmöglichkeiten auf allen Ebenen von Staaten bis zu zwischenmenschlichen Beziehungen beseitigen.

1.2 Friedenspotentiale nach dem Kalten Krieg

Blickt man hinter die Kriegsberichterstattungen in den Massenmedien, werden gesellschaftliche Potentiale sichtbar, die sich gegen Krieg richten und im Alltag manifestieren. So hat sich am Beispiel des Jugoslawienkrieges gezeigt, daß die betroffenen Menschen an der Basis bzw. im Alltag im ehemaligen Jugoslawien nach Wegen suchen, sich gegenseitig zu unterstützen und zu helfen. Zu denken ist hierbei an die vielen Organisationen und Initiativen im humanitären Bereich (vgl. z. B. Scheherazade. Newsletter Nr. 5, Juli 1993; Wintersteiner 1992).[4] An den so gestalteten solidarischen Haltungen zeigt sich ein enormes Friedenspotential auf der zwischenmenschlichen Ebene.

Ein weiterer Ansatzpunkt für einen Weg zum Frieden und eine humane Herausforderung stellt die derzeitige allgemeine Orientierungslosigkeit dar. Schließlich sind mit den realsozialistischen Ländern sowohl die alten Feindbilder als auch die großen gesellschaftlichen Utopien verschwunden. Die Umsetzung von Politik zur Legitimierung von militärischen Eingriffen, wie z. B. in Somalia, verdeutlicht auch Hilflosigkeit, da die Lösungen internationaler Konflikte ausbleiben. Die alte Weltordnung ist zerfallen, „aber über eine lebensfähige neue besteht allerorten Unklarheit." (Brock 1993, 4) Buro stellt dazu fest, daß die einzelnen mit so widersprüchlichen Positionen rangen, wie der Hoffnung nach schneller Beendigung eines Krieges durch militärische Intervention bei gleichzeitig hoher Wahrscheinlichkeit, daß eben diese militärische Intervention zur Eskalation der Konflikte führen könne (vgl. Buro 1994, 22 f).

Dringend erforderlich wäre demnach eine *globale* Orientierung, die sich auf Frieden und auf die Verfügung aller Menschen über ihre Lebensbedingungen richtet. Die Probleme, die es hierbei zu lösen gilt, sind vielfältig und zielen auf ein Überleben der Menschheit: „Wenn wir größere Konflikte gewaltlos lösen wollen", so Kaldor, „dann müssen wir ihre wirtschaftlichen, sozialen, ökologischen und kulturellen Ursachen erkunden. Wir müssen bestimmte gesellschaftliche Ziele aufstellen: ein Mindestmaß an wirtschaftlichem Wohlstand (Sicherheit im materiellen Sinne), Achtung vor der Natur, Rücksicht auf minoritäre Kulturen usw. Und erreichbar ist dies nur durch ein soziales und politisches System mit Regulationsformen, in denen Konsens maximiert und Zwang, insbesondere der physische, minimiert wird." (Kaldor 1992, 260 f) Ein weltweites, also *globales*, Denken ist erforderlich, obwohl sich die Konflikte jeweils national bzw. überregional manifestieren, und zwar seit dem Ende des 2. Weltkrieges bis 1990 in ca.

---

[4] Allein diese Scheherazade Newsletter Nr. 5 dokumentiert eine Vielzahl von Basisprojekten von Frauen, wie z. B. die „Pazifistische Werkstatt" oder das „Aus- und Fortbildungsinstitut als Hilfe zur Selbsthilfe zur Bewältigung von sexueller Gewalt an Frauen".

160 kriegerischen Auseinandersetzungen (vgl. Jäger 1993b) bzw. in 44 Kriegen in der Zeit zwischen Juli 1991 bis Juni 1992 (vgl. Siegelberg 1992, 66 f). Soll letztendlich eine „Zivilisierung der Konflikte" im Sinne einer verläßlichen gewaltfreien Konfliktbearbeitung (vgl. z. B. Metzler 1992, V) erreicht werden, muß *globales Denken im Lokalen ansetzen* und zugleich das Lokale transzendieren. *Demokratische Strukturen, die von unten nach oben wirken, sind dabei unerläßlich.*

Nicklas kommt z. B. aufgrund einer historischen Betrachtung der Entwicklung des bürgerlichen Staates zu dem Ergebnis, daß mit der parlamentarischen Demokratie auf der einen Seite die Voraussetzungen „für einen friedlichen Austausch" geschaffen worden sind, aber „auf der anderen Seite [...] die Institution des Krieges ungebrochen" fortbesteht (Nicklas 1992, 281). Ein eindeutiger Zusammenhang zwischen parlamentarischer Demokratie und Friedenssicherung läßt sich also nicht ausmachen. Oder in anderen Worten: Die derzeitigen Formen parlamentarischer Demokratie bieten keine Garantie für Frieden. Mit Elias (1976) geht Nicklas davon aus, daß der innere Frieden einer Gesellschaft stets „durch soziale wie persönliche Konflikte" gefährdet sei (Nicklas 1992, 285).

Überdeutlich zeigt sich dies derzeitig in Deutschland, wo der soziale Frieden extrem gefährdet ist, wenn man überhaupt noch davon sprechen kann angesichts der Morde und Brandanschläge auf Wohnungen von MigrantInnen, aber auch auf andere Marginalisierte wie z. B. auf Obdachlose (vgl. Jäger 1993a). Das Großstadtleben in Deutschland läuft Gefahr, ähnliche Formen anzunehmen, z. B. durch sich immer weiter nach Einkommen und Status differenzierende Stadtteile, vergleichbar den Entwicklungen in den Großstädten der USA (vgl. Ehrenreich 1992). *Deshalb sind weltweit demokratische Verhältnisse und lokale Partizipationsmöglichkeiten in einem bisher nie dagewesenen Ausmaß gefordert und unverzichtbar.*

Einen ersten Schritt in diese Richtung formuliert Koppe (1993), indem er an die bestehenden politischen Verhältnisse anknüpft. Er geht von der Notwendigkeit einer Neuorientierung für die Außenpolitik nach der Beendigung des Kalten Krieges aus. Schließlich ginge die Kapitalverwertung zu Lasten ökonomisch schwacher Regionen und Bevölkerungskreise. Die Außenpolitik müßte sich hin zu einer „Friedens- und Umweltaußenpolitik", „einer Weltfriedensordnung" orientieren (Koppe 1993, 2). „Außenpolitik muß den Anforderungen einer globalen Umweltpolitik gerecht werden. Das bedeutet als Mindestvoraussetzung eine zügige Verwirklichung der Beschlüsse und Empfehlungen des Umweltgipfels von Rio 1992. Zu nennen ist insbesondere Sicherung der Waldbestände [...] und der Artenvielfalt, Verminderung von CO_2-Immissionen, Verbot von FCKW und anderen umweltschädlichen Gasen, nichtabbaubarer Düngemittel und Verpackungsmaterialien, Verminderung von Giftmüllanfall und Verbot von Giftmüllexport." (Koppe 1993, 4) Weltweite Umweltpolitik und nationale Probleme dürften nicht gegeneinander gewendet werden. Innenpolitisch müßte von solchen „Illusionen" abgegangen werden, wie der Vorstellung, daß Arbeitslosigkeit durch zeitweiligen Verzicht auf „Umwelt- und Entwicklungspolitik" behoben werden könnte (vgl. ebd.).

Ähnlich gehen Senghaas und Zürn vor. Sie haben einen mehrseitigen Fragenkatalog veröffentlicht, worin sie ungelöste Probleme und Forschungsaspekte thematisieren. Neben Fragen, die sich auf internationale Politik beziehen, formulieren sie auch solche Fragen, deren Beantwortung die Erforschung nationaler Probleme erforderlich macht, wenn sie nach den „innergesellschaftlichen Voraussetzungen einer kooperativen und friedensfähigen Außenpolitik" oder nach dem „Verhältnis der Herausbildung von 2/3 -Gesellschaften zur Internationalisierung von wirtschaftlichen Austauschprozessen" fragen (Senghaas und Zürn 1992, 54 und 57).

1.2.1 Die Gefährdung des inneren Friedens in Deutschland

1989 gingen in der ehemaligen DDR die Menschen auf die Straße, um sich für eine demokratische Gesellschaft ohne Blutvergießen und Gewalt einzusetzen. Zugleich entwickelten sie neue Formen von Demokratie. Hier wäre es produktiv gewesen, z. B. an der Idee der Runden Tische anzuknüpfen, die eine breite Partizipationsmöglichkeit boten, auch um Konflikte gewaltfrei zu lösen oder soziale Mißstände gemäß den Bedürfnissen vieler zu beheben.

Doch nur kurze Zeit später etablierten sich im vereinten Deutschland Unfriedensverhältnisse und neue Probleme – die Diskrepanz zwischen Arm und Reich vergrößert sich insgesamt, vor allem durch die hohen Arbeitslosenquoten. (Auf das Thema Erwerbslosigkeit wird in Kapitel 4.6 eingegangen.)[5] Aus der Mauer zwischen Ost- und Westdeutschland wurde eine Trennungslinie zwischen einem armen und einem reichen Teil Deutschlands. So droht sich ein armes Drittel in Ostdeutschland durch die ungleiche Verteilung von Arbeit und Arbeitslosigkeit herauszubilden. (Auf das Thema Armut wird in Kapitel 4.5 eingegangen.)[6]

Der innere Frieden Deutschlands wird abhängen vom Verhältnis zwischen Ost- und Westdeutschen, der Einkommensverteilung sowie vom Umgang mit den beiden verschiedenen deutschen Kulturen, vom Umgang mit MigrantInnen, AsylbewerberInnen, vom Ausmaß und Umgang mit der Verteilung von Erwerbsarbeit, von den Veränderungen in den Geschlechterverhältnissen, von den Erziehungskonzepten mit ihren Maßnahmen gegen Gewaltkulturen.

Die durch die Wiedervereinigung sich zuspitzenden Gesellschaftsprobleme verweisen zum einen in den kulturellen Bereich, weil zwei verschiedene Gruppen mit unterschiedlicher Sozialisation und kultureller Einbindung aufeinandertreffen und weil „der Ost-West-Konflikt zur Stabilisierung von Alltagsroutinen beitrug", während sich heute diese Feindbilder auflösen (Senghaas-Knobloch 1990, 45 ff). Zum anderen treten die vorher als selbstverständlich hingenommenen

---

[5] Gemäß Statistischem Jahrbuch betrug im ersten Quartal 1993 die Arbeitslosenquote 8% im früheren Bundesgebiet (vgl. Statistisches Bundesamt 1993).

[6] Die Arbeitslosenquote betrug z.B. im ersten Quartal von 1993 bereits 16% in den neuen Bundesländern und Ost-Berlin (vgl. Statistisches Jahrbuch 1993, 130). Das Arbeitslosengeld betrug 1992 im Durchschnitt 1.300 DM (Männer: 1.551 DM und Frauen: 1.010 DM) in den alten und 979 DM (Männer: 1.127 DM und Frauen: 843 DM) in den neuen Bundesländern (vgl. Kühl 1993, 10).

negativen Potentiale Westdeutschlands deutlich zutage. Strukturelle Ungleichheiten, die auch vorher bestanden zwischen Menschen mit hohem und niedrigem Einkommen (vgl. Armutsbericht des Paritätischen Wohlfahrtsverbandes für die Bundesrepublik Deutschland 1989), zwischen den Geschlechtern (vgl. F. Haug 1990a) und zwischen deutschen und nicht-deutschen StaatsbürgerInnen (vgl. Kalpaka/Räthzel 1986) finden ihre Legitimation in Kultur und Alltag.

So gesehen, ist *Alltags*friedensforschung, die in der Kultur und im Alltag ansetzt, unerläßlich. *Alltagsfriedensforschung will über Erkenntnis- und Handlungsanalysen zum innergesellschaftlichen sozialen Frieden ein richtungsweisendes Qualitätsmerkmal von Demokratie geben.* Es bleibt jedoch das Problem bestehen, wie globales Denken im lokalen Handeln ansetzen und zugleich darüber hinausgehen kann, damit die Bearbeitung lokaler Konflikte nicht zu Lasten der Umwelt, der Dritten Welt, der Frauen, der MigrantInnen u. a. erfolgt.

1.2.2 Frieden beginnt in der Kommune

Wie kann man so in den Alltag eingreifen, daß auf Dauer verallgemeinerbare Perspektiven hervorgehen? Wie können die vielen einzelnen Kräfte in demokratischer Weise gebündelt werden?

Am Beispiel der Ökologie führt Galtung (1991) vor, wie globales und lokales Handeln produktiv zusammengeführt werden können, indem *die Kommune zum Ort der Regulierung des Zusammenhangs* wird. Er entwirft dazu fünf Prinzipien:

1. *„Multiples gemeinsames Handeln"* besagt, daß „gemeinsames Handeln unerläßlich" (Galtung 1991, 48) ist, weil der einzelne zu schwach ist, alle ökologischen Probleme allein zu bewältigen.
2. Dennoch bedürfe es auch der *„Subsidiarität"*, die beinhaltet, daß die Probleme auf der untersten Ebene gelöst werden, wo jeder Mensch für sein eigenes Handeln verantwortlich ist.
3. Dies funktioniere nur unter der Bedingung einer *„aktiven Demokratie"*, die auf der Achtung des Individuums und seiner Fähigkeit, umsichtige Entscheidungen zu treffen, beruht, was einen weitreichenden Grad von Informiertheit voraussetze. „Der Informationsstand des einzelnen hängt aber wesentlich von den Medien ab." (ebd., 52)
4. Eben hier bedürfe es einer Art Kontrollinstanz, die eine *„Wirkungs-Bilanzierung"* vornimmt. „Wenn jede Kommune eine ‚Umweltbelastungsbilanz' von jedem ökonomischen Akteur verlangte, nicht nur für das Produkt, sondern auch für dessen Herstellungsverfahren, hätten wir ein überaus wirksames Instrument in der Hand." (ebd.)
5. Unter *„Vernetzung"* versteht Galtung schließlich den Zusammenhang von Ursache und Wirkung, die Frage, ob wir die „Folgen unseres eigenen wirtschaftlichen Handelns ertragen" können (ebd., 53; Hervorhebungen v. Verf.).

Hier zeigen sich die Möglichkeiten, die die Kommune für gesellschaftliche Veränderungen (nicht nur für ökologische Lösungen) bietet. Die Kommune ist überschaubar genug, um viele Partizipationsmöglichkeiten eröffnen zu können. So kann hier individuelles mit gemeinsamem Handeln verbunden werden.

1.3 Wichtige Aufgaben für die Alltagsfriedensforschung

Weit über diese Studie hinaus müssen Grundlagen der Alltagsfriedensforschung und kommunalen Friedensarbeit eine gesellschaftliche, soziale und demokratische Neubesinnung und Neubestimmung anteilig mitdefinieren. Dazu gehören vor allem friedensorientierte Ziel- und Handlungsdimensionen in der Alltags- und Lebenswelt und für die Kultur des Gemeinwesens. Des weiteren sind die konstruktive Erfassung von Friedenspotentialen und Friedenschancen sowie die Strukturierung von Erkenntnis- und Problemkonzepten bedeutsam.

Hierbei können Kinder, Jugendliche, Erwachsene, Multiplikatoren, MitarbeiterInnen und Verantwortliche in Einrichtungen und Institutionen der Kommune vor allem in Konflikten und an gewaltintensiven Alltagssituationen über Formen der Einmischung und über qualifizierte Widerspruchsformen soziale, ökonomische, ökologische und politische Erfahrungen machen. Sie können bewährte Perspektiven und neue Orientierungen finden, notwendige Veränderungen erkennen und Alltagswelten mit menschenwürdigem Gesicht aktiv etwa über Konfliktaktivierungen (um)gestalten. Die erforderlichen erkenntnis- und handlungsleitenden Prinzipien dazu sind Selbstbestimmung, Konfliktfähigkeit, Gewaltfreiheit, Partizipation, Zivilcourage, dezentrales Handeln sowie die Mobilisierung von lokalen, institutionellen und gesellschaftlichen Ressourcen.

Den hier angesprochenen Perspektiven stehen jedoch entscheidende Hindernisse und Barrieren entgegen. Denn unbewältigte Probleme im Makro-Feld haben ihre massiven Einflüsse auf die kommunalen Mikro-Ebenen. Sie sind vernetzt und haben eine akute und zukunftsgefährdende Bedrohungslage. Dazu zählen beispielsweise:

- globale Umweltzerstörungen mit ihren internationalen und umgreifenden Wechselwirkungen für ökologische Lebensgrundlagen,
- drohende Klima-Katastrophe,
- Zerstörung der Ozonschicht,
- armutsbedingte ökologische Zerstörungen mit ihren Auswirkungen der Selbstzerstörung,
- reichtumsbedingte Zerstörungen als Ergebnis von Wirtschaftswachstum, Konsum, Wohlstand (nach dem Club-of-Rome-Bericht von 1995 wird und muß das Wachstum aufhören, weil es überdimensional öffentliche Armut provoziert),
- weltweiter Hungerterror,
- weltweite Ausbeutung und Unterdrückung,
- tägliches Massensterben von Kindern seit Jahren,
- Bevölkerungswachstum und Migration,

- nukleare, biologische und chemische Massenvernichtungswaffen, deren Gefahren nach dem Ende der Ost-West-Konfrontation nicht gebannt sind,
- zunehmende Kriege zur Ressourcensicherung in verschiedenen Kontinenten.

Ökologische, technologische, militärische und politische Risiken und Bedrohungsspiralen, die durchaus auch Kennzeichnungen zu Horrorfakten zulassen, gewinnen offensichtlich immer mehr an alltäglichem Einfluß, der dem einzelnen in der Kommune, der Gruppe, der Initiative oder der Einrichtung etc. anderes soziales, politisches und solidarisches Erkennen, Bewußtsein, Wissen, Handeln als existentielles soziales, ökologisches und politisches Lernen aufzwingt.

Dabei kann es selbst aufgrund der hier nur knapp skizzierten globalen Realität zunehmender massiver Bedrohungen für den einzelnen nachvollziehbar sein, daß neue Herausforderungen als überlebenswichtig anzugehen sind.

Die nachfolgend angeführten beispielhaften Arbeitsbereiche für Forschungs- und Entwicklungsprojekte sollen Dimensionen und einige zentrale Aufgaben der Alltagsfriedensforschung ansprechen. Wenn diese dabei – abhängig vom Projektgegenstand und vom Forschungsansatz verschieden – jeweils die Wechselwirkungen von Alltags- und Lebensbedingungen in der Makro- und in der Mikro-Ebene ins Zentrum der Arbeit stellen, ist auch das Problem zu beachten, praxisrelevante und effektive Handlungs- und Veränderungskonzeptionen zu erarbeiten, die als friedensförderlich gelten können.

Nicht zuletzt gehört dazu, daß Alltagsfriedensforschung und kommunale Friedensarbeit zu Makro- und Mikro-Problemen über anwendungsbezogenwissenschaftliche Aufklärung und Information, über Analysen, Bewußtmachungskonzepte, kooperatives Lernen und solidarisches Handeln neue Strategien zu vermitteln haben.

- Als ein grundsätzlicher Arbeitsschwerpunkt kann in der Alltagsfriedensforschung die Auseinandersetzung mit den Menschenrechten im erweiterten Verständnis gelten, einschließlich der problematischen Mißachtungen von Menschenrechten und ihrer Funktion für die jeweils strukturelle und kulturelle Gewaltpolitik einer Region bzw. eines Landes. Lern- und Beziehungsarbeit zum Rechtsbewußtsein, zu Inhalten und Kontexten der Menschenrechte sind u. a. unverzichtbare Aspekte für die Arbeit mit Kindern im Kindergarten, in der Schule, in der politischen Jugendarbeit und in der Erwachsenenbildung. Forschungsaspekte sind hier v.a. die Relevanz der Menschenrechte für die Erfüllung der menschlichen Bedürfnisse, das Verhältnis der Menschenrechte zur Alltagswelt, zu den kurz- bzw. mittelfristigen Lebenszerstörungen, zur Rolle der Traditionen, zu den unterschiedlichen sozialen Verhältnissen in Industrie- und Entwicklungsländern, der Zusammenhang von Menschenrechten und Friedenskultur.
Interdisziplinäre Ansätze zu Problemen des internationalen Menschenrechtsschutzes sind ebenso zu entwickeln wie handlungspraktische Ansätze oder ein Vergleich der Länder bzw. Regierungen zum internationalen und innergesellschaftlichen aktuellen Menschenrechtsschutz.

- Richtungsweisend zu einer veränderten politischen Denkweise, für neues Lernen mit Kindern, Jugendlichen, Erwachsenen, Vermittlungsfachkräften sind öffentliche und effektive Einmischungs-Konzepte und Maßnahmen zur kommunalen Abrüstungsarbeit, die an der nach wie vor ungebrochenen weltweiten Waffenproduktion und Rüstungsspirale zielgerichtet politisches Handeln in der Kommune im Umfeld und Alltagsfeld der Menschen aufnehmen. Die weltweit 41 Kriege und bewaffneten Konflikte im Jahre 1994, davon allein 7 in Osteuropa und in der ehemaligen Sowjetunion, sind sicherlich Anlaß genug.
- Fortwährende Forschungs- und Entwicklungsarbeit erfordert das seit Jahren vernachlässigte Alltagsproblem Kinder und Krieg. Kinder gehören überall und in jedem Krieg am häufigsten zu den Opfern und Leidtragenden für ihr ganzes Leben.
- Ein anderer Schlüsselbereich, der für die Alltagsfriedensforschung und kommunale Friedensarbeit eine große Herausforderung darstellt, ist die Problematik der Zivilisierung von Gewalttätigkeiten. Einerseits kann darunter die rationale Aggressionsbeherrschung und alltagspolitische Gewaltkontrolle bei unterschiedlichen Anlässen verstanden werden. Andererseits hat es für die Friedensfähigkeit von Gesellschaften, Kulturen, Institutionen eine enorme Bedeutung, ob, unter welchen Bedingungen und mit welchen Methoden institutionalisierte Formen der gewaltfreien Konfliktbearbeitung und der aktiven Friedensgestaltung am Problem und Detail gelingen.

Natürlich erfaßt der Ansatz auch den einzelnen, die Verhältnisse und die Politik in Kommunen.

Darüber hinaus sollte die in Deutschland weniger verbreitete bewährte Konfliktbearbeitungsmethode der Mediation auch als „Provokationskonzept" (Senghaas) weiterentwickelt werden.

Die fortgesetzte Gewaltproduktion in gesellschaftlichen Kernzentren der Macht- und Herrschaftsapparate, ferner die Gewaltproduktion gesellschaftlicher Institutionen, die Logik der Gewaltspiralen sowie die Problematisierung von Haß, Gewalt, Krieg erfordern aus der Alltagsperspektive neue Konfliktbearbeitungsmodelle, die lebensweltbezogen von der Basis, von unten, entwickelt werden.

Dabei bleibt die Uneinheitlichkeit der Ursachensysteme von Haß gegen Fremde, von Gewalt und Krieg zu beachten.

Erstarrte, statische und rückwärtsgewandte Blickweisen zu Grundsatzfragen müssen sowohl in der Konfliktforschung überwunden als auch viele vernachlässigte friedensethische Problemkomplexe neu erörtert werden, da sie im Kontext massiver gesellschaftlicher Krisen sowie aufgrund der Folgen des Werteverfalls inzwischen einen bedeutsamen Stellenwert einnehmen.

In Erinnerung zu rufen ist auch: Soziales und politisches Lernen, solidarisches und veränderndes Handeln können als Einmischungspraxis bei der Konfliktbearbeitung in der Kommune neue Ansätze zur Völkerverständigung und zum positiven (inneren) Frieden aufbrechen, weil Friedenserfahrungen gemacht werden können (zu Vorarbeiten vgl. Esser 1994, 100 ff).

– Alltagsfriedensforschung muß sich mit den unterschiedlichsten Gewalttheorien auseinandersetzen, da sie eine besondere Alltagsrelevanz durch vielfältige subjektive Bedrohungsspektren aufweisen. Die Auswirkungen und Folgen von medialem Gewalthandeln für den einzelnen zählen hierzu ebenso wie die Gewalttätigkeit als Interaktionsergebnis, das in Konflikten insbesondere einseitige Schuldzuweisungen überwinden kann, oder etwa das gewaltträchtige Handeln als sozialpsychologisch unterlegter Verhaltensakt im sozialen Nahraum. Die Gewalt- und Friedenstheorie von Galtung kann hierdurch teilweise um einige zentrale Ansatzpunkte in der Alltagskultur erweitert werden (zum gesellschaftlichen Gewalt-Dilemma vgl. auch Heitmeyer 1994).

– Ein weiteres brennendes Problem der Alltagsfriedensforschung richtet sich auf die zentrale Frage, wie realistische Wege und kooperativ wirksame Methoden die Gewalttätigkeit des Alltags und der Lebenswelten in vernetzten öffentlichen Verantwortungssystemen mindern und regulieren helfen, und zwar als Dauerauftrag verstanden, zum Beispiel

– in Kindergärten und Schulen,
– in anderen kommunalen sozialen Einrichtungen,
– zur Überwindung von Gewalt in Altenheimen,
– zur Überwindung von Fremdenfeindlichkeit,
– zur Überwindung von Ausgrenzung, Stigmatisierung und Randständigkeit (vgl. dazu die Dokumentation „Gewalt – Folgerungen für die soziale Arbeit" des Deutschen Vereins für öffentliche und private Fürsorge 1994).

In diesen Bearbeitungskomplex gehört eine umfangreiche Konzeptualisierungsarbeit zu den politischen Lebensprinzipien der Gewaltfreiheit und des Zivilen Ungehorsams. Diese Aufgaben thematisieren etwa Trainings zum gewaltfreien Eingreifen gegen Rassismus oder gewaltfreie Handlungsstrategien zu schwierigsten öffentlichen Konflikten und Konfrontationen, die Formen der autoritären Gewaltspirale durchbrechen können. Weitere beispielhafte Aspekte sind theoretische und praktische Konzeptualisierungen von Handlungsmustern und Übungen zur (Wieder-)Aneignung von Zivilem Ungehorsam, der etwa bewährte friedensfördernde Alltagskultur, Menschenrechte und Grundrechte, Eigen-Sinn und zentrale Lebensgrundlagen schützen will, der Menschlichkeit und Zukunftsgrundlagen in öffentlicher Konfliktauseinandersetzung verteidigen will. Das Komitee für Grundrechte und Demokratie problematisiert hier den „radioaktiven Zerfall der Grundrechte" (1995).
Ziviler Ungehorsam ist gleichfalls ein Grundbestandteil der öffentlichen Ächtung von Kinderprostitution, Kinderarbeit und Kindersterben, nicht zuletzt aber auch eine engagierte und mutige Maßnahme z. B. gegen deutsche Rüstungskonzerne, gegen die Militarisierung des Denkens in der Außen- und Tages-Politik, gegen Umweltzerstörungen und für ökologische Lebensmodelle, für bewährte Bürgerrechte, gegen eine umstrittene, ungerechte und widersprüchliche deutsche Asylpolitik u. a. m.

Kapitel 2

Grundannahmen und erste Faktoren der Alltagsfriedensforschung

Alltagsfriedensforschung ist mit einem friedenstheoretischen Ansatz zu verknüp-fen, der neben dem praktischen Erkenntnisinteresse an Handlungswissen im kom-munalen Raum insbesondere die lebensweltlichen Bedingungen in den Mittel-punkt der Projektarbeit stellt. Es ist daher notwendig, die seit Jahren inhaltlich erstarrten Forschungskonzepte in der deutschsprachigen Friedensforschung durch eine Grundlagenforschung, die innergesellschaftlich-kommunale, institutionelle und zwischenmenschliche Aspekte anwendungsbezogen vernetzt, zu verlebendi-gen und zu verändern. Somit wird im folgenden davon ausgegangen, daß All-tagsfriedensforschung und kommunale Friedensarbeit in der Lage sind, neue Auf-gaben und Handlungsstrategien für die Gremien der Kommunalpolitik sowie für kommunale und verbandliche Einrichtungen, Vereine und Initiativen anzuregen.

Wie dies geschehen kann, soll an Hand der folgenden orientierenden Fragen erarbeitet werden.

1. Welche friedens- und alltagstheoretischen Grundlagen müssen zur Konzep-tionalisierung einer Alltagsfriedensforschung herangezogen werden?
2. Wie können Widersprüche im Alltag produktiv bearbeitet werden?
3. Welche Konsequenzen ergeben sich daraus für richtungsweisende Vermitt-lungskonzepte für die Gremien der Kommunalpolitik, der kommunalen und verbandlichen Einrichtungen, Vereine und Initiativen, und inwiefern führt dies zu Veränderungen im Berufsbild von Sozialarbeit und -pädagogik (vgl. Kapi-tel 6)?
4. Wie sollten dann stadtteilnahe Konzepte für die Überwindung von Fremden-feindlichkeit bei Erwachsenen aussehen (vgl. hierzu Kapitel 11)?
5. Wie könnte ein friedensorientiertes Handlungskonzept für Kinder gestaltet werden?

   – Welche Eingriffe in bestehende Institutionen wie Kindertagesstätten, Schu-len, Freizeiteinrichtungen für Kinder kann Alltagsfriedensforschung anre-gen?
   – Wie kann Alltagsfriedensforschung eine am Gemeinwesen (in Nachbar-schaft, Stadtteil, Gemeinde) orientierte soziale Arbeit mit Kindern ent-wickeln?
   – Welche Formen von Gruppenarbeit mit Kindern kann Alltagsfriedensfor-schung konzeptionieren?
   – Wie können die Konzepte für Institutionen und Gruppenarbeit produktiv zusammengeführt werden, so daß sich Kinder selbstbestimmt im Alltag auf

Dauer am positiven Frieden (vgl. Kapitel 3) orientieren lernen? (vgl. hierzu die Kapitel 12 und 13.)

Doch zunächst ist es erforderlich, einen kurzen Überblick über einige wichtige Probleme im kommunalen Bereich zu geben, auf die Alltagsfriedensforschung reagieren kann und muß.

Auf allgemeiner Ebene zeichnen sich drei große gesellschaftliche Problembereiche ab, die verallgemeinerbar für jede Kommune sind, die zur Einschränkung der Verfügung von einzelnen über die Lebensbedingungen beitragen, insofern also in der Alltagsfriedensforschung zu berücksichtigen sind.

Im Bereich des *Ökonomischen* (vgl. Kapitel 4.5 und 6) ist insgesamt ein Trend zur Verarmung von immer mehr Menschen (auch im erwerbsfähigen Alter) festzustellen (vgl. Paritätischer Wohlfahrtsverband 1989). Dazu gehören z. B. die vieldiskutierten Probleme der sozialen Sicherung (in den Bereichen Armut, Altersversorgung, Krankenversorgung und Arbeitslosenunterstützung).

Hier bildet sich auf Dauer ein sozialpolitischer Zirkel heraus, der immer unentwirrbarer zu werden droht, wenn z. B. auf steigende Arbeitslosenquoten mit Kürzungen der Arbeitslosenunterstützung geantwortet wird, BezieherInnen von Arbeitslosenhilfe nach zwei Jahren zu SozialhilfeempfängerInnen werden oder wenn Einschnitte „bei den AFG-Leistungen besonders häufig" sind und dort „zu regionalen Kaufkraftverlusten" kumulieren, „wo die Arbeitslosigkeit besonders hoch ist" (Karr 1993, 2).

Im Bereich der zwischenmenschlichen Beziehungen verschärfen sich *Fremdenfeindlichkeiten* durch immer mehr physische Gewalt. Im Verfassungsschutzbericht 1992 werden 74% mehr Gewalttaten mit rechtsextremistischem Hintergrund als 1991 konstatiert. Hier soll die These aufgestellt werden, daß es zwischen der Zunahme von Tendenzen zur physischen Gewaltanwendung und dem immer größer werdenden Abstand zwischen Menschen, die am Wohlstand dieses insgesamt reichen Landes partizipieren, und denen, die am Rand des Existenzminimums leben, Zusammenhänge gibt, die noch zu analysieren sind.

Einen weiteren Bereich, der beide Problemfelder überlagert, stellen die *Geschlechterverhältnisse* dar. Allgemein läßt sich festhalten: „Das Verhältnis von Männern und Frauen als sozialen Gruppen ist ein Herrschafts- und Gewaltverhältnis." (Schenk 1983, 163) Auf dieser Grundlage trifft die Zunahme der Armut und der Arbeitslosenquoten insbesondere Frauen (vgl. Ketelhut 1993a). Neben den Einschränkungen staatlicher Transferleistungen wirkt die derzeitige Politik hier zusätzlich kontraproduktiv. Errungenschaften von Frauenbewegungen werden zurückgenommen, wenn z. B. die Möglichkeiten zur Abtreibung eingegrenzt werden oder anderes nicht realisiert wird, wie z. B. fatalerweise der Rechtsanspruch auf einen Kindertagesstättenplatz für alle Kinder (vgl. Ketelhut 1993c; Mayer 1993). Für alleinerziehende Mütter ist es noch schwieriger, erwerbstätig zu sein (statt von laufender Hilfe zum Lebensunterhalt zu leben).

Kapitel 3

Zur Weiterentwicklung von Friedenstheorie

Menschen sind nicht von Natur aus gut, aber sie können Frieden schaffen.

(Ulrich Kattmann)

Insgesamt gibt es immer noch eine theoretisch widersprüchliche Diskussion um die Begriffe Krieg und Frieden. So wird auf der einen Seite oft betont, daß der Begriff Frieden mehr fassen soll als die Abwesenheit von Krieg (Beer und Scharf 1988, 225), z. B. „Kooperation" (vgl. Galtung 1993a, 51) oder eine praktizierte Form menschlichen Zusammenlebens (vgl. Esser u. a. 1992²a, 55). Auf der anderen Seite werden unterschiedliche Herrschaftsverhältnisse oder Ungleichheiten als Krieg bezeichnet. Scarry führt eindringlich vor, daß die zentrale Aktivität von Krieg schließlich Töten und Verwunden von Menschen ist. Sein Ziel ist, „ein feindliches Volk und dessen Zivilisation zu zerstören" (Scarry 1992, 92 ff.). Im folgenden soll benannt werden, welche Ungleichheiten und Herrschaftsverhältnisse in Zeiten der Abwesenheit von Krieg in einer Gesellschaft gemeint sind.

3.1 Negativer und positiver Frieden

Allgemein feststellbar ist, daß sich Feindbilder, die in diesem Ausmaß noch vor wenigen Jahren kaum vorhanden waren, in relativ kurzer Zeit heraus- oder neu bilden und bestimmend in den Alltag der Bevölkerung einwirken. Wie kann eine Person zum Feind werden, die vor kurzer Zeit noch NachbarIn, FreundIn oder VerwandteR war? Auf welchen Bedingungen können solche Haltungen gedeihen, und welche kulturellen Aspekte spielen dabei eine Rolle? Zu denken ist hierbei in Deutschland an die vielen Brandanschläge auf Wohnungen von MigrantInnen (z. B. TürkInnen). Wie sehen die Lebensbedingungen für viele Menschen in Deutschland aus, und mit Hilfe welcher Diskurse wird versucht, mit den Problemen umzugehen? So zeigt sich auf einen zweiten Blick, daß es bei den gewalttätigen Auseinandersetzungen in Deutschland auch um die Verteilung von Ressourcen geht.

Bereits 1972 wies von Hentig (in der Preisrede auf Janusz Korczak) darauf hin, daß für Frieden insgesamt eine veränderte Haltung nötig ist, wobei man immer viele Aspekte zugleich betrachten müsse. Sowohl die Bedingungen, in denen Menschen einer Gesellschaft leben als auch ihre Haltungen und Beziehungen untereinander seien Voraussetzung für potentielle Abwesenheit von Krieg. Gesellschaftliche Bedingungen und Haltungen sowie Handlungen von Menschen sind ineinander verquickt. „Wer hungert, wird am Ende auch rauben; wer gedemütigt wird, den beruhigt der volle Teller nicht; wer nicht mitbestimmen darf, dem nützt es

nicht, wenn er inzwischen mit ‚Herr' angeredet wird; wenn wir Menschen untereinander verständig leben, aber die Natur unverständig ausbeuten, dann wird *sie*
zurückschlagen; wenn wir den Frieden zwischen den Völkern durch das Unglück
und die Entmündigung derer erkaufen, die nach uns kommen, dann haben wir
den Krieg nur an eine andere Stelle verschoben." (von Hentig 1987, 63) Von
Hentig wies vor über zwanzig Jahren nach, daß es wenig produktiv ist, entweder
davon auszugehen, daß man erst die Welt verändern müsse, um den Krieg aus den
Herzen der Menschen zu bannen, oder daß sich erst der Mensch verändern muß
(vgl. ebd., 66). Beides muß gleichzeitig verändert werden: die gesellschaftlichen
Bedingungen und die Haltungen der Menschen.

Um diese Vorgänge analysieren zu können, bieten sich die Begriffe des positiven und negativen Friedens an. Galtung schlug bereits vor über zwanzig Jahren
den Begriff des negativen Friedens vor, um Prozesse der Gewaltreduzierung und
den des positiven Friedens, um Prozesse der Lebensverbesserung zu fassen (vgl.
Galtung 1993a, 49). Hierbei geht es vor allem darum, Frieden nicht nur als einen
gesellschaftlichen Zustand vor oder nach einem Krieg zu sehen, sondern als eine
Gestaltungsaufgabe für alle Gesellschaftsmitglieder, Verhältnisse zu schaffen, in
denen es für alle möglich wird, ihre potentiellen Entwicklungsmöglichkeiten auszuschöpfen.

Vogt stellt an Galtungs Begrifflichkeiten anknüpfend einen Zusammenhang
zwischen Ungleichheiten und Gewalt her. Seine Überlegungen basieren darauf,
„daß der Mensch die Affekt- und Aggressionsbeherrschung bewußt erlernen und
seine konstruktiven Potentiale positiv für den Frieden einsetzen kann" sowie auf
einem „produktiven Konfliktverständnis" und auf einem „gemeinsamen Über-
lebensinteresse der Völker". Frieden und Sicherheit sei davon abhängig, daß
„ungerechte Verteilungen und alle Formen struktureller Gewalt innerhalb der
Gesellschaften und zwischen den Staaten und Regionen weitestgehend abgebaut
und überwunden werden" (Vogt 1990, 26).

Im folgenden soll in Erweiterung der Ansätze von Galtung und Vogt von einem
erweiterten positiven Friedensbegriff – als einem „universellen Leitwert" – ausgegangen werden, wobei vorausgesetzt wird, daß Frieden ein Lebensbedürfnis ist,
da nur Frieden verallgemeinerbar ist, nicht aber Gewalt. Der positive Friedensbegriff auf der Alltagsebene stellt ferner ein *Lebens- und Gestaltungsprinzip* dar,
das offensichtlich komplex angelegt ist: zum Beispiel im wachen und distanzierten Umgang mit Gewalt, in der kritischen Reflexion von Machtansprüchen und
Machtgefühlen, in der Auflösung gewaltträchtiger gesellschaftlicher Stereotypen
und Mythen, die zu Diffamierungen und Ausgrenzungen führen, in der engagierten Suche nach Veränderungsmöglichkeiten von Bedrohungen und Benachteiligungen.

Zugespitzt formuliert, sollen mit dem Begriff des negativen Friedens *re*-aktive
Prozesse, die Verringerung bereits vorhandener Gewalt und Gewaltbereitschaft,
gefaßt werden. Der Begriff des erweiterten positiven Friedens soll hingegen
auf perspektivische Vorstellungen, die über die bestehenden gesellschaftlichen
Verhältnisse hinausweisen, orientieren. Dabei soll es nicht nur um den Umgang

mit physischer Gewalt gehen, sondern auch mit Macht und Machtansprüchen. *Ziel der Alltagsfriedensarbeit, die sich an einem erweiterten positiven Friedensbegriff orientiert, ist eine Befestigung und Verinnerlichung demokratischer Strukturen.* Dabei soll die Entfaltung und Entwicklung des einzelnen, der Gruppe(n) in der Kommune grundsätzlich ermöglicht werden, lokale Formen des Hasses könnten so durch Kooperation ersetzt und aufgelöst werden.

Ein Problem in der Konzeptionierung von Galtungs Vorstellungen über positiven und negativen Frieden stellt der Gedanke der potentiellen Entwicklungsmöglichkeiten dar. Wer bestimmt sie, wie sind sie festzustellen? Einen Versuch in diese Richtung stellt das Konzept der „nachhaltigen Entwicklung" dar.

„Entwicklung muß alle Menschen in die Lage versetzen, ihre menschlichen Fähigkeiten voll und ganz auszuschöpfen und sie überall – im wirtschaftlichen, sozialen, kulturellen und politischen Bereich – optimal einzusetzen." (Deutsche Gesellschaft für die Vereinten Nationen 1994, 15) Insofern gleicht die Definition der des positiven Friedens von Galtung. Allerdings wird in diesem Kontext versucht, der Willkür zu entgehen, indem Entwicklung an soziale Gerechtigkeit und Verallgemeinerbarkeit für alle lebenden Menschen und zukünftigen Generationen gebunden wird. „In diesem Zusammenhang steht Nachhaltigkeit im weitesten Sinn für gerechte Verteilung – es geht darum, daß sich die heutigen und die künftigen Generationen die Entwicklungschancen teilen." (ebd.) Im Konzept der nachhaltigen Entwicklung geht es nicht primär um Umverteilung von materiellem Reichtum, wobei aber berücksichtigt wird, daß ein bestimmtes Mindesteinkommen für alle ebenso zu gewährleisten ist wie die perspektivische Abschaffung von Armut. „Der Kern einer nachhaltigen menschlichen Entwicklung liegt darin, daß jeder gleichen Zugang zu Entwicklungschancen haben sollte – heute und in Zukunft." (ebd., 23)

Sie soll die Menschen handlungsfähig machen: Sie „versetzt sie in die Lage, die Prozesse und Ereignisse, die ihr Leben bestimmen, mitzugestalten und an ihnen mitzuwirken." (ebd., 5) Dies soll erreicht werden, indem Arbeitsplätze und Natur in den Mittelpunkt gesellschaftspolitischer Überlegungen gestellt werden. Bildung, Gesundheit, Mindesteinkommen, Auffüllung der verbrauchten ökologischen Ressourcen u. a. stellen dabei unumgängliche Voraussetzungen dar. Als weitere Ursache für Konflikte kommt der Mangel an Verteilungsgerechtigkeit hinzu: „Überkonsum bei etwa 15 Prozent der Menschheit, Normalkonsum bei weiteren 15 Prozent und Unterversorgung der anderen 70 Prozent." (Koppe 1995, 8)

Es stellt sich also die schwierige Aufgabe, die Lebensbedingungen für alle Gesellschaftsmitglieder zu verbessern, nicht nur im ökonomischen und ökologischen, sondern auch im zwischenmenschlichen Bereich – in den Lebensweisen –, um den Prozeß der Gewaltreduzierung (negativer Frieden) forcieren zu können. Andererseits muß die Gewalt reduziert werden, um obige Ansprüche erfüllbar machen zu können. *Diesem Zirkel kann man zwar logisch nicht entrinnen, aber praktisch, indem man an beiden Aspekten abwechselnd arbeitet, die Herstellung von negativem und positivem Frieden als gesellschaftspolitisches Ziel bei jeder Analyse und jedem Konzept für die Praxis im Blick behält.* Hier greift Alltagsfriedensforschung, da *sie nicht zuletzt Gewaltanalysen als Teil einer kommunalen Gewaltprävention betreibt.*

3.2   Direkte, strukturelle und kulturelle Gewalt

Auf die Dringlichkeit von Gewaltanalysen und langfristiger Prävention braucht angesichts der Brandanschläge in vielen deutschen Städten nicht mehr hingewiesen zu werden. Es stellt sich vielmehr die Frage nach den *Wegen* von Gewaltprävention. Die Landesvorstandssprecherin von Bündnis 90/Die Grünen in Nordrhein-Westfalen, Kerstin Müller, zeigt Wege auf, indem sie nach den Ursachen der Morde von Solingen sowie nach der Gewaltbereitschaft der jugendlichen Täter fragt. „Da wir diese Jugendlichen nicht individuell therapieren und auch nicht eine ganze Gesellschaft auf die Couch legen können, müssen wir die gesellschaftlichen Strukturen und Traditionen benennen, die diese dazu bringt, Konflikte auf solche Weise auszuagieren." (Müller 1993, 4) Somit wäre eine differenzierte Gewaltanalyse, die vor jeder Prävention stehen muß, eine Investition in die Zukunft und in die Entwicklungsmöglichkeiten der kommenden Generationen.

Um konkretisieren zu können, was gemeint ist, wenn man von der Notwendigkeit einer Gewaltreduzierung und -prävention ausgeht, ist ein differenzierter Gewaltbegriff unerläßlich. Was ist gemeint, wenn von einer Zunahme von Gewalt die Rede ist?

> „Gewalt liegt dann vor, wenn Menschen so beeinflußt werden, daß ihre aktuelle somatische und geistige Verwirklichung geringer ist als ihre potentielle Verwirklichung." (Galtung 1971, 57)

Diese von Galtung vor 25 Jahren vorgeschlagene Definition von Gewalt wird als Basis immer wieder aufgegriffen (vgl. z. B. Esser und Dominikowski 1993; Krysmanski 1993, 152). Sie soll auch hier orientierende Grundlage sein.

Die Gewalt, die direkt auf die Verletzung eines menschlichen Körpers zielt, wie die Brandanschläge, ist eine Form von Gewalt, die von Personen ausgeht und auf Personen gerichtet ist. Galtung nennt dies „direkte Gewalt", eine Gewalt, ausgeübt durch Akteure, die sozusagen „dingfest" gemacht werden können. Indirekte Gewalt, bei der Akteure nicht sofort sichtbar sind, nennt Galtung „strukturelle Gewalt". Dazu gehört zum Beispiel die ungleiche Verteilung von Arbeitsplätzen. Die Verursacher von Erwerbslosigkeit treten nicht offen zutage, sondern verbergen sich hinter allgemeinen Prozessen wie Rationalisierungen, lean production [1], Konjunktur, Rezession, Politik. Hier wirken Kräfte in einer Weise zusammen, die kaum mehr Rückschlüsse auf Akteure zulassen. Legitimiert, so Galtung (1993b, 106), wird direkte und strukturelle Gewalt durch „kulturelle Gewalt".

---

[1]   „Die englische Sprache macht die harte Wirklichkeit für unser Ohr weich, läßt die anstehenden Rationalisierungen und Entlassungen als eine der üblichen Frühjahrs-Diätkuren erscheinen." (Möller 1993, 85)

Man könnte sich Klarheit über den Begriff der kulturellen Gewalt verschaffen, indem man nach seiner Negation fragt. „Wenn das Gegenteil von Gewalt Frieden ist, [...], dann wäre das Gegenteil von kultureller Gewalt kultureller Frieden, das heißt Aspekte einer Kultur, die dazu geeignet sind, direkten und strukturellen Frieden zu rechtfertigen oder zu legitimieren. Verfügt eine Kultur über viele und viele verschiedene Aspekte dieser Art, so können wir sie als Friedenskultur bezeichnen." (Galtung 1993b, 106) Gewarnt wird allerdings davor, eine Kultur zu verordnen, was wiederum direkte Gewalt wäre (vgl. ebd.). Charakteristikum von kultureller Gewalt ist für Galtung, daß „sie die Realität so undurchsichtig [macht], daß wir eine gewalttätige Handlung oder Tatsache überhaupt nicht wahrnehmen oder sie zumindest nicht als solche erkennen." (ebd.)

Galtungs Unterscheidung der drei Gewaltformen soll hier als eine analytische betrachtet werden, als eine Orientierung für Alltagsfriedensforschung, worauf bei der Analyse zu achten ist. Schließlich lassen sich auch diese drei Gewaltbegriffe letztlich nicht direkt auf die Empirie, auf die Beschreibung des Alltags anwenden, da sie immer zusammenwirken (vgl. Roth 1988). Wenn ein Unternehmer einen Beschäftigten entläßt, liegt direkte Gewalt vor, aber auch strukturelle, weil die Beschäftigten im Vergleich zu Unternehmern eine untergeordnete Position einnehmen, da sie davon abhängig sind, eine Arbeitsstelle zu bekommen oder zu behalten. Beides wird im Kulturellen legitimiert, z. B. mit solchen Diskursen wie: Wer arbeiten will, findet auch Arbeit. Kulturelle Gewalt legitimiert hier strukturelle und direkte Gewalt. Alle drei Formen hängen eng zusammen und meinen im Effekt für die Betroffenen immer eine Verschlechterung ihrer Lebensbedingungen (das betrifft oft nicht nur die materielle Situation und die Alltagsorganisation, sondern auch Sinngebung und Wohlbefinden).

Auch wenn der Ansatz von Galtung „keine Erklärungen für Gewalt" liefern und nicht unmittelbar zur Erfassung empirischer Phänomene dienen kann, wie Roth (1988) kritisiert, soll im folgenden direkte, strukturelle und kulturelle Gewalt als Orientierung für die Analyse dienen. Schließlich kommt man im Fall des oben beschriebenen Beispiels den Kräften auf die Spur, die dazu beitragen, daß z. B. die Verursachung von (Massen-)Erwerbslosigkeit nicht als eine Form zu ahndender Gewalt zählt, obwohl sie sowohl die Lebensbedingungen als auch die Entwicklungsmöglichkeiten von Erwerbslosen massiv verschlechtert.

Ausbeutung, die sich für Galtung in der ungleichen Verteilung von Gütern zeigt, ist neben „Verletzung", „Entfremdung", „Repression" u.v.a. das Kernstück einer „Gewaltkultur". Auch Krysmanski geht davon aus, daß „soziale Konflikte im allgemeinen dort entstehen, wo Menschen und Menschengruppen, die ‚ungleich' sind [...], miteinander zu tun haben." (Krysmanski 1993, 98) Galtung erweitert diese Vorstellungen in Anlehnung an Gandhi, indem er feststellt: „Jegliches Gefälle zwischen dem Selbst und dem Anderen kann dazu genutzt werden, Gewalt gegenüber denjenigen zu rechtfertigen, die auf der Werteskala weiter unten stehen; jede Art von Kausalkette kann dazu genutzt werden, die Anwendung von Gewalt zur Erreichung nicht-gewalthaltiger Ziele zu rechtfertigen." (Galtung 1993b, 112)

Unsere Gesellschaft ist auf Ungleichheit gebaut, wie sich nicht nur am Beispiel der Erwerbslosigkeit zeigen läßt, schließlich orientiert sich Marktwirtschaft per definitionem überwiegend an Wettbewerb und Konkurrenz als Motor für Innovationen, Fortschritt und Bedürfnisbefriedigung sowie damit im Zusammenhang an den Idealen von „Durchsetzungsfähigkeit, Leistungsfähigkeit und Stärke" (Ostermann 1991, 77). Galtung verwendet in diesem Kontext den Begriff der „Gewaltkultur", der nicht unproblematisch ist. Der Vorteil dieses Begriffes liegt jedoch darin, sichtbar zu machen, was sonst verborgen bleibt, eine Umgangsform mit Menschen, die oft eher hinderlich als förderlich ist, möglichst allen bestmögliche Entwicklungschancen zu bieten. Problematisch ist die Verwendung des Begriffs insofern, als sich diktatorische Gesellschaften sprachlich nicht mehr von parlamentarisch-demokratischen unterscheiden lassen. Es soll im folgenden daher versucht werden, jeweils konkret zu benennen, von welchen Aspekten der Gewalt ausgegangen wird, d. h. direkten, strukturellen oder kulturellen. Hier lassen sich noch weitere Differenzierungen von kultureller Gewalt vornehmen, z. B. wenn versucht wird, mit dem Aspekt der „symbolisch-kulturellen Gewalt" die durch Symbolsysteme konstituierte Mediengesellschaft zu fassen (vgl. Esser und Dominikowski 1993, 33 f.). Gerade im Kontext der Legitimierung von Kriegen erhält Sprache eine große Bedeutung. Es werden insbesondere Diskurse verwendet, die außer acht lassen, daß es um die Verletzung menschlicher Körper geht, indem das Geschehen umbenannt wird. So zeigt Scarry (1992) nachdrücklich, daß der Vorgang des Krieges in der Regel so beschrieben wird, als handele es sich um Entwaffnungen oder um Kosten und nicht um Verletzungen von Menschen. [2] Andere sprechen von „kommunikativer Gewalttätigkeit", wenn Fakten entstellt und Ansprüche verfälscht werden (vgl. Esser 1992b, 120).

Um zunächst einmal begrifflich diesem Dreieck von sich überlagernden Gewaltformen von direkter, struktureller und kultureller Gewalt entkommen zu können, braucht es eine positive Orientierung. Galtung schlägt hier als entgegengesetzte Begriffe „direkten", „strukturellen" und „kulturellen Frieden" vor – eine Art „Tugenddreieck", „in dem der kulturelle Friede den strukturellen Frieden mit symbiotischen, gerechten Beziehungen zwischen verschiedenen Partnern und den direkten Frieden, gekennzeichnet durch Kooperationsbereitschaft, Freundlichkeit und Liebe hervorbringt." (Galtung 1993b, 112) Galtung beschreibt diese drei Formen von Frieden nicht weiter, sondern schlägt vielmehr vor, an allen drei Ausprägungen anzusetzen. Auch hier zeigt sich, daß sowohl die gesellschaftlichen Bedingungen, in denen Menschen leben, als auch ihre Beziehungen untereinander, die Umgangsformen, die Sprache u.v.a.m. geändert werden müssen. Die Wege hin zu Gerechtigkeit, Kooperation und Liebe müssen erst noch erarbeitet werden und

---

[2] Scarry führt dies an Hand der Kostenmetapher in Diskursen vor. Wenn Krieg der Preis für Freiheit ist, die Schlacht der Preis des Krieges, das Hinschlachten der Preis der Schlacht, Blut der Preis des Hinschlachtens, dann wird eine Tautologie offensichtlich: Verwundung und Tod sind der Preis für Verwundung und Tod (vgl. Scarry 1992, 113 f.).

können sicherlich viele Formen annehmen. Auf eine allgemeine Orientierung für alle drei Ausprägungen soll im folgenden eingegangen werden.

Geht man davon aus, daß das „menschliche Wesen" das Ensemble der gesellschaftlichen Verhältnisse ist (6. Feuerbachthese in MEW 3, 6), daß sich die Menschen also die Verhältnisse, wie sie sie vorfinden, aneignen, sich ihnen unterwerfen, daß sie aber auch immer die Möglichkeit haben, sie zu verändern, also Subjekte ihrer Geschichte sind, dann sind die Menschen nicht nur Opfer ihrer Verhältnisse, sondern sie sind Opfer und TäterInnen zugleich (F. Haug 1990b). Mit anderen Worten, sie müssen versuchen, die „Male ihrer Unterdrückung", wie es Paulo Freire 1980 nannte, zu überwinden. Das bedeutet, die Menschen können und müssen verlernen, bestehende Gewaltverhältnisse zu reproduzieren sowie alternative Haltungen und Fähigkeiten, die potentiellen Frieden ermöglichen, zu produzieren. Wie aber müßte eine solche Friedensfähigkeit beschaffen sein?

3.3   Friedensfähigkeit

„Auch wenn es nicht abschließend möglich ist, Friedensfähigkeit eindeutig zu definieren, so ist doch unübersehbar, daß zum Erwerb von Friedensfähigkeit Kompetenzen gehören wie Fähigkeiten zum demokratischen Handeln, zum Achten von Minderheiten, zum Engagement gegen Ungerechtigkeiten und Zerstörungen und zum fairen, möglichst gewaltfreien Austragen von Konflikten." (van Dick 1990, 166) Van Dick skizziert einige „pädagogische Wege" zur Friedensfähigkeit: „Welcher Mangel an Einfühlung in andere Menschen, welche Grundstrukturen des ‚autoritären Charakters' prägen bis heute gesellschaftliche Umgangsformen?" (ebd., 167) „Was bedeutet es, wenn mittlerweile eine gesamte Generation junger Menschen heranwächst, die von klein auf mit der Tatsache des öffentlich verhandelten Untergangs dieses Planeten konfrontiert worden ist?" (ebd., 168) „Wo [...] ist die unmittelbare menschliche Begegnung und Erfahrung noch stärker als der mediale Reiz?" (ebd., 169)

An dieser Stelle schlagen Nicklas und Ostermann den Begriff der „Friedensfähigkeit" vor. Für sie stellt er die Fähigkeit dar, „Frieden durch kollektives Handeln herzustellen und zu erhalten." (ebd. 1993, 60) Dazu müßten Menschen lernen, sich nicht mehr als Opfer zu fühlen, *sondern sich einzumischen und aktiv zu werden* (vgl. Nicklas und Ostermann 1993, 68 f.). *Diese beiden Prinzipien stellen die Leitdimensionen der Umsetzung von positiven Friedensschritten dar (vgl. Abschnitt 3.1).*

Da Friedensfähigkeit sehr unterschiedlich in den Diskussionen verwendet wird, nicht immer als Begriff, sondern oft als Beschreibung für einzelne Phänomene, soll im folgenden von der Definition von Nicklas und Ostermann ausgegangen werden. Diese Definition ist weitreichend genug, um die Fähigkeit zu umfassen, „mitfühlend an anderen Individuen und Gruppen Anteil zu nehmen und Fremden ohne blockierendes Mißtrauen und Berührungsängste zu begegnen" (Richter 1991, 14). Auch Wege zur Friedensfähigkeit, wie sie Krysmanski aus den Erfahrungen der Friedensbewegungen ableitet, sind darin aufgehoben: „Friedensfähigkeit beginnt bei der Bearbeitung der Ängste und Aggressionen der einzelnen Menschen in ihren alltäglichen, unmittelbaren Beziehungsgeflechten [...], das Umgehen mit den eigenen Ängsten, das Kanalisieren von Wut, die Inbeziehungsetzung der eigenen emotionalen und intellektuellen Befindlichkeit mit gesamtgesellschaftlichen, ja globalen Fragen geht nicht ohne Selbstbeobachtung und Selbstentwicklung ab." (Krysmanski 1993, 104)

Ähnlich wie Elias (1976) geht Krysmanski davon aus, daß der Umgang mit Angst, sofern sie auf gesellschaftliche Veränderungen gerichtet wird, zum Motor einer Entwicklung von Friedensfähigkeit werden kann. Doch in der Angst als einer Grundlage zur Entwicklung von Friedensfähigkeit liegt eine Gefahr. Schließlich können die oben angeführten Diskriminierungen von Arbeitslosen auch als Verarbeitung eigener Ängste davor gewertet werden, selbst arbeitslos werden zu können. Es wird daher unerläßlich sein, Räume und Möglichkeiten zu finden, in denen Menschen ihre Ängste artikulieren und verarbeiten können.

3.4 Friedensstrukturen

Damit man mit dem Begriff der Friedensfähigkeit nicht in die Falle läuft, ausschließlich solche interpersonellen Beziehungen zu betrachten, die auf bestehende Gewaltformen bloß re-agieren, sondern auch und gerade solche, die darüber hinausgehen – gemeint sind hier solche utopischen Ansätze, die dazu beitragen können, dem Bestehenden Neues entgegenzusetzen – braucht es zusätzliche theoretische Überlegungen. Welche Voraussetzungen müssen geschaffen werden, um Frieden durch kollektives Handeln auf Dauer überhaupt herstellen zu können?

Kollektives Handeln braucht eine Organisationsstruktur, die z. B. das Zusammentreffen von Menschen ermöglicht, um gemeinsam im Sinne einer „dritten Sache" – dem Frieden – handeln zu können. Hier soll es aber keineswegs darum gehen, eine bestimmte Organisationsform zu verordnen, was im Sinne von Galtung „direkte Gewalt" und gar nicht erstrebenswert wäre, sondern es geht darum, einen Begriff zu (er)finden, der alle möglichen Formen faßt, in denen Menschen versuchen, gemeinsam etwas für die friedliche Regelung des Gemeinwesens zu tun. Hierzu gehören die klassischen Aktionen, wie man sie aus den Friedensbewegungen kennt, unter vielem anderen eine Arbeitsgruppe zu gründen, eine Demonstration zu organisieren, eine Mahnwache aufzustellen, atomwaffenfreie Zonen zu errichten. Darüber hinaus soll es aber auch darum gehen, Strukturen zu schaffen, die das Entwickeln von Friedensfähigkeit in allen gesellschaftlichen und interpersonellen Bereichen ermöglichen, erleichtern und forcieren. Solche umfassenden gesellschaftlichen und individuellen Veränderungen brauchen kollektive Abstützungen (vgl. F. Haug 1990b), Analysen über gesellschaftliche Zusammenhänge und ein Verständnis davon, wie sie zustande kommen. [3]

---

[3] Adorno (1977[5]) schlug in diesen Zusammenhang bereits 1969 eine umfassende Medienkritik vor, die

Adorno, der 1969 noch nicht alle heute für wichtig erachteten Aspekte in ihrer Komplexität in Betracht ziehen konnte, wies dennoch auf ein immer noch zentrales Problem hin. Er gab zu bedenken, „daß gerade im Eifer des Änderungswillen allzu leicht verdrängt wird, daß Versuche, in irgendeinem partikularen Bereich unsere Welt wirklich eingreifend zu ändern, sofort der überwältigenden Kraft des Bestehenden ausgesetzt sind und zur Ohnmacht verurteilt erscheinen. Wer ändern will, kann es wahrscheinlich überhaupt nur, indem er diese Ohnmacht selber und seine eigene Ohnmacht zu einem Moment dessen macht, was er denkt und vielleicht auch, was er tut." (Adorno 1977[5], 147) Hierfür braucht es Orte, Strukturen und Orientierungen, die es ermöglichen, den Prozeß der Mündigkeit zu initiieren und in Gang zu halten. [4]

Solche Strukturen müssen so angelegt sein, daß sich zunächst ein kleiner Bestandteil einer Kultur in einem beschränkten Ausmaß über Partizipationsprozesse erarbeiten läßt, also Zeiten und Räume bereit stehen, die die Möglichkeit zum Experimentieren und Ausprobieren bieten, aber auch zum Einmischen und Mitreden. *Diese Strukturen sollen „Friedensstrukturen" genannt werden, die als ungewöhnlich demokratiefördernd verstanden werden* (vgl. Kapitel 3.3). Langfristiges Ziel wäre dann eine „Friedenskultur", die aus einer Vielzahl von Friedensstrukturen besteht, die die Gesellschaft in ihren Bereichen erfaßt – von der Außenpolitik bis zur Eltern-Kind-Beziehung. Doch was heißt Friedenskultur, und welcher Kulturbegriff liegt ihr zugrunde?

3.5 Kultur – Friedenskultur

Der hier verwendete Kulturbegriff soll zwar über traditionelle Vorstellungen von Kultur hinausgehen, aber sie zugleich beinhalten.

Betrachtet man klassische Darstellungen in der Kultur, so zeigt sich, daß gerade sie von der „Verherrlichung von Gewalt und Krieg" durchdrungen sind (Krippendorff 1986, 11). Krippendorff geht exemplarisch durch die Bereiche sogenannter klassischer Kultur wie Musik, Literatur und Malerei und kommt zu so eindringlichen Ergebnissen wie z. B. dem, daß es in „der Musik der ‚Klassik' [...] nur Mozart" ist, „der sich jeglicher Machtapotheose verweigert". Insgesamt sei unser Staat eine Gewaltordnung, die sich nicht nur explizit aus der legislativen, judikativen und ausübenden Gewalt zusammensetzt, sondern deren „ursprünglicher

---

analysiert, was als Realität verkauft wird. Vom heutigen Standpunkt aus kann man ergänzen, daß dazu auch gehört zu untersuchen, wie Medien eine eigene Welt konstruieren, die dann zur Realität wird.

[4] Solche Romane wie Sartres Trilogie „Wege der Freiheit" zeigten schon im Kontext des Zweiten Weltkrieges wie die Partizipation am Krieg dazu gerinnen kann, Sinn zu stiften in einem als langweilig erlebten Alltag ohne Orientierungen. Gefährlich wird dann die abstrakte Frage nach dem Sinn an und für sich, weil so gefragt alles abgelehnt werden kann. Mathieu, einer der Protagonisten, zieht gern in den Krieg, weil es eine Abwechslung ist und er sich seinen Beruf als Gymnasiallehrer nicht zu einer befriedigenden Aufgabe gestalten kann oder will (vgl. Sartre 1988).

Gewaltcharakter" „symbolisch präsent" ist, z. B. in den Uniformen für staatliche Bedienstete in den Bereichen Militär, Gericht, Post u.v.a. (Krippendorff 1986). Das heißt, die staatliche Gewalt durchzieht den Alltag, ist stets anwesend und so selbstverständlich, daß man sie kaum noch wahrnimmt. Notwendig ist also ein Kulturbegriff, der auch diese Phänomene mit einschließt, der es ermöglicht, den Alltag der Menschen, ihre Gewohnheiten und Lebensweisen mitzuerfassen und Selbstverständlichkeiten zu durchbrechen.

Ein weitreichender Kulturbegriff wurde von der UNESCO definiert. Er bezeichnet Kultur „in ihrem weitesten Sinne als die Gesamtheit der einzigartigen geistigen, materiellen, intellektuellen und emotionalen Aspekte [...], die eine Gesellschaft oder soziale Gruppe kennzeichnen. Dies schließt nicht nur Kunst und Literatur ein, sondern auch Lebensformen, die Grundrechte des Menschen, Wertsysteme, Traditionen und Glaubensrichtungen." (zit. n. Rajewsky 1988b, 166) Dieser umfassende Kulturbegriff hebt zwar die Besonderheiten von Gesellschaften und Gruppen hervor und ermöglicht den Blick auf Unterschiede, beinhaltet aber nicht die alltäglichen Selbstverständlichkeiten oder solche Aspekte, die sich in vielen Gesellschaften ähnlich darstellen, mit entsprechend ähnlichen Effekten, z. B. die Repräsentation und Reproduktion von Staatsgewalt. An dieser Stelle soll eine Formel, die sich vor Jahren im Deutschen Gewerkschaftsbund durchgesetzt hat und die von W. F. Haug aufgegriffen wurde, vorgeschlagen werden. Demnach ist Kultur, „wie der Mensch lebt und arbeitet." (W. F. Haug 1980, 6) Darin können sowohl die Differenzen verschiedener Ethnien Berücksichtigung finden als auch der Alltag von Menschen, die KünstlerInnen und ihre Arbeitsweisen ebenso wie die RezipientInnen von Kunst und ihre Sichtweisen.

Wenn es darum geht, diese Kultur zu verändern und eine neue zu schaffen, dann kann es nach Gramsci nicht nur darum gehen, „individuell ‚neuartige' Entdeckungen zu machen, es bedeutet auch und besonders, bereits entdeckte Wahrheiten [...] sozusagen zu ‚vergesellschaften', sie lebenswichtigen Handlungen als Elemente der Koordinierung und geistig-moralischen Ordnung zugrunde zu legen." (Gramsci 1967, 131) Dies wiederum ist nur denkbar als ein „langwieriger Lernprozeß" (W. F. Haug 1985, 164). Auf der einen Seite ist die kulturelle Ebene „für Vorgänge auf der politischen Bühne vorbereitend, tragend oder blockierend wirksam", auf der anderen „können bewußte Eingriffe in die kulturelle Ebene nur in politischer Perspektive entwickelt werden." (ebd., 168)

Politik und Kultur hängen also eng zusammen und bestimmen sich wechselseitig, dies wird nirgendwo so deutlich wie beim Nachdenken über Friedenskultur. Hier sind die Gedanken Gramscis über Kultur nützlich, weil er erste Vorschläge für konkrete Veränderungen machte, wobei er immer versuchte, bei den Interessen der Menschen und bei ihrer aktiven Teilhabe anzusetzen. Eine besondere Bedeutung maß er der Schule bei, wenn er beklagte, daß in der Schule eine Kultur als allgemeine Kultur vermittelt werde, zugleich aber keine Übereinstimmung zwischen Schule und (alltäglichem) Leben der SchülerInnen existierte. Er setzte dem ein forschendes Lernen entgegen, worin dem Lehrer die Funktion eines freundlichen Anleiters zugedacht werden sollte (Gramsci 1929 bis 1935, 33; vgl. auch Ketelhut 1993b).

Wenn man unter Kultur die Art und Weise versteht, wie der Mensch lebt und arbeitet, dann bestimmt sie das ganze Leben in allen Bereichen, durchzieht also den Alltag. Wenn aber die Aneignung von Kultur zugleich eine ist, die von diesem Alltag abstrahiert, ihm entfremdet ist, kommt der Veränderung von Kultur und ihrer Aneignung eine zentrale Bedeutung zu.

3.6   Friedensvisionen

Krieg ist das traurigste Wort, das von meinen zitternden Lippen fliegt. Es ist ein böser Vogel, der nie Ruhe findet. Es ist ein tödlicher Vogel, der unsere Häuser zerstört und uns unsere Kindheit raubt.
Krieg ist der teuflischste aller Vögel, er malt die Straßen rot an mit Blut und verwandelt die Welt in ein Inferno.   *Maida, 12 Jahre, aus Skopje in: „Ich träume vom Frieden" (1994)*

Gesellschaftsorientierte Friedensvisionen sprechen soziale, ökonomische, ökologische, kulturelle und politische Veränderungskomponenten und neue Lebensperspektiven an. Solche Friedensvisionen stehen im Kontext von humanen Zukunftsentwürfen. Diese sind für die Alltags- und Lebensweltebenen von richtungsweisendem Stellenwert. Denn sie können, mittel- und langfristig angesetzt, bei Umsetzungsprozessen äußere und innere, globale und lokale Friedensentwicklungsschritte innovativ anregen.

In Friedensvisionen wird auch angenommen, daß globale und lokale menschenfeindliche Verhältnisse, z. B. wirtschaftliche, militärische, ökologische, kulturelle und/oder risikokomplexe Fehlentwicklungen veränderbar und zu mindern sind, wenn politischer Gegendruck, ungewöhnliche originäre Aktionen, mutige Initiativen, kleine/große soziale Bewegungen bzw. vielfältiger öffentlicher und kreativer Widerspruch an Einfluß gewinnen, um neue humansoziale und politische Sichtweisen und Lebensgrundlagen anzusiedeln. Nicht zuletzt ist diese Praxis erforderlich, um etwa in der Kommune neue Qualitäten und Formen des sozialen, kulturellen und politischen Zusammenlebens von Menschen zu realisieren.

Die zentrale *Friedensvision Abschaffung des Krieges*[5] stellt als Lebensgrund eine politische Provokation dar.

Erwartungen zu diesem Entwicklungsprozeß scheinen problematisch. Denn alte und neue Probleme sind nicht unwirksam, z.B. der weltweit ungebrochene Waffen- und Rüstungsexport, die NATO-Erweiterung und neue Aufgaben der NATO oder angesichts der Zusammenhänge von Klimaveränderung, Umweltzerstörung, Migration, Erpressung und neuen Kriegen um Ressourcen vielleicht gar ein ‚Krieg der Armen gegen die Reichen'.

---

[5] Spätestens seit 1945, dem Jahr der Gründung der Vereinten Nationen, ist Gewaltanwendung als Mittel internationaler Politik verboten. Insbesondere ist die Führung von Kriegen verboten.

Allein schon für die politische Aufklärungs- und Lernarbeit hat vor diesem Hintergrund die Friedensvision Abschaffung des Krieges eine umgreifende, politisch und kulturell bedeutsame erkenntnis- und handlungsleitende Überlebensdimension.

Verzahnt ist damit die andere global und lokal existentielle Friedensvision, nämlich umfangreiche *Kooperationen und Partnerschaften mit der Natur* radikal einzurichten.

Auch hier kommt es wiederholt auf die Erfassung der bekannten und noch zu entwickelnden Notwendigkeiten an, ferner auf die Erörterung der Zusammenhänge und Konsequenzen.

In kommunalen Alltags- und Lebenssituationen an Basisproblemen der Einen Welt zu arbeiten, um Wachstum z. B. von lokaler Gerechtigkeit, von Entwicklung, Gleichheit, Vielfalt und Toleranz voranzubringen, setzt erhebliche strukturelle Veränderungen der örtlichen Erziehungs- und Bildungseinrichtungen, aber auch eine funktionierende arbeitsteilige institutionelle Vernetzung voraus. Immerhin geht es hier um die Umsetzung von Zukunftsverantwortung (vgl. ausführlicher Birnbacher 1988). Diese soziale Friedensvision erhält dadurch eine reale Chance.

Eine weitere komplexe Friedensvision ist die innergesellschaftliche *Vertiefung und Erweiterung von demokratischen Strukturen* für neue Lebensfelder, für humane Entwicklungen und Zukünfte. Sicherer Umgang mit Konflikten, Souveränität zur Verteidigung von Interessen als herausragendes Veränderungsinstrument für neue demokratische Prozesse, ferner Partizipationsverhalten und nicht zuletzt Widerstandsfähigkeit bei öffentlichen/institutionellen/existentiellen Kontroversen sind einige Bedingungsfaktoren. Auch Fortschritt von demokratischen Strukturen und Bedingungen gelingt wohl eher in kleinen und allmählichen Schritten und Einheiten.

Wenn Kinder und Jugendliche um ihre Zukunft besorgt sind, können sie kaum noch auf aktuelle Politik warten. Denn die Effizienz von Berufspolitiker-Politik ist inzwischen keineswegs die, die für qualifizierte Lebensbedingungen von Kindern und Jugendlichen erforderlich ist. Kinder und Jugendliche empfinden als nachwachsende Generation das „Rest-Risiko" der täglich zunehmenden existentiellen Gefahr und die Last der unbewältigten Probleme für sie in 20 Jahren als enorme Bedrohung für ihre eigene Zukunft.

Statt dessen müssen Kinder und Jugendliche im Kontext politischer Partizipation ihre Bedürfnisse und Interessen im öffentlichen Raum der Kommune mit Maßnahmen der Einmischung erarbeiten und wahrnehmen.

Diese bisher wenn auch noch dünn angelaufene Veränderungs- und Friedensvision ist für die demokratische Kultur keinesfalls zu ignorieren. Erwachsene tun gut daran, Kinder und Jugendliche in ihrer Klugheit und Flexibilität nicht länger zu unterschätzen. Es ist deshalb überfällig, Kinder und Jugendliche nicht mehr mit ihrer Kompetenz für weltweite soziale und politische Fragen immer wieder neu, und das schon seit Generationen, auszugrenzen. Engagement, Augenmaß und Empathie, insbesondere auch exemplarische Beurteilungskompetenz und großes Verantwortungsgefühl für weltweite Probleme und Notlagen, nicht zuletzt die grundsätzlichen Basisprinzipien der Gleichberechtigung zwischen Menschen können Kindern und Jugendlichen keineswegs mehr abgesprochen bleiben.

Kinder und Jugendliche sind auch nicht mehr länger vom Partizipationsprozeß an gesellschaftlichen und demokratisch entscheidenden Entwicklungszielen auszuschließen, weil ihre sozialen und politischen Lebensgrundlagen und ihre Zukunft zur Disposition stehen. Es steht Kindern und Jugendlichen zu, direkt an realen Konfliktsituationen gerade auch außerhalb von Bildungseinrichtungen zu lernen, wie ihre subjektiven Interessen durchzusetzen und zu erfahren sind, wie hierbei Demokratie funktioniert bzw. nicht funktioniert.

Es geht also darum, daß Kinder und Jugendliche über politisches selbstbestimmtes kooperatives Lernen, über Maßnahmen und über Aktivierungskonflikte und Strategien Partizipationsinteressen effektiv wahrnehmen und sich dabei reale gesellschaftliche Erfahrungen über unbewältigte Konflikte in Gestaltungs-Autonomie aneignen. Prinzip ist hierbei, lokale Erfahrungen zu machen und handeln zu lernen, um regional, innergesellschaftlich und weltweit Zusammenhänge zu erschließen, Einflußstrukturen und Machtmißbrauch bzw. Auswirkungen der strukturellen und kulturellen Gewalt kennenzulernen.

Kinder des Natur-Gipfels 1991 führen diese Vision an:

„Autos sollen Flügel haben, damit sie keine Tiere töten. Die Menschen sollen die Sprache der Tiere verstehen. Die Leute, die die Umwelt schützen, sollen sich vermehren. Schließt die Atomkraftwerke. Bei Ozongefahr sollen die Autos in der Garage bleiben und nicht die Kinder im Zimmer. Ich wünsche mir eine Kinderpartei und ein Wahlrecht ab 9 Jahre. Baut lieber Spielplätze als Parkplätze! Wir sollten lernen, bescheidener zu werden."

Die *Grundlegung und Herstellung gewaltfreier Lebensräume* stützt unbedingt eine alltagsorientierte kommunale Friedenskultur. Nachzuvollziehen ist sicherlich, daß diese lebensbedeutsame Friedensvision zur Alltagsgestaltung durch lösungsorientierte Konfliktbearbeitung, durch neue soziale und politische kooperative Einstellungen und Werte, durch praktizierte Formen Sozialer Zärtlichkeit (vgl. Esser 1984), durch Veränderungs- und Versöhnungsbereitschaft, durch Achtung vor anderen, durch soziale Kompetenz, durch kreative Konfliktbearbeitungen und Aktivitäten sowie durch umgesetzte Friedensfähigkeit wirksam zu fördern ist (vgl. ergänzend Senghaas 1995).

Die einzelnen friedensfördernden Bedingungen und Faktoren werden in überschaubaren kommunalen Alltagsbereichen einzusetzen sein.

Dazu zählen etwa die *Einrichtung und große Verbreitung von Nachbarschaftshäusern bzw. Nachbarschaftszentren*, in denen Menschlichkeit entfaltet, Lebensräume gestaltet und wohnortnahe Handlungsmöglichkeiten zu globalen und lokalen Fragen erfahren und angegangen werden können.

Das Nachbarschaftszentrum ist ein kommunales Lebenshaus mit gewaltfreier, konflikt- und veränderungsfähiger Einmischungspolitik und Kultur. Dazu gehört auch, neue Formen der Zusammenarbeit gegen Gewaltursachen und zur Gewaltüberwindung zu erproben, interkulturelles Lernen durch gemeinsames Tun zu vertiefen, soziale und politische Solidaritäten einzuüben, tradierte „Betonmauern" des strukturellen und kulturellen Dogmatismus und der Gewaltkultur zu überwinden, Auseinandersetzung mit verdecktem und öffentlichem Rassismus anzugehen, an der Vielfalt der Interessen und Menschen des Stadtteils bzw. des Wohnortes Integrationsfähigkeiten weiter zu entfalten. Nachbarschaftszentren können friedensstiftende und friedenserhaltende Aufgaben und Methoden gestalten, weil innerhalb ihrer Lernarbeit der Andersdenkende als Gewinn erlebt werden kann.

Nicht zuletzt kommt es bei der Friedensvision der Praxis der Nachbarschaftsarbeit darauf an, daß Prinzipienreiterei und Provinzialität durch Offenheit und Verantwortungsübernahme, daß Verzicht auf wertenden Umgang und wertende Kommunikation praktiziert werden, daß persönliche Potentiale (neu) zu finden sind und Freiräume für Ideen und Handlungserprobungen generell zur Verfügung stehen. Denn die Bedingungen, ob und unter welchen Verhältnissen Gewaltfreiheit im Konfliktfall im Rechtsstaat sozial und politisch möglich ist, sind derzeit längst nicht eindeutig. Und wie es Menschen dauerhaft gelingt, ihre gewaltfreien Visionen, Utopien, Vorstellungen und Motive umzusetzen, ist ebenso unklar. Auch wäre zu erarbeiten, wie bei konkreten Gewalt- und Bedrohungssituationen von Menschen im Wohnumfeld organisierte Nachbarschaftshilfe schützende und präventive Maßnahmen übernehmen kann und wie Hilfestellungen gegen Gewalt kommunal zu vernetzen sind.

Ferner hat es für die Friedensvision der Arbeit von Nachbarschaftszentren großen Sinn, gesellschaftliche, institutionelle und rechtliche Lebensgrundlagen daraufhin zu befragen, was sie an Menschlichkeit und verantwortungsethischem bzw. an solidarischem Handeln fördern oder mißbrauchen, welche gesellschaftlichen, wirtschaftlichen, ökologischen, politischen Leitbilder ausgezehrt sind und welche risiko-mindernden Prioritäten und wie Ressourcenverteilungskriterien für Gegenwart und Zukunft neu definiert werden müssen.

Kapitel 4

Alltag und Lebenswelt

Wie bereits weiter oben angeführt, muß man im Alltag der Menschen ansetzen, will man Friedensstrukturen und -fähigkeiten mit der Perspektive entwickeln, auf Dauer eine Friedenskultur aufzubauen.

Das, was unter Alltag verstanden wird, hat sich in den letzten ca. zwanzig Jahren verändert. So konnten die Soziologen Schütz und Luckmann Ende der 70er Jahre offensichtlich noch davon ausgehen, daß Alltagsregulierung im allgemeinen unproblematisch ist. „Unter alltäglicher Lebenswelt soll jener Wirklichkeitsbereich verstanden werden, den der wache und normale Erwachsene in der Einstellung des gesunden Menschenverstandes als schlicht gegeben vorfindet. Mit schlicht gegeben bezeichnen wir alles, was wir als fraglos erleben, jeden Sachverhalt, der uns bis auf weiteres unproblematisch ist." (Schütz und Luckmann 1979, zit.n. Habermas 1981, 198) Eine solche Sichtweise griff schon damals zu kurz.

Verändert hat sich offensichtlich der Blick auf die Alltagsregulierung, Schwierigkeiten und Probleme treten zunehmend in den Vordergrund. Vor der Auseinandersetzung mit gegenwärtigen Problemen, die mit der Gestaltung von Alltag zu tun haben und damit im Zusammenhang mit einer Alltagsfriedenskultur stehen, sollen die entsprechenden Begriffe diskutiert werden. Zwei grobe Konzepte sind in der zeitgenössischen Debatte auszumachen: Lebenswelt und Alltag.

4.1 Der Begriff der Lebenswelt

Der Begriff der Lebenswelt wurde zu Beginn der 80er Jahre von Habermas, der sich auf Durkheim berief, wieder aufgenommen. Habermas unterscheidet zwischen System und Lebenswelt. Zu ersterem gehören der Staat und die Wirtschaft. Die Lebenswelt besteht (in Anlehnung an Durkheim) aus drei Komponenten: der Kultur, der Gesellschaft und der Persönlichkeit mit den Funktionen der „kulturellen Reproduktion", der „sozialen Integration" und der „Sozialisation" (Habermas 1981, 217). Je weiter die drei Komponenten auseinanderklaffen, umso weniger können Entwicklungen vorausgesehen werden. Hier deuteten sich bereits Probleme allgemein gesellschaftlicher Art an. „Die Lebenswelt ist in einem Modus der Selbstverständlichkeit gegeben, der sich nur diesseits der Schwelle grundsätzlich kritisierbarer Überzeugungen erhalten kann." (Habermas 1981, 199) Habermas stellt hier im Prinzip bereits die Frage danach, wer eigentlich den Überblick über die Lebenswelt hat. Selbst in Selbstverständlichkeiten verstrickt, zeigt sich ein Dilemma für das Individuum. Wie kann es gelingen, aus den eigenen Selbstverständlichkeiten auszubrechen? Habermas unterscheidet hier zwischen Lebenswelt als (philosophischer) Kategorie und dem „Alltagskonzept von Lebenswelt" auf der empirischen Ebene. Mit Hilfe des Alltagskonzepts der Lebenswelt lassen sich „kommunikativ Handelnde" und „ihre Äußerungen in sozialen Räumen und historischen Zeiten lokalisieren und datieren. In der kommunikativen Alltagspraxis begegnen Personen einander nicht nur in der Einstellung von Teilnehmern, sie geben auch narrative Darstellungen von Begebenheiten, die sich im Kontext ihrer Lebenswelt zutragen." (Habermas 1981, 206) So gesehen, hätten die einzelnen die Möglichkeit, durch Kommunikation mit anderen über ihre Situation zu reflektieren, Problemlösungen zu diskutieren u.v.a.m.

Habermas warnt vor der Reduzierung der Lebenswelt auf „kulturalistische" Aspekte. „Kommunikative Handlungen sind nicht nur Interpretationsvorgänge, bei denen kulturelles Wissen einem ‚Test an der Welt' ausgesetzt wird; sie bedeuten zugleich Vorgänge der sozialen Integration und der Vergesellschaftung." (Habermas 1981, 211) Über die alltägliche Lebenswelt bestimmt sich die gesellschaftliche Verortung der einzelnen und damit die Grenzen und Möglichkeiten ihrer Handlungen. *Lebenswelt, so verstanden, ist demnach ein Handlungs- und Möglichkeitsraum.*

4.2 Alltagswelt

Schütz und Luckmann (1979) befassen sich mit einer phänomenologischen Sicht des Alltags. Damit verschaffen sie dem Subjekt und seiner Wirklichkeit Geltung. Sie nähern sich der Sichtweise einzelner Menschen über den Begriff „Alltagswelt" und trennen davon die „Lebenswelten", in die Menschen ähnlicher Lebenslagen eingebettet sind. Sie beschreiben die Strukturen, in denen das alltägliche Verhalten der Menschen ohne „Prä- und posttheoretisches Wissen" verständlich wird. Als „fraglos gegeben" sehen sie die Erscheinungen, die einzelne Menschen nicht oder nur bedingt zu verantworten haben, die aber dennoch in ihrem Alltagsleben mit allen Widersprüchen integriert und zur Routine werden können.

Die Alltagswelt wird in dieser Sichtweise als oberste Wirklichkeit betrachtet, damit *ist die Alltagswelt die subjektive Sicht der Welt. Sie hat für die einzelnen die höchste Präsenz und Anspannung und ist in ihrem Bewußtsein am gegenwärtigsten und massivsten wirksam.* Die Alltagswelten anderer Menschen sind davon getrennt. Alltagswelt ist einzigartig und findet in jedem Kopf, in jeder Person anders statt. Deshalb muß mit anderen Menschen permanent neu darüber verhandelt und Verständigung erreicht werden, was gültig ist. Über „Rezeptwissen" (Maxime, Moral, Sprichworte, Bräuche und Glaubenssätze) wird der Alltag erst einmal zweckmäßig. Handlungen werden legitimiert und zur Routine. Über ein Allerweltswissen, in der Routine, sind die Menschen miteinander verbunden. „Solange die Routinewirklichkeit der Alltagswelt nicht zerstört wird, sind ihre Probleme unproblematisch." (Berger 1979, 27)

Jedoch gehen die Erfahrungen des überschaubaren Raums und der vertrauten Netze sozialer Beziehungen verloren. Darauf weisen Kritiker wie Habermas hin, weil viele Menschen im Alltag überfordert sind und an der Bewältigung ihrer Alltagswelt scheitern. Doch selbst wenn die Alltagswelt für einzelne Menschen stimmig ist, fehlt häufig das Vermögen, Abstimmung mit sozialen Gruppen und Milieus herzustellen. Diesen Aspekt hebt Thiersch kritisch hervor. „Traditionell geprägte Alltagswelten mit ihren Ritualen des Umgangs und ihrer sozialen Kontrollen werden in eine Weite geöffnet, in der Überschaubarkeit und Verläßlichkeit nicht mehr vorgegeben sind, sondern individuell gefunden werden müssen." (Thiersch 1992,24)

4.3 Alltägliche Lebenswelt

Thiersch erweitert das Konzept der alltäglichen Lebenswelt, indem er explizit den Blick auf Probleme und Ungleichheiten sowie auf Möglichkeiten und Behinderungen im Alltag richtet. Er rückt im Kontext der alltäglichen Lebenswelt zwei zeitgenössische gesellschaftliche Trends in den Vordergrund, Individualisierung und Pluralisierung. Zwar sei Individualisierung kein historisch neues Phänomen, vielmehr lasse sich derzeitig ein Individualisierungsschub feststellen. „Individualisierung der Lebensführung meint, daß tradierte Lebensformen und Deutungsmuster in ihrem Verständnis brüchig werden und sich damit neue, offenere Möglichkeiten der Lebensführung für Gruppen und für einzelne ergeben." (Thiersch 1992, 20)

Die Individualisierung ging einher mit einer „Pluralisierung von Lebenslagen" (ebd.). Gemeint ist damit „die Unterschiedlichkeit von Lebensstrukturen, also die Unterschiedlichkeit von Strukturen in Stadt und Land, für Ausländer, Übersiedler und ,eingeborene' Deutsche, für Jungen und Mädchen, Pluralisierung meint aber auch die Unterschiedlichkeit der Lebensbedingungen, wie sie durch die Zugehörigkeit durch Jahrgangskohorten gegeben ist." (ebd.)

Lebenswelt müsse gesehen werden „in der Spannung von Gegebenem und Möglichem, Aktuellem und Potentiellem, Vorhandenem und Aufgegebenem" (ebd., 27). Für Thiersch wird Alltag heute zum einen bestimmt durch „das Interesse an der Pragmatik des Überschaubaren und Selbstverständlichen", zum anderen aber auch durch „die Brüche in ihm und die Anstrengungen, in ihnen verläßlich und pragmatisch zu Rande zu kommen" (ebd., 45). Das „Selbstverständliche" müsse im heutigen Alltag auch immer ausgehandelt werden. Damit aber hat die Alltäglichkeit in den Vorstellungen ihre Statik verloren, sie wird zu einem Prozeß, an dem jeden Tag gearbeitet werden muß und gearbeitet werden kann.

„Alltäglichkeit ist geprägt durch die Lebensgeschichte der Menschen, durch ihre Erfahrungen, ihre in ihnen gesicherten Kompetenzen, ihre Erwartungen, Hoffnungen und Traumatisierungen. – Alltäglichkeit ist ebenso bestimmt durch die Vorgaben der gesellschaftlichen Entwicklungstendenzen der Pluralisierung und Individualisierung und der ungleichen Verteilung von Lebensressourcen, wie sie unsere Zwei-Drittel/Ein-Drittel-Gesellschaft charakterisiert." (Thiersch 1992, 47) Sowohl die Biographie der einzelnen rückt in den Vordergrund als auch die gesellschaftlichen Bedingungen. Zwischen den gegebenen Grenzen und den vermeintlichen Grenzen der gesellschaftlichen Bedingungen und den eigenen Erfahrungen, Einschätzungen und Kompetenzen haben die einzelnen die Möglichkeit zu handeln, zu experimentieren und zu verändern.

Alltagsbedingungen und -handlungen als ständig in Entwicklung zu begreifen birgt ein enormes Potential an gesellschaftlichen und subjektiven Möglichkeiten für Veränderungen und bildet damit einen wesentlichen Ansatzpunkt für Alltagsfriedensforschung. Zugleich stellt sich auch die Frage nach Orientierungen, nach einem roten Faden durch all die Anforderungen und Möglichkeiten. Ein Charakteristikum des Alltagskonzepts liegt in der „Verbindung der Orientierung an Erfahrungen von Raum, Zeit und sozialen Bezügen, von Pragmatik und jenen Notwendigkeiten, die den Bestand von Lebensvollzügen sichern" (ebd., 49). Doch woher gewinnen die einzelnen inhaltliche Orientierungen? Wie können Menschen eine Friedenskultur entwickeln, wenn sie damit noch keine Erfahrungen haben (können)? Woher soll das Durchhaltevermögen kommen? Wie kann man so mit den Ungleichheiten zwischen den Geschlechtern, den Klassen, den Ethnien umgehen, daß niemand dabei auf der Strecke bleibt?

Wie kann es gelingen, die Selbstverständlichkeiten des Alltags zu durchbrechen, konkrete Utopien zu erarbeiten und Wege dorthin zu bereiten, die nicht direkt und sofort zum Ziel führen können?

4.4   Risikogesellschaft und Risikostrukturen

Auf einige Verflechtungen soll weiter noch eingegangen werden. Was macht es z. Zt. für die einzelnen Menschen so schwer, Orientierungen zu finden, konkrete Utopien zu entwickeln?

Der englische Soziologe Giddens führt vor, wie schwierig es ist, ohne die gewohnten „teleologischen Interpretationen" von Geschichte auszukommen. Schließlich könne man weder die Hoffnung auf einen planwirtschaftlichen Sozialismus als logische Konsequenz des sich entwickelnden Kapitalismus richten, noch könne man in christlicher Manier darauf hoffen, daß letzlich alles gut werde.

Beck (1986) beschreibt einen allgemeinen gesellschaftlichen Zustand, die „Risikogesellschaft": „In der fortgeschrittenen Moderne geht die gesellschaftliche Produktion von Reichtum systematisch einher mit der gesellschaftlichen Produktion von Risiken. Entsprechend werden die Verteilungsprobleme und -konflikte der Mangelgesellschaft überlagert durch die Probleme, die aus der Produktion, Definition und Verteilung wissenschaftlich-technisch produzierter Risiken entstehen." (Beck 1986, 25)

Der Ansatz von Beck und der Begriff der „Risikogesellschaft" sind allerdings irreführend. So kritisiert Giddens (1992b) das Konzept der „Risikogesellschaft", da er davon ausgeht, daß „viele Bereiche modernen sozialen Lebens für die Betroffenen weniger risikoreich sind als in den meisten vormodernen gesellschaftlichen Szenarien." (Giddens 1992b, 27) Giddens führt hier zwei Schlüsselbegriffe ein:

Risiko und Reflexivität. Bedeutung erhalte Risiko vielmehr in den Verflechtungen „des individuellen Lebens" und „der globalen Zukunft" (ebd.). Was es so schwierig mache, die Kontrolle zu behalten, sei die unvorhergesehenen Resultate von Handlungen (Giddens 1992a). Hierfür ist die Revolte in der ehemaligen DDR und die sich anschließende Wiedervereinigung beredtes Beispiel. Das Globale und das Lokale wirken jeweils aufeinander ein, „jedoch auf eine oft gebrochene und asymmetrische Weise, die an den beiden Polen widersprüchliche Resultate hervorbringen kann. Zum Beispiel ist das Wiederaufflammen des lokalen Nationalismus kausal mit Globalisierungsprozessen – in ökonomischer, politischer und kultureller Hinsicht – verknüpft. Die Ausdehnung globaler Interdependenz führt zu einem ihr entgegengesetzten Effekt – der Akzentuierung lokaler Identitäten." (Giddens 1992b, 30)

Die Effekte sind nicht mehr voraussehbar, so könnten globalisierende Einflüsse eben sowohl dazu beitragen, daß Unterschiede verschwinden oder aber sich verstärken. Das heißt, man kann den Alltag nicht unabhängig von globalen Entwicklungen betrachten, und man kann aber auch nicht letztlich vorhersagen, wie genau die Wechselwirkungen zwischen globalen und lokalen Einflüssen aussehen werden.

Nicht von ungefähr wird immer wieder die zunehmende Komplexität von Gesellschaft mit entsprechenden Auswirkungen auf Lebens- und Alltagsbewältigung beschworen. Persönliche Krisen, in denen ein Mensch vor dem Problem steht, „nicht zu wissen, welches Problem er hat, wie, woher und warum die Krise über ihn gekommen ist" nehmen zu (Hantel-Quitmann 1991, 45). Dies zeigt sich nicht nur in Forderungen von Multiplikatoren, SozialarbeiterInnen und SozialpädagogInnen nach Krisenzentren, sondern auch auf institutioneller Ebene von Schule, Jugendhilfe und gemeinwesenorientierter Familienarbeit.

Festzuhalten ist, daß zwei gegenläufige Entwicklungen frontal aufeinanderstoßen: Die Unübersichtlichkeit und Komplexität der Gesellschaft erfordern von den einzelnen einen großen Überblick über gesamtgesellschaftliche Zusammenhänge, der überfordert oder partiell versagt bleibt. Alltag muß nicht – aber kann – zur Qual, zum unüberwindlichen Hindernis werden.

Thiersch (1992) setzt sich mit einigen grundlegenden Problemen des Alltags auseinander und liefert so Hinweise, die bei der Alltagsfriedensforschung zu berücksichtigen sind. „Die Notwendigkeit, sich in den gegebenen Verhältnissen zu orientieren, zu arrangieren und sie zu gestalten, bleibt; die Aufgabe aber wird zunehmend unübersichtlich und kompliziert." (Thiersch 1992, 34) Alltäglichkeit wird demnach durch Vorgaben unterschiedlichster Art bestimmt (ebd., 35), problematisch sei, daß die Gestaltung des Alltags mit einer Selbstverständlichkeit einhergehe, die aber wiederum nur für die so Lebenden verständlich oder selbstverständlich sei. Hierbei handelt es sich um einen wichtigen Punkt, wenn es darum geht, die Friedensfähigkeit von Menschen zu entwickeln. Verschiedene Ethnien, soziale Gruppen, Erwachsene und Kinder folgen je spezifischen Selbstverständlichkeiten in der Gestaltung ihres Alltags, die sich an unterschiedlichen Zeit- und Raumvorgaben sowie sozialen Bezügen orientieren.

Positiver Effekt der Risiken im Alltag liegt für Alltagsfriedensforschung darin, an genau diesen Punkten anknüpfen zu können, ebenso an den selbstverständlichen und routinierten Handlungen, die immer dann Gefahr laufen, in die Krise zu geraten, wenn sich etwas im Leben von einzelnen verändert. Im Rahmen von Alltagsfriedensforschung können solche Unfriedensordnungen wie Ungleichheiten und Gewalt im Alltag analysiert werden, um sowohl Möglichkeiten für Veränderungen am Bestehenden als auch Gestaltungspotentiale im Alltag aufzuzeigen.

4.5 Das Beispiel Armut

Wenn sich Alltagsfriedensforschung auf Dauer für einen sozialen Frieden einsetzen will, muß sie sich mit den ungleichen Verteilungen von Ressourcen auf die verschiedenen Bevölkerungsgruppen auseinandersetzen.

So wird Armut in der Wohlstandsgesellschaft der Bundesrepublik Deutschland zunehmend zum Problem. Wer gilt als arm, und an welchen Kriterien wird dies festgemacht? Zumeist gilt die Höhe des Einkommens als Indikator für Armut. „So wird Armut entweder als relative (Einkommens-) Armut operationalisiert oder mit der Berechtigung, Sozialhilfe zu beziehen, gleichgesetzt." (Jacobs 1993, 423) Diese Meßweise von Armut birgt Probleme insofern, als über die Sozialhilfestatistiken nicht alle Anspruchsberechtigten erfaßt werden können und damit auch nicht alle, die von Armut betroffen sind. Schätzungen gehen davon aus, daß fast 50% der Anspruchsberechtigten keinen Antrag stellen (vgl. Paritätischer Wohlfahrtsverband 1989, 323).

Aber allein die Anzahl der statistisch erfaßten EmpfängerInnen von laufender Hilfe zum Lebensunterhalt auf dem Gebiet der früheren Bundesrepublik ist seit Anfang der 80er Jahre von knapp über zwei Millionen bis 1991 auf weit über dreieinhalb Millionen stetig gestiegen (vgl. Statistisches Bundesamt 1993, 511). Nimmt man die obige Schätzung über die Anzahl derjenigen, die keinen Antrag stellen hinzu, kommt man auf vier bis fünf Millionen Menschen, deren Einkommen das Existenzminimum nicht überschreitet.

Doch nicht alle Menschen laufen gleichermaßen Gefahr, in die Armut zu fallen. Hier lassen sich besondere Gruppen von EmpfängerInnen von laufender Hilfe zum Lebensunterhalt und Anspruchberechtigten herauskristallisieren. So liegt seit Jahren der Anteil der Frauen höher als der der Männer, 1991 betrug der Frauenanteil 55,7 % in den alten (und 57,7 % in den neuen) Bundesländern. Die größte Gruppe unter den Alten (über 60 Jahre) stellen mit 73,5 % die Frauen dar. [1] Auch die Gruppe der sozialhilfeempfangenden Alleinerziehenden besteht fast nur aus Frauen. So sind 95,8 % der alleinerziehenden EmpfängerInnen von laufender Hilfe zum Lebensunterhalt (in Deutschland) Frauen.

---

[1] Der Anteil der über 60jährigen an den EmpfängerInnen von laufender Hilfe zum Lebensunterhalt beträgt 10,8% in Deutschland (vgl. Statistisches Bundesamt 1993).

Auch traditionelle Familien (Ehepaar mit Kind oder Kindern) sind zunehmend insbesondere aufgrund der hohen Mieten von Armut betroffen. Sie machen inzwischen fast 11 % der Haushalte, die laufende Hilfe zum Lebensunterhalt beziehen, in Deutschland aus. So verwundert es denn nicht mehr, wenn über ein Drittel (36,7 %) Kinder und Jugendliche (bis 18 Jahren) sind. [2]

Junge Familien haben aufgrund niedriger Einkommen Probleme auf dem Wohnungsmarkt. 500.000 Kinder leben in Obdachlosensiedlungen oder „in schlechten und sehr beengten Verhältnissen", schätzungsweise 3.000 Kinder sollen allein in Berlin obdachlos sein (vgl. Wilken 1993). Armut hat Auswirkungen auf die Möglichkeiten der Entwicklung von Menschen und ihrer Partizipation am allgemeinen gesellschaftlichen Geschehen, insbesondere von Kindern, wenn ihnen z. B. nicht genug Raum und Mittel zum Spielen zur Verfügung stehen. So ist z. B. Spielzeug in der laufenden Hilfe zum Lebensunterhalt ebensowenig vorgesehen wie das Ausrichten von Kindergeburtstagen oder nachmittägliche Besuche bei anderen Kindern (vgl. Gutschmidt 1989; Ketelhut 1991). Das Alltagsleben von Kindern, die von Armut betroffen sind, findet doppelte Einschränkung zum einen durch einen Mangel an materiellen Ressourcen, zum anderen im Miteinander mit anderen Kindern und im Vergleich der Lebenslagen. Ein Mangel an Geld kann so schon in frühen Jahren zu Aus- und Abgrenzungen führen.

Die Möglichkeiten und Behinderungen der Alltagsgestaltung von Armut Betroffener zu berücksichtigen wird immer wichtiger. [3] Jacobs (1993) fordert hier, verstärkt von den Lebenslagen auszugehen und kommt so auf Peinlichkeitsgefühle bei SozialhilfeempfängerInnen bzw. bei solchen Personen, die Anspruch auf Sozialhilfe hätten, sie aber nicht beantragen, da sie nicht als BittstellerInnen auftreten wollen. Dieses Peinlichkeitsgefühl sei um so stärker, als die Betroffenen meinen, daß ihnen Sozialhilfe ohne Gegenleistung ihrerseits nicht zustände. Hätten sie sinnvolle gesellschaftliche Aufgaben zu verrichten, wie z. B. die Erziehung eines Kindes, meint Jacobs, könnten sie die Hilfe eher annehmen.

Aus dem Blick gerät dabei der Skandal, daß so viele alleinerziehende Mütter und ihre Kinder auf dem Niveau von laufender Hilfe zum Lebensunterhalt leben müssen. Eine Form von Versicherung, wie Jacobs sie vorschlägt, ähnlich der Rentenversicherung, würde das Gefühl vermitteln, ein Anrecht auf die Gelder zu haben. Nicht problematisiert werden dabei die Probleme, die daraus resultieren, wenn man das Subsidiaritäts- gegen ein Finalprinzip austauscht, da Sozialhilfe gerade für diejenigen gedacht ist, die keine aus Erwerbstätigkeit ableitbaren Versicherungsansprüche haben.

Aufgrund dieser Situation ergeben sich verschiedenste Probleme für Alltagsfriedensforschung. Die sichtbaren und verdeckten Armen bilden eine große Gruppe von Menschen, die aufgrund ihrer materiellen Situation aus vielen gesellschaftlichen Bereichen ausgeschlossen ist. Das gilt nicht nur für die Erwerbsar-

---

[2] Darunter befinden sich die Gruppe der 7–15jährigen mit 41,5 % und die Gruppe der unter 7jährigen mit 46,3 % (vgl. Statistisches Bundesamt 1993).

[3] Zur Teilhabearmut vgl. Schubert u. a. 1992, 3.

beit, sondern auch für traditionelle kulturelle Ereignisse und Freizeitaktivitäten, die in der Regel mit finanziellen Ausgaben verbunden sind. Selbst zu politischen Arbeitskreisen gehört zumeist ein Kneipenbesuch dazu. Auch ist es schwer, andere und neue Menschen zu treffen, wenn man nirgendwo eingebunden ist.[4] Arme Menschen haben demnach erheblich weniger Raum und Möglichkeiten mitzubestimmen, an Entscheidungen zu partizipieren und über die eigenen Lebensbedingungen zu verfügen. Hier Konzepte mit den Betroffenen gemeinsam zu entwickeln ist auch eine Aufgabe von Alltagsfriedensforschung.

4.6 Das Beispiel Erwerbslosigkeit

Im folgenden soll aus drei Gründen auf das Problem der zunehmenden Erwerbslosigkeit eingegangen werden. Auf der politischen Ebene findet eine Umverteilung von finanziellen Mitteln vom Bund auf die Länder und Kommunen statt. Für die Arbeitslosen bedeutet dies nicht nur eine Verringerung des Monatseinkommens, sondern auch einen Eingriff in die Alltagsregulierung. Des weiteren sind nicht nur die unteren Einkommensgruppen von Arbeitslosigkeit besonders betroffen und bedroht, sondern explizit auch Frauen[5] und MigrantInnen[6] insgesamt.

Nach den jüngsten Beschlüssen der Bundesregierung wird die Bezugsdauer der Arbeitslosenhilfe „auf zwei Jahre beschränkt" (Bundesministerium für Arbeit und Sozialordnung 1993).[7] So werden gegebenenfalls zukünftig Langzeitarbeitslose nach einem zweijährigen Bezug von Arbeitslosenhilfe zu SozialhilfeempfängerInnen. Damit findet eine Umverteilung der Mittelvergabe vom Bund (Arbeitslosengeld) auf die Kommunen (Sozialhilfe) statt. Dies hat auch Auswirkungen auf den verwaltungstechnischen Ablauf, da die Anzahl der von den Sozialämtern zu Betreuenden in nächster Zukunft weiter steigen wird, und dies in doppelter Weise. Zu den bisherigen SozialhilfeempfängerInnen werden die Personen, die länger als drei oder vier Jahre arbeitslos gemeldet sind, hinzukommen. Mit einem weiteren Anstieg von Arbeitslosigkeit ist zu rechnen. So hat sich die Arbeitslosenquote allein in der Zeit vom vierten Quartal 1992 bis zum ersten Quartal 1993 sowohl in den alten Bundesländern (von 6,9 % auf 8,0%) als auch in den neuen Bundesländern (von 13,9 % auf 16,0 %) drastisch erhöht (vgl. Statistisches Bundesamt 1993).

---

[4] So ist schließlich allgemein bekannt, daß sich die meisten EhepartnerInnen in der Ausbildung oder am Arbeitsplatz kennenlernen, daß viele Freizeitaktivitäten vom Kneipenbesuch bis zum gemeinsamen Sport unter KollegInnen stattfinden.

[5] 1992 betrug der Anteil der Frauen an den arbeitslos Gemeldeten 46,6 % in den alten und 61,7 % in den neuen Bundesländern (vgl. Statistisches Bundesamt 1993), wobei die „stille Reserve" nicht in den Statistiken erscheint.

[6] Der Anteil der MigrantInnen an den arbeitslos Gemeldeten betrug 1992 in den alten Bundesländern 14,4 % bei einer Erwerbsbeteiligung von 7,3 % (vgl. Statistisches Bundesamt 1993).

[7] „Bislang wurde Arbeitslosenhilfe zeitlich unbefristet gewährt." (Bundesministerium für Arbeit und Sozialordnung 1993)

Die anstehenden sozialen Probleme sind unübersehbar. Die Angst vor Erwerbslosigkeit und die Konkurrenz um Arbeitsplätze werden sich zusätzlich verschärfen. Die von Langzeitarbeitslosigkeit Betroffenen müssen Kürzungen ihrer monatlichen Bezüge hinnehmen, die bisher oft kaum zum Leben reichten. Hinzu kommen die in der Regel als erniedrigend empfundenen Gänge zum Sozialamt, wo nicht nur die laufende Hilfe zum Lebensunterhalt beantragt werden muß, sondern auch die einmaligen Beihilfen, deren Bewilligungen von Bundesland zu Bundesland unterschiedlich gehandhabt werden (vgl. AG Tuwas 1991). [8] Die mit der Arbeitslosigkeit einhergehende Verarmung hat ebenso Auswirkungen auf die Regulierungen des Alltags wie die Verarbeitungsweisen dieser Situation durch die Betroffenen und ihre Angehörigen im weitesten Sinn.

Auch seitens der parlamentarischen Politik ist ein direkter Zusammenhang zwischen Armut, Arbeitslosigkeit und der Gefährdung des „inneren Friedens" bekannt. So verwies bereits 1986 eine „Große Anfrage der Fraktion der SPD" zu „Armut in der Bundesrepublik Deutschland" (Drucksache 10/5948, dokumentiert in Kieselbach/Wacker 1991) auf einen „arbeitslosigkeitsbedingten Verarmungsprozeß", der umso gravierendere Ausmaße erlange, je länger die Arbeitslosigkeit dauert. Befürchtet wurde seitens der SPD, daß somit „die soziale Stabilität und der innere Frieden als wesentliche Grundpfeiler der Politik nach 1945 aufgegeben" werden (ebd., 335).

Neben dem engen finanziellen Rahmen, in dem sich Arbeitslose (z. T. längerfristig) einrichten müssen, wirken sich, das ist unbestritten, weitere Faktoren erschwerend auf den Alltag der Betroffenen aus. Auch die Bundesregierung gestand zu, daß es „vor allem bei langandauernder Arbeitslosigkeit" zu folgenden Erscheinungen kommen kann:

„– einem Gefühl des Kontrollverlustes über die eigenen Lebensbedingungen und daraus resultierender Hilflosigkeit,
– einer Entstrukturierung von Tagesabläufen und dem Verlust von Zukunftsplanung,
– einer Abnahme des Selbstvertrauens, Verringerung des Selbstwertgefühls und des Vertrauens gegenüber Mitmenschen,
– emotionaler Labilität,
– Schlafstörungen,
– Depressionen, Fatalismus und Apathie, insbesondere bei langfristig Arbeitslosen, verbunden mit dem Gefühl der Wert- und Hoffnungslosigkeit, einer Zunahme der sozialen Isolation und damit zu dem Verlust an Anregung durch die soziale Umwelt bzw. einer Vermehrung von Schuldvorwürfen seitens der eigenen Familie" (zit. n. Kieselbach und Wacker 1991, 339).

---

[8] In einigen Städten wird Kleidergeld als Pauschale gewährt (z. B. in Frankfurt/M. und in Hamburg), in anderen muß jedes einzelne Stück beantragt werden (vgl. AG Tuwas 1991).
So wurden in biographischen Interviews im Rahmen einer Untersuchung zur Lebenssituation von alleinstehenden Frauen in Hamburg immer wieder Diskriminierungen insbesondere gegenüber Sozialhilfeempfängerinnen artikuliert, selbst dann, wenn die Befragte selbst ein Einkommen hatte, das kaum über dem Sozialhilfesatz lag (vgl. Ketelhut 1993a).

Zwar besteht nach Meinung der Bundesregierung kein „zwingender" Zusammenhang zwischen Arbeitslosigkeit und diesen Erscheinungen (ebd.), jedoch weiß man spätestens seit der umfassenden soziologischen Untersuchung von 1933 über die Arbeitslosen von Marienthal, daß sich Alltagsregulierung und -bewältigung mit insbesondere längerfristiger Arbeitslosigkeit zum Nachteil der davon Betroffenen verändern (vgl. Jahoda u. a. 1980[3]). Viele erleben Arbeitslosigkeit als Einschränkung ihrer Entwicklungs- und Partizipationsmöglichkeiten. Nimmt man hinzu, daß nicht von ungefähr die sozialen Probleme wie Gewalttätigkeiten gegen MigrantInnen, Behinderte u. a. mit einer ökonomischen Krise zusammenfallen, die auf den Schultern der unteren Einkommensgruppen ausgetragen werden sollen (vgl. Schramm 1992, 25), wird die Dringlichkeit deutlich, Verarbeitungsweisen und Alltagsgestaltungen nicht nur zu analysieren, sondern auch konkrete Veränderungsmöglichkeiten aufzuzeigen – eine Herausforderung für Alltagsfriedensforschung.

Kapitel 5

Kommune als politisches und soziales Handlungsfeld von Friedensarbeit

Friedensarbeit in der Kommune wird auch durch Gesetze und Verordnungen und deren Ausführungsbestimmungen definiert. Kommunalrecht hat insofern Relevanz für kommunale Friedensforschung und wird hier insoweit behandelt, als es auf Friedensarbeit einwirkt. Insbesondere werden rechtliche Aspekte benannt, die Chancen der Partizipation bieten oder Partizipation verhindern können.

Wenn sich Menschen in der Friedensarbeit engagieren, geraten sie gelegentlich, manchmal schneller als gedacht, an den Punkt, wo sie mit Gesetzen und Verordnungen in Konflikt geraten, sofern sie ihre Aktionen nicht auf wirkungslose Vorgehensweisen verlagern.

Das folgende Beispiel einer Alltagssituation zeigt, wie Friedensarbeit auf die Notwendigkeit der Änderung von Verordnungen hinweist. Fünf behinderte Kinder einer Integrationsklasse müssen zum Schuljahrsende zur Sonderschule wechseln, weil die Leitung des Schulzentrums eine Fortsetzung der Integration behinderter Kinder nicht zuläßt. Nun schreiben alle Kinder dieser Klasse absichtlich schlechte Noten, um mit den behinderten Kindern zusammenzubleiben.

Mit dieser Aktion eines Zensurenboykotts bleiben die SchülerInnen einer vierten Klasse in Bremen noch innerhalb der gesetzlichen Bestimmungen. Aber sie machen auf ein Problem aufmerksam, das durch Ausführungsverordnungen des Schulgesetzes entstanden ist. Eine solche Kinderaktion setzt jedoch voraus, daß die Haltung der Kinder von Eltern und LehrerInnen unterstützt wird.

Es gibt immer wieder Menschen, die sich an Aktionen wie z. B. an Verweigerungen, Blockaden oder Hausbesetzungen beteiligen. Sie stehen häufig im Zwiespalt, einerseits die geltenden Gesetze zu übertreten, aber andererseits kaum Möglichkeiten zu sehen, wichtige existentielle Fragen des Zusammenlebens in der Gesellschaft auf den parlamentarischen Wegen zu verhandeln und ihnen dadurch Geltung zu verschaffen. Hieran zeigt sich, daß Menschen erweiterte Handlungsspielräume benötigen, wenn sie eine Friedenskultur gestalten wollen. Menschen müssen unmittelbar auf Probleme ihres Alltagslebens reagieren und einwirken können, um sich als Teil einer Kommune zu sehen. Es muß möglich sein, Lebensbedingungen so zu verändern und weiterzuentwickeln, daß eine Kommune nicht als fremd, feindlich oder bedrohlich erlebt wird.

Nicht alle Menschen machen von ihren Bürgerrechten Gebrauch. Die Chancen zur Mitwirkung und Mitgestaltung sind zwar vielfältig, jedoch oft formal und als Rechte zu Anhörungen und Einwänden oder zu Wahlen von VertreterInnen für Gremien festgelegt (z. B. als Elternbeiräte in Kindertagesstätten, Elternvertreter in Schulen, Mieterbeiräte der Wohnungsgenossenschaften, Gewerkschaftsvertreter, Betriebs- oder Personalräte). Es wird immer wieder beklagt, daß sich wenige BürgerInnen aktiv in politischen Organisationen und Parteien engagieren und daß die Wahlbeteiligung abnimmt. Die Teilnahme an geselligen Veranstaltungen der Gruppen, Vereine und Initiativen wird bevorzugt, weil sie die Chance beinhaltet, sich unmittelbar mit eigenen Interessen zu aktivieren. Denn Mitarbeit in Vereinen als Mitglied ohne weitere Funktionen bietet Möglichkeiten, sich bei der Benutzung von Räumen oder bei der Gestaltung von Treffen und Festen zu engagieren. Darüber hinaus ist eine übergreifende Arbeit über Vorstandstätigkeit und Kooperation mit anderen Verbänden möglich.

Am Beispiel der Entwicklung der Frauenbewegung zeigt sich u. a., daß trotz formalen Anspruchs auf Gleichberechtigung ein gleicher Zugang zu gesellschaftlichen und politischen Positionen erschwert wird. Ähnliches gilt für BürgerInnen, die aufgrund von Herkunft und sozialer Lagen nur über eingeschränkte Rechte verfügen. Besondere Bedingungen müssen geschaffen werden, um diese Prozesse zu verändern.

An wichtigen gesetzlichen Bedingungen der Kommune wird nachfolgend aufgezeigt, wo bisher Chancen einer Beteiligung gegeben sind, wo sie nicht genutzt werden und wo sie erweitert werden müssen.

5.1 Gemeinden

In Art. 28 des Grundgesetzes wird für die Bundesrepublik eine verfassungsmäßige Ordnung verankert, die auf allen drei Ebenen von Bund, Ländern sowie Kreisen und Gemeinden eine Volksvertretung durch freie, gleiche und geheime Wahlen garantiert. Gesetzgebende und vollziehende Gewalt ist in allen drei Ebenen getrennt. Die Ausgestaltung der Gemeindeordnungen ist Angelegenheit der Länder, die jedoch von den maßgeblichen Einflüssen der Siegermächte nach 1945 in den jeweiligen Bundesländern unterschiedlich geprägt werden. Insofern gibt es in der Bundesrepublik:

a) Magistratsverfassungen in Hessen, in den Städten Schleswig-Holsteins und in Bremerhaven,
b) Bürgermeisterverfassungen in Rheinland-Pfalz, in kleineren Gemeinden Hessens, in Teilen des Saarlands und in den Landgemeinden Schleswig-Holsteins,
c) Süddeutsche Ratsverfassungen in Bayern und Baden-Württemberg,
d) Norddeutsche Ratsverfassungen (zweigleisig) in Nordrhein-Westfalen und Niedersachsen, die durch süddeutsche Ratsverfassungen abgelöst werden, sowie
e) Neue Verfassungen. Diese integrieren als Mischformen Elemente aus allen Verfassungen in Brandenburg, Mecklenburg-Vorpommern, Sachsen, Sachsen-Anhalt und Thüringen (vgl. Gern 1994, 46 f.).

„Gemeinden" unterteilt § 10 der Niedersächsischen Gemeindeordnung (NGO) analog zur Vorgehensweise in den anderen Bundesländern in kreisangehörige Gemeinden, selbständige Städte und kreisfreie Städte. Gemeinden sind

Gebietskörperschaften des öffentlichen Rechts. Als solche sind sie an die Gemeindeordnungen des Landes, an eigene Satzungen und Beschlüsse des Stadt- oder Gemeinderats gebunden. „Die Gemeinden und ihre Organisationen haben kein allgemeinpolitisches Mandat" (Schmidt-Aßmann 1985, 107) und bieten nicht die Möglichkeit der Vertretung der Grundrechte bei der „Wahrnehmung öffentlicher Aufgaben, auch nicht als Sachverwalter der einzelnen Bürger" (Thiele 1992, 2). Sie haben deshalb auch nicht das Petitionsrecht nach Art. 17 des Grundgesetzes, im Gegensatz zu Bundes- und Landesparlamenten.

Dennoch steht den Gemeinden die Gebietshoheit zu, innerhalb derer sie allzuständig sind. Die Zuständigkeit obliegt ihnen innerhalb der Aufgaben des *eigenen Wirkungskreises* (z. B. bei Kultureinrichtungen, Schwimmbädern etc.) und des von Bund oder Land *übertragenen Wirkungskreises* (z.B bei Paß- und Meldeangelegenheiten oder bei Wohngeldzahlungen), bei denen allenfalls eine Gestaltung möglich ist. Landes- und Bundesgesetze greifen so in Handlungsvollzüge ein und bestimmen wesentlich das Handeln der Gemeinden.

1966 bestanden in Niedersachsen 4244 selbständige Gemeinden, die durch die Kommunalreform der 70/80er Jahre auf 1031 (Stand 1985) reduziert wurden (vgl. Henkel 1986, 17). Dies wird besonders in ländlichen Regionen beklagt, weil die Ortsräte heute zwar über Kontakte zur Basis verfügen, aber wichtige Entscheidungen der Selbstverwaltung nicht mehr im Ort getroffen werden. Somit ist ein Verlust an „bürgerschaftlich-demokratischer Mitwirkung" (vgl. Henkel 1990, 52) festzustellen. Zur Zeit gibt es Diskussionen, die Ortsräte durch Ortsvorsteher zu ersetzen, um Geld einzusparen.

5.2 Zur Entwicklung der kommunalen Selbstverwaltung

Die Einführung der „preußischen Städteordnung von 1808" gilt als Neubelebung des bürgerschaftlichen Gedankens. Sie hatte das Ziel, durch „Dezentralisation der Verwaltung das bürgerliche Element enger mit dem Staat zu verbinden" (Gern 1994, 23) und im monarchischen preußischen Staat ein nationales Bewußtsein zu stärken. Dabei sollte die städtische Selbstverwaltung ihren Anteil an effektiver Staatsverwaltung erbringen. Weniger war daran gedacht, Autonomie und Souveränität ähnlich der in mittelalterlichen Reichsstädten herzustellen. Das Wahlrecht in den Städten galt bis dahin als Sonderrecht innerhalb der preußischen Monarchie.

Die Erlangung des Bürgerrechts setzte voraus, daß Menschen sich (zunächst bis 1842 unabhängig von der Nationalität) in einer Stadt niederließen. Das Bürgerrecht konnten Männer und unverheiratete Frauen erwerben, um Grundstücke zu besitzen oder ein städtisches Gewerbe zu betreiben. Das Wahlrecht erhielten nur Männer, deren jährliches Einkommen in bestimmter Höhe gesichert war (vgl. ebd., 24).

Die Weimarer Verfassung übertrug erstmals dem Volk (Frauen und Männern) das Recht zur Wahl aller parlamentarischen Ebenen unabhängig von gesellschaftlicher Position. Die Potsdamer Beschlüsse von August 1945 förderten für die ehemalige britische Zone die Trennung zwischen Verwaltungsleitung (Ober-/Stadtdirektor bzw. Kreisdirektor) und politisch gewählter Vertretung (Ober-/Bürgermeister bzw. Landrat), die in Niedersachsen 1996, anders als in süddeutschen Bundesländern, keine Personalunion zuläßt. Dies soll auch in Niedersachsen geändert werden, um politische Debatten und Auseinandersetzungen im Interesse einer effektiven, starken Verwaltung zu verkürzen.

Ein grundsätzlicher Dissens ist bis heute aktuell. Einerseits gibt es Befürworter eines starken Staates mit kontrollierender, eingreifender Verwaltung und Justiz. Auf der anderen Seite setzen Verfechter einer aktiven Demokratie auf die Substanz der Selbstverwaltung und Selbstregulierung und auf eine Erweiterung der Bürgerbeteiligung. Doch verbreiteter ist ein eher unpolitisches Verständnis von Verwaltung als Vollzugsorgan von Gesetzen und Verordnungen.[1]

Allgemeinpolitische Äußerungen kommunaler Vertretungsbehörden stoßen mit Regelmäßigkeit auf den Protest von Verwaltungen, die sich als neutrale Instanz verstehen. „154 Städte, Kreise und Stadtteile in der BRD erklärten sich 1985 zur ABC- waffenfreien Zone" (Reich-Hilweg 1994, 327), obwohl Aufsichtsbehörden oder Justiz solche Äußerungen zum Teil kritisieren und einschränken, weil die rechtliche Zulässigkeit angezweifelt wird. Auch darüber hinaus machen viele BürgerInnen in der Anti-Atombewegung Erfahrungen eingeschränkter Bürgerrechte.

Während hier Justiz und Verwaltung als Staatsorgane gegen Demokratie- und Bürgerbewegungen vorgehen, gibt es anläßlich vieler Anschläge und Ausschreitungen gegen MigrantInnen in der Bundesrepublik gemeinsame Aktionen von Verwaltung und Bevölkerung. So organisieren z. B. MitarbeiterInnen und Amtsleitung des Jugendamts in Hannover Ausstellungen und Podiumsdiskussionen, um Position für MigrantInnen zu beziehen. Oft sind es Sozialverwaltungen, die bürgerfreundliche Positionen aufgreifen, die sich jedoch in der Gesamtverwaltung selten durchsetzen lassen.[2]

Die Niedersächsische Gemeindeordnung unterscheidet zwischen „Bürger" und „Einwohner" (§21). Bürgern steht das Wahlrecht zu. Einwohner sind alle Menschen, die in der jeweiligen Kommune ihren Wohnsitz oder Aufenthalt haben. Die Wirkungen dieses Unterschieds merken die MigrantInnen, denen keine parlamentarischen Beteiligungen (mit Ausnahme der Wahl der Ausländerbeiräte und deren landesweiter Vertretung) in den Gemeinden zustehen. Die Versuche der Länder Schleswig-Holstein und Hamburg 1989, ein partielles Kommunales

---

[1] Diesem Verständnis und Verwaltungshandeln läßt sich oft nur durch den Rechtsweg entgegentreten. So wurde z. B. einem Bauwagenbewohner die Heizungsbeihilfe nicht bewilligt, weil ein Bauwagen kein fester Wohnsitz sei. Das Gericht stoppte die unsinnige Argumentation und kritisierte den unsozialen und unmenschlichen Gehalt dieses Vorgehens. (Entscheidung des Verwaltungsgerichts Hannover vom 21.7.89, AZ: 3 A 139/89)

[2] In Gesprächen über die Legalisierung einer besetzten Fabrik in Hannover machte die Sozialverwaltung den Vorschlag, Projektmittel für fehlende Sanitäranlagen zur Verfügung zu stellen. Auf Intervention des Stadtplanungsamtes lehnte dies der Oberstadtdirektor ab.

Ausländerwahlrecht einzuführen, wurde von der CDU/CSU-Bundestagsfraktion und dem Land Bayern durch eine Klage vor dem Bundesverfassungsgericht zu Fall gebracht (vgl. Isensee und Schmidt-Jortzig 1993). Die sonstigen Rechte der MigrantInnen sind abhängig von ihrem Aufenthaltsstatus (Herkunft bzw. bilaterale Verträge, Aufenthaltsdauer, wirtschaftliche oder gesellschaftliche Position) und unterscheiden stark die Möglichkeiten, innerhalb einer Kommune unabhängig von Wahlrechten z. B. bei der Wohnungssuche, Arbeitsaufnahme oder Gewerbeausübung selbst tätig zu werden. Für AsylbewerberInnen sind Beteiligungschancen noch weiter und gravierender eingeschränkt.

5.3 Kommunale Aufgaben

Aufgrund der Selbstverwaltungsgarantie stehen den Kommunen Hoheitsrechte zu, mit deren Hilfe sie in ihrem Gebiet für die Ausführung der Landes- und Bundesgesetze sorgen. Darüber hinaus können sie Satzungen erlassen und über eine Finanz- und Haushaltsautonomie eigenständig mit Einnahmen und Ausgaben wirtschaften. Es werden Einnahmen über eigene Beiträge, Steuern und Abgaben in bestimmten Bereichen, aber wesentlich über die Zuwendung des Finanzausgleichs durch Bund und Land erzielt. Innerhalb geltender Gesetze kann die Verwaltung kommunale Einrichtungen oder Betriebe gründen und mit Personal ausstatten. Die Grundsätze der Subsidiarität und der Wirtschaftlichkeit müssen dabei erfüllt werden.

Ein wesentlicher Teil der Verwaltung wird unabhängig von kommunalpolitischer Entscheidung als laufendes Geschäft der Verwaltung geführt, wodurch Kommunalpolitik auf einen Großteil der Aufgaben keinen Einfluß nehmen kann. Dies sind die vom Bund und Land zugewiesenen Aufgaben, wie z. B. Personenstand- und Paßwesen bis zur Wohngeldauszahlung. In nur wenigen Bundes- oder Landesgesetzen ist die kommunalpolitische Mitwirkung und Beteiligung vorgesehen.

5.4 Kommunale Selbstverwaltung

In vielen kommunalpolitischen Debatten wird von PolitikerInnen „Stadtpolitik" oder „lokale Politik" zum Schlüssel der Demokratie erklärt. Die Kommune soll die Basis sein, wo Menschen aufgrund örtlicher Ausprägungen in gesellschaftliche Entwicklungen eingreifen, mitreden und mitentscheiden können. Typische Beteiligungsformen sind z. B. bei Bauleit- und Landschaftsplanung die drei Elemente Bekanntmachung, Auslegung und Anhörung. Bürgerinitiativen fügen als viertes Element bei der Planungsbeteiligung aufgrund ihrer Erfahrungen mit Verwaltungen das „Abwimmeln" hinzu.

Konflikte, die BürgerInnen in ihrer Kommune und mit ihrer Verwaltung erleben, wiederholen sich zwischen Gemeinden und Landes- bzw. Bundesbehörden, selbst wenn Kommune und BürgerInnen als Verbündete auftreten.[3]

In Art. 28 Abs. 2 GG (Grundgesetz) sind die Gemeinden als Ausgangspunkt für das parlamentarische Handeln genannt. Sie haben die Aufgabe, „alle Angelegenheiten der örtlichen Gemeinschaft im Rahmen der Gesetze in eigener Verantwortung zu regeln". Macht, Herrschaft und Interessen sollen ihre Legitimität durch „Politik in einem physisch-ortsgebundenen und sozialraumbezogenen Interaktionssystem" (Heinelt 1991b, 10) finden. Dies erfolgt im Zusammenspiel der drei Selbstverwaltungs-Körperschaften Bund, Länder und Gemeinden sozusagen als Dreigestirn der föderalen Bundesrepublik.

Dieses Ausgangsmodell von Kommunalpolitik erweist sich jedoch als nicht mehr mit sozioökonomischen und politischen Entwicklungen der Bundesrepublik vereinbar. Denn Kommune scheint zunehmend ein Wirkungsfeld zu sein, in dem Bundespolitik ohne weitreichende Nuancen umgesetzt und vollzogen werden muß, wobei kaum Unterschiede nach Bundesländern zu erkennen sind. Andererseits bringen politisch wirksame Verbände ihre Einflüsse zur Geltung und kooperieren dabei mit wissenschaftlichen Disziplinen. Das hängt damit zusammen, daß wesentliche Felder der kommunalen Selbstverwaltung geprägt sind von Staats- und Verwaltungsrecht, Politikwissenschaft, Ökonomie, Stadtentwicklung und Stadtsoziologie. Themen wie Macht- oder Konsensbildung, Effektivität, Öffentlichkeit, Konfliktaustragung, Partizipation und Gerechtigkeit sind allenfalls auf den untersten Ebenen der Gesellschaft aktuell, sie werden im Alltagsgeschäft der Kommunalpolitik zu vernachlässigbaren Größen.

5.5 Einschränkung der Kommunalen Selbstverwaltung

Kommunalpolitik ist bundesweiten Auswirkungen von Strukturwandel, neuen und weltweiten Märkten, überlokalen Interessen ausgesetzt. Sie hat wenig geeignete Mittel, auf die wirtschaftliche Entwicklung Einfluß zu nehmen, um z. B. Armut und Arbeitslosigkeit von Grund auf zu beheben. Über grundsätzlichen Wandel wird nicht in der Kommunalpolitik entschieden. Die finanzielle Abhängigkeit durch Bundes- und Landesgesetze schränken den Handlungsspielraum der Kommune zusätzlich ein. So wird z. B. die Kinder- und Jugendhilfe nach §85 KJHG überwiegend den Kommunen aufgetragen, deren gesamte „Finanzierung den Konkurs" (Münder 1993, 168) von Kommunen bedeuten kann.

---

[3] Bei den Planungen zur Autobahnerweiterung der A3 von Hannover nach Berlin forderte eine Siedlergemeinschaft zusammen mit ihrer Kommune eine Erhöhung der Schallschutzwand. Diese sollte ca. 600.000 DM kosten, um den gesetzlich geforderten Schallschutz weitgehend einzuhalten. Das wäre nur ein geringes Entgegenkommen gegenüber den AnwohnerInnen. Doch die Bezirksregierung fand als Planungsbehörde den Aufwand unangemessen, weil der Lärm sich ohnehin nicht ganz verhindern ließe. Eine solche Erfahrung führt nicht gerade dazu, daß BürgerInnen sich zukünftig stärker kommunalpolitisch engagieren. (vgl. Hannoversche Allgemeine Zeitung v. 15.2.95)

Aber auch andere für die BürgerInnen wichtige Belange sind in der Kommune nicht zu entscheiden. Ob z. B. ein Postamt in einem Stadtteil verbleibt, entscheidet nicht der Bezirksrat, nicht der Stadtrat und auch nicht die Landesregierung, sondern u. a. die Generaldirektion der Deutschen Post AG in Bonn. Ob z. B. MitarbeiterInnen bei der Firma Pelikan entlassen werden, entscheiden finanzielle Erwägungen des Metro- Konzerns in der Schweiz, der sich höhere Renditen durch Vermarktung des Betriebsgeländes und durch eine Verlagerung der Produktion verspricht.

Schwächung der Finanzkraft und damit Reduktion der Einrichtungen mit kollektiven Angeboten verzeichnen alle Gemeinden. Der Staat zieht sich aus der sozialpolitischen Prävention und Fürsorge zurück. Damit wachsen Schwierigkeiten der Kommunen, Krisenfolgen sozial gerecht zu bewältigen. Problematisch ist die Einengung des Handlungsspielraums auf der lokalen Ebene. Ein Vergleich der Investitionsausgaben aller Gemeinden erfolgt in einer Studie im Hinblick auf die geringste institutionelle Einbindung in staatliche Steuerungssysteme, aufgrund fehlender gesetzlicher Verpflichtung, in den Bereichen Sport, Kultur, Erholung und Verkehr. Der Einfluß der parteipolitischen Machtverteilung wird hier als „allenfalls graduell" (Gabriel 1990, 158 f) bezeichnet. Wirtschaftsförderung ist traditionell als Maßnahme angesehen, während sozialpolitische Ausgaben eher als Störfaktoren der Kommunalpolitik erscheinen. Doch gerade die Ausgaben der Kommunen für Sozialhilfe sind nach Angaben des Statistischen Bundesamtes drastisch auf 48,9 Mrd. DM gestiegen (vgl. Deutscher Verein 1994, 411).

Auch neuere Aufgaben erweitern nicht die Kompetenzen der Kommunen. Kommunalpolitik ist nicht nur Träger von Dienstleistungen, sondern es entsteht ein neuer Schwerpunkt: Stadt als Unternehmer. Lokale Beschäftigungsmaßnahmen, regional bezogene Umschulungen sowie Wirtschaftsförderung sind verbreitete Prioritäten. Delegation dieser Aufgaben an Gesellschaften, private Betriebe oder Planungsträger bedeuten eine Einschränkung der Allzuständigkeit und oft eine Abnahme öffentlicher Debatten sowie eine Reduktion der sozialen Anteile und des Beteiligungsstandards. Wesentlich werden zentrale Steuerungsaufgaben und die Erfüllung bundesstaatlicher Funktionen, die eine lokale Färbung erhalten.

Kommunalpolitik müßte auch in qualitativ anderen Prozessen der Willensbildung Wirkungen entfalten können. Denn die Kommune muß sich der gesellschaftlichen Polarisierung bei den sozialen Themen wie z. B. Arbeit, Wohnen und Einkommen stellen. „Die Bedeutung einer lokalen Politik gegen Marginalisierung liegt darin, daß sie Möglichkeiten einer sozialen Reintegration erhält oder schafft." (Heinelt 1991a, 118) Doch die Formen des Zusammenwirkens von Administration und privaten Initiativen oder sozialen Bewegungen bei Wohnungs-, Sozial-, Gesundheits-, Kultur- und Arbeitsmarktpolitik weisen qualitative Unterschiede innerhalb der Kommunen auf.

5.6 Rechtliche Partizipationsgrundlagen in der Gemeindeverfassung

In den 70er Jahren weist eine Vielzahl von Bürgerinitiativen darauf hin, daß politische und administrative Instanzen Interessen der BürgerInnen unberücksichtigt lassen und daß die Beteiligungsmöglichkeiten nicht ausreichen.

Die wesentlichen Formen der Bürgerbeteiligung im Rahmen der Gemeindeverfassungen sind als Bekanntmachungspflichten und Öffentlichkeit von Sitzungen vorgesehen. Nur in Ausnahmefällen tagen diese punktuell unter Ausschluß der Öffentlichkeit. In bestimmten Gremien sind BürgervertreterInnen vorgesehen, die von den Parteien vorgeschlagen werden. Ein Proporz hat sich in der Politik durchgesetzt, der auch der Opposition etwa DezernentInnenstellen und Vorsitze von Ausschüssen garantiert oder Vorschlagsrechte einräumt. Von diesem ungeschriebenen „Gesetz" sind oftmals kleine und neue Parteien ausgeschlossen.

Bei bestimmten Planungsverfahren sind z. B. Bürgerversammlungen als Form der Anhörung vorgeschrieben. In einigen Kommunen werden sie weitgehend durchgeführt, um auch konträre Vorstellungen in Planungsprozesse einzubeziehen. Selten erfolgt dies, um die Meinungen der BürgerInnen zu berücksichtigen und umzusetzen, sondern häufig, um Akzeptanz für Planungen der Verwaltung zu erreichen. Häufig bleibt nur das Recht, auf ausgelegte Pläne mit Einwendungen zu reagieren. Auch Bürgerfragestunden sind im Anschluß an Sitzungen von Ausschüssen oder Bezirksräten vorgesehen. Mit einem Bürgerantrag, den eine bestimmte Anzahl (in Niedersachsen je nach Einwohnerzahl der Kommune 2,5–5% der wahlberechtigten) BürgerInnen unterzeichnet haben muß, kann ein Thema zur Behandlung und zur Abstimmung in die Kommunalparlamente gebracht werden.

Die einzelnen BürgerInnen haben des weiteren die Möglichkeit, sich über den Rechtsweg (Art. 19 Abs. 4 GG) gegen Verwaltungshandeln zu wehren. Darüber hinaus können sie im Rahmen der Versammlungsfreiheit auf Themen aufmerksam machen und sich organisieren. BürgerInnen können Petitionen an eine Kommission richten (bei Landesgesetzen an den Landtag, bei Bundesgesetzen an den Bundestag). Unklar ist, wen BürgerInnen bei kommunalpolitischen Belangen ansprechen können. Einige BürgerInnen wenden sich an Verwaltungsleitungen oder politische Repräsentanten. Schreiben an Dritte, etwa an den Bundespräsidenten, haben zumindest die Wirkung, daß zuständige Stellen über Anliegen und Handeln ausführlich Rechenschaft gegenüber den übergeordneten Behörden abgeben müssen. Meldungen in der Presse führen zu ähnlichen Reaktionen zumindest bis zur Abteilungs- oder Amtsleitung.

Eine wenig bekannte Form der Bürgerbeteiligung ist die Verpflichtung zu Ehrenämtern nach §23 der Niedersächsischen Gemeindeordnung. Jeweils zu den Wahltagen wird eine Vielzahl von HelferInnen in den Wahllokalen benötigt. Darüber hinaus sind in bestimmten Gerichtsverfahren ehrenamtliche Schöffen vorgesehen. Aber auch Pflegschaften mit bestimmten Aufgaben für EinwohnerInnen, die ihre Angelegenheiten alters- oder krankheitsbedingt nicht mehr ausüben können, müssen eingerichtet und übernommen werden.

Neue Arbeitsformen der Kommunen sorgen für mehr Bürgernähe. Es werden Bürgerbüros eingerichtet, spezielle Beauftragte oder AnwaltsplanerInnen bestellt. Diese arbeiten z. B. zu Frauenthemen, Ausländerfragen, Sanierung und anderen Themen und entwickeln mit den Betroffenen oder stellvertretend Konzepte und bearbeiten Probleme. Diese neuen Arbeitsformen treffen in vielen Verwaltungsstellen auf Ablehnung. Es fehlen in den traditionellen Verwaltungsstellen oft die organisatorischen und personellen Voraussetzungen. Zusätzlich ist ein defensives Verwaltungsverständnis verbreitet. Verwaltung ist oft nicht bürgerfreundlich, vermeidet den direkten Kontakt mit BürgerInnen (sucht statt dessen institutionelle Öffentlichkeit), nimmt die Probleme nur selektiv wahr und neigt zu technokratischen Lösungen. (vgl. Trähnhardt 1981, 68).

Darüber hinaus übernimmt sie zum Teil Aufgaben der Politiker und verwehrt der Öffentlichkeit Einblick in und damit die Kontrolle über ihr Handeln. Dazu haben Oldenburger WissenschaftlerInnen schon 1977 anschauliche Details von verhinderter Information und Beteiligung sowohl der BürgerInnen als auch der PolitikerInnen zusammengetragen. Diese Kritik hat ihre Gültigkeit behalten und wird häufig zitiert.

5.7 Rechtliche Partizipationsgrundlagen durch Landesgesetze

Die Länder regeln bestimmte Aufgaben durch eigene Gesetzgebung. Dies betrifft Schulen und Kindergärten oder Natur- und Wasserschutz. In sozialen und pädagogischen Einrichtungen sind generell weitergehendere Beteiligungsrechte als in Planungsverfahren vorgesehen. Denn der Erfolg und der Nutzen hängen nicht nur von formaler Beteiligung ab, sondern auch von einer Akzeptanz der Bevölkerung bzw. der BenutzerInnen. Wem nützen z. B. Spielplätze, die regelmäßig zerstört werden?

Am Beispiel des Niedersächsischen Schulgesetzes (NSchG) wird eine Systematik deutlich, hinter der ein bestimmtes Demokratie- und Staatsverständnis steht, das noch Elemente der Schulgeschichte in sich trägt. Diese werden nur schwer den Erfordernissen der Gegenwart gerecht, obwohl in §2 pädagogische Anforderungen als Bildungsauftrag formuliert sind, die die SchülerInnen „zur demokratischen Gestaltung der Gesellschaft", zu Beziehungen nach „den Grundsätzen der Gerechtigkeit, der Solidarität und der Toleranz sowie der Gleichberechtigung der Geschlechter" anleiten sollen (vgl. Galas 1993).

Die Realisierung dieses Bildungsauftrags erfordert die Überbrückung der bisher getrennten Kompetenzen, die im Schulbetrieb erheblichen Koordinationsaufwand bedeutet. Für Räume und Sachmittel sind die Kommunen (oft mit mehreren Ämtern), für Personal und Inhalt ist die Schulbehörde zuständig. Die Schulbehörde ist noch einmal dreigeteilt. [4] Es ist leicht vorstellbar, wie schwierig es ist, Probleme und Fragen zu behandeln, die alle Gliederungen der Schulverwaltung

---

[4] Die oberste Schulbehörde ist das Kultusministerium, die Bezirksregierungen sind die oberen und

berühren. Alle Verwaltungsteile haben ihre jeweilige Mitwirkung im Schulgesetz abgesichert. Das Ministerium wirkt über Erlasse, die anderen Schulbehörden über Weisungen, Genehmigungen, aber auch Stellenbesetzungen. Wer das Interesse an Veränderung hat, muß den zusätzlichen Informations- und Koordinationsaufwand aufbringen.

Kommunen haben mit Entscheidungen über Räume und Sachmittel Einfluß auf die Schulen. Es gibt Kommunen, die Gebäude unrenoviert und Räume in musealer Ausstattung lassen. Sie erwecken damit bei Kindern den Eindruck, daß an der Ausstattung von Schulen und zum Nachteil der Lebensgefühle der Kinder gespart werden kann. Bei Anträgen auf Schulhofgestaltung wird eine Vielzahl von Behörden mobil, um ihre Mitspracherechte einzufordern. Oft werden die Kinder dabei vergessen. Kinder der Grundschulen können eine Mitsprache für sich rechtlich nicht geltend machen, obwohl sie durchaus eine eigene Meinung haben. Mitsprache durch gewählte Schülervertretung ist erst für SchülerInnen ab der 5. Klasse gesetzlich geregelt (§73).

Form und Inhalt der Elternbeteiligung sind in Niedersachsen im Schulgesetz festgelegt (§88). Eltern wirken mit in Klassenelternschaften, beim Schulelternrat und als Vertreter in Konferenzen und Ausschüssen. Eltern machen jedoch oft die Erfahrung, daß sie für den kurzen Zeitraum, in dem ihr Kind die jeweilige Schulform besucht, kaum inhaltliche Beteiligung erreichen bzw. diese stark von der Bereitschaft der Lehrkräfte und von der Schulleitung abhängt. Die Möglichkeiten, gemeinsam mit Eltern und Lehrerschaft an einer Gestaltung der Schule zu arbeiten, sind durchaus gegeben, hängen aber wesentlich vom Engagement und der oftmals unbezahlten Mehrarbeit der LehrerInnen ab.

Schulalltag ist darüber hinaus von weiteren Bedingungen abhängig. Den Zusammenhang von Schule und Ausländergesetz zeigt z. B. die Planung einer Klassenfahrt in die Niederlande mit SchülerInnen eingewanderter Familien anhand ihrer Aufenthaltstitel und der Bedingungen für die Einreise auf. Auf Grund rechtlicher Beschränkungen können nicht alle SchülerInnen an einer solchen Fahrt teilnehmen (vgl. Goetsch 1994).

5.8   Rechtliche Partizipationsgrundlagen durch Bundesgesetze

Verschiedene Bundesgesetze wie das Sozialgesetzbuch (SGB), als Teil davon das Kinder- und Jugendhilfegesetz (KJHG), das Bundessozialhilfegesetz (BSHG) und das Baugesetzbuch (BauGB) sehen in besonderer Weise die Beteiligung der Betroffenen vor. Diese werden, ergänzt durch Landesverordnungen, von den Kommunen umgesetzt. Daneben sind auch Landesgesetze (Schulgesetz, Naturschutzgesetz, Kitagesetz u. a.) für die Kommunen verbindlich und bei der Planung z. B. von Schulhöfen, Kinderspielplätzen oder Grünanlagen von Bedeutung.

---

die Schulaufsichtsämter sind die unteren Schulbehörden. Es gibt derzeit Bestrebungen, diese Organisationen zu entflechten und Aufgaben zu verlagern.

Im Gegensatz zu allgemeinen Verwaltungsverfahren unterliegen bestimmte Tätigkeiten der Sozialverwaltung (Sozial-, Jugend-, Gesundheits- und Arbeitsamt), den Vorschriften des Sozialgesetzbuches (SGB). Darin liegen auch tiefgreifende Unterschiede bei Umgang und Beteiligung der BürgerInnen durch die Sozialverwaltung begründet.

An drei Bundesgesetzen mit weitreichenden Beteiligungsrechten werden im folgenden Chancen der Mitwirkung beschrieben. Anders als in der allgemeinen Verwaltung ist hier ein erweitertes Beteiligungsverfahren mit Rechtsanspruch für die BürgerInnen vorgesehen. Das betrifft vor allem die Beratungs- und Auskunftspflicht (§§14, 15 SGB) durch Sozialbehörden. Das SGB gewährt den BürgerInnen Anhörungsrecht und Akteneinsicht. Darüber hinaus unterliegen die Sozialdaten einem besonderen Schutz, der dazu führen soll, daß Daten nur zu dem erhobenen Zweck verwendet werden. Mitwirkungsrechte und -pflichten bestehen hauptsächlich hinsichtlich persönlichem Erscheinen und bei Auskünften zur Person. Darüber hinaus sieht auch das BauGB für Sanierungsgebiete Beteiligungsrechte für BürgerInnen vor, die in Sanierungssatzungen durch die Gemeinden konkretisiert werden.

5.9   Das Bundessozialhilfegesetz (BSHG)

Seit 1961 existiert das BSHG, das einen Rechtsanspruch zur Sicherung des Lebensunterhalts (§1) vorsieht, wenn andere Hilfen nicht ausreichen. Dieser Rechtsanspruch ist verknüpft mit dem Sozialstaatsprinzip (Art. 28 GG) und dem Gleichheitsgrundsatz.

Während die Sozialhilfe von der Intention her zu Zeiten der Vollbeschäftigung als eine vorübergehende Hilfe zur Behebung eines Notstands gedacht war, zeigt u. a. langandauernde Arbeitslosigkeit die Notwendigkeit einer Grundsicherung für große Teile der Bevölkerung an. Im Gegensatz dazu stehen Spargesetze (Haushaltsstruktur- oder Haushaltsbegleitgesetze), die seit 1975 die Höhe der Sozialhilfe stark begrenzen. Seit 1982 ist die Regelsatzhöhe von der Realentwicklung der Kosten abgekoppelt. Der behördliche Ermessensspielraum ist verringert, wobei das Wunschrecht des Hilfesuchenden (§3 Abs. 2, 3 und §93 Abs. 2) eingeschränkt wird.

Verwaltungsrichtlinien bestimmen wesentlich die Ausgestaltung der Hilfe. Im Einzelfall lassen sich aber erheblich ausgeweitete Hilfen bei Verwaltungsgerichten einklagen. Die traditionellen Formen der Hilfen sind neben Geld- oder Sachleistungen die persönlichen Hilfen als Beratung (§8). Die Inhalte der Beratung sind ausdrücklich weit gefaßt (§8, Abs. 2), um den Lebenslagen der Hilfesuchenden gerecht zu werden. Dazu gehören mittlerweile Schuldner- und Mietberatungen. Diese ganzheitliche Form der Beratung (rechtlich und sozial) wird zumindest von Anwälten kritisiert, die darauf drängen, die Probleme durch reine Rechtsberatung und gerichtliche Vertretung zu regeln. Darüber hinaus sind auch gruppenbezogene Hilfen oder Hilfe zur Arbeit möglich. Gerade letztere wurde in verschiedenen Gemeinden ausgeweitet, um die Kosten für Arbeitslosigkeit langfristig wieder auf das Arbeitsamt als Bundesbehörde zu verlagern.

Der „Funktionswandel der Sozialhilfe von der Ausnahme zur Grundsicherung" (Birk u. a. 1991, 34) beinhaltet zusätzliche Probleme, da den Gemeinden und Landkreisen die Last der Sozialhilfekosten aufgebürdet wird. Um dieser Tendenz auszuweichen, werden unbestimmte Rechtsbegriffe und Ermessensspielräume zu Leistungseinschränkungen genutzt. Aber gerade diese Ermessensspielräume und die Schulung von Sachbearbeitern werden in einer Untersuchung als Chance für mehr Bürgernähe bewertet. Weitere Hindernisse für Bürgernähe sind die organisatorischen Bedingungen wie z. B. lange Wartezeiten, Gestaltung und erschwerte räumliche Zugänglichkeit, aber auch die Verknüpfungen mit anderen Behörden (vgl. Bundesministerium für Jugend, Familie und Gesundheit 1985, 368 f.).

Der Gedanke der Hilfe zur Selbsthilfe ist nur in soweit bei Verwaltungen präsent, als er auch Kosten verringert. Versuche, gemeinsame Hilfe für Projekte und Selbsthilfeeinrichtungen (z. B. bei Wohn- und Bauwagengemeinschaften) durch das Sozialhilferecht zu begründen und rechtlich durchzusetzen, scheiterten, da es sich hier um ein individuelles Recht handelt. Mitwirkungspflichten hinsichtlich Informationen, Bemühung um Arbeit, Erbringen von Nachweisen und Zulassen von Hausbesuchen sind Bestandteil der Hilfe und werden von Betroffenen häufig als unangenehme Kontrolle und als Eingriff in die Privatsphäre angesehen.

Mitwirkung kann auch stellvertretend durch Organisationen erfolgen. Die Wohlfahrtsverbände beziehen sich auf §17 BSHG, wenn sie Runde Tische und Gespräche über soziale Brennpunktthemen wie z.B Wohnungslosigkeit fordern. Doch über Forderungen hinaus ist die Zusammenarbeit der Leitungen der freien Verbände in vielen Kommunen nicht zufriedenstellend, da Konkurrenzen um Marktanteile und Verteilungspoker sinnvolle Kooperationen beeinträchtigen. Davon können sich Einrichtungen auf Stadtteil- oder Gemeindeebene oftmals lösen, wenn sie über Kooperationserfahrungen verfügen und gemeinsame Problemlösungen entwickeln. Die Leitungen der Verwaltungen und Verbände sind eher geneigt, „partikulare Domäneninteressen ihrer jeweiligen Organisation" und nicht an den Klienten orientierte „Kooperationsziele in den Mittelpunkt zu stellen" (vgl. Damkowski und Luckey 1990, 133).

5.10   Das Kinder- und Jugendhilfegesetz (KJHG)

Das KJHG von 1990 (Novelle von 1993) hat das Jugendwohlfahrtsgesetz (JWG) von 1961 abgelöst. Mitbestimmung ist ein wesentliches Element des KJHG (vgl. Münder 1993). Junge Menschen sollen durch mitgestaltete Angebote der Jugendarbeit (§11 Abs. 1) zu „Selbstbestimmung" und „gesellschaftlicher Mitverantwortung" angeregt werden. Diejenigen Maßnahmen sollen Vorrang haben, die sich stärker am Interesse der Betroffenen orientieren (§74 Abs. 4). Dazu wurden erstmals differenzierte pädagogische Hilfen (z. B. sozialpädagogische Familienhilfe, soziale Gruppenarbeit oder betreute Wohnformen) für die Erziehung von Kindern und Jugendlichen vorgesehen, auch wenn noch nicht alle Kommunen diesen Wandel nachvollzogen haben und diese Hilfen vorhalten. Es handelt sich weniger um eingriffsorientierte Maßnahmen als um eine leistungsorientierte Hilfe, auf die auch ein rechtlicher Anspruch besteht. In §5 wird ein „Wunsch- und Wahlrecht" bei der Art und Weise der Hilfe festgeschrieben. Darüber hinaus wird in §36 die Mitwirkung von Eltern und Kindern oder Jugendlichen recht umfassend festgelegt. „Der Erfolg erzieherischer Hilfen hängt daher wesentlich von der Bereitschaft des Jugendamts und der mit der Durchführung der Hilfe betrauten Personen ab, diese nach den Vorstellungen und Wünschen der Betroffenen auszugestalten." (Storr 1991, 119) Damit wird den fachlichen und pädagogischen Gegebenheiten stärker Rechnung getragen, und es wird versucht, den behördlichen Charakter der Hilfe zu begrenzen.[5]

Eine besondere Rolle kommt dem Jugendhilfeausschuß zu, der weitgehendere Befugnisse als andere Kommunalausschüsse hat. „Die Aufgaben des Jugendamtes werden durch den Jugendhilfeausschuß und die Verwaltung des Jugendamtes wahrgenommen." (§70 KJHG) Würde diese Zweigliedrigkeit aufgegeben, wie Verwaltungen es vielfach angestreben, würde dem „Jugendhilfeausschuß jede Kompetenz zur Einwirkung auf die laufenden Geschäfte der Verwaltung entzogen." (David 1993, 37) Nicht nur diese Einwirkungsmöglichkeit auf die Verwaltung ist interessant, auch die Zusammensetzung des Ausschusses ist für die Kommune ungewöhnlich. Dieser besteht zu 3/5 aus Mitgliedern der Vertretungskörperschaften der öffentlichen Jugendhilfe und zu 2/5 aus Vertretern der freien Jugendhilfe sowie aus beratenden Mitgliedern. Bei der Auswahl sind Jugend- und Wohlfahrtsverbände angemessen zu berücksichtigen.

5.11 Das Baugesetzbuch (BauGB)

Das BauGB von 1986 versucht den gewandelten Anforderungen an den Städtebau mit behutsamer Stadterneuerung, den Industriebrachen und dem Wiederbeleben der Innenstädte Rechnung zu tragen. Das Baugesetzbuch umfaßt das integrierte und erheblich erweiterte Städtebauförderungsgesetz. So sind Beteiligungsrechte sowohl grundsätzlich in §137 als auch in der vorbereitenden Untersuchung §141 vorgesehen. Gemeinden erhalten mit Erhaltungssatzung, Modernisierungs- und Pflanzgebot erweiterte Instrumentarien an die Hand, die einige Gemeinden schon vorher durch weite Auslegung des alten Städtebauförderungsgesetzes

---

[5] Seit 1990 entwickelt das Sozialdezernat in Hannover ein Aktionsprogramm „Kinderfreundliche Stadt". Über traditionelle Gremienarbeit hinaus wird versucht, ressortübergreifend in zwei Stadtteilen Gespräche und Beratungen zur Gestaltung von Freiflächen, Überwegen etc. in Gang zu bringen. Anregungen der BewohnerInnen sind ausdrücklich erwünscht. Begrenzt sind diese Aktionen durch geringe Finanzmittel und durch fehlende Beteiligung von Kindern in den Planungsprozessen, weil dies begleitende pädagogische Kräfte und entsprechendes Verständnis voraussetzt (vgl. Landeshauptstadt Hannover 1992).

(1971) erprobten. Seit der Novelle von 1976 sind BürgerInnen intensiver und frühzeitiger am Planungsgeschehen beteiligt. Besonders Sozialplan (§180) und Härteausgleich (§181) sichern den BürgerInnen mindestens die Einbeziehung persönlicher Belange.

Wesentliche Gestaltungselemente sind jedoch die Sanierungssatzungen der Gemeinden, in denen PolitikerInnen den Grad der Beteiligung und die Berücksichtigung von sozialen Faktoren festschreiben. So lautet ein Grundsatz der Sanierung z. B. in Hannover, daß keine BürgerInnen aus ihrem Stadtteil verdrängt werden sollen. Dadurch erhalten die im Sanierungsgebiet Lebenden einen Vorzug bei der Wohnungsvergabe, der einen Ausgleich für soziale Härten darstellt. Auch ist die Zusammenarbeit oft fachbezogen über Amts- und Dezernatsgrenzen hinweg möglich, da ergebnisorientiert gearbeitet werden muß und Öffentlichkeit und PolitikerInnen diesen Prozeß kritisch verfolgen. Auch in anderen Städten werden Sanierungsprozesse mit Bürgerbeteiligung verbunden und an den BewohnerInnen orientiert, auch wenn Interessen der MieterInnen an bezahlbaren Wohnungen sowie der Erhalt der Mieterstruktur den Renditeerwartungen der Eigentümer entgegenstehen und soziale Konflikte hervorrufen (vgl. J. Schulze 1993, 261 f).

In anderen Stadtteilen wünscht man sich für den Alltag die durch Sanierung erweiterten Beteiligungsrechte. Solche Forderungen stoßen bei MitarbeiterInnen in den Wohnungs- und Planungsämtern auf wenig Verständnis (vgl. Jahn 1994, 64 f). Doch die Sozialverwaltungen versprechen sich so wirkungsvollen Einfluß auf die Gestaltung des Lebensalltags der Menschen, denn die Lebensbewältigung findet im Stadtteil statt und „aktive Partizipation bewahrt vor Resignation" (vgl. Springer 1993). In Sanierungsgebieten hat es sowohl verkürzte (mit nur einer Veranstaltung) als auch erweiterte Bürgerbeteiligung (mit langfristiger und intensiver Beteiligung durch Arbeitsgruppen und gemeinsamer Wohnblockplanung) gegeben (vgl. Brakenhoff 1986). Informelle Beteiligungsformen ersetzen förmliche Beteiligungsverfahren nicht. Solche in das Belieben der Verwaltung gestellten Verhandlungen, die auf kooperative Lösungen ausgerichtet sind, stellen sich häufig „als Alibi für den Entzug förmlicher Rechte" (Klemisch 1994, 56) heraus. Die Beteiligung wird häufig als Zustimmung zum Vorhaben gewertet, und es sind oft nur Änderungen, aber keine Ablehnungen mehr möglich. Insofern bleibt Bürgerbeteiligung ein unbestimmter Begriff, der im wesentlichen von der Verwaltung ausgelegt wird, wenn PolitikerInnen diesen Begriff inhaltlich nicht definieren.

5.12 Beteiligung in der Verwaltung

Über die genannten Möglichkeiten hinaus gibt es innerbetriebliche Beteiligungen, wenn Ämter umstrukturiert oder neue Arbeitsformen umgesetzt werden. Hierzu treffen Verwaltungsleitung und Personalräte Vereinbarungen, um Mitwirkung nach dem Personalvertretungsgesetz zu regeln.

Aber auch Privatisierungen kommunaler Dienste und Entwicklungen neuer Betriebsformen erfordern eine Beteiligung der Beschäftigten, die als Vereinbarungen zwischen Zentralverwaltung und Personalrat und oft auch unter Einbeziehung von PolitikerInnen erfolgen. Befragungen der BürgerInnen über die Arbeit verschiedener Dienststellen der Kommune sowie Vorstellungen und Wünsche an die Stadtverwaltung werden häufig von den statistischen Ämtern für die Stadtentwicklungsplanung erstellt.

5.13 Beteiligungsformen zwischen Initiativen und Verwaltung

Aktionsgruppen wie z. B. Bürgerinitiativen haben durch Protest, Verweigerung und öffentliche Aktionen bei der Stadtsanierung, in der Friedens- und Ökologiebewegung u. a. m. Formen einer Zusammenarbeit der BürgerInnen entwickelt, die außerhalb der parlamentarischen Beteiligung und Mitwirkung liegen. Allenfalls in kleinen Ortsraten, uberschaubaren Bezirksräten oder in Sanierungskommissionen finden Diskussionsprozesse statt, bei denen die Betroffenen als ExpertInnen ihres Wohnfeldes angesehen und einbezogen werden. Andererseits stehen Planungen aus kleinen politischen Zusammenhängen und deren Umsetzung wiederum stadtweite Interessen entgegen. In den Stadt- oder Ortsteilen haben sich dennoch Foren, Arbeits- und Gesprächskreise gebildet, die auch von KommunalpolitikerInnen anerkannt werden. Diese lokale Öffentlichkeit meldet sich bei bestimmten stadtteilrelevanten Themen zu Wort und verfügt oftmals über einen gemeinsamen Sachverstand, der Zielgruppen, Träger- und Stadtteilinteressen miteinander verknüpft.

MitarbeiterInnen der Fachämter haben durch die Zusammenarbeit mit Initiativen eine Fülle von Erfahrungen gesammelt, wie BürgerInnen an Hilfe- oder Planungsprozessen beteiligt werden können. Kommunen entwickeln neue Formen der Öffentlichkeitsarbeit, z. B. eine Sanierungszeitung oder einen Stadtteilladen, um als Verwaltung mit den BürgerInnen zusammenzuarbeiten. „Büros vor Ort, spezielle Beratungsangebote für Bürger gehören vielerorts zum Planungsalltag." (Selle 1991, 322) Eine Verkehrsplanung zeigt beispielhaft auf, daß die Interessen aller BürgerInnen einbezogen werden müssen, um eine Planung zu optimieren. Über eine genaue Analyse der Verhältnisse „vor Ort" werden gemeinsam mit BewohnerInnen Funktionen ermittelt, die nicht übergangen werden dürfen, wie z. B. Anlieferung, Anbindung; Gewerbe, Dienste und Handel; Rad- und Fußwege; Durchgangs- und Anliegerverkehr. Durch Beteiligung der BürgerInnen als ExpertInnen mit genauer Orts- und eigener Fachkenntnis können abgewogene Planungen entstehen.

Darüber hinaus werden von den Kommunen Stellen für ExpertInnen geschaffen, die als zentrale Beauftragte oder als dezentrales Bürgerbüro, auch z. T. verwaltungsunabhängig (als Anwaltsplaner, Frauenbeauftragte, GemeinwesenarbeiterInnen, Seniorenbeiräte, Ausländerbeiräte, Ausländerbeauftragte u. a.) für Verwaltung und Politik eine wichtige Mittler- und Beratungsfunktion einnehmen, die anders als die „Träger öffentlicher Belange" keine Verbandsinteressen zum Maßstab der Beurteilung von Sachproblemen machen (vgl. Klemisch 1994, 54 f.).

Die ausgewählten BürgervertreterInnen (Beauftragte oder Anwälte) haben mit ihrem Auftrag eine große Bandbreite der Probleme abzudecken. Vermittler und Berater der BürgerInnen sehen sich, wie BürgerInnen auch, einem eher traditionellen Verwaltungsverständnis gegenüber, das Kooperation und Konsensbildung direkt mit einzelnen BürgerInnen eher skeptisch gegenübertritt. Weil sie keine Verbands- oder Parteiinteressen vertreten, wird deren gesellschaftliche oder politische Position selten anerkannt. Eine Problematik solcher Bürgervertretung bzw. Anwaltsplanung liegt darin, daß sie notwendigerweise eine inhomogene, von sehr unterschiedlichen Interessen geprägte Bevölkerungsgruppe zu vertreten haben. Hinzu kommt, daß Bevölkerungsgruppen mit akuten Problemen nicht motiviert sind, in eine Initiative zu gehen, die mittelfristige Planungsarbeit betreibt, zumal wenn noch ein Konsens über die Lösung der ihnen zugeschriebenen Probleme hergestellt wird (vgl. von Kietzell und F. Müller 1978, 263).

Dennoch übernehmen Kommunalverwaltungen neue Instrumentarien, um Bürgerinteressen und Beteiligung zu organisieren. Obwohl diese Formen geänderter politischer Beteiligung erfolgreich verlaufen, werden sie nur selten zu einer Grundlage kommunalpolitischer Beschlußfassung etabliert. Sie sind durch Sparmaßnahmen und konservatives Verwaltungsverständnis in ihrer Existenz permanent gefährdet.

Die neuen Erfahrungen der Zusammenarbeit mit BürgerInnen macht sich das Kulturamt in Hannover zunutze, indem es in vielen Stadtteilen Kulturtreffs von Bürgervereinen fördert, die der Mehrheitsfraktion des Rates nahestehen. Die bisherigen Freizeitheime der 60er Jahre waren organisatorisch zu schwerfällig, um auf neue Strömungen in Stadtteilen zu reagieren. So bilden sich oft wichtige Bewegungen und Initiativen außerhalb der städtischen Großeinrichtungen, die allerdings über fehlende Förderung und Unterstützung klagen. Anders als in Berlin oder Hamburg fehlen amtsübergreifende Konzepte, um neue soziale Bewegungen als Teil des sozialen und kulturellen Lebens anzuerkennen und dafür ausreichende Mittel bereitzustellen.

In Hannover werden Koordinatoren für Stadtteilkulturarbeit vom Kulturamt benannt. Diese Einsetzung von Koordinatoren ist mit Personalproblemen verbunden, wenn Personen zu Koordinatoren bestimmt werden, die bereits Leitungsfunktionen ausüben. Dies kann Unmut bei MitarbeiterInnen hervorrufen. Außerdem gibt es Rivalität der Ämter; MitarbeiterInnen wollen sich nicht von Fachfremden koordinieren lassen.

In einer Untersuchung über neue soziale Bewegungen und soziokulturelle Zentren erarbeitet J. Schulze Kriterien, die eine Förderung durch Politiker und Verwaltung erschweren. Dies sind z. B.: „Nutznießer werden nicht zur eigenen Wählerklientel gerechnet", „durch Selbstverwaltung und freie Trägerschaft werden die Kontroll- und Einflußmöglichkeiten der Politiker und Verwaltung eingeschränkt", „unerwünschte Konkurrenz zu kommunalen Angeboten oder Angeboten anderer Träger, deren Interessen vertreten werden, weil sie die eigene Machtposition stützen", wird abgelehnt, „Beteiligung der Kommune an den

Folgekosten schränkt für Politiker wichtige Gestaltungsspielräume ein" (vgl. J. Schulze 1993, 180). Dementsprechend sind Initiativen aus der Bevölkerung kommunalen Koordinatoren gegenüber skeptisch, weil sie sich lieber selbst koordinieren möchten. Sie vermuten, daß Kommunen durch Koordination zwar Geld einsparen, aber eine stärkere Beteiligung der Bevölkerungsinitiativen und Stadtteilgruppen mit ihrer ortsnahen Kompetenz nicht planen. Dieser Problematik begegnen pädagogische Fachkräfte in einem Stadtteil Münchens durch Gründung eines Vereins, der die Koordination übernimmt (vgl. Baumgartner 1994, 255 f.).

5.14 Partizipation in außerparlamentarischen Formen

Die wesentlichen außerparlamentarischen Beteiligungsformen beziehen sich auf die im Grundgesetz garantierte Meinungsfreiheit (Art. 5), Versammlungsfreiheit (Art. 8) und Vereinigungsfreiheit (Art. 9). Auf dieser Basis können sich Selbsthilfegruppen, Bürgerinitiativen oder Vereine gründen. Menschen können sich zu wichtigen Themen und Interessen zusammenfinden und damit auch in eine größere Öffentlichkeit gelangen.

Viele Initiativen sind über die Gründung von gemeinnützigen Vereinen zur Förderung ihrer Anliegen und Zwecke durch Kommunen oder Länder gelangt. Sie haben als kleine regionale Gruppierungen mit Beschäftigungsinitiativen, Natur- und Umweltschutzgruppen, Gesundheitsförderung, Kultur- und Sozialarbeit bis zu gesetzlich verbrieften Aufgaben wie Kindertagesstätten bzw. Kinderläden, Jugendhilfe oder ambulante Kranken- und Pflegedienste wichtige gesellschaftliche Neuerungen initiiert und Aufgaben übernommen.

Viele der neuen Impulse sind so von Bürgerinitiativen aus den Sorgen und Nöten der BürgerInnen entwickelt und in Konzepte umgesetzt worden.

Nicht alle Lebensbereiche lassen sich aber derart konstruktiv bewältigen. Oft stehen starke wirtschaftliche oder politische Interessen bei der Nutzung von Natur, Verkehr, Energie oder Stadtplanung den Interessen der BürgerInnen gegenüber. Sie sehen selten eine Möglichkeit, ihrer Empörung Ausdruck zu verleihen und an der Hoffnung auf Veränderung festzuhalten. Protest, Ärger und Wut werden dann in gemeinsamen Aktionsformen in die Öffentlichkeit gebracht. Verstöße gegen gesetzliche Bestimmungen sind in vielen Fällen mit in die Aktionen einbezogen, wenn andere Wege keinen Erfolg anzeigen.

Jugendliche in Pattensen, einer kleinen Stadt südlich Hannovers, hatten 1983 eine Aktion durchgeführt, die in ähnlicher Form inzwischen an vielen Orten praktiziert wurde. PolitikerInnen hatten ihnen vor einer Wahl ein Jugendzentrum versprochen. Daran konnten sich jedoch die PolitikerInnen nach der Wahl nicht mehr erinnern. Die Jugendlichen brachten in aller Frühe eine Fuhre Mist vor das Rathaus, um zu symbolisieren, daß PolitikerInnen „manchmal auch Mist machen". Die Jugendlichen ahnten, daß an diesem Morgen „die Verwaltungsmühlen sehr schnell mahlen würden" und hielten die Aktion in einem Foto fest, das sie auf

Plakaten weiträumig verbreiteten. Die Pattenser BürgerInnen sahen dann 1983 ihre erste Demonstration.

Bei allen Aktionen und Aktionsformen ist eine Einbeziehung der jeweiligen Kommunalparlamente unabdingbar. Auch z. B. „besetzte Häuser" werden nach einiger Zeit als Problem der Kommune zum Thema im Rat. Dann benötigen Initiativen FürsprecherInnen, die für sie in Gremien verhandeln.

Defizite der Kinder- und Jugendpolitik sind nicht zu übersehen und fordern von PolitikerInnen Auseinandersetzungen und Stellungnahmen heraus. Inwieweit Ansprüche und Erwartungen der Bevölkerung hinsichtlich der Fehlentwicklungen und Bedrohungen jedoch durch Politiker aufgegriffen und ob die Interessen im örtlichen Zusammenhang öffentlich ausgehandelt werden, ist ein Gradmesser für Partizipation in der Demokratie.

Kapitel 6

Stadt als Feld sozialer Aneignung und Teilhabe

6.1 Stadt als gebaute Umwelt

Einen wesentlichen Teil des Ansehens erhält eine Stadt durch die gebaute Umwelt. Prägende Eindrücke werden vermittelt durch markante historische Bauwerke, durch Kaufhäuser, repräsentative Gebäude der Banken und Versicherungen, durch die Altstadt und die citynahen Bereiche, durch Wohnsiedlungen der 1970er Jahre am Stadtrand und Baugebiete der 1990er Jahre und durch die versteckten Obdachlosensiedlungen und Wohnanlagen für Flüchtlinge. Die Qualität der Anbindung durch Verkehrsmittel ergibt meist erste Aussagen über den Stellenwert der Stadtteile und zeigt Vor- oder Nachrang der jeweiligen Viertel auf.

Für viele Menschen symbolisieren die Gebäude, Straßen und Plätze immer auch Erfahrungen, die ihren Alltag prägen. Das können z. B. Schulden oder Anlagen bei einer Bank sein, oder es sind Vorladungen der Gerichte oder Termine bei Ämtern und Behörden, in denen über menschliche Schicksale entschieden wird. Gebäude, aber auch Straßen und Plätze sind Symbole für erlebte Geschichte, an denen die eigene Biographie verortet wird. Die bauliche Umwelt verweist auf die Macht der Eigentümer, die den Zutritt nicht für alle in gleicher Weise ermöglicht.

Die Stellung des einzelnen in der Gesellschaft bekommt durch Zugehörigkeit oder Ausgrenzung, durch Abhängigkeit oder Distanz über die Gebäude oder Flächen eine räumliche Gestalt. Die BewohnerInnen sehen ihre Stadt also differenziert, nicht nur als materielles Gebilde, sondern als Mischung von Erfahrungen, Einschränkungen und Möglichkeiten, um mit sich und anderen innerhalb der Stadt agieren zu können. Die Menschen erleben dadurch die Grenzen, innerhalb derer sie sich zu Hause fühlen können.

Die Stadt ist auch ein sozialer Ort, an dem sich enorme gesellschaftliche Unterschiede manifestieren und kontrastieren. Reichtum mit beheizten, marmornen Ladenpassagen und immer drastischer werdende Armut mit Wohnungslosigkeit zeigen spannungsgeladene Gegensätze auf. Passanten vor glitzernden Boutiquen und gesundheitlich angeschlagene Bettler befinden sich direkt nebeneinander. Die Stadt strahlt für viele Attraktivität durch Konsumverlockungen mit vielfältigen Angeboten und Ressourcen aus. Menschen fühlen sich dadurch angezogen und sehen darin zumindest zeitweilig eine Bereicherung für ihr Leben. Die Stadt bietet auch Inszenierung von Festen und Großveranstaltungen, vom Schützenfest über Dekorationen bis zu Messen, Konzerten, Festlichkeiten und kulturellen Ereignissen.

Die Stadt wird darüber zunehmend sichtbar als ein Ort der Individualisierung und der Vereinzelung. Menschen verlieren ihre sozialen Bezüge und nehmen an gesellschaftlichen Entwicklungen nicht mehr teil. Gleichzeitig bieten neue soziale Bewegungen Zuordnung und Zugehörigkeit an, um andere, neue Formen des Zusammenlebens zu entwickeln. Die Stadt ist ein Ort, an dem gesellschaftlicher Protest organisiert wird. Hier gibt es Plätze, die zu Kundgebungen und Demonstrationen genutzt werden. Hier organisiert sich Protest, und es bilden sich Parteien heraus, deren VertreterInnen in Parlamente gewählt werden. Die Stadt ist aber auch der Ort zur Austragung gewaltsamer Konflikte zwischen Fußballfans verschiedener Vereine, zwischen Skins und Punks oder durch Übergriffe auf AusländerInnen von gewaltbereiten, rechtsextremen Jugendlichen.

6.2 Kritik der Stadt

Die Stadt und ihre sozialen Gegebenheiten fordern immer wieder zur Kritik heraus. Nicht selten stand dabei die Polarität von Stadt und Land zur Diskussion, um bestimmte Entwicklungen hervorzuheben oder zu kritisieren.

Die Großstadtkritik des 18./19. Jahrhunderts zur Zeit der Industrialisierung orientierte sich vor allem an physischen Phänomenen wie Belichtung, Belüftung und Besonnung besonders der Keller- und Hinterhauswohnungen sowie der Mietskasernen. Entsprechend bezogen sich die ersten wissenschaftlichen Bemühungen auf Gesundheitsstatistiken und demographische Faktoren. In den Vordergrund kommunaler Interessen traten dabei Versorgung der Bevölkerung und Verkehrsverbindungen. Im 19. Jahrhundert warnten Kritiker vor der Trostlosigkeit und Bedrohlichkeit der Städte, dem Elend der Massen, dem allgemeinen Aspekt der Denaturierung. Das Leben auf dem Land wurde dagegen als naturverbunden und übersichtlich gesehen und romantisch verklärt.

Bis in die Gegenwart sind diese Argumentationslinien präsent. Seit Beginn des 20. Jahrhunderts sind zusätzlich die gewandelten Formen des Zusammenlebens Gegenstand einer Stadtsoziologie geworden, die sich mit „Problemen der Dichte, der Heterogenität und der Pluralität kultureller Formen, der Anpassung, der Aneignung von städtischen Räumen und mit dem Verlust von gesellschaftlichen Normen und Ordnungen" (Bertels 1990, 15) beschäftigt. Die moderne Stadtkritik richtet ihr Augenmerk auf die Folgen der Industrialisierung sowie auf deren Wirkung auf die Menschen, die Ökologie, das soziale und wirtschaftliche Leben. Die Stadt gilt zunehmend als Wirtschaftsfaktor, nicht nur Gebäude und Wohnungen werden zu Waren. Die wirtschaftliche und politische Macht und deren Interessen werden im Stadtbild durch architektonische Formen unübersehbar. Das Soziale muß sich diesen Gegebenheiten unterordnen.

Nicht erst seit der Auflösung der DDR und dem Beitritt zur Bundesrepublik spüren Städte und Länder die Folgen des technischen Wandels, die Rationalisierungen, das Ende des Wachstums der industriellen Produktion und den sich verschärfenden internationalen Wettbewerb. Die öffentlichen Haushalte sind stark defizitär. Bisher unvorstellbare Wege der Ausgabenbegrenzung werden eingeschlagen. Kommunen schließen z.B. Schwimmbäder und Freizeitstätten,

Straßen bleiben beschädigt, Ämter werden privatisiert. Eine neue Konkurrenz der Standorte und Hierarchie der Städte zeigt grundlegende räumliche Strukturveränderungen auf, die gewohnte Sicherheiten (langfristiger Arbeitsplatz und Wohnort, familiär-freundschaftliches Umfeld) in Frage stellen. Neue Medien erleichtern standortunabhängige Produktion und Dienstleistung und verstärken diese Entwicklung. Eine Spaltung der Stadtbevölkerung als Folge von Entwurzelung und Verarmung einerseits und boomenden neuen Branchen mit wenigen spezialisierten Jobs andererseits kennzeichnet die soziale Spannung der Städte (vgl. Häußermann und Siebel 1987, 91 f).

6.3 Stadt als Chance

Ganz anders als die Kritiker zeichnet Mumford (vgl. 1980, 655 f.) die Stadt. Trotz Mängel und Gefahren weist er auf Quellen, Möglichkeiten, Traditionen und Entwicklungen hin, die das Leben verbessern. Er sieht die Stadt als Ort der Attraktion, Geselligkeit, Beweglichkeit und Sicherheit. Für Kiwitz läßt sich Mumfords Einschätzung der Stadt in vier kulturelle und soziale Aspekte von allgemeiner Bedeutung zusammenfassen: „(1.) Die Stadt ist Ausdruck einer Neigung zur Geselligkeit, einer Neigung zu sozialen Begegnungen. (2.) Die Stadt enthält lebendige Kreise von Kameraden und Gefährten, Gesellschaften von Freunden; [...] (3.) Die Stadt fördert Traditionsbildung und -entwicklung [...] (4.) Die Stadt entfaltet eine Mannigfaltigkeit und Individualität von Regionen, Kulturen, Persönlichkeiten und Lebensformen... durch die Überlagerung von und die Interferenzen zwischen verschiedenartigen Aktivitäten, Erfahrungsgeschichten und kreativen Impulsen, deren Zusammenspiel zur Herausbildung eines bestimmten Stils der Stadt beiträgt" (Kiwitz 1986, 154).

Diese Sichtweise erhält mit dem Begriff „Multikulturelle Gesellschaft" neue Impulse, wobei „das Wagnis der multikulturellen Demokratie" (vgl. Cohn-Bendit 1993) durchaus differenziert gesehen wird. Die Vorschläge zur praktischen Durchführung richten sich allerdings zuerst an die Deutschen und gehen davon aus, daß sie sich der Realitäten ihrer Gesellschaft bewußt werden. Das Zusammenleben wird auch zukünftig nicht als konfliktfrei, aber als gestaltbar angesehen. Dazu gehört die Akzeptanz der eigenen Geschichte mit Aus- und Einwanderungen. Bestandteil ist ebenso die Tatsache, daß viele ArbeitsmigrantInnen nunmehr in der 3. Generation in Deutschland leben und keine Bürgerrechte erhalten. Dazu wird das eingeschränkte Recht auf Zuflucht in Deutschland von vielen Menschen, besonders unter dem Blick auf die eigene Geschichte, als verbesserungswürdig angesehen. Die Städte sind vor allem die Orte, wo sich Menschen organisieren, um diese Forderungen zu entwickeln und vorzutragen.

Die Besonderheit einer Großstadt wird wesentlich von den sozialen Aspekten geprägt, wie sie ein Dorf oder eine Kleinstadt nicht bieten können. Es ist gerade die Vielzahl der möglichen, wenn auch überwiegend anonymen Eindrücke und Begegnungen, die städtisches Leben interessant macht. Die Komplexität des großstädtischen Lebens bietet eine Reichhaltigkeit für sinnliche Wahrnehmungen. Durch übersichtliche Straßenfronten, spiegelnde Fassaden und neutralisierende Räume wird versucht, der städtischen Struktur eine Ordnung zu geben. Die Vielfalt kann auf Menschen bedrohlich wirken, weil sie sich dem nicht „aussetzen, preisgeben" wollen (vgl. Sennett 1991). Menschen gewinnen Zugehörigkeit und Orientierung, in dem sie an alten oder neuen Traditionen anknüpfen und sich als Teil der verwobenen Stadtgeschichte verstehen. Gemeinsame Lebensstile sind bedeutsamer geworden für die Kommunikationsgewohnheiten und die Chancen, zumindest in Teilbereichen auswählen zu können, sie sind weniger an das Wohnviertel gebunden. KleingärtnerInnen oder Schützenvereine z. B. suchen noch den Bezug zum Stadtteil. Darüber hinaus orientieren sich neuere Initiativen und Vereine weiträumiger, stadtbezogen wie z. B. MigrantInnenvereine oder soziale und kulturelle Organisationen. Nur noch wenige Vereine wie z. B. sozio-kulturelle oder sozial-kulturelle Zentren versuchen, beide Ebenen zu verbinden (vgl. J. Schulze 1993, 261 f.).

Von vielen StadtbewohnerInnen werden gerade nicht Vereine und Organisationen, sondern selektive Kontakte und Anonymität als Chance gesehen. „Die Entstehung und die Entfaltung dieser Aspekte werden durch die mannigfachen und verschiedensten Orte, die die Stadt besitzt, begünstigt: die Viertel und Milieus, die Straßen und Plätze, die Cafés, Kneipen und Restaurants, die Parks, die Märkte und Geschäfte, die historischen Stätten, die Museen und Bibliotheken" (Kiwitz 1986, 154). All diese Orte werden im Alltag mit konkreten Phänomenen der genannten kulturellen und sozialen Aspekte verbunden. Diese Verbindungen von Orten und Angeboten sind typischer Ausdruck von Stadt und Sozialität. Der Reiz liegt hier in der Spannung zwischen Unbekannt und Wiedererkennen von Personen und Abläufen.

Doch die sozialen und kulturellen Ressourcen der Stadt haben auch ihre Grenzen. Die Qualität und die Auswahl der Angebote lebt davon, daß nicht alle BewohnerInnen berücksichtigt werden und viele die Angebote nicht wahrnehmen können. Auch eine unterschiedliche Verteilung von Ausstattung und Infrastruktur auf die Stadtteile ist bei genauer Analyse offensichtlich (vgl. Hermann 1992; Vester u. a. 1993).

6.4 Verbindungslinien und Knotenpunkte

Die Funktionen von Straßen und Plätzen wurden bisher überwiegend von der Stadt- und Verkehrsplanung definiert. Wir verwenden den Begriff „Knotenpunkte" von Kiwitz (vgl. ebd.), um darüber hinaus auf die soziale Funktion von öffentlichen Plätzen und Wegen aufmerksam zu machen.

Auf Verbindungs- oder Knotenpunkten im öffentlichen Raum findet üblicherweise die Abstimmung und das Aushandeln der Lebensweisen, alltäglichen Regeln und Umgangsweisen statt. Das geschieht über die regelmäßige Anwesenheit und den Gebrauch der Flächen, über bestimmte Abstände, die Gruppen zueinander einhalten. Störungen können Regelungsbedarf entstehen lassen, der deutlich zeigt, wieviel Handlungs- und Urteilsfähigkeit die Menschen noch selbst besitzen. Viele öffentliche Plätze werden zwangsläufig zu Treffpunkten bestimmter Cliquen, die keine andere Möglichkeit haben, um unter sich zu sein (vgl. Dettmer 1984). Es zeigt sich, daß „es vor allem die sozialen Beziehungen sind, die die Stadt zur Heimat für Menschen werden lassen und [...] daß es so etwas wie eine Parallelität zwischen städtischer Entwicklung und der individuellen Lebensgeschichte gibt." (Herlyn 1990a, 189)

In Erzählungen älterer Menschen werden biographische Ereignisse mit bestimmten Gebäuden, Straßen und Plätzen verbunden. So fühlen sich viele StadtbewohnerInnen mit den alten, ehemaligen Fabrikgebäuden verbunden, weil sie dort jahrzehntelang mit KollegInnen einer Arbeit nachgingen, was häufig den Zuzug in das Viertel begründete. Dadurch wird Lebensgeschichte nicht nur gegenständlich, sondern auch Distanz zum Erleben möglich und äußerer Wandel auch innerlich nachvollziehbar. Die Fähigkeit der Menschen, zwischen sich und den sie umgebenden Gebäuden und Flächen Abstand zu bilden, erleichtert ein Verarbeiten des äußeren Wandels. Die subjektive Lebensgeschichte mit sehr persönlichen Gefühlen und Erinnerungen erhält eine objektive, für alle sichtbare Form.

In einer Stadt werden Straßen und Plätzen Nutzungsgewohnheiten zugeordnet, die den Alltag der Menschen regeln. Für Menschen bekommen besonders die Störungen solcher Nutzungen Bedeutung, wenn sich z. B. eine Gruppe Jugendlicher mit Bierflaschen auf einem zentralen Kirchplatz niederläßt. Das ruft stillen bis lauten Protest der BewohnerInnen hervor, die sich jetzt nicht mehr über den Platz trauen und eine für sie akzeptable Übereinkunft und Orientierung in Frage gestellt sehen. Der jeweils persönliche Standpunkt zeigt sich bei einer Nutzung, beim Umgang und bei der Aneignung solcher Wege und Flächen. Dort nehmen einzelne und gemeinschaftliche Vorstellungen über die Nutzung Gestalt an. Gegensätzliche Interessen können sich ausschließen oder zu Kompromissen führen. Aber auch eine stillschweigende Übereinkunft z. B. über das Nichtbenutzen von Rasenflächen kann eine verbindende Identität für die bieten, die dies wissen und sich daran halten.

Im Gegensatz zu Altbauvierteln gibt es in Neubauvierteln der 1970er Jahre wenige Knotenpunkte, wenige Plätze zum Verweilen, auf denen sich über Kontakte Zuordnung entwickeln kann und eine gemeinsame Nutzung im Alltag möglich ist. „Auf der Ebene der unmittelbaren persönlichen Interaktion sind die sinnstiftenden Vergemeinschaftungen [...] bedeutsam" (Vester 1993, 131). Doch es fehlen oft Dreh- und Angelpunkte, an denen gemeinsame soziale Deutungen vorgenommen werden können und an denen Handlungsmuster im Alltag unter Einbeziehung anderer Mentalitäten entstehen. Nur wenn öffentliche Räume dafür sozialen Raum geben, werden sie zu Knotenpunkten; dann zeigt sich dort, wer grüßt und gegrüßt wird. Dort findet das Sehen und Sehen-lassen statt. Wenn Öffentlichkeit dem keine Bedeutung schenkt und die Spannung der Freiräume nicht erträgt, werden diese Flächen institutionalisiert, mit Benutzungsregeln und öffentlicher Kontrolle und Sanktionen versehen, die den Gestaltungsspielraum einschränken. Die soziale Verantwortung einzelner BürgerInnen wird entlastet, ihnen wird dadurch eine Form der Begegnung und Auseinandersetzung genommen, Anlässe und Themen in ihrer Mitte zu besprechen, abzustimmen und selbst zu regeln. [1]

6.5 Zum Verhältnis zwischen Stadt und Land

In der Vergangenheit waren Städte Zentren der Entwicklung und der Innovation. Das Land war von den Oberzentren abhängig, war oftmals Zulieferer von landwirtschaftlichen Produkten und ein Pool für den jeweiligen Bedarf an Arbeitskräften. Seit einigen Jahren sind Veränderungen sichtbar, die auf ein gewandeltes Verhältnis dieses Gegensatzpaares schließen lassen. Die Entwicklung verlaufe von der Stadt zur „verstädterten Gesellschaft", kritisiert Lefèbvre (1990, 7) und beklagt den Autonomieverlust der Agrarproduktion, weil auch ländliche Regionen zur Stadtgesellschaft tendieren. Die Unterschiede zwischen Stadt und Land gleichen sich an. Industrielle Fertigung wird standortunabhängiger und oft in Randgemeinden verlagert. Die Einkaufszentren, die Hauptverkehrswege mit Frachtzentren an Schienen- und Autobahnenkreuzen werden in ländlichen Regionen gebaut. Doch die Konzentration der Dienstleistungen in den Städten schafft noch immer Zentralitätsvorteil gegenüber den ländlichen Regionen. Umlandgemeinden von Ober- oder Mittelzentren sind dabei in einer günstigen Lage, da sie die Vorteile der Zentren und des Landes verbinden können.

Großstädte spüren die Grenzen der wirtschaftlichen Entwicklung stärker als ländliche Regionen. Einnahmen der Städte können mit den Kosten für kommunale Dienste und Einrichtungen sowie öffentliche Leistungen nicht mehr mithalten. Kultur- und Freizeiteinrichtungen müssen schließen. Soziale Infrastruktur ist gefährdet. Städte verzeichnen einen überproportionalen Zuwachs an Sozialhilfeempfängern. Finanziell gut gestellte Familien ziehen in die Umlandgemeinden. Sie suchen günstige Mietwohnungen oder Wohneigentum auf dem Land und wollen erreichbare städtische Annehmlichkeiten damit verbinden. Baulandflächen sind in den Städten kaum noch erhältlich oder finanzierbar. Städte versuchen über Regionalverbände Kostenbeteiligung an überregional ausgewiesenen Diensten sowie Kultur- und Freizeitstätten von den Umlandgemeinden einzufordern.

Davon abgetrennt sind dörfliche Regionen, die verkehrstechnisch in Randzonen liegen und denen wichtige Infrastrukturen fehlen, mit Arbeitslosenquoten weit über dem Landesdurchschnitt. Kleingewerbe und Dienstleistungsbetriebe

---

[1] Die Bundesbahndirektion in Hannover läßt durch einen privaten Wachdienst den Hauptbahnhof, einige Nahverkehrszüge und die Einhaltung der Hausordnung überwachen. Für 3,6 Millionen Mark im Jahr sind über 30 Angestellte dafür tätig. Auch Betriebe in den Zentren anderer Städte gehen dazu über, die öffentlich zugänglichen Flächen bewachen zu lassen (vgl. Hannoversche Allgemeine Zeitung v. 28.10.93).

können sich wirtschaftlich nicht halten. Es fehlen grundsätzliche regionale Entwicklungsmöglichkeiten, die auch neue Impulse für dörfliches Leben geben. Für die Rhön, einen strukturschwachen Raum in Nordhessen, wurde ein besonderes Programm aufgelegt, um Dorfentwicklung zu betreiben. Der üblichen Planungs- und Umsetzungsphase wurde eine dritte Phase vorangestellt, die 1989/90 unter dem Begriff „dörfliche Gemeinwesenarbeit" in die Richtlinien einging. Hier sollten die nicht-baulichen Probleme, wie z. B. das Fehlen privater Infrastruktureinrichtungen, Rückgang sozial-kultureller Initiativen aufgegriffen werden, um die verschiedenen Interessengruppen an Ideenfindung und Entwicklung dörflicher Regionen schon vor der Planung zu beteiligen (vgl. Rüschendorf 1993).

Dies Beispiel ist eher die Ausnahme, weitgehend hat eine zentralistische Politik den ländlichen Raum bisher zum Objekt von Landesplanungen und Fachpolitiken gemacht. Entwicklungspotentiale wurden nicht berücksichtigt. Agrarpolitik, Denkmalpflege, Dorferneuerung haben den „Lebens- und Selbstbestimmungsraum" (Henkel 1990, 49) übergangen. Die ländlichen Gemeinden haben einerseits den Verlust der Autonomie besonders nach der Gebietsreform 1965–1975 zu spüren bekommen. Gemeinden wurden zu Ortsteilen, wobei der Streit um die Führung des Ortsnamens stellvertretend für die Abgabe von Selbstverwaltungsrechten stand. Weite Wege zu den zentralen Verwaltungsstellen sind seitdem in Kauf zu nehmen. In kleineren Orten wird zusätzlich die Infrastruktur des öffentlichen und wirtschaftlichen Lebens verschlechtert. Die Anbindung an den Öffentlichen Nahverkehr ist nicht für alle Ortschaften vorteilhaft. Vor allem alte und kranke Menschen, Frauen mit Kindern und Sozialhilfeempfänger sind in ländlichen Regionen in ihrer Mobilität besonders eingeschränkt (vgl. Zierau und Zippel 1992, 6 f.).

Stärker als zuvor gerät das Vereinsleben zur Organisation von politischen Interessen. Das öffentliche Leben spielt sich überwiegend in den aktiven Vereinen ab. Traditionelles Vereinsleben mit Geschlechtertrennung (Fußball, Feuerwehr, Frauenkreise, Gymnastikgruppen) und neue Initiativen (Jogging, Tanzkurse, Triathlon) mit gemischtgeschlechtlichen Gruppen sowie familienbezogenen Aktivitäten nehmen zu. Nicht wenige Protestbewegungen für Umweltschutz nahmen ihren Anfang im ländlichen Raum. Dem ländlichen Raum kommt Bedeutung zu bei Umweltprogrammen, Ausweisung von Wasser- und Naturschutzgebieten, Produktion nachwachsender Rohstoffe, bei Familienpolitik und Wohnen sowie beim Fremdenverkehr.

Darüber hinaus sind die Qualitäten des ländlichen Raums in einer Überschaubarkeit zu finden, die ein nachbarschaftliches Zusammenleben ermöglicht. Menschen können Identität entwickeln, ohne wie früher in überkommener Tradition verharren zu müssen. In den meisten Vereinen sind veränderte Strukturen zu bemerken. Das dörfliche Leben orientiert sich auch an neuen Leitbildern, die allgemeine Entwicklungen aufgreifen und neue Ideen umsetzen (vgl. Heck 1990, 63 f.). Es gibt eine Vielzahl bemerkenswerter Initiativen, um im dörflichen Leben auch außerhalb traditioneller Strukturen mitzugestalten und bei der Entwicklung Einfluß zu nehmen.

6.6 Zur Polarität zwischen Öffentlichkeit und Privatheit

Die Vielzahl der öffentlichen Straßen, Plätze und Räume ist für das Leben einer Stadt bestimmend. Dort entfaltet sich räumliche Öffentlichkeit als ein Teil des städtischen Lebens. Inmitten von Bekanntheit, aber auch von Anonymität und unfreiwilligen Kontakten agieren Menschen mit- oder nebeneinander. Diesem Forum öffentlichen Lebens steht die private Wohnung als eine „andere Welt" gegenüber. Nach Bahrdt besitzt sie in unserer Gesellschaft „einen privilegierten Rang unter den verschiedenen Bezirken unserer Umwelt" (Bahrdt 1974, 25), so schon vor ca. 20 Jahren. Die Wohnung bietet Vertrautheit in einer heimischen Sphäre, deren „Privatheit aber in dem Augenblick degeneriert, wenn die ständige Wechselbeziehung zum öffentlichen Bereich unterbrochen wird." (ebd., 53) Für die „kleinere, vertraulichere, alltäglichere Öffentlichkeit" (ebd., 30) eines Stadtteils sind diese Gegensätze weniger ausgeprägt.

Bisher sind die Privatspären durch halböffentliche Räume, wie z. B. gemeinsame Eingänge, Höfe oder Wohnstraße, durch Nachbarschaft enger miteinander verbunden. Doch auch dort ist eine zunehmende Unsicherheit über die Gültigkeit von Regeln und die Grenzen von Privatheit und Öffentlichkeit festzustellen. Mittlerweile sind auch Privatsphären nicht mehr vor öffentlichen Blicken geschützt. TV-Shows und Print-Medien versuchen auch die letzten Winkel der Vertrautheit auszuleuchten.

Das Zusammenwirken von Privatheit und Öffentlichkeit hat sich verändert. Das Private (Neigungen und Vorlieben) wird öffentlich, und das Öffentliche, z. B. Politik, wird zur Privatsache. Ambivalenz und Zwischenräume sind wesentlich für die Entfaltung der Menschen. „Die modernen Korrektive zur Staatsmacht haben deshalb einen breiten Zwischenraum von Institutionen zur Bedingung, die nicht staatlich und auch nicht bloß privat sein können. Sie erst produzieren Gegenmacht, Gleichgewichte und die modernen Formen der Gewaltenteilung und Partizipation, die [...] ein organisatorisches Gegenprinzip verkörpert, das sich auf Selbstregulation gründet." (Negt und Kluge 1992, 50)

Darüber hinaus wird von Negt und Kluge eine politische Öffentlichkeit beschrieben, die allerdings erst entsteht, wenn Menschen die wichtigen und brisanten Themen der Stadt, des Stadtteils miteinander besprechen und verhandeln. „Öffentlichkeit besitzt Gebrauchswerteigenschaft, wenn sich in ihr gesellschaftliche Erfahrung organisiert." (Negt und Kluge 1974, 20) Die politische Öffentlichkeit macht sich z. B. daran fest, ob in einem Mietshaus auch mit anderen über die Wohnungsprobleme und Mietmängel gesprochen wird oder ob Eltern sich über die Kinderbetreuung verständigen und diese auch partiell gemeinsam organisieren.

Abhängig von Inhalten und Strukturen kann eine politische Öffentlichkeit Herrschaftsinteresse oder Emanzipation verkörpern. Es besteht jedoch ein Unterschied, ob z. B. Stadtverwaltung oder Politiker eine Bürgerversammlung mit all ihren Bedingungen festlegen und lediglich eine Akzeptanz für eine Planung erreicht werden soll oder ob sich BürgerInnen versammeln, um ihre Anliegen selbst zur Sprache zu bringen und zu organisieren.[2] Bei einer Beteiligung können die BürgerInnen eher kollektive Umgangsformen und „sinnlich faßbare Solidarität" (ebd., 75) entwickeln und in gemeinsamer Sprache kundtun. Dennoch ist Selbstorganisation kein Garant für eine emanzipatorische Öffentlichkeit, auch reaktionäre Formen sind möglich. Themen aus dem Alltag von BürgerInnen liegen weniger im allgemeinen öffentlichen Interesse. Sie haben wenig politische Vertretung, besonders dann, wenn sie sich nur auf lokale Zusammenhänge beschränken. Stadtweite Themen mit Sensations- und Unterhaltungscharakter sind in der Öffentlichkeit und in den Medien eher gefragt, sie finden mehr ZuhörerInnen und vermarkten sich besser.

Die Öffnung des sozialen Raums durch Modernisierungstendenzen schafft partiell erweiterte Möglichkeiten: durch Kommunikationstechnologie, Medien, höhere und verändernde Qualifikationen. Gesellschaft reagiert darauf mit zunehmender Individualisierung und sozialer Desintegration. Teilnahme und Teilhabe an politischen Prozessen in der Öffentlichkeit der Kommune werden notwendiger. Es werden „wachsende Potentiale der Emanzipation freigesetzt: der demokratischen Beteiligung, der persönlichen Selbstverwirklichung und der intellektuellen wie emotionalen Kompetenz." (Vester u. a. 1993, 120) Auf alten und neuen Konfliktlinien wird um gesellschaftliche Verteilung von Macht, Ressourcen und Belastungen gerungen. Dieser Prozeß setzt aber auch Kräfte der sozialen und ökologischen Ausgrenzung und Zerstörung frei. Um diesen Kräften entgegenzuwirken und um die weitere Entwicklung von Demokratie und politischer Öffentlichkeit in dieser Gesellschaft zu sichern, ist die Erweiterung von Beteiligungsstrukturen zur politischen Einmischung unerläßlich.

6.7 Stadtteil als Lebenschance

Inwieweit kann eine Stadt oder ein Teil der Stadt für die Menschen Bedeutung erhalten? Bezeichnungen wie Stadt oder Kommune, Stadtteil, Milieu oder Nachbarschaft sind nicht nur räumliche Begriffe, sie haben auch soziale Bedeutung, ohne daß diese allgemeingültig bestimmbar wäre.

Die Bezeichnung „Stadtteil"[3] hat unterschiedliche Bedeutungen in Alltags- und Fachsprache. BewohnerInnen sprechen von „unserem Stadtteil, unserem Viertel". Stadtplaner sprechen von „dem Stadtteil". Jedes Milieu hat andere Begriffe für das Viertel und füllt sie mit anderen Inhalten, je nach Wohndauer und Zugehörigkeit zu einem sozialen Milieu. Die emotionalen Anteile reichen

---

[2] In Bürgerversammlungen kann beispielhaft verfolgt werden, wie Partizipation der BürgerInnen über Formalien und Verfahrensschritte durch Politiker und Verwaltung eingeschränkt werden kann (z. B. bei der Einladung, Ortswahl, Begrüßung, Leitung, Wahl der Referenten und bei den Themen sowie bei Protokollführung, Auswertung und Umsetzung der Ergebnisse).

[3] In Hannover gibt es 46 Stadtteile mit je ca. 10–20.000 Einwohnern, auf die sich Stadtplanung bezieht. Für jeweils 3–4 Stadtteile sind die gewählten 13 Bezirksräte die kleinsten politischen Einheiten dieser Kommune.

von Verachtung bis zu Respekt oder Sympathie. Einzelne und kollektive Lebensschicksale verknüpfen sich mit räumlichen Bezügen. Der Begriff Stadtteil gilt für Architektur, Stadtpolitik, Verwaltung sowie für das soziale Leben.

Gemeinsam ist Stadtteil die Beschreibung einer räumlich, geographischen Einheit mit einer historischen Entwicklung, die in ihrem Zusammenwirken eine aktuelle Struktur vorgibt. Dabei ist wesentlich, ob es sich z. B. um eine ehemalige Gartengemeinde mit einer Entwicklungszeit von ca. 200 Jahren oder um ein Neubaugebiet der 70er Jahre handelt. Trotz kürzerer Entwicklungszeit wirken z. B. auf das erst 25 Jahre alte Viertel Faktoren, deren Bedingungen oft in anderen Teilen der Stadt begründet sind (etwa Eigentumsverhältnisse, Segregation usw.) und die zeitlich weit zurückliegen können.

Ein Stadtteil umfaßt die Verwaltungseinheit, die über statistische Zählbezirke für viele Institutionen (Post, Bank, Behörden) zur Bezugsgröße wird. Mehrere Stadtteile werden zusammengefaßt. Ihnen werden Versorgungseinheiten zugeordnet. Die politische Vertretung ist für mehrere Stadtteile nach der Niedersächsischen Gemeindeordnung (NGO) über Bezirks- oder Ortsräte festgelegt, um im Zusammenwirken mit dem Rat der Stadt politische Verantwortung zu tragen.

Darüber hinaus ist der Stadtteil über geschichtliche Entwicklungen hinaus geprägt. Es ergibt sich etwa ein Zusammenhalt, der als Quartiersgeschichte umschrieben wird. Diese wird nicht durch Jahreszahlen und Denkmäler repräsentiert, sondern in der Geschichte des Quartiers ist die Summe der Lebenserfahrungen von Generationen, verwoben mit deren strukturellen Bedingungen, aufgehoben. In Geschichtswerkstätten werden z. B. Ereignisse aus Sicht der BewohnerInnen aufgeschrieben und anderen im Stadtteil vermittelt. Dadurch wird Stadtgeschichte Teil des Alltags, der nicht nur distanziert bleibt und Monumente hinterläßt.

Auch über „Kampf und Abgrenzungen" (Vester 1993, 76) werden die sozialen Konturen des Stadtteils bestimmt, wenn ausgemacht ist, wer oder was nicht dazugehört. Konturen können gemeinsame Grenzen wie Bahngleise und Straßen oder weniger deutlich markierte Ecken und Winkel sein, die nicht von allen als Grenzen nachvollziehbar sind. Grenzen können scharf und eng gezogen sein, wenn große Verbundenheit und viele Kontakte im Viertel bestehen. Sie werden weiter gefaßt sein, wenn Menschen Kontakte weiträumiger suchen. Um die subjektiven Wirkungen eines Stadtteils in die Stadtentwicklung mit einzubeziehen, findet der Begriff „Milieu" (vgl. Hradil 1987) Verwendung.

6.8 Milieus als Teil der Stadt

Stadtplanung war bis in die 70er Jahre einseitig nur mit baulicher Veränderung gleichgesetzt. Behebung von Wohnungsmangel durch Neubauten oder Sanierung alter Bausubstanz galt als ausreichend zur Behebung der Defizite. Schlechte Wohnungsqualität und als problematisch definierte Bevölkerungsgruppen trafen in alten Wohnquartieren stadträumlich zusammen. Über städtische Sozialplanung und Bauleitplanung sollte die bauliche Struktur nach den sozialen und kulturellen Erfordernissen entwickelt werden. Genauere Bestandsaufnahmen der sozialen Verhältnisse schienen nur insoweit erwünscht zu sein, als nachteilige Folgen gemindert werden konnten. Die Sozialplanung stützte ihre Untersuchungen auf planerische Bestandserhebungen und sekundäranalytische Auswertungen von Statistiken. Beschreibungen von gruppenspezifischen Situationen fehlten. Soziale und kulturelle Erfordernisse wurden unzureichend herausgearbeitet. Unberücksichtigt blieben die Lebensbedingungen der in solchen Gebieten lebenden Menschen und deren mögliche Verbesserungen.

Erst Lebensgeschichte und soziale Beziehungen geben Aufschluß darüber, welche Bedeutung Milieu für den einzelnen hat. Um das herauszuarbeiten, sind verschiedene Kriterien geeignet, z. B. „wiederkehrende Nutzungsgewohnheiten", „Herausbildung eines sozialen Netzwerks mit einem spezifischen Wert- und Normsystem" oder „Stadtteil als Chance der Existenzsicherung durch Arbeit, als Ort des Wohnens, als Ort des sozialen Austausches, als Ort der Teilhabe an gesellschaftlichen Einrichtungen" (Herlyn u. a. 1991, 29).

Damit ist Kritik an bisherigen Verfahren zur Berücksichtigung von sozialen Beziehungen in der Stadtentwicklung angeführt, weil die Binnenwirkungen der Armut und der marginalisierten Gruppen und die Längsschnitte über Verläufe von Armut fehlen. „Soziale Infrastruktureinrichtungen stellen wichtige Voraussetzungen für eine milieukonstituierende Kommunikation unter den BewohnerInnen dar, vorausgesetzt, auch die marginalisierten Gruppen nutzen die Einrichtungen bzw. werden nicht im Zuge der Konkurrenz von einer Nutzung ausgeschlossen [...]." (ebd., 35) Insofern gewinnen kleine, dezentrale Einrichtungen an Bedeutung. „Der lokale Zusammenhang als Vermittlung verschiedener Lebensbereiche kann sich vor allem dann entfalten, wenn Partizipation und Identifikation die Aneignung sozialer und räumlicher Umwelt ermöglichen." (ebd., 38)

6.9 Neue Milieus

Über die Analyse von Milieus in Wohnquartieren wird versucht, die soziale Bedeutung eines Wohngebietes zu benennen. Die planungsrechtlichen Definitionen sind dazu wenig aussagekräftig. Danach sind Wohnquartiere „Wohngebiete" unterschiedlicher Nutzung (BauNVO)[4]. Mit dem soziologischen Begriff Milieu wird die Perspektive erweitert und bekommt durch Forderungen nach Erhaltungssatzungen bei Altstadtsanierungen und Stadtentwicklung eine Bedeutung. Die Zusammensetzung der Bevölkerung in Stadtteilen mit gewachsenen sozialen Strukturen kann gegen Ausgrenzung und Verdrängung in andere Stadtteile oder

---

[4] Die Baunutzungsverordnung (BauNVO) unterscheidet für die Stadtplanung der Bundesrepublik vier Wohnquartiere nach dem Grad der Mischung von Wohnen und nicht- oder leichtstörender gewerblicher Nutzung. Dies reicht von reinem Wohnen mit geringer betrieblicher Nutzung bis zu einer Mischung die beides gleichgewichtig zuläßt.

an den Stadtrand geschützt werden. Milieuanalysen bzw. Sozialpläne finden in Sanierungsgebieten nach dem Städtebauförderungsgesetz Anwendung. Darüber hinaus erhalten Milieus bei vorbereitenden Analysen zur Stadtentwicklungsplanung oder bei einer neu orientierten Kulturpolitik z. B. durch Förderung von regionalen Kulturzentren und Stadtteilkulturarbeit stärkere Berücksichtigung.

Die Verwendung von Milieutheorien ist relevant, weil sich Sozialstruktur und soziale Ungleichheit nicht mehr allein über Klassen- und Schichtenmodelle erklären lassen. „Zusammen mit der Kenntnis der jeweiligen sozialen Lage gibt uns die Kenntnis der Zugehörigkeit zu diesen Milieus Auskunft über die alltagsweltliche Betroffenheit eines Menschen von seinen (un)vorteilhaften Lebensbedingungen und über sein Verhältnis zu Menschen aus anderen Milieus." (Hradil 1987, 12)

Die traditionellen Milieus sind von sozialer und räumlicher Homogenität geprägt. Gleiche Lebensbedingungen und Lebensstile treffen zusammen. Für die Menschen in solchen Milieus bedeutet dies gemeinsame Strukturen (z. B. gemeinsame Arbeit im Betrieb, Betriebswohnungen, Kneipen, Vereine etc.) und eine klare Orientierung an gemeinsamen Werten und Normen, aber auch soziale Kontrolle, die die Einhaltung der Regeln verlangt. Diese Milieus gewinnen auch durch die Abgrenzung von anderen Milieus an Stärke.

Durch Möglichkeiten zu Handel und Konsum werden soziale und wirtschaftliche Prozesse miteinander verbunden. Das Milieu hat einen Gebrauchswert, es bietet Orientierung über den Umgang mit NachbarInnen und KollegInnen und legt Benutzungsweisen der Güter und der lokalen Raumstrukturen nahe.

Vereine und Gruppen bringen wichtige Themen des Milieus bzw. des Viertels zur Sprache und führen zu einer politischen Öffentlichkeit, die sich durch Medien, Demonstrationen, Feste und Versammlungen äußert. Nachbarschaft ist in diese Milieustruktur sozial eingebunden (vgl. Keim 1979).

Neuere Milieuforschung weist darauf hin, daß sich die traditionellen Milieus und ihre räumliche Zuordnung in Auflösung befinden, bei denen bisher von einer weitgehend ähnlichen Sozialstruktur und den damit verbundenen Ungleichheiten ausgegangen werden konnte. Neue Formen sozialer Ungleichheiten (vgl. Hradil 1987, 40 f.) treffen unabhängig von bisherigen Milieus neue Unterscheidungen und auch andere Benachteiligungen (z. B. nach Geschlecht, Region, Alter, Geburtszeitraum, Nationalität).

G. Schulze (1993) geht u. a. davon aus, daß sich Lebensstilgruppen unabhängig von sozialökonomischen Faktoren zusammenfinden. Demnach ist das „Auswählen" zum zentralen Lebensinhalt in unserer Gesellschaft geworden ist. Angebote sind derart vielfältig, und Kommunikation ist mit allen möglich, sie beschränkt sich nicht mehr nur auf die eigene soziale Schicht. Neue Abgrenzungen, wie z. B. Alter, Gesundheit, Bildung und Stil, sind stärker prägend und erkennbar. Schulze zeigt einen detaillierten Zusammenhang zwischen Milieustruktur und Alltagsästhetik auf, auch wenn er die Wahlchancen marginalisierter Bevölkerungsgruppen in Abhängigkeit ihrer sozialen Lagen für eingeschränkt hält.

Dagegen sehen Vester u. a. (1993) das Milieu immer noch gravierend von sozialökonomischen Bedingungen geprägt. Die Autoren beziehen den Grad der Teilhabe und Erreichbarkeit von materiellen Gütern in die Untersuchung mit ein. Über „Konfliktlinien der gegenwärtigen Sozialstruktur" zeigen sie auf, daß jüngere Modernisierungsgewinner sich von der übrigen Gesellschaft abgrenzen und „historisch ältere, vormoderne Konfliktlinien sozialer Ungleichheit" wieder auftreten sowie der Abbau sozialer Sicherheiten zunimmt und sozial Integrierte sich von Randgruppen abgrenzen (ebd., 36). Zusätzlich verweisen sie auf die Bedeutung von Mentalitäten und Lebensstilen. Die Forschungsgruppe untersucht ca. 22.500 Fälle nach Zuordnung und Distanzierung zu den Milieus und stellt dabei Fragen nach Zielen, sozialer Lage, Leitbildern, Lebensstilen und Einstellungen zu Arbeit und Familie. Ergebnisse sind die Tendenz zur Pluralisierung der Kommunikationsgewohnheiten und Formen des Zusammenlebens durch Zunahme der Haushaltstypen, die sich von historischen Zwängen lösen, sowie die Tendenz zur Individualisierung, die sich durch mehr Selbstbestimmung (auch am kulturellen und ökonomischen Reichtum) ergibt.

Das SINUS-Institut in Heidelberg führt über den Zeitraum von 10 Jahren (1982–92) ca. 1500 Lebensweltexplorationen durch. In mehrstündigen Interviews wird der subjektive Alltag der Befragten erhoben und ausgewertet. Die MitarbeiterInnen gehen von einer Zunahme der Milieus aus und weisen 6 neue Milieus für die Bundesrepublik empirisch nach, die die bisherigen 3 traditionellen Milieus überlagern. Neben dem konservativen gehobenen Milieu, kleinbürgerlichen Milieu, traditionellen Arbeitermilieu sind weitere Milieus entstanden: technokratisch-liberales Milieu, aufstiegsorientiertes Milieu, traditionsloses Arbeitermilieu, alternatives Milieu, neues Arbeitnehmermilieu, hedonistisches Milieu (vgl. Flaig u. a. 1993, 74). Die Milieus lassen sich jedoch nicht strikt trennen, die Übergänge sind fließend. Dennoch können den einzelnen Milieus Wertorientierungen und soziale Lagen zugeordnet werden. Die Stärke des SINUS-Modells liegt in der Abbildung der Sozialstruktur der Bundesrepublik und deren Verknüpfung mit Wertorientierungen.

Eine Veränderung der Milieustrukturen wird in allen Untersuchungen bestätigt. Unumstritten sind die Entkopplung von Lebensformen und Lebensbedingungen und die Bedeutung, die das Milieu für die lebensweltliche Orientierung des einzelnen hat. Die Kommunikationsgewohnheiten der sozialen Milieus entwickeln sich weit auseinander. Für die Erreichbarkeit der Menschen sind deshalb „diese Unterschiede als Ausgangslagen der unterschiedlichen Adressatengruppen von großer Bedeutung" (Flaig u. a. 1993, 30). Darüber hinaus weisen Vester u. a. auf die Konfliktlinien hin, die zwischen Modernisierungsgewinnern und -verlierern verlaufen. Diese werden in sozialräumlichen Erhebungen dokumentiert, wo Vergleiche der Stadtteile soziale Disparitäten als „soziale Problem- oder Armutszonen" (Vester u. a. 1993, 171) sichtbar werden lassen.

Unter dem Aspekt des Milieus, das Hradil auch als „Makromilieu" (Hradil 1987, 168) bezeichnet, werden Menschen in der Bundesrepublik mit ähnlichem Lebensstil neun typischen Milieus zugeordnet. Darüber hinaus sind „Mikromilieus" (ebd., 167 f.) Lebensstilgruppen, deren Mitglieder in unmittelbarem Kontakt zueinander stehen, z. B. Familien, Jugendgruppen, Nachbarschaften, Dorfgemeinschaften etc. Die Tendenzen der Makromilieus treffen allgemein auf Mikromilieus in den Stadtteilen und Ortschaften zu. Die geschichtlichen und sozialen Besonderheiten müssen jedoch ergänzend herausgearbeitet und einbezogen werden.

6.10 Veränderte Nachbarschaften

Traditionelle Nachbarschaft im öffentlichen und privaten Recht bezieht sich auf nebeneinanderliegende Grundstücke. Dementsprechend hat dieser Begriff von Nachbarschaft Eigentum und dessen räumliche Nähe zur Voraussetzung. Hinzu kommen bestimmte Verhaltensnormen, die unabhängig von persönlicher Sympathie oder Antipathie einzuhalten sind. An diese Form der Nachbarschaft werden Erwartungen geknüpft, die einer Lebensgemeinschaft entsprechen (vgl. Keim 1979).

Zur Rolle der Nachbarn gehört, daß sie Nothelfer, Sozialisationsagent für Kinder und Zugezogene, Kommunikationspartner, sozialer Kontrolleur bei Veränderungen im Umfeld sowie für Einhaltung von Regeln sind (vgl. Bertels 1990).

Erwartungen an Nachbarschaft sind abhängig von gesellschaftlichen Entwicklungen. Heute sind für die allgemeinen Lebensrisiken (Krankheit, Pflege u. a.) staatliche Stellen oder anonyme Versicherungsträger primär zuständig. Die Menschen aus der Nachbarschaft werden höchstens subsidiär tätig. Lediglich in Katastrophen und gravierenden Notlagen besteht eine direkte Verpflichtung zur Hilfe.

Die Bedeutung von Nachbarschaft im Alltag wird heute unterschiedlich gesehen. Für die einen verbindet sich mit Nachbarschaft unerwünschte soziale Kontrolle, der man sich zu entziehen sucht. Für andere, alleinlebende alte Menschen oder Menschen mit längerer Wohndauer am Ort, ist sie nach wie vor ein wichtiger Teil der sozialen Beziehungen; denn sie ermöglicht oft gegenseitige Hilfe und Unterstützung.

Nachbarschaften bilden sich in Städten als „Lebensstilgruppen" (vgl. Hradil 1987), in denen sich Menschen auswählen, wenn sie in ihren Lebensstilen Übereinstimmungen zeigen. Lebensstilgruppen setzen nicht mehr unmittelbare Wohnnähe voraus. In der Literatur ist seit Keim (1979) der Begriff Nachbarschaft eher zurückgetreten, und es wird überwiegend von Milieus und Netzwerken gesprochen.

6.11 Lebensweltliche Beziehungsnetze

Der Wandel von sozialen Strukturen ist durch Zunahme von individuellen Freiräumen, durch Ausdünnung der familiären Beziehungen, durch Tendenzen zu kleineren Wohnhaushalten, durch veränderte Aufgabenteilungen der Geschlechter und durch überwiegend erzwungene Mobilität bedingt.

Bei Hilfeleistungen in persönlichen Schwierigkeiten haben zwar Familienangehörige Priorität, dann auch Freunde, die in erreichbarer Nähe leben. Darüber hinaus bekommen lebensräumliche Nachbarschaftsnetze Bedeutung. Diese sozialen Netzwerke sind als „Kitt" zu verstehen, durch den die Menschen eines Milieus zusammengehalten werden. „Von der Qualität der unterstützungsrelevanten Netzwerke hängt letztlich die milieuspezifische Kohäsion ab" (Herlyn u. a. 1991, 239).

Lebensweltliche Beziehungsnetze entstehen vor allem auch als Selbsthilfeorganisationen in der Nachbarschaft. Sie lösen die traditionellen Formen von Nachbarschaft ab oder ergänzen sie. In ihnen finden sich Menschen zusammen, die hinsichtlich Herkunft und gesellschaftlicher Position durchaus unterschiedlich sein können.

Lebensweltliche Beziehungsnetze sind abhängig von Strukturen des Wohngebietes. In Altbaugebieten, Ein- und Zweifamiliensiedlungen sind sie eher anzutreffen als in verdichteter Bebauung. Dennoch ist gegenüber Selbsthilfe allein durch lebensweltliche Beziehungsnetze Skepsis angebracht. Gerade eine Armutsbevölkerung findet zu einem großen Teil nicht zu solcher Selbstorganisation (vgl. Herlyn u. a. 1991). Aber auch bei der Isolation aus ethnischen Gründen, bei Ein-Eltern-Familien oder bei alten Menschen fehlt es häufig sowohl an verwandtschaftlichen als auch an nachbarschaftlichen Unterstützungspersonen (vgl. Schubert 1990, 186 f.). Deshalb wird vorgeschlagen, die primären sozialen Netze (Verwandte, Freunde, NachbarInnen, KollegInnen) und die sekundären sozialen Netze (professionelle Hilfspersonen wie Berater, Ärzte u. a., aber auch Kaufleute) stärker zu fördern. Die BewohnerInnen sollen durch professionelle Netzwerk-Arbeit wieder stärker in Kontakt gebracht werden (vgl. Friese 1989). Auf diese Weise können die Ressourcen der Lebensorganisation unterstützt werden.

Kapitel 7

Kommunale Friedensarbeit

Der Makrokosmos hat immer mit dem Mikrokosmos zu tun. Man muß Brücken schaffen dazwischen, um aus dem Gefängnis herauszukommen.   *(Galtung 1993c, 124)*

7.1 Zum Stand der Diskussion

Nach Beendigung des Ost-West-Konflikts haben sich Inhalt und Aufgaben der Friedensarbeit verändert. FriedensforscherInnen sehen darin eine Chance für „kooperative und integrative, also politische Lösungsansätze" (Institut für Friedensforschung und Sicherheitspolitik 1992, 3). So ginge es vor allem nicht mehr darum, Sicherheit vor Kriegen durch Aufrüstung anzustreben, sondern um Abrüstung. Es ginge nicht mehr vorrangig darum, Krieg zu verhindern. „Frieden wird zukünftig stärker zu einer Aufgabe der Gestaltung als der Erhaltung. Sicherheit ist nicht mehr vorrangig durch militärische Potentiale, sondern durch vielfältige grenzüberschreitende, nichtmilitärische Gefährdungen in Frage gestellt." (ebd.) So vermindern sich die Streitkräfte in Deutschland um ca. eine Viertelmillion Soldaten bei gleichzeitigem Totalabzug sowjetischer Truppen und zum Teil von Soldaten aus NATO-Ländern, somit stände der Bedarf an Streitkräften, der sich an einem nicht mehr auszumachenden Potential an Bedrohungen bemißt, neu zur Disposition. Darin liegt auch die Chance für Friedensarbeit, über den Bedarf an Soldaten und Streitkräften neu zu diskutieren und den Zusammenhang zwischen Bedrohung und Aufrüstung in Frage zu stellen (vgl. Brock 1993).

Hier erhalten die Kommunen eine große Bedeutung, weil am besten vor Ort z. B. über den Abzug von Soldaten und damit einhergehende Veränderungen des kommunalen Umfelds diskutiert werden kann. Auch Auf- oder Abrüstung hat direkte Auswirkungen auf das Leben in der Kommune, wo der oder die Rüstungsbetriebe angesiedelt und Streitkräfte stationiert sind. „In Rheinland-Pfalz sind die amerikanischen Streitkräfte der drittgrößte Arbeitgeber überhaupt." (Jansen 1991, 97) So stellt sich zum Beispiel die Frage, wie im Falle des Abzugs solcher Streitkräfte (z. B. im Rahmen des Soltau-Lüneburg-Abkommens) mit den freiwerdenden Arbeitszeitkapazitäten umgegangen werden kann, ohne die Beschäftigten zu entlassen. Einen weiteren Bereich, in dem bisher immer noch zu wenig Arbeitsplätze geschaffen werden, bildet die Ökologie (vgl. Krusewitz 1985; Bächler u. a. 1993). [1]

---

[1] So versuchen Calließ und Lob in ihren umfangreichen Handbüchern Ansätze zu den Themen

Zugleich verschieben sich die militärischen Probleme weg von kommunalen Einflußmöglichkeiten hin zu Konflikten zwischen armen und reichen Ländern und damit zu einer „Globalisierung durch Stärkung der UN-Konfliktbearbeitungsmechanismen" (Institut für Friedensforschung und Sicherheitspolitik 1992, 7). Diese Argumentationslinie legt nahe, davon auszugehen, daß der Süden für den Norden eine Bedrohung darstellt, was direkt zur Legitimation der UN-Einsätze führt. Somit können die alten Legitimationsdiskurse trotz veränderter Situation erhalten bleiben. Dementsprechend formuliert das Institut für Friedensforschung und Sicherheitspolitik (1992): „Angestammte Forschungsfelder und Arbeitsgebiete werden ihre Bedeutung behalten: Kriegsursachenforschung, Bedrohungsanalyse, Strategiekritik, Krisenmanagement, Rüstungsdynamik, Abrüstungs- und Rüstungskontrollpolitik." Auf der anderen Seite kommen neue Forschungsbereiche hinzu: „Friedensvölkerrecht, Institutionen und Instrumente kollektiver Sicherheit, qualitative Rüstungsdynamik, internationaler Waffenhandel und Kriegstechnologieexport, Rüstungskonversion, Angriffsunfähigkeit als Organisationsprinzip von Streitkräften. Bisher unbearbeitete oder voreilig für obsolet gehaltene Forschungsfelder sind neu zu erschließen: Umweltkriegsführung, Verflechtung ökonomischer und ökologischer und militärischer Bedrohung zu grenzüberschreitenden Gefahren, Nationalismus und Fundamentalismus als Kriegsideologien, entwicklungspolitische Friedensstrategien." (ebd., 15 f.) Doch wo liegen hier die Arbeitsfelder für Kommunen?

7.2 Zur Friedensbewegung in den 80er Jahren

Da kommunale Friedensarbeit auch auf dem Engagement der Friedensbewegung beruht, soll im folgenden kurz auf die Friedensbewegungen in Westdeutschland nach dem 2. Weltkrieg eingegangen werden, um darin Bedeutung und Stellenwert kommunaler Friedensarbeit auszuleuchten.

Dem Widerstand gegen die deutsche Wiederbewaffnung folgten Ende der 50er Jahre Kampagnen gegen atomare Aufrüstung jeglicher Art. Hieran und an den Widerstand gegen den Vietnamkrieg knüpfte auch die Ostermarschbewegung 1960 an, deren Entstehung Buro mit dem Beginn der neuen Friedensbewegung gleichsetzt, da hiermit „die erste große außerparlamentarische soziale Bewegung in der BRD, die sich von Großorganisationen unabhängig organisierte", entstand (Buro 1987, 650). Hierdurch ist es zum Teil gelungen bis zu 300.000 Menschen zusammenzubringen. Hinzugefügt werden sollte noch das Engagement für die Dritte Welt (z. B. die Nicaragua-Komitees), das durch die Verschiebung der weltweiten kriegerischen Konflikte wieder zunehmend an Bedeutung gewinnen wird. Die Friedensbewegung war/ist auf Grund ihrer allgemeinen Ziele wie die Ver-

Umwelt, Frieden und Erziehung darzustellen, um Anregungen zu geben, „was für eine Orientierung in Lern-, Erziehungs- und Bildungsprozessen, die auf eine Förderung des Friedens zielen, notwendig und hilfreich sein kann." (Calließ 1987, 8)

minderung des Sicherheitsrisikos und Sicherung von Frieden, Lebensqualität und Freiheit eine breite Bewegung (vgl. Borchardt 1984), sie reicht/e über christliches (z. B. für die Kriegsdienstverweigerung) und alternatives Engagement bis in die Parteien (SPD, DKP, Grüne und Gewerkschaften) hinein. Hier ist vor allem an die Millionen, die den Krefelder Appell unterschrieben haben, um gegen die Stationierung nuklearer Mittelstreckenraketen und Cruise Missiles zu protestieren oder an die „1,4 Millionen Menschen auf Deutschlands Straßen [...] im Oktober 1983" zu denken (Galtung 1993c, 79). Nach Galtungs Einschätzung hat im Oktober 1983 die Friedensbewegung die Regierungen zu demoralisieren vermocht, so hätten höchstens fünf Prozent der (west)deutschen Bevölkerung die Raketenstationierung befürwortet (ebd., 65).

Die Friedensbewegung „artikuliert unabhängig von den Parteien Bedürfnisse eines Teils der Bevölkerung, der seine Interessen an friedlicher, ökologiebewußter Zukunft im etablierten Parteiensystem nicht (mehr) zum Ausdruck bringen kann." (Schlotter 1982, 26) Insofern hat die Friedensbewegung bis heute Bedeutung, da sie zum einen die Möglichkeiten für eine derartige Artikulation geschaffen hat, Ziele der Friedensbewegung der 60er Jahre in die Parteipolitik (z. B. mit Bündnis 90/Die Grünen) einzubeziehen. Dazu gehören auf parteipolitischer Ebene z. B. die Forderungen nach Abschaltung von Atomkraftwerken und auf institutioneller Ebene z. B. die Arbeitsstelle für Friedensforschung in Bonn. Sie nimmt Multiplikatorentätigkeit im Rahmen von Friedensarbeit wahr. In diesem Rahmen erscheint die Reihe der „AFB-Texte". Auf der Ebene sozialer Bewegungen sind unterschiedliche Foren geschaffen worden, die sich seit Dekaden für gesellschaftliche Veränderungen einsetzen, wie z. B. die alljährlichen Ostermärsche, die bis heute stattfinden; andere Aktivitäten sind aus der Friedensbewegung hervorgegangen und haben ihr Engagement auf alle sozialen Bewegungen und kritische Sozialforschung ausgedehnt. So ist z. B. die Zeitschrift „Das Argument" aus Flugblattaktionen gegen Atomwaffen hervorgegangen. Immer wieder entstehen neue Artikulationsräume für eine kritische Friedensforschung. Auch die Gruppen und Initiativen, die sich für die Dritte Welt engagieren, haben ihre Bedeutung nicht verloren – im Gegenteil. Auf die kommunalen Aktivitäten der Friedensbewegungen wird im Kapitel 7.3 ausführlich eingegangen.

Die Beständigkeit dieses sozialen und politischen Engagements wird immer wieder schnell vergessen oder in Abrede gestellt, wenn immer mal wieder ihr Tod konstatiert wird. So führt Buro an, daß der „Tod" der Friedensbewegung in den 80er Jahren nicht das Ende der Friedensbewegung bedeutet habe, sondern eine Veränderung der Arbeitsformen weg von Großdemonstrationen hin zu „Arbeit auf dezentraler Ebene auf hohem Niveau" (Buro 1987, 650 f.). Geprägt war die Friedensbewegung durch eine Vielzahl von Initiativen (z. B. die Beratungen für Kriegsdienstverweigerer), durch die Friedenswochen in vielen Städten (zunächst in Minden), durch berufsbezogene Gemeinschaften und Vereine (z. B. „Architekten für den Frieden" oder „Internationale Ärzte für die Verhütung des Atomkriegs e. V."), durch Veranstaltungen auf Kirchentagen (vgl. Esser 1985). Methoden der Friedensbewegung waren und sind neben Beratung, Information und Vermittlung

Formen passiven Widerstands wie z. B. Sitzblockaden oder Demonstrationen von Einigkeit und Stärke durch Demonstrationen und Menschenketten (vgl. Cremer 1985). In diesem Kontext war ziviler Ungehorsam immer wieder Thema in Theorie und Praxis (vgl. Küchenhoff 1985).

Selbst dort, wo der Widerstand nicht direkt erfolgreich war, hatte die Friedensbewegung, wie alle sozialen Bewegungen, Einfluß auf Bewußtseinsveränderungen, auf die Kultur und die Lernformen. „Lernen in den neuen sozialen Bewegungen verläuft mindestens in zwei Phasen. In der ersten steht die kritische Abarbeitung an der Gesellschaft und die Ausbildung einer neuen Identität im Vordergrund. [...] In der zweiten Phase, die auf Dauer angelegt ist, geht es um die Entfaltung einer Alternative zu der kritisierten schlechten Praxis." (Buro 1987, 657)

Das aber bedeutet, daß jede große gesellschaftliche Veränderung zunächst wieder einer erneuten Analyse und kritischen Auseinandersetzung bedarf. Wenn in den 90er Jahren festgestellt wird, daß die Beendigung des Kalten Krieges die Friedensbewegung in die Ohnmacht getrieben habe (vgl. ebd. 1987) oder die medienwirksamen Debatten zur Zeit des Golfkrieges 1991 und die vielen Bekundungen von den SchülerInnen-Demonstrationen bis zum eklatanten Anstieg der Kriegsdienstverweigererzahlen abebben, heißt das zunächst nur, daß herkömmliche Aktionsformen nicht mehr greifen. Hierzu gehören z. B. die Massenbewegungen, die in der Größenordnung von 1983 bis heute nicht wieder erreicht worden sind.

Der Blick auf große Aktionen verstellt oft die Sicht auf die (oben genannten) Veränderungen im Denken und in der Kultur. So sind Errungenschaften der Friedensbewegung seit Beendigung des Zweiten Weltkrieges bereits zu einem Stück Alltagskultur geworden, und sie entwickeln sich in diesem Rahmen weiter. Oder wie sonst sollte man unter anderem das vielfältige Engagement von „Eine Welt"-Projekten, Dritte-Welt-Läden oder alltagsbezogenen Antirassismusprojekten in der Kommune erklären? Auch die Alltagsdiskurse haben sich im Kontext friedensbewegter Aktivitäten verändert. So hat z. B. der Schokokuß den Negerkuß ersetzt, die Zigeunerschnitzel sind auch von den Speisekarten verschwunden, und Kriege werden kaum mehr verherrlicht. [2]

Zugleich stellen sowohl die innergesellschaftlichen Entwicklungen als auch die Verschiebungen der weltweiten Konflikte und die kriegerischen Auseinandersetzungen in Europa eine ständige Herausforderung nicht nur an bestehendes Engagement, sondern auch an noch zu entwickelndes Engagement dar. Oder in den Worten von Galtung (1993c): „Vielleicht ist es möglich, den Krieg als Institution abzuschaffen. Aber dann wird Gewalt andere Formen finden. Also müssen wir diese neuen Formen sehen und verstehen, um vielleicht präventiv und nicht nur therapeutisch dagegen vorgehen zu können." (ebd., 138) *Frieden, Friedensar-*

---

[2] Auf der anderen Seite nimmt die Gewaltbereitschaft im Alltag vor allem bei Jugendlichen ebenso zu wie fremdenfeindliche Äußerungen. Hier zeigen sich Möglichkeiten und Grenzen von Diskursanalysen.

beit, Friedensbewegung und Alltagsfriedensforschung befinden sich damit in einem steten Prozeß, der immer wieder den gesellschaftlichen Veränderungen Rechnung tragen und sie zugleich hervorrufen muß – auf allen Ebenen (vgl. hierzu auch Abschnitt 7.6 und 8.2).

Bezogen auf potentielle Wege, die zu beschreiten sind, schlägt Galtung dementsprechend acht Strategien vor. Dazu gehören neben einer „Konferenz für Sicherheit und Zusammenarbeit in Osteuropa", viele „Volkskonferenzen" und eine Verbindung zwischen diesen beiden, „ökumenische Zusammenarbeit", Verarbeitung der Geschichte, Friedensbemühungen durch die Medien sowie durch internationale (zivile) Friedensbrigaden auch Partnerschaften zwischen Gemeinden in Europa und in Ex-Jugoslawien (Galtung 1993c, 90 ff.). Kommunen sollten dazu bewegt werden, „eine Stadt oder einen Landkreis in Ex-Jugoslawien zu adoptieren und dort Wiederaufbau und Hilfsarbeit zu leisten, Flüchtlinge aufzunehmen und vielleicht auch Vermittlungsarbeit zu betreiben" (ebd., 95). Galtung schreibt damit den Kommunen Aufgaben zu, die weit über ihren konkreten politischen Einflußbereich hinausgehen, so daß das Engagement auch „von unten", z. B. durch Initiativen in der Friedensbewegung ausgehen muß. Dies beinhaltet sowohl Aspekte von Alltagsfriedensforschung wie die Analyse der Situation in der Partnergemeinde im ehemaligen Jugoslawien als auch konkrete Friedensaktivitäten wie die Betreuung von Flüchtlingen. In der Kommune konnten und können so die verschiedensten Weisen des Engagements für Frieden zusammentreffen.

Im Kontext des Arbeitskreises „FRIEDEN in Forschung und Lehre an Fachhochschulen" wurde aufgrund von Erfahrungen kommunaler Friedensarbeit vorgeschlagen, diese zu institutionalisieren und zu professionalisieren, auch um der Überforderung ehrenamtlicher Kräfte entgegenzuwirken. Verschiedene Formen professioneller Friedensarbeit haben sich in den letzten Jahren herausgebildet: „Pax Christi – Bistumsstelle" in Osnabrück, „Werkstatt für gewaltfreie Aktion" in Baden, „Arbeitsgemeinschaft Frieden e. V." in Trier und die „Dokumentationsstätte zu Kriegsgeschehen und über Friedensarbeit" in Sievershausen, die alle mit MitarbeiterInnen arbeiten (vgl. Arbeitskreis „FRIEDEN in Forschung und Lehre an Fachhochschulen" 1989). Die Evangelische Kirche Deutschlands (EKD) initiiert, eine Gesetzesvorlage in den Bundestag einzubringen, worin ein „Ziviler Friedensdienst" und mit ihm die „Gewaltfreie Aktion" als Instrument zur Intervention auf nationaler und internationaler Ebene institutionalisiert werden soll (vgl. Ebert 1994).

In diesem Sinne wird von Friedensarbeit als einer professionellen bzw. institutionalisierten Tätigkeit gesprochen, im Unterschied zum vielfältigen ehrenamtlichen Engagement. So hat z. B. Bloech ausgehend von den Erfahrungen in der Friedensarbeit in Minden-Bückeburg eine Arbeitsplatzbeschreibung für kommunale FriedensarbeiterInnen entwickelt (vgl. Bloech 1989a, 195 ff.). Gedacht war dabei an eine Vollzeit-Arbeitsstelle, die direkt dem Oberkreisdirektor unterstellt sein sollte. Es wurden hierzu unterschiedlich gewichtete Arbeitsansätze entwickelt. Zu den Tätigkeiten sollten gehören:

1. „Information über den Kreisfriedensbeschluß";
2. „Planung und Durchführung von Fortbildungsveranstaltungen";
3. „Vorbereitung und Mitarbeit bei Kreisfriedenstagen und anderen Veranstaltungen";
4. „Unterstützung örtlicher Friedensgruppen";
5. „Zusammenarbeit mit anderen Ämtern";
6. „Mitarbeit in überregionalen Zusammenschlüssen zur kommunalen Friedensarbeit";
7. „Beratung von Kommunalpolitikern";
8. „Reflexion und persönliche Fortbildung" (vgl. Bloech 1989a, 196).

Somit sollte FriedensarbeiterInnen eine Vermittlungsfunktion zwischen Friedensbewegung und kommunaler Verwaltung zukommen, wodurch sich nicht nur ein produktiver Informationsaustausch ergeben könnte, sondern auch eine optimale Nutzung von Entscheidungsstrukturen. Inwiefern die Unterstellung unter den Oberkreisdirektor auf Dauer zu einem Abhängigkeitsverhältnis auch bzgl. inhaltlicher Fragen führen könnte, bleibt offen (vgl. Engelland u. a. 1989). Eine zweite Stellenbeschreibung (vgl. ebd., 199), die sich auf FriedensarbeiterInnen in einem Friedensbüro in Abhängigkeit eines freien Trägers bezieht, muß gegenüber einer noch zu bewältigenden Ausbildung von FriedensarbeiterInnen an Fachhochschulen im Rahmen einer „Friedenssozialarbeit" oder einer „friedensorientierten Sozialarbeit/Sozialpädagogik" (vgl. Esser 1987a) kritisch gesehen werden.

7.3 Traditionelle Inhalte und Themen der kommunalen Friedensarbeit

Zunächst soll in Betracht gezogen werden, was bisher inhaltlich unter Friedensarbeit in den Kommunen verstanden worden ist. Kommunale Friedensarbeit meint „alle Aktivitäten, Handlungen von Personen, Gruppen und Verbänden mit friedenspolitischen Inhalten, die entweder auf das Kommunalparlament abzielen oder die Kommune als Handlungsraum haben." (Gugel und Jäger 1988, 8) Hier sollten die professionellen FriedensarbeiterInnen Aufgaben wahrnehmen und/oder koordinieren, die ehrenamtlich allein nicht zu leisten wären, um so kommunale Friedensarbeit nicht nur zu institutionalisieren, sondern auch zu stabilisieren.

Anknüpfungspunkte auch für zukünftige Friedensarbeit in der Kommune bietet die Gemeinwesenarbeit. Ein Ziel war und ist dabei „die Aktivierung der Bevölkerung, um durch gemeinsames solidarisches Handeln zu einer Verbesserung der Lebensbedingungen zu kommen und mehr Selbstbestimmung zu erreichen." (Gugel und Jäger 1987, 8)

Zum Handlungsrahmen kommunaler Friedensarbeit seit 1980 zählen unter anderem:

– Aufarbeitung gewaltträchtiger Vergangenheit,
– Problematisierung der Kommune als militärischem Standort und als Wirtschaftsfaktor,

- Kritik an Rüstungskultur und Protest gegen den Ausbau militärischer Anlagen,
- Protest gegen Manöver und Manöverschäden,
- Problematisierung ökologischer Belastungen der Kommune durch Militär,
- kritische Analyse kommunaler Zivilschutzkonzepte,
- Analyse lokaler alltäglicher Gewalttätigkeit und ihrer Entstehungsbedingungen,
- Entwicklung von Grundlagen kommunaler Friedenserziehung,
- antimilitaristische Spurensuche und Heimatkunde,
- friedensorientierte Kulturarbeit und
- Entwicklung kommunaler Konzepte für Städtepartnerschaften (vgl. hierzu Arbeitskreis „FRIEDEN in Forschung und Lehre an Fachhochschulen" 1989; Gugel und Jäger 1988; Marburger Juristen für den Frieden 1988; Gemeinden für den Frieden 1986).

In der Zusammenstellung von Gugel und Jäger über bisherige Aktivitäten seit Beginn der 80er Jahre im Bereich der kommunalen Friedensarbeit wird ein Trend sichtbar, der sich, beginnend mit spektakulären Aktionen wie dem Eingreifen in verteidigungsstrategische Maßnahmen durch Bürgerinitiativen zu einem umfassenderen Vorgehen entwickelte, das auf Kommunikation und interpersonelle Beziehungen gerichtet ist. Gemeint sind hier z. B. Städtepartnerschaften, die den Kontakt zu Fremden ermöglichen, „um einen spezifischen kommunalen Beitrag zu einer ‚Entspannungspolitik von unten' leisten zu können." (Gugel und Jäger 1988, 15)

Die Aktivitäten kommunaler Friedensarbeit lassen sich grob in drei Bereiche einteilen: 1. Militär, 2. Kultur und 3. soziale Gerechtigkeit, wobei der Partizipation in allen drei Bereichen große Bedeutung zukommt. Für Gugel und Jäger gehören zum Bereich des Militärs: die bestehende und/oder geplante militärische Infrastruktur einer Kommune, Zivilverteidigung und -schutz, die Rüstungsindustrie, die Manöver und Übungen sowie militärische Partnerschaften. Alle diese Felder für kommunale Friedensarbeit bestimmen sich negativ in dem Sinn, daß durch bestimmte Aktionen etwas verhindert werden soll wie z. B. die staatliche Subventionierung eines Rüstungsbetriebes in der betreffenden Kommune.

Für Alltagsfriedensforschung in der Kommune rückt der Bereich der Kultur in den Vordergrund, da es hier darum geht, dem Bestehenden positive Konzepte entgegenzusetzen und Alternativen zu entwickeln. Zur bisherigen kommunalen Friedensarbeit in diesem Bereich gehören die Friedenserziehung, Städtepartnerschaften, Feste, die Aufarbeitung der lokalen Geschichte, die Einrichtung von Friedensgruppen sowie die Bildung von Ausschüssen und anderen Aktivitäten im Bereich der Gemeinderäte und Verwaltungen (vgl. Gugel und Jäger 1987, 9 f.).

Kommunale Friedensarbeit entfaltet sich im exemplarischen Handeln mit unterschiedlicher Reichweite, z. B. in den konkreten Handlungen, wenn Gruppen gegründet wurden, die zur Friedensfähigkeit beitragen. Hierzu gehört die Vorstellung einer Ganzheitlichkeit, die alle Sinne beteiligt, das Bereitstellen von Räumen, um gemeinsam sowohl etwas über die Funktion der Bedrohungen und Abschreckungen des Militärs als auch der Kultur im allgemeinen lernen zu können. Kooperation, Solidarität, ein alternatives Politikverständnis konnten entwickelt werden. Nicht nur die Individuen, auch die Institutionen konnten sich auf Dauer verändern: Curricula für den Unterricht, Predigten in Gottesdiensten u.v.a.m. wurden verändert. So wurde z. b. aus einer zentralen Koordinationsstelle ein Netzwerk von Initiativen (Netzwerk Friedenskooperative in Bonn).

Man kann die Reichweite kommunaler Friedensarbeit nicht allgemein festlegen, sondern nur an den jeweiligen Gegenständen, um die es geht. Will man einen Truppenübungsplatz nahe einer Kommune verkleinern, muß man verstärkt auf die regionalen Besonderheiten eingehen. Will man aber Konzepte für eine Kommune erarbeiten, die zur Entwicklung von Friedensstrukturen, wie sie oben (in Kapitel 3) definiert worden sind, beitragen sollen, dann kann die spezifische Struktur einer bestimmten Kommmune in den Hintergrund rücken, sofern die Konzepte zum einen allgemein und zum anderen orientierend angelegt sind.

7.4 Beispielhafte Handlungs- und Aktionsfelder

Viele Städte in Deutschland, z. B. Kassel, Düsseldorf, Kehl und Tübingen, Schwerte (vgl. Krahulec 1987), Nottuln/Westfalen (vgl. Hülsbusch 1993) und Minden (vgl. Menze 1993), haben sich aktiv für Frieden eingesetzt. Im folgenden soll exemplarisch an Hand von drei Städten vorgeführt werden, welche Formen kommunale Friedensarbeit konkret annehmen kann.

7.4.1 Die Region um Minden

Zunächst soll auf die Stadt Minden bzw. die Region Minden, Minden-Lübbecke, Nienburg und Schaumburg eingegangen werden, da in Minden die erste lokale Friedenswoche in der Bundesrepublik stattfand, zu der neben antimilitaristischen Arbeitsgemeinschaften auch Dritte-Welt-Gruppen und ökologische Initiativen eingeladen hatten (vgl. Bloech 1989b, 126). Im Anschluß und im Kontext der Friedenswochenarbeit entstand ein Friedensverein und -büro. Die inhaltliche Arbeit wurde auf soziale Aufgaben wie z. B. Arbeit mit Kindern und Obdachlosen erweitert. Der sich erweiternde politische Einfluß reichte über Parteien (SPD und Grüne) bis in den Landtag hinein. Aus diesen Erfolgen und den sich erweiternden Aufgaben – also aus einer produktiven Notwendigkeit – entstand u. a. die Idee, Arbeitsplatzbeschreibungen für FriedensarbeiterInnen in einer Region oder Kommune zu entwickeln (vgl. ebd., 126 ff.).

Wie notwendig kommunale FriedensarbeiterInnen sind, wird deutlich, wenn man sich vor Augen hält, wie schnell sich das Aufgabenfeld in den 90er Jahren erweitert hat. Im Grunde bestätigen die Ausschreitungen, Morde und Brandanschläge in bestimmten Regionen und Kommunen in der Bundesrepublik, wie wichtig kommunale Friedensarbeit gerade im Kontext der Beendigung des Kalten Krieges gewesen wäre. Einige Städte versuchen gerade hier anzusetzen.

7.4.2 Die Stadt Schwerte

In einem „Handlungsrahmen für kommunale Friedensarbeit der Stadt Schwerte" wird Friedensarbeit definiert: „Sie fußt auf dem Engagement der Bürgerinnen und Bürger unserer Stadt gegen fortgesetztes Wettrüsten, gegen die Militarisierung politischen Denkens und Handelns und setzt sich ein für den Aufbau von Vertrauen, Partnerschaft und Solidarität zwischen Menschen und Völkern der ganzen Welt." (Stadt Schwerte 1988, 5) Hier finden sich die traditionellen Bereiche Militär und Kultur wieder. Dazu gehören „kommunale Friedenspädagogik", „interkulturelle Arbeit mit Aussiedlern, Ausländern und Flüchtlingen", „militärische Infrastruktur", „Schwerter Friedensbewegung", „Zivilschutz" und Städtepartnerschaften.

Darüber hinaus geht die „Friedensarbeit auf überörtlicher Ebene". Hier kündigt die Stadt zukünftige Aufgaben und Vorhaben an. Dabei soll

„– mit (Fach-)Hochschulen und Einrichtungen, in denen Friedenserziehung gelehrt bzw. Friedensforschung betrieben wird, bei spezifischen Fragen kommunaler Friedensarbeit zusammengearbeitet werden;
– Informationsaustausch mit Städten angestrebt werden, die aktiv im Bereich kommunaler Friedensarbeit engagiert sind;
– an der Weiterentwicklung kommunaler Friedensarbeit durch die Stadt Schwerte mitgewirkt werden, indem z. B. zu bestimmten Problemkreisen Tagungen oder Seminare veranstaltet werden." (ebd., 15)

Die Bereiche Kultur und Militär können in diesen Konzepten produktiv miteinander verbunden werden. So schafft z. B. der kulturelle Rahmen einer Tagung sowohl die Möglichkeit, über bestehende Auf- bzw. Abrüstungspolitik diskutieren zu können als auch utopische Gesellschaftsentwürfe zu entwickeln, die gänzlich ohne Militär auskommen. Die angestrebte Kooperation zwischen Hochschulen und Kommune kann mit dazu beitragen, Resignation oder Orientierungslosigkeit angesichts der Beendigung des Ost-West-Konflikts zu verhindern.

Weitergehend stellt sich die Friedensarbeit der Stadt Linz dar, auf die im folgenden eingegangen werden soll. Das bietet den Vorteil, von einer Stadt lernen zu können, die anders als deutsche Städte und Kommunen in ihrer Arbeit nicht dramatisch vom Ost-West-Konflikt und nicht durch die Wiedervereinigung geprägt ist. Zugleich verweist die Friedensarbeit in Linz auf Probleme (wie Gewalttätigkeit und Fremdenfeindlichkeit), die auch deutsche Städte und Kommunen unter Handlungsdruck stellen.

7.4.3 Die Stadt Linz

Die österreichische Stadt Linz beschreibt in ihrer „Friedenserklärung" von 1992, wie sie auf kommunaler Ebene inneren, aber auch äußeren Frieden sichern will. Ausgegangen wird dabei von der Verhinderung gewalttätiger Auseinandersetzung, wovon die Stadt bisher verschont geblieben ist. Zurückgeführt wird dies auf die bereits bestehenden kommunalen Einrichtungen in der Stadt:

„– die Ernennung des Ausländerbeauftragten der Stadt,
 – das Streetworkerteam, das sich nicht zuletzt den Linzer Hooligans widmet,
 – Angebote, die deutsche Sprache zu erlernen, besonders in Sprachklassen in der Schule, aber auch die gut besuchten Kurse der Volkshochschule,
 – die Linzer Friedensmappe, von Lehrern erarbeitet und vom Kulturamt produziert, in der die Angst und die Achtung vor dem Fremden ein wichtiges Thema ist,
 – und die jährlichen Begegnungs- und Friedenstage der Stadt Linz." (Friedenserklärung der Stadt Linz 1992, 215)

Die VerfasserInnen der Friedenserklärung gehen (wie auch z. B. Kalpaka und Räthzel 1990) davon aus, daß Gewalt gegen Fremde und MigrantInnen eine Bedrohung für die bestehende Demokratie sei und auf Dauer auch den äußeren Frieden gefährde. So wurde eine Anlaufstelle geschaffen, in der Beschwerden, die aus dem Zusammenleben von ÖsterreicherInnen und MigrantInnen resultieren, bearbeitet werden. Ein weiteres Anliegen besteht darin, die Isolation von MigrantInnen aufzubrechen und Orte der Begegnung zu schaffen. Ein zweiter großer Aufgabenbereich stellt die Jugendpolitik dar, wobei „Betätigungsfelder für den jugendlichen Willen zur eigenverantwortlichen Gestaltung eröffnet werden" (Friedenserklärung der Stadt Linz 1992, 217).

Die Stadt Linz sieht damit in der Gestaltung des Zusammenlebens mit Jugendlichen und MigrantInnen eine Voraussetzung dauerhafter Friedenssicherung.

7.5 Kommunalpolitik

„Grundsätzlich fallen die Angelegenheiten der Verteidigung im Sinne des Art. 73 Nr. 1 GG nicht in den Wirkungskreis der Gemeinden. Der örtliche Bezug ist jedoch dann gegeben, wenn die Ausführung militärischer Projekte das Interesse der Kommune tangiert." (Reich-Hilweg und Schmitz 1985, 279) Gerade an dieser Stelle griff die Friedensbewegung ein, vor allem durch die Kampagne zur Schaffung von atomwaffenfreien Zonen in den Gemeinden, so daß Friedenspolitik überhaupt erst zum Thema von Kommunalpolitik werden konnte (vgl. ebd.).

Insofern kommt der Erklärung eines Stadtteils, einer Universität o.a. zur atomwaffenfreien Zone praktisch kaum Bedeutung zu, wie der Reaktorunfall in Tschernobyl zeigte. Die Sandkiste eines atomwaffenfreien Spielplatzes in einer deutschen Stadt blieb von radioaktiver Verseuchung ebensowenig verschont wie Gebiete, die nicht zu atomwaffenfreien Zonen erklärt wurden. Bedeutsam ist vielmehr das, was diese Kampagnen in den Bewußtwerdungsprozessen von Menschen bewirken. Die Schilder, die atomwaffenfreie Zonen anzeigen, führ(t)en jeder Betrachterin und jedem Betrachter immer wieder vor Augen, unter welchen Bedingungen wir leben (müssen).

Die Debatten auf politischer Ebene in den Kommunen zogen rechtliche Effekte nach sich. „Nach neuesten Entscheidungen der Verwaltungsgerichte besteht für

Gemeinden, in denen Atomwaffen gelagert werden, ein größerer Handlungsbedarf im Bereich des Zivil- und Katastrophenschutzes, da diese Kommunen –
so das Argument – Ziele für gegnerische Atomwaffen darstellen." (ebd., 281)
Die Bindung der politischen Aktionen der Friedensbewegung an die gesetzlichen
Grundlagen der Kommune hat Vorteile und Nachteile zugleich. Zum einen liegt
darin die Chance, friedenspolitisch überhaupt etwas zu bewirken, zum anderen
werden so die Friedensziele an Vorgaben gebunden, die eben gerade nicht auf Frieden gerichtet sind. So legt das obige Zitat geradezu nahe, daß mit weiteren Kriegen
gerechnet werden soll, wenn in den Überlegungen des Verwaltungsgerichtes die
Intentionen eines möglichen (kriegerischen) Feindes zugrunde gelegt werden.
Pazifistische Konsequenz wäre doch eher die Vernichtung der Atomwaffen, um
die betroffene Gemeinde zu schützen. Auch solche Diskurse zu analysieren, wäre
ein weites Feld für kommunale Friedensarbeit.

Reich-Hilweg und Schmitz (1985) plädieren für eine breite Diskussion zu
Zivilschutz in den verschiedenen Ausschüssen und zur Veröffentlichung trotz
Geheimhaltungspflicht: „Die Diskussion in Parlamenten, in den Personalvertre-
tungen der Rathäuser und in den Stadtteilen ist der erste Schritt zu einer Verweigerung der Kriegsdienste auf kommunaler Ebene. Ohne die Sicherstellung
der ‚Heimatfront‘, ohne die Zivilverteidigung ist kein Krieg führbar." (ebd., 184)
Damit erhalten die Kommunen exorbitante Bedeutung zur Verhinderung von
Krieg, wobei die zitierten AutorInnen explizit zum zivilen Ungehorsam aufrufen.

Glotz weist auf die Problematik hin, die dem zivilen Ungehorsam immanent ist:
„Wer aufgrund einer individuellen Gewissensentscheidung zivilen Ungehorsam
leistet und gewaltfrei Gesetze oder gesetzesähnliche Bestimmungen übertritt, muß
für die Konsequenzen einstehen." (Glotz 1983, 15) Glotz bezieht seine Aussage
auf die begrenzten Möglichkeiten von Parteien, hier der SPD.

Für die Kommunen sollte man doch weitergehend fragen, welche Formen von
Solidarität angebracht sind, damit die einzelnen nicht alle Konsequenzen individuell tragen müssen. Auch verändern sich durch Solidarisierung die Durchset-
zungschancen. Versucht ein einzelner Lehrer z. B. ein Curriculum zu verändern,
um bestimmte Formen von Friedenserziehung zu installieren, sind die Chancen,
dies durchzusetzen, gering. Versuchen dies aber (fast) alle LehrerInnen an einer
Schule, schaffen sie sich eher solche Freiräume, in denen sie ihre Vorstellungen im
Unterricht praktizieren können.

7.6 Korrekturaufgaben kommunaler Friedensarbeit

Wie nahezu alle politischen Gruppen und Bewegungen hat auch die Friedensarbeit
in der Kommune das Problem, den alten Politikformen neue entgegensetzen zu
müssen, um weiter bestehen zu können. Die Frage nach der Reichweite von
Demonstrationen, Ostermärschen und Lichterketten stellt sich immer wieder.
Denkt man an die jüngere Aktion der Lichterketten gegen Fremdenfeindlichkeit,

so stellten diese eine einmalige spontane Solidaritätsbekundung dar. Die Lichterkette in Hamburg reichte einmal ganz um die Binnenalster und war auch als Luftaufnahme ein unvergeßlicher Anblick in den Fernsehnachrichten. Die Lichterketten hatten eine sehr breite Wirkung und waren ein beeindruckendes Zeugnis dafür, daß die meisten BürgerInnen gegen Fremdenfeindlichkeit und Gewalt eingestellt sind. Sogleich aber kam die Frage auf, was diese vielen Menschen mit Kerzen in der Hand praktisch ausrichten konnten, wenn es wenige Tage später wieder Brandanschläge auf MigrantInnenwohnungen gab. Solche Demonstrationen können direkte Gewalt nicht verhindern, aber sie können bei den einzelnen ein neues soziales und politisches Bewußtsein in Gang setzen und solidarische Haltungen sichtbar machen.

Ein breiter Lerneffekt dabei ist auch, daß sich direkte Gewalt nicht durch Gegengewalt beantworten läßt, da so das Konzept einer gewaltfreien – am positiven Frieden orientierten – Gesellschaft ad absurdum geführt werden würde. Eine Demonstration von Widerstand in symbolischer Form wie die Lichterketten stellt eine Möglichkeit dar, die Ablehnung von Gewalt und Fremdenfeindlichkeit zu *demonstrieren*, reicht aber nicht aus, um sie praktisch zu *verhindern*.

Für die Zukunft der kommunalen Friedensarbeit stellen sich neue Fragen. Bereits Gugel und Jäger dokumentierten 1988 einige der wichtigsten Fragen bisheriger Friedensarbeit in Kommunen:

– „Wie wirkt sich kommunale Friedensarbeit auf die Kooperationsbereitschaft beteiligter Gruppen und Personen aus?" (Gugel und Jäger 1988, 16)
– Inwiefern verstärkt kommunale Friedensarbeit die Akzeptanz von Friedensgruppen? (vgl. ebd.)
– „Wie wirkt sich kommunale Friedensarbeit auf die Stabilität der Gruppen aus?" (ebd.)
– „Wie wirkt sich kommunale Friedensarbeit auf eine Ausweitung des politischen Bewußtseins und der Kritikfähigkeit aus?" (ebd.)

Diesen Fragen gemeinsam ist die Orientierung an der Öffentlichkeitswirksamkeit von Friedensarbeit in der Kommune. Es geht dabei darum zu informieren, aufzuklären, Akzeptanz herzustellen und zu Mitarbeit in bestehenden Gruppen aufzurufen.

Auch hier hat sich in der Praxis gezeigt, daß sich die agitatorische Wirkung obiger Verfahrenweisen *partiell* überlebt hat. So stellt sich erneut die Frage, wie man Menschen motivieren kann, zum Thema Frieden zu arbeiten. Die oben zitierten Fragen (von Gugel und Jäger 1988) müssen reformuliert und erweitert werden:

– Was löst Neugier, Empörung und Zweifel im Kontext von Frieden bzw. Unfrieden aus?
– Wie kann so an der persönlichen Betroffenheit bestimmter Gruppen und Personen angeknüpft werden, daß eine kontinuierliche Zusammenarbeit in Gruppen möglich wird?

- Wie kann insbesondere Kindern die Möglichkeit gegeben werden, ihre Gefühle z. B. bei der Kenntnis von Brandanschlägen zu äußern?

Hieran zeigt sich noch einmal deutlich, wie wichtig es für *eine Arbeit am positiven Frieden* ist, bei den Subjekten und ihren Ängsten und Bedürfnissen anzusetzen. Um dies zu können, ist es zugleich unerläßlich, Trennungen zwischen Friedensarbeit in der Kommune und Alltagsfriedensforschung, wo sie bestehen, aufzuheben. So kann u. a. aus der Friedensbewegung gelernt werden, wie neue Gruppenkulturen entstehen können, die – sich ausrichtend am Konsensprinzip – die Position jedes einzelnen Gruppenmitgliedes gleichermaßen wichtig nehmen, solange bis ein Gruppenkonsens erreicht ist. Gerade in der Friedens*bewegung* mit Konsensprinzip und Bezugsgruppen zeigte sich, daß es auf jeden einzelnen und jede einzelne ankommt, will man gesellschaftlich etwas verändern (vgl. C.W. Müller 1988, 197 ff.).

Es gilt, hieran anzusetzen und demokratische Formen zu praktizieren, indem man z. B. versucht, an einem Runden Tisch Konsens zwischen Mitgliedern verschiedener Gruppen und Initiativen zu erzielen. Runde Tische, die eine neue Methode von Aushandlungsprozessen darstellen, dienen der Demokratisierung. Sie dienen dabei nicht nur dazu, um Friedensbewegung und Friedensarbeit zusammenzubringen, sondern auch dazu, soziale Probleme an Lösungen heranzuführen.

Kapitel 8

Zur Weiterentwicklung der Alltagsfriedensforschung

8.1 Die Neuorientierung an den Subjekten in der Alltagsfriedensforschung

Die zahlreichen gewalttätigen Ausschreitungen, vor allem die Morde an MigrantInnen (z. B. in Mölln), an Obdachlosen und die Angriffe auf Behinderte in Deutschland verweisen auf eine ausgeprägte Gewaltbereitschaft. Es ist anläßlich der bereits angeführten Verschlechterungen im sozialen Bereich (vgl. Kapitel 4.4 und 4.5) davon auszugehen, daß die Gewalt eher zu- als abnehmen wird. Um diese Gewaltbereitschaft besser verstehen und analysieren zu können, geraten und gerieten in den letzten Jahren verstärkt die Subjekte in den Vordergrund von Friedensforschung (vgl. Krahulec 1993; Senghaas-Knobloch 1990). Es wird zunehmend deren „bloß" globale Orientierung kritisiert, während der sogenannte Mikrobereich zu kurz käme (vgl. Krahulec 1993).

So führt Krahulec in Anlehnung an Habermas Möglichkeiten und Grenzen einer Friedensarbeit in der Lebenswelt an. Zum einen würden Experten in den Alltag eindringen und „den Betroffenen gewissermaßen ihre eigenen Deutungen wegnehmen", „andererseits meint die Kolonisierung die Steuerung von Lebenswelt durch Geld [...] und Recht [...] und Militär/Gewalt" (ebd., 19). Lebenswelt ist aber immer auch „ein ‚Möglichkeitsraum', in dem Individuen und Gruppen stets Handlungsalternativen, in einem guten Sinne Spielräume haben. Erst im spannungsreichen Verhältnis von Behinderungen und Ermöglichungen öffnet sich das ganze Spektrum von ‚Lebenswelt'." (ebd., 20) Das heißt, die einzelnen Subjekte sind GestalterInnen ihrer Lebenswelt, ihres Alltags und ihres Gemeinwesens. Sie haben immer die Möglichkeit, sich zur Welt bewußt und erkennend in Beziehung zu setzen.

Es stellt sich die Frage, wie Menschen verlernen können, bestehende Gewaltverhältnisse zu reproduzieren und wie sie alternative Haltungen und Fähigkeiten, die potentiellen Frieden ermöglichen, partizipatorisch entwickeln können. Für eine Forschung, die sich am positiven Frieden orientiert, ist es daher unerläßlich, bei den Ängsten, Bedürfnissen und Interessen der Subjekte anzusetzen, will sie dazu beitragen, Gewalt abzubauen und Partizipationsmöglichkeiten zu erweitern. Alltagsfriedensforschung, die es sich zur Aufgabe gemacht hat, *Behinderungen der Entwicklungsmöglichkeiten bestimmter Gruppen und einzelner Menschen aufzuheben als eine Voraussetzung von „positivem Frieden", kann also gar nicht umhin, von den Subjekten auszugehen. Vom Standpunkt des positiven Friedens stellt sich die Frage, welche Aspekte der Subjektentwicklung im Alltag von Bedeutung sind.*

Nicklas und Ostermann bestimmen als Ziel, „die Menschen fähig zu machen, am Prozeß des Abbaus von Gewalt und der Erhöhung der Selbstbestimmung durch gesellschaftliches Handeln teilzunehmen und damit den Demokratisierungsprozeß voranzutreiben." (Nicklas und Ostermann 1993, 64) Dazu gehört, den „Delegitimationsprozeß des Militärs voranzutreiben", dazu anzuleiten, „sich als Weltbürger zu fühlen", Kontakte herzustellen, die „Entwicklung der Fähigkeit, mehrstufige und multiple Loyalitäten herauszubilden" sowie „Modelle für gewaltfreie, kommunikative Konfliktlösungen zu erarbeiten" (ebd.). Es geht also darum, mögliche Wege zu finden, die dazu beitragen, Friedensstrukturen mit der Perspektive auf eine Friedenskultur für alle zu entwickeln. Dafür ist es notwendig, sowohl die Bedingungen, in denen Menschen leben, als auch ihre Haltungen zu untersuchen und zu verändern.

Konkret bedeutet dies, in erster Linie konfliktfähig zu sein oder zu werden, damit sich die einzelnen weniger als Objekte von Strategien und Handlungen begreifen, sondern vielmehr als aktiv handelnde Subjekte, als GestalterInnen sowie UmgestalterInnen ihres Alltags und darüber hinaus von gesellschaftlichen Verhältnissen überhaupt. Diese Konfliktfähigkeit setzt Durchsetzungsfähigkeit voraus, die nur dann produktiv bei der Errichtung einer Friedenskultur sein kann, wenn die einzelnen sich in der Lage sehen, ihre Interessen wahrzunehmen und nachvollziehbar zu artikulieren. Dazu gehört auch ein produktiver Umgang mit den eigenen Ängsten und Zweifeln. Schließlich kommt es gerade in Krisen und Unfriedenszeiten darauf an, zivilen Ungehorsam zu leisten. Letzteres ist aber nur dann sinnvoll, wenn die Menschen aufeinander zugehen, Gruppen und Initiativen bilden – also Demokratie- und Partizipationsfähigkeiten entwickeln.

Gerade an die Individuen werden derzeitig hohe und widersprüchliche Anforderungen gestellt. Sich selbst als KonstrukteurIn der eigenen Geschichte und Biographie zu sehen ist unabdingbar und wird zugleich (wie in Kapitel 10 ausgeführt) immer schwieriger. Nicht von ungefähr wird immer wieder die zunehmende Komplexität von Gesellschaft mit entsprechenden Auswirkungen auf Lebens- und Alltagsbewältigung beschworen. So wird z. B. von Thiersch hervorgehoben: „Die Notwendigkeit, sich in den gegebenen Verhältnissen zu orientieren, zu arrangieren und sie zu gestalten, bleibt; die Aufgabe aber wird zunehmend unübersichtlich und kompliziert." (Thiersch 1992, 34) Doch wie jede Krise bietet auch diese Anknüpfungspunkte für individuelle und letztlich gesellschaftliche Veränderungen im Hinblick auf eine Friedenskultur. Gerade durch die Vorstellung des positiven Friedens kann eine Orientierung geboten werden, wodurch die Individuen lernen können, daß sich eine Unfriedenskultur letztlich auch gegen jeden einzelnen und jede einzelne richtet, so daß eine Partizipation am positiven Friedensprozeß den *einzelnen* Subjekten ebenso zugute kommt wie *allen* Mitgliedern dieser Kultur insgesamt (vgl. hierzu Kapitel 11). Dies ist aber nur dann erfolgversprechend, wenn es allen gesellschaftlichen Gruppen möglich wird, daran zu partizipieren.

8.2 Partizipationsprozesse als Perspektive für einen positiven Frieden

Partizipation und Gewaltreduktion sind die beiden Leitbegriffe, mit denen der wesentliche Inhalt des positiven Friedens zu bezeichnen ist. Frieden entsteht einerseits dadurch – und das ist sein defensiver Aspekt –, daß der direkten, strukturellen und kulturellen Gewalt entgegengearbeitet wird, so daß bereits das Entstehen von Gewalt gehindert oder zumindest ihre Wirkungen gemindert werden (vgl. Kapitel 3.2). Frieden entsteht andererseits dadurch – und das ist sein offensiver Aspekt –, daß die gesellschaftlichen Bedingungen für umfassende Partizipation entwickelt werden und für das Denken, das Fühlen und Handeln der Menschen Partizipation zur orientierenden Perspektive wird.

Wenn für die inhaltliche Bestimmung des positiven Friedens Partizipation als einer der beiden zentralen Leitbegriffe gilt, so wird damit an eine deutsche und amerikanische Diskussion dieses Begriffes in den siebziger Jahren angeknüpft. Bereits damals verbanden sich mit diesem Begriff erhebliche Erwartungen im Blick auf eine Demokratisierung der Gesellschaft von Grund auf. Partizipation bezeichnete ein Programm sowohl für die praktische Politik als auch für die politischen Wissenschaften.

Der Sache nach ist das Streben von Teilen der Bevölkerung nach demokratischer Machtbeteiligung natürlich älter. Alltagsfriedensforschung kann sich bei der Entwicklung ihrer Leitbegriffe auf aufweisbare gesellschaftliche Prozesse berufen.

1969 hatte Willy Brandt seine Regierungserklärung unter das Thema „Mehr Demokratie wagen!" gestellt. Sein Minister Lauritzen faßte 1972 die Hoffnungen vieler Menschen so zusammen: „Die Mitbestimmung und Beteiligung vieler Bürger ist dabei nicht auf irgendeinen Bereich beschränkt. Sie darf nicht haltmachen vor den Fabriktoren, vor den Schulen und Universitäten und auch nicht vor den Planungsämtern unserer Städte" (Lauritzen 1972, 21).

In der theoretischen Diskussion hatte bereits Hannah Arendt in ihrer Schrift „vita activa" (Arendt 1960) Partizipation als das Wesen der Politik beschrieben. Für Autoren wie Habermas und ihm darin folgende kritische Sozialpädagogen wie Mollenhauer und Marzahn bezeichnete Partizipation als einen eminent positiven Wert. In der Partizipation fallen die je individuelle Emanzipation aus unbegründeten Herrschaftszwängen und die Demokratisierung als ein weitreichender gesellschaftlicher Reformprozeß zusammen. Für Marzahn (1979) ist Partizipation ein Schlüsselbegriff, der das Verständnis von Demokratie erschließt: Partizipation ist das Kriterium, an dem sich entscheidet, ob es sich um eine reale oder lediglich formale Demokratie handelt. In dem Maße, in dem Partizipation realisiert wird, wird Demokratie real.

Widerspruch kam von Habermas' Antipoden, dem Systemtheoretiker Luhmann. „Die konkrete Beteiligung aller einzelnen an den politischen Entscheidungsprozessen um deren Beherrschung und um ihrer eigenen Selbstbildung willen" (Luhmann 1969, 319) könne nicht mit Demokratie gemeint sein. „Das wäre nicht nur seltsam unrealistisch, nicht nur eine Utopie, sondern darüber hinaus eine fehlleitende Idee" (ebd.). Denn die modernen, demokratischen Gesellschaften seien von einer ontisch unbestimmten, enormen Komplexität, die es nach Luhmann auszuhalten und zu bewahren gelte. Dazu aber seien die „Vielen" nicht in der Lage. Die Komplexität aller gesellschaftlichen Einflußfaktoren hindere sie, einen begründeten Standpunkt zu finden. Ihre Entscheidungen seien beliebig, weil sie das Geflecht der Bedingungen und Wirkungen nicht zu überschauen vermögen.

Naschold hatte dem „Demokratie wegen Komplexität" entgegengehalten (Naschold 1969, 326). Für Habermas (1972) war der entscheidende Punkt der Kritik, daß Luhmann die Frage ausklammerte, wer denn in einer Demokratie die Eliten sein sollen, die befähigt und berechtigt seien, unkontrolliert von den „Vielen" die Macht zu verwalten. Bürgerinitiativen haben sich in der Folgezeit auf die Unbedingtheit eines ökologischen und friedenspolitischen Imperativs berufen. Wenn bei der Wahrung der Komplexität gravierende Umweltzerstörungen und Friedensbedrohungen zumindest in Kauf genommen werden, kann die Balancierung der Komplexität nicht Maxime politischen Handelns bleiben. Diese Bürgergruppen haben die Frage nach der ethischen Perspektive der Politik unabweisbar gemacht. Man hat versucht, diese Position als „Gesinnungsethik" zu diffamieren, weil sie die Folgen nicht mitreflektiert, welche sich bei der Durchsetzung hoher ethischer Maximen ergeben. Demgegenüber habe „Verantwortungsethik" sich die konkrete Realisation ethischer Überzeugungen zur Aufgabe gemacht (vgl. Schmidt 1979, 11–24). Solche Unterscheidung war diffamierend und in der Wirkung fatal. Sie hat nicht ohne Erfolg versucht, eine breite Partizipation an der Diskussion zu verhindern, welche friedens- und umweltpolitischen Ziele mittel- und langfristig anzustreben sind und welche einschneidenden Veränderungen von Denk- und Lebensgewohnheiten damit verbunden werden müssen.

Warnungen vor einer Partizipations-Euphorie kamen auch von anderer Seite (Gronemeyer 1973). In der Produktion, aber auch in der staatlichen Administration, besonders in der Planungsverwaltung wird aus Gründen der Steigerung von Effizienz und Funktionalität Partizipation eingeführt. Sie soll der Leistungssteigerung menschlicher Arbeitskraft dienen. Sie gilt als ein Instrument zur Konfliktregulierung, ein Frühwarnsystem zur Indikation von Protest und Widerstand. Sie soll der Informationsbeschaffung und gelegentlich auch der Legitimation von Entscheidungen dienen, die intern oder in der politischen Öffentlichkeit umstritten sind. Partizipation wird unter diesen Aspekten von der Leitungsebene inszeniert und arrangiert, wobei sorgsam darauf geachtet wird, daß nur ausgewählte Aspekte einer Problematik Gegenstand der Mitbestimmung sein dürfen und eher grundsätzliche, kritische Erwägungen aus dem Partizipationsprozeß ausgeklammert bleiben.

Diese Bedenken, die sich keineswegs prinzipiell der Entwicklung von Partizipation sperren, sind insofern berechtigt, als jeweils zu prüfen ist, inwieweit Partizipation von den Inhabern der Macht instrumentalisiert wird, um ihre Privilegien und Positionen dadurch abzusichern, indem sie Partizipation in peripheren Fragen zulassen, dies auch großartig herausstellen, eine Beteiligung an wichtigen Entscheidungen aber verhindern. Man kann fragen, ob die vielfach eingerichteten „Beiräte" nicht häufig eine solche Form der Pseudo-Partizipation darstellen (Heimbeiräte, Seniorenbeiräte, Ausländerbeiräte). Freilich ist gerade bei den kommunalen Ausländerbeiräten die Diskussion noch offen, ob durch sie ein kommunales Ausländerwahlrecht abgeblockt oder die Akzeptanz für die volle Beteiligung von Ausländern an der Kommunalpolitik gefördert wird.

Die Konfliktlinien verlaufen heute nicht mehr so eindeutig, wie es jener Slogan aus der APO-Zeit suggerierte: „Ich mache mit, Du machst mit, sie profitieren!" Es gibt inzwischen viele Aktionen, durch die die Bevölkerung zum Mitmachen mittels Werbekampagnen mobilisiert wird, bei denen sich die Interessen der Beteiligten jedenfalls zum Teil überschneiden, etwa wenn zum Schutz vor AIDS aufgerufen wird, zum Müllsortieren, zum Umsteigen in die öffentlichen Nahverkehrsmittel, zur gesundheitlichen Vorsorge-Untersuchung u. a. Insbesondere zum Schutz vor massenhaften Risiken ist unsere Gesellschaft darauf angewiesen, daß kollektive Vorsorge aus Einsicht praktiziert wird. Sicher können aus dem Gelingen solcher Mit-Mach-Aktionen die unterschiedlichen Beteiligten jeweils ihren Vorteil ziehen. Aber es sind keine Null-Summen-Spiele, wo der Vorteil der einen Seite der anderen Seite zum Nachteil gereicht.

In der industriellen Produktion wird heute unter dem Thema „participative approach" verhandelt, wie industrielle Prozesse nicht mehr „top down", sondern „bottom up" geplant werden können. Arbeitsvorgänge werden nicht mehr „fordistisch" in kleine Einheiten zerlegt, sondern von Gruppen der Beteiligten gemeinsam geplant und durchgeführt, so daß die einzelnen an übergreifenden Arbeitsprozessen stärker beteiligt werden. Participative approach spart offensichtlich nicht nur Kosten im Betrieb, weil Positionen im Management überflüssig werden (lean management) und alle Beteiligten effektiver arbeiten, sondern bewirkt auch erhöhte Arbeitszufriedenheit bei den abhängig Beschäftigten.

Natürlich wird durch die heutzutage von vielen Seiten erhobene Forderung, „mitzumachen" und sich nicht auszuschließen, wenn bereits eine Mehrheit sich beteilige, die Frage aufgeworfen, an welcher Art von Aktivitäten man partizipiert und auf welcher Seite. Es kann durchaus geboten sein, sich nicht einer Majorität anzuschließen, Widerstand zu leisten und deutlich zu erkennen zu geben, daß man für eine Minderheit Partei ergreift. In einer bestimmten Situation kann es durchaus schwierig werden, sich zu entscheiden, an welcher Aktion man sich beteiligt bzw. versagt. Im einzelnen kann dies hier nicht erörtert werden, Richtschnur muß das Demokratie-Kriterium sein.

Als in den siebziger Jahren große Erwartungen in die Erweiterung der Partizipation in viele gesellschaftliche Felder gesetzt wurden, war die Vorstellung von dem, was unter Partizipation verstanden wurde, wesentlich geprägt durch die Erfolge der Gewerkschaften im Kampf um die Mitbestimmung in den Betrieben und Aufsichtsräten. Auf diesen Konfliktfeldern war Partizipation durchgekämpft worden, und zwar als eine korporative Vertretung von kollektiven, an die gesellschaftliche Rolle der abhängig Beschäftigten gebundenen Interessen.

Besonders die durch diesen gewerkschaftlichen Kampf gewonnenen Vorstellungen vom Wesen der Partizipation führten zu einer politikwissenschaftlichen Definition, die als klassisch bezeichnet werden kann: Mit Partizipation begreift man „alle freiwillig erbrachten politischen Aktivitäten, die darauf abzielen, politische Entscheidungen, seien es Sach- oder Personalentscheidungen, zu beeinflussen" (Schmitz 1988, 318).

Wo Partizipation in diesem Sinn in der praktischen Politik und in der Wissenschaft vertreten wurde, war damit ein umfassender gesellschaftlicher Reformansatz gemeint. Es ging um nicht weniger als um eine Neuverteilung von Entscheidungsmacht, es sollten diejenigen an den politischen Entscheidungsprozessen direkt beteiligt werden, die bislang davon ausgeschlossen waren.

Wenn nun Partizipation zu einem Leitbegriff für positiven Frieden wird, wird an diese Diskussion angeknüpft, und es kann keine geringere Perspektive gemeint sein. Friede kann nur mit weitreichenden gesellschaftlichen Veränderungen realisiert werden. Die Bedrohung des (inneren) Friedens geht wesentlich davon aus, daß die Bevölkerung an den Gütern und Diensten, die gesellschaftlich produziert werden, ungleich partizipieren kann.

Die Chancen der Teilnahme am Reichtum dieser Gesellschaft sind hochgradig ungerecht verteilt. Zu Recht wird Armut in der neueren Fachdiskussion (vgl. Döring u. a. 1990, Schubert u. a. 1992, Braun von der Brelie u. a. 1995) als „Teilhabearmut" begriffen: Einkommensarmut ist überwiegend mit einer defizitären Wohnungsversorgung und -ausstattung verbunden und führt häufig zu sozialräumlicher Segregation. Menschen, die an der Armutsgrenze (und darunter!) leben müssen, haben verminderte Zugangsmöglichkeiten zu den Einrichtungen der Bildung, der Kultur und Gesundheitsversorgung. Sie sind deutlich weniger an der aktiven Mitwirkung bei politischen Entscheidungsprozessen beteiligt. Sie sind eingeschränkt in ihren kulturellen Ausdrucksmöglichkeiten. Gerade Menschen mit geringem Einkommen können in besonderem Maße nicht auf Solidarleistungen von Unterstützungsnetzwerken zurückgreifen (Herlyn u. a. 1991). Die vielfältigen, häufig kumulierenden Formen der Teilhabearmut führen zu psychosozialen Notlagen und verengten individuellen Lebensperspektiven.

Teilhabearmut ist das Ergebnis von Gewalt und produziert Gewalt, häufig in direkter Form. Um von positivem Frieden reden zu können, bedarf es einer Perspektive, die derartige vielfältigen Formen gesellschaftlicher Spaltungen und Ausgrenzungen überwindet. Erforderlich sind aber Partizipationsprozesse, die auch die bislang Benachteiligten teilhaben läßt an den materiellen Ressourcen, den Dienstleistungen, an der Kultur, insbesondere an der Bildung und Gesundheit, die dem Stand dieser reichen Gesellschaft entsprechen. Partizipation bezeichnet neben der gesellschaftlichen auch eine individuelle Perspektive, die Menschen bewußt werden läßt, daß sie selber an der Gestaltung ihres Lebens beteiligt sein können.

1986 sah Beck die weitere Entwicklung von Partizipation recht positiv: „Man muß die damit eingeleitete Entwicklung keineswegs verklären, kann ihre Auswüchse zu einem neuen Mystizismus entschieden kritisieren, um doch begründet zu vermuten: Qualität und Verbreitung dieses Denkens und

Suchens haben die politische Landschaft in der Bundesrepublik bereits nachhaltig verändert und werden dies in Zukunft eher noch deutlicher tun" (vgl. Beck 1986, 322 f.).

Inzwischen wird von vielen Seiten ein generell abnehmendes politisches Engagement beklagt. 1993 schreiben Evers u. a.: „Das Leitbild des aktiven Bürgers, der sich an vielen Orten einmischt, ein Leitbild, das die bundesrepublikanische Politik der inneren Reformen in den siebziger Jahren mit den sozialen, kulturellen und politischen Alternativbewegungen der Zeit teilte, ist bis heute jedoch stark verblaßt. Waren es Enttäuschungserfahrungen derer, die zur Veränderung aufgebrochen waren, ein Generationswechsel oder die Rückkehr zur Normalität nach Zeiten einer ideologisch verordneten Selbstüberforderung? Durch den vielzitierten Rückzug ins Private lockerte sich die damalige enge Verbindung von Politik und persönlicher Emanzipation wieder sehr stark. Aktives Engagement ist mehr denn je ein Minderheitenprogramm, und selbst dort, wo es praktiziert wird, scheint zumeist sorgfältig darauf geachtet zu werden, die Balance zwischen persönlichen Interessen und den Anforderungen der jeweiligen Gruppe, zwischen Egoismus und Altruismus zu wahren – und sei es nur durch die sorgfältig aufrechterhaltene Möglichkeit, einen Gruppenzusammenhang jederzeit verlassen zu können" (vgl. Evers u. a. 1993, 33).

Diese im Vergleich zu Beck 1986 deutlich zurückhaltendere Einschätzung kann freilich nicht nur damit erklärt werden, daß das Buch von Evers u. a. sieben Jahre später erschienen ist. Formen und Themen gesellschaftlichen Engagements haben sich inzwischen verschoben, und über die politische Relevanz von Partizipation muß neu nachgedacht werden. Geänderte Akzente sind durch neuartige Bürgerinitiativen und Selbsthilfegruppen gesetzt worden, die anders zu verstehen sind, als dies bei Evers und anderen geschieht, die die zunehmende Entpolitisierung beklagen.

Nach wie vor gibt es Initiativen, die die großen, gesellschaftlichen Probleme thematisieren, wie etwa die Gefahren der Kernenergie bzw. der Lagerung von Atommüll, wenn auch die Zahl der Engagierten geringer ist als die zu den Hoch-Zeiten der Antiatom- und Antiraketenbewegungen. Daneben entstehen aber immer wieder Initiativen, die lokale oder regionale Fragen aufgreifen (vgl. Kapitel 7). Es sind andere Modelle der politischen Beteiligung, als sie seinerzeit von den Gewerkschaften beim Kampf um Mitbestimmung angestrebt worden waren, wo formale, rechtlich gesicherte Strukturen der politischen Beteiligung erreicht werden sollten in Formen einer repräsentativen Demokratie. Die Initiativen dagegen suchen die Öffentlichkeit zu mobilisieren, sie sind politisch wirksam durch öffentlichen Druck, mehr noch durch einen mittelfristig wirksamen Bewußtseinswandel.

Eine wichtige Verschiebung ist seit einiger Zeit bei den Themen zu bemerken, die von den Initiativgruppen behandelt werden: Es sind nicht mehr nur die übergreifenden, gesellschaftlichen Themen, sondern zunehmend die spezifischen Probleme der selbst erlittenen Marginalisierung. In den Gruppen werden als Selbstbezeichnung der Beteiligten Ausdrücke verwendet, die bislang zu ihrer Diffamierung gebraucht wurden (z. B. „Krüppel", „Schwule"). In den Selbsthilfegruppen finden sich Menschen zusammen, die unter Behinderungen und Krankheiten leiden, wie etwa Medikamenten-, Drogen- und Alkoholabhängige und/oder deren Angehörige. Ferner gibt es Gruppen von Arbeitslosen, von Eltern, die die Entwicklung ihrer Kinder nicht herkömmlichen Kindertagesstätten und Schulen überlassen wollen. Es treten Initiativen auf, die neue Modelle des Zusammenlebens bzw. der Kulturproduktion erproben wollen. Weiterhin sind es Gruppen, die neue Lebensstile von Frauen oder von alten Menschen propagieren.

Die Aktivitäten solcher Initiativen und Selbsthilfegruppen richten sich auch auf die Beeinflussung politischer Gremien, etwa um bei der Vergabe von Ressourcen berücksichtigt zu werden. Aber es handelt sich nicht um Ein-Punkt-Aktionen, deren Engagement sich auf den einen Punkt der politischen Entscheidung in einer bestimmten Angelegenheit richtet und die sich auflösen, wenn das Ziel erreicht oder dessen Unerreichbarkeit offenkundig geworden ist. Das Ziel dieser Selbsthilfegruppen ist meistens nicht, sich mit Sitz und Stimme in politischen Organen zu vertreten. Sie richten sich mit ihrer Arbeit an Menschen mit gleichen Lebensweisen und Überzeugungen bzw. in vergleichbaren Lebenslagen. Und sie wenden sich an die Öffentlichkeit, weil sie die erfahrene Ausgrenzung oder gar die Tabuisierung ihrer Probleme und die damit verbundene Benachteiligung und Entwürdigung nicht mehr akzeptieren. Indem sie sich in Gruppen zusammenfinden, erleben sie ihr soziales „coming out", definieren ihre Situation nicht mehr als einen Makel und nehmen als Gruppe teil am Gesellschaftsprozeß.

Dabei werden Themen eingebracht, die bislang als privat galten. Beck nennt dies das „neue Phänomen des politischen Privatismus" (Beck 1994a, 51) und wendet sich gegen die „Gleichsetzung von Politik mit Staat, Politik mit politischem System. Man erwartet Politik in den dafür ausgeschriebenen Arenen und von den dazu ermächtigten Akteuren: Parlament, politische Parteien, Gewerkschaften usw. Wenn hier die Uhren der Politik stillstehen, dann scheint es, als habe das Politische insgesamt aufgehört zu ticken. Dabei wird übersehen, daß die Unbeweglichkeit des staatlichen Apparates und seiner Nebenagenturen durchaus einhergehen kann mit einer Beweglichkeit der vielen Akteure auf allen möglichen Ebenen der Gesellschaft – also das Versanden der Politik in einer aktiv werdenden Subpolitik" (Beck 1994b, S. 37).

Beck ist darin zuzustimmen, daß die Initiativen und die als eine soziale Bewegung zu bezeichnenden Selbsthilfegruppen gesellschaftliche Wirkungen erzielt haben, denen sich auch „das staatliche politische System" nicht verschließen konnte. Zu denken ist hier zunächst an gesetzliche Regelungen zur Gleichstellung von Frauen, an Rechte für Kinder und Jugendliche im Kinder- und Jugendhilfegesetz. Das gesellschaftliche Bewußtsein für Gesundheit, Ernährung, für Bedrohung und Schutz von Natur, für Toleranz gegenüber Lebensweisen, die bis vor kurzem tabuisiert waren, ist deutlich gewachsen.

Allerdings – und darauf geht Beck nur am Rande ein – haben solche Reformen die Lage der einkommensschwachen Teile der Bevölkerung wenig verbessert. Es zeigen sich sogar gegenläufige Tendenzen: Sofern Selbsthilfe zur Reduktion sozialstaatlicher Leistungen führte und sofern durch die Tendenz zu mehr individueller Selbstbestimmung die Privatisierung sozialstaatlicher Angebote gefördert wurde, ist damit die Ungleichheit in den Lebensbedingungen noch vertieft worden. Privatisierung führt zu Verschärfung sozialer Disparitäten. Das gilt auch, wenn z. B. PatientInnen und alte Menschen mitbestimmen wollen, wie ihnen geholfen werden soll und welche Institutionen und Leistungen sie in Anspruch nehmen. Das unterstützt die Tendenz, Optionen für diejenigen anzubieten, die dafür privat bezahlen können und für die anderen nur noch einen Minimalstandard vorzuhalten.

Selbsthilfegruppen beschränken sich meistens auf das Problem, von dem sie selber betroffen sind. Das hat Zersplitterung der beteiligten Kräfte zur Folge, die nur zu wenigen, meist folgenlosen Anlässen aufgehoben wird. So wächst aus der Energie der Selbsthilfegruppen wenig Kraft für umgreifende gesellschaftliche Veränderungen. Arbeitslose und SozialhilfeempfängerInnen organisieren sich zur Bearbeitung ihrer Lage ohnehin sehr selten. So ist eine breite soziale Bewegung gegen die Spaltungstendenzen unserer Gesellschaft, gegen Ausgrenzungen und Teilhabearmut nicht in Sicht. Eine Verknüpfung der von Beck so genannten Subpolitik mit der staatlichen Politik bleibt eine kaum begonnene Aufgabe.

Andererseits wird man diesen Initiativen und Selbsthilfegruppen nicht gerecht, wenn man sie nur danach beurteilt, was sie an übergreifenden gesellschaftlichen Wirkungen erreicht haben. Es geht ihnen um Überwindung von Ausgrenzung und Vereinzelung mit ihrem Problem, um Erweiterung der Möglichkeiten zur Lebensentfaltung. Sie trauen sich zu, mit anderen Menschen zu interagieren, die ihnen bislang fremd waren, und wo sie sich vorher den Worten von Amtsautoritäten gefügt hatten, wagen sie nun – in der Gruppe oder auch allein – den Widerspruch. Beteiligung in diesen Gruppen ist ein wichtiger Schritt zur Überwindung von Unmündigkeit und Isolation. Menschen werden sicherer in ihrer Eigenständigkeit, akzeptieren die Abwertungen und Diffamierungen nicht mehr, die bislang ihrer Lebenslage anhafteten. Sie diskutieren gesellschaftliche Zusammenhänge, die ihnen bislang als undurchsichtig und alltäglich-selbstverständlich erschienen. Sie stellen Forderungen auf, die auf Überwindung ihrer Marginalisierung zielen.

Es reicht deshalb nicht aus, entsprechend der oben zitierten Definition Partizipation nur als politische Aktivität zu begreifen, die auf Beeinflussung politischer Entscheidungen gerichtet ist. Dieser Aspekt muß zentrale Bedeutung behalten, weil Partizipation ohne gravierende politische Veränderungen nicht wirksam wird. Aber es muß hinzugefügt werden, daß Partizipation den Zugang zu den gesellschaftlichen Ressourcen öffnet (Einkommen, Wohnung, Dienstleistungen), weil Armut die Teilhabechancen auch auf den anderen gesellschaftlichen Feldern reduziert. Schließlich gehört ebenfalls der soziale und kulturelle Aspekt der Partizipation dazu.

So ist Partizipation im Sinne einer Perspektive des positiven Friedens zu definieren: *„Partizipation bezeichnet den Zugang zu den gesellschaftlichen Ressour-*

cen, die Einflußnahme auf politische Entscheidungen und die Beteiligung am sozialen und kulturellen Leben der Gesellschaft."

Zur Verdeutlichung der Verzahnung der genannten Aspekte drei angedeutete Beispiele:

– Eine Initiative gegen Kernenergie zielt auf bestimmte politische Entscheidungen. Windenergie soll eine stärker genutzte gesellschaftliche Ressource werden. Das zentrale Anliegen der Gruppe sieht sie aber in ihrer Beteiligung an der Entwicklung einer ökologischen Kultur, einer ökologisch verantworteten Lebensweise.

– Eine Selbsthilfegruppe von Behinderten agiert für den Zugang zu bestimmten Unterstützungsressourcen, die sie politisch und rechtlich gesichert wissen will. Die Gruppe möchte aber auch eine stärkere gesellschaftliche Akzeptanz von Behinderten erreichen, allgemein ein geändertes Verständnis von Gesundheit, Krankheit und Behinderung. Sie möchten selbstverständlicher am öffentlichen kulturellen Leben teilnehmen.

– Jugendliche haben einen sozialen Betrieb aufgebaut, eine Schlosserwerkstatt. Es geht ihnen um Arbeitsplätze und gesicherte Einkommen. Sie müssen Einfluß nehmen auf den kommunalen Etat, aus dem sie subventioniert werden. Die Teilnahme an dem Betrieb mit seiner genossenschaftlich organisierten Arbeitsweise bietet ihnen, nachdem sie als Arbeitslose deprimierende Erfahrungen gemacht hatten, nun eine sinnvolle Lebensperspektive.

Im Sinne einer positiven Friedensperspektive ist zu fragen, wie weit die jeweils intendierte Partizipation reicht. Es gibt Formen der Beteiligung, die bewußt exklusiv gemeint sind: es sollen Privilegien vor anderen geschützt werden. Es gab z. B., wenn auch vereinzelt, Initiativen, die verhindern wollten, daß in der eigenen Wohnumgebung Flüchtlinge untergebracht werden. Partizipation ist nie eine Äußerung des Altruismus gewesen. Partizipation meint keine Politik aus karitativen Motiven. Aber den positiven Frieden vorantreiben kann nur eine Form der Partizipation, welche die angestrebten Erfolge nicht dagegen schützt, daß sie anderen, tendenziell allen zugute kommen. Konkret bedeutet dies meistens, daß mit allen Beteiligten die Realisation der Interessen ausgehandelt werden muß.

Der Blick auf die verschiedenen Initiativen aus der Bevölkerung kann darauf aufmerksam machen, welche Ansätze es für eine Beteiligung an der aktiven Gestaltung von gesellschaftlichen Prozessen gibt. Friedensarbeit kann daran anknüpfen.

Hinsichtlich ihrer Quantität und ihrer gesellschaftlichen Wirkung eher gering einzuschätzen sind die Aktivitäten „von unten", die sich gegen die soziale Spaltung, gegen Verarmung, gegen die vielfältige Teilhabearmut und die damit verbundene individuelle Perspektivlosigkeit richten. Ob insgesamt die eher hoffnungsvolle Einschätzung von Beck zutrifft, daß aus den Subpolitik-Bereichen eine neue politische Dynamik erwächst, oder die eher pessimistischen Sichtweisen eines deutlich zurückgehenden politischen Interesses und Engagements, ist hier nicht zu entscheiden. Alltagsfriedensforschung hat vielmehr die Aufgabe, die Ansätze in den Kommunen genauer zu untersuchen.

8.3 Handlungsfelder der Alltagspartizipation

Der Begriff Alltagspartizipation ist von Esser in die Alltagsfriedensforschung eingeführt worden, und zwar unter Bezug auf die o. g. Diskussion in den siebziger Jahren über den realen Inhalt von Demokratie. Leitziel ist hier: Der Alltag, der Stadtteil, das Heimatdorf müssen durch Demokratiepraxis der Kinder, Jugendlichen, Erwachsenen in der Kommune lebenswerter und zukunftsträchtiger werden (vgl. Esser 1994, 100).

Alltag ist in diesem Zusammenhang als Handlungsfeld zu verstehen, auf dem Partizipation realisiert werden soll. Es erscheint naheliegend, Partizipationsprozesse dort ansetzen zu lassen, wo Menschen auf ihre eigenen Erfahrungen, auf ihre Kompetenz und Zuständigkeit, auf ihre Bekanntheit und Akzeptanz aufbauen können. Alltag ist das Feld, wo sie alle Tage die Handelnden sind (vgl. dazu Kapitel 4).

Andererseits ist Alltag keine Idylle. Er ist durchsetzt mit Gewalt, in die die Menschen erleidend, häufig auch tätig verwickelt sind. Gesellschaftliche Entwicklungen (z. B. Kündigungen, Modernisierungen, erzwungene Mobilität) wirken in Alltag hinein. Die alltäglichen Ereignisse bleiben häufig undurchschaubar, Veränderungen können nicht erklärt werden. Teile der nahen Umgebung sind unzugänglich. Der Alltag steckt voll Erfahrungen von Ausgrenzungen und Defiziten. Außer den vertrauten Menschen begegnen einem im Alltag die Fremden, Konkurrenten, Anstößigen. Die gesellschaftlichen Spaltungen und Konflikte repräsentieren sich auf der Bühne des Alltags.

Im Alltag agieren die Menschen nicht nur privat. Im Alltag müssen gesellschaftliche Entwicklungen verarbeitet werden. Dadurch kann der Alltag zum Handlungsfeld für Partizipation werden, die durchaus gesellschaftliche Dimension bekommt. Freilich ist der gesellschaftliche Horizont der Alltagspartizipation unterschiedlich weit. Am engsten ist die „Beteiligung an den lebensweltlichen Beziehungsnetzen" (8.3.1), weiter reicht bereits die „Beteiligung an der sozialräumlichen Struktur des Stadtteils" (8.3.2), dann folgt die „kulturelle Begegnung und kommunalpolitische Einmischung" (8.3.3).

8.3.1 Alltagspartizipation als Beteiligung an den lebensweltlichen Beziehungsnetzen

Die Erosion der traditionellen Milieus und die Tendenz zur Individualisierung, insbesondere in den strukturveränderten Modernisierungsgebieten der Großstädte, haben dazu geführt, daß die Aufnahme von sozialen Beziehungen in der alltäglichen Lebenswelt zu einer individuell zu verantwortenden Entscheidung wird. Mit wem, nach welchem Muster und bis zu welchen Grenzen sollen nachbarschaftliche Beziehungen entwickelt werden? Frühere, andernorts gewonnene Erfahrungen können in eine neue Wohnumgebung nicht übertragen werden. Es ist unsicher, wie die Nachbarn auf Kontaktanbahnungen reagieren werden und wie sie investiertes Vertrauen ausnutzen. Lebensweltliche soziale Beziehungen sind zu einem Risiko geworden. Sie müssen gewagt und gestaltet werden.

Meistens finden sich Menschen aus gleichen Lebenslagen bzw. mit ähnlichen Lebensweisen zusammen, „Lebensstilgruppen" werden sie von Hradil (1987, 168) genannt. Im Nahbereich der Wohnumgebung entstehen differenzierte Formen der Kommunikation. Da sie nicht auf tradierte Handlungsmuster zurückgreifen können, finden sich Menschen zusammen, die voneinander die Einschätzung haben, daß sie zueinander passen, und zwar hinsichtlich des Freizeit- und Konsumverhaltens, der Erziehungsstile u.ä.

Ähnlich ist es bei den Selbsthilfegruppen, wo Menschen zwar aus einem weitläufigeren Umfeld zusammenkommen, die aber ähnliche Probleme zu bewältigen haben und dabei zu Lebensweisen kommen, die wechselseitig verstanden werden.

In derartigen lebensweltlichen Beziehungsnetzen können Konstellationen wachsen, die durchaus nicht den gängigen gesellschaftlichen Mustern entsprechen. Gesellschaftliche Entwicklungen führen Menschen zusammen, die hinsichtlich ihrer Herkunft und gesellschaftlichen Position sehr unterschiedlich sind: Z.B. wohnen Alteingesessene neben Aussiedlern aus Osteuropa und einem Praktikanten aus Ghana, die verheiratete, nicht berufstätige Mutter neben der Alleinerziehenden, Studierende neben Arbeitslosen. Aber durch die direkte Alltagskommunikation können Gemeinsamkeiten entdeckt werden, welche die gesellschaftlich bedingten Unterscheidungen an Wirkung verlieren lassen. In den sozialen Netzen kann die oft lebenswichtige Ressource der verläßlichen Hilfe und Solidarität gelebt werden, deren materieller Wert oft hoch einzuschätzen ist (Herlyn u. a. 1991). Die lebensweltlichen sozialen Netze können vielfältige soziale und kulturelle Anregungen bieten. Es können hier kreative, organisatorische, künstlerische Fähigkeiten entwickelt werden, für die sonst kein gesellschaftlicher Ort vorhanden wäre. Die lebensweltlichen Netze können Geborgenheit, das Bewußtsein von Zugehörigkeit, gegenseitiger Bestätigung in der Deutung von Lebenssituationen bieten. Aus der gemeinsam geleisteten Arbeit in der Selbsthilfe entstehen auch immaterielle Werte, die sich in kritischen Situationen in materiellen Unterstützungen ausdrücken können. Daraus kann die Kraft erwachsen, zusammen mit anderen gesellschaftlich bedingte Störungen der Lebenswelt (z. B. eine ungerechtfertigt erscheinende Mieterhöhung) nicht passiv hinzunehmen, sondern Widerspruch einzulegen und gesellschaftliche Veränderungen, wenn auch mit geringer Reichweite, zu bewirken.

Durch Alltagspartizipation in den lebensweltlichen Beziehungsnetzen kann also Zugang zu gesellschaftlichen Ressourcen gefunden werden, kann auf gesellschaftlich bedingte Entwicklungen Einfluß genommen werden, gibt es Beteiligung am sozialen und kulturellen Leben.

Dem Einwand, daß auf der Ebene der alltäglichen Lebenswelt die gesellschaftlichen Disparitäten zwar abgefedert, in ihrem Entstehungszusammenhang aber nicht verändert werden können, ist zu entgegnen, daß durch erlebte, durch eigenes Handeln erreichte Partizipation Gegenerfahrungen zu gesellschaftlichen Ausgrenzungen möglich werden. Außerdem ist auf sozialräumliche Untersuchungen zur Entstehung rechtsextremer Gruppierungen zu verweisen, daß das Nicht-Vorhandensein solcher Netze in einem Stadtteil eine der Ursachen dafür sein kann, daß der Zusammenhalt in faschistoiden Gruppierungen gesucht wird (vgl. Fittkau 1992, 6; Heitmeyer u. a. 1992; Jaschke 1992, 8).

Natürlich bietet nicht jede Art lebensweltlicher Vernetzung eine Perspektive des positiven Friedens. Darum ist kritisch zu fragen:

- Beteiligte sind an solchen Kommunikationsformen Menschen verschiedenen Alters, mit unterschiedlichen Fähigkeiten, Zeitbudgets und gesellschaftlichen Positionen. Wie kommen in diesen Gruppierungen Entscheidungen zustande? Herrscht dort ein eher autoritäres oder offenes Klima, das Beteiligungschancen für alle einräumt?
  Diese sozialen Beziehungsnetze bieten Integration nach innen, sie basieren auf Unterscheidungen nach außen. Wie scharf sind die Grenzen? Entsprechen diese Grenzen den gesellschaftlichen Spaltungen, werden diese durch die nachbarschaftlichen Netze und Selbstorganisationen noch gefördert, oder wachsen dort alternative Erfahrungen von Zugehörigkeit und Solidarität? Wie ausgeprägt sind die Stereotypen, die über die Menschen außerhalb dieser Netze gebildet werden?
- Gesellschaftliche Entwicklungen wirken permanent in die Lebenswelten hinein. Wie werden diese gesellschaftlichen Prozesse in den lebensweltlichen Netzen gedeutet, wie wird darauf reagiert? Werden sie als Schicksal passiv hingenommen, oder wird aktiv Widerstand versucht? Versuchen die Beteiligten, auf die gesellschaftlichen Prozesse Einfluß zu nehmen?
- Wer sind diejenigen, die an den Beziehungsnetzen beteiligt sind? Wer wird aktiv in den Aktionen der Mitgestaltung und bei den gegenseitigen Hilfeleistungen? Sind es auch die einkommensschwachen Teile der Bevölkerung, sind es die MigrantInnen, die Alleinerziehenden, also gerade diejenigen, die auf ein Netz der Unterstützung am meisten angewiesen sind?

Friedensarbeit hat in den Kommunen die wichtige Aufgabe, sekundäre Netzwerke professionell zu entwickeln, in denen diejenigen Menschen, die zur Beteiligung an Selbsthilfe von sich aus nicht mehr fähig sind, zu gegenseitiger Unterstützung aktiviert werden.

8.3.2 Alltagspartizipation als Beteiligung an den sozialräumlichen Strukturen im Stadtteil

In den verschiedenen Stadtteilen, insbesondere dann, wenn ihre traditionellen Gefüge durch städteplanerische Modernisierungen an Bedeutung verloren haben, existieren mehrere Mikromilieus ineinander verschachtelt (vgl. Hradil 1987). Ein Stadtteil ist durchzogen von den Grenzlinien vieler Lebenswelten. Was in ihm als öffentlich erscheint, ist meistens nur teilöffentlich. Die Bevölkerungsstruktur ist inhomogen. In manchen Straßenzügen überwiegen ausländische Sprachen.

Neben der Kirche steht inzwischen eine Moschee. Langjährige Betriebe wurden geschlossen, Arbeitsplätze gingen verloren. Neue Geschäfte wurden eröffnet. Wer hier eine Wohnung sucht, muß bedenken, daß das Einkommen entscheidet, welcher Wohngegend man sich zuordnen kann. Es gibt Straßen und Plätze im eigenen Stadtteil, die man selten oder ungern benutzt. Nicht nur Jugendliche wissen, daß die Benutzung öffentlicher Straßen eine Frage der Macht ist. Radfahrer und Fußgänger wissen dies ebenso, insbesondere Frauen.

Alltagspartizipation als Beteiligung an der sozialräumlichen Struktur des Stadtteils meint zunächst, daß sich das Interesse über den Horizont der alltäglichen Lebenswelt weitet und der Stadtteil als Raum mit seiner differenzierten Vielfalt und permanenten Veränderung wahrgenommen wird. Bertels und Herlyn (1990, 12) sprechen in diesem Zusammenhang von „Aneignung des Raumes" und meinen damit nicht nur einen Vorgang der sinnlichen Wahrnehmung, sondern einen sozialen Prozeß, in dem Subjekte dazu kommen, sich selbst über die Zugehörigkeit zu einem Raum zu definieren: Was hier geschieht, „geht mich an". Erlebt wird der Stadtteil als „TeilnehmerIn", und es entwickelt sich eine Beziehung zu dieser Raumstruktur (vgl. Kapitel 6 und 13.4).

Ein weiterer Aspekt liegt in der aktiven, mitgestaltenden Beteiligung an Veranstaltungen im Stadtteil, bei denen sich Menschen aus unterschiedlichen lebensweltlichen Beziehungsnetzen zusammenfinden. Unterschiedliche Mikromilieus begegnen sich zu gemeinsamem Handeln, z.B. bei Aktionen bürgerschaftlicher Selbsthilfe, bei Diskussionsveranstaltungen, bei der Vorbereitung von Ausstellungen, bei Schulfeiern oder Stadtteilfesten. „Stadtteilprojekte" nennt man häufig solche Arbeitsvorhaben, die zu kurz- oder mittelfristiger Kooperation verschiedener Gruppierungen im Stadtteil führen. Die Form der Zusammenarbeit muß ausgehandelt werden, es ist zu vereinbaren, was zu tun ist und wer dabei welche Rolle übernimmt. In solchen Stadtteilprojekten agieren Menschen in dem Handlungsfeld ihres Alltags, aber sie sind beteiligt an der Gestaltung eines gesellschaftlichen Prozesses.

Ein dritter Aspekt der Beteiligung an den sozialräumlichen Strukturen im Stadtteil liegt dort vor, wo – über die punktuelle Kooperation in Projekten hinaus – in Kontinuität und mit geregelter Verbindlichkeit Entwicklungen in einer Einrichtung oder im Stadtteil als ganzem mitberaten und entschieden werden: in Elternratsversammlungen einer Kindertagesstätte, an sog. Runden Tischen, in einer Kommission, die über die Vergabe von Sozialwohnungen entscheidet, in der Sanierungskommission, die die sozialen Folgen baulicher Veränderungen bedenkt, in einem Jugendforum als Koordinationsgremium aller Maßnahmen der Jugendhilfe, im Vorstand eines soziokulturellen Zentrums u.ä. Die Beteiligten vertreten hier nicht nur eigene Interessen, sie bringen ihre Kompetenz ein in die Gestaltung sozialräumlicher Strukturen des Stadtteils. Hier wird Alltagspartizipation zur Einflußnahme auf politische Entscheidungen. Zugleich sind diese Beteiligungsformen meistens ein recht lebendiges, attraktives soziales und auch kulturelles Erlebnis. Die Entscheidung über Ressourcen, die politische Einflußnahme und die Beteiligung an sozialen und kulturellen Anregungen hängen zusammen und machen den Reiz der Alltagspartizipation aus.

Im Sinn einer Perspektive des positiven Friedens sind aber folgende kritische Fragen zu stellen:

- In der Aneignung von Räumen kommen Machtverhältnisse zum Ausdruck. Zu prüfen ist: Wer dominiert dabei, wer wird von der Benutzung der Räume ausgeschlossen? Bei der Ausstattung kommunaler Einrichtungen, bei der Umgestaltung von Straßen und Grünanlagen, bei der Ansiedlung von Geschäften, bei der Modernisierung von Gebäuden ist darauf zu achten: Welche Interessen setzen sich hier durch, wer wird ausgegrenzt? Welche Kompromisse werden gesucht und gefunden?
- Bei den Stadtteilprojekten ist zu fragen: Wie wird die Kooperation gestaltet? Wer wird eingeladen, und wer wird übergangen, als lebte er nicht im selben sozialen Raum? Wie ist die Macht verteilt? Wer hat die Möglichkeit, seine Kultur, seine Probleme einzubringen? Wie demokratisch wird Partizipation gestaltet?
- Welche Themen werden in den Projekten, in den Gremien und Kommissionen behandelt? Sind es die ohnehin Privilegierten, die ihre Ideen kreativer Umgestaltung und Verschönerung des Stadtteils durchsetzen? Sind es die „schmutzigen" Themen der sozialen Ungerechtigkeit, der Benachteiligung, der Defizite in den elementaren Fragen der Versorgung mit Ressourcen, die behandelt werden? Können Diskriminierungen und Rassismus, auch wenn sie in verdeckter Form auftreten, angesprochen und bearbeitet werden?

8.3.3 Alltagspartizipation als kulturelle Begegnung und kommunalpolitische Einmischung

Die Vielfalt der Kulturen ist in den Kommunen unübersehbar. Die Plakatierungen führen es vor Augen: Geworben wird für Konzerte und Ausstellungen, Vernissagen und Performances, Oper und Theater, Diskussionen und Filme, Gottesdienste und Mahnwachen, Mode- und Tierschauen und vieles andere mehr. Es scheint, als gäbe es kaum noch Tabus, als ob anything goes. In den Straßen findet man Musik und Kleinkunst, Handwerk und Lebensprogramme werden angeboten.

Zur Kultur einer Kommune gehört jedoch noch sehr viel mehr. Sie zeigt sich darin, wie gebaut und wie restauriert wird, wie man arbeitet, zum Erwerb oder ohne Entgelt, wie man wohnt oder wie gehaust wird. Kultur meint „die Gesamtheit der durch Arbeit und Lebenstätigkeit geschaffenen ideellen Werte und materiellen Vergegenständlichungen, die Artikulation des Wichtigen und Lebenswerten, also die Verständigung zwischen Menschen um Sinn und Perspektive des individuellen und gesellschaftlichen Lebens. Kultur meint also auch, wie Menschen leben und arbeiten wollen und sollen" (Oelschlägel 1995b, 4).

Demnach sind Menschen immer an der Kultur ihrer Kommune beteiligt, die Opernbesucher und die Obdachlosen. Es gibt auch eine Armutskultur in den Kommunen, wahrlich keine Idylle, sondern ein aufreibender Überlebenskampf.

Jedoch besteht die Kultur einer Stadt nicht nur aus den Repräsentationsobjekten, die für ein internationales Publikum zur Schau gestellt werden. Die Kultur einer Stadt zeigt sich, wie in der Gesamtheit ihrer Teile Leben gestaltet wird (vgl. Kapitel 3.5).

Die Chancen, die eigene Beteiligung an der Stadt darzustellen, sind ungleich verteilt. Teilhabe an der Kultur hängt, wie oben gesagt, mit der Verteilung der materiellen Güter, mit der Teilhabe an Gesundheit, Wohnung, Bildung und politischer Einflußnahme zusammen. Ein Gang durch die Straßen macht gesellschaftliche Spaltungen auch als kulturelle Segregation sinnfällig.

Andererseits gilt auch: Kulturelle Äußerungen enthalten eine Botschaft, sind Medium der Kommunikation. Kultur will sich mitteilen. Es kann sein, daß die Botschaft Haß ausdrücken will oder Einsamkeit oder Verzweiflung. Aber es gibt Botschaften, die auf Verständigung gerichtet sind, auf gemeinsames Suchen nach dem, was als verbindend und sinnvoll angesehen werden kann. Kulturelle Äußerungen sind dann als Anregung und Einladung gemeint, sich zu beteiligen an Überlegungen für das zukünftige Zusammenleben. In der Begegnung der Kulturen (in einer Kommune als ganzer mehr noch als in den Stadtteilen) liegt die Chance einer Partizipation an der Entwicklung von Zukunftsperspektiven.

Allerdings bedarf es einiger Voraussetzungen, damit Kultur die Öffentlichkeit in einer Kommune erreicht und es zu lebendigem Austausch kommt. Die Kommunalpolitik ist gefordert, daß auch die einkommensschwachen Teile der Bevölkerung die erforderlichen Ressourcen finden können. Für die öffentlich geförderte, hoch subventionierte Pflege der Künste muß es demokratisch legitimierte Zugänge geben, es müssen in den Kommunen anregungsreiche kulturelle Milieus gefördert werden (vgl. Oelschlägel 1995b, 4). Kultur bietet große Möglichkeiten einer Alltagspartizipation, die deutliche Zeichen setzt gegen jede Gewalt und die zu Begegnungen führt über die gesellschaftlichen Trennungslinien hinweg.

Gerät Kultur zu einem kommunalpolitischen Thema, wird sie kompliziert. Das gleiche gilt für die anderen Themen: Verschuldung der Kommune und Einschränkung ihrer sozialen Leistungen, Wohnungsmangel und Bebauungsplanung, Industrieansiedlung und Arbeitsplatzverluste, Entstehung von Armutsquartieren und das Herausputzen der städtischen Glitzerfassaden, immer wieder das Ausbrechen von Gewalt in der Stadt – die kommunalpolitischen Themen sind abstrakter, viel komplexer, deutlicher von nationalen und internationalen Entwicklungen abhängig als die Themen in der Lebenswelt und im Stadtteil, obwohl diese ebenfalls gesellschaftliche Dimensionen haben.

Die Stadtbewohner sind nicht gleichermaßen direkt von den kommunalpolitischen Themen in ihrem eigenen Alltag betroffen. Aber sie können sich aus ihrem Alltag heraus vorstellen, wohin die bei diesen Themen intendierten Veränderungen führen werden. Alltagswissen reicht nicht aus, gesellschaftliches Wissen ist erforderlich, um diese Themen diskutieren zu können. Aus der Alltagskompetenz läßt sich ermessen, daß diese so komplexen und abstrakten Themen sehr konkrete und anschauliche Wirkungen haben und das Alltagsleben gravierend betreffen, auch wenn der eigene Alltag (zunächst noch) verschont ist. Häufig kommt erst dann, wenn sich Gruppen aus der Bevölkerung einmischen, zum Bewußtsein, wie die abstrakt formulierte Kommunalpolitik sehr wohl die Qualität des Lebens in der Stadt betrifft.

Es haben sich inzwischen verschiedene Formen der Einmischung in die Kommunalpolitik gebildet: Diskussionen und Vorträge, Leserbriefe, Demonstrationen, Kulturveranstaltungen, Streiks, Mahnwachen, Verkehrsblockaden u. a. Es sind keine Aktionsformen aus der alltäglichen Lebenswelt. Es gibt besondere Kenntnisse für derartiges Engagement. Aber es sind auch keine Aktivitäten, die nur von politischen Spezialisten realisiert werden könnten. Jeder kann mitmachen, weil bzw. solange er die Situation überschaut.

Die Akteure an derartigen Aktivitäten sind den Beteiligten nur zum Teil bekannt, etwa aus Veranstaltungen im eigenen Stadtteil. Meist kooperieren verschiedene Gruppierungen bzw. es bilden sich Bündnisse, die als Veranstalter auftreten. Es bleibt aber meist überschaubar, worauf man sich mit der eigenen Teilnahme einläßt. Man kann sich vorbehalten, inwieweit und wie lange man sich beteiligen möchte.

Kommunalpolitische Einmischung geht über den eigenen Alltag als Handlungsfeld hinaus. Trotzdem kann es als eine Form der Alltagspartizipation gelten, weil die Beteiligung damit legitimiert wird, daß die kommunalpolitischen Themen direkt die Qualität des Alltags betreffen. Menschen mischen sich bei solchen Aktionen nicht deshalb ein, weil sie in einer bestimmten Fachlichkeit Experten wären, sondern sie agieren als Experten des Alltags.

Kommunalpolitische Einmischung geschieht als Einflußnahme in das politische System von außen. Die Frage nach der politischen Effektivität stellt sich insbesondere deshalb, weil eine derartige Einmischung meist erst als eine Reaktion erfolgt, als Abwehr auf eine zu erwartende Verschlechterung des Alltagslebens. Häufig ergibt sich die Möglichkeit zu solchem Reagieren erst, wenn bereits weit gediehene politische bzw. administrative Planungen bekannt geworden sind.

Notwendig wäre in stärkerem Maße eine prospektive Bürgerbeteiligung an der Zukunftsplanung für die eigene Kommune. Wie soll unsere Stadt zu Beginn des dritten Jahrtausend aussehen? Welche kommunalen Einrichtungen und Dienste werden dann erforderlich sein? Auf welchen Feldern soll sich die Eigeninitiative der Stadtbewohner stärker entfalten? Was macht die Eigenart dieser Stadt aus? Solche und viele andere Fragen wären mit den BürgerInnen gemeinsam zu entwickeln. Dazu bedarf es einer Instanz, von der anregende Impulse ausgehen, die aber auch die Mannigfaltigkeit der Ideen und produktiven Utopien zu koordinieren versteht. Die Internationalen Bauausstellungen in Berlin und im Emscherpark sind positive Beispiele dafür, wie die sog. „endogenen Potentiale" in der Bevölkerung für lokale und regionale Planungen sehr produktiv eingesetzt werden können (vgl. Selle 1991).

Im Sinne einer Perspektive des positiven Friedens sind freilich folgende Fragen zu stellen:

- Eine kommunalpolitische Einmischung von außen ist die Folge davon, daß die Institutionen des politischen Systems zwar viel von Bürgernähe reden, sich aber faktisch immer stärker von Lebenswelten und auch den Stadtteilen entfernt haben. Sie bieten für diejenigen, die nicht völlig Teil dieses politischen Systems zu werden bereit sind, kaum Möglichkeit zu partieller politischer Beteiligung. Es gibt inzwischen zahlreiche Vorschläge, ein Instrumentarium der politischen Mediation zu entwickeln, also „Beiräte", „Bürgerversammlungen", „Bürgerbegehren", „Bürgerbescheide" (vgl. Stiftung Mitarbeit 1991). Es sind dies Versuche, Elemente der direkten und der repräsentativen Demokratie zu verschränken. Es ist zu fragen, welche Kompetenzen solche Mediatoren bekommen und ob sie den Prozeß der politischen Meinungsbildung durchschaubarer und zugänglicher machen können.

- Für die Förderung der Partizipation kommt den großen gesellschaftlichen Institutionen erhebliche Bedeutung zu, also den Parteien und Gewerkschaften, den Kirchen und kommunalen Einrichtungen wie Kindertagesstätten, Schulen, Volkshochschulen, Kliniken u. a. Zu fragen ist, inwieweit sie in sich selbst hierarchisch verfestigt sind oder innerinstitutionelle Partizipation zulassen und fördern. Zu fragen ist aber auch, was sie zu leisten vermögen bei der Vermittlung der Fähigkeit zu aktiver, auch kritischer Beteiligung ihrer Mitglieder, der SchülerInnen, Jugendlichen wie Kinder, übrigens auch der PatientInnen. Hier liegt eine große Aufgabe insbesondere für die Bildungseinrichtungen, die Fähigkeit zur Partizipation einzuüben.

- Im Alltag bieten sich viele Handlungsfelder der Partizipation: in den lebensweltlichen Beziehungsnetzen, in den Stadtteilprojekten, den Selbsthilfegruppen, den Beiräten, Kommissionen, Runden Tischen usw. In der Vielfalt dieser im Alltag naheliegenden Möglichkeiten liegen große Chancen. Aber es liegt auch eine Gefahr darin, daß die fleißige und kreative Beschäftigung mit den naheliegenden Dingen zur Gestaltung des Alltags Energien absorbiert, die dann fehlen, wenn es um wichtige Weichenstellungen geht, z. B. um die Fragen nach sozialer Gerechtigkeit über den nationalen Rahmen hinaus, um das Zusammenleben der privilegierten einheimischen Bevölkerung und den Zugewanderten sowie um eine Lebensweise, die den Schutz der Mitwelt respektiert.

Der Alltag bietet viele Möglichkeiten der Partizipation. Aber es ist zu noch untersuchen, wie die Gefahren vermieden werden können, die in der Zersplitterung der Aktivitäten liegen.

8.4 Zur Relevanz von Alltagsfriedensforschung für kommunale Friedensarbeit

Friedensarbeit in den Kommunen ist erst zögernd und in wenigen Ansätzen Gegenstand der Friedensforschung geworden (vgl. Kapitel 1.2). Insbesondere haben der Arbeitskreis „Frieden in Forschung und Lehre an Fachhochschulen" mit seinen Jahrbüchern, der Tübinger Verein für Friedenspädagogik e. V., die Stadt Schwerte und neuerdings einige Institute zur Konversionsforschung damit begonnen, kommunale Friedensarbeit wissenschaftlich zu erforschen (vgl. Kapitel 7.4).

Drei *Aufgabenbereiche* für Alltagsfriedensforschung in der Kommune können bislang benannt werden, die sich auf Grund der vorliegenden Arbeiten abzeichnen bzw. deren Bearbeitung dringlich ist zur Klärung dessen, was kommunale Friedensarbeit zu leisten vermag: *Alltagsfriedensforschung in der Kommune wird hier begriffen als*

- *Erforschung der Strukturen für die Friedensarbeit in den Kommunen,*
- *Konzeptentwicklung und Erforschung der Verwendung vorliegender Wissensbestände,*
- *Erforschung des Prozesses der Friedensarbeit in ihrem kommunalen Kontext.*

Diese Dreiteilung ist nicht abschließend gemeint, möglicherweise wird sich Alltagsfriedensforschung noch in andere Richtungen entwickeln.

8.4.1 Erforschung der Strukturen für Friedensarbeit in der Kommune

Die Akteure der kommunalen Friedensarbeit sind Mitglieder von Initiativgruppen oder MitarbeiterInnen von Institutionen, die in Kommunen tätig sind (vgl. Kapitel 7). Kommunale Friedensarbeit kann präzisiert werden durch differenzierte Rekonstruktion der Strukturen, innerhalb derer die Akteure der kommunalen Friedensarbeit agieren, etwa der personellen und materiellen Ressourcen, der Interessen und Zielsetzungen, der Arbeitsschwerpunkte und Ergebnisse. Zu fragen wäre auch nach Kooperationsformen und Konfliktlinien, die sich bei Akteuren bzw. Trägerinstitutionen herausgebildet haben.

Derartige Strukturuntersuchungen können an Hand von Fallstudien in bestimmten Kommunen die Handlungspotentiale kommunaler Friedensarbeit genauer bestimmen. Für die praktische Friedensarbeit bekommen sie insofern Relevanz, als sie die Voraussetzungen und Erfordernisse von Kooperation und Vernetzung aufzeigen.

Über die Strukturen von kommunalen Friedensinitiativen gibt es bislang wenig gesicherte Kenntnisse. Zu untersuchen wäre vor allem: Wie kommen solche Initiativen zustande, wie sind sie personell zusammengesetzt, zu welchen Themen werden sie aktiv, welche Handlungsmuster praktizieren sie, was bewirken sie, wie dauerhaft arbeiten sie, wie kooperieren sie mit anderen Initiativen bzw. mit größeren Einrichtungen der Kommune, der Kirche, der Gewerkschaft?

Wenig ist bislang auch darüber bekannt, welche Bedeutung Friedensarbeit für die größeren Institutionen in der Stadt hat bzw. wovon es abhängt, daß diese die Friedensarbeit in der Kommune als ihre Aufgabe begreifen und ihre beträchtlichen Ressourcen einbringen. Zu fragen wäre dabei auch, inwiefern es ausschlaggebend ist, welche Personen dort agieren bzw. inwiefern und wodurch sich friedensrelevante Strukturen herausbilden konnten wie etwa in Minden, Schwerte oder Linz (vgl. Kapitel 7), wo kommunale Friedensarbeit eine gewisse Kontinuität erreicht hat. Wo liegen die Grenzen eines Friedensengagements größerer Institutionen in den Kommunen? Welche Konstellationen führen dazu, daß sie sich von Friedensarbeit distanzieren?

Ein weiteres, wichtiges Thema ist in diesem Zusammenhang die Erforschung der spezifischen Erscheinungsformen und Ursachen des Unfriedens, wie sie sich im Alltag der Städte herausgebildet haben. Häufig gefordert, bislang selten realisiert ist die wissenschaftliche Erarbeitung kommunaler Armutsberichte (vgl. Kapitel 4.4) oder, weiter gefaßt, eines kommunalen Sozialatlas, in dem die Segregationslinien aufgezeichnet sind, wie sie durch die Stadt verlaufen. Es ist erforderlich, den Politikern, aber auch der Öffentlichkeit regelmäßig Armut und Ausgrenzung in der Stadt vor Augen zu führen (vgl. Landeshauptstadt Hannover 1991; 1992).

Bei der Stadtentwicklung wird es immer dringlicher, nicht nur wirtschaftliche und städteplanerische Aspekte zu berücksichtigen, sondern mindestens gleichberechtigt auch soziale und ökologische Gesichtspunkte. Während für die ökonomische, architektonische und infrastrukturelle Planung gut ausgestattete Planungsstäbe in den kommunalen Administrationen selbstverständlich sind, werden soziale und ökologische Fragen unprofessionell und gleichsam „nebenbei" erledigt.

Erforderlich ist, in den Städten bzw. Landkreisen jeweils ein „Institut für Alltagsfriedensforschung" einzurichten. Es muß an Stadtentwicklungsplanungen beteiligt werden, um präventiv Gewaltstrukturen zu vermeiden und Voraussetzungen für ein partizipatives, sozial und kulturell anregendes Zusammenleben zu schaffen. Es bekommt die Aufgabe, Konzepte auf wissenschaftlicher Grundlage zu entwickeln. Dabei muß allerdings die Stadtbevölkerung frühzeitig in Planung und Umsetzung einbezogen werden. Außerdem kann ein kommunales Friedensinstitut vorhandene lokale Konflikte, die im Streit der Ordnungsvorstellungen und parteipolitischen Interessen häufig nur noch als Symbole wahrgenommen werden, wissenschaftlich untersuchen, Konfliktursachen und die Bedingungen möglicher Lösungen benennen.

Ein drittes Thema ist die Aufarbeitung kommunaler Geschichte unter dem Aspekt, in welcher Weise eine Kommune an Krieg und Rüstung, an Widerstand gegen Terror und Gewalt sowie an Abrüstung beteiligt war (vgl. Brieden u. a. 1987). Insbesondere könnte die Struktur eines kommunalen Militär- bzw. Rüstungskomplexes oder die Entwicklung von Konversion dargestellt werden. In der Alltagsfriedensforschung kann die Erinnerung der Menschen aufgehoben und in die Gegenwart geholt werden.

Derartige Strukturuntersuchungen stellen wichtige Vorarbeiten für die Praxis der kommunalen Friedensarbeit dar. Es ist zu wünschen, daß anwendungsorientierte Forschung, wie sie besonders in der Kompetenz der Fachhochschulen liegt, sich solchen begrenzten, aber kommunal wichtigen Aufgaben zuwendet. Solche Strukturuntersuchungen liefern Bedingungswissen und klären damit die Rahmenbedingungen der Friedensarbeit. Es können günstige und ungünstige Voraussetzungen als eine Art lokaler Politikberatung aufgezeigt werden.

Wichtig ist ferner eine Untersuchung des *Deutungswissens,* mit dem die Menschen in ihrem Alltag dadurch agieren, daß sie den Bedingungen, die sie vorfinden, eine Deutung geben. Dabei handelt es sich um subjektive Leistungen, die jedoch durch den common sense des Milieus und durch gesellschaftlich produzierte Meinungsbildung beeinflußt werden.

Auch die Kenntnis des vorliegenden Deutungswissens bildet eine wichtige Voraussetzung, um in der kommunalen Friedensarbeit die örtlichen Konflikte einschätzen zu können. Welche Deutungsmuster liegen z. B. vor, um die Segregationen in der Stadt zu erklären? Welche Deutungen werden im Alltag vorgenommen, wenn die einheimischen Bewohner mit der Anwesenheit von Kriegsflüchtlingen in ihrer Nachbarschaft konfrontiert werden? Mit welchen Deutungsmustern wird reagiert, wenn Ausbrüche von exzessiver Gewalt unübersehbar werden?

Wichtig ist ferner für die praktische Friedensarbeit in der Kommune, das Alltagsfriedensforschung *Handlungswissen* anbieten kann, etwa für die Bereiche der pädagogischen, sozialen, kulturellen oder politischen Arbeit in der Stadt (vgl. Teil D).

8.4.2 Konzeptentwicklung und Erforschung der Verwendung vorliegender Wissensbestände

Sozialwissenschaftlich entwickelte Wissensbestände lassen sich nicht als solche, nicht unverändert in die Praxis übertragen. Diese Einsicht ist für den Zweig der Wissenschaft, der sich mit der Verwendung von wissenschaftlichem Wissen beschäftigt, inzwischen selbstverständlich (vgl. Ronge 1989, 332). Das gilt auch für die Verwendung der Ergebnisse der Friedensforschung in der kommunalen Friedensarbeit. Zwar trifft man bei Akteuren der Friedensarbeit gelegentlich die Erwartung, die Wissenschaft solle doch „endlich" sowohl gesichertes als auch praktisch handhabbares Wissen anliefern. Doch auch Alltagsforschung kann diesem Anspruch nicht entsprechen. Frieden läßt sich nicht im direkten Sinn wissenschaftlich planen. Auch das wissenschaftliche Handlungswissen darf nicht als Handlungsanweisung für konkrete Friedensarbeit mißverstanden werden.

Die Gründe dafür sind in dem von Beck und Bonß 1989 veröffentlichten Forschungsprojekt „Weder Sozialtechnologie noch Aufklärung?" mit dem bezeichnenden Untertitel „Analysen zur Verwendung sozialwissenschaftlichen Wissens" zusammengestellt: Wissenschaftliches Wissen wird in einem anderen Zusammenhang erzeugt und einer anderen Sprache formuliert, als er für die praktische Arbeit kennzeichnend ist.

Die Akteure von Friedensarbeit agieren unter dem Druck, Handlungsentscheidungen auf der Basis eines begrenzten Zeitbudgets treffen zu müssen. Dabei müssen sie Einflüsse berücksichtigen, die in dem entsprechenden wissenschaftlichen Modell nicht vorkommen, etwa die Interessen von Anstellungsträgern, spezifische lokale politische Konstellationen, aber auch die subjektiven Faktoren wie die eigenen Erfahrungen und Bedürfnisse. Zudem kommen die Einflüsse, welche für die Forschung relevant sind, im praktischen Handlungsfeld meist in einer spezifischen Ausformung vor, die in dieser konkreten Form in der Wissenschaft nicht vorgesehen ist.

Aus diesen Gründen müssen die Akteure wissenschaftliches Wissen umwandeln, wenn sie es in ihre Praxis hineinholen wollen. Wissenschaftliches Wissen muß seine wissenschaftliche Identität verlieren, wenn es praktisch werden soll (vgl. Beck und Bonß 1989, 11).

Für Alltagsfriedensforschung liegt ein Aufgabenbereich darin, derartige Transformation von Wissen im Anwendungsprozeß zu thematisieren. Dabei geht es einerseits um die Frage: Welche Wissensbestände werden jeweils von den Akteuren für ihre kommunale Friedensarbeit herangezogen? Welches in der Wissenschaft erzeugte Wissen wird andererseits in der Praxis unbeachtet gelassen? Lassen sich Gründe dafür benennen, wenn sich Friedensarbeit gegen bestimmte wissenschaftliche Einsichten sperrt? Führt es überhaupt zu Veränderungen in der Friedensarbeit, wenn wissenschaftliche Ergebnisse herangezogen werden? Oder wird Wissen so verwendet, wie es zur Bestätigung einer bestehenden Praxis tauglich ist?

Wenn die Praxis sich auf wissenschaftliche Ergebnisse beruft, werden diese möglicherweise in einen neuen Zusammenhang gestellt, der in der ursprünglichen wissenschaftlichen Arbeit nicht vorgesehen war. Werden wissenschaftliche Ergebnisse in der Praxis möglicherweise „gegen den Strich gebürstet"? Es sind nicht nur Politiker, die z.B. statistische Angaben so lesen, daß sie als Beleg für ihre Argumentation herhalten können, auch wenn sie in einem anderen Argumentationszusammenhang entwickelt wurden.

Als Hinweis für die eminent praktische Relevanz solcher Forschungsaufgaben kann folgendes Beispiel gelten: In einer Phase der „Ausländerpädagogik" wurde gerade von Praktikern, die die Benachteiligungen von AusländerInnen überwinden wollten und sich um deren Integration bemühten, Wissensbestände über die kulturelle Differenz der AusländerInnen im Verhältnis zu den Deutschen herangezogen und Wissen über materielle Marginalisierung der AusländerInnen außer acht gelassen. Dieses zur Legitimation der Praxis ausgesuchte Wissen aus den Kulturwissenschaften führte zu einem weit verbreiteten kulturpädagogischen Handlungskonzept. Welche Einrichtungen waren es, die speziell auf solches Wissen abhoben, und wie ist die Auswahl solchen Wissens zu erklären? Die Untersuchung dieser Fragen hat durchaus zu erheblichen handlungspraktischen Kurskorrekturen in dem Bemühen um Integration von AusländerInnen geführt (vgl. Kürsat-Ahlers 1992).

Neben der Frage: *Welches Wissen* wird herangezogen? ist die andere von Bedeutung: *Wie* wird wissenschaftliches Wissen in die praktische Friedensarbeit der Kommune transformiert? Es ist reizvoll, dieser Frage insbesondere im Blick auf Handlungswissen nachzugehen. Es liegt nahe, Handlungsmodelle, die von der Friedenspädagogik entwickelt werden, im Anwendungsprozeß wissenschaftlich zu begleiten und auszuwerten. Auch hier ist davon auszugehen, daß pädagogische Handlungsmodelle in ihrer wissenschaftlichen Form keine Handlungsanweisungen bieten wollen. Ein solches pädagogisches Modell basiert auf bestimmten Annahmen und deren wissenschaftlichen Begründungen. Aber in der Praxis muß sich erst erweisen, ob gerade in diesem Handlungsfeld diese Annahmen zutreffen bzw. in welcher Modifikation mit ihnen zu rechnen ist.

Insgesamt gesehen erscheint allerdings das Wissen, das für Friedensarbeit in den Kommunen vorliegt, noch wenig entwickelt. Die Problemlösungen, mit denen in den Kommunen den Konflikten und der Gewalt begegnet werden soll, enthalten häufig wenig Überzeugungskraft. Es fehlt an Entwürfen von friedensrelevanten Strukturen für die Kommunen, in denen eine Vision gewaltfreien Lebens enthalten ist. Alltagsfriedensforschung in den und für die Kommunen muß sich an die Aufgabe der Konzeptualisierung machen. Dabei darf sie sich nicht für die zahlreichen, in den Kommunen virulenten Interessen instrumentalisieren lassen. Sie muß Handlungskonzepte in der Perspektive des positiven Friedens entwickeln. Dabei wird sie zu anderen Lösungen der friedensbedrohenden Konflikte kommen, als sie bislang praktiziert werden. Wie derartige Handlungsansätze aussehen können, wird in Teil D vorgestellt.

8.4.3 Erforschung des Prozesses der Friedensarbeit in ihrem kommunalen Kontext

Bei dieser Forschungsaufgabe wird ein Praxisfeld der kommunalen Friedensarbeit nicht nur für die Dauer der Durchführung eines pädagogischen Modells, sondern über einen längeren Zeitraum begleitet, bis sich typische, kontinuierlich auftretende Handlungsmuster einer Friedensarbeit in der Kommune erkennen lassen. Eine derartige Begleitforschung, die den Prozeß der Friedensarbeit im jeweiligen Alltags-Kontext untersucht, ist ihrem Gegenstand in besonderer Weise angemessen, denn *Frieden ist nur als Arbeit für den Frieden* im Kontext ihrer generellen und situativen Bedingungen zu beschreiben (vgl. Teil B). Dementsprechend bezeichnen die Leitbegriffe „Gewaltreduktion" und „Ermöglichung von Partizipation", welche die defensive und offensive Seite des positiven Friedens ausdrücken, bestimmte Handlungen, die in der Alltagsfriedensforschung zu untersuchen sind.

Alltagsfriedensforschung behandelt eine hochgradig komplexe Thematik. Alltagsfriedensforschung muß einerseits diverse *strukturelle Variablen* berücksichtigen, insbesondere die Struktur der beteiligten Bevölkerung, die Strukturen der agierenden Institutionen bzw. Organisationen. Eine Ausstellung etwa gegen den am Ort auftretenden Rassismus, die als ein Schulprojekt mit HauptschülerInnen zusammengestellt wird, entsteht unter anderen Bedingungen, als wenn sie aus dem Engagement einer örtlichen Friedensinitiative erwächst. Andererseits sind die *situativen Variablen* zu berücksichtigen, durch die eine spezifische raumzeitliche Konstellation im Alltag gebildet wird. Mit den situativen Variablen kommen auch die subjektiven Faktoren der in der Friedensarbeit beteiligten Personen zum Ausdruck.

Die Prozeßorientierung von Alltagsfriedensforschung liegt aus folgenden Gründen nahe: Erstens ist davon auszugehen, daß die für die konkrete Friedensarbeit relevanten Variablen nicht isoliert betrachtet werden können, weil sie ihre spezifische Wirkung erst in der Wechselbeziehung untereinander entfalten. Das mag weniger gelten für Untersuchungen, die im Unterrichtsraum mit Schulklassen oder in einer Kindertagesstätte mit einer dortigen Gruppe durchgeführt werden. In solchen Situationen sind die Rahmenbedingungen noch am ehesten konstant zu halten bzw. je für sich zu untersuchen. Allerdings werden auch dort für die Friedensarbeit wichtige Einflüsse „von außen" aus dem Alltag hineingetragen und wirken sich auf die Arbeit aus. Wenn dann der Transfer des z. B. im Unterricht oder in der Kindertagesstätte erlernten Wissens und Verhaltens wissenschaftlich thematisiert werden soll, ist die Komplexität der Alltagssituationen und das Wechselspiel der vielfältigen alltäglichen Einflüsse wieder zu berücksichtigen. Die Alltagsfriedensforschung, die die Veränderung des Alltags im Wohnbereich, im Stadtteil, in der Kommune durch Friedensarbeit untersuchen will, kann die Wirkung der vielfältigen generellen und situativen Variablen nur im Prozeß ihres Zusammenspiels erfassen.

Zweitens kommt hinzu, daß sich die Konsistenz von Kontextfaktoren einer kommunalen Friedensarbeit häufig erst im Prozeß der Intervention zeigt. Wie starr z. B. die Gewaltbereitschaft einer bestimmten Gruppe von Jugendlichen und wie ihre Neigung zu rechtsextremen Meinungen einzuschätzen ist, erweist sich häufig erst in der Intervention, mit der eine Reduktion der Gewaltbereitschaft erreicht werden soll. Der Erfolg einer solchen Intervention wiederum ist von so vielen Variablen abhängig, daß eine solche Friedensarbeit nur als Begleitung eines Prozesses zu erforschen ist.

Hinzu kommt eine weitere Schwierigkeit von Alltagsfriedensforschung. In der kommunalen Friedensarbeit können die konkreten Handlungsziele und Vorgehensweisen zu Beginn einer Aktion meistens noch nicht klar herausgebildet sein. Zwar gibt es die generellen Rahmenziele der Friedensarbeit, Gewalt zu mindern und Partizipation zu ermöglichen. Aber welche aktuellen Handlungsziele daraus zu entwickeln sind und welche einzelnen Vorgehensweisen zu wählen sind, kann erst im Prozeß der Arbeit entwickelt werden. Es kann den Beteiligten gerade nicht ein Verfahren vorgesetzt werden, das ihre Subjekthaftigkeit nicht berücksichtigt. Es ist mit ihnen gemeinsam zu erarbeiten, was als Handlungsziel in kurz- und mittelfristiger Perspektive erreicht werden soll und wie vorzugehen ist. Was als Frieden in einer konkreten Situation gelten kann, ist stets unter den Beteiligten auszuhandeln.

Heiner hat im Anschluß an Dörner (1983, 26) u. a. die Merkmale derartig „schlecht strukturierter Probleme" so zusammengefaßt:

„1. Diffusität, d. h. nicht nur Ziele und Wege sind unklar, auch die Beschreibung der Beschaffenheit des Problems ist schwierig;

2. Komplexität, d. h. eine große Anzahl von Elementen ist zu berücksichtigen, und dabei muß auch die

3. Vernetztheit, d. h. die wechselseitige Verknüpfung und Beeinflussung dieser Elemente geklärt werden;
4. Zielkonflikte, d. h. es sind mehrere Zielsetzungen gegeben, die möglicherweise im Widerspruch zueinander stehen;
5. Unkontrollierbarkeit, d. h. die Situation ist nur in geringem Umfang kontrollierbar; häufig sind Faktoren von Bedeutung, die nicht direkt beeinflußbar sind;
6. Eigendynamik, d. h. der Ausgangszustand verändert sich, auch ohne daß der Problemlöser eingreift." (Heiner 1988, 14)

Auf Grund der hochkomplexen und wenig strukturierten Eigenart ihres Gegenstandes findet Alltagsfriedensforschung eine ihrer Aufgaben darin, daß sie den Prozeß der Friedensarbeit in seinem Kontext untersucht: *Alltagsfriedensforschung ist Prozeß- und Kontextforschung* (vgl. zu Prozeß- und Kontextforschung Filsinger und Hinte 1988, 44).

Zum *Kontext* gehören einerseits die institutionellen Rahmenbedingungen von kommunaler Friedensarbeit: Wer ist z. B. Träger der Institution, welches ist sein Interesse an Friedensarbeit, wie lautet der Auftrag für die Arbeit in der Institution, welche Handlungsspielräume haben die MitarbeiterInnen, also die Akteure? Welche Ressourcen stehen zur Verfügung?

Im Blick auf die Akteure ist zu fragen, welches Bedingungs-, Deutungs- und Handlungswissen sie haben, und in welcher subjekthaften Beziehung sie zur Friedensarbeit stehen.

Zum Kontext gehören weiterhin die Menschen, die potentiell oder aktuell in die Friedensarbeit einbezogen werden. Wie ist die Struktur dieses Bevölkerungsteils, welche lebensweltlichen Deutungsmuster sind in dem Handlungsfeld virulent, welche Alltagsroutinen bestimmen das Handeln dort? Welche Milieus, welche Segregationslinien kommen dort vor? Wie wird im Handlungsfeld die Einrichtung eingeschätzt, die die Friedensarbeit trägt? Welche Akzeptanzbereitschaft besteht hinsichtlich ihrer Aktivitäten, welche Akzeptanzblockaden müssen überwunden werden?

Zum Kontext gehören auch die Institutionen, die ein Vorhaben der Friedensarbeit fördern oder behindern können.

Als *Prozeßforschung* wird die Untersuchung des Verlaufes des friedensorientierten Arbeitsprozesses verstanden. Zu beachten ist dabei insbesondere, wie die Bestimmung des Problems, also eines unerwünschten Ausgangszustandes, und die Definition eines Handlungszieles zustande kommt. Welche Vorgehensweise wird gewählt, welche möglichen Handlungsalternativen werden nicht berücksichtigt? Von besonderem Interesse ist dabei, wie die spezifischen Handlungschancen des Kontextes wahrgenommen und bei der Zielbestimmung und Vorgehensweise berücksichtigt werden.

Prozeßforschung untersucht auch die Wirkung von spezifischer Friedensarbeit. Dabei stellt sich möglicherweise „Erfolg" oder „Mißerfolg" in der Sicht der Beteiligten unterschiedlich dar. Die Wirkung ist aus den verschiedenen Perspektiven zu erheben. Das gilt insbesondere deshalb, weil bei Friedensarbeit häufig emotionale Faktoren Bedeutung haben wie z. B. Angst bzw. Angstabbau, Vertrauen, Verständnis.

Zur Prozeßforschung gehört ferner die Untersuchung der Deutungen, die die Akteure ihrer Arbeit geben. Wie wird Friedensarbeit von ihnen reflektiert und als solche ausgewiesen? Welche weiterreichenden Schlußfolgerungen ziehen sie aus ihrer Arbeit?

Die genannten Fragen machen deutlich, daß sich Prozeßforschung von solcher Evaluationsforschung unterscheidet, wie sie meistens als Wirkungsanalyse betrieben wird. Prozeßforschung dagegen ist daran interessiert, *wie* gearbeitet wird, *wie* eine Wirkung zustande kommt. Denn Frieden kann nicht als Ergebnis gemessen werden, sondern als Beteiligung an einem Prozeß. Dagegen kann man nicht einwenden, daß etwa die zahlenmäßig nachweisbare Verringerung von körperlichen Gewalttaten zu einer bestimmten Zeit in einem bestimmten Raum, also etwa in den Pausen auf einem Schulhof, für sich gesehen als Erfolg von Friedensarbeit gelten kann. Denn es ist damit nicht gesagt, ob nicht, etwa auf Grund verschärfter Sanktionsdrohungen, die Gewalttaten auf andere Zeiten und an andere Orte verlagert wurden. Unbeachtet bliebe auch, welche Qualität die Lernprozesse haben, die sich möglicherweise bei den SchülerInnen ereignet haben.

Allerdings muß sich Alltagsfriedensforschung als Prozeßforschung begrenzen. Sie kann nicht ausführlich auf die Subjekthaftigkeit der Beteiligten eingehen, wie dies etwa in der narrativ-biographischen Sozialforschung (vgl. Heinze 1995) geschieht. Die Entwicklung, die einzelne Subjekte durchlaufen haben, *bevor* sie an Friedensarbeit beteiligt waren, die Gegenstand der Untersuchung ist, kann nicht berücksichtigt werden. Alltagsfriedensforschung ist durchaus interessiert, wie die Beteiligten Friedensarbeit erleben, wie sie äußere Ereignisse innerlich verarbeiten und deuten. Sie achtet nicht nur darauf, welche Deutungen sich als Ergebnis der Friedensarbeit verändert haben, sondern wie diese Veränderungen im Prozeß zustande kamen. Aber Alltagsfriedensforschung als Prozeßforschung muß sich auf Zeit und Ort dieses Prozesses beschränken. Das, was vorher war, kann nur insofern interessieren, als es gegenwärtig wirksam ist. Auf die spezifische Subjekthaftigkeit und individuelle Authentizität der Beteiligten kann nur insofern eingegangen werden, als sie Teil einer Gruppe, einer Institution sind. Alltagsfriedensforschung steht hier in der Spannung zwischen der Wahrung von *Authentizität* der beteiligten Personen und der Herstellung einer *Struktur,* mit der das Handeln in einem Feld erfaßt werden kann (vgl. Flick 1991a, 161). „Dabei gilt es zu beachten, daß es nicht allein um die Rekonstruktion des Handelns einer einzelnen Person geht, sondern um die Rekonstruktion der Entwicklung eines komplexen Handlungsgefüges, das durch die mehr oder weniger koordinierten Aktivitäten mehrerer Personen erst entsteht" (Reichertz und Schröer 1994, 61). Strauss hat ein derartiges Handlungsgefüge als „trajectory" bezeichnet (vgl. Strauss 1991; Soeffner 1991).

Es gibt einen weiteren Grund dafür, daß bei einer Kontextuntersuchung auf die subjekthafte Individualität der Beteiligten nicht zu „dicht" eingegangen werden darf: Bei einer derartigen Felduntersuchung muß, um Überprüfung der Aussagen zu ermöglichen, der Name der Kommune bzw. des Stadtteiles und die Bezeichnung der untersuchten Institution angegeben werden. Dann aber ist die Anonymität der Beteiligten nicht mehr zu sichern.

Während also in der Regel in der Kontextforschung die Beschreibung der Authentizität der Beteiligten eingeschränkt werden muß, um die Struktur des Handlungsgefüges herausarbeiten zu können, ist als Sonderfall der Alltagsfriedensforschung vorstellbar, daß das Interesse am Handlungsgefüge zurücktritt zugunsten einer sehr dichten, authentischen Beschreibung einer beteiligten Person bei einer Friedensaktivität. Dann könnte herausgearbeitet werden, welche biographischen Zugänge, welche Motivationen und Vorerfahrungen in die Friedensarbeit führen, welche persönlichen Strategien entwickelt werden, um persönliche Bedürfnisse und Anforderungen der Friedensarbeit auszupendeln, welche Arbeitsformen dieser Person entsprechen, wie die „Erfolge" bzw. „Mißerfolge" persönlich bewältigt werden, welche Legitimationsmuster entstehen usw. Kommunale Friedensarbeit erscheint dann im Fokus des Erlebens einer Person.

8.5 Methodologische Überlegungen zur Alltagsfriedensforschung als Praxisforschung

Wenn Alltagsfriedensforschung in der Kommune hier als *Praxisforschung* bezeichnet wird, dann ist damit ein wichtiger Teilaspekt von Alltagsfriedensforschung gemeint.

Der Begriff Praxisforschung wurde 1988 von Heiner erläutert. Mit der Edition zahlreicher Beispiele der Praxisforschung aus Geschichte und Gegenwart hat sie diesen Ansatz in die Diskussion gebracht (Heiner 1988).

Mit der Bezeichnung des Teilaspektes von Alltagsfriedensforschung als Praxisforschung ist eine dreifache Intention verbunden:

Gegenstand der Alltagsfriedensforschung ist hier die *Praxis*, die in der Friedensarbeit der Kommunen geleistet wird. Selbstverständlich ist die Reflexion von Friedensarbeit als deren wesentlicher Teil mit einbegriffen, ebenso der Kontext, in dem diese Arbeit geschieht. Zwar gehören zur Alltagsfriedensforschung auch Strukturuntersuchungen. Aber die Analyse von gesellschaftlichen Strukturen und Alltagsmilieus, die Entwicklung von Materialien und Handlungskonzepten ist als die Erforschung des Handlungsrahmens auf die *Praxis der kommunalen Friedensarbeit* bezogen.

Allerdings wird der Begriff Praxisforschung in diesem Zusammenhang weiter gefaßt als bei Heiner. Von ihr soll darunter „die Untersuchung der Praxis beruflichen Handelns in der sozialen Arbeit verstanden werden, die in enger Kooperation mit den Fachkräften erfolgt" (Heiner 1988, 7). Zwar ist die soziale Arbeit ein wichtiger Teil der kommunalen Friedensarbeit, ungelöste soziale Konflikte bilden eine wesentliche Gewaltursache in den Kommunen. Aber zur kommunalen Friedensarbeit gehören auch die pädagogische, die kulturelle, vor allem die politische Arbeit. Außerdem kann kommunale Friedensarbeit nicht auf professionelle

Tätigkeiten beschränkt werden. Das ehrenamtliche, aus politischer Motivation geleistete Engagement in den Friedensgruppen ist auch Bestandteil kommunaler Friedensarbeit.

Mit dem Begriff Praxisforschung soll andererseits zum Ausdruck gebracht werden, daß Alltagsfriedensforschung aus dem Interesse entsteht, an der Entwicklung von Friedensarbeit mitzuwirken und dazu die wissenschaftlichen Kompetenzen einzubringen: die Sammlung, Ordnung und Interpretation von Daten, die kritische Reflexion aller für selbstverständlich gehaltenen Annahmen, die Entwicklung neuer Perspektiven.

Die Prognosefähigkeit von Alltagsfriedensforschung ist allerdings begrenzt. Die Konstellationen im komplexen Handlungsfeld Alltag können sich rasch ändern. Eine geringfügige Änderung im Bedingungsgeflecht kann zu einer weitgehend anderen Ausgangslage führen, als sie zum Zeitpunkt der Untersuchung gegeben war. Weil nicht abzusehen ist, welche Situation in Zukunft im Handlungsfeld Alltag anzutreffen ist, kann Alltagsfriedensforschung höchstens generelle Voraussagen machen. Wenn von Alltagsfriedensforschung als Ergebnis der Untersuchungen Empfehlungen erwartet werden, kann es nicht anders sein als daß diese auf einer allgemeinen Ebene bleiben und von den Akteuren der kommunalen Friedensarbeit in ihre Praxis kreativ und eigenverantwortlich umgesetzt werden.

Aber Alltagsfriedensforschung kann der konkreten Friedensarbeit dadurch nützen, daß sie den Akteuren Anregungen gibt, ihre bislang geleistete Arbeit „denkend zu überschreiten" (Bitzan und Klöck 1988, 129). Die Praxisforschung dient der Praxis, indem sie diese auf Fakten aufmerksam macht, die bislang übersehen wurden; indem sie auf Handlungsalternativen hinweist, die bisher nicht gesehen wurden; indem sie den Blick auf Illusionen und Selbsttäuschungen lenkt, die bislang verdrängt wurden. Die Beschäftigung mit den Ergebnissen der Praxisforschung fördert auch die Fähigkeit der FriedensarbeiterInnen, die Möglichkeiten der eigenen Arbeit selbstbewußt einzuschätzen. Für Friedensarbeit ist es unerläßlich, sich und anderen vernünftig und realistisch über das eigene Tun, die Ausgangslage und die Ziele Rechenschaft geben zu können. Praxisforschung kann der Praxis nützen, weil sie die *Reflexivität* der Akteure fördern kann.

Aus diesem Grunde werden in der Praxisforschung nicht erst das Endergebnis, sondern bereits Zwischenbefunde den Akteuren in der Praxis mitgeteilt, damit diese etwa über die Untersuchung der Rahmenbedingungen ihrer Arbeit, über Beobachtungs- und Gesprächsprotokolle diskutieren und darüber ihre Praxis reflektieren können. Die schriftliche Rekonstruktion der Praxis, die die Forschung erstellt, gibt den Akteuren die Möglichkeit, die eigene Praxis „wie in einem Spiegel" zu betrachten und zu durchdenken. Auf diese indirekte Weise nimmt Praxisforschung Einfluß auf ihren Forschungsgegenstand. Dies ist im übrigen unvermeidlich, weil die Akteure wissen, daß ihre Aktivitäten wissenschaftlich untersucht werden. Darum ist anzunehmen, daß sie in besonderer Weise überlegt an ihre Arbeit gehen. Alltagsfriedensforschung hat nicht das Interesse, eine Praxis zu erkunden, die möglichst unbeeinflußt von wissenschaftlicher Reflexion ist.

Alltagsfriedensforschung, die zur Weiterentwicklung kommunaler Friedensarbeit beitragen möchte, ist interessiert an einer Praxis, die ein entwickeltes Niveau der Reflexion erreicht hat.

In erster Linie kommt Praxisforschung denjenigen Akteuren der Friedensarbeit zugute, die direkt an der Untersuchung beteiligt sind. Aber zur Praxisforschung gehört es, die generellen, gesellschaftlich bedingten Rahmenbedingungen als Kontext aufzuzeigen. Der Kontext, den z. B. eine Schule, ein Sanierungsgebiet oder Jugendarbeitslosigkeit bietet, kann mit Merkmalen beschrieben werden, die nicht nur in dem Untersuchungsgebiet anzutreffen sind. Deshalb können Akteure von kommunaler Friedensarbeit, die andernorts unter generellen Bedingungen mit vergleichbaren Merkmalen arbeiten, ihre Praxis im Vergleich mit den Ergebnissen einer Praxisforschung daraufhin reflektieren, zu welchen anderen Wahrnehmungen und Einschätzungen, Vorgehensweisen und Ergebnissen sie kommen. Praxisforschung kann auch in anderen Kommunen die Reflexivität der Praktiker, ihre Selbstkritik und reflektierte Handlungssicherheit erhöhen.

Alltagsfriedensforschung wird hier deshalb als Praxisforschung bezeichnet, um dem Mißverständnis entgegenzuwirken, es handle sich um Aktionsforschung, action research bzw. Handlungsforschung. Inzwischen ist es um diese Forschungsrichtungen, die in den siebziger Jahren viel diskutiert, erheblich seltener praktiziert wurden, stiller geworden. Aber sie kommen immer noch vor gerade in solchen Praxisfeldern, in denen Gewalt offenkundig ist: „Drogenmilieu, Flüchtlingslager, Asylbewegung, Kampf um Minderheitenrechte, Bewährungshilfe, Frauenhaus, Kinderschutzzentrum, Skinhead- und Neonaziszene, Anti-Rassismus-Büro, multikultureller Treffpunkt, Klassenraum, Sportplatz usw." (Altrichter und Gstettner 1993, 80).

Praxisforschung stimmt mit Handlungsforschung darin überein, daß Kompetenzerweiterung mit den Mitteln der Wissenschaft bei den Akteuren der Praxis ein leitendes Interesse der wissenschaftlichen Arbeit darstellt. Aber andererseits ist die Kritik an der Handlungsforschung darin unabweisbar, „daß die Identifizierung von Forscher- und Erforschtenrolle zu einfach und optimistisch gewesen war. Übereinstimmungen über die politischen Ziele wurden zwar angenommen, existierten innerhalb der Projektgruppen jedoch nur höchst selten […]. Die unterschiedlichen Interessenlagen von Forschern und Betroffenen wurden nicht genügend geklärt und blieben daher unausgewogen" (ebd., 69).

Darum wird in der Praxisforschung die Rollendifferenz zwischen Forschenden und den Akteuren in der Praxis durchgehalten. Die Forscher sind für Forschung verantwortlich, die Akteure für die Praxis. Die Forscher können den Akteuren die Handlungsentscheidungen nicht abnehmen. In der aktuellen Situation, wo gehandelt werden muß, wissen die Forscher nicht besser, was zu tun ist. Die Akteure müssen die Folgen für ihre Handlungsentscheidungen tragen. Die Forscher sind verantwortlich für die Darstellung ihrer Ergebnisse, die sie in die wissenschaftliche Diskussion einbringen. Die Akteure müssen ihre Arbeit im voraus entwerfen, sie agieren und resümieren im Rückblick. Die Forscher dagegen rekonstruieren die Ereignisse und deren Interpretationen im Rückblick.

Die wissenschaftliche Relevanz der hier als Praxisforschung beschriebenen Alltagsfriedensforschung liegt darin, daß durch wissenschaftlich einsehbare Verfahren *Handlungsmuster der kommunalen Friedensarbeit* gebildet werden können.
Die mit den Tätigkeitsworten reduzieren (von Gewalt) und ermöglichen (von
Partizipation) sehr allgemein beschriebenen Handlungen können differenziert
und genauer dargestellt werden, wenn dafür verschiedene Handlungsmuster aus
der bereits tatsächlich geleisteten Arbeit vorliegen. Sie können dann im Vergleich
zueinander, aber auch im Vergleich der jeweils in ihnen enthaltenen Alternativen diskutiert werden. Wissenschaftlich begründete Handlungsmuster tragen
dazu bei, die Fragen: Was kann kommunale Friedensarbeit bewirken? Wie kann
sie etwas bewirken? genauer einzuschätzen. Dadurch wird die Grundlage dafür
geschaffen, die Möglichkeiten und wünschbaren Bedingungen kommunaler Friedensarbeit differenziert zu diskutieren. Insofern stellen derartige Handlungsmuster Bausteine zur Theoriebildung dar.

Derartige Handlungsmuster haben vermutlich keine allzu lange Lebensdauer.
Dies ist sogar zu wünschen: Handlungsmuster stellen zwar keinen Sollwert, keine
Zielvorgabe für Friedensarbeit dar. Aber sie zeigen den derzeit in der Praxis
erreichten Stand der Reflexion der Handlungschancen von kommunaler Friedensarbeit. An der Kritik des derzeitigen Entwicklungsstandes können neue Muster
erwachsen.

Der Vorgang der Entwicklung derartiger Handlungsmuster ist in Teil B an
Hand des Praxisfeldes Hannover-Nordstadt beschrieben.

Handlungsmuster werden herausgearbeitet durch Typisierung. In ihnen sind
die *Regeln* erfaßt, die das soziale Handeln bestimmen (vgl. Girtler 1992, 35). In den
Regeln kommt Sinnhaftigkeit zum Ausdruck, die dem sozialen Handeln beigelegt
wird, andererseits zeigen sich Regeln in der Regelmäßigkeit und Wiederholung
von Handlungen.

Es ist dem Forschungsgegenstand, der kommunalen Friedensarbeit, angemessen, wenn auf deren Regeln, also auf Sinngebung und Konstanz geachtet wird.
Denn Friedensarbeit geschieht im wesentlichen nicht spontan, sondern mehr oder
weniger geplant und zielgerichtet. Es haben sich in ihr mehr oder weniger verarbeitete Erfahrungen niedergeschlagen, die zu wiederholten Vorgehensweisen
führen. Andererseits ist Friedensarbeit am jeweiligen Kontext als dem „Möglichkeitsraum" orientiert. Sinnvoll erscheint das Handeln, das die gegebenen Möglichkeiten ausschöpft in Annäherung an das gesetzte Ziel.

Ob eine Aktivität der Friedensarbeit in der Sicht der Akteure als sinnvoll eingeschätzt wird, ist nicht nur verbalen Äußerungen zu entnehmen. Unterstellte
Sinnhaftigkeit kann auch an der Regelmäßigkeit erkannt werden, die am Handeln
abzulesen ist, ohne daß der Sinn als solcher verbal benannt wird. Auch in der
Regelhaftigkeit der Routinen im Alltag, auch in professioneller Routine liegen
Sinnhaftigkeiten. Es ist anzunehmen, daß unterschiedliche Sinngebungen nicht
immer widerspruchsfrei sind. Wenn die Forschenden mit den Akteuren der Friedensarbeit Gespräche führen und diese sich zu ihrer Praxis äußern, dann handelt es
sich um Konstruktionen, die nicht mit der realen Praxis übereinstimmen müssen.

Insofern sind Handlungsmuster mehrschichtige, möglicherweise widersprüchliche Gebilde, die eine Konstruktion „zweiter Ordnung" darstellen. Sie können nicht nur auf den Konstruktionen „erster Ordnung" basieren, sondern müssen eigene Feldstudien der Forschenden zur Grundlage haben.

Handlungsmuster der kommunalen Friedensarbeit können aber nicht nur aus dem Handeln (und Deuten) der Akteure gebildet werden. Friedensarbeit ist ein interaktiver Prozeß. In die Handlungsmuster sind die Regeln mit einzubeziehen, die bei den anderen Beteiligten vorliegen. Insbesondere ist darauf zu achten, ob bzw. wie sich Regeln durch Friedensarbeit ändern. Allerdings wird man, um die Forschungsfrage eingrenzen zu können, sich meistens auf die Akteure als „Hauptpersonen" konzentrieren müssen und das Handeln der anderen Beteiligten nur insofern berücksichtigen können, als es für das Handeln der Akteure den Kontext bildet. Dazu gehören dann aber unbedingt auch die strukturellen Rahmenbedingungen, die in das Handlungsmuster mit eingehen. (Insofern verbindet sich in der Praxisforschung ein interaktionstheoretischer Zugriff, bei dem Wirklichkeit durch interaktives Handeln hergestellt wird, mit einem strukturanalytischen Zugriff, der soziale Wirklichkeit durch gesellschaftliche Bedingungen strukturiert sieht.)

Bei der Bildung von Handlungsmustern der kommunalen Friedensarbeit als Konstrukte zweiter Ordnung ist schließlich auch solches Wissen zu berücksichtigen, das bereits zu den Themen vorliegt, die in der jeweiligen Friedensaktivität behandelt werden. Wenn es z. B. um die Reduktion von Gewaltbereitschaft bei einer bestimmten Gruppierung von Jugendlichen geht, dann ist das Handeln und dessen Sinndeutung durch die Akteure mit dem zu vergleichen, was über Gewaltbereitschaft von Jugendlichen gewußt werden kann.

Ein Handlungsmuster dieser Art ist vielschichtig. Es besteht aus deskriptiven Elementen, die zunächst die Praxis der Akteure und dann den weiteren Kontext erfassen. Die *Beschreibung* wird ergänzt durch *Schlußfolgerungen*, die die verschiedenen Materialien zu einem Muster zusammenfügen. Widersprüche darin sind besonders interessant. Sie weisen hin auf die Spannung zwischen den realisierten und noch ungenutzten Handlungschancen.

Kennzeichnend für Praxisforschung ist, daß sie verschiedene Forschungsmethoden verwendet: Leitfadengespräche mit narrativen Anteilen, in denen die Beteiligten sich und ihr Tun interpretieren können, ohne durch Fragen in eine Richtung gedrängt zu werden; standardisierte Interviews, um etwas von denen zu erfahren, an die Friedensaktionen gerichtet sind bzw. sein können; diverse Formen der teilnehmenden Beobachtung; Teilnahme an Gruppengesprächen, aus denen unterschiedliche Einschätzungen hervorgehen können; Analyse von Strukturdaten; Presseauswertung; Feldnotizen. Diese Zusammenstellung macht deutlich, daß in der Praxisforschung qualitative und quantitative Forschungsmethoden miteinander verbunden werden.

Für Praxisforschung können vier Kriterien genannt werden, um die Gegenstandsnähe und Aussagekraft der gefundenen Ergebnisse zu sichern:

1. Dokumentation des Forschungsverlaufs

PraxisforscherInnen müssen möglichst penibel, jedenfalls nachvollziehbar den Verlauf ihres Forschungsprozesses darstellen. Das betrifft die Auswahl und Annäherung an das Forschungsfeld; die Entscheidung bezüglich der einzubeziehenden Akteure bzw. Institutionen und Organisationen sowie die Entwicklung des Verhältnisses zwischen Forschenden und Personen im Forschungsfeld; die Eingrenzung der Forschungsfragen; die Entscheidung für bestimmte Verfahren der Materialsammlung, deren Durchführung; die Erstellung sog. Memos (vgl. Strauss 1987), auf denen die Forschenden laufend ihre Einfälle dokumentieren; die Rückkopplung der erhobenen Daten an die betreffenden Personen im Feld (kommunikative Validierung), die ggf. wiederum zu dokumentieren ist; schließlich der Vorgang der Typisierung in verschiedenen Durchgängen durch die Materialien und vorliegende Literatur sowie die Entscheidung, welche Materialien in der Darstellung der Forschungsergebnisse als Beleg für die gefundenen Handlungsmuster bzw. als Widerspruch dazu zu veröffentlichen sind.

2. Sammlung von Regelhaftigkeiten und Abweichungen

Praxisforschung wird selten die Reliabilität ihrer Ergebnisse ausweisen können, weil die Rahmenbedingungen einer Untersuchung höchstens dann annähernd konstant gehalten werden können, wenn Forschungen innerhalb einer Institution mit sehr stabilen Strukturen durchgeführt werden, z. B. innerhalb des Klassenunterrichts in der Schule. Ansonsten ist kaum zu gewährleisten, daß sich situative Bedingungen so gleichen, daß Reliabilität getestet werden kann.

Andererseits ist davon auszugehen, daß soziale Interaktion im Alltag, auch in professionellen Situationen, nach bestimmten Regeln abläuft, die zu Wiederholungen führen und in denen Sinnzuweisungen ausgedrückt werden. Praxisforschung ist bei der Bildung von Handlungsmustern darauf aus, derartige Regeln aus dem Handeln und aus den Äußerungen herauszufiltern. Sie kann die Existenz solcher Regeln aus dem Material belegen. Sie kann den zunächst als subjektive Sicht zu bezeichnenden Sinn der kommunalen Friedensarbeit herausarbeiten und kann sich dieses Ergebnis von den Beteiligten bestätigen lassen.

Dabei hat Praxisforschung zugleich darauf zu achten, welche Aussagen bzw. welches Handeln nicht in das sich abzeichnende Muster passen. Werden solche Abweichungen gefunden, muß entweder das Muster modifiziert werden, oder im Sinne der Abduktion (vgl. Reichertz 1991) ist ein anderes Muster zu bilden. Es ist ohnehin anzunehmen, daß für Interaktion in einem komplexen Feld nicht nur ein Muster handlungsleitend ist.

3. Kommunikative Validierung

Damit ist gemeint, daß Zwischenergebnisse an betreffende Personen im Forschungsfeld zurückgegeben und sie (in einer offenen Fragestellung) zur Äußerung zu einem Text aufgefordert werden, der von den Forschenden fixiert wurde.

Kommunikative Validierung kann nicht als ein Verfahren der Prüfung von Validität im strengen Sinn gelten, allerdings als eine sehr aussagefähige Alternative (vgl. Flick 1991). Wenn es nur um die Bestätigung der sachlichen Richtigkeit der Aufzeichnung eines Gesprächsverlaufes geht (Steht im Text das, was der Gesprächsteilnehmer gesagt hat oder sagen wollte?), kann dies als Validierung gelten: Das Forschungsmaterial entspricht dem, was erforscht werden soll. Auch dann, wenn einige Tage nach dem Gespräch ein Teilnehmer einen Sachverhalt etwas anders formuliert wissen will, als er es während des Gespräches gesagt hatte, ist eine solche Modifikation im Sinn der zu erzielenden Nähe zum Forschungsgegenstand akzeptabel. Wenn freilich größere Veränderungen vorgenommen werden sollen, wird es vermutlich lohnend, diese Reflexion des Gesprächsteilnehmers erneut in einem Gespräch erläutern zu lassen und als wichtige Ergänzung zu dokumentieren.

Probleme bei der kommunikativen Validierung treten auf, wenn Feldbeobachtungen, die die Forschenden festgehalten haben, von den Beteiligten nicht bestätigt werden können bzw. wenn deren Beobachtungsaufzeichnungen zu anderen Ergebnissen kommen. Solche Differenzen sind wiederum Teil der Forschungsergebnisse. Ggf. ist mit den Beteiligten darüber zu sprechen, warum mit den Augen der Forschenden und mit den Augen der Akteure von Friedensarbeit unterschiedliche Wahrnehmungen gemacht werden.

Problematisch kann kommunikative Validierung dann werden, wenn die Interpretation der Fakten seitens der Forschenden und der Beteiligten an der Friedensarbeit voneinander abweichen. Das kann z. B. bei der Frage beginnen, ob zehn TeilnehmerInnen an einer Aktion „wenig" oder „viel" sind, ob also angesichts der Situation mehr oder weniger TeilnehmerInnen zu erwarten waren, ob andere Vorgehensweisen oder andere Zielsetzungen den Bedingungen besser entsprochen hätten, ob das ganze Vorhaben, so wie es geplant und durchgeführt wurde, angesichts der zehn Teilnehmer unsinnig oder durchaus sinnvoll war. In eine solche Bezeichnung wie „wenig" oder „viel" gehen sehr viele Interpretationen ein, bei denen es durchaus zu Unterschieden zwischen Forschenden und den im Feld Handelnden kommen kann. Dabei ist anzunehmen, daß die Einschätzung, die die Forschenden aus ihrer Datensammlung und deren methodisch sauberer Interpretation gewonnen haben, dem Erfahrungswissen der Akteure im Feld keineswegs a priori überlegen ist. Das Erfahrungswissen ist vermutlich sehr viel reichhaltiger, berücksichtigt, wenn auch meist intuitiv, sehr viel mehr Einflüsse als das Wissen der Forschenden, die ihre Einschätzung auf die Auswertung sehr viel weniger Daten stützen. Auch ist nicht auszuschließen, daß die Forschenden beim Vorgang der Typisierung eine gewisse Befangenheit entwickeln, daß bestimmte Deutungen besser in ihr Bild passen, das sich für sie abzuzeichnen beginnt. Außerdem werden sie manche Vorgänge, die sie im Handlungsfeld sehr dicht erleben, auch emotional bewerten: Befremden oder Ärger, Enttäuschungen oder Begeisterung können durchaus in ihre Deutung hineinspielen.

Andererseits ist damit zu rechnen, daß die Akteure in Illusionen und Selbsttäuschungen befangen sind und unangenehme Einsichten verdrängen. Ihre

Einbindung in institutionelle Arbeitszusammenhänge kann dazu führen, daß das übergeordnete Interesse ihrer Institution zu Verzerrungen der Wahrnehmung oder einseitiger Interpretation führt.

Die Forschenden können sich bei der Entwicklung von Handlungsmustern der kommunalen Friedensarbeit nicht auf die Perspektive der Akteure reduzieren. Aus diesem Grunde wird in der auf Interaktionsgefüge bezogenen Praxisforschung meistens auf aufwendige, sequentielle Hermeneutik von Gesprächen mit einzelnen Akteuren verzichtet. Andererseits sind unterschiedliche Sichtweisen nicht nur als wahrscheinlich anzunehmen, sie sind auch oft ein lohnender Ansatzpunkt für weitere Gespräche, um die je spezifische Sicht schärfer zu konturieren.

Eine besondere Vorgehensweise bietet die Expertenauswertung: Wenn Forschende und Akteure in ihren Einschätzungen bei einer (allerdings zu umgrenzenden Fragestellung) erheblich voneinander abweichen, können die Materialien einem unbeteiligten Dritten vorgelegt werden, damit dieser ein Urteil dazu abgibt (vgl. von Kardorff 1988, 94).

4. Triangulation

Dieses Verfahren meint, daß derselbe Sachverhalt aus verschiedenen Perspektiven betrachtet und mit unterschiedlichen Methoden untersucht wird. In der Praxisforschung werden der Handlungsprozeß und der Kontext nicht nur aus einer Sicht beschrieben. Leitfadengespräche mit narrativen Anteilen, in denen die Akteure ihre Sicht entwickeln können, werden bezogen auf „harte" Daten wie z. B. statistische Angaben und Ergebnisse quantitativer Untersuchungen. Wenn es z. B. darum geht, etwas über Beteiligung an bestimmten Aktivitäten zu erfahren, dann kann die Einschätzung der Akteure kontrastiert werden mit quantifizierenden Erhebungen und teilnehmenden Beobachtungen der Forschenden.

Triangulation ist allerdings keine Methode der Validierung, eher eine aufschlußreiche Alternative dazu. Denn wenn die Sichtweise von Subjekten durch andere Untersuchungen nicht bestätigt werden kann, so heißt dies nicht, daß die befragten Subjekte eine falsche Aussage über ihr Handlungsmuster gemacht hätten. Wenn andererseits aus der Sicht verschiedener Beteiligter übereinstimmende Aussagen getroffen werden, so ist damit nicht gesagt, daß dadurch die Wirklichkeit in ihrer Komplexität wiedergegeben wäre. Es kann sein, daß mit den übereinstimmenden Aussagen der common sense des betreffenden Milieus erfaßt ist, der sich auf diese Sichtweise verständigt hat.

Triangulation ist andererseits für Praxisforschung ein wichtiges Verfahren, um Handlungsmuster aus unterschiedlichen Perspektiven zu erstellen, die nicht eingeebnet werden dürfen.

Die Art, wie in der Praxisforschung Validierung in Rückkopplung zu den Akteuren getrieben wird, insbesondere durch die kommunikative Validierung, macht noch einmal deutlich, wie *Praxisforschung im Prozeß der Forschung bereits die Vermittlung der Forschungsergebnisse* enthält. Zwar bleibt es den Akteuren überlassen, *wie* sie die Forschung verwenden. Die Transformation der Ergebnisse und Einsichten auf eine zukünftige Verwendungssituation muß von ihnen, nicht von den Forschern geleistet werden. Aber Alltagsfriedensforschung in der Kommune ist ein wissenschaftlicher Teilbereich, der die Vermittlung von Wissenschaft in die Praxis der Friedensarbeit im Alltag als integrierten Bestandteil der wissenschaftlichen Arbeit begreift. Im folgenden Kapitel 9 wird beschrieben, welche Leistungen die Praxis ihrerseits im Vermittlungsprozeß zu erbringen hat.

Kapitel 9

Neue Anforderungen von Vermittlungsaufgaben

Bisher tat sich die bundesrepublikanische Friedensforschung schwer, ihre Ergebnisse in die Praxis umzusetzen. Hierin liegt auch ein Grund, warum es bislang nicht befriedigend gelungen ist, traditionelle sowie kritische Friedensforschung und Friedenspädagogik in einen produktiven Austausch zu führen. Dennoch hat es seit ca. 1971 immer wieder Versuche gegeben, wissenschaftliche Theoriearbeit mit sozialen Handlungen und Aktionen zu verbinden (vgl. Dominikowski 1991). Was fehlt, ist zum Teil die Vermittlung zwischen wissenschaftlichen Erkenntnissen, politischem Eingriff und dem konkreten Alltag der einzelnen.

Doch was soll mit dem Begriff Vermittlung in der Alltagsfriedensforschung gefaßt werden, und wie könnte sie praktisch aussehen? Die Arbeit am positiven Frieden im Alltag der Kommune macht eine fundierte Vermittlungspraxis erforderlich. Vermittlung kann nur sinnvoll erfolgen, wenn sie nicht von oben nach unten verläuft, wenn nicht Wissende und Unwissende unterstellt werden, wobei erstere den letzteren sagen, was zu tun ist. Vermittlung in der Alltagsfriedensforschung muß vielmehr der Tatsache Rechnung tragen, daß, bezogen auf die Entwicklung einer Friedenskultur, alle Wissende und Unwissende zugleich sind, die alle jede/r für sich und gemeinsam Verantwortung für Frieden tragen (vgl. Geitmann 1989). Nur so ergibt sich überhaupt die Chance, den Prozeß der Entwicklung eines positiven Friedens zu gestalten.

9.1 Abstrakte und konkrete Wissensaneignung

Die Diskussion darüber, wie zwischen Theorie und Praxis (also darüber, wie abstrakte Er-Kenntnisse in die praktische Anwendung gelangen können) vermittelt werden sollte, ist nicht neu. 1976 bezeichnete Oelkers in der „Bestimmung des Theorie-Praxis-Problems in modernen Gesellschaften" „,Vermittlung' allgemein als das ,Offerieren von theoretischen und praktischen Hilfen besserer Bewältigung und angemessener Bewahrung'" und bestimmt „dieses als ,pädagogischen Prozeß' zur Gewinnung von Qualitäten zum besseren Umgang in und mit ,Theorie' und ,Praxis'" (ebd., 132). Unter Vermittlung allgemein hob er die „praktische Vermittlung" hervor und definierte sie folgendermaßen: „Mit ,praktischer Vermittlung' ist zunächst und grundlegend die Alltagshandlung der Weitergabe und Verarbeitung von Beständen und Formen gemeint, die der eine hat und der andere, der sie nicht hat, haben will, soll oder muß." (ebd., 132)

Diese Problematik wird im Kontext von Didaktik und ihren Methoden diskutiert, die sich vor allem mit Unterrichtszielen beschäftigt, „den im Unterricht zu vermittelnden Bildungsinhalten, den bei der Vermittlung anzuwendenden Methoden, einschließlich der einzusetzenden Medien, sowie mit den anthropogenpsychologischen und soziokulturellen Bedingungen des Unterrichts." (Schröder 1992, 60) Hierbei geht es dann oft um die Entwicklung von Lernzielen und ihrer hierarchischen Anordnung. Diese Lernziele beziehen sich sowohl auf den anzueignenden Stoff, schließlich gibt es für jeden Fächerkanon in der Regel eine eigene Didaktik, als auch auf abstrakte Ziele, die über den Stoff hinausgehen, bzw. an ihm beispielhaft erprobt werden sollen, wie z. B. „Mündigkeit" oder „Kritikfähigkeit" (vgl. Peterßen 1992, 67 f.).

Gerade diese Art des Vorgehens forderte in den letzten Jahren Kritik heraus. Es wird nicht nur von einer Legitimationskrise der Schule gesprochen, in der vor allem oben skizziertes didaktisches Vorgehen zur Anwendung kommt, sondern es werden auch die Veränderungen im Alltag und in den Lebenswelten (nicht nur) der SchülerInnen thematisiert. „Die eingewöhnten Selbstverständlichkeiten des individuellen Handelns werden porös und brüchig und setzen einen Schub subjektiver Handlungsbegründungsnotwendigkeiten und damit verbunden interpersonaler Verständigungsnotwendigkeiten frei." (Braun 1994, 108) Dies findet, nach Braun, keine entsprechende Berücksichtigung in den Institutionen, vor allem nicht in den Erziehungsinstitutionen. Für ihn sind im Kontext eines Verzichts auf „Unmittelbarkeitsüberschreitung" drei Prozesse problematisch: die zunehmende Entfremdung zwischen Erfahrung und Erkenntnis (zwischen der je eigenen und der Welt insgesamt), der „bodenlose Weltbezug", wobei man sich zwar mit der Welt insgesamt auseinandersetzt, aber in einer Weise, daß sich der Bezug zur eigenen Lebenswelt nicht mehr herstellt und damit einher geht eine „Legitimationskrise der Öffentlichen Erziehung" (vgl. ebd., 110).

Das gilt auch für das beschriebene Vorgehen bei der Wissensvermittlung im Rahmen üblicher Didaktik, da dort nicht gewährleistet ist, daß die Erfahrungen und Probleme der Beteiligten in produktiver Weise Berücksichtigung finden. „Gerade mit Blick auf die pädagogische Förderung des Lernens ist zu bedenken, daß subjektiv bedeutsame, also ‚fruchtbare' Lernprozesse nur dann entstehen, wenn sich den Menschen Aufgaben stellen, die sie angesichts ihrer vorhandenen Fähigkeiten, Fertigkeiten, Kenntnisse, Erfahrungen und Befindlichkeiten nicht bewältigen oder lösen können, es aber wollen." (Braun 1994, 111)

Nicht die VermittlerInnen, z. B. die LehrerInnen, sollten allein als Subjekte mit ihren Erfahrungen vorkommen, sondern die Lernenden, z. B. die SchülerInnen. „Subjekt des Lernens der Schülerinnen/Schüler sind vielmehr diese selbst." (Holzkamp 1992, 100) So müsse das Lernsubjekt Gründe dafür haben, eine Anforderung als seine Lernproblematik zu übernehmen (vgl. ebd.). „Sofern vom Subjektstandpunkt eine Lernhandlung aus der damit zu erreichenden Erweiterung/Erhöhung meiner Verfügung/Lebensqualität begründet, und in diesem Sinne *motiviert* realisierbar ist, muß von mir angesichts einer bestimmten Lernproblematik der innere *Zusammenhang* zwischen der erhöhten Verfügungserweiterung/Lebensqualität und *lernendem Weltaufschluß* unmittelbar zu erfahren bzw. zu antizipieren sein." (ebd., 101)

Vermittlung, auch von traditionellem Lehrstoff in Schulen und anderen Bildungseinrichtungen, muß also neue Wege beschreiten, die Lernenden als Subjekte in den Vordergrund rücken und von ihren Erfahrungen in lebensweltlichen Kontexten ausgehen. Das gilt erst recht für die Vermittlung im Kontext der Arbeit am positiven Frieden.

9.2 Erfahrungsevaluation und Handlungsmotivationen zu Veränderungen im Alltag und in der Demokratiepraxis

Es kann also nicht darum gehen, die Lernenden zu belehren, sondern darum, die Erfahrungen aller am Vermittlungsprozeß Beteiligten zu evaluieren und zu bearbeiten. Dazu bedarf es Zeiten und Räume, die so offen gestaltet werden können, daß Diskussionsprozesse abgeschlossen oder bei Bedarf auch abgebrochen werden können.[1] *Die Arbeit mit Erfahrungen unterscheidet sich von der traditionellen Wissensvermittlung und erfordert andere Vorgehensweisen als die, die aus den Fachdidaktiken in der Regel bekannt sind. Neben Fachwissen ist auch Toleranz, Spontaneität, Flexibilität und „Mut zur Krise" ebenso erforderlich wie die Fähigkeit, die eigenen Erfahrungen zur Diskussion zu stellen, sie zu bearbeiten und daraus zu lernen. Aus Erfahrungen zu lernen wird zu einer expliziten Anforderung an beide Lehrende und Lernende und zur unbedingten Voraussetzung demokratischen Handelns bzw. zur Fähigkeit, überhaupt erst Formen von Demokratie entwickeln zu können, die es allen gleichermaßen ermöglichen, sich für ihre Belange einzusetzen.*[2]

9.3 Vermittlung im Verständnis von Aktionskompetenz

Nicklas (1987) rückt in diesem Kontext die Bedeutung von kollektiven Lernprozessen in den Vordergrund, die auf Aktionskompetenz gerichtet sind. Er geht davon aus, daß „neue Lösungsmuster für existentielle Probleme" gefunden werden müßten. Er knüpft hier an kollektiven Lernprozessen, die zunächst immer von kleinen Gruppen und Initiativen ausgehen, an und bezeichnet sie als „Vorlerner" einer Gesellschaft. „In den neuen Protestbewegungen sind es die Vermittlungsberufe wie Lehrer, Sozialarbeiter und andere, die diese Rolle der ‚Vorlerner' spielen. In der zweiten Phase setzt eine Verallgemeinerung der neuen Ideen ein, die schließlich dazu führen kann, daß alte Interpretationsmuster durch neue ersetzt werden." (Nicklas 1987, 754) Voraussetzungen für das Zustandekommen dieser Lernprozesse sei „ein gesellschaftlicher Problemlösungsbedarf", ein wahrnehmbarer „Problemdruck" und „ein Angebot von neuen Deutungsmustern und

---

[1] Dies ist in Institutionen (wie z. B. in der Schule) aufgrund unflexibel gestalteter Zeitstrukturen in der Regel nicht gewährleistet.

[2] Vgl. hierzu auch die Ausführungen an anderer Stelle (Esser 1994) und Kap. 13

Interpretationsregeln" (ebd.). Das aber heißt, daß es nicht nur nicht reicht, wenn eine Person versucht, ihr Wissen an andere weiterzugeben und/oder die anderen nach ihren Erfahrungen befragt, sondern es müssen bestimmte gesellschaftliche und individuelle Voraussetzungen gegeben sein, an die die „VorlernerInnen" anknüpfen können.

Vermittlung im Verständnis von Aktionskompetenz kann demnach nicht mehr die Weitergabe eines Wissens „von oben" bedeuten (wie Oelkers noch 1976 vorschlug), sondern es ist eine neue Lernform nötig, die von den Subjekten ausgeht und Lernen sowie Lehren zugleich umfaßt. Wissen müßte von vielen zusammengetragen und zugleich produktiv und kollektiv erweitert werden, so daß praktische Handlungen im Sinne eines positiven Friedens möglich werden.

9.4 Theorie-Praxis-Verhältnisse für MultiplikatorInnen

Konkretisiert man dies am Beispiel von kommunalen FriedensarbeiterInnen, bestünde die Vermittlungsaufgabe einer solchen organischen Person darin, Anknüpfungspunkte im kommunalen Geschehen zu suchen, woran sich ein Problemdruck vieler Mitglieder der Kommune festmachen läßt, der mit einem gesamtgesellschaftlichen Lösungsbedarf korrespondiert und woraus sich neue Deutungen für die Kommune erarbeiten lassen.

Zu denken wäre hier z. B. an die Angst, nachts allein durch die Gemeinde, Region oder Stadt zu gehen, da Ausschreitungen rechtsradikaler Jugendbanden befürchtet werden. Dies könnte zum Anlaß genommen werden, allgemein über Fremdenfeindlichkeit in Deutschland zu diskutieren und darüber, inwiefern nicht nur bestimmte Bevölkerungsgruppen davon betroffen sind, sondern inwiefern Ausländerfeindlichkeit die Verfügung über die Lebensbedingungen *aller* Bevölkerungsteile einschränkt oder/und inwieweit Ausländerfeindlichkeit und Abbau des Sozialstaates bei zunehmender Erwerbslosenquote korrespondieren.

Auf dieser Grundlage könnte dann erarbeitet werden, was konkret in der Kommune gegen diese Gewalt getan werden kann. Zugleich könnte dann (bei Erfolg) eine solche Kommune zur „Vordenkerin" für andere Kommunen werden. Die Vermittlungsaufgabe der FriedensarbeiterInnen bestünde dann nicht darin, alles über Ausländerfeindlichkeit zu lesen und die Erkenntnisse vorzutragen, sondern die BewohnerInnen z. B. anzuregen, Literatur zu suchen und zu rezipieren, mit Betroffenen und ExpertInnen zu sprechen u. v. a. m. Auf diese Weise könnten abstraktes Wissen und die Ergebnisse der Bearbeitung von Erfahrungen in der Praxis in die unterschiedlichen Bereiche der Städte und Gemeinden geraten, von den Stadt- und Gemeinderäten bis in die Kindertagesstätten.

Diese Form von Vermittlung setzt nicht bisherige ‚Grundregeln der Friedenspädagogik' (nach Nicklas) außer Kraft, sondern bedeutet:

„– so früh wie möglich ansetzen;
– im Nahbereich gründen;

- sich jeder Naivität enthalten, also wider den Gestus der Harmlosigkeit löcken;
- Mittel und Zweck in Übereinstimmung bringen: genuine Gewaltlosigkeit/Indoktrinationsverbot bzw. Toleranzgebot u. a.m.;
- Verträglichkeit von Aktionslernen und institutioneller Bildungsarbeit herstellen;
- Bildung und Erziehung als reflexive Prozesse und damit als Selbsterziehung begreifen." (Informationsstelle Wissenschaft und Frieden 1992, xx)

Die Chancen, daß eine solche kommunale Friedensarbeit, die von den oben beschriebenen Vermittlungsaufgaben ausgeht, auf breite Akzeptanz stoßen kann, waren noch nie so hoch wie heute angesichts einer gesellschaftlichen Entwicklung, in der professionelle Hilfe zur Selbsthilfe immer selbstverständlicher wird. Hier zeigt sich ein weites Aufgabenfeld für ErzieherInnen, LehrerInnen und SozialarbeiterInnen.

Dies wird deutlich, wenn man sich z. B. den zunehmenden Bedarf an sozialer Arbeit vor Augen führt. So konstatieren Keupp u. a. (1986) einen Trend hin zu einer verstärkten Inanspruchnahme professioneller Hilfe und Beratung in einer Gesellschaft, in der die Subjekte zunehmend auf sich selbst gestellt sind. Diese „Freiheit" ginge einher mit Unsicherheit und zum Teil mit einer gewissen Orientierungslosigkeit. SoziologInnen „analysieren einen sich verstärkenden ‚Freisetzungsprozeß' der Subjekte aus traditionsbestimmten Lebensformen und -entwürfen, der die Individuen in einem Maße zu EntscheidungsträgerInnen ihrer eigenen Lebensorganisation macht, wie es in diesem Umfang historisch noch nie möglich war. In diesem Freisetzungsprozeß stecken Risiken und Probleme von neuer Qualität, aber auch Chancen zur Realisierung von Vorstellungen und Utopien für ‚ein Stück eigenes Leben'." (Keupp u. a. 1989, 155) Hier wäre zu untersuchen, inwiefern die Arbeit am positiven Frieden in der Kommune in die Vorstellungen vom „eigenen Leben" Eingang finden könnte.

Anhaltspunkte dazu bietet implizit die KlientInnenbefragung von Keupp u. a. Sie haben darin Erwartungen von KlientInnen an BeraterInnen untersucht und Veränderungen hinsichtlich der Vorstellungen über Beratungsmethoden festgestellt. So würden weniger direkte und einfache Ratschläge erwartet. Es würde vielmehr von einem langwierigen Prozeß ausgegangen, der die Lebenssituation der einzelnen und ihr soziales Umfeld berücksichtigt. „In dieser Verwendung professioneller Sichtweisen durch Klienten steckt zumindest partiell ein reflexives Moment: Klienten behalten ihre Autonomie gegenüber dem Helfer. Die Indienstnahme der Psychologie gelingt offensichtlich nur, wenn bestimmte Sphären der Alltäglichkeit und die Autonomie der Subjekte gewahrt bleiben." (Keupp u. a. 1989, 185)

Auch hier liegt wieder ein Anknüpfungspunkt für Vermittlung im Kontext von Friedensarbeit in der Kommune. So könnten und müßten z. B. professionelle FriedensarbeiterInnen, aber auch SozialarbeiterInnen, LehrerInnen und andere MultiplikatorInnen an den Vorstellungen, Bedürfnissen und Interessen der einzelnen anknüpfen und könnten zugleich auf deren autonome und engagierte Mitarbeit setzen. Probleme, die oft als individuelle auftreten, z. B. mit Verschuldung, mit Kindererziehung bis hin zu Depressionen, sind in der Regel Teilaspekte allgemeiner Probleme verschiedener Bevölkerungsgruppen, z. B. von Erwerbslosen. Hier könnten die Individuen in ihren Problemlagen zusammengefaßt werden und Problemlösungen, die über den Alltag des einzelnen hinausgehen, kollektiv unter professioneller Anleitung erarbeitet werden.

So könnte z. B. eine Erwerbslosengruppe über die gesellschaftlichen Bedingungen von Arbeitslosigkeit diskutieren und Veranstaltungen etwa zum Thema allgemeine Arbeitszeitverkürzung in einer Kommune initiieren, um so vielleicht Modelle zu entwickeln, die in der Kommune, in einem Betrieb oder einem Amt erprobt werden. Das hätte nicht nur einen MultiplikatorInnen-Effekt, sondern auch den Vorteil, daß sich die von Arbeitslosigkeit Betroffenen nicht mehr als Schuldige an ihrer Situation sehen, sich nicht mehr schämen oder verstecken müßten. Zugleich hätten sie die Möglichkeit, sich selbst unmittelbar als GestalterInnen von Gesellschaft zu erfahren und auf Dauer gesamtgesellschaftliche Veränderungsprozesse anzuschieben. Hier könnten Friedens- und/oder SozialarbeiterInnen zwischen Beschäftigten des Arbeitsamtes und Erwerbslosen vermittelnd tätig werden, indem sie eine gemeinsame Suche beider Personengruppen nach Lösungen für dieses gesellschaftliche Problem initiieren und begleiten.

In dieser oder ähnlicher Weise könnten dann die kommunalen FriedensarbeiterInnen, aber auch SozialarbeiterInnen und -pädagogInnen, LehrerInnen und andere MultiplikatorInnen dazu beitragen:

– kommunale (Un-)Friedensstrukturen kollektiv zu analysieren,
– Handlungsmöglichkeiten mit bestimmten Zielgruppen zu entwickeln,
– solche Verhältnisse in der Kommune kollektiv zu bearbeiten, die Ohnmacht, Gewalt und Resignation hervorrufen,
– Zusammenhänge zwischen Problemen auf der Makro-Ebene (internationale Beziehungen) und auf der Mikro-Ebene (in der Kommune) zu analysieren,
– Materialien, die auch in anderen Kommunen von Nutzen sein können, zu erstellen,
– und letztlich kommunale Entscheidungen zu beeinflussen.

9.5 Vermittlung als bedarfsorientierter Transferprozeß für öffentliche/kommunale/institutionelle Friedensaufgaben

Es kann festgehalten werden, daß Vermittlungsprozesse auf den unterschiedlichsten Ebenen initiiert werden müssen. Die Weiterentwicklung der Arbeit am positiven Frieden ist vor allem auch eine Aufgabe von Forschung und Lehre, sowohl an den Universitäten als auch an den Fachhochschulen und ähnlichen Einrichtungen. Dazu gehören auch Konzeptionierungen von Vermittlung zwischen Theorie und Praxis als zusätzliche Aufgabe.

Schließlich gehört zur Vermittlung die Weitergabe von Erkenntnissen und Konzepten an die VertreterInnen in den Kommunen, insbesondere an Ausländerbeauftragte, BibliothekarInnen, SozialarbeiterInnen. Neben der Erwachsenenbildung geht es hierbei auch um ErzieherInnen und LehrerInnen von Kindern und Jugendlichen sowie insgesamt um alle Beteiligten von Curriculumsentwicklungen.

Nicht zu vergessen sind die verschiedenen Vereine und Gruppierungen aus dem Kontext sozialer Bewegungen, die von ihrem jeweiligen Anspruch her bereits in unterschiedlichster Weise an Aspekten eines positiven Friedensprozesses arbeiten.

Hier kommt es vor allem an auf eine Vernetzung der Aktivitäten zwecks gegenseitiger Vermittlung von Erfahrungen und Erkenntnissen, um letztlich zu gewährleisten, daß alle Mitglieder verschiedener sozialer Gruppen die Möglichkeit haben, an solchen Prozessen zu partizipieren.

9.6 Neue Aufgaben für Hochschulen

Im Hochschulbereich wird vor allem kritisiert, daß sich bisherige Friedenslehre darauf beschränkt habe, Ergebnisse aus der universitären Friedensforschung im Rahmen von Bildung und Erziehung durch bloße Weitergabe zu vermitteln (vgl. Informationsstelle Wissenschaft und Frieden 1992, xix). Diese Arbeitsteilung, wobei die einen Wissen erlangen und an „Unwissende" weitergeben, verzichtet – wie gezeigt – auf die Erfahrungen vieler. Zugleich schließt dies auch die Möglichkeit des gegenseitigen Lernens und Vermittelns von Wissen und Erfahrungen, des ständigen Austauschs von theoretischen und praktischen Problemen und neue Anforderungen an Fachhochschulen und Universitäten aus.

Die einzelnen Subjekte mit ihren Erfahrungen kommen so nicht vor. „Der darin zum Ausdruck kommende Mangel an Individualkonflikten wird von den meisten FriedensforscherInnen kaum als solcher empfunden." (ebd., xx) Notwendig sei es hingegen, Verbindungen zwischen „persönlicher und politischer Ebene" herzustellen. Lernziel sei dabei Friedensfähigkeit (ebd.). Hierzu sind die Fachhochschulen besonders geeignet, eine Brücke zwischen Theorie und Praxis zu bauen, da es dort im Rahmen der Ausbildung darum geht, sowohl theoretische Kenntnisse weiterzugeben als auch in der Praxis anzuwenden und somit zu überprüfen. Zudem bewegen sich ausgebildete SozialarbeiterInnen und SozialpädagogInnen in vielen Tätigkeitsfeldern, die für die Entwicklung eines positiven Friedens relevant sind: in Schulen und anderen Weiterbildungseinrichtungen, in der Arbeit mit unterschiedlichsten Randgruppen, in den Behörden und Ämtern. Doch wie kann ein gegenseitiger produktiver Vermittlungsprozeß in Gang gesetzt werden?

Braun fordert für den Bereich der Bildung in Anlehnung an Rauschenbach eine „Neuorientierung der Erziehungswissenschaft und der Bildungspolitik durch Anerkennung des qualitativen wie quantitativen Bedeutungszuwachses der Sozialarbeit" (Braun 1994, 116). In einer Kooperation zwischen Lehrenden an Hochschulen und SozialarbeiterInnen vor Ort kann nicht nur versucht werden, in den

Vermittlungsprozessen an den Erfahrungen der Lernenden anzuknüpfen, sondern auch die Erfahrungen in einer Weise zu bearbeiten, daß Veränderungen möglich und nötig werden. Hierbei könnten dann alle Beteiligten wechselseitig voneinander lernen.

In zu gründenden Initiativen und Diskussionskreisen könnten auch Ergebnisse und Konzeptionen aus der Alltagsfriedensforschung und der kritischen Friedensarbeit aufgegriffen und diskutiert, im Kontext der je eigenen Lebenswelten überprüft und gemeinsam nach Wegen der Umsetzung gesucht werden.

9.7 Institutionelle Ressourcen zur Entwicklung von kommunaler Friedensarbeit

Was aus den genannten Vermittlungsaufgaben für eine zukünftige Friedensarbeit resultiert, soll im folgenden dargestellt werden. Eine solche Friedensarbeit und Vermittlung könnte auch eine Lösung für das von Arendt (1986) formulierte Problem der Institutionalisierung von „zivilem Ungehorsam" sein. Will man Kriege auf Dauer verhindern und will man Lebensbedingungen so verändern, daß sie eine Erweiterung der Verfügung der einzelnen über ihre Lebensbedingungen ermöglichen, kommt man oft nicht umhin, Recht und Gesetz zu übertreten, um sie langfristig so zu verändern, daß sich der Rechtsstaat immer weiter entwickeln kann, Gesetze immer verallgemeinerbarer werden können. Vielen Gesetzesveränderungen gehen (nach Arendt) Aktionen zivilen Ungehorsams voraus. Diese unterscheiden sich aber von kriminellen Handlungen dadurch, daß sie nicht zum einmaligen Vorteil einer einzelnen Person gereichen, sondern am Interesse einer Gruppe ausgerichtet sind, die gesellschaftliche Bedingungen für viele verändern will (vgl. ebd.). Da man bei zivilem Ungehorsam aber immer Gefahr läuft, bestraft zu werden, sich für viele zu „opfern", ins Gefängnis zu kommen o. ä., könnte ein kommunaler kollektiver Zusammenschluß vieler ein Stück Sicherheit in der Unsicherheit bieten. So dürfte es schwerer sein, eine halbe Kommune zu verhaften als ein paar einzelne.

Insgesamt läßt sich festhalten, daß Recht und Gesetz nicht statisch, sondern ständigen Veränderungen unterworfen sind. Das gilt zum einen für die Gesetze selbst, die oft mit zeitlicher Verzögerung an gesellschaftliche Bedürfnisse angepaßt werden (müssen) und sich so mit der Gesellschaft verändern. Zum anderen betrifft dies auch die Anwendung bestehender Gesetze, wie Geitmann treffend formuliert: „Rechtsanwendung ist keine Mathematik, sondern ein schöpferischer Prozeß, in den politisches Wollen einfließt." (Geitmann 1988, 32)

Eine Möglichkeit besteht z. B. darin, das Grundgesetz beim Wort zu nehmen, wonach jeder das Recht „auf die freie Entfaltung seiner Persönlichkeit" (Art. 2 Abs. 1) hat. Geht man im Kontext des positiven Friedens davon aus, daß jede Person die Möglichkeit zur Verfügung über ihre Lebensbedingungen haben soll, daß also jede Person die Möglichkeit haben soll, ihre Persönlichkeit bestmöglich zu entwickeln, kann der obige Artikel des Grundgesetzes so ausgelegt werden, daß alle Menschen das Recht auf positiven Frieden in Deutschland haben (vgl. Geitmann 1989).

Für kommunale Friedensarbeit schlägt Geitmann in diesem Kontext vor, Frieden zum „Oberziel aller kommunalen Aktivitäten" zu machen (ebd., 33). Schließlich könnten sich die Gemeinden nicht nur auf Art. 1 des Grundgesetzes, sondern auch auf „das in den Gemeindeordnungen enthaltene Gebot, in bürgerschaftlicher Selbstverwaltung das gemeinsame *Wohl ihrer Einwohner* zu fördern", stützen (ebd.). Demnach wäre es auch ein rechtliches Gebot der Gemeinden, Frieden zu fördern. Die Grundlagen, sich für positiven Frieden einzusetzen, an der Schaffung von Friedensstrukturen zu partizipieren und Friedensfähigkeiten zu entwickeln, könnten – so gesehen – insgesamt als in der Verfassung verankert betrachtet werden.

Friedensarbeit in Kommunen sollte sich daher weniger an Verboten und rechtlichen Beschränkungen orientieren als vielmehr Möglichkeitsräume und Handlungsspielräume (im Sinne eines positiven Friedens) versuchen zu nutzen und zu erweitern. So haben die Kommunen die Möglichkeit neue Foren zu schaffen, bestehende Räume in den Dienst von Friedensarbeit zu stellen. Hierzu soll nur ein Beispiel genannt werden: „In Waldkirch hat ein SPD-Gemeinderat einfach die öffentliche Ehrung eines verdienten Friedenspädagogen angesetzt; alle Bürger wurden dazu ins Rathaus eingeladen; niemand hat gefragt, ob so etwas eigentlich erlaubt ist. Es war eine sehr gute Veranstaltung, die auch von der Presse beachtet wurde." (Rajewsky 1988a, 186)

Widerstand und Phantasie in der Kommune können auf diese Art und Weise staatliche Planungen und Entscheidungen korrigieren und ergänzen. In der bestehenden parlamentarischen Demokratie, wo es in der Regel um Mehrheitsentscheidungen geht, bietet die Kommune die einzigartige Möglichkeit, Minderheiten zu Wort kommen zu lassen. „Gerade den Minderheiten müssen Gemeinden als Forum dienen." (Geitmann 1988, 38)

Allerdings sollte man bei Aktionen immer die Rechtslage überprüfen und nach solchen Wegen suchen, die ein möglichst geringes Risiko für die einzelnen darstellen. So schlagen z. B. die Marburger Juristen für den Frieden (1988) vor, in bestimmten Sachlagen einen Verein zu gründen, damit gegebenenfalls nicht einzelne Personen mit ihrem Privatvermögen haften müssen. „Mit der Vereinsgründung wird das rechtliche Risiko erheblich verringert, denn als rechtsfähiger Verein haftet dieser mit seinem Vermögen. Eine persönliche Haftung der Mitglieder ist ausgeschlossen." (ebd., 87) Ein anderes Beispiel stellt die Versammlungsfreiheit dar. Sie gilt nicht für alle Demonstrationsformen gleichermaßen, so gilt für Sitzdemonstrationen nur eingeschränkte Versammlungsfreiheit, und die Teilnahme daran kann unterschiedliche Folgen für bestimmte Berufsgruppen haben, wenn es sich z. B. um Angehörige des öffentlichen Dienstes handelt (vgl. ebd., 54 ff.).

Des weiteren stellt sich die Frage, inwieweit innerhalb der kommunalen Verwaltungsstrukturen bereits bestehende bürokratische Räume, z. B. Gremien, für Friedensarbeit genutzt werden können.

Krüger (1993) weist darauf hin, daß Jugendhilfeausschüsse (anders als Sozialausschüsse) relativ weitreichende Kompetenzen haben, da sie nicht nur beratend, sondern auch beschließend tätig werden können. Ferner sollten Jugendämter (gemäß §78 KJHG) Arbeitsgemeinschaften bilden. Selbst dort, wo SozialarbeiterInnen keinen direkten Zugang zu Ausschüssen haben, können indirekte Wege z. B. über GewerkschaftsvertreterInnen gefunden werden. Zu denken ist hier an die Verwaltungsausschüsse der Arbeitsämter, die erheblichen Einfluß auf die Vergabe von Mitteln für Maßnahmen gemäß AFG haben. Diese für SozialarbeiterInnen beschreitbaren Wege würden entsprechend auch für die oben beschriebenen FriedensarbeiterInnen und andere MultiplikatorInnen gelten.

Auch kann man selbstverständlich immer als Einzelperson in einen Diskussionsprozeß eintreten und Veränderungsvorschläge machen. Nicht zu unterschätzen sind an dieser Stelle die Eingriffsmöglichkeiten von empirischer Sozialforschung, in welcher Ausprägung auch immer. Für jede Forschung in der Kommune braucht man die Zustimmung der je relevanten Personen und hat so schon die Möglichkeit, in einen Diskussionsprozeß zu treten. Selbst wenn am Ende die Vorschläge der ForscherInnen nicht (alle) umgesetzt werden, muß man sich zumindest dazu verhalten. So könnte z. B. ein Friedensarbeiter oder eine Friedensarbeiterin in der Kommune Forschungen zu bestimmten Themen (z. B. Diplomarbeitsthemen für Fachhochschulstudierende) anregen, um so bestimmte Kommunemitglieder in die Diskussion zu bekommen, wobei der Methode der Gruppendiskussion eine hervorzuhebende Bedeutung zukommt, da sie den Dialog fördert, der wiederum durch die Forschenden inhaltliche Orientierung erfährt. Die Zusammenarbeit mit Hochschulen wäre hierzu wichtig.

Ferner sollte geprüft werden, inwiefern weitere Einrichtungen in der Kommune für Friedensarbeit genutzt werden könnten. Zu denken ist hierbei nicht nur an Erziehungs- und Bildungseinrichtungen, sondern z. B. auch an Bibliotheken. So hat z. B. in Hamburg das Engagement vieler Bezirksbibliotheken trotz massiver Einsparungen gezeigt, daß es sich hierbei um Räume handelt, die Platz für ein vielfaches soziales und politisches Engagement mit einer großen Breitenwirkung bieten. Denkbare Aktivitäten reichen von Ausstellungen und Veranstaltungen bis hin zu deutlichen Hinweisen auf entsprechende Literatur und Materialien. Neben Buchhandlungen bieten sich Bibliotheken geradezu an, zu einem Informationszentrum zu werden, wenn sie es nicht schon sind, indem hier die Informationen der unterschiedlichen Aktivitäten zusammenlaufen (könnten).

Auch die Korridore von Bezirksämtern, Gemeindebüros und Rathäusern könnten für Ausstellungen und Informationen genutzt werden. Die Räume von Schulen und Hochschulen könnten in den Ferien für Friedenswochen zur Verfügung gestellt werden. In öffentlichen Gebäuden, z. B. in Postämtern, Polizeirevieren u. a., könnte für solche Veranstaltungen geworben werden. SozialpädagogInnen, die mit Spielmobilen durch die Städte und Gemeinden fahren, könnten mit interessierten Kindern gemeinsam friedensrelevante Themen aufgreifen.

Kapitel 10

Geschlechterverhältnisse als Grundlage innovativer Friedensarbeit

Alltagsfriedensforschung und Friedensarbeit, die von den Subjekten, ihrer Partizipation an gesellschaftlichen Entscheidungen und Gewaltprävention ausgehen, müssen auch nach den Geschlechterverhältnissen fragen. Schließlich ist die Gewaltbereitschaft der Subjekte geschlechtsspezifisch qualitativ und quantitativ unterschiedlich verteilt, wie noch gezeigt wird. Auch die Möglichkeitsräume von Frauen, an gesamtgesellschaftlichen Entscheidungen partizipieren zu können, sind in der Regel bedeutend geringer als die der Männer aufgrund geschlechtsspezifischer Arbeitsteilungen und den Zuständigkeiten der Frauen für die familiären Bereiche.

Im folgenden soll an Hand der Bedeutung der Geschlechterverhältnisse aufgezeigt werden, inwiefern die Herrschaftsverhältnisse von Männern über Frauen und die unterschiedlichen Konstruktionen von Männlichkeit und Weiblichkeit strukturell dazu beitragen, die Entwicklung einer Friedenskultur zu verhindern.

Sieht man sich die bisherige institutionalisierte Friedensforschung an, so zeigt sich, daß Frauen mit ihren Erfahrungen und Erkenntnissen in weiten Bereichen unsichtbar blieben, schließlich ist Krieg seit Menschengedenken eine Domäne der Männer. In dieser Hinsicht ist eine feministische Position verallgemeinerbar, die besagt, „daß der Krieg männlich ist, so gesprochen, gelebt, gehandelt wird, sich männlicher Logik und ebensolchem Geschäft verdankt, ja, daß alle Symbole im Krieg zum Männlichen gehören, zudem die Waffen, die Technik, die Schlachtpläne, die Kampfhandlungen selbst." (F. Haug 1991, 350)

10.1 Geschlechterverhältnisse als Produktionsverhältnisse

Wollen Frauen daran etwas ändern, müssen sie sich selbst auch als Gestalterinnen ihrer Geschichte sehen. Dazu gehört zu analysieren, wie sie die Einschränkungen ihrer Räume und Möglichkeiten mitproduzieren. F. Haug schlägt vor, die „Geschlechterverhältnisse als Produktionsverhältnisse" zu sehen. „Frauenunterdrückung läßt sich nur begreifen als Tat beider beteiligter Geschlechter, aus der Art, wie sie ihr Leben produzieren – also in Geschlechterverhältnissen als Produktionsverhältnissen. Sie durchziehen die gesamte Gesellschaft; sie sind zugleich gewordene Struktur als auch tägliche Praxis." (F. Haug 1993b, 216) So gesehen, finden sich Geschlechterverhältnisse als Produktionsverhältnisse in allen gesellschaftlichen Bereichen, Frauen finden überall Strukturen vor, die ihre Entwicklungsmöglichkeiten einengen, in der parlamentarischen Politik ebenso wie im Privathaushalt. Zugleich werden diese Verhältnisse aber immer wieder hergestellt – in allen Bereichen, also auch im Alltag. Für eine Alltagsfriedensforschung, die von den konkreten Subjekten ausgeht, eine Friedensarbeit, die sowohl ins Weltgeschehen als auch in den Alltag eingreifen will, ist der Blick auf Geschlechterverhältnisse als Produktionsverhältnisse produktiv, schließlich sind beide Geschlechter in unterschiedlicher Weise an der Vorbereitung von Kriegen und ihrer Durchführung beteiligt. So sind es manchmal die Mütter, die ihre Söhne in den Krieg schicken (vgl. Ruddick 1993), oder vor allem Frauen, die die verletzten Körper der Soldaten pflegen sollen. Mit der Ausbildung zur Schwesternhelferin in Deutschland ist die Verpflichtung verbunden, im Kriegsfall solche Dienste zu verrichten. Untersucht werden müssen also die Taten und Vorstellungen beider Geschlechter und ihre komplizierten Verwicklungen bei der Ermöglichung von Krieg und Frieden.

Ein tragendes Element für Unfriedensverhältnisse (im Alltag) in den Geschlechterverhältnissen ist die Gewalt. Wenn von einer Friedenskultur ausgegangen werden soll, dann müssen die unterschiedlichen Formen von Gewalt auch in den Geschlechterverhältnissen in ihrer Gewordenheit begriffen und Perspektiven ihrer Überwindung entwickelt werden.

Alltagsfriedensforschung muß bei den Aufgaben zur Gewaltprävention mit dem Dilemma umgehen, daß gegen bestehende (insbesondere gegen direkte) Gewalt immer sofort reagiert werden muß, um die von Gewalt Betroffenen zu schützen, zugleich sind aber langfristige Strategien notwendig, um Gewalt auf Dauer erst gar nicht entstehen zu lassen.

10.2   Patriarchale Gewalt

Weil bisher die Möglichkeiten und Verhinderungen der Subjekte als GestalterInnen ihrer (Lebens-)Welt in der bisherigen Friedensforschung zu kurz kamen, konnte es geschehen, daß die Erfahrungen, Bedürfnisse und Behinderungen der halben Menschheit – der Frauen – unsichtbar blieben und übergangen wurden, trotz zahlreicher friedenspolitischer Aktivitäten seitens der alten und neuen Frauenbewegungen. [1] „Die Tatsache, daß das Erscheinungsbild der Friedensbewegung männlich dominiert war, obwohl viele Frauen an ihren Aktionen teilnahmen, wurde nicht problematisiert." (Maltry 1993, 13)

Auch Batscheider (1993a) kritisiert an der bisherigen Friedensforschung, daß Gewalt gegen Frauen kaum thematisiert wurde. Sie sieht im Gewaltdreieck von Galtung (das im Kapitel 3.2 vorgestellt wurde) eine produktive Möglichkeit, Gewalt analytisch zu fassen. Batscheider kritisiert an diesem Konzept den Mangel einer gesellschaftstheoretischen Einbindung, was u. a. dazu führe, daß Gewalt-

---

[1] Cremer (1985) führt vor, daß viele Friedensaktivitäten und Protestformen seitens der Frauenbewegungen entwickelt und durchgeführt wurden.

verhältnisse zwischen den Geschlechtern keine ausreichende Berücksichtigung finden.

Batscheider bindet die drei Gewaltbegriffe von Galtung in ein Koordinatensystem von „organisierter Friedlosigkeit" und „Patriarchat" ein. Den Begriff der „organisierten Friedlosigkeit" übernimmt sie von Senghaas (1972). [2]

Des weiteren folgt sie der Aufteilung des Patriarchats von Walby in ein öffentliches und in ein privates (Batscheider 1993a, 179). Als für eine feministische Kritik und Friedensforschung besonders nützlich sieht Batscheider solche Ansätze, die sich mit der Trennung zwischen öffentlicher und privater Sphäre auseinandergesetzt haben, da so die Zusammenhänge zwischen den sozialisationsbedingt verschiedenen Haltungen der Geschlechter bei der Reproduktion von „organisierter Friedlosigkeit" analysierbar werden.

Demnach gehören dann „geschlechtsspezifische Rollen und Funktionen in Gewaltkollektiven" in der Öffentlichkeit und „individuelle geschlechtsspezifische Gewalt" im Privaten zur „personalen Gewalt". Strukturelle Gewalt umfaßt „kollektive Aneignung von Frauenarbeit" in der Öffentlichkeit und individuelle im Privaten. Zur „kulturellen Gewalt" gehört sowohl die „kollektive Unterdrückung eines selbstbestimmten Lebens für Frauen" in der Öffentlichkeit und „individuelle Unterdrückung der autonomen Entfaltung von Frauen" im Privaten (vgl. ebd., 179). Die so beschriebene Gewalt nennt Batscheider „patriarchale Gewalt", um der Tatsache Rechnung zu tragen, daß die Welt „geschlechtshierarchisch organisiert ist" (ebd., 184).

Auf diese Weise können nicht nur die Gewaltverhältnisse in den Geschlechterbeziehungen sichtbar gemacht werden, sondern es wird auch deutlich, daß „das Geschlechterverhältnis" konstitutiv für eine Gesellschaft ist, in der die Möglichkeiten der Verfügung über die Lebensbedingungen nicht für alle Subjekte gleichermaßen gegeben sind, daß sich Männer z. B. Frauenarbeit aneignen oder daß die Gewaltbereitschaft von Männern größer ist als von Frauen.

Da auch die Kommune ein Teil der Öffentlichkeit ist, muß auch auf dieser Ebene der patriarchalen Gewalt Rechnung getragen werden. Rajewsky formulierte hierzu einige Vorschläge: „Wir sollten aufgrund der patriarchalischen Orientierung unserer Gesellschaft auch in der Kommune andere Sichtweisen öffentlich werden lassen: Die Unterstützung der Einrichtung einer kommunalen Gleichstellungsstelle oder der Frauenbeauftragten in der Kommune durch alle Ämter, aber auch durch die einzelnen Bürger/innen, realisiert ein Stück praktische Friedenskultur." (Rajewsky 1988a, 166) Die Autorin plädiert auch dafür, die Zusammenhänge zwischen Kultur und Widerstand deutlich zu machen, wie einst von der Arbeiterbewegung gefordert.

So beziehen sich die Vorschläge auf den öffentlichen Bereich und stellen zugleich Reaktionen auf bestehende Frauenunterdrückung dar, auf die Resultate

---

[2] Mit „organisierter Friedlosigkeit" ist hier Abschreckung als „Ausdruck eines gesellschaftlichen Gestaltungs- und Ordnungsprinzips" gemeint (Batscheider 1993a, 70) und stellt nach Batscheider ein „Charakteristikum des gesellschaftlichen Totalitätszusammenhangs" dar (ebd., 172).

struktureller Gewalt. Alltagsfriedensforschung müßte sich auch auf den privaten Bereich beziehen, auf die Gewaltverhältnisse im Alltag der interpersonellen
Beziehungen, und sie muß Konzepte entwickeln, die der patriarchalen Gewalt
insgesamt präventiv entgegenwirken. Dazu gehören u. a. auch die verschiedenen
Formen von Gewalt gegen Migrantinnen. Gewalt nimmt oft ihren Ausgang bei
der Vorstellung von „Minderwertigkeit".

10.3 Frauenunterdrückung und Fremdenfeindlichkeit

Einen Ansatz zur Erklärung von Rassimus bietet F. Haug, wenn sie davon ausgeht,
daß der Gedanke, daß andere als minderwertig gelten können, in den Geschlechterverhältnissen begründet liegt und in der Vorstellung, daß Minderwertigkeit auf
Natur basiert (F. Haug 1993a, 902). Sie geht von der These aus, „daß die Frage
der Geschlechterverhältnisse für die Problematik von Rassismus grundlegend ist"
(ebd., 901). Gründe für ein verzerrtes Bild des anderen liegen ihrer Meinung
nach zum einen an den „sozialen Bedingungen, unter denen die Menschen leben
(Sozialabbau, Arbeitslosigkeit bis Zukunftsangst), zum anderen aber auch in der
Weise, wie die einzelnen in den gegebenen Verhältnissen konkret und vor allem
geschlechtsspezifisch Identität re/produzieren." (ebd., 902)

Fremdenfeindlichkeit, so kann ihr Ansatz zusammengefaßt werden, resultiert
aus einem Spannungsverhältnis von Normalität und Unnormalität. Hier zeigt sich
nun aber, daß die gesellschaftlichen Verhältnisse, die für normal gehalten werden,
Herrschaftsverhältnisse sind: Was in dieser Gesellschaft als normal gilt, ist in der
Regel männlich und grenzt Frauen aus. Zugleich gilt es aber für Frauen als normal,
unnormal zu sein. Die Normalität ist zweigeschlechtlich.[3]

Verschiedene Vorstellungen von Normalität für die unterschiedlichen gesellschaftlichen Gruppen (Männer und Frauen, Deutsche und MigrantInnen usw.)
führen dazu, daß es den Mitgliedern einer bestimmten gesellschaftlichen Gruppe
im Alltag und im Umgang miteinander schwerfällt, sich in diejenigen einer anderen Gruppe einfühlen zu können, wie Scarry (1993) anschaulich vorführt.

Drastisch deutlich werde dies z. B., wenn es um Schmerzen anderer gehe, die
unserer Wahrnehmung oft entgingen. Zwar stelle z. B. die Literatur einen solchen
Versuch der Einfühlung in andere Menschen dar, dennoch könne man immer
wieder erschreckend feststellen, daß man über das Leid eines Protagonisten auf

---

[3] Dies soll exemplarisch an einem Aspekt der Sozialversicherung erläutert werden. Im Rentenrecht
wird von einer Normalbiographie der Erwerbstätigen ausgegangen, die fast nur für Männer lebbar ist,
da man um so besser im Alter dasteht, je weniger man die Erwerbstätigkeit unterbrochen hat. Anders
als viele Frauen müssen Männer ihre Erwerbstätigkeit um viele Jahre unterbrechen, um Kinder
zu versorgen. Das hat den Effekt, daß sich die durchschnittliche Höhe von Männer- und Frauenrenten
im Alter drastisch unterscheidet (vgl. Ketelhut 1989). Zugleich gilt es in dieser Gesellschaft für Frauen
als normal, ihre Berufstätigkeit zu unterbrechen, um ihre Kinder zu versorgen. Also handelt es sich
um zwei Normalitäten: 1. soll man vom Schulabschluß bis zum Rentenalter erwerbstätig sein, und
2. sollen Frauen sich um ihre kleinen Kinder kümmern, statt berufstätig zu sein.

der Theaterbühne weinen könne, aber das Frieren des Kutschers, der einen danach nach Hause fährt, übersieht.

Die Problematik der Einfühlung findet sich auf allen Ebenen gesellschaftlichen Lebens wieder, sie erweist sich zwischen den Angehörigen verschiedener Kulturen, aber auch zwischen den Schichten und zwischen den Geschlechtern als schwierig. Wenn sich schon Männer und Frauen in einer gemeinsamen Kultur kaum verständigen oder ineinander einfühlen können, wie schwierig muß dies dann zwischen weiblichen und männlichen Angehörigen verschiedener Kulturen mit verschiedenen sozialen Ordnungen und Symboliken sein?

Schließlich besteht eine „wichtige Funktion jeder Kultur [...] im symbolischen Ordnen der Welt, die die Menschen gemeinsam teilen." (Nadig 1993, 277) Die Schranken der Realität seien schwer zu akzeptieren und werden als Kränkung erlebt. Nadig wertet Gewalttätigkeit als Versuch, „narzißtische Verwundungen und Beschämungen ungeschehen zu machen" (ebd., 268). Männer würden versuchen, ihre Anerkennung als Männer über Gewalttätigkeit zu erlangen oder über sich als Vertreter einer „reinigenden Kraft" (ebd., 269) erleben. Frauen nehmen gemäß der geschlechtsspezifischen Zuordnungen selten an direkter Gewalt teil, stellten aber etwa ein Drittel der rechtsradikalen Wähler. Zwar würden sie direkte Gewalt häufig ablehnen, aber die Maßnahmen zur Ausweisung von Fremden billigen (ebd., 269 f.). Zur männlichen Identität gehört Gewalt durchaus dazu, zur weiblichen nicht. Dennoch stützen sich im Effekt beide Verhaltensweisen zu Lasten der MigrantInnen.

Geschlechterherrschaft und Fremdenfeindlichkeit bedingen sich gegenseitig. „Solange Menschen einander als jeweils weniger menschlich wahrnehmen, als ‚unentwickelte' oder gewalttätige Natur, ist das ganze Projekt multikulturellen Friedens und ebensolcher Harmonie eine bloße Illusion; aber eben diese Wahrnehmung ist Teil der Geschlechterverhältnisse." (F. Haug 1993a, 912) Frauen haben Angst vor der männlichen Natur, und Männer nehmen Frauen als Natur wahr, wenn auch in anderer Weise. Beide wiederum nehmen Männer und Frauen aus anderen Ländern als Natur wahr. In jedem Fall dienen diese Wahrnehmungen der Konstruktion von Minderwertigkeit und bereiten letztlich den Boden für Gewalt.

Wie stellt sich nun der Alltag für Migrantinnen in Deutschland dar? Diese Frauen erfahren mindestens drei Formen von Unterdrückung, nämlich als Zugehörige zu einem Geschlecht, einer Klasse und einer bestimmten Kultur. Diese drei Unterdrückungsformen überlagern sich noch einmal. So werden Frauen und Mädchen z. T. als Geschlecht noch einmal doppelt unterdrückt durch die hiesige Kultur und durch die Kultur ihres Herkunftslandes (z. B. durch die Familie).

So führt Scheinhardt (1993) am Beispiel türkischer Frauen und Mädchen vor, wie schwer es für sie ist, Selbstbestimmung und damit Verfügung über ihre Lebensbedingungen zu erlangen, weil sie an keiner Stelle Unterstützung erfahren. Sie kritisiert z. B. die deutschen Integrationsprogramme, die die Frauen oft nicht ansprechen, weil sie sich an anderen Werten orientierten. So seien Frauen, wenn sie die Programme wahrgenommen hätten, oft nicht wegen der Integrationsbestrebungen hingegangen, sondern um andere Frauen zu treffen. Betrachtet man die Kultur in der Türkei, so zeigt sich, daß dort Frauen bestimmte Räume haben, um sich regelmäßig untereinander zu treffen (vgl. Yurtdas 1983; Baumgartner-Karabak und Landesberger 1978). In Deutschland schaffen sich türkische Männer ähnliche Treffpunkte, zu denen Frauen keinen Zutritt bekommen. D. h. für türkische Mitmenschen sind kaum Orte vorhanden, die ihren (kulturell gewachsenen) Bedürfnissen entsprechen. Aber aufgrund der Geschlechterverhältnisse in der türkischen Kultur erweist es sich für Männer als leichter, sich selbst solche Möglichkeiten zu schaffen (z. B. um sich untereinander treffen zu können). Bei der Aufrechterhaltung dieser geschlechtsspezifischen Möglichkeitsräume wirken die Geschlechterverhältnisse, die die Kultur in Deutschland mitbestimmen, unterstützend.

Im Effekt sind türkische Frauen in Deutschland noch stärker als türkische Männer auf eine Kultur angewiesen, die in doppelter Weise nicht an ihren Erfahrungen und Bedürfnissen ansetzt. Wollen sie etwas für sich durchsetzen, müssen sie nicht nur gegen deutsche Fremdenfeindlichkeit und deutschen Sexismus kämpfen, sondern auch gegen den türkischen Sexismus. Für eine Praxisforschung gilt es z. B. darum, zu erfahren, warum Frauen, welche Angebote nutzen und auch, welche Räume und Möglichkeiten ihnen fehlen. Hier wäre es produktiv, wenn sich türkische Frauen mit deutschen zusammentun, um sich gemeinsame Räume zu schaffen. Zugleich wären separate Räume für türkische Frauen ebenso unerläßlich.

Schließlich, so kritisiert Scheinhardt, führe dieser Mangel an Raum und Artikulationsmöglichkeiten für türkische Frauen dazu, daß viele religiös-fundamentalistische Angebote annehmen, obwohl gerade diese von den Frauen als unterworfenen Subjekten ausgehen und sich gegen Selbstbestimmung von Frauen richten. Zur Illustration soll das vielumstrittene Kopftuch angeführt werden. Weil Frauen solche Kopftücher tragen, werden sie von Deutschen diskriminiert, und weil sie diskriminiert werden, suchen diese Frauen Solidarität in solchen Glaubensgemeinschaften, die nicht nur das Tragen von Kopftüchern, sondern vor allem eine allgemeine Unterwerfung unter Regeln des Islam sowie unter ihre Männer, Väter und Brüder fordern. Hier wird im Effekt ein gesellschaftlicher Zirkel installiert, aus dem es immer schwerer wird zu entkommen.

Frauen müßten Wege finden, ihre Selbstbestimmung aus der Unterwerfung zu lösen. Für eine Praxisforschung bedeutet dies, mit Migrantinnen gemeinsam zu analysieren, warum sie welche Angebote nutzen und was ihnen in dieser Kultur fehlt, die nicht an ihren Erfahrungen und Bedürfnissen ansetzt – unabhängig von der Meinung „ihrer" Männer.

Das Problem ist bereits in der Sozialisation türkischer Mädchen angelegt, wenn ihnen die Teilhabe an schulischen Angeboten, die deutschen Mädchen offen stehen, gegen ihren Willen seitens der Eltern oder Anverwandten untersagt wird, Bildung zugleich aber in dieser Gesellschaft eine Grundvoraussetzung (für Frauen) darstellt, ihre Möglichkeiten über die Verfügung ihrer Lebensbedingungen erweitern zu können. „Den Mädchen fehlte das Selbstbewußtsein, dagegen [gegen den

Mangel an schulischer Förderung, d. Verf.] Widerstand zu leisten. Woher sollten sie auch die Kraft nehmen, gegen den Willen der Eltern eine eigene Existenz aufzubauen, für die es ja auch in den eigenen Reihen keine Vorbilder gab." (ebd., 72) So muß es auf Dauer möglich werden, Vorbilder schaffen zu können, die nicht nur mehr Bildungsmöglichkeiten wahrnehmen, sondern auch mehr bestimmen können.

Insgesamt fehlen MigrantInnen beiderlei Geschlechts in Deutschland die Möglichkeiten, politisch mitbestimmen zu können. „Da wir politisch nicht mitbestimmen durften und es heute noch nicht dürfen, stumm und nicht zu existieren scheinen, fehlten uns die Instrumente für einen wirksamen Widerstand." (ebd., 73) Migrantinnen bleibt nicht nur die politische Mitbestimmung wie z. B. das Wahlrecht versagt, sondern in weiten Teilen auch die Mitbestimmung im Privaten, in den Familien. „Zu den hemmenden Faktoren gehörten neben der Arbeitsmarktsituation und dem die Frauen besonders diskriminierenden Ausländergesetz natürlich auch die patriarchalischen Strukturen in den Familien und ein falsch verstandener Islam, der seinen Nährboden hier in der Diaspora unter den Frauen sehr schnell fand und immer stärker expandierte." (ebd., 72)[4] Insofern sind viele Migrantinnen doppelt stumm und existieren als Subjekte in Deutschland noch weniger als die Männer gleicher Nation. Hier stellt sich die Frage ob und inwiefern ein AusländerInnenwahlrecht dazu beitragen könnte, die Position der Frauen auch gegenüber den Männern gleicher Herkunft zu stärken? Müßten nicht die unterschiedlichsten Formen von politischer Partizipation dazu führen, daß es insgesamt schwerer wird, die Frauen im Privaten weiterhin nach altem Muster zu gängeln?

Um hierfür ein kulturelles Klima entwickeln zu können, ist aber nicht nur Praxisforschung und Arbeit mit Migrantinnen notwendig, sondern auch mit Deutschen. Hierfür lassen sich Hinweise in den Studien von Jäger und Jäger (1992) finden. Sie untersuchten rassistische Diskurse von deutschen Männern und Frauen, wobei auch sie (ähnlich wie F. Haug 1993a) in der Naturalisierung alles Fremden eine der gravierendsten Barrieren gegen Einfühlung und Verständnis sehen. Denn die Naturalisierung alles Fremden führt demnach dazu, die verschiedenen Argumentationsebenen kaum noch unterscheiden zu können. So kommen Jäger und Jäger zu dem Resultat: „Da das Soziale als naturgegeben angesehen wird, ist es den Menschen gar nicht möglich, genetisch argumentierende Diskriminierungen von kulturalistisch argumentierenden zu trennen." (ebd., 688)

Dies gilt sicherlich für beide Geschlechter. Jäger und Jäger führen aber auch vor, inwiefern zwei kulturell verschiedene Formen von Frauenunterdrückung zugleich reproduziert werden. So hätten sich einige der Befragten von Migran-

---

4 „Und die Frauen sind auf ein Abstellgleis geschoben, wo sie auf den Tag ihrer Legitimation warten, und dann wundert man sich, daß immer mehr Muslimas sich immer mehr, immer fester vermummen, sie werden Massen, und in Massen fallen sie den Fundamentalisten in die Hände, freiwillig, und füllen die Gebeträume. Denn dort sind sie sicher vor den Angriffen von draußen, dort sind sie etwas wert als fromme, anständige, nicht verdorbene Schwestern, dort sind sie angesehen, geschützt." (Scheinhardt 1993, 75)

tInnen abgegrenzt, indem sie z. B. die Frauenfeindlichkeit türkischer Männer gegenüber ihren Frauen hervorhoben. Die andere Kultur wird so am Grad der Frauenemanzipation bemessen, mit dem Effekt, daß die eigene Kultur als eine dastehen kann, die die Gleichberechtigung der Geschlechter bereits erreicht hat. „Die Frauen können den Sexismus der deutschen Gesellschaft akzeptieren, indem sie ihn ausblenden, weil so die Illusion fortbesteht, sie seien mit den Männern wirklich gleichgestellt." (Jäger und Jäger 1992, 690) Befürchtet würde dabei oft, „daß es bei einem engen Zusammenleben von Türken und Deutschen zu einer Anpassungsleistung der deutschen Frauen an die Verhaltensweisen der Türken kommen könnte." (ebd., 690)

Hier wäre es notwendig, wie Holzkamp (1994) vorschlägt, von der Betroffenheit und den Erfahrungen der Subjekte auf allen Ebenen (Kultur, Klasse und Geschlecht) auszugehen, will man anti-rassistische Konzepte entwickeln. Anknüpfungspunkt für gemeinsame Projekte mit Deutschen und MigrantInnen könnte z. B. die Ausgrenzung als Frauen sein. Einen wichtigen Bereich stellt wiederum die Sozialisation von Kindern dar. Früh werden geschlechtsspezifisches Verhalten und ein spezifischer Umgang mit Fremden eingeübt.

10.4 Geschlechtsspezifische Sozialisation

„Gewaltausübung ist ein in der männlichen Sozialisation angelegtes, mit dem männlichen Geschlechtsrollenbild übereinstimmendes, als legitim anerkanntes Mittel der Aggressionsabfuhr und der Problembewältigung von Jungen und Männern" (Heiliger 1993, 5). Die Orte, an denen Kinder je geschlechtsspezifisch die Umgangsformen mit Gewalt (gemeint ist hier direkte oder personale Gewalt) lernen, sind Familie, Kindergarten und Schule. „Die Grundstruktur der sexuellen Aggression und Gewalt wird bereits früh, wenn nicht schon in der Familie, so im Kindergarten und später in der Schule gelernt und ausgiebig praktiziert." (ebd., 8) Heiliger kommt so auch zu dem Phänomen, daß Gewalt von Männern gegenüber Frauen, von Jungen gegenüber Mädchen im Kontext sexueller Handlungen viel älter ist als die rechtsradikale Gewalt, Gewalt gegen Frauen aber (schnell) aus dem öffentlichen Interesse verschwindet, Gewalt gegen andere zum Ereignis wird.

Direkte Gewalt gegen Frauen in der Ehe wird nicht als Bedrohung des Rechtsstaats gesehen (schließlich ist eheliche Vergewaltigung immer noch straffrei), obwohl diese die Entwicklungsmöglichkeit der Frau behindert und mit Angst verbunden ist. Und hinter der geschätzten 10%igen Beteiligung von Mädchen an Gewalttaten, die immer wieder diskutiert wird (vgl. Heiliger 1993), drohen die ca. 25% von sexuellem Mißbrauch betroffenen Mädchen zu verschwinden (vgl. Botens und Stanzel 1988).

„Ein vielversprechender praktischer Ansatz auf dem Weg zum Frieden scheint mir [...] aus feministischer Perspektive die Aufhebung des Geschlechterdualismus durch Erziehungsarbeit zu sein, konkret: eine Erziehung, die Kinder eben nicht in ‚typisch männliche' und ‚typisch weibliche' Wesen transformiert." (Batscheider

1993b, 150) Offen bleibt insgesamt die Frage für die Arbeit am positiven Frieden, wie sie mit den Gewalterfahrungen (sexuellem Mißbrauch und Schlägen), ihrer geschlechtsspezifischen Verteilung umgehen kann und welche Auswirkungen diese Erfahrungen auf die Grenzen und Möglichkeiten einer Erziehung zum Frieden haben.

10.5 Zur Diskussion um Gewaltbereitschaft von Mädchen

Es soll zunächst betrachtet werden, wie in der bisherigen Friedensforschung Gewalt und Geschlechterverhältnisse thematisiert werden. Im Zuge der allgemeinen Diskussion um die jüngsten gewalttätigen Ausschreitungen insbesondere von Jugendlichen (gegen MigrantInnen) wird immer wieder betont, daß auch Mädchen daran beteiligt seien (vgl. Heiliger 1993). Mädchen sind damit nicht so friedfertig, wie immer angenommen wurde. Schätzungen belaufen sich auf eine ca. 10%ige „Beteiligung von Mädchen an rechtsextremen Gewaltaktionen". „Dabei kann es sich sowohl um eigenständige Gewaltbereitschaft als auch um Anpassungsverhalten an Freunde handeln, die in Banden und Cliquen eingebunden sind." (ebd., 5)

Petry (1993) plädiert dafür, daß der Blick auf männliche Gewalttäter den auf weibliche nicht länger verstellen solle. „Je mehr [...] Gewalt einen Glamour von Freiheit, Macht und Abenteuer vermittelt, desto mehr können auch Frauen daran Gefallen finden, d. h. an der Verbindung von Gewalt und Stärke partizipieren wollen." (Petry 1993, 161) Diese Vermutung ist sicherlich richtig. Schließlich werden die Entwicklungsmöglichkeiten von Mädchen im Vergleich zu denen der Jungen stärker eingeschränkt. „Kinder werden von frühester Kindheit an mit gesellschaftlich festgelegten Rollenzuschreibungen und -erwartungen konfrontiert. Mädchen wie Jungen sind hierdurch in ihren Entwicklungsmöglichkeiten eingegrenzt, jedoch erfahren nicht zuletzt aufgrund des dominanten Geschlechterverhältnisses in dieser Gesellschaft Mädchen weitaus massivere Einschränkungen als Jungen." (Deutscher Bundesjugendring 1991, 7) Genannt werden hier die Aktionsräume und -zeiten, die für Mädchen kleiner sind als für Jungen. Was liegt da für Mädchen näher, als zu versuchen, ihre Entwicklungsmöglichkeiten zu erweitern.

Wenn Verfügung über Lebensbedingungen in dieser Gesellschaft mit Macht verknüpft ist und diese wiederum mit Gewalt assoziiert wird (vgl. Arendt 1970), dann liegt es auf der Hand, daß auch Frauen daran teilhaben wollen. Diese Kette von gesellschaftlicher Verfügung, Macht und Gewalt zu durchbrechen ist eine wichtige Aufgabe beim Umgang mit Kindern beiderlei Geschlechts. Dennoch birgt die Betonung weiblicher Gewalttätigkeit eine Gefahr. Erstaunlich an dieser Sicht ist weniger, daß Mädchen nicht so friedfertig sind, wie angenommen wurde. Schließlich lassen sich im Prozeß der Zivilisation immer wieder Einzelbeispiele von Frauen finden, die an der Macht waren und für die Anwendung von Gewalt sorgten – nachweislich seit dem alten Ägypten (vgl. Lerner 1991).

Erstaunlich ist vielmehr, daß ein Phänomen betont wird, welches zum einen quantitativ relativ gering ist oder nur vermutet wird und sich zum anderen gegen Frauenemanzipation insgesamt richten kann. Es kristallisieren sich zwei Sichtweisen zeitgenössischer Ansätze heraus: Entweder wird versucht zu belegen, daß *auch* Frauen direkte Gewalt ausüben, oder Frauen werden als solche gesehen, die Gewalt zulassen, indem sie (als Mittäterinnen) den Männern die Räume dafür bereiten (vgl. Thürmer-Rohr 1987; Batscheider 1993a). Ist dieser Vorgang als vielleicht unbewußter Versuch zu werten, um zu zeigen, was die Emanzipation von Frauen bringt, nämlich daß sie auf dem besten Wege sind, so schrecklich zu werden, wie die Männer schon sind?

10.6 Widersprüche: Bedürfnisse nach Frieden und nach Gewalttätigkeit

Erschwerend hinzu kommen die widersprüchlichen Bedürfnisse von Kindern. Gronemeyer formuliert allgemein für den Menschen, was für Kinder insbesondere gilt: „So sehr es ihm zur Lebenstüchtigkeit an allen Ecken und Enden von seiner natürlichen Grundausstattung her fehlt, so sehr ist der Mensch ein *Streber*. Der Mangel wird ihm zur Herausforderung" (Gronemeyer 1988, 15). Indem Kinder das Bedürfnis nach Verfügung über ihre Lebensbedingungen haben, streben sie positiven Frieden an. In unserer Gesellschaft ist aber die Verfügung über die Lebensbedingungen in der Regel mit Macht und Gewalt verknüpft. So kann (bei den Heranwachsenden) leicht der Eindruck entstehen, daß die Verfügung über die eigenen Lebensbedingungen nur mit Gewalt durchzusetzen ist. Zugespitzt formuliert bedeutet das, *daß Kinder in den bestehenden gesellschaftlichen Verhältnissen ein Bedürfnis nach Frieden und Gewalt zugleich entwickeln.* Da sich aber auf allgemeiner Ebene gezeigt hat, daß die Geschlechterverhältnisse von Grund auf Verhältnisse struktureller Gewalt sind und sich dies auch in der Ausübung von direkter Gewalt seitens der Kinder geschlechtsspezifisch auswirkt, kann man davon ausgehen, daß der Widerspruch, zugleich Bedürfnisse nach Frieden und Gewalt zu haben, über die Geschlechterverhältnisse gelöst wird.

Hier soll die These aufgestellt werden, daß jedes Geschlecht vorwiegend die eine Seite auslebt, Jungen aufgrund ihrer Sozialisation weniger Probleme als Mädchen haben, direkte Gewalt anzuwenden, während die Mädchen durch ihre Zurückhaltung dazu beitragen, daß Gewaltverhältnisse aufrechterhalten werden können. Über diese geschlechtsspezifische Verteilung von Gewalt kann sich im Effekt eine Unfriedenskultur stabilisieren und reproduzieren.

Zugleich geht diese Verarbeitungsweise zu Lasten der Entwicklungsmöglichkeiten von Mädchen und Frauen. Gemessen an ihren Potentialen aber können sich so beide Geschlechter nicht vollständig entwickeln. Solange dieses Problem nicht in Lösungsstrategien einbezogen wird, ist an eine Friedenskultur auch perspektivisch nicht zu denken. Oder positiv formuliert: „Friedensstiftung ist [...] eine auf Selbstkritik und Selbstveränderung bauende Anstrengung von Männern und Frauen. Ohne Frauen und deren selbsttätige Aufhebung ihrer (Mit-)Täterschaft ist Friedensstiftung nicht möglich." (Birckenbach 1990, 18) Jungen und Mädchen müssen lernen, ihre unterschiedlichen Verhaltensweisen zu erkennen und den Anteil, der darin zu einer Unfriedenskultur beiträgt, zu sehen, um auf Dauer Gewaltverhältnisse durchbrechen zu können.

Und mehr noch: Sieht man „Geschlechterverhältnisse als Produktionsverhältnisse" (vgl. den Abschnitt 10.1; vgl. F. Haug 1993b), dann wird deutlich, daß beide Geschlechter an der Entwicklung geschlechtsspezifischer Identitäten beteiligt sind, die dazu führen, daß Kriege möglich bleiben. Faßt man die bisherigen Ergebnisse zusammen, kommt man zu folgendem Bild: Aggression und Gewalt gehören zum Bild des Soldaten und müssen so Bestandteil männlicher Identität sein, da jeder Mann ein potentieller Soldat sein oder werden soll (vgl. Batscheider 1993a; Seifert 1991). Hierbei kommt dem anderen, der Abgrenzung zu Frauen und weiblicher Identität, besondere Bedeutung zu. Einem Soldaten vorzuwerfen, sich wie eine Frau zu verhalten, dient zur Herabsetzung. „Neue Rekruten sind ‚Ladies', bis sie gelernt haben, auf Befehl zu töten und dadurch Männer werden. Frauenfeindlichkeit ist für das Trainieren von Soldaten ein brauchbares Mittel; schon kleine Jungen werden angehalten, alles, was in ihnen ‚feminin' ist, zu bekämpfen." (Ruddick 1993, 126)

10.7 Zur Konstruktion weiblicher und männlicher Identitäten

Die Konstruktion weiblicher Identität als nicht-aggressiv und nicht-gewaltbereit ist die Kehrseite derselben Medaille. Männliche Gewalttätigkeit und weibliche Gewaltlosigkeit gehören zusammen wie Krieg und Frieden und begründen unter anderem die potentielle Gewalttätigkeit von Männern gegenüber Frauen. Smith (1994) zeigte, daß strukturelle Gewalt gegen Frauen nicht losgelöst von ökonomischen und kulturellen Verhältnissen gesehen werden darf, wenn sie z. B. hervorhebt, daß viele Ehefrauen erst nach der Heirat die Gewalttätigkeit ihrer Ehemänner zu spüren bekommen haben. Mit der ökonomischen Abhängigkeit der Frauen vom Einkommen ihrer Männer, meinen Männer das Recht zu haben, ihre Frauen zu prügeln. Es ist also nicht die Schuld einzelner Frauen, wenn sie von ihrem Mann geschlagen werden. Im Gegenteil – Frauen tragen zur Reproduktion dieser Verhältnisse bei, *indem sie sich schuldig fühlen* und damit dem Mann das Recht zu züchtigen zugestehen. Ein weiteres Element, das zur Aufrechterhaltung von Gewalt in den Geschlechterverhältnissen beiträgt, ist ihre gleichzeitige Sichtbarkeit und Unsichtbarkeit, wenn man z. B. bedenkt, daß die meisten Vergewaltigungen im Privaten stattfinden, aber zugleich öffentliche Plätze als überwiegender Gefahrenhort betrachtet werden. Theoretisch ergibt sich das merkwürdige Phänomen, daß in den Analysen Gewalt gegenüber Frauen verschwindet oder diskutiert wird, wie gewalttätig Mädchen sind, während den Männern und Jungen immer wieder zugestanden wird, Frauen und Mädchen zu verprügeln oder verbal zu unterdrücken.

10.8   Friedensarbeit mit Mädchen und Jungen

Bezogen auf Geschlechterverhältnisse wurde in pädagogischen Studien in der Regel nach Differenzen zwischen Mädchen und Jungen gefragt (vgl. Nyssen 1993; Thorne 1993). Hierbei kam es zu solchen Ergebnissen wie dem, daß die schulischen Leistungen und Noten der Mädchen in der Regel durchschnittlich besser sind als die der Jungen, aber dennoch Jungen ein höheres Selbstbewußtsein an den Tag legen. „Die Leistungseinschätzungen der Jungen verbessern sich stärker als diejenigen der Mädchen, Ängste werden von Jungen weniger geäußert und Selbstwertgefühle sind bei ihnen ausgeprägter. Dieses Ergebnis gilt für alle Klassen bzw. Leistungskurse, d. h. gleichermaßen für gute und schlechte SchülerInnen." (Nyssen 1993, 26 f.) Häufig würden die Jungen alles „Männliche" aufwerten und entsprechend alles „Weibliche" abwerten (vgl. ebd., 28). So antwortete in einer Studie ein Junge auf die Frage, ob er gern ein Junge sei: „Klar, weil ich mich in meinem Körper wohler fühle als in dem Leib eines Mädchens" (zit. n. Nyssen 1993, 29).

Bei der Entwicklung von Konzepten für eine Friedenskultur muß diesen geschlechtsspezifischen Verarbeitungen Rechnung getragen werden, da z. B. von der Selbsteinschätzung der einzelnen auch abhängt, wofür sie sich verantwortlich fühlen, und was sie sich zutrauen wollen. Zunächst soll darauf eingegangen werden, wie es zu diesen geschlechtsspezifischen Haltungen der SchülerInnen kommt.

Im folgenden soll exemplarisch eine nordamerikanische Studie vorgestellt werden, da ihre Ergebnisse erste Anregungen für eine Arbeit am positiven Frieden mit Kindern geben kann, die *zugleich* versucht, die Geschlechterverhältnisse zu überwinden. Die empirische Studie von Thorne, die sie über viele Monate in zwei US-amerikanischen Grundschulen und einem Kindergarten durchgeführt hat, orientiert sich an der Frage, wie Kinder Geschlechterverhältnisse konstruieren und verändern (Thorne 1993, 4). Das Hauptinteresse liegt darauf, wie Kinder die Welt in *Abwesenheit* von Erwachsenen gestalten. Zu ihren Grundannahmen gehört zum einen, wovon in diesem Kapitel auch ausgegangen wird, daß das soziale Geschlecht (gender) alltäglich produziert wird. Hinzu kommt die Annahme, daß das Spiel Möglichkeiten für gesellschaftliche Veränderungen bietet (ebd.,5).

Die Autorin kommt u. a. zu dem Ergebnis, daß sich die Kinder in der Nachbarschaft bezogen auf Geschlechtertrennungen anders verhalten als in der Schule. Nach der Schule begreifen sich einige Jungen und Mädchen als Freunde und spielen miteinander, auf dem Schulhof hingegen tun sie so, als würden sie sich nicht kennen aus Angst vor dem Spott der MitschülerInnen (ebd., 50).

Thorne kritisiert die LehrerInnen, die die Kinder gleich zu Schulbeginn geschlechtsspezifisch als Jungen oder Mädchen titulieren. So lernen die Kinder in der Schule früh, sich als Zugehörige zu einem Geschlecht zu begreifen. Damit einher gehen von seiten der SchülerInnen geschlechtsspezifische Spiele und Ausgrenzungen. Thorne kommt zu dem Vorschlag, Probleme offen anzusprechen und mit den SchülerInnen zu diskutieren. Die Geschlechter sollten sich als Individuen besser kennenlernen können, statt als Zugehörige zu einem Geschlecht oder zu einer Rasse. Das könnte helfen, Stigmatisierungen und Ausgrenzungen einzuschränken und letztlich, so läßt sich auf Alltagsfriedensforschung übertragen, Gewalt zu minimieren.

An Hand einer Studie zum Thema Angst läßt sich feststellen, daß Jungen und Mädchen zum Teil unterschiedlich mit Bedrohungen umgehen (vgl. Wollmann 1991). Hier unterschiedliche Verhaltensweisen zu thematisieren, könnte den Jungen und Mädchen die Fremdheit nehmen und gemeinsam zu produktiven Lösungen zum Beispiel im Umgang mit Bedrohungen führen, indem die Verhaltensweisen und Ängste zunächst in nach Geschlechtern getrennten Gruppen und im Anschluß daran gemeinsam thematisiert werden, wie an anderer Stelle bereits ausgeführt wurde (vgl. Ketelhut 1994).

Für die Arbeit am positiven Frieden interessant ist das geschlechtsspezifische Interesse der SchülerInnen am Physikunterricht. Dieses Fach gehört zu den Fächern, die für Mädchen (anders als für Jungen) am uninteressantesten sind. Das gilt aber nicht für „Astrophysik, Nachrichtentechnik und Radioaktivität/Kernenergie" (vgl. Nyssen 1993, 25). Hier wäre es sinnvoll, die gemeinsamen Interessen von Jungen und Mädchen in Friedenskonzepte einzubauen, was sich beim Thema Kernenergie geradezu anbietet. Somit könnte der Physikunterricht an dieser Stelle einen günstigen Anknüpfungspunkt für Jungen und Mädchen zugleich zum Thema Krieg und Frieden bieten.

„Obwohl die Jungen deutlich weniger zum Gelingen des Unterrichts beitragen und eindeutig mehr Störungen provozieren, gelten sie selbst bei Lehrerinnen als die Kreativen und die Intelligenten." So fassen Schnack und Neutzling in ihrer Studie über Jungen Ergebnisse aus der pädagogischen Frauen- und Mädchenforschung zusammen (Schnack und Neutzling 1993, 128). Dieses Phänomen fanden die Autoren in ihren eigenen Unterrichtsbeobachtungen in einer ersten Grundschulklasse bestätigt: „Die Jungen beanspruchten den Löwenanteil der Aufmerksamkeit und der Ansprache der Lehrerin: Sie kamen öfter dran, wurden mehr gelobt und mehr getadelt und störten und störten und störten, während die Mädchen mit braven gruppendienlichen oder auf den Unterricht bezogenen Leistungen um die Aufmerksamkeit der Lehrerin buhlten." (ebd., 133) So stellt sich hier die Frage, wie der Widerstand der Jungen für Friedenskonzepte, die auf gesellschaftliche Veränderungen gerichtet sind, produktiv genutzt werden kann und wie Mädchen zu Widerstand motiviert werden können.

Die Autoren untersuchten durch teilnehmende Beobachtung die Verarbeitungsweisen von Angst seitens der Jungen. Sie stellten fest, daß schon kleine Jungen häufig mit Bluff arbeiten, indem sie vorgeben, etwas zu wissen, wovon sie noch kaum Ahnung haben, wobei sie andere ständig als solche diffamieren, die keine Ahnung hätten (ebd., 134). „In allen Altersstufen zählt die Lässigkeit zu einer der Jungeneigenschaften, die von den Gleichaltrigen mit am positivsten bewertet werden. Sich zu melden und zu sagen, daß man nichts versteht, gilt als unmännlich. In einer solchen Situation die Lehrerin zu attackieren oder den dargebotenen Stoff in der anschließenden Pause für idiotisch zu erklären gilt als

männlich. Wenn Jungen lernen, dann ‚mit links'. Streber sind Muttersöhnchen."
(ebd., 144) Angst wird von Jungen und Mädchen unterschiedlich verarbeitet. So
zeigte sich in einer empirischen Studie mit 32 zehn- und elfjährigen SchülerInnen,
daß sich die Mädchen bei einer Gefahr oder Bedrohung eher ausgeliefert fühlten
als die Jungen, wenn keine Bezugspersonen in der Nähe waren (vgl. Wollmann
1991). Hier wurden die SchülerInnen konkret nach einem Angsterlebnis befragt.
In vielen Situationen bleibt aber die Angst unsichtbar – insbesondere die der Jungen. So stellten Schnack und Neutzling fest: „Manche Jungen verdrängen ihre
Angst so gründlich, daß sie sie selber nicht mehr wahrnehmen können." So werde
die Angst im Laufe der Entwicklung hinter „Machtstreben, Unruhe, Rationalisie-
rung usw. versteckt" (Schnack und Neutzling 1993, 145). Schnack und Neutzling
schlagen vor: „Die Schule müßte mehr als bisher den Jungen beibringen, mit
angstvollen Situationen, Schwächen und unangenehmen Gefühlen umzugehen."
(ebd., 147)

Friedenskonzepte mit, von und für Kinder zu entwickeln erweist sich als
Herausforderung angesichts des geschlechtsspezifischen Verhaltens, das oft der
Verfügung über die Lebensbedingungen an verschiedenen Stellen entgegensteht.

Manchmal gelingt es Jungen, Angst, sofern sie sie bewußt verarbeiten, produktiver umzusetzen als Mädchen. So zeigte Wollmann (1991) in ihrer Studie
über Kinderängste, daß Jungen mit Bedrohungen anders umgehen als Mädchen.
So verarbeitete ein Junge seine Angst vor einer Umweltkatastrophe, von der er
durch einen Film Kenntnis erhalten hatte, indem er mit Freunden einen Umwelt-
club gründete. Ein Mädchen, das eine vergleichbare Situation, eine Radiosendung
über eine atomare Bedrohung, beschrieb, wandte sich an ihre Großmutter und
ließ sich beschwichtigen (vgl. ebd., 276 ff.).

Zum anderen wird es schwieriger, an den Ängsten der Jungen anknüpfen zu
können als an denen der Mädchen, da Jungen oft dazu tendieren, ihre Ängste zu
leugnen oder zu verstecken. Kann man bei den Mädchen davon ausgehen, daß sie
so lange diskutieren oder nachfragen, bis sie etwas verstanden haben oder sich an
eine Bezugsperson wenden, muß damit gerechnet werden, daß sich die Jungen,
sofern sie nicht konstruktiv mit ihrer Angst umgehen, sich als Besserwisser und
Alleskönner aufspielen, ohne zu wissen, worum es überhaupt geht. Dennoch
lassen sich die Ergebnisse bisheriger Studien zu Kindern dazu nutzen, den dort
angeführten Hinweisen in der Praxis nachzugehen. So sollte man nicht resignieren,
wenn insbesondere Jungen sagen, sie hätten „keinen Bock", sondern sich auf die
Suche nach den unverstandenen Aspekten machen.

Um auf Dauer einen Beitrag zur Gewaltprävention in den Geschlechterverhältnissen zu leisten, sollte in der Praxis darauf geachtet werden, Jungen und
Mädchen nicht als Geschlechter aufzurufen. Zugleich wird dieses aber immer
dann erforderlich sein, wenn es notwendig wird, separate Diskussionsgruppen
oder Spielgruppen für Jungen und Mädchen einzurichten. Auch sollte man die
Konzepte auf die Freizeit der Kinder ausdehnen, da man (wie Thorne gezeigt hat)
davon ausgehen kann, daß sich die Kinder in der Nachbarschaft anders verhalten

als in der Schule. Inwiefern dies auch für Gewalt und Gewaltbereitschaft gilt, bliebe zu prüfen.

10.9 Geschlechterverhältnisse und Friedensstrukturen

Zusammenfassend läßt sich festhalten, daß Frauen- und Friedensfragen nicht hierarchisch angeordnet bearbeitet werden können, sondern gleichzeitig behandelt werden müssen. *Die Geschlechterverhältnisse im Kontext der Subjektanalyse in den Vordergrund von Alltagsfriedensforschung zu stellen, hat sich als unumgänglich erwiesen.* Geschlechterverhältnisse als Produktionsverhältnisse zu sehen, verdeutlicht die Teilhabe beider Geschlechter an der Gestaltung von Friedens- und Unfriedensstrukturen. Die Konstruktion des sozialen Geschlechts ist bereits früh in der Sozialisation von Jungen und Mädchen angelegt und wird von beiden produziert bzw. reproduziert, so daß Chancen für Veränderungen im Bereich der Sozialisation liegen.

Da Geschlechterverhältnisse als grundlegend für Fremdenfeindlichkeit ausgemacht worden sind, liegt hier auch ein Anknüpfungspunkt für Friedensarbeit, die dazu beitragen will, Fremdenfeindlichkeit letztlich zu überwinden.

Kapitel 11

Kommunale Friedensarbeit mit Deutschen und MigrantInnen

11.1 Veränderung des Gesellschaftsbildes der Deutschen

Zu Beginn der neunziger Jahre stellten die häufigen kriminellen Gewaltdelikte von Deutschen gegen „Ausländer" und das teils verdeckte, teils unverhüllte Verständnis dafür bei einem erheblichen Teil der Bevölkerung und sogar die Zustimmung zu solchem Terror eine eminente Herausforderung an den Staat und seine demokratischen Organe dar. Verstärkt wurde diese Problematik dadurch, daß zeitgleich in der Bevölkerung die Abwehr gegen die wachsende Zahl der Flüchtlinge immer offener zutage trat. Durch diese gesellschaftliche Entwicklung wurde in Frage gestellt, ob der Staat noch in der Lage sei, die Sicherheit für alle in seinen Grenzen lebenden BürgerInnen zu schützen und die gegebenen Rechtsgarantien einzuhalten. Zweifelhaft war geworden, ob in der deutschen Gesellschaft ein Konsens über die Geltung der fundamentalen, einleitenden Artikel des Grundgesetzes bestehe oder ob diese humanen Werte ihre Verbindlichkeit verloren hätten und zur Fassade geworden seien. Insofern galt der innere Friede in diesen Jahren als grundlegend bedroht. Auch außenpolitisch und in ökonomischer Hinsicht war unverkennbar großer Schaden entstanden.

Die staatlichen Organe sahen sich zum Handeln genötigt. Gefordert war eine Politik, welche die tragenden Grundsätze unserer Verfassung aktualisierte und die darüber hinaus ein neues Gesellschaftsbild entwarf, das der Wirklichkeit eines Einwanderungslandes gerecht wurde und dafür eine demokratische Struktur entwickelte.

Die Politik, die in jenen Jahren dominierte, war gekennzeichnet durch einen tiefgreifenden Widerspruch. Die Politik der Regierungsparteien, aber auch die der großen Oppositionspartei SPD bestand aus zwei gegenläufigen Strategien, die sich weithin paralysierten: Einerseits wurden Interpretationen propagiert, mit denen die Bedeutung der Ereignisse reduziert wurde. So wurde behauptet, es handle sich nur um „Randerscheinungen", es seien Taten von „Verrückten" oder aus der kleinen Gruppe der unverbesserlichen Neonazis. Politiker beteiligten sich an den Aufrufen und Aktivitäten, die das Ziel hatten, eine deutliche Mehrheit gegen „ausländerfeindliche Gewalt" zu mobilisieren wie z. B. durch die „Lichterketten". Sie erklärten als ein innen- und außenpolitisches Signal, daß die Deutschen nicht „ausländerfeindlich" seien. Einige rechtsextreme Organisationen, die lange Zeit öffentlich agiert hatten, wurden verboten. Die Regierung rüstete die Sicherheitskräfte technisch auf und finanzierte mit vergleichsweise geringen Mitteln einige sozialpädagogische Modellprojekte.

Andererseits, in offensichtlichem Widerspruch zu der Reduktionsstrategie, gaben Politiker deutlich zu erkennen, daß auch sie ein Verständnis hätten für die Sorgen in der Bevölkerung, es gäbe inzwischen „zu viele Ausländer" in Deutschland. Diese hätten hier zu günstige Lebensbedingungen, und die Einheimischen seien im Vergleich zu den Ausländern nicht deutlich genug bevorzugt. Diese politische Strategie bestätigte durch die Abschottung Deutschlands gegen die Flüchtlinge und durch die vielfältige, auch rechtlich abgesicherte Benachteiligung der MigrantInnen die Abwehrgefühle und das Abgrenzungsverhalten in der Bevölkerung.

Von den Kirchen, Gewerkschaften und anderen Institutionen getragene Aktivitäten gingen den Konflikt vor allem mit moralischer Argumentation an. Diese war insofern begründet, weil die moralische Grundlage der gesellschaftlichen Ordnung in Frage gestellt worden war. Es ist anzunehmen, daß solche Aktivitäten einen gewissen Schutz für die bedrohte Minderheit der MigrantInnen darstellten, zumal die deutsche Mehrheit zu einer Solidarität mit den Minoritäten aufgefordert wurde. Andererseits enthielten solche Appelle zwar mitmenschliche, aber keine politischen Handlungsperspektiven.

Handlungskonzepte sind in der Fachliteratur zum Thema Migration zu finden. Schon vorher gab es zahlreiche Publikationen, in denen eine theoretische, vor allem pädagogisch-sozialpädagogisch orientierte Diskussion geführt wurde. In den neunziger Jahren ist die Zahl der Veröffentlichungen derart angewachsen, daß sie nur noch von Fachleuten verfolgt werden kann. Einhellig werden die in der offiziellen Politik gebräuchlichen Deutungsmuster und Vorgehensweisen kritisiert. Einigkeit besteht weithin, daß es sich bei den Eruptionen von Gewalt keineswegs um ein gesellschaftliches Randphänomen handelt, sondern daß die Terrorakte einen hohen Grad von Akzeptanz in der Mitte der Gesellschaft finden und sich jederzeit wiederholen können.

Strittig ist in der Fachdiskussion, wie das Verhalten der deutschen Mehrheit theoretisch zu begreifen ist. Das weite Spektrum der Erklärungen soll hier nicht referiert werden. Es wird vom Konflikt der Kulturen gesprochen (vgl. kritisch dazu Auernheimer 1988), von Ausländerfeindlichkeit (vgl. Hoffmann und Even 1984), von ethnischem Nationalismus (vgl. Heckmann 1992) oder von Rassismus (vgl. Miles 1991; Cohen 1994). Bei näherer Betrachtung zeigen sich in den sehr unterschiedlichen Erklärungszusammenhängen jedoch wichtige gemeinsame Aspekte, die ein Gesellschaftsbild ergeben, welches dem Verhalten der deutschen Mehrheit zu den MigrantInnen zugrunde liegt:

- Die Beziehungen der deutschen Mehrheit zu den nicht-deutschen Minderheiten ergeben sich aus einem Interpretationsschema, dessen Evidenz aus einem schlichten Grundmuster folgt: Es wird unterschieden zwischen den Eigenen und den Fremden bzw. zwischen denen, die dazugehören und denen, die nicht dazugehören.
- Diese Unterscheidung ist nicht eine Angelegenheit der individuellen Erfahrung oder moralischen Einstellung, sondern sie hat eine vermeintlich objektive Basis:

die Zugehörigkeit zu verschiedenen Rassen, ethnischen Nationalismen oder Kulturen. Mag der Fremde im persönlichen Umgang als angenehm und vertraut erscheinen, es liegt nicht an seiner Person, wenn er im Wesen doch ein Fremder bleibt. Für „fremd" wird „der Fremde" gehalten, weil er nicht zu uns gehört. Sei es in ontischer oder biologischer oder auch nur in historischer oder kultureller Hinsicht, – er ist nach diesem Interpretationsmuster als der Fremde objektiv anders geprägt.

– Es wird als unbestreitbar selbstverständlich angesehen, daß zumindest auf dem eigenen Territorium die Eigenen Vorrang vor den Fremden haben. Es bedarf keiner weiteren Rechtfertigung, daß die Fremden nicht die gleiche gesellschaftliche Position beanspruchen können wie die, die hierher gehören. Im kulturellen Ethnozentrismus werden andere Kulturen nur als untergeordnete geduldet. Der Rassismus ist durchdrungen von einem Superioritätsbewußtsein: Die eigene Rasse bzw. Kultur sei der fremden überlegen, durch „Vermischung" werde großer Schaden angerichtet.

– Die Unterscheidung der Fremden von den Eigenen begründet eine Art von Feindlichkeit den Fremden gegenüber, wie sie auch bei den vergleichbaren Begriffen Kinderfeindlichkeit oder Frauenfeindlichkeit intendiert ist. In einer latenten Form der Ausländerfeindlichkeit, die von den Betreffenden häufig abgestritten wird („Ich habe gar nichts gegen Ausländer, aber..."), sind keine aggressiven Handlungen gegen bestimmte Personen impliziert. Es handelt sich um „zunächst fast unbewußte Denkmuster, die zu strukturellen und institutionellen Bedingungen führen, die für die von dieser ‚Feindlichkeit' Betroffenen nachteilig sind" (Hoffmann und Even 1984, 21). Daneben gibt es als einen anderen Aggregatzustand dieser Feindlichkeit deren manifeste Form, den offenen Haß und die Gewalttaten. Zu einer entsprechenden Einschätzung über die Verbreitung eines latenten Rassismus kommen Jäger (1992), Kalpaka und Räthzel (1990) sowie Leiprecht (1992), die auf Grund von Fortbildungsveranstaltungen festgestellt haben, daß auch PädagogInnen, die sich MigrantInnen gegenüber für offen und tolerant halten, in rassistischen Denkmustern befangen sind.

– Die scheinbare Objektivität, mit der die Abgrenzung begründet wird, ist durch eine ideologische Konstruktion hergestellt. Es handelt sich bei der Unterscheidung der Kulturen, ethnischen Nationalismen und Rassen nicht um eine naturwissenschaftliche oder historische Tatsache, sondern um einen Mythos, der jenseits rationaler Argumentation verwurzelt ist. Miles (1991) spricht von einer „Rassenkonstruktion", Hoffmann (1992), Heckmann (1992), Müller (1993) reden von der Konstruktion eines ethnischen Nationalismus. Das eigene Volk ist als objektive, Abgrenzung legitimierende Größe keineswegs ein gesicherter Zustand. Hoffmann (1992) zeigt an der deutschen Geschichte auf, daß das deutsche Volk immer wieder neu definiert worden ist. Dies geschah nicht selten durch offene Diskriminierung, Deportation und Massenvernichtung. In der jüngsten Vergangenheit mußten besonders Polen und Juden erleiden, daß sie nicht „zu unserem Volk" gehören. Selbst Deutsche konnten als „undeutsch" ausgegrenzt und vernichtet werden.

- Eine solche Konstruktion kann nur wirksam werden, wenn politische Macht zu ihrer Durchsetzung vorhanden ist, die ihre Überlegenheit und ihre Definition von Minderwertigkeit bzw. Nachrangigkeit gesellschaftlich verifizieren kann.
- Eine derartig ideologisch abgesicherte Abgrenzung ist nicht aus einem Mangel an zutreffenden Kenntnissen über die Fremden zu erklären und auch nicht durch historische, kulturelle oder biologische Information aufzuheben. Die Abgrenzung des Eigenen von dem Fremden hat vielmehr wichtige Funktionen: In Konkurrenzsituationen, wo Konflikte um knappe Ressourcen (Wohnung, Arbeit u. a.) ausbrechen, soll dieses Gesellschaftsbild den eigenen Vorrang begründen. Hinzu kommt ein anderer Aspekt: In Zeiten der Verunsicherung vermag die Zuschreibung „Wir" im Unterschied zu „den Fremden" eine Orientierung und Geborgenheit zu geben. Das geglaubte „Eigene" ist gerade in Zeiten, wo es nicht mehr als Vergewisserung erfahren wird, ein Surrogat für die Erfahrung von Zugehörigkeit (vgl. Hoffmann 1992).
- Letzterer Aspekt ist insbesondere von Heitmeyer weiter entfaltet worden. Im Anschluß an die von Beck u. a. vorgetragene These von den Individualisierungstendenzen, der Auflösung der sozialen Kerne (vgl. Kapitel 8.2) spricht Heitmeyer von einer „Distanzgesellschaft": „Wo soziale Zugehörigkeiten instabiler und ‚unklarer‘ werden, gibt es eine Wiederkehr von ‚Naturkategorien‘ wie Hautfarbe, ‚Rasse‘ und auch Nation. Dies sind Zugehörigkeiten, die den Individuen nicht genommen werden können und die auf Grund ihrer Eindeutigkeit innerhalb von erlebten Desintegrationsprozessen nun neue Gruppierungskraft entwickeln. Wo sich allerdings soziale Einbindung und Verankerung auflöst, müssen die Folgen des eigenen Handelns für andere nicht mehr berücksichtigt werden. Die Gewaltschwelle sinkt zur Sicherung von Selbstdurchsetzung oder Selbstbehauptung, und zwar um so leichter, je höher die Normalisierung von abwertenden Positionen gegenüber Fremden in einer Gesellschaft ist und je mehr sich soziale Zugehörigkeit stabilisiert, so daß u. U. nur noch die Gewißheit übrig bleibt, Deutscher zu sein, desto eher bekommt Gewalt eine Richtung" (Heitmeyer 1993, 156).

Demzufolge begreift Heitmeyer die Problematik als „Desintegrationsprozeß der Ansässigen" (ebd., 161). Er fügt allerdings hinzu, daß dadurch die Integrationsprobleme der „Zuwandernden" erschwert werden. Desintegration der Ansässigen und erschwerte Integration der Zuwandernden verstärken sich wechselseitig.

Derartige Erklärungen machen Gegenmaßnahmen obsolet, die nur oder vorrangig auf die Kompensation von Defiziten bei den MigrantInnen setzen, auch wenn sie in „ausländerfreundlicher" Intention auf Integration dieser Minderheit abzielen. Solche Bemühungen, wie sie in den siebziger und noch in den achtziger Jahren inbesondere als „Ausländerpädagogik" oder „Ausländerberatung" gefördert wurden, haben an Einfluß verloren (vgl. Puskeppeleit und Thränhardt 1990, Filtzinger und Häring 1993).

Aus den genannten Überlegungen folgern vielmehr Strategien, die einerseits den Minderheiten einen rechtlich gesicherten Status zuerkennen und die andererseits bei der deutschen Mehrheitsbevölkerung das Bewußtsein dafür wecken, daß die Konstruktionen einer homogenen ethnischen Nationalität, einer kulturellen oder gar biologischen Einheitlichkeit auf Täuschungen beruhen. Es muß sich im Bewußtsein wie in der Realität ein Gesellschaftsbild etablieren, das die Vielfalt der Herkünfte und kulturellen Lebensmuster akzeptiert.

Eine demokratische Minderheitenpolitik muß auf der grundsätzlichen Entscheidung basieren, für MigrantInnen den sie benachteiligenden Sonderstatus und die damit verbundene institutionalisierte Diskriminierung abzubauen, Einwanderung zu erleichtern, doppelte Staatsangehörigkeit zu ermöglichen, sofern die Zugewanderten sich selber dafür entscheiden und sie mit zunehmender Aufenthaltsdauer ihre Existenz nach Deutschland verlagert haben. Dazu gehören weiterhin Maßnahmen zur Förderung der sozialen Gleichstellung der MigrantInnen, z. B. Sprachförderprogramme, ein Antidiskriminierungsgesetz sowie Förderung der kulturellen Entfaltung der Minderheiten. Flankiert werden muß diese grundlegende Umstellung auf ein Einwanderungsland durch eine geplante Einwanderungspolitik.

Allerdings erfordert die Entscheidung, die MigrantInnen als gleichberechtigt anzunehmen und aufzunehmen, nicht nur eine Änderung der Rechtspositionen, sondern einen schwierigen und grundlegenden „Wandel im Wir-Bewußtsein der Bundesrepublik" (Hoffmann 1992, 164). Hier liegt eine wichtige Aufgabe kommunaler Friedensarbeit und darauf bezogener Alltagsfriedensforschung. Denn die Kommune, der Wohnbereich im Stadtteil, die Lebenswelten sind wesentliche Orte, wo gesellschaftliche Desintegration und Auflösung gewachsener sozialer Beziehungen schmerzhaft erlebt werden, woraus Konflikte zwischen deutscher Mehrheitsbevölkerung und Minderheiten der MigrantInnen entstehen können (vgl. Heitmeyer 1993). Kommune, Stadtteil bzw. alltägliche Lebenswelten sind aber auch der Ort, an dem die BewohnerInnen Partizipation praktizieren können (vgl. Kapitel 8.3). Menschen unterschiedlicher Herkunft und kultureller Prägung können hier Erfahrungen gewinnen bei der gemeinsamen Gestaltung ihrer nahen Lebensbereiche. Solche Gemeinsamkeiten darf man sich nicht nach Art eines permanenten Straßenfestes vorstellen. Prozesse der Mitbestimmung enthalten viele Konfliktstoffe, es begegnen sich unterschiedliche Traditionen, Lebensstile und kulturelle Muster. Aber Partizipation an den Aufgaben und Problemlösungen des Alltags bietet die Chance, Erfahrungen der Zusammengehörigkeit zu erleben.

Anstelle eines fiktiven „Wir, die wir hierher gehören", das von der Wirklichkeit längst zersetzt ist, kann ein neues „Wir" entstehen, das aus der Erfahrung erwachsen ist, an der Gestaltung von Lebenswelt, Stadtteil und Kommune beteiligt zu sein. Die Kategorien „Wir" und „die Fremden" sind nicht durch Naturtatsachen objektiv gesetzt, sie sind in gesellschaftlichen Prozessen gebildet worden. Dementsprechend können sie durch gesellschaftliche Aktivitäten und Übereinkünfte in der Zusammenarbeit neu bestimmt werden. *Darin liegt die Chance einer kommunalen Friedensarbeit mit Deutschen und MigrantInnen.*

Diese Überlegungen müssen bei den Bezeichnungen berücksichtigt werden, die hier zu verwenden sind. Marginalisierung richtet sich gegen Personen, die in der Alltagssprache und auch in Medien überwiegend „Ausländer" genannt werden. (Sofern hier diese Bezeichnung übernommen wird, wird sie deshalb in Anführungszeichen gesetzt.) Dieser Sprachgebrauch ist zumindest ungenau: Nicht gemeint sind die Angehörigen des in Deutschland stationierten ausländischen Militärs, nicht die Diplomaten und Touristen aus dem Ausland, nicht die Fachkräfte, die ausländische Firmen mitgebracht haben. Gemeint sind primär diejenigen, die zugewandert sind, um hier Erwerbsarbeit aufzunehmen. „Gerade hier ist der Begriff ‚Ausländer' immer weniger aussagekräftig: Menschen anderer Staatsangehörigkeit, die seit Jahrzehnten dauerhaft in der Bundesrepublik leben (Erste Generation), ihre hier geborenen und aufgewachsenen Kinder (Zweite Generation) oder sogar schon Enkel (Dritte Generation) sind im rechtlichen Sinne zwar zumeist nach wie vor ‚Ausländer'. In einem weiteren, Lebensformen, Mentalitäten und Selbstverständnis einschließenden Sinne aber sind viele längst so etwas wie einheimische Ausländer, ausländische Inländer, Bindestrich-Deutsche, Paß-Ausländer oder Deutsche mit einem fremden Paß" (Bade 1992, 9). Hinzu kommen die Saisonarbeiter, vorwiegend aus Osteuropa sowie die Flüchtlinge, deren Asylgrund anerkannt wurde oder noch überprüft wird, dazu die Abgelehnten, die aber einen vorläufigen Status als Geduldete haben, ferner die Untergetauchten, illegal hier Lebenden. Schließlich werden in die Diskussion häufig die sog. Aussiedler einbezogen, deutsche Staatsbürger der Abstammung nach, die als Vertriebene vor allem aus Osteuropa gelten und die einen deutschen Paß bekommen.

Unter der Bezeichnung „Ausländer" werden also sehr unterschiedliche Personengruppen zusammengefaßt. Der Begriff „AusländerInnen" wird in diesem Zusammenhang freilich auch deshalb von einigen AutorInnen abgelehnt, weil – so wird argumentiert – er die tatsächlich geschehene Ausgrenzung begrifflich bestätigt: „Wenn man diesen Begriff benutzt, übernimmt man die Trennung zwischen innen und außen, als ob sie selbstverständlich wäre" (Kalpaka 1992, 93).

Dies gilt erst recht für die Bezeichnung „die Fremden" in Unterscheidung zu den Einheimischen, obwohl diese Bezeichnung den Kern der Marginalisierung trifft. Die Bezeichnungen „die AusländerInnen", „die Fremden" drücken zwar das Bewußtsein aus, das die Marginalisierung legitimiert. Aber in einer Untersuchung zur kommunalen Friedensarbeit, mit der dieses Bewußtsein verändert werden soll, muß der Sprachgebrauch diese Veränderung reflektieren. In der Fachdiskussion wird deshalb zunehmend von „MigrantInnen" gesprochen, und diese Bezeichnung wird auch hier übernommen. Die Übersetzung „EinwandererInnen" ist deshalb in den meisten Fällen nicht korrekt, weil nicht alle der damit gemeinten Personen diesen Status anstreben, sondern nur einen passageren Aufenthalt beabsichtigen.

11.2 Interkulturelles Lernen in der Gesellschaft der Bundesrepublik

Interkulturelles Lernen ist zu einem Leitbegriff geworden für eine Arbeit, die das Zusammenleben von Menschen unterschiedlicher kultureller Herkunft weiterentwickeln will, und zwar im Sinne von gegenseitiger Achtung und wechselseitiger Anregung. Die Fülle der Literatur zu diesem Begriff kann den Eindruck erwecken, als habe sich damit eine pädagogische und gesellschaftspolitische Leitidee bereits etablieren können. Allerdings gibt es neben dem Standardwerk von Auernheimer (1990) und zahlreichen anderen theoretischen Arbeiten zwar eine Vielzahl von Praxisberichten, aber kaum methodisch ausgewiesene Evaluationen. So muß vorerst offen bleiben, inwieweit die programmatischen Absichten adäquate gesellschaftliche Auswirkungen zeigen.

Freilich stellt die Einführung der Begriffe interkulturelles Lernen und multikulturelle Gesellschaft einen wichtigen Entwicklungsschritt dar. Es ist zwar strittig, ob mit multikultureller Gesellschaft bereits eine Realität bezeichnet wird, ob damit ein erst anzustrebendes Ziel benannt wird oder eine kritische Meßlatte angegeben ist, mit der die bisherigen Entwicklungen zu beurteilen sind (vgl. Griese 1991). Jedenfalls geht dieses Begriffspaar davon aus, daß in unserer Gesellschaft verschiedene Kulturen – gemeint sind Kulturen unterschiedlicher ethnischer Herkunft – auf Dauer miteinander leben werden. Die Frage lautet nun, *wie* dieses Zusammenleben gestaltet werden kann. Wird jenes Gesellschaftsbild, in dem die eine, homogene deutsche Kultur unterstellt wird, abgelöst durch ein neues, eben multikulturelles Gesellschaftsbild? Daß dieser Ablöseprozeß keineswegs schon entschieden ist, zeigt die weiter laufende Diskussion, daß Deutschland kein Einwandererland sei und in Deutschland die deutsche Kultur Vorrang habe. Doch dort, wo die Programmatik des interkulturellen Lernens aufgegriffen wird, ist bereits akzeptiert, daß die Vielfalt der Kulturen innerhalb derselben Gesellschaft als ein positiver Wert begriffen werden kann.

Der Begriff *interkulturelles Lernen* stammt aus dem englischsprachigen Raum: In einem kanadischen Regierungsprogramm von 1971 wird von „multicultural education" gesprochen (Auernheimer 1990). Etwa zehn Jahre später faßt dieser Begriff in Deutschland Fuß. Er löst den Leitbegriff „Ausländerpädagogik" ab, der freilich schon vorher problematisiert worden ist. Die Ausländerpädagogik wurde zu Beginn der siebziger Jahre entwickelt, als sich zumindest in Teilen der Fachöffentlichkeit die Einsicht durchzusetzen begann, die im Kühn-Memorandum zum Ausdruck gekommen ist: Die „Gastarbeiter" werden für längere Zeit hier bleiben, sie holen ihre Familien nach, ihre Kinder werden hier zur Schule gehen, und deren Integration wird zu einer unabweisbaren Aufgabe.

Problematisiert wird in der Ausländerpädagogik die Integration allerdings nur auf der Seite der MigrantInnen. Von den Deutschen wird Toleranz und Geduld erwartet, wenn der Anpassungsprozeß der MigrantInnen mit Schwierigkeiten verbunden ist und sich verzögert. Darum muß Ausländern Hilfe angeboten werden in der Schule und in der Freizeit, beim Erlernen der deutschen Sprache und durch die Einrichtung von Sozialberatungsstellen. Ausländerpädagogik erscheint zumindest in den Materialien für Schulunterricht und Lehrerfortbildung sowie in den Praxisberichten aus der Sozialarbeit und Sozialpädagogik als eine Form von Sonderpädagogik für die Problemgruppe Ausländer. Aus der Kritik an dieser einseitigen Problemverortung entsteht das Konzept des interkulturellen Lernens.

Vor allem zu dem korrespondierenden Begriff *multikulturelle Gesellschaft* wurde in den letzten Jahren eine Fülle von Literatur produziert. Zunächst griffen solche Institutionen diesen Begriff auf, die für gesellschaftliche Integration und Bewahrung humaner Werte zuständig sind, die Schulen, die Einrichtungen der Sozialarbeit und Sozialpädagogik, die Kirchen und Wohlfahrtsverbände. Darüber hinaus fand der Begriff der multikulturellen Gesellschaft bald Zustimmung bei einer liberalen, politisch zu rot-grün tendierenden Öffentlichkeit. Auch die von den christlich-liberalen Regierungsparteien eingesetzten „Ausländerbeauftragten" verwenden diesen Begriff, der zunehmend eine positive Füllung erhielt, weil sich mit ihm ein aufgeklärtes Bewußtsein und die Vision eines toleranten Zusammenlebens ausdrücken läßt.

Die verbreitete Zustimmung zu diesem Begriff hängt allerdings auch damit zusammen, daß sie offen sind für unterschiedliche Interessen. Radtke (1992) sieht vier divergierende, problematische Vorstellungen, für die diese Begriffe herhalten müssen:

Erstens der programmatisch-pädagogische Multikulturalismus: „Er ist entstanden aus der Idee der interkulturellen Erziehung zum gegenseitigen Respekt von als gleichwertig postulierten ‚Kulturen' [...]. Er ist Teil der allgemeinen Tendenz zur Pädagogisierung von sozialen Konflikten, die immer dann einsetzt, wenn andere gesellschaftliche Instanzen ein neu entstehendes Problem nicht bearbeiten können oder wollen. [...] Diese moralisierende Form des Multikulturalismus tendiert zu einer sozial-romantischen Verklärung der in der Gesellschaft virulenten Widersprüche, neigt zu einem Kulturalismus, der die strukturellen Gegebenheiten und materiellen Konflikte unterschätzt, und steht in der Gefahr, bei Folklorisierung zu enden [...]. Allzuoft dient der pädagogische Multikulturalismus einer Strategie der ‚aktiven Professionalisierung', mit der Organisationen, Pädagogen und Wissenschaftler ihren Stellenbestand im Konzern der Vermittler zu sichern suchen." (Radtke 1992, 131)

Zweitens der kulinarisch-zynische Multikulturalismus: Er ist Ausdruck des Lebensgefühls der Modernisierungsgewinnler, die in Kunst und Küche, Musik und Mode die internationale Vielfalt als Bereicherung zu genießen wissen und dabei die Kehrseite weltweiter Migrationsprozesse, Entwurzelung, Verarmung und Entrechtung als Kosten der Freiheit mit Achselzucken akzeptieren.

Drittens der demographisch-instrumentelle Multikulturalismus: Aus Sorge um den Erhalt des Systems der sozialen Sicherung und bei Berücksichtigung des Arbeitsmarktes soll nationalstaatliche Enge überwunden werden. Darum wird eine bedarfsgerechte Einwanderung gefordert. In diesem Sinne argumentiert man häufig mit dem Nutzen, den die Anwesenheit der Migranten für die Deutschen bringe: Die Beschäftigung der „Ausländer" diene der Wirtschaft und der Rentensicherung. Diese utilitaristische Argumentation wurde bereits verwendet, als während der faschistischen Herrschaft die Deportation der „Fremdarbeiter" gerechtfertigt wurde.

Viertens der reaktiv-fundamentalistische Multikulturalismus: Wenn einerseits die Ausländer darin bestärkt werden, ihre eigene Kultur zu leben, während sie andererseits fortwährend institutionalisierter Diskriminierung ausgesetzt sind, liegt es nahe, daß sie sich auf kulturelle Traditionen zurückbesinnen, sich in Ghettostrukturen und Clans organisieren und sich fundamentalistischen Tendenzen öffnen (vgl. Radtke 1992).

Diese Kritik von Griese (1991) und Radtke (1992) macht darauf aufmerksam, daß nicht nur weit divergierende Interessen die Leitbegriffe multikulturelle Gesellschaft und interkulturelles Lernen besetzt halten, sondern daß auch zumindest bei einer naiven Verwendung dieser Begriffe eine Verschiebung der Problemlage erfolgt ist, die weithin noch gar nicht bemerkt wurden ist: Diese Leitbegriffe bringen die Diskussion darüber, wie das Zusammenleben der deutschen Mehrheitsbevölkerung mit den ausländischen Minderheiten gestaltet werden soll, auf die relativ unverfängliche Ebene einer kulturellen Pluralität. Tatsächlich aber liegen die Konflikte zwischen der Mehrheit und den Minderheiten in deren Marginalisierung primär in politischer, sozialer und materieller und keineswegs nur in kultureller Hinsicht. Den Befürchtungen von Griese und Radtke ist darin Recht zu geben, daß die kulturelle Toleranz zu einem Deckmantel für fortgesetzte, vielfältige Benachteiligung werden kann. Wie beim Konzept der Ausländerpädagogik ist zu fragen, ob auch hier Pädagogik eine angemessene Politik ersetzen soll. Es darf nicht dabei bleiben, daß die Kultur der Mehrheit Macht und Einfluß, die MigrantInnenkultur aber Ohnmacht und Benachteiligung zum Ausdruck bringt (vgl. Kapitel 3.5).

Schulte (1992) nennt als Konsequenz aus derartigen Anfragen, daß eine multikulturelle Gesellschaft eine demokratische Gesellschaft werden muß. Das Zusammenleben der verschiedenen Kulturen stellt eine Herausforderung an die Weiterentwicklung von Demokratie dar. Denn in der Begegnung der Kulturen kommt es zur Konfrontation unterschiedlicher Einfluß- und Teilnahmechancen, deren Regelung die Wesensaufgabe von Demokratie darstellt.

Schulte (1992, 110) versteht Multikulturalismus in dreifacher Hinsicht als Demokratisierung:

Erstens als politische Demokratisierung, durch die institutionalisierte, rechtliche Diskriminierung der Ausländer abgebaut werden soll;

zweitens als soziale Demokratisierung, die vielfältige materielle Benachteiligungen beseitigt;

drittens als kulturelle Demokratisierung, durch die unter inhaltlichen Gesichtspunkten die Kulturen der ausländischen Minderheiten in den verschiedenen gesellschaftlichen Bereichen angemessen berücksichtigt werden und „Prozesse der Begegnung, des Austausches der (Selbst-)Reflexion und der Diskussion innerhalb und zwischen den verschiedenen Kulturen gefördert werden" (Schulte 1992, 120). Unter partizipatorischen Gesichtspunkten geht es um die angemessene Beteiligung der Minderheiten in den verschiedenen kulturellen Bereichen und bei der Besetzung beruflicher Positionen.

Strittig ist das Verständnis von Kultur im Kontext von interkulturellem Lernen in der multikulturellen Gesellschaft. Diskutiert wird ein *partikularistisches, ein universalistisches und ein prozeßhaftes Kulturverständnis* (Auernheimer 1988 und 1990; Schneider-Wohlfahrt 1990; Kürsat-Ahlers 1992; Radtke 1992).

Das *partikularistische Verständnis von Kultur* ist im Alltagsdenken, aber auch in fachlichen Arbeitshilfen für das interkulturelle Lernen verbreitet. Dabei wird der Mensch als Geschöpf seiner Kultur verstanden (vgl. kritisch dazu Auernheimer 1988). Kultur wird im partikularistischen Verständnis jeweils einem hauptsächlichen (engeren oder weiteren) Geltungsbereich zugewiesen und insofern meistens mit bestimmten Völkern verbunden. So spricht man z. B. von einer türkischen oder einer arabischen Kultur. Kultur gilt in diesem Verständnis als homogen, traditionsgeleitet und dadurch als ein starres Gebilde. Damit verbindet sich die Vorstellung von der frühen kulturellen Prägung einer Persönlichkeit: Kulturen werden in der Kindheit erlernt und können nur schwer wieder abgelegt werden, sie umgeben die Menschen wie eine zweite Natur. Im Geltungsbereich fremder Kulturen zu leben gilt als eine schwer zu bewältigende Konfliktsituation.

Für interkulturelles Lernen kommt es nach diesem Verständnis darauf an, die fremde Kultur kennenzulernen, also ihre Gewohnheiten und Bedeutungen, ihre geschichtliche Herkunft, insbesondere die schriftlichen Quellen und Kultgegenstände. Durch das Kennenlernen sollen Irrtümer und Vorurteile abgebaut, Toleranz, Respekt und Taktgefühl gefördert werden. Vorauszusetzen ist, daß den Kulturen unterschiedlicher Herkunft Räume zugewiesen werden, wo sie ohne Störung und Diskriminierung praktiziert werden können. Bei bestimmten, meist festlichen Gelegenheiten sollen die verschiedenen Kulturen – gemeint sind meist die Herkunftskulturen der MigrantInnen – sich gegenseitig vorstellen können. Einige Kommunen wie z. B. Frankfurt am Main haben bereits Behörden eingerichtet, die für die administrative Regelung und Förderung derartiger multikultureller Pluralität Sorge tragen.

Gegen solche Weise der Kulturpflege wird eingewendet, daß dadurch Zuschreibungsprozesse und Stereotypenbildung eher gefördert als überwunden werden. Selbst wenn in der interkulturellen Begegnung Gemeinsamkeiten festgestellt werden, führen diese Kenntnisse der fremden Kultur zu einer Abgrenzung der eigenen von der fremden Gruppe. Wie weit der Appell an die Moral trägt, die fremden Gewohnheiten und Wertsetzungen zu respektieren, ist skeptisch zu beurteilen. Problematisch ist ein solches partikularistisches Kulturverständnis vor allem deshalb, weil ein großer Teil der MigrantInnen schon längere Zeit in Deutschland ihren Lebensmittelpunkt hat und insbesondere die hier geborenen Kinder und Jugendlichen eine ambivalente Beziehung zu ihrer Herkunftskultur entwickeln müssen. Denn jede Kultur ist in Verbindung mit bestimmten materiellen und sozialen Lebensbedingungen entstanden. Sitten und Gebräuche, Ordnungen und Normen sind in dem jeweiligen Zusammenhang sinnvoll und sinnstiftend. Unter veränderten Lebensbedingungen kann dieser Sinnzusammenhang verlorengehen. Kulturelle Muster und Setzungen drohen zu erstarren und verkommen zu unverstandener Folklore. Veränderung der Lebensbedingungen macht eine Distanzierung von traditionellen Kulturmustern, eine kulturelle Emanzipation erforderlich.

Die *universalistische Kritik* am partikularistischen Kulturverständnis weist zudem darauf hin, daß für alle traditionellen Kulturen das Moment der Abgrenzung wesentlich ist. Die weltweiten Wanderungsbewegungen nötigen aber, eine neue, universalistische Kultur zu entwickeln, die gerade keine Abgrenzung mehr kennt (Finkielkraut 1989). Solche Weltkultur müßte als Wesenskern die allgemeinen Menschenrechte enthalten, dürfte jedenfalls nicht mehr hinter diesen Stand zurückfallen, daß Menschen die grundlegenden Rechte zuerkannt werden, eben weil sie Menschen sind und nicht mehr Unterschiede auf Grund von Herkunft, traditionsbestimmtem Status oder Geschlecht gemacht werden.

Radtke (1992) verweist in seiner Kritik am „Multikulturalismus" darauf, daß sich in modernen Gesellschaften in der öffentlichen Sphäre eine spezifische Gleichgültigkeit gegenüber dem Fremden entwickelt hat: Menschen begegnen sich dort als Träger von Funktionsrollen. Anders als in der Privatsphäre, wo es „um die Interaktion mit der ganzen Person geht" (ebd.), ist in der Öffentlichkeit allein von Bedeutung, daß der Andere seine zugewiesene Funktionsrolle erfüllt. Seine sonstigen Eigenschaften sind gleich-gültig, „die Tatsache, daß er Merkmale eines anderen Geschlechts, einer anderen Religion oder Region oder einer anderen ethnischen Gruppe trägt, [kann] im Regelfall übersehen werden" (ebd.). Denn die Ausfüllung der Funktionsrollen, so Radtke, hängt von diesen Merkmalen nicht ab. „Wir begegnen dem Fremden nicht als Fremden, sondern als Funktionsrollenträgern" (ebd.). Angesichts einer derartigen Entwicklung stellt der „Multikulturalismus" eine Regression dar. Zudem ist er, so Radtke (ebd.), in einem Widerspruch verfangen: Indem er die kulturelle Pluralität öffentlich fördert, verstärkt er das traditionelle Denken, das er zu überwinden trachtet.

Freilich unterschätzt Radtke, wie auch in funktional differenzierten Gesellschaften auf Persönlichkeitsmerkmale der Rollenträger geachtet wird. Bezeichnend ist die Überschrift in einem Zeitungsartikel 1995: „Wenn er seine Arbeit gut macht, ist es doch egal, ob er Türke, Deutscher oder sonst was ist", heißt es dort in einem Portrait über einen Bürgermeister türkischer Herkunft in Bielefeld. Von einem Stadtrepräsentanten, einem Arzt, einem Fußballspieler oder Müllfahrer ausländischer Herkunft wird strikt erwartet, daß er seine Funktionsrolle mindestens ebenso gut ausfüllt wie ein Deutscher. Außerdem ist unverständlich, daß Radtke die Bedeutung von Geschlecht, aber auch von Religion bzw. von ethnischer Verwurzelung bei der Wahrnehmung gesellschaftlicher Funktionen für irrelevant hält. Radtke konstruiert ein Gesellschaftsmodell, welches unabhängig von seinen kulturellen, regionalen und religiösen Traditionen funktionieren soll. Es ist zumindest fraglich, ob diese funktionalistische Sicht zu einer Reduktion von Marginalisierungskonflikten beitragen kann.

Aus England berichtet Senior (1986) von einer ähnlichen Position, die dort kritisch als „colour blind approach" bezeichnet wird. In sozialer Arbeit werden nach diesem Verständnis „alle gleich" behandelt, ob jemand schwarze oder weiße Hautfarbe hat, ob er Muslim ist oder Christ, ob er daraus diese oder jene Speisegewohnheiten, Feste oder Rituale ableitet, Unterstützung und Respekt findet er, weil er „ein Mensch ist wie alle anderen auch".

Ähnlich versteht es Finkielkraut (1989) als eine „Niederlage des Denkens", wenn Verhaltensweisen wie körperliche Züchtigungen, Steinigungen bei Ehebruch als Kultur bezeichnet werden. Fragwürdige kulturelle Bestände sind nicht durch das Konzept einer multikulturellen Gesellschaft zu konservieren. Die Erhaltung der ethnischen Traditionen sei Verrat an der Aufklärung, die allein es wert sei, sich in einer Weltkultur zu entfalten.

Auch Glowka und Krüger (1988) verweisen in diesem Zusammenhang einer Kritik am partikularistischen Kulturverständnis auf die Aufklärung. Die öffentliche Schule sei diesem Maßstab verpflichtet. Bewahrung von Minderheitenkulturen würde dem Verfassungsauftrag widersprechen (vgl. Auernheimer 1991).

Interkulturelles Lernen in diesem universalistischen Sinn ist vordringlich eine aufklärerische Kritik an diversen Herkunftskulturen, eine Befreiung aus Gefängnissen kultureller Befangenheiten in Traditionen und die Entwicklung einer kosmopolitanischen Universalkultur, wie sie in den Künsten sich abzuzeichnen beginnt.

Dagegen ist einzuwenden, daß ein derartiges Kulturverständnis das Bedürfnis der meisten Menschen nach Orientierung in kulturellen Mustern unterschätzt.

Die universelle Bedeutung der Menschenrechte soll nicht angezweifelt werden, aber diese Grundsätze bilden noch nicht das, was Menschen von einer Kultur erwarten: ein System von symbolischen Bedeutungen, das gegenständlich und sinnlich faßbar wird in Überlieferungen, Festen, Sprachen, Wertvorstellungen und Institutionen, das aus der Bewältigung der gemeinsamen Lebensaufgaben einer Gruppe erwächst und von dieser tradiert wird, das die Funktion hat, individuelles und gesellschaftliches Leben zu deuten und Handeln zu orientieren.

Eine Orientierung an einer zukünftigen Weltkultur bei prinzipieller Kritik und Distanzierung von der eigenen Herkunftskultur mag für eine intellektuelle Existenz bei sorgenfreier materieller Absicherung vorstellbar sein. Für Jugendliche aber, zumal ausländische Jugendliche, die alltäglich vielfältigen Diskriminierungen und Abwertungen ausgesetzt sind, ist eine solche intellektuelle Orientierung nicht möglich. Diese Jugendlichen sind umstellt von unterschiedlichen Sinngebungen, sie erleben Veränderungen, mehr noch, Entleerungen und Autoritätsverfall von Kultur. Sie merken, daß die familial erlernten Kulturen in der deutschen Gesellschaft nur einen geringen Stellenwert haben und zur Orientierung höchstens dann taugen, wenn eine Außenseiterrolle akzeptiert wird. Sie stehen in der Spannung zwischen den in der Familie geltenden Kulturmustern und den ihrer deutschen Altersgenossen, sie sind dem Druck konsumorientierter Deutungsmuster ausgesetzt. In einer komplizierten, verwirrenden und häufig diskriminierenden Situation, umgeben von vielfältigen Sinnversprechungen, müssen sich diese Jugendlichen ihre eigene Sinngebung zusammenbauen, ihre Erfahrungen deuten und so eine Orientierung finden.

Bei diesem Verständnis von Kultur wird von ihrer Funktion her gedacht: Sie wird „als ein Repertoire symbolischer Bedeutungen, das der Orientierung dient, der Selbstdefinition und Selbstverortung im sozialen Raum, der Verständigung und Selbstverständigung" (Auernheimer 1991, 5) gesehen. Diese Sicht führt zu einem *prozeßhaften Verständnis von Kultur*, das sich von dem partikularistischen und universalistischen Verständnis wesentlich unterscheidet. Es wird nicht angenommen, daß Menschen von ihrer Herkunftskultur so fest geprägt seien, daß sie diese wie einen Panzer zeitlebens mitnehmen müßten. Zwar zeigt sich, daß sich ein Teil der MigrantInnen insbesondere aus der älteren Generation angesichts veränderter Lebensbedingungen um so stärker in die überkommenen Traditionen zurückziehen, allerdings um den Preis, daß sie Fremde in der sie umgebenden Gesellschaft bleiben und ihren Kindern keine überzeugende Orientierung für die neue Umgebung anbieten können. Ein anderer Teil der MigrantInnen jedoch, insbesondere die aus der jüngeren Generation, wagt einen kreativen, eigenständigen Umgang mit Überlieferungen und versucht, eine Synthese zwischen den Lebensbedingungen und den überkommenen und den in der hiesigen Gesellschaft angetroffenen Deutungsmustern herzustellen. Dieser aktiv gestaltete Prozeß geschieht meist in vorsichtigen Schritten, selten als ein individuelles Arrangement, eher mit Unterstützung in Gruppen, die die gleiche Aufgabe zu bewältigen haben.

Für die deutsche Bevölkerung, insbesondere die deutschen Jugendlichen, gilt tendenziell die gleiche Aufgabe. Auch sie müssen sich in veränderten Lebensbedingungen zurechtfinden, für die die kulturellen Muster der vorigen Generation nur noch eingeschränkt tauglich sind. Für die meisten MigrantInnen ist die Situation aber deshalb schwieriger, weil sie vielfältigen Entwertungserfahrungen ausgesetzt sind. Ihnen wird es schwer gemacht, ihre eigenen Bedürfnisse zu artikulieren und solche Arrangements zu finden, die nicht nur Unterwerfung abverlangen. Ein nicht-entfremdender Prozeß der Aneignung von Kultur hat dann günstige Bedingungen, wenn kein Druck besteht, die eigene Herkunft für minderwertig zu halten bzw. zu verleugnen oder an ihr starr festzuhalten zu müssen.

Aktive Kulturaneignung geschieht in unserer Gesellschaft in jedem Fall als ein interkulturelles Lernen. Es gibt nicht mehr das eine, richtige Orientierungsmuster. Im Alltag sind Deutsche wie MigrantInnen permanent vor die Aufgabe gestellt, sich zu verständigen, *wie* sie leben und miteinander auskommen wollen. In den familiären und nachbarschaftlichen Beziehungen, in den Arbeits- und Wohnverhältnissen, in den sozialen Strukturen des näheren und weiteren gesellschaftlichen Umfeldes, angesichts der politischen und der ökologischen Herausforderungen gibt es nicht nur die „mitgebrachten" Bewertungen, Lebensstile und Abgrenzungen. Alltag konfrontiert mit anderen, neuen Mustern; Alltag erfordert sogar häufig ein verändertes Verständnis der Situation, eine Abkehr von Gewohnheiten und Ritualen.

Interkulturelles Lernen beginnt dort, wo im Alltag wahrgenommen wird, daß es auch andere kulturelle Muster gibt als die eigenen. Es zeigt sich weiterhin darin, daß die anderen Muster für akzeptable Möglichkeiten der Lebensgestaltung angesehen werden. Das ist sicher nicht in jedem Fall möglich. Zum interkulturellen Lernen gehört auch der Streit. Dabei kommt dem Grundsatz der Egalität, wie er in den allgemeinen Menschenrechten entfaltet worden ist, eine wichtige Bedeutung zu. Gleichberechtigung und Chancengleichheit, Überwindung von Ausgrenzung und Benachteiligung geben die Richtung an, in die sich interkulturelles Lernen bewegen muß.

Es ist Voraussetzung für interkulturelles Lernen, daß der anderen Kultur in der eigenen Lebenswelt gleichwertiger Platz eingeräumt wird, wo sie sich entfalten kann. Andererseits entwickelt sich im interkulturellen Lernen das Bewußtsein, daß andere Kulturen so gut wie die eigene zur eigenen Lebenswelt dazugehören und diese bereichern.

Allerdings ist interkulturelles Lernen weit mehr als das pluralistische Nebeneinander verschiedener kultureller Ausdrucksformen, wie es bei den sog. Multikulti-Festen praktiziert wird. Interkulturelles Lernen meint auch etwas anderes als die nur kognitive Information über fremde Kulturen. *Interkulturelles Lernen geschieht wesentlich in dem sozialen, politisch wirksamen Prozeß, in dem sich Menschen unterschiedlicher Herkunft an der Gestaltung ihrer näheren und weiteren Lebensverhältnisse aktiv beteiligen und dabei neue Lösungen für die anstehenden Probleme entwickeln.*

Interkulturelles Lernen ereignet sich in Partizipationsprozessen, in denen Menschen den gesellschaftlichen Veränderungen nicht verständnislos und entfremdet gegenüberstehen, und auf die sozialen und politischen Probleme nicht mit Selbsttäuschungen und Mythen reagieren, sondern demokratische Muster für das Zusammenleben auf den verschiedenen gesellschaftlichen Ebenen gestalten.

Kapitel 12

Beziehungs- und Lernarbeit mit Kindern und Erwachsenen als Grundlage innovativer Friedensarbeit

In den Kapiteln 8.1 und 9 wurde dargelegt, inwiefern Friedensarbeit in der Kommune Vermittlungsaufgaben wahrnehmen kann. Hier stellt sich nun die Frage, wie ErzieherInnen, LehrerInnen und SozialarbeiterInnen solchen Aufgaben gerecht werden können. Schließlich kommt gerade ihnen aufgrund ihrer Stellung eine zentrale Funktion bei der Entwicklung neuer Kulturen zu (vgl. Freire 1980; Collins 1991).[1] Auch Kinder wachsen in Herrschafts- und Abhängigkeitsverhältnissen auf und hinein. Wie am Beispiel der Geschlechterverhältnisse dargelegt wurde, sind sie dabei nicht einfach passive Wesen, denen man irgendetwas beibringen kann, sondern sie gestalten ihre Lebensbedingungen mit und tragen aktiv zur Entwicklung ihrer Identitäten bei. Das heißt zum einen, auch Kinder tragen die „Male ihrer Unterdrückung" (Freire 1970) in unseren gesellschaftlichen Verhältnissen, „in denen Kinder sich ebenso nicht entfalten können, vielfach gedemütigt, behindert, blockiert werden – seelisch und geistig" (F. Haug 1994, 18). Und zum anderen bauen sich Kinder aktiv in die Gesellschaft ein, wie sie auch dazu beitragen, sie zu verändern (vgl. Thorne 1993). Kinder müssen diese widersprüchlichen Erfahrungen verarbeiten und versuchen, sie produktiv für sich zu wenden und dabei ihre Möglichkeitsräume stets erweitern.

Die Frage nach der Entwicklung einer Friedenskultur ist also auch eine Sozialisationsfrage und kann nur umfassend in Angriff genommen werden, wenn man bei und vor allem mit den Kindern dort beginnt, wo sie lernen, sich die bestehende Kultur anzueignen: im Elternhaus, im Kindergarten, im Freizeitbereich, in der Schule. Damit liegt (in Deutschland) der Beginn für die Entwicklung einer Friedenskultur in den Kommunen. Was bisher vernachlässigt wurde, ist, Vorschläge und Konzepte für die Entwicklung einer Friedenskultur zu erarbeiten, die am Sozialisationsprozeß von Kindern ansetzen und worin Kinder als GestalterInnen ihrer Lebensbedingungen aktiv werden können (vgl. Esser 1992²a). Erziehung und Pädagogik erhalten dabei eine herausragende Bedeutung.

---

[1] „Traditionally, being a teacher in the Black community meant the kind of visibility that emerged as community leadership […]. In describing her role as a teacher, Fanny Jackson Coppin states that ‚she had always taught two schools – the students of the Institute and the Black community'" (Collins 1991, 150).

12.1 Zu den Begriffen Erziehung und Pädagogik

Zunächst soll versucht werden, etwas Klarheit über die Begriffsbestimmungen zu schaffen.

Erziehung: Das Wort kommt vom lateinischen „educare" und bedeutet „Höher- oder Emporziehen". Es stellt sich sogleich die Frage, wer, von was, wohin emporgezogen werden soll. Oft wird unter Erziehung „ein Ausrichten des Verhaltens der jüngeren Generation auf die Bedürfnisse und Erwartungen der Erwachsenen verstanden" (Schroeder 1992, 82). Gerade diese Vorstellung wird von vielen PraktikerInnen und WissenschaftlerInnen abgelehnt. Entweder wird versucht, den Begriff Erziehung neu zu gestalten (wie in den folgenden Abschnitten deutlich wird), oder man verwendet den Begriff Pädagogik.

Pädagogik: In ihrem ursprünglichen etymologischen Kontext bedeutet Pädagogik „Kinder-Führung" (vgl. von Hentig 1982). Hierbei ginge es dann ähnlich wie bei Erziehung um den direkten Umgang mit Kindern. Andere verwenden Pädagogik aber ausdrücklich zur Bezeichnung der Wissenschaftsdisziplin (vgl. Schroeder 1992).

Beide Begriffe, nicht nur Erziehung, sondern auch Pädagogik werden sowohl positiv als auch negativ konnotiert verwendet, wenn es um die Arbeit mit Kindern geht. Zu denken wäre hierbei z. B. an Materialien, die als „pädagogisch wertvoll" gelten oder an das Verb „pädagogisieren" als Umschreibung für unangemessene Belehrungen.

Die Verwirrung ist also vollkommen, so daß hier in der Regel „neutral" von der „Arbeit mit Kindern" die Rede sein soll, weil im Begriff „Arbeit" alle Beteiligten, die Erwachsenen und die Kinder, aufgehoben werden können und weil so nicht von vornherein ein hierarchisches Verhältnis bestimmt wird. Dennoch kommt man nicht umhin, die Begriffe Erziehung und Pädagogik zu verwenden, wenn Ansätze aus verschiedenen Richtungen vorgestellt werden. In diesen Fällen wird die Terminologie der jeweiligen AutorInnen übernommen, da sonst die Arbeit mit Zitaten zur Unverständlichkeit gerinnt.

12.2 Zum Verständnis von traditioneller Erziehung

Zunächst sollen verschiedene Konzepte zu Erziehung bzw. Pädagogik vorgestellt werden, um zu prüfen, was diese Ansätze letztlich zur Entwicklung einer Erziehung zum positiven Frieden beitragen können.

12.2.1 Allgemeine Vorstellungen

Schröder geht im Rahmen eines Handbuchs auf den Begriff Erziehung ein und versucht das Gemeinsame verschiedener zeitgenössischer Definitionen herauszufiltern. Den meisten „liegt das Bemühen zugrunde, Erziehung zwar als Maßnahme des äußeren Einwirkens auf die Entwicklung von Einstellungen und Haltungen aufzuzeigen, wobei durch Sozialisierungsprozesse Regeln und Normen des Verhaltens und damit auch die kulturellen Werte vermittelt werden, hierbei jedoch auch die Selbstentfaltung und *Selbstbestimmung* zu betonen und somit Erziehung eindeutig von Zwangsregulierung und Manipulation abzusetzen. Hieraus ergibt sich die Notwendigkeit, durch Erziehungsmaßnahmen vornehmlich Situationen zu schaffen, in denen der Heranwachsende unmittelbar Erfahrungen zur Förderung der Selbstentfaltung sammeln kann." (Schröder 1992, 84) Doch wie dies konkret aussehen könnte, läßt der Autor offen.

Er formuliert selbst eine Definition, die sowohl den „Prozeß als auch das Ziel der Erziehung" anspricht: „Erziehung kann beschrieben werden als eine Einwirkung auf die individuelle Entfaltung der Person zur Persönlichkeit." (ebd., 85) Anders als Erziehung sei „Persönlichkeitsentwicklung als ein lebenslanger Prozeß" zu betrachten (vgl. ebd.). Einwirkung und Selbstentfaltung bleiben unkonkretisiert. Läßt man beide Begriffe auf sich wirken, kann man sie auch als Gegensätze verstehen: Entweder entfaltet sich ein Individuum selbst oder auch selbstbestimmt (wie im obigen Zitat angeführt), oder jemand von außen wirkt auf dieses Individuum ein.

Deutlicher bestimmt Dietrich die Aufgabe von Erziehung, die für ihn beinhaltet, „das Kind immer mehr freizusetzen und zur Mündigkeit zu führen, so daß es sein Leben eines Tages selbst gestalten kann. Dazu bedarf das Kind der Führung und des Wachsenlassens, des Wachsenlassens und der Führung [...]. Erziehung erfolgt in dem unaufhebbar gegensätzlichen Prozeß von Führen und Wachsenlassen oder – wie wir auch sagen können: von Binden *und* Befreien." (Dietrich 1992, 45 f.) Doch wer bestimmt, wann, wer, wen, woran binden sollte und wann dem Kind Freiräume zugestanden werden sollten? Wieviel Selbstbestimmung darf es in diesem Konzept lernen?

12.2.2 Autorität und Grenzsetzungen in der Erziehung

Die vor ca. 25 Jahren von engagierten Erziehungs- und SozialwissenschaftlerInnen krititsierte Autorität erfährt heute eine Renaissance im Kontext von Pädagogik und Erziehung.

Zum einen wird immer wieder die Zunahme von Gewalt unter Kindern und Jugendlichen auf die antiautoritäre Erziehung zurückgeführt: „Als mit der 68er Generation zu Recht das Autoritäre in der Erziehung abgeschafft wurde, weil es nicht nach der Zustimmung der Kinder fragt, hat man die Autorität gleich mit abgeschafft, obwohl sie ja etwas Positives ist, weil Kinder sie brauchen und weil sie ihre Zustimmung bzw. Akzeptanz voraussetzt. Die Folge ist, daß die heutigen Eltern, die damals erzogen wurden, hilflos oder inkonsequent mit Forderungen, Wertvorgaben und Grenzerfahrungen, die Kinder zum Aufbau eines stimmigen Weltbildes dringend benötigen, umgehen. Vielen Eltern, die um 1968 mit den Idealen von antiautoritärer Erziehung und falsch verstandener Friedenserziehung im Sinne von Pazifismus aufgewachsen sind, fehlt, selbst wenn sie alles richtig machen wollen, ein Gespür für den richtigen Führungsstil." (Struck 1994, 211)

Angesichts dieser vor Souveränität und Selbstsicherheit strotzenden Thesen verwundert es, daß der Autor keine Belege für seine Behauptungen anführt. Schließlich müßte man doch differenzieren, wer aus der 68er Generation die Kinder erzogen hat, und man müßte klären, ob Kinder, die von antiautoritär erzogenen Eltern aufgezogen werden, überhaupt unter den gewalttätigen, sich führungslos allein gelassen fühlenden Kindern zu finden sind.[2] Neben der zu geringen Reichweite der Debatte über Schäden antiautoritärer Erziehung fällt ein eklatanter Mangel an empirischen Studien in diesem Themenkomplex auf.

Eine Ausnahme stellt die Befragung von Siebenschön (1986) dar. Die Aussagen der damals befragten fast Erwachsenen, die jünger als 20 Jahre alt waren, machten nicht den Eindruck der Orientierungslosigkeit. Eine der interviewten jungen Frauen beschreibt, was sie in der Praxis als antiautoritär erfahren hat: Antiautoritär „heißt ja nicht, Kinder völlig verwildern zu lassen. Es heißt ja nicht, daß sie alles machen können, was sie wollen, nämlich laissez-faire. Die Grenzen kannten wir, ganz klar, Strafen dagegen nicht." (zit. n. Siebenschön 1986, 98) Die Ergebnisse der Studie zusammenfassend, kann man festhalten, daß alle 19 Befragten (neun Frauen und zehn Männer) mit der bestehenden Gesellschaft nicht einverstanden sind, denn sie sind u. a. gegen Krieg, gegen Unweltverschmutzung und gegen Zwang. Allerdings verbleiben die Strategien für gesellschaftliche Veränderungen, die die Befragten entwickeln, oft im Individuellen. Notwendig scheinen Orte außerhalb der Parteien, wo die Jugendlichen kooperieren könnten. Allerdings erfährt man auch bei Siebenschön nicht, wie diese Menschen ihre Kinder erziehen.

Der von Struck beklagte Mangel an Wertvorgaben, Grenzerfahrungen und eines „richtigen Führungsstils" wird seitens der Ratgeberliteratur mit dem Vorschlag, den Kindern Grenzen zu setzen, beantwortet. „Es gibt heute kaum eine Diskussion über ‚Erziehung', in der die Formulierung ‚man muß Kindern wieder Grenzen setzen' nicht auftritt." (Stahlmann 1994, 26) Stahlmann sieht darin einen „Ruf nach Autorität" und eine Erziehung impliziert, „die weiß, was gut und schlecht, was richtig und falsch ist" (ebd., 27).

Am Beispiel eines zeitgenössischen Ratgebers soll dargelegt werden, was diese Grenzsetzungen für die Verfügung über die Lebensbedingungen der Kinder bedeuten. Rogge (1993) antwortet auf ein praktisches Problem: Erwachsene wissen nicht mehr, wie sie mit einem ungehorsamen Kind umgehen sollen, das sich nicht rechtzeitig für die Schule anzieht oder im Unterricht stört.

Ihm geht es um die „Kultivierung aggressiver Impulse" (Rogge 1993, 181), wobei er davon ausgeht, daß Aggression eine angeborene Eigenschaft aller ist, die es in den Griff zu bekommen gilt: „Die Entfaltung von Persönlichkeit ist ohne Aggression nicht denkbar. Aber genauso gilt: Selbständigkeit und Kreativität von Schülerinnen und Schülern kann durch erzieherische Aggression gehemmt und behindert werden." (ebd., 177) Er schlägt vor, die Aggression der Kinder ernst zu nehmen, ihnen Grenzen zu setzen und Kinder zu ermutigen, Aggressionen

---

[2] Auch erklärt der Autor nicht, was an einer pazifistisch orientierten Friedenserziehung „falsch" ist.

zu zeigen und ihnen daraus folgende Frustrationen zuzumuten (ebd., 181). Doch wer bestimmt an Hand welcher Kriterien, wann Kindern gesagt wird, wo eine Grenze ist oder wann man sie in die Frustration laufen läßt? Eine so verstandene Grenzsetzung bedeutet im Effekt Erziehung zur Anpassung. Kinder sollen auf diese Weise lernen, bestehende Rahmen zu akzeptieren, die in jedem Fall von Erwachsenen gesetzt werden.

Rogge biologisiert Aggression, so daß z. B. nach geschlechtsspezifischen Formen von aggressivem Verhalten gar nicht mehr gefragt zu werden braucht oder man zu dem Schluß kommen kann, daß Jungen von Natur aus aggressiver sind als Mädchen, wenn man wie Rogge nur auf der Ebene von Phänomenen verbleibt. Rogges Konzept ist reaktiv, er antwortet auf praktische Probleme von Erwachsenen. In seinem Ansatz kommt nicht mehr vor, wie Kinder lernen können, sich als produktive GestalterInnen ihrer Lebensbedingungen zu begreifen. Oder was machen Kinder mit der Wut über ihre Unterdrückung, kann dies nicht auch ein Auslöser von aggressivem Verhalten sein?

12.3 Ansätze für eine Erziehung zur Demokratiefähigkeit

Im folgenden soll exemplarisch nachgetragen werden, was die oben angeführten Autoren vernachlässigt haben, nämlich die Grundlagen für eine Erziehung, wie sie seit Beginn des 20. Jahrhunderts entwickelt wurden, um zu prüfen, inwiefern sie heute noch Anregungen für eine Erziehung bieten, in die sich eine Erziehung zu Demokratie und zum positiven Frieden integrieren läßt.

12.3.1 Zu reformpädagogischen Ansätzen

Zu Beginn wird exemplarisch ein reformpädagogischer Ansatz vorgestellt, da hier (seit Beginn des Jahrhunderts) im allgemeinen versucht wird, „eine Erziehung in den Schulen zu bewirken, welche mehr ‚vom Kinde aus' gestaltet und weniger durch Repressalien und Intellektualismus bestimmt wird." (Schröder 1992, 292)

Röhrs unterteilt die Reformpädagogik in fünf Phasen: In der ersten Phase im ausgehenden 19. Jahrhundert setzte man sich im Anschluß an Rousseau mit der ‚Buchschule' auseinander. In der zweiten Phase ab 1914 ging es um pädagogische Grundeinstellungen, was sich ca. 10 Jahre später in der dritten Phase in der Entwicklung theoretischer Grundlegungen verdeutlichte (vgl. Röhrs 1986). „Als permanente Bewegung, in deren Vollzug wir heute noch stehen, ist für die Reformpädagogik [...] eine vierte und fünfte Phase kennzeichnend, die in der Bundesrepublik seit etwa 1970 zur Gründung von Freien Alternativschulen geführt hat." (Eickhorst 1991, 422) Zum Teil haben sich diese Alternativschulen zur „integrierten Gesamtschule" weiterentwickelt. Röhrs bringt das Anliegen der Reformpädagogik auf den Punkt: „Gegenstandsbezogenheit des Lernens, um ein inneres Betroffensein durch die ursprüngliche Fragestellung zu sichern, ist das Ziel." (Röhrs 1983², 51)

Dazu soll der Ansatz von C. Freinet dargestellt werden, da er eine weite Verbreitung gefunden hat und seine Schulform zugleich wichtige Anregungen für eine Arbeit am positiven Frieden mit Kindern im Kontext kommunaler Friedensarbeit gibt. Freinet räumt der Erziehung Vorrang vor dem Unterricht ein, was bis heute immer wieder im Rahmen der Diskussionen um Kinderpolitik gefordert wird. Für die Antipädagogin Mannoni liegt der Vorteil des Ansatzes auch „in dem Willen, sich in das Dorfleben einzugliedern, in der Bedeutung, die dem politischen und sozialen Erwachen des Kindes und seiner Bewußtwerdung in diesen Dingen beigemessen wird." (Mannoni 1976, 52) Nun hat der Unterschied zwischen Stadt und Land heute an Bedeutung verloren, aber der Ansatz, im konkreten Lebensumfeld der Kinder anzusetzen, um dort Mitbestimmungsmöglichkeiten zu schaffen, wo Kinder täglich agieren, gewinnt zunehmend an Wichtigkeit.[3]

Der Ansatz von C. Freinet richtet sich gegen den Zwang in der Schule. Arbeit und Umwelt sind wichtige Stichwörter in dem Erziehungskonzept. Er forderte, „daß unsere Ausbildung normalerweise in der Umwelt des Kindes wurzeln sollte, dort, wo wir leben, und zwar durch die tatsächliche Arbeit, die unseren funktionellen Bedürfnissen entspricht" (E. Freinet 1981, 95). So ging er z. B. für die Fächer Geographie und Geschichte davon aus, daß die SchülerInnen z. B. erst die Flüsse ihrer Umgebung kennenlernen müßten, bevor sie blaue Linien auf Landkarten studieren sollten. Die Heimat böte des weiteren viele historische Hinweise, denen man nachgehen könne (vgl. ebd., 95).[4] Dies gilt nicht nur für das Leben im Dorf und seine Umgebung, sondern auch für die Städte und Kommunen.[5]

> „Die größte Wirksamkeit hat das Schulkonzept Freinets erwiesen, das den aktivitätspädagogischen Ansatz dadurch instrumentalisiert, daß es die Druckerpresse zum Mittelpunkt der Schularbeit macht." (Röhrs 1983[2], 54) Berühmt geworden ist diese Druckerei, da die SchülerInnen in der konkreten Arbeit lernen und sich zugleich auf dem aktuellen Stand der Geschehnisse halten. C. Freinet geht dabei von „Interessenkomplexen" aus: „Unsere Schule der Arbeit steht mitten im Leben und ist bedingt durch die vielen und verschiedenen Triebkräfte des Lebens. Die Kinder haben die Freiheit, aus unseren Angeboten das auszusuchen, was ihnen am meisten zusagt." (ebd., 97) Unser pädagogischer Auftrag besteht darin, den SchülerInnen zur Realisierung ihrer Fähigkeit zu verhelfen (vgl. C. Freinet 1944, 86).

Der größte Irrtum der „Paukschule" bestand seiner Meinung nach in der Unterrichtsstunde und in den Hausaufgaben, die daraus abgeleitet werden (vgl. E. Freinet 1981, 100). Statt dessen sollten sich die SchülerInnen ihre eigenen Stundenpläne machen. C. Freinet kritisierte die bestehende Schule mit ihren Zwängen und ihrer Weltfremdheit, indem z. B. die Fibel, die in Paris erarbeitet wird, für alle

---

[3] Zugleich stellt man sich verwundert die Frage, was aus diesem Ansatz geworden ist, deren AnhängerInnenzahl Mannoni in den siebziger Jahren auf ca. 20.000 schätzte (vgl. Mannoni 1976, 53).

[4] Für weniger anschauliche Fächer, z. B. das Lesen, entwickelte C. Freinet die „Ganzheitsmethode", wonach ganze Sinnzusammenhänge erfaßt werden, statt Buchstaben aneinanderzureihen.

[5] Viele Ansätze ziehen Linien zur nationalsozialistischen Vergangenheit und machen so Geschichte zu einem Teil der je eigenen Lebenswelt und fördern zugleich die Auseinandersetzung mit Judenverfolgung u. a. (vgl. z. B. Brieden u. a. 1987).

Schulen des Landes gelten sollte und somit nicht unbedingt an den Gegebenheiten und Bedingungen des französischen Landlebens anknüpfte. C. Freinet und seine AnhängerInnen verbleiben trotz einiger Innovationen im Rahmen der herkömmlichen Schule. Zwar sollen die SchülerInnen mitmachen, mitdenken und erkunden, aber die Rahmen geben die LehrerInnen weiterhin vor. Die Arbeit, mit deren Hilfe die SchülerInnen lernen, z. B. die Druckerei, orientiert sich an den bestehenden Arbeitsverhältnissen. Die Organisation der Freinetschule erfolgt gemäß dem Rahmen der herkömmlichen Schule. Die SchülerInnen sollen also die Mitbestimmungsformen lernen, die in der Gesellschaft üblich sind. Diese Aspekte werden immer wieder kritisiert, ebenso wie der Umgang mit schulischer Selektion, die durch die Beteiligung der SchülerInnen an den Beurteilungen nicht aufgehoben wird (vgl. Gröll 1988). „Freinet-Pädagogen wollen eine gute Pädagogik machen und die Welt damit zum Besseren führen, *und dadurch* machen sie sich zu perfekten Erfüllern der staatlichen Schulzwecke." (Gröll 1988, 125)

12.3.2 Antiautoritäre Erziehung

Neill versuchte in den 60er Jahren mit seiner Schule „Summerhill" dem Problem zu entgehen, indem er einen Zusammenhang zwischen Individuum und Gesellschaft über den Begriff der Freiheit herstellte. Er betont die Bedeutung von Freiheit für die Entwicklung von Kindern. Sein Konzept richtet sich gegen Heuchelei und Unterwürfigkeit. „Die Erwachsenen haben Angst vor der Freiheit der Jugend, weil die Jugend gerade das tun könnte, was sie, die Erwachsenen, selber gern getan hätten." (Neill 1969, 122) Zugleich sieht er die Schwierigkeit in den bestehenden gesellschaftlichen Verhältnissen, den Kindern „Freiheit zu geben", denn: „Die Gesellschaft ist ihrer ganzen Natur nach freiheitsfeindlich. Die Gesellschaft – der große Haufen – ist konservativ und haßt neue Gedanken." (ebd., 121) Neill richtet sich im allgemeinen gegen solche gesellschaftlichen und pädagogischen Orientierungen, die Entwicklung von Kindern behindern. Er versucht ein Stück weit die Herrschaftsverhältnisse zwischen Kindern und Erwachsenen aufzubrechen, Kinder heranwachsen zu lassen, die überhaupt in der Lage sind, gesellschaftliche Veränderungen (mit) zu tragen oder zu initiieren.

> „Leben nach eigenen Gesetzen, das ist das Recht des Kleinkindes auf freie Entfaltung, ohne äußere Autorität in seelischen und körperlichen Dingen." (ebd., 115) „Freiheit ist für ein Kind nötig, weil es sich nur in Freiheit natürlich – und das heißt gut – entwickeln kann." (ebd., 119) „Einem Kind Freiheit geben, heißt, es sein eigenes Leben leben lassen." (ebd., 122)

Neill geht davon aus, daß Kinder sehr verständig sind und „die Gesetze der Gesellschaft akzeptieren", so daß die voneinander abweichenden Interessen von Erwachsenen und Kindern kompromißhaft gelöst werden könnten. Er betont dabei die Ehrlichkeit der Erwachsenen, die auch die Gebote der Kinder, z. B. ihr Zimmer zu verlassen, respektieren müßten (vgl. ebd., 117).

Neill hat es zudem verstanden, an einer auf der „radikalen Entmystifizierung der Unterrichtsfunktion basierenden Wahrheit festzuhalten." (Mannoni 1976, 53)

„Ein Kind zum Lernen zu zwingen, ist das gleiche, wie jemanden durch Gesetz zu zwingen, eine bestimmte Religion anzunehmen." (Neill 1969, 123) Ihm sei es nicht um das Zukleistern von Störungen, sondern um das Vorbeugen gegangen (vgl. Mannoni 1976).

12.3.3 Zur Antipädagogik

Die Antipädagogik grenzt sich sowohl von einer traditionellen als auch von einer antiautoritären Erziehung ab. Sie „verwirft die in der traditionellen Pädagogik als Fremdbestimmung vollzogene Beeinflussung des Kindes durch Erziehungsmaßnahmen der Erwachsenen, welche sie als unberechtigte Manipulation deklariert." (Schröder 1992, 13)

> „Die wesentliche Aussage der Antipädagogik ist es, den ‚Erziehungsanspruch' [...] als Grundlage erzieherischen Handelns ausgemacht zu haben und diesen abzulehnen. Erziehungsanspruch – dies ist die Grundhaltung eines Menschen, der von sich sagt, er wisse besser als der andere (den er erziehen will), was für diesen gut sei und er werde es durchzusetzen versuchen." (Schoenebeck 1982, 12) „In meiner Definition ist also Erziehung [...] das Zur-Sache-Schreiten, um beim anderen die für diesen als ‚Bestes' ausgesuchten Ziele zu verwirklichen." (ebd., 55) Der Autor hält in Anlehnung an v. Braunmühl Kinder von Geburt an für selbstbestimmungsfähig und will die Beziehung zwischen Kindern und Erwachsenen vom pädagogischen Blick befreien (ebd., 190). Er grenzt die Antipädagogik von der „antiautoritären Bewegung" durch das „Notwehrprinzip" ab. Demnach bräuchten Kinder keine pädagogischen Forderungen, sondern die Erwachsenen sollten ihre Bereiche von denen der Kinder abgrenzen und „kindliche Übergriffe" weder herausfordern, noch sollten sie sie sich gefallen lassen." (ebd., 191) Grenzen ergeben sich somit aus der jeweiligen Situation. Schoenebeck sieht perspektivisch das Erwachsenen-Kind-Verhältnis als ein freundschaftliches, worin beide Seiten sich aufeinander verlassen, sich kritisieren und zugleich akzeptieren können (vgl. ebd., 192).

Hier entwickelt sich Antipädagogik weiter. Konkrete Eckpunkte einer erweiterten antipädagogischen Beziehungsarbeit formuliert Esser (1992[2]a) an anderer Stelle. Demnach sollen

– die Anliegen und Fragen von Kindern ernstgenommen werden,
– Erwachsene von ihnen nichts verlangen, was sie selbst nicht können,
– Kinder die Chance erhalten, ihre eigenen Erfahrungen zu machen und
– Unsicherheiten der Erwachsenen nicht durch Drohungen verdeckt, sondern Vertrauen in die Kinder gesetzt werden (vgl. ebd., 47).

So gesehen, gehört dann positiver Frieden zur grundlegenden Lebenserfahrung von Kindern, der ein Ergebnis von Gewaltverzicht darstellt und die menschliche Existenz sichert (vgl. ebd., 55).

Zu einer friedensorientierten Entwicklung von Kindern gehören konsequenterweise:

– Akzeptanz,
– Affirmation,

- Anhörung,
- Diskussionen,
- Verständnis und
- „Ernst-Nehmen" von Fragen (ebd., 48).

Diese Vorstellungen über die Aufgaben und die Anliegen von Kindern könnten dann zur Grundlage von Kinderpolitik in der Kommune werden.

Mannoni sprach sich bereits Anfang der 70er Jahre für eine kommunale Kinderpolitik aus und orientierte sich dabei an Illich: „Schon im Alter von zwölf, vierzehn Jahren sind die Kinder fähig, verantwortlich am Leben ihrer Gemeinde teilzunehmen (Teilzeitarbeit bei einem Handwerker etc.). Ivan Illich hat gezeigt, daß Kinder dieses Alters eher auf die richtigen Fragen kommen als der Gemeinderat; aber die Bürokratie fühlt sich von solchen Fragen belästigt und bedroht. In der Tat, die administrative Hierarchie (in der Gemeindeorganisation) und die Abgeschlossenheit der öffentlichen Dienste verhindern jeden realen Partizipationsversuch. In der Realität ist das Kind (wie der Erwachsene) ausgeschlossen von der Welt, die es betrifft." (Mannoni 1976, 172) Dieses Problem ist bis heute nicht befriedigend gelöst.

12.3.4 Erziehung zur Mündigkeit

Adorno forderte 1966, „daß die Erziehung [...] zum Verhalten in der Welt auszustatten hat" (ebd. 1977⁵, 111). Dabei ging es ihm langfristig um die Überwindung von Entfremdung und um die „Herstellung eines richtigen Bewußtseins", da die Demokratie nach „mündigen Menschen" verlangt (ebd., 112). Es ging ihm in seinen Erziehungskonzepten um eine Demokratisierung von Gesellschaft und um Individuen, die fähig sind, die Demokratisierungsprozesse produktiv in Gang zu bringen und zu halten. „Demokratie beruht auf der Willensbildung eines jeden Einzelnen, wie sie sich in der Institution der repräsentativen Wahl zusammenfaßt. Soll dabei nicht Unvernunft resultieren, so sind die Fähigkeit und der Mut jedes Einzelnen, sich seines Verstandes zu bedienen, vorausgesetzt." (Adorno 1970, 140)

Adorno geht in Anlehnung an Kant und die Aufklärung davon aus, daß „Mündigkeit" zu fassen sehr komplex ist und z. B. nicht einfach das Gegenteil von Autorität ist, schließlich gäbe es ja auch Autorität in Sachfragen. Er führt die Ergebnisse einer Studie an, wonach sehr angepaßte Kinder als Erwachsene sehr wohl widerständig waren und umgekehrt. „So daß man einfach versucht, zunächst einmal überhaupt das Bewußtsein davon zu erwecken, daß die Menschen immerzu betrogen werden" (Adorno 1977⁵, 154). Er schlägt an dieser Stelle Analysen von Filmen und Schlagern vor.

Heute geht man davon aus, daß es hier nicht nur um Betrug geht, sondern daß z. B. die Medien eine eigene Welt konstruieren, die dann zur Realität wird (vgl. z. B. Baudrillard 1992). Insofern wird es immer wichtiger, dem Vorschlag von Adorno zu folgen und bisherige Ansätze in dieser Richtung zu prüfen.[6]

---

[6] (vgl. auch Ketelhut 1993).

Adornos Ansatz ist auch dort noch aktuell, wo er sich mit Ohnmacht und der Kraft des Bestehenden auseinandersetzt. Er gibt zu bedenken, „daß gerade im Eifer des Änderungswillen allzu leicht verdrängt wird, daß Versuche, in irgendeinem partikularen Bereich unsere Welt wirklich eingreifend zu ändern, sofort der überwältigenden Kraft des Bestehenden ausgesetzt sind und zur Ohnmacht verurteilt erscheinen. Wer ändern will, kann es wahrscheinlich überhaupt nur, indem er diese Ohnmacht selber und seine eigene Ohnmacht zu einem Moment dessen macht, was er denkt und vielleicht auch was er tut." (Adorno 1970, 155) Angesichts dieser Problematik wird deutlich, daß es Möglichkeiten und Räume braucht, wo Kinder sich zusammenschließen und beraten können.

Erziehung im Kontext des positiven Friedens in Institutionen stellt somit die Frage nach neuen Konzepten. Hier geht es nicht nur um den Erziehungsbegriff, sondern auch um neue Inhalte und Formen. Schließlich kann man aus Untersuchungen, die sich mit der Entwicklung von Rechtsextremismus beschäftigen, als ein häufig auftretendes Moment eruieren, daß solche Kinder und Jugendlichen dann zum Rechtsextremismus und damit zu einer positiven Einstellung zu physischer Gewalt neigen, wenn sie für sich wenig Möglichkeiten zur Partizipation und Mitbestimmung finden konnten (vgl. Birsl 1994).

12.3.5 Pädagogik der Unterdrückten

So hat z. B. Paulo Freire bereits in den 70er Jahren solche Methoden entwickelt, in denen sowohl die Lehrenden als auch die Lernenden als Subjekte, d. h. als GestalterInnen ihrer Lebensbedingungen vorkommen. Ihm ging es um die Möglichkeiten, die sich durch Lernen und Erziehung zur Überwindung von Unterdrückung in Lateinamerika bieten. Zugespitzt formuliert, sollten die Unterdrückten lernen, sich aus ihrer Unterwerfung zu lösen als Voraussetzung dafür, weitmöglichst an der Gestaltung der Gesellschaft, in der sie leben, zu partizipieren. Seine Methode stellt den Versuch dar, im LehrerInnen-SchülerInnen-Verhältnis Herrschaft aufzuheben.

Nach Freire sollen ErzieherInnen zur „kritischen Intervention" befähigen. Diese AnleiterInnen könnten einen Grad revolutionärer Erkenntnis besitzen, der sich vom Grad empirischer Erkenntnis der Lernenden unterscheidet, dennoch können erste letzteren nicht ihre Erkenntnis aufnötigen (vgl. Freire 1980, 113). Wichtig wird der Dialog. Die Lehrenden könnten den Vorgang der Erkenntnis der Welt einleiten, aber die Lernenden müßten Subjekte des Vorgangs der kritischen Aneignung von Wirklichkeit werden. „Das Volk zu organisieren ist jener Prozeß, bei dem die revolutionären Führer [...] den Erfahrungsprozeß einleiten, zu lernen, wie man die Welt benennt. Darin besteht echte Lernerfahrung, und darum ist sie dialogisch." (ebd., 152) Auf die vorliegende Problematik übertragen, wären dann die Lernenden (die Kinder) das Volk, während die Lehrenden die Führer sind (oder in Gramscis Terminologie die organischen Intellektuellen).

Die Erziehung ist für Freire danach zu beurteilen, ob sie zur Politisierung der Lernenden beiträgt, also hier zu einem Verständnis von und zu einem Engagement für positiven Frieden. „Außerhalb der Praxis" könne es keine Bewußt-seinsveränderung geben (Freire 1980, 117). Die dialogische Form der Erziehung macht es erforderlich, daß die generativen Themen von den Lehrenden mit Hilfe der Lernenden erhoben und von der Gruppe mit deren Hilfe bearbeitet werden. Dabei lernen dann beide wechselweise voneinander.

Um dies auch praktisch möglich zu machen, soll der Vorschlag von Collins aufgegriffen werden, wonach es darauf ankommt, eine aktive statt eine passive Sprechweise zu wählen. Sie erläutert dies am Beispiel des „Black English" in den USA: Statt zu formulieren, daß „Black English" aus dem Sprachgebrauch verbannt wurde, schlägt sie vor, klar zu sagen, daß weiße Menschen „Black English" aus dem Sprachgebrauch verbannt haben (Collins 1991, 213).

12.3.6 Lernen durch Erfahrung

War für Adorno die reflektierte Differenz zur Tradition eine Voraussetzung dafür, daß sich autonome Subjekte entwickeln können (vgl. Kappner 1984), arbeitet F. Haug die Bedeutung von Erfahrungen für die Gestaltung demokratischer gesell-schaftlicher Strukturen heraus, indem sie die Frage stellt, wofür die Lernenden die Lehrenden brauchen. Lernen ohne Erfahrung sei demnach nicht möglich, zugleich müßten aber diese Erfahrungen „in die Krise" geführt werden. Denn: „In gemach-ten Erfahrungen finden sich vielmehr bereits die Strukturen dieser Gesellschaft wieder – also, soweit sie undemokratisch sind, undemokratische Strukturen." (F. Haug 1981b, 71) Im Lernprozeß werden dann Erfahrungen gegen Erfahrungen gerichtet. Die Lehrenden sollten dann die Erfahrungen der Lernenden und ihre Verarbeitungsweisen hinterfragen und zugleich „die Absicherung dieser Lern-prozesse gewährleisten. Dabei ist wichtig, daß der zu erarbeitende Gegenstand „immer schon Teil der Persönlichkeitsstruktur" sei (ebd., 73).

Ansichts einer häufig geäußerten Hilflosigkeit der Lehrenden stellt sich heute zusätzlich die Frage, wie sie

mit der Zunahme von direkter Gewalt unter Kindern und Jugendlichen sowie Fremdenfeindlichkeit umgehen können. Zugleich wird ihnen aber oft aufgrund ihrer Position aufgedrückt, Vorbild zu sein, oder Kinder selbst verlangen nach eindeutigen Antworten, wenn nicht sogar nach Anweisungen (vgl. z. B. Rogge 1993).

12.3.7 Non-direktive Pädagogik

Der Ansatz der non-direktiven Pädagogik versucht darauf zu antworten, indem hier die Emotionen in den Vordergrund gerückt werden. Dieser Ansatz hat sich im Kontext der Gemeinwesenarbeit entwickelt. „Non-direktiv' meint [...] das konstante Bemühen, dem Lernpartner die Verantwortung und die (möglichst) volle Entscheidungsfreiheit zu belassen, wie, wo, mit wem, was und wodurch er lernen will. Das schließt nicht aus, daß der Pädagoge sich und sein Interesse deutlich einbringt: er versteht sich jedoch als Angebot, das offen daliegt und jederzeit abgerufen oder abgelehnt werden kann." (Hinte 1990, 91) Hinte geht davon aus, daß den Menschen ein „Kräftepotential" innewohnt, das sich im Laufe „eines selbstbestimmten Lernprozesses entfaltet", Fähigkeiten und Anlagen sollten nicht gelenkt, sondern „freigelegt" werden (ebd., 91 f.).

Dementsprechend will Hinte das Lernen nicht nur auf die Schulfächer beschränken, sondern es auf die Situation der SchülerInnen im Alltag beziehen. Sein Vorschlag richtet sich darauf immer dann, wenn sich die Gelegenheit bietet, die Lebenssituation der SchülerInnen mit ihnen gemeinsam zu diskutieren (vgl. ebd., 187 ff.).

In letzter Konsequenz sollte das Lernen auf weitere Bereiche des Alltags in der Kommune ausgedehnt werden, z. B. auf die Wohnsiedlung. Exemplarisch beschreibt er ein von SozialarbeiterInnen initiiertes Treffen, das dazu diente, über die Situation der Kinder in einer Siedlung zu diskutieren. Erwachsene und Kinder organisierten im Anschluß ein gemeinsames Lagerfeuer und eröffneten so eine breite Diskussion, an der weitere BewohnerInnen teilnahmen (vgl. ebd., 189 ff.).

> „Im Konzept einer non-direktiven, auf humanen Werten basierenden Pädagogik steht der emotionale Bereich im Mittelpunkt der Aufmerksamkeit." (ebd., 129) Gemeint ist hier, daß bei der Veränderungsarbeit von Lebenswelt auf der einen Seite die Gestaltung eines Arbeitsklimas und auf der anderen Seite die Gefühle, die beim Lernen entstehen, wie z. B. Ängste, die es gelte, in den Lernprozeß einzubinden, im Vordergrund stehen (vgl. ebd. 130 f.). Das sind in diesem Konzept Aufgaben für ErzieherInnen, LehrerInnen und SozialarbeiterInnen.

12.3.8 Erziehung als Beziehungsarbeit in der Lebenswelt

In einer früheren Arbeit verweist Esser in eine ähnliche Richtung, indem er einen Schwerpunkt in der Erziehung auf die „Gestaltung und Umsetzung von Beziehung als Lernprozeß" legt, da so Lebensperspektiven im Alltag entwickelt werden (vgl. Esser 1992²a, 43 f.). Als Lernaufgaben für PädagogInnen und Eltern ergeben sich damit folgende Beziehungskriterien: Phantasiefähigkeit, Kreativität, Neugierde und Urteilsfähigkeit von Kindern mit diesen planen; gemeinsam neue Formen der dezentralen Durchsetzung von Bedürfnissen und Interessen ohne Gewaltanwendung finden; die kooperative, nicht vereinzelnde Verarbeitung von unerträglichem, gesellschaftlich verursachtem Elend; die Auswertung und Berücksichtigung der Erfahrungen von Kindern mit starrem Ordnungsdenken (vgl. ebd., 44).

Für von Hentig ist Pädagogik „auch Handwerk, auch Wissenschaft, auch Politik" (von Hentig 1982, 207).

> „Das Spezifisch *Päd*-agogische [...] ist, daß der Erwachsene sich für die Lernsituation verantwortlich fühlt: sie auswählt, wiederholt, schützt." (ebd., 209) Pädagogik sei nicht an sich gut, weil sie auch zur Unterwerfung beitrage, sie ist eine Art „notwendiges Übel". Seine Kritik richtet sich an Bildungseinrichtungen, in denen Personen, „die Subjekte sein wollen, als Objekte ‚behandelt'" (ebd., 211) werden, ein Kind werde erst schulgerecht gemacht und später wieder entschult usw. (ebd., 213).

Er schlägt u. a. vor: die „Isolierung der Schule von den übrigen Bereichen des Lebens" aufzuheben, die Einheitlichkeit der Lernenden solle durch gemischte Gruppen abgelöst werden. In diesem Kontext von Bedeutung ist seine Vorstellung, die Aufteilung in Schulpädagogik und Sozialpädagogik aufzugeben, „weil Schule ein Lebens-Raum, nein, eine bestimmte Lebenszeit ist, in der alles vorkommen kann, und weil es keinen Sinn hat, die Lebens-Probleme der einen Person wahr- und ernstzunehmen, die der anderen nicht" (ebd., 215).

12.3.9 Umgang mit Kindern

Ulmann geht davon, daß das Kind selbst weiß, was gut für es ist, und transformiert die Frage danach, was Erziehung ist, in die Frage, was die Entwicklung von Kindern vorantreibt. Sie spricht sich für ein kooperatives Verhältnis zwischen Erwachsenen und Kindern aus. „Dies würde voraussetzen, daß Eltern ihre Kinder soweit eben möglich dabei unterstützen, Erfahrungen zu machen – daß sowohl Erwachsene als auch Kinder ggf. ihren Irrtum einsehen können und daß von diesen Erfahrungen aus dann verallgemeinert wird." (Ulmann 1987, 101) Erziehung würde ebenso wie die Orientierung an Vorbildern nie das im Endeffekt erreichen, was nach Meinung der Erwachsenen erreicht werden sollte, sondern die Kinder nehmen das als Orientierung auf, was sie für sich wichtig finden (vgl. ebd., 102). Wenn „Menschen wirklich zusammen versuchen herauszufinden, was das Beste für alle ist und wie man das gemeinsam realisieren kann, kann von ‚Erziehung' gar nicht mehr gesprochen werden; wenn die Eltern dabei genauer wissen, was notwendig ist, und dies mit in die Diskussion bringen oder in Rechnung stellen, geht es nicht mehr um Grenzen, die man aus *pädagogischen* Gründen setzen muß, und man braucht nicht den damit erzeugten Widerstand zu brechen." (ebd., 108)

Ulmann schlägt vor, daß alle Beteiligten „ihren Standpunkt" einbringen sollten, damit die Entwicklung zu einem „übergeordneten gemeinsamen Standpunkt" möglich werde. Nur so könne es darum gehen, „daß es allen immer so gut wie möglich geht." (ebd., 209)

12.4 Fazit: Standpunkte erörtern, statt Grenzen zu setzen

In Anlehnung an Ulmann könnte man versuchen, gemeinsam mit dem Kind herauszufinden, wo die Probleme liegen, statt von seiten der Erwachsenen Grenzen zu setzen. So könnte man es ermuntern, Alternativen zu der betreffenden Situation zu entwickeln oder versuchen zu zeigen, inwiefern sein Verhalten nicht verallgemeinerbar ist, indem man z. B. die gesamte Schulklasse auffordert, den Störenfried in seinem Verhalten zu imitieren.

Solche Grenzen zu setzen, wie sie Rogge fordert, ist nicht nur autoritär, sondern kann bestenfalls nur die letzte Möglichkeit sein, auf die ErzieherInnen kommen sollten (z. B. bei Gefahr an Leib und Leben). Stören Kinder den Unterricht, könnte man versuchen herauszufinden, warum der Unterricht so schlecht bei den

Kindern ankommt, inwiefern ihre Erfahrungen und Standpunkte Berücksichtigung finden, um gegebenenfalls gemeinsam etwas zu verändern. Weniger Grenzen sollten zum Maßstab von Erziehung werden als vielmehr Möglichkeiten und Perspektiven. Es scheint weniger die Autorität zu sein, die den Kindern fehlt, als vielmehr Orientierungen in die Richtung, wie sie autonom und selbstbestimmt lernen können, ihr Bewußtsein zu erweitern, sich gegen Unterdrückung zur Wehr zu setzen für sich und für andere – kurz, es geht darum, wie Kinder gemeinsam lernen können, ohne Zwang die bestmögliche Verfügung über ihre Lebensbedingungen zu erlangen.

12.5 Umsetzungsstrategien für eine Lern- und Beziehungsarbeit

Im folgenden soll es um einige Aspekte bei der Arbeit mit Kindern am positiven Frieden gehen, die eine wichtige Rolle für Fragen nach Gewaltprävention und Partizipation spielen.

12.5.1 Zur Entstehung von Feindbildern und zur Entwicklung produktiver Konfliktlösungsstrategien

Ein wichtiger Aspekt in der Arbeit mit Kindern ist der Umgang mit Feindbildern. So fordern Klein und Reich, „daß keine neuen Feindbilder entstehen, daß Sachkunde in den damit zusammenhängenden Fragen ebenso erreicht wird, wie kritisches Engagement gegen Ungerechtigkeiten und Überheblichkeit und für Selbstbewußtsein, Kooperation und gemeinsame Verantwortung." (Klein und Reich 1991, 58)

Feindbilder dienten und dienen immer wieder für die Schaffung oder Aufrechterhaltung von Unfriedensstrukturen sowohl im Makro- als auch im Mikrobereich. Wulff beschreibt, wie es im allgemeinen zur Herausbildung von Feindbildern kommt, indem bestimmte Subjekte marginalisiert werden:

> „Man wird um so eher als ‚Subjekt‘ unterworfen, je mehr man die gemeinsame Wirklichkeit verlassen hat oder von ihr ausgeschlossen worden ist. Desto weniger kann man auch seine Persönlichkeit entwickeln. Die ideologisch fundierte horizontale Dialektik zwischen Subjektidentität und Feindbild ist eben nur ein Substitut der von der Wirklichkeit angestoßenen und diese verändernden dialektischen Prozesse, die in der tätigen Teilhabe der Person am gesellschaftlichen Lebensprozeß zu progressiven Wirklichkeitserfahrungen werden können." (Wulff 1986, 834)

Wulff schlägt somit vor, Feindbilder als Platzhalter zu sehen, um den Ausschluß bestimmter Möglichkeiten von Partizipation für bestimmte Subjekte oder Personengruppen nicht erklären zu müssen, indem von den tatsächlichen Zusammenhängen abgelenkt und abstrahiert wird. Geht man z. B. davon aus, daß die MigrantInnen den deutschen StaatsbürgerInnen die Arbeitsplätze wegnehmen, lenkt diese Argumentationsweise von der Frage ab, wie die zunehmende Arbeitslosigkeit überhaupt zustande kommt und wer welche Arbeitsstellen in dieser Gesellschaft ausfüllt.

Das aber bedeutet, daß man in der Arbeit mit Kindern am positiven Frieden nicht umhin kann, auftretende oder sich entwickelnde Feindbilder bei Kindern so früh wie möglich mit den Kindern zu hinterfragen und mit ihnen *gemeinsam* zu analysieren, damit sich Gewaltbereitschaft gegen bestimmte Personen gar nicht erst herausbilden kann. Zugleich können Feindbilder, folgt man Wulff, ein Hinweis darauf sein, daß Kinder in ihrer Persönlichkeitsentwicklung gehemmt sind und werden. Auch hier wäre ein produktiver Ansatzpunkt für die Arbeit mit Kindern, um zu versuchen, die Möglichkeitsräume für ihre Partizipation zu erweitern.

So könnte man anstreben, mit Kindern zu diskutieren, wie Feindbilder in ihrem Alltag entstehen und wie sie zu überwinden sind. Eine Möglichkeit spielerisch – handelnd und diskutierend – mit Feindbildern umzugehen, bietet das „Forumtheater", das von Boal entwickelt wurde: Hierbei kann eine bestimmte Situation nachgestellt werden, und das Publikum (z. B. die Schulklasse) kann immer weitere Veränderungsvorschläge zur Konfliktlösung machen, bis Wirklichkeit und Vorstellung übereinstimmen und alle einverstanden sind (Boal 1982[2], 82 ff.).

12.5.2 Entwicklung einer Streitkultur

Mit Konflikten wird eine große Bandbreite verschiedener Arten von Auseinandersetzungen gefaßt. Die Palette reicht von Konflikten in Liebesbeziehungen bis zu militärischen Konflikten. Diskutiert wird hier, welche Bedeutungen Konflikte annehmen können. Wird der Konflikt als „Phase in einem Lebensprozeß" gesehen oder als Mittel zu einem Zweck oder gar als Zweck an sich (vgl. von der Ohe 1988)? Wichtig ist vor allem die Form der Konfliktbewältigung, so daß Frieden z. B. nicht die Abwesenheit von Konflikten bedeutet, sondern sich darin zeigt, in welcher Form mit Konflikten umgegangen wird und wer daran beteiligt ist.

Nach Gugel und Jäger entstehen Konflikte immer dann, wenn „Unvereinbarkeiten im Denken, Fühlen, Wollen und Handeln" so erlebt werden, „daß sie als Beeinträchtigung durch den anderen gesehen werden." (Gugel und Jäger 1994, 75) Eine Schwierigkeit, mit Konflikten produktiv umzugehen, sehen die Autoren in der verbreiteten Vorstellung, daß ein eigener Gewinn nur durch einen Verlust des Gegners erzielt werden könne. So stellt sich hier die Frage, wie mit Konflikten so verfahren werden kann, daß versucht wird, nach solchen Lösungen zu suchen, die für alle Beteiligten akzeptierbar sind bzw. daß die Konfliktlösung im Ergebnis nicht zu Lasten eines einzelnen geht. Gugel und Jäger entwickeln einen Katalog von Vorschlägen für den Umgang mit Konflikten in verschiedenen Bereichen, von der persönlichen Beziehung bis hin zum Krieg (vgl. ebd., 73 ff.). Hier sollen nur die Vorschläge aufgegriffen werden, die für die Arbeit mit Kindern im Kontext eines positiven Friedens relevant sind:

1. Ein Konflikt sollte mit dem Ziel ausgetragen werden, „daß beide Konfliktparteien ihre Ziele partiell erreichen können."
2. Es sollte auf „Androhung und Einsatz von Gewalt" verzichtet werden.
3. Eigene Wahrnehmungen sollten nicht als die allein richtigen vertreten werden.
4. Es könnte eine dritte Partei oder Person mit einbezogen werden.
5. Es sollte niemand vor „vollendete Tatsachen" gestellt, sondern versucht werden, Gespräche zu initiieren (vgl. ebd., 76 f.; vgl. auch Dieckmann 1989).

Zusätzlich für Kinder relevant sind die Vorschläge, zu versuchen, Probleme sofort anzusprechen, beim Thema zu bleiben, die GesprächspartnerInnen anzusehen und persönliche Verletzungen zu vermeiden (vgl. ebd., 80 f.).

In der Arbeit mit Kindern geht es nun vor allem darum, zu prüfen, wie Kinder Konflikte bewältigen. Wie können Konkurrenzsituationen, verschiedene Interessen und Bedürfnisse, die gegeneinander gerichtet sind, so produktiv artikuliert werden, daß sie gewaltfrei zu einem Ergebnis führen, mit dem alle Beteiligten leben können?

Um zu lernen, strategisch mit Konflikten umzugehen, ist die Entwicklung einer Streitkultur zum einen unter Kindern bzw. Jugendlichen, aber auch unter Erwachsenen und Kindern bzw. Jugendlichen wichtig. Sie bildet die Voraussetzung für Konfliktlösungen, die ohne Gewalt auskommen, und sie bietet zugleich die Möglichkeit, daß alle Beteiligten an Entscheidungsfindungsprozessen partizipieren können, indem alle zu Wort kommen. Entscheidend ist, daß der Schwerpunkt auf eine sachliche Auseinandersetzung gelegt wird, statt z. B. Eigenschaften von Personen zu verhandeln, die von einer produktiven Problemlösung ablenken.

Sarcinelli sieht „Streit und Konsens" in Anlehnung an die Vorsokratiker als „Motor für gesellschaftliche Entwicklung" überhaupt (Sarcinelli 1990, 30). Aufgrund seiner Analyse von politischen Räumen, Kultur (insbesondere Medien) und den jüngsten gesellschaftlichen Veränderungen, worin die Normenvielfalt zur Norm werde, kommt er zu der zusammenfassenden Schlußfolgerung: Es bedarf „einer demokratischen Streitkultur, die von Toleranz ebenso wie von Prinzipienfestigkeit in Grundfragen geprägt ist – einer Streitkultur, die nicht ausschließt, sondern beteiligungsoffen ist, die den Bürger nicht zum Zuschauer einer Politszenerie degradiert, sondern ihm die Realisierung seiner Rolle als Souverän ermöglicht." (ebd., 51)

Auch Leggewie (1990) geht in Anlehnung an Sarcinelli davon aus, daß eine demokratische Gesellschaft eine Streitkultur braucht. Er weist zugleich auf ein Problem hin, das er für ein deutsches Phänomen hält, Streit nicht nur zu vermeiden, sondern auch negativ zu konnotieren. „Streitkultur setzt die Dauerhaftigkeit wechselnder Parteibildungen und unvermeidliche, immer neue Oppositionen voraus." (Leggewie 1990, 55)

Die Entwicklung einer Streitkultur ist für die Arbeit mit Kindern am positiven Frieden von besonderer Bedeutung, da es in der Regel gerade die Kinder sind, die abseits vom politischen Geschehen stehen, die oft nicht mitentscheiden oder mitbestimmen können, weil ihre Partizipation an Entscheidungen und Plänen, selbst wenn es um ihre Belange (z. B. um die Einrichtung von Kindertagesstätten, den

Bau von Spielplätzen oder die Schulpolitik) geht, nicht vorgesehen ist. Allerdings reicht es nicht, Kinder in vorhandene Gremien zu setzen, sondern die Entwicklung von produktiven Formen des Streits setzt bestimmte Kompetenzen voraus.

Um sich streiten zu können, muß man sich vor allem verständigen können. „Die Verständigungsfähigkeit aller auf der Grundlage ihrer gemeinsamen Bildung ist für eine demokratische Gesellschaft unverzichtbar." (Klemm 1990, 467) Streiten macht zugleich ein bestimmtes Bildungsniveau erforderlich, das bei Kindern nicht einfach vorausgesetzt werden kann, da sie vieles im Laufe ihrer Sozialisation ja erst noch erlernen.

Doch zeigen sich Mängel in der kindlichen Sozialisation sozusagen im nachhinein, wenn man sich Haltungen von Jugendlichen ansieht. Schließlich kann man von einem Zwanzigjährigen erwarten, daß er in der Lage ist, sich argumentativ verständlich zu machen, bevor er in einen produktiven Streit mit anderen eintritt. Gewaltbereitschaft von Kindern und Jugendlichen verweist in der Regel auf einen Mangel an Möglichkeiten, produktiv streiten zu können.

Betrachtet man aus dieser Perspektive z. B. einige Ergebnisse aus Studien mit gewaltbereiten Jugendlichen, stößt man auf das Problem, daß es sich beim Argumentieren um eine Kompetenz handelt, die nicht von vornherein gegeben ist, sondern oft erst mühsam erlernt werden muß. Drei Aspekte kristallisieren sich hier als problematisch heraus:

1. Bewertungen dienen oft als Begründungen. Man findet etwas gut oder schlecht, so daß man kaum noch über Inhalte diskutieren kann, wie z. B. über die Aussagekraft eines Liedertextes.
2. Auffällig ist ein Trend zur Vorliebe für einfache Inhalte oder Zusammenhänge. Je einfacher z. B. der Inhalt von Songtexten, die ein befragter Jugendlicher schreibt, umso besser.
3. Das inhaltliche Anliegen seiner Band, die der Jugendliche favorisiert, und das des Texteschreibers wird nicht letztlich deutlich. Es wird nicht deutlich, was er mit seiner Band vermitteln will und inwiefern sich dies von anderen Texten, Liedern und Musikgruppen, die er ablehnt, unterschiedet (vgl. Farin und Seidel-Pielen 1993).

In empirischen Studien über gewaltbereite Jugendliche zeigt sich allgemein, daß direkte Gewalt nicht nur als adäquates Mittel der Auseinandersetzung gesehen, sondern auch zum Zweck an sich wird, sich ein Skinhead als solcher über Fußballkrawall identifiziert (vgl. Farin und Seidel-Pielen 1993). Auch Kinder lernen zum Teil früh, sich mit Gewalt gegenüber Erwachsenen durchzusetzen (vgl. Rogge 1993; vgl. auch Kapitel 13.1.2).

Gordon (1993) beschreibt drei Methoden, wie man mit Konflikten umgehen kann. Bei der ersten Methode gibt der Erwachsene vor, welche Lösung er für angemessen hält und hofft darauf, daß das Kind sie akzeptiert. Bei der zweiten Methode wehrt sich das Kind gegen dieses Vorgehen des Erwachsenen solange, bis der Erwachsene aufgibt (vgl. Gordon 1993, 210). Gordon favorisiert eine dritte Methode, die er die „niederlagenlose Methode" nennt. Schließlich ist im Fall der ersten Methode der Erwachsene der Sieger und das Kind verliert; im Fall der zweiten Methode ist dies genau umgekehrt. Bei der „niederlagenlosen Methode" geht es nun darum, eine gemeinsame Lösung in einer Weise zu finden, daß keiner der Beteiligten verliert oder gewinnt. „Beide können mögliche Lösungen vorschlagen, die dann eingeschätzt werden. Es wird eine für beide Seiten akzeptable Entscheidung getroffen, welche Lösung die beste ist." (ebd., 212)

Allgemein läßt sich festhalten, daß Formen analytischen Denkens in der Kindheit nicht immer eingeübt werden, wie z. B. die Betrachtung eines Gegenstandes von vielen Seiten, das begründete Einnehmen eines Standpunktes, der sich mit Positionen anderer argumentativ messen kann. Positionen entwickeln, sie in der Diskussion mit anderen vertreten und verwerfen zu können, ist aber unerläßlich für eine Arbeit am positiven Frieden, will man nicht Gefahr laufen, daß z. B. Krieg „geil" oder „scheiße" gefunden wird. Hier könnte die beschriebene „niederlagenlose Methode" zugleich auch eine Möglichkeit darstellen, früh zu lernen, produktiv nach Lösungen zu suchen.

Eine Aufgabe für eine Arbeit mit Kindern am positiven Frieden wäre die Vermittlung von Handlungswissen, das auch in eine analytische und begründende Richtung verweist. Lernbar, so eine These, die hier aufgestellt werden soll, ist dies nur experimentell durch das Abwägen aller Seiten eines Gegenstandes, und dies ist nur kollektiv denkbar in der Auseinandersetzung mit anderen, was auch ein stetes Revidieren verfestigter Positionen erfordert. *Mitbestimmung in einem produktiven argumentativen Streit kann dazu beitragen, Gewaltbereitschaft gar nicht erst aufkommen zu lassen. Wichtig ist es für Kinder zu lernen, nicht nur ihre Bedürfnisse zu artikulieren, sondern sie z. B. auch gegen die von anderen Kindern abwägen zu können, um im Konfliktfall Lösungen zu finden, die allen Beteiligten gerecht werden.*

12.5.3 Zur Entwicklung sozialer Bedürfnisse

Das führt zu der Frage, wie mit Bedürfnissen von Kindern und Jugendlichen im Kontext der Arbeit am positiven Frieden konstruktiv umgegangen werden kann. Offensichtlich sind nicht alle Bedürfnisse einem positiven Frieden förderlich. Doch was sind Bedürfnisse, was ist darunter zu verstehen?

Da Galtung Gewalt so definiert hat, daß sie menschliche Entwicklung verhindert, hat er, um „Selbstverwirklichung" fassen zu können, seinen Konzepten von direkter und struktureller Gewalt eine entsprechende Bedürfnistypologie positiv entgegengesetzt. Frieden als Abwesenheit von Gewalt liegt demnach das Bedürfnis nach Nichtvorhandensein von

1. „klassischer Gewalt",
2. „Armut",
3. „Unterdrückung" und
4. „Entfremdung" zugrunde (vgl. Roth 1988, 26).

Da es sich ferner als schwierig erwiesen hat zu bestimmen, was genau unter einer „aktuellen" bzw. „potentiellen Verwirklichung" von Menschen zu verstehen ist, ohne Gefahr zu laufen, diese beliebig zu bestimmen (vgl. hierzu auch ebd.), soll im folgenden die subjektive Einschätzung in die Bedürfnisdefinitionen mit einbezogen werden. Solche Bedürfnisse, die entstehen, wenn sich die einzelnen subjektiv (aus ihrer Sicht) in ihrer Handlungsfähigkeit eingeschränkt oder behindert fühlen und also das Bedürfnis nach Erweiterung von Handlungsfähigkeit entwickeln, sollen „soziale Bedürfnisse" genannt werden. Bedürfnisse nach dem Lebensnotwendigen (z. B. nach Nahrung, Kleidung, medizinischer Versorgung) sollen „Grundbedürfnisse" genannt werden. Für Esser lassen sich „soziale Bedürfnisse", also Bedürfnisse nach subjektiver und kollektiver Handlungsfähigkeit, weiter unterteilen in Bedürfnisse nach einem Selbstwertgefühl, nach einer zuversichtlichen Lebensplanung, nach Wertschätzung, nach autonomen Lebensräumen, nach Angstbewältigung und Selbstverwirklichung (vgl. Esser 1994, 96). Eine ähnliche Unterteilung nimmt Maslow vor, wenn er von folgenden Bedürfniskategorien ausgeht: Selbstverwirklichung, Gestaltungsbedürfnis, soziale Bedürfnisse und Sicherheit (vgl. hierzu Esser und Dominikowski 1995[2], 74).

Betrachtet man die Entwicklung von Kindern und Jugendlichen, so überlagern sich verschiedene Prozesse von Bedürfnisentwicklung. Selbst elementare Grundbedürfnisse, wie solche nach Nahrung und Kleidung, sind ständiger Veränderung gesellschaftlicher und individueller Art unterworfen, denkt man z. B. an Fastfood und an Kleidermode, die oft auch als Merkmal für Gruppenzugehörigkeit stehen. Grundbedürfnisse können dann für soziale Bedürfnisse stehen, wenn z. B. eine Kleidung von Kindern, die bestimmten Normen nicht entspricht, zur Stigmatisierung der TrägerInnen führt.[7] Hier muß im Einzelfall entschieden werden, ob man dem Bedürfnis eines betroffenen Kindes nach einem anderen Kleidungsstück nachkommt, oder ob man z. B. versucht, mit der Schulklasse über Stigmatisierungen zu diskutieren.

Hinzu kommt, daß in den bestehenden gesellschaftlichen Verhältnissen nicht alle Gesellschaftsmitglieder die gleiche Möglichkeit haben, soziale Bedürfnisse zu entwickeln, d. h. ihre Handlungsfähigkeit in allen Aspekten zu entwickeln. Das gilt nicht nur für Kinder und Jugendliche verschiedener sozialer Schichten und unterschiedlicher kultureller Herkunft, sondern auch für die Geschlechter. So stellt Düchting z. B. im Kontext einer Auseinandersetzung mit „Erlebnispädagogik" fest: „Wann immer von ‚den' Bedürfnissen ‚der' Jugendlichen die Rede ist, wann immer behauptet wird, Jugendliche könnten ihre ‚elementaren Grundbedürfnisse' in dieser verregelten Welt nicht befriedigen, so sind mit den Jugendlichen implizit Jungen und Männer gemeint." (Düchting 1994, 320) Diese Aussage bleibt in den meisten Fällen nicht auf Jugendliche beschränkt, sondern läßt sich auf Kinder erweitern. Auch die (in Kapitel 10.6) aufgestellte These, daß Kinder zugleich ein Bedürfnis nach Frieden und Gewalt haben, das von

---

[7] Bedeutsam wird dies auch insbesondere für Kinder aus anderen Ländern, denkt man z. B. an die Kopftücher von Mädchen aus moslemischen Familien (vgl. Kalpaka und Räthzel 1990; vgl. auch Kapitel 10.3).

den Geschlechtern unterschiedlich gelebt wird, verweist auf die Problematik der unterschiedlichen Bedürfnisentwicklung und -befriedigung in dieser Gesellschaft.

Für die Arbeit am positiven Frieden bedeutet dies, daß die Möglichkeiten, Bedürfnisse zu entwickeln, die in diese Richtung gehen, erst noch geschaffen werden müssen. Zudem ergibt sich aus der ungleichen Verteilung nicht nur der Möglichkeiten von Bedürfnisbefriedigung, sondern auch ihrer Entwicklung, daß individuelle Bedürfnisse einander entgegengerichtet sein können.

Für die Arbeit mit Kindern und Jugendlichen am positiven Frieden folgt daraus, daß es nicht ausreicht, bloß die Möglichkeit von Bedürfnisbefriedigungen zu schaffen, sondern im Gegenteil bedeutet das auch, daß nicht alle geäußerten Bedürfnisse befriedigt werden *sollten*, z. B. solche, „die sich mit der Diktatur der Knappheit arrangieren, deren Inhalte immer beliebiger werden und deren Begehrlichkeit sich auf immer perfektere Erfüllung willkürlich gesetzter Standards richtet." (Gronemeyer 1988, 118) [8] Die Kritik von Gronemeyer richtet sich hier gegen den maßlosen Konsum in der bestehenden kapitalistischen Gesellschaft und solche quantitativen Bedürfnisse von Kindern, die viele Eltern verzweifeln lassen, wenn Kinder nicht mit einem irgendeinem Kassettenrekorder zufrieden sind, sondern wenn sie eine sehr teure, prestigeträchtige Markenware verlangen.

So hat man es hier mit dem schwierigen Problem zu tun, daß bestehende gesellschaftliche Verhältnisse auf Enteignung von Kompetenzen basieren, so daß sich soziale Bedürfnisse verschiedener Personen(gruppen) entgegenstehen können. Hierzu bedarf es einer demokratischen Form – einer Streitkultur – worin die verschiedenen Bedürfnisse gegeneinander abgewogen und auf ihre Produktivität hinsichtlich der Arbeit am positiven Frieden geprüft und gegebenenfalls auch revidiert werden können. In logischer Konsequenz ergibt sich daraus die Notwendigkeit der Partizipation von Kindern und Jugendlichen bei subjektiven, institutionellen und gesellschaftlichen Entscheidungen.

In diesem Kontext zu prüfen wären dann zum einen die je individuellen Bedürfnisse nach bestimmten Arten von Grundbedürfnissen (Konsum) und zum anderen die sozialen Bedürfnisse z. B. nach Autonomie und Selbstverwirklichung, wie bereits an anderer Stelle gefordert (vgl. Esser 1994, 96).

12.6   Positiven Frieden lernen

Bisherige Arbeit am Frieden in Nahbereichen sollte sich, rekurriert man auf ihre Anfänge nach dem 2. Weltkrieg, vor allem in Kindertagesstätten, öffentlichen Schulen und im Gemeinwesen etablieren. Das wirft bereits im Vorwege Probleme struktureller Art für die Arbeit am positiven Frieden mit Kindern auf, sieht man sich die gesellschaftliche Funktion von Erziehungsinstitutionen an.

---

[8]   Gronemeyer schlägt vor, quantitative Bedürfnisse von qualitativen analytisch zu trennen. Sie betrachtet diejenigen Bedürfnisse als „qualitativ", „die für die Rückgewinnung von enteigneten Kompetenzen streiten und für die Erhaltung von nicht enteigneten." (Gronemeyer 1988, 118)

12.6.1   Lernen in Institutionen

Erziehung in kommunalen Institutionen ist immer auch Erziehung zur Anpassung. Nach Althusser (1977) stellt Schule den wichtigsten „ideologischen Staatsapparat" dar, da alle Kinder einer bestimmten Altersgruppe erfaßt werden. In den letzten Jahren haben auch die Kindertagesstätten zunehmend an Bedeutung gewonnen. Dies nicht nur, um Kinder während der Abwesenheit der Eltern zu beaufsichtigen, sondern auch, weil den Kindertagesstätten zunehmend ein pädagogischer Wert zugemessen wird. So wird zumindest erstrebt, für alle Kinder die Möglichkeit zu schaffen, eine solche Einrichtung besuchen zu können (vgl. hierzu die Debatten um den Rechtsanspruch für alle Kinder auf einen Platz in einer Kindertagesstätte). Neben einer quantitativen Verbesserung des Kindertagesstättenangebotes wird auch eine qualitative Verbesserung gefordert, indem Kindertagesstätte, Gemeinwesen und häusliche Arbeit mit Kindern stärker miteinander verbunden werden sollten (vgl. Becker-Textor 1994). Dazu gehört auch eine Ausweitung der Kindergartenforschung, wie sie Fried (1993) einklagt, um mehr über den Alltag der Kinder zu erfahren.

Neben dem Problem, die Konzepte erfassen zu können, nach denen die ErzieherInnen explizit oder implizit arbeiten, kristallisiert sich ein Kardinalproblem der Kindertagesstättenarbeit heraus. „Beobachtungsstudien zum Kindergartenalltag zeigen [...], daß die tagtäglichen Erziehungsroutinen in erster Linie davon geprägt sind, daß die Ordnung aufrechterhalten werden soll" (Fried 1993, 562). Diese Ordnung trägt dazu bei, daß Kinder wenig experimentell mit Erfahrungen im Alltag umgehen können und so letztlich am Lernen gehindert werden (vgl. ebd.). Gefordert wird, daß die ErzieherInnen den Kindern nicht nur Angebote machen, sondern daß sie insbesondere die Anregungen der Kinder für Spiele u.ä. aufgreifen. „Ein guter Erzieher muß also Pädagogik selbst erlebt haben, braucht Lehrmeister, die ihn zum einen hinführen zu Methoden, ihn aber zum anderen rechtzeitig loslassen und ihm Freiraum gewähren für das eigene Entdecken und das Erfahrungslernen." (Becker-Textor 1994, 70)

Nicht nur Kindertagesstätten, sondern auch Schulen sind staatliche Institutionen, die einen wesentlichen Anteil der Anpassung an und in den gesellschaftlichen Verhältnissen haben.

So meint Holzkamp (1993), daß sich Leistungsbewertungen in der Schulklasse in der Regel an einer Gaußschen Normalverteilung orientieren. Letztlich wird im Vergleich der SchülerInnen einer Klasse bewertet und dafür gesorgt, daß die meisten SchülerInnen eine mittlere Bewertung erhalten. Die so zustande kommenden Schulnoten bestimmen dann letztlich in nicht unerheblichem Ausmaß mit, welche Möglichkeiten bezogen auf Ausbildung und Beruf den einzelnen zur Verfügung gestellt werden. Schule trägt also mit dazu bei, die hierarchisch angeordneten Arbeitsteilungen in dieser Gesellschaft zu reproduzieren. Schule bestimmt in dieser Gesellschaft nicht nur, was gelernt wird, sondern auch wesentlich, wie gelernt wird.

Holzkamp unterscheidet „expansives" vom „defensivem" Lernen. Letzteres ist der Fall, wenn sich jemand gezwungen sieht zu lernen, obwohl die „Möglichkeit der motivationalen Begründung der Lernhandlung" für ihn nicht besteht (ebd., 191). „Expansiv begründetes Lernen" bedeutet „Lernen um der mit dem Eindringen in den Gegenstand erreichbaren Erweiterung der Verfügung/Lebensqualität willen." (ebd.) In diesem Kontext sind intersubjektive Lernverhältnisse angesiedelt. Sie schließen ein, „daß man den jeweils anderen in seinen Lernanstrengungen nicht zensiert und zurückhält, sondern freiläßt, d. h. bewußt darauf verzichtet, ihn unter Kontrolle und im Griff behalten zu wollen." (ebd., 528)

Die Kehrseite von intersubjektiven stellen demnach instrumentelle Lernverhältnisse dar. „Während instrumentelle Lernverhältnisse – indem hier unabhängiges Lernen als Bedrohung der eigenen Positionen gesehen wird – ein permanentes Mißtrauen in deren Tragfähigkeit, ja in die argumentative Begründbarkeit von Denk- und Handlungsweisen überhaupt einschließt, basieren intersubjektive Lernverhältnisse auf einem grundlegenden Vertrauen in die argumentative Vertretbarkeit meiner Auffassungen bzw. die Möglichkeit, Kontroversen mit Vernunftgründen auszutragen" (ebd.).

Holzkamp zeigt auch, inwiefern andere Lernorganisationen als die Schule expansives Lernen verhindern können. So bilden sich in sogenannten freien Lerngruppen im Kontext sozialer Bewegungen oft autoritäre Strukturen heraus, die expansives Lernen behindern. Eine wesentliche Möglichkeit, in Richtung expansiven Lernens gehen zu können, macht er an der Art zu fragen fest. Er meint damit „wissensuchende Fragen von Schülern und von Lehrern" (ebd., 546).

Auch Wellendorf (1994) geht davon aus, daß das Lernen in der Schule stark am Leistungsprinzip orientiert ist und so einen produktiven Umgang mit Problemen, Fragen und Kenntnissen kaum zuläßt. In der Folge bilden sich Widerstandsformen heraus, z. B. Abwehr, die nicht zur Veränderung der Institutionen und der LehrerInnen beitragen, sondern Angst und Aggression erzeugen. Letztere gehen in die Identitätsbildung mit ein (vgl. Wellendorf 1994, 119 f.).

Böhnisch (1994) geht einen Schritt weiter, indem er explizit nach einem Zusammenhang zwischen Gewaltbereitschaft der Schüler und der Institution Schule fragt. Ihn interessiert dabei auch, inwieweit Schule selbst Gewaltbereitschaft erzeugt. Böhnisch setzt sich in diesem Kontext mit dem „Anomieproblem der Schule" auseinander.

1. Dies liegt darin begründet, „daß sie als funktionales System Soziales voraussetzt, das sie aber in ihrem inferioren sozialen Systemverständnis nicht selbst ausreichend wiederherstellen kann." (Böhnisch 1994, 232)
2. Die Schule läßt die Kinder mit ihren psychosozialen Problemen allein (vgl. ebd., 233).
3. Die Schule als „diffuser Sozialraum" wird für viele Kinder eine Art Ersatz für fehlende außerschulische Sozialbeziehungen. Dieser Anforderung ist die Schule bisher aber nicht gewachsen (vgl. ebd., 236).

Im Effekt bedeutet dies, daß sich die Kinder häufig ihren Platz im Sozialgefüge der Schule erst erkämpfen müssen.

Böhnisch schlägt entsprechend vor, insbesondere die Grundschule zu einem offenen Ort für die Gestaltung kindlicher Lebenswelten zu machen. Zudem sollte die Schule „plurale Selbstwertangebote", z. B. durch eine Erweiterung um selbstbestimmte Arbeitsgemeinschaften und Theaterwochen machen. Das setzt voraus, daß LehrerInnen sozialpädagogische Kompetenzen im Rahmen ihrer Ausbildung und Weiterbildung erwerben (vgl. ebd., 239 f.). Darüber hinaus ist es erforderlich, daß sich Schule grundsätzlich neuen freizeitpädagogischen Angeboten öffnet.

In einer Arbeit am positiven Frieden müßten aber Kinder lernen, produktiv am Gestaltungsprozeß des Alltags, der Institution sowie der Lebensräume und darin einer Friedenskultur zu partizipieren.

12.6.2 Offene Vermittlungsarbeit

Ein Problem, das im Rahmen pädagogischer Konzepte für Kindertagesstätten aufgegriffen wurde, ist der Umgang mit unterschiedlichen Voraussetzungen, die Kinder mitbringen, wenn sie in die Kindertagesstätte kommen. Hierbei ging es zunächst um einen Ausgleich schichtspezifischer Defizite, wobei festgestellt wurde, daß Kinder aus unteren Schichten sprachlich weniger geübt waren als Kinder aus mittleren und oberen Schichten. Ziel war es dabei, eine Chancengleichheit der Kinder bis zur Einschulung herzustellen. Diese kompensatorische Vorschulerziehung wurde seit Anfang der 80er Jahre durch Integrationsansätze ersetzt. Auch hierbei geht es wieder um chancengleiche Entwicklung, jetzt vordergründig von MigrantInnen- oder behinderten Kindern (vgl. Fried 1993).

Es stellt sich die Frage, inwiefern eine solche Arbeit mit Kindern in Tagesstätten, die letztlich auch von Defiziten bei Kindern bestimmter Herkunft ausgehen, einem positiven Frieden förderlich ist. Schließlich werden solche Defizite, wie z. B. sprachliche, an der bestehenden Kultur bemessen. Niemand fragt nach den Fähigkeiten, die diese Kinder mitbringen und die z. B. ein weißer deutscher Junge aus der Oberschicht *nicht* aufweist.

Für die Arbeit mit Kindern am positiven Frieden sollte versucht werden, alle Fähigkeiten aller beteiligten Kinder ins Spiel zu bringen. Auch wenn es in der Kindertagesstätte oft ums Spielen geht, ist doch die Arbeit mit Kindern von Lernsituationen geprägt (vgl. Becker-Textor 1994). Ein produktiver Umgang mit den differenten Fähigkeiten der Kinder würde dazu beitragen, daß alle Kinder voneinander lernen könnten, daß sie ohne Be- und Abwertungen auskommen. Langfristig gesehen, müßte so Gewalt im Umgang der Kinder untereinander völlig überflüssig werden.

Anders stellt sich die strukturelle Situation in der Schule dar, da es hier explizit um Leistungsanforderungen und Bewertungen geht. Schweitzer problematisiert die hierarchischen Verhältnisse, die in institutionellen Lehr- und Lernstrukturen angelegt sind und die so die Arbeit am positiven Frieden behindern. Er fragt, „wie in einer Schule, die durch die Gewaltverhältnisse Staat-Lehrer und Lehrer-Schüler geprägt ist, wie hier überhaupt zu gewaltlosem Handeln orientiert werden kann. Solange Staat und Lehrer autoritär – auch in ihren Methoden – verfahren, kann demokratisches, selbstbestimmtes Handeln, kann Emanzipation als Befreiung und Friedensfähigkeit nur schwer entwickelt werden." (Schweitzer 1986, 86) D. h. eine Arbeit am Frieden, die zur Gewaltprävention beitragen will, muß sich mit diesen bestehenden Gewaltverhältnissen auseinandersetzen.

Hier könnte ein gemeinsames forschendes Lernen, wie es auch Holzkamp (1993) vorschlägt, produktiv sein, wenn es dabei um echte Fragen und Problemlösungen geht. Schließlich erweisen sich gerade die allgemein ungelösten Probleme, auf die weder Lernende noch Lehrende eine Antwort haben, als besonders schwierig in der Praxis zu handhaben.

Verallgemeinert formuliert, bedeutet dies in der Vermittlungsarbeit zwischen Lernenden und Lehrenden, daß Möglichkeiten geschaffen werden müßten, die es zulassen bzw. erforderlich machen, daß Probleme von beiden Seiten offen angesprochen werden können, Ohnmacht und Hilflosigkeit auch als solche artikuliert werden, um gemeinsame Lösungsstrategien zu entwickeln.

12.6.3 Forschendes Lernen statt Aufklärung

Eine andere Problematik, z. B. für den Schulunterricht, stellt die Form der Weitergabe von Informationen dar. Schließlich trifft es ja tatsächlich zu, daß die Lehrenden an vielen Stellen mehr oder anderes wissen als die Lernenden. Hinzu kommt, daß SchülerInnen bestimmte Probleme gar nicht selbst als solche sehen, so daß Lehrende sie z. B. auf fremdenfeindliches Verhalten (gegenüber vielleicht einem einzelnen Kind) erst aufmerksam machen müssen. Hier sind Interventionen von Lehrenden unerläßlich.

Für solche Fälle gilt: „Am meisten verbreitet ist die Methode, Kinder ‚aufzuklären'. Die LehrerInnen vermitteln ihnen Fakten über die Ursachen der Arbeitslosigkeit, der Einwanderung aus den ehemaligen Kolonien" u.ä. (Cohen 1994, 98). Unter „Gewaltaufklärung" versteht man die Aufhellung und Analyse von Gewaltbedingungen und Gewalthandlungen (vgl. Esser 1978, 73). Das ist wichtig, insbesondere für die ErzieherInnen und die Lehrenden, die ja Anregungen in der Kindertagesstätte oder im Unterricht geben können, wenn sie selbst bestimmte Probleme, die einem positiven Frieden entgegenstehen, wie z. B. Gewalt, Diskriminierung und Unterdrückung, sehen. Doch reicht es nicht, ein bestimmtes Wissen über Fakten und Zusammenhänge als solches einfach weiterzugeben, zum einen, weil so von den Erfahrungen der Kinder abstrahiert wird, zum anderen, weil die ErzieherInnen oder die Lehrenden dann als solche auftreten, die scheinbar schon alles wissen und so unterstellt wird, daß sie zum betreffenden Thema nichts mehr lernen müssen, sollten oder können.

Cohen führt an Hand einer Studie über antirassistische Erziehung einige Gefahren eines bloß aufklärerischen Vorgehens vor: „Die Aufklärungsstrategie übersieht die starken emotionalen Grundlagen rassistischer Ideologien und die in sie investierte Phantasie und verkennt, wie sehr diese Ideologien, vermittelt über die Alltags- und Massenkultur, zur Erklärung allgemeiner Notlagen dienen." (Cohen 1994, 98)

Cohen schlägt konkret vor, „einen Rahmen zu schaffen, in dem die Kinder die alltäglichen Vorurteile ihrer eigenen Kulturen untersuchen können." (ebd., 100) „Der Schwerpunkt liegt also auf einer indirekten Herangehensweise, die die Kinder ermutigt, ihre eigenen Erfahrungen von einem Standpunkt kritischer Distanz zu artikulieren, damit sie lernen können, ihre eigenen Reaktionen besser zu verstehen. Eine Fotogeschichte über Sündenböcke zu erfinden wird zum Beispiel Gelegenheit bieten, Probleme von Einschluß und Ausschluß zu diskutieren, Mechanismen rassistischer Schikanen zu verstehen, ohne sich auf die jeweiligen Kinder und auf wirkliche Vorfälle innerhalb der Klasse beziehen zu müssen." (ebd., 101)

Kinder erhalten so die Möglichkeit, die eigenen Vorurteile und kulturellen Alltagsaspekte zum Thema Rassismus kritisch herauszuarbeiten und zu diskutieren. Auf diese Weise entwickelt sich eine Art forschendes Lernen, wie es Holzkamp (1993) im Kontext des „expansiven Lernens" fordert. Dadurch, daß verschiedene Standpunkte der Kinder je nach ethnischer Zugehörigkeit, Klasse und Geschlecht zu Wort kommen, wird die Aufnahme z. B. von Vorurteilen verhindert.

Cohen schlägt vor, Fotos einzubringen, so daß auch mit Kindern, die noch nicht schreiben können, gearbeitet werden kann. Zugleich können daran auch bestimmte Situationen oder Geschichten diskutiert und verändert werden. Auf diese Art und Weise wird dann nicht über Fakten und Zusammenhänge *aufgeklärt*, sondern es sind die Kinder selbst, die bestimmte Aspekte gesellschaftlicher Verhältnisse und individueller Handlungen analysieren, und *es sind die Kinder, die im Rahmen einer Streit- bzw. Diskussionskultur lernen, Standpunkte zu entwickeln und zu artikulieren sowie zugleich eine analytisch-kritische Distanz zum eigenen Verhalten zu erlangen.*

12.6.4 Das Dilemma von Arbeit und Spiel

Konkret stellt sich die Frage, an Hand welcher Situationen Kinder jeweils lernen und ob dies ausschließlich im Spiel vonstatten gehen sollte. TheoretikerInnen, die sich insgesamt dafür einsetzen, daß Kinder lernen, sich früh als GestalterInnen ihrer Lebensbedingungen zu begreifen, betonen unterschiedliche Aspekte und Bereiche.

Bereits im 18. Jahrhundert ging Rousseau in seinem Buch „Emil. Oder über die Erziehung" davon aus, daß die Zöglinge an Hand von konkreten, alltäglich anfallenden Tätigkeiten lernen sollten, also auch in der Arbeit und im Alltag (vgl. Rousseau 1989[9]). Das bedeutet, daß Kinder an konkreten produktiven Notwendigkeiten lernen.

Da in den letzten 150 Jahren Kindheit als eigenständige Lebensphase stetig verstärkt in den Vordergrund gerückt ist (vgl. Ariès 1978), wird heute den Bedürfnissen von Kindern größere Bedeutung zugemessen. Nun sollten zwar ErzieherInnen und Lehrende Orientierungen geben und Vorschläge machen, aber zugleich die Bedürfnisse der Kinder mit einbeziehen. Folgt man nun neueren empirischen Befunden in diesem Kontext, zeichnen sich Probleme für die Praxis ab. Zum einen stößt man auf den Commen sense, daß Kinder nicht arbeiten, sondern spielend lernen sollen.

Im ausgehenden 19. Jahrhundert trat im Zuge der Kindergartenentwicklung das Spiel in den Vordergrund (vgl. Becker-Textor 1993, 51). Verbinden Erwachsene für sich selbst mit Spiel häufig etwas, das nicht ernsthaft oder mit wenig Anstrengung betrieben wird, gilt Spielen für Kinder inzwischen als kindgerechte Möglichkeit der sozialen Einübung und des Lernens (vgl. Baer 1981, 86 ff.).

> „Spielen ist eine jedermann wohlbekannte Tätigkeit und bedarf im Alltag keiner weiteren Erklärung. Als spezifische Form menschlichen (und tierischen) Verhaltens hat es die Menschen schon immer zum Nachdenken über sich selbst angeregt." (Retter 1979, 11) Baer definiert Spiel als „eine aktive Bewegungshandlung des Menschen, die häufig als eine zweite, vorgestellte Realität abläuft und in der Regel nicht äußeren Zwecken, sondern innerer Befriedigung wegen aufgenommen wird: freiwillig und ohne Fixierung auf ein Ergebnis oder Produkt." (Baer 1981, 164) Er betrachtet das Spiel im Kontext der bestehenden Gesellschaft, worin „die Explosivkraft" des Spiels, zumindest bei den Erwachsenen, zur Freizeitunterhaltung verkommt (vgl. ebd., 87).

Oerter faßt aus sozialisationstheoretischer Sicht einige Motive, die Kinder veranlassen zu spielen, zusammen. Demnach dient ihnen das Spielen der „Lust an der Tätigkeit", der „Aufarbeitung von Erlebnissen", der „fiktiven Wunscherfüllung" und der „Kompensation des Sozialisationsdrucks" (Oerter 1993, 385 ff.). Folgt man diesen Befunden, dann ist Spielen für Kinder existenziell.

Ulmann definiert das Spielen von Kindern im Verhältnis zur Arbeit: „Von ‚Spielen' spricht man immer dann, wenn das *Tun* im Vordergrund steht, Ergebnisse, die dabei erzielt werden, unwichtig sind, weiterverwendet oder auch wieder rückgängig gemacht werden." (Ulmann 1987, 154) Dabei sei Arbeit Voraussetzung dafür, daß Menschen spielen können (vgl. ebd., 155). Kinder können sich in wesentlichen Teilen nicht an der Arbeit beteiligen, und so fragt Ulmann: Würden Kinder nicht spielen, wenn sie die Möglichkeit hätten, sinnvoll zu arbeiten? Sie stellt fest, daß dem nicht so ist. Kinder würden lieber Tätigkeiten verrichten, bei denen kein sinnvolles Produkt herauskommt, z. B. lieber Müllabfuhr spielen, als die Mülltüte in den Keller tragen. So macht Ulmann als Unterschied zwischen Arbeit und Spiel die Selbstbestimmung, die Unabhängigkeit von den Regeln und Vorgaben der Erwachsenen aus. „Ein Kind *will* also lieber spielen und *nicht* arbeiten, *wenn* es bei der Arbeit ständig ‚fremden' Standards und Intentionen unterworfen ist – was im Spiel nicht der Fall ist." (ebd., 158)

Offensichtlich kollidieren bereits in der Kindheit häufig gesellschaftlich notwendige Arbeit und Selbstbestimmung. Will man also an produktiven Tätigkeiten in der Arbeit mit Kindern ansetzen, muß man Wege finden, die es den Kindern ermöglichen, eigene Standards zu entwickeln.

Dieses Bedürfnis von Kindern, selbst- und mitbestimmen zu wollen, führt dazu, daß allmählich auch solche Bereiche empirisch erforscht werden, in denen Kinder Selbstbestimmungsmöglichkeiten haben und sich zugleich mit Kindern unterschiedlichen Geschlechts, verschiedener nationaler Herkunft und Altersstufen auseinandersetzen und arrangieren müssen.

12.7 Pädagogische Zukunftsentwürfe in der Kommune

Neben den neuen Formen von Vermittlung und den subjektorientierten Ansätzen kollektiven Lernens in den bestehenden Institutionen, in denen Kinder einen relativ großen Teil ihrer täglichen Zeit verbringen, in den Kindertagesstätten bzw. in den Schulen, stellt sich die Frage nach weiteren Möglichkeiten zur Partizipation von Kindern an kommunalen Entscheidungen, ist doch der Raum der Kommune das Aktionsfeld für Kinder außerhalb von Kindertagesstätte bzw. Schule. Die räumliche Lebenswelt der Kinder ist das Dorf, der Stadtteil, kurz, die nähere Umgebung, die für sie von der Wohnung aus zu Fuß, mit Fahrrad oder öffentlichen Verkehrsmitteln zu erreichen ist.

Kinder kennen sich in kommunalen Umfeldern aus und wissen um Möglichkeiten und Gefahren, aber auch um Behinderungen bei der Gestaltung ihres Alltags. Kinder versuchen ihr Umfeld zu entdecken, neue Spielmöglichkeiten zu suchen und zu erfinden – nicht immer zur Freude der Erwachsenen, wenn sie z. B. Baustellen wie einen Abenteuerspielplatz benutzen.

Das heißt, Kinder sind die ExpertInnen ihres kommunalen Umfeldes. Sie wissen, wo es z. B. im Straßenverkehr gefährlich ist, sie wissen, was ihnen fehlt, z. B. an Spielflächen, an kulturellen und sportlichen Möglichkeiten oder an Verkehrsverbindungen (vgl. Deutscher Bundesjugendring 1993, 43 ff.).

In §8 (1) des Kinder- und Jugendhilfegesetzes (KJHG) wird ausdrücklich die Beteiligung von Kindern und Jugendlichen bei allen „sie betreffenden Entscheidungen" entsprechend ihrem Entwicklungsstand gefordert. Hierdurch können Kinder auf das Leistungsangebot der Jugendhilfe Einfluß nehmen, was in der Regel für Kinder ab 14 Jahren Anwendung finden soll (vgl. Münder u. a. 1993, 136).[9]

Seit ein paar Jahren wird versucht, die Partizipationsmöglichkeiten von Kindern auch auf die Kommunalpolitik auszuweiten, indem Räume und Foren kommunaler Mitsprache für Kinder erschlossen werden, um so auf kindliche Bedürfnisse zu stoßen, die bisher seitens der Jugendhilfe- und Kommunalpolitik außer acht gelassen worden sind und um Kindern überhaupt die Möglichlichkeit zu geben, ihre Wünsche und Kritiken zu äußern (vgl. Blanke u. a. 1993).

Bisher hat man sich dabei im wesentlichen an solchen politischen Foren orientiert, wie sie aus der politischen Praxis der Erwachsenen bekannt sind. Dazu gehören vor allem Kinderparlamente, Runde Tische, Sprechstunden bei VertreterInnen kommunaler Politik, Kinderbüros, die Bildung von Arbeitsgruppen zu bestimmten Themen, wie z. B. der Umgestaltung des Weges zwischen Wohnbereichen und Schule als Ergebnis der Arbeit des Netzwerkes Schulwegsicherheit der Stadt Herten (vgl. Stadt Herten 1993).

---

[9] §8 (2) besagt: „Kinder und Jugendliche haben das Recht, sich in allen Angelegenheiten der Erziehung und Entwicklung an das Jugendamt zu wenden." Und gemäß §38 (3) können sie sich in Not- und Konfliktfällen ohne Kenntnis der Sorgeberechtigten beraten lassen (vgl. Münder u. a. 1993, 136 f.).

In der Regel sind die Kinder sehr engagiert bei der Sache und entwickeln Durchsetzungsstrategien. Beklagt werden jedoch die mangelnden Entscheidungsbefugnisse, die oft dazu führen, daß produktive Ansätze seitens der Kinderforen aus unterschiedlichen Gründen nicht umgesetzt werden und so auch zu Entmutigungen führen. Hier ist man noch auf der Suche nach kindergerechteren kommunalen Politikformen (vgl. Wawrziczny 1993). Immanente Kritik richtet sich hauptsächlich gegen beschränkte Partizipationsmöglichkeiten bezogen auf bestimmte Gruppen von Kindern (vgl. Blanke 1993).

Strukturell läßt sich festhalten, daß auch in der bisherigen – eher exemplarischen Kinderpolitik – die Probleme ungelöst blieben, die sich auch in der Erwachsenenpolitik abzeichnen, was sicherlich daran liegt, daß die Formen der Kinderpolitik mit den gesellschaftlichen Ressourcen nicht verzahnt sind.

Im folgenden sollen einige gängige Foren kommunaler Kinderpolitik dargestellt werden, um im Anschluß daran ergänzende Formen, die die Partizipation aller Kinder ermöglichen, zu entwickeln.

12.7.1 Eckpunkte einer neuen Politik mit Kindern und durch Kinder

Blanke (1993) unterscheidet im Kontext bisheriger Kinderpolitik drei verschiedene Partizipationsformen für Kinder in der Kommune.

1. Zu den offenen Formen zählen demnach Beratungsmöglichkeiten, aber auch Zukunftswerkstätten (Blanke 1993, 28 f.).
2. Zu den parlamentarischen Formen gehören die „Kinder- und /oder Jugendparlamente", die besonders in Kommunen in Deutschland, in Österreich, der Schweiz und Frankreich Verbreitung gefunden haben (vgl. ebd., 29 f.).
3. In projektorientierten Formen werden bestimmte Aktionen zu Schwerpunktthemen durchgeführt, z. B. Fragebogenaktionen, mit denen die Bedürfnisse von Kindern durch Kinder eruiert werden oder Stadtteilbegehungen (ebd., 32 ff.).

„Kinder brauchen Partizipationsformen, die es ihnen ermöglichen, ihre Mitsprache zu sichern und ihre Mitteilungen zu verwirklichen. Dazu sind kleine, überschaubare Strukturen ebenso erforderlich wie direkte AnsprechpartnerInnen und Personen ihres Vertrauens, mit denen Kinder Spaß bei der Arbeit erleben können, aber auch Nähe und Wärme erfahren. Sie brauchen PolitikerInnen zum Anfassen, aber auch VermittlerInnen mit Übersetzungsfunktionen, um sprachliche Hürden zu überwinden und die Strukturen von Politik und Verwaltung zu durchschauen." (Blanke 1993, 34) Kinderpolitik fordert dazu auf, Strukturen zu schaffen, die dies ermöglichen und die sie konkret auf drei Ebenen ansiedelt- Kinderbüros im Verwaltungsbereich, Kinderbeauftragte bei den Ortsverbänden der Parteien und KinderanwältInnen „als unabhängige Stelle im außerparlamentarischen Raum" (ebd.).

Da die von Blanke entwickelten Forderungen für eine sinnvolle Arbeit mit Kindern mit den Kriterien dieser Darstellung über Partizipationsmodelle im Kontext der Arbeit am positiven Frieden konform gehen, sollen sie hier zitiert werden. Blanke fordert:

„– auf die konkrete Betroffenheit der Kinder zu reagieren,
– an die Lebenswelt der Kinder anzuknüpfen,
– stadtteilbezogen [bzw. ortsteilbezogen, d. Verf.] vorzugehen,
– mit dort tätigen Institutionen zusammenzuarbeiten,
– die Themenwahl den Kindern zu überlassen sowie
– kindgerechte Veranstaltungen und Aktionsformen [...] anzubieten." (ebd., 34)

Um nicht ferner Gefahr zu laufen, an die zuständigen PolitikerInnen bloß zu appellieren und ein offenes Ohr für die Fragen, Wünsche und Probleme der Kinder zu haben, sollte man auch überlegen, inwiefern die Politik der Erwachsenen von der (kommunal-)politischen Partizipation profitieren, also lernen kann. Nicht zuletzt kommt es deshalb auf eine Absicherung derartiger Kinderpolitik durch ihre Institutionalisierung an.

12.7.2 Konsequenzen für Praxisstrategien in Kommune und Stadtteil

Neben den inhaltlichen Verbesserungen, die durch Mitsprache und Mitgestaltung von Kindern in der Kommunalpolitik, vor allem im Bereich der Verkehrsplanung erreicht worden sind, kann Kinderpolitik auch den Boden für alternative Möglichkeiten einer breiteren Partizipation aller Bevölkerungsschichten bei gleichzeitiger Reduzierung bürokratischer Aufwendungen bereiten.

Auch für die Mitsprache von MigrantInnen könnten, da für Kinderpolitik die StaatsbürgerInnenschaft unerheblich ist, die Foren Raum bieten. Auf diese Weise würde sich wahrscheinlich schnell dokumentieren lassen, welchen Gewinn die Kommunen für Politik und Kultur z. B. aus der Mitsprache der MigrantInnen ziehen könnten.

Hier wird auch schnell deutlich, daß man die gängigen Vorstellungen von Kommunalpolitik mit ihren starren Formen überschreiten muß. So steht z. B. das Jugend- und Kinderforum München allen Kindern ab 9 Jahren offen. Hier wird versucht, die verschiedensten Gruppen von Kindern durch bestimmte Themensetzungen anzusprechen. Die Zusammensetzung der Kinder ändert sich immer wieder (vgl. Frädrich 1993).

So kann es z. B. nicht ausreichen, Kinderbeauftragte bei den Ortsverbänden bestehender Parteien zu fordern (vgl. Blanke 1993, 34), sondern es braucht hier *zusätzliche Interessenvertretungen*, z. B. für Kinder von MigrantInnen und für Mädchen. Vorstellbar wäre, daß kommunale AusländerInnenvereine, Obdachlosenvereinigungen, Behindertenwerkstätten und viele andere Kinderbeauftragte bereitstellen. Auf diese Weise wäre auch gewährleistet, daß Kinder beiderlei Geschlechts, aus allen Schichten und kulturellen Zugehörigkeiten an der Mitarbeit in Kinderforen beteiligt werden. Kinder aus den unterschiedlichsten gesellschaftlichen Gruppen könnten so früh lernen, mit den jeweils anderen ins Gespräch und in Auseinandersetzungen zu treten.

Kapitel 13

Grundlagen einer neuen Partizipationspädagogik

13.1 Zum Alltag von Kindern

Zum einen kann festgestellt werden, daß zunehmend über Kinder, ihre Belange und Partizipation diskutiert wird (vgl. Blanke u. a. 1993), zum anderen existieren aber kaum Studien über den Alltag von Kindern (vgl. Nissen 1993), von einer Sozialberichterstattung, die sich mit der Lage der Kinder in Deutschland auseinandersetzt, ganz zu schweigen (vgl. Nauck 1993). Gefordert wird immer wieder ein theoretisches Konzept von Kindheit (vgl. z. B. Timmermann und Melzer 1993).

Darüber hinausgehend kritisiert Alanen die bestehenden Vorstellungen von Kindheit in den Sozialwissenschaften: Diese „machen es für Kinder unmöglich, ihr Anliegen vorzubringen, weil sie eben in genau dieser Weise wahrgenommen werden: als Wesen, die weder berechtigt noch fähig oder willig sind, ihre Angelegenheiten selbst zu verfolgen." (Alanen 1994, 97) Dem hält Alanen entgegen, daß Kinder „praktisches Wissen" darüber erwerben, „was es heißt, ein ‚Kind' zu sein in einer Gesellschaft, die sie als ‚Kinder' verortet" (ebd., 103). Demnach sind Kinder am sozialen Leben beteiligt, machen Erfahrungen, erwerben Wissen über die Gesellschaft, in der sie agieren. Alanen kritisiert zu Recht, daß in den Sozialwissenschaften überwiegend auf dieses Wissen verzichtet wird, weil keine Möglichkeiten geschaffen werden, es zu artikulieren. Sie fordert, daß z. B. eine Sozialwissenschaft vom Standpunkt der Kinder den Versuch machen müßte, „1. die Welt, die Kinder als Bewohner kennen, zu erforschen, zu analysieren und explizit zu machen; 2. das Alltagsleben von Kindern mit der normalen Gestaltung sozialer Beziehungen in Verbindung zu setzen, d. h. auf die Gesellschaft zurückzublicken von der Position der Kinder in der Gesellschaft." (ebd., 107)

Da dies bislang kaum geschehen ist, soll im folgenden aspekthaft auf dokumentierte Situationen von Kindern im Alltag zurückgegriffen werden (zu einem komplexeren Verständnis von Alltag siehe Kapitel 4.2).

13.1.1 Kindheit und Familie

Ähnlich wie Frauenfragen werden Fragen und Probleme von Kindheit oder Kinder und ihr Alltag im Kontext von Familie betrachtet (vgl. Alanen 1994). Dabei wird die Stellung des Kindes in Familien ins Verhältnis zur Situation der Erwachsenen, in der Regel zur sozialen Lage der Eltern, gedacht.

So untersucht z. B. Nauck (1991) die Betreuungssituation von Kindern im Lebenslauf im Kontext ihrer Stellung zu den Elternteilen und Familienformen, in denen sie leben. Danach werden ca. 90% der Kinder als Kinder „verheirateter, zusammenlebender Eltern geboren, doch reduziert sich dieses Kindschaftsverhältnis mit zunehmendem Alter auf etwa 80%." (Nauck 1991, 399) Für städtische Regionen allerdings gilt, daß (1990) bereits 20% der Kinder in Haushalten mit nur einem Elternteil aufwuchsen (vgl. Palentien 1994, 69).

Die viel beklagten Krisen der herkömmlichen Zwei-Generationen-Kernfamilien scheinen, folgt man den Ergebnissen von Nauck, quantitativ nicht so bedeutend für die meisten Kinder in Deutschland zu sein. Auch eine Befragung von über 1.700 SchülerInnen in Nordrhein-Westfalen zeigte, daß die Kinder einen Wandel der Institution Familie durch eigene gestalterische Aktivitäten in ihrer Lebenswelt kompensieren. „Hierzu zählt auch die bewußte Auslagerung bestimmter Funktionen und Bereiche in außerfamiliale Instanzen und Institutionen." (Palentien 1994, 77)

Bedrohlich für den Alltag vieler Kinder wirkt sich eher die materielle Lage aus. Dies gilt für unterschiedliche Formen des Zusammenlebens von Erwachsenen mit Kindern. Wurde dies lange Zeit vor allem für Kinder alleinerziehender Mütter beklagt, von denen mehr als die Hälfte auf den Bezug von Sozialhilfe angewiesen sind (vgl. Meyer und Schulze 1988), verarmen zunehmend auch andere Lebensgemeinschaften mit Kindern. „Schon heute zahlen 1/6 der Familien in den alten Bundesländern und 1/4 der Familien in den neuen Bundesländern keine Steuern mehr. Dies macht das Verarmungsrisiko und die Randständigkeit von Familien deutlich." (Brühan 1994, 65) Kinderwünsche, so kritisiert Brühan, sind aufgrund dieser ökonomischen Situation und angesichts des Mangels an Wohnraum kaum noch zu realisieren; hierzu gehört auch die unzureichende Versorgung mit Kindertagesstätten (vgl. ebd.).

Marquard kritisiert die widrigen Umstände für Eltern, sich für Kinder in dieser Gesellschaft entscheiden zu können und die Individualisierung der Probleme mit Kindern, die häufig institutionell bedingt sind, wenn z. B. bei den Öffnungszeiten von Kindertagesstätten keine Rücksicht auf den Zeithaushalt der Eltern genommen wird (vgl. ebd. 1994, 41 f.). Positiv faßt er die notwendigen Bedingungen zusammen, die eintreten müssen, damit sich Paare für Kinder entscheiden können: „Nur wenn die Partnerschaft verläßlich, die wohnungsmäßigen Bedingungen akzeptabel, die ökonomischen Bedingungen einigermaßen gesichert und der Kinderwunsch mit anderen biographischen Perspektiven (Bildung, Berufserwartung, Karriere) nicht allzu sehr in Konflikt gerät, ist heute die Ankunft von (zusätzlichen) Kindern wahrscheinlich." (ebd., 42)

Die sozialen und ökonomischen Voraussetzungen für Kinder in dieser Gesellschaft sind denkbar schlecht. In diesem Kontext sollte auch nicht vergessen werden, daß die individuelle Verantwortung für Kinder in der Regel zu Lasten der Mütter geht. Im Zweifelsfall müssen sie allein für die Kinder sorgen, auf Berufstätigkeit, Rentenansprüche u.v.a.m verzichten (vgl. Ketelhut 1995).

Zum einen ist die materielle Versorgung von Kindern und damit auch die Möglichkeit, sich in dieser Gesellschaft entwickeln zu können, eng an die Situation der Eltern geknüpft und damit häufig an die Situation von Familien insgesamt (vgl. Walper 1991). Zum anderen versperrt aber der Blick auf die „Kinderfrage" als „Familienfrage" die Perspektive auf Kinder als Subjekte in den Sozialwissenschaften (vgl. Alanen 1994). Erschwerend hinzu kommt noch, daß so zum Teil auch die Notwendigkeit von Analysen sozialhistorisch gewachsener Strukturen übersehen wird. Dies gilt insbesondere für die strukturelle Gewalt, auf die das Eltern-Kind-Verhältnis in Familien grundlegend errichtet ist. In den zeitgenössischen Diskursen aber kommt Gewalt (wenn überhaupt in der Form von direkter Gewalt) bestenfalls als Ausnahme vor.

13.1.2 Gewalt in Eltern-Kind-Verhältnissen

Für Friedensarbeit von, für und mit Kindern relevant ist aber gerade in diesem Zusammenhang die Analyse der Verhältnisse und die verändernden Bewegungsprozesse, in die Kinder hineinwachsen. Bereits die Perspektive auf die gesamtgesellschaftlichen historisch gewachsenen Bedingungen verweist grundlegend auf strukturelle Gewalt im Erwachsenen-Kind-Verhältnis.

Von besonderer Bedeutung in diesem Zusammenhang ist das Bürgerliche Gesetzbuch und darin vor allem das Familienrecht. Blickt man zurück in die Geschichte des Familienrechts, so gelangt man zu der denkwürdigen Tatsache, daß das Eltern-Kind-Verhältnis ebenso von Anfang an auf Gewalt begründet ist, wie die derzeitige Gesellschaftsform mit ihrer ökonomischen Orientierung an „freier Konkurrenz" (vgl. Kappeler 1994).

Auf der einen Seite hat sich im Rahmen des KJHG sowohl die Haltung gegenüber Kindern und Jugendlichen als auch die Gesetzesgrundlage dahingehend verändert, daß die Persönlichkeitsentwicklung von Kindern und Jugendlichen mehr Beachtung findet als vorher. „Mit Recht gibt das KJHG der Erziehung zu einer eigenverantwortlichen und gemeinschaftsfähigen Persönlichkeit Vorrang vor der noch im JWG geforderten ‚gesellschaftlichen Tüchtigkeit'." (Münder 1993, 90)

Auf der anderen Seite zeigt sich aber, daß sich, historisch betrachtet, das Familienrecht bis heute überwiegend mit Gewaltfragen beschäftigt hat, wobei insbesondere an den Terminus der „elterlichen Gewalt" zu denken ist (vgl. Kastner 1994), der strukturelle Gewalt im Eltern-Kind-Verhältnis festschrieb. Zwar wurde 1980 die „elterliche Gewalt" im Bürgerlichen Gesetzbuch neu geregelt und durch die „elterliche Sorge" ersetzt, die Struktur hingegen blieb. „Auffallend ist, daß im Nebensatz angemerkt wird, daß die Struktur der elterlichen Sorge unverändert der alten elterlichen Gewalt entspricht." (Kastner 1994, 3) So wird erst in letzter Zeit über die Abschaffung des „Züchtigungsrechts" debattiert (vgl. Kinderkommission 1994, 16). [1]

---

[1] „Was die Abschaffung des Züchtigungsrechts betrifft, hat sich die Kommission in Anknüpfung an ihren bereits in der vergangenen Legislaturperiode vorgelegten Vorschlag zur Änderung des §1631 BGB für ein schnelleres Vorgehen in dieser Sache ausgesprochen und vorgeschlagen, gesetzliche Grundlagen für eine gewaltlose Erziehung bereits im Vorgriff auf die beabsichtigte umfassende Neuregelung des Kindschaftsrechts, die wahrscheinlich erst in der nächsten Legislaturperiode erfolgen

In Anlehnung an die Gewaltbegriffe von Galtung (vgl. Kapitel 3.2) sollen im folgenden die Gewaltverhältnisse zwischen Eltern und Kindern differenzierend betrachtet werden. Zwar wird den Eltern im Alltag nicht mehr ganz selbstverständlich ein Züchtigungsrecht zugesprochen, dennoch kommt direkte Gewalt seitens der Erwachsenen immer noch häufig zur Anwendung.

So wird z. B. in den USA geschätzt, daß 90% der Gewalt in Familien der spezifischen Struktur der Familien zuzurechnen ist und weniger den „Verirrungen einzelner Familienmitglieder" (Brinkmann 1993, 109; vgl. Büttner 1993).

Zwar sind die Zahlen und Schätzungen, wonach jährlich ca. 300.000 Kinder von sexuellem Mißbrauch betroffen sein sollen, umstritten (vgl. Rutschky 1992), dennoch stellt direkte Gewalt an Kindern ein großes Problem dar. In der Bundesrepublik kann man nach Schätzungen des Deutschen Kinderschutzbundes davon ausgehen, daß ca. ein Viertel der Kinder, ca. 50.000 jährlich (vor allem Mädchen), sexuellen Mißbrauch erfahren (vgl. van den Brok 1993) und ein Zehntel der Kinder mit einem Gegenstand verprügelt werden (vgl. Honig 1988). Faßt man diese Tatsachen zusammen, kann man nicht mehr davon ausgehen, daß direkte Gewalt gegen Kinder im Privaten (vor allem in der Familie) seitens der Erwachsenen eine Ausnahme darstellt (vgl. auch Brinkmann 1993). Nicht schätzbar ist die Dunkelziffer und kleinere Anwendungen von direkter Gewalt wie z. B. Ohrfeigen.

Strukturelle Gewalt liegt im Familienrecht verankert. Selbst das moderne Wort der „elterlichen Sorge" beinhaltet ja, daß die Eltern die Entwicklungsmöglichkeiten ihrer Kinder (mit)bestimmen in Abhängigkeit davon, was die Eltern jeweils unter Sorge verstehen. Wenn Kinder nach außen hin auffällig werden, wird in der Regel seitens öffentlicher Erziehungsinstitutionen eingegriffen. D. h. es ist überhaupt nicht festzustellen, inwiefern Kinder im Privaten in ihrer potentiellen Entwicklung gefördert oder behindert werden. Grundsätzlich kann man von struktureller Gewalt im Eltern-Kind-Verhältnis ausgehen. Die Auswirkungen sind allerdings individuell sehr unterschiedlich. Festgehalten werden soll hier, daß die Grundlage dafür gesamtgesellschaftlich verankert ist.

Legitimiert werden diese Verhältnisse durch kulturelle und historische Traditionen, worauf die Formulierung der „elterlichen Gewalt" hinweist, aber auch in jeder Kommunikation über das kindliche Verhalten, z. B. in Absprachen zwischen ErzieherInnen oder LehrerInnen und Elternteilen, sowie durch die Medien.

Ähnliches gilt für die öffentlichen Einrichtungen der Kinderbetreuung und -erziehung. Sowohl im privaten als auch im öffentlichen Bereich unterliegen Kinder der Vorherrschaft von Erwachsenen und damit in unserer Gesellschaft potentieller Gewalt, sei es nun direkter, struktureller oder kultureller Art.

Hiermit soll auf Erziehungs- und Sozialisationsstrukturen aufmerksam gemacht werden, die den Anschein erwecken, frei von Gewalt zu sein (wie z. B. eine sogenannte intakte Zwei-Generationen-Kernfamilie), deren Existenz aber bereits

wird, zu schaffen." Der Vorschlag lautet: „Kinder sind gewaltlos zu erziehen". (Kinderkommission 1994, 16) *auf einem realen und potentiellen Gewaltverhältnis basiert.* (Zur Umwandlung von Erziehungs- in Beziehungsarbeit vgl. Kapitel 12.5 und 12.6)

In logischer Konsequenz soll hier die These aufgestellt werden, daß sich strukturelle Gewalt in diesem Kontext gerade durch ihre verbale Leugnung reproduzieren kann. D. h. in welcher Weise Erwachsene von Gewalt Gebrauch machen, liegt in einem bestimmten Rahmen in ihrem jeweiligen Ermessen.

Dem wäre noch hinzuzufügen, daß oftmals potentielle Entwicklungsmöglichkeiten von Kindern seitens der Eltern oder anderer eingeschränkt werden, ohne daß diese sich dessen überhaupt bewußt werden (können). Geht man nämlich insgesamt davon aus, daß jede neue Generation summa summarum eine Fortentwicklung der vorhergehenden ist, können Erwachsene oft gar nicht in jedem Fall wissen, was für die Entwicklung der neuen Generation förderlich ist.

In diesem Kontext ist das Ergebis einer empirischen Untersuchung von Interesse, die einen Zusammenhang zwischen der Gewaltbereitschaft von Kindern und Jugendlichen und fremdenfeindlichen Positionen der Eltern festgestellt hat: „Das heißt, daß die Übereinstimmung zwischen der eigenen Ausländerfeindlichkeit [...] und der Grundeinstellung der Familie gegenüber Asylbewerbern viel weiter verbreitet ist als derjenige Fall, wo vom Jugendlichen prinzipielle Unterschiede zwischen der Position der Eltern und der eigenen Einstellung gesehen werden." (Wellmer 1994, 283)

Strukturelle Gewalt wird, wenn auch in unterschiedlichen Ausprägungen, von Generation zu Generation reproduziert. Wellmer geht davon aus, daß man Voraussetzungen schaffen muß, Kinder möglichst ohne Zwang und Gewalt aufwachsen zu lassen, um perspektivisch diese Zirkel zu durchbrechen. „Kinder und Jugendliche müssen erfahren, daß Achtung und Anerkennung eines Menschen auch dann erfolgt, wenn dieser nicht immerzu verwertbare Leistung für andere erbringt." (ebd., 286)

So gesehen, gibt es keinen einfachen Ausweg aus diesen Strukturen, sondern vielmehr die stete Anforderung, soviel Partizipationsmöglichkeiten wie möglich für Kinder zu schaffen, ohne sich die eigenen Entwicklungsmöglichkeiten einschränken zu lassen.

13.1.3 Zur sozialen Lage von Kindern

Im folgenden soll versucht werden, auf bisherige Ergebnisse zur Lage der Kinder von einem Standpunkt der Kinder aus einzugehen.

Auf der phänomenalen Ebene zeigt sich, daß es, historisch betrachtet, viele Verbesserungen für Kinder gegeben hat. Dazu gehören u. a. die weitestgehende Abschaffung der Kinderarbeit, die Bekämpfung von schweren Erkrankungen wie z. B. die Kinderlähmung, die Betrachtung der Kindheit als wichtige Lebensphase, und ferner gilt, daß „immer mehr Kinder [...] im Hinblick auf Spielzeug und Medien bestens ausgestattet" sind (Timmermann und Melzer 1993, 40).

Zugleich wirken sich aber auch die sozialen Verschlechterungen, von denen Eltern betroffen sind, auf die Kinder aus. Dazu gehören vermehrt:

1. Die Versorgung mit Wohnraum insbesondere für Eltern und Elternteile mit Kindern wird immer schwieriger, zugleich steigen die Mieten (vgl. Hauser 1995).

2. Die Krise des Arbeitsmarktes in Deutschland hat langfristig erhebliche Benachteiligungen für Erwerbslose und ihre Familienmitglieder zur Folge. „Je länger die Beschäftigungskrise anhält, um so geringer werden für diese Gruppen die Chancen, einen Zugang zu regulärer Erwerbsarbeit zu finden; um so größer wird das Risiko, dauerhaft am Arbeitsmarkt ausgegrenzt und auf staatliche Transferzahlungen verwiesen zu sein." (Hanesch 1995, 70) Die Anzahl derjenigen, die in ungesicherten Arbeitsverhältnissen beschäftigt sind, nimmt zu und betrifft insbesondere (alleinerziehende) Frauen und ihre Kinder (vgl. ebd.).

3. In der Folge nimmt die Anzahl derjenigen, die von Einkommensarmut (bzgl. der 50%-Einkommensgrenze) betroffen sind zu und liegt für die Bundesrepublik bei ca. 10% der Bevölkerung (vgl. Buhr und Leisering 1995, 73). „Teilweise waren ein Drittel und mehr der gemeldeten Arbeitslosen ohne Leistungsbezüge" (Hartmann 1995, 78).

4. Das System des Familienlastenausgleichs ist kaum in der Lage, die materiellen Mängel in Haushalten mit Kindern zu kompensieren. Das „Nebeneinander von Kindergeld und -zuschlag, Kinderfreibetrag, Ehegattensplitting, Haushaltsfreibetrag für Alleinerziehende sowie Erziehungsgeld bietet insbesondere für untere Einkommensgruppen keine angemessene Kompensation von kinderbedingten Kosten" (ebd., 79).

Für Kinder kommt die Einschränkung ihrer autonomen Mobilität durch die Zunahme des Autoverkehrs hinzu· „Die meisten Kinder – nämlich fast 80% – verunglücken bei Unfällen innerhalb von Ortschaften." (Schwarzer 1993, 280) Die „Verkehrsverhältnisse werden so gestaltet, daß sich Kinder in ihnen nicht ohne Schutz Erwachsener bewegen können." (Marquard 1994, 42)

Schließlich wird in den letzten Jahren eine gesellschaftliche Orientierungslosigkeit von Kindern und Jugendlichen konstatiert (vgl. Kossakowski 1993).

Bemißt man die materielle Armut an dem Bezug der laufenden Hilfe zum Lebensunterhalt (gemäß BSHG), so waren 1990 5,8% aller Kinder unter 15 Jahren davon betroffen (Walper 1993, 269).[2] Dies hat Konsequenzen für die Gestaltung des Alltags der betroffenen Kinder, wie z. B. Schulausflüge, Kinobesuche, Teilnahme an Veranstaltungen, Kindergeburtstage (zu einem komplexeren Verständnis von Alltag siehe Kapitel 4.2). Fast alles, was Kindern Spaß macht und zur Entwicklung von Beziehungen mit anderen Kindern gehört, ist mit finanziellen Ausgaben verbunden, die in der Regel von der Sozialhilfe nicht bestritten werden können (vgl. hierzu auch Kapitel 4.4).

Beklagt wird auch die Haltung vieler Erziehungsberechtigten ihren Kindern gegenüber, wonach Kinder „unter den Bedingungen eines partizipatori-

---

[2] „In Hamburg lebte 1990 jedes fünfte Kind im Alter bis zu sieben Jahren in einem von der Sozialhilfe abhängigen Haushalt" (Walper 1993, 269).

schen Erziehungsmodells ihrer Eltern oder Stiefeltern" aufwachsen, „das ‚Gehorchen' durch ‚Verhandeln' ersetzt, zugleich aber durch hohe Erwartungen an den Bildungs- und Berufserfolg der Kinder gekennzeichnet ist, die leicht zu Überforderung der Kinder führen können" (Timmermann und Melzer 1993, 41).

Diese Veränderungen in den Lebenswelten von Kindern insgesamt bringen neue Probleme mit sich. „In immer größerer Zahl treten *depressive* Verstimmungen im Kindesalter auf, und die augenfälligeren Verhaltensstörungen wie extreme Unruhe, Aggressivität, Frühkriminalität usw. finden sich nach Schätzungen bereits bei 10% aller Kinder." (Hoehne 1993, 233) Auf der einen Seite bewirkt die Verbesserung der Ernährung ein zunehmendes körperliches Wachstum der nachfolgenden Generationen, auf der anderen Seite leisten Kinder und Jugendliche Widerstand gegen psychosoziale Probleme in Form von Fettsucht (Adipositas) oder Magersucht (Anorexie) (vgl. ebd., 232).

13.1.4 Veränderte Anforderungen an Kinder

Kinder, so zeigen nicht nur die oben angeführten psychosomatischen Reaktionen, bewegen sich alltäglich in einem widersprüchlichen Feld. „Insgesamt kann festgestellt werden, daß sich die individualisierte Gesellschaft, zusammen mit einer wohlfahrtsstaatlichen Politik, die allen Personen einen Zugang zu allen Funktionsbereichen der Gesellschaft eröffnen will, […] durch die paradoxe Situation auszeichnet, gestiegene Ansprüche in bezug auf Selbstentfaltung, Selbstverwirklichung u.ä. produziert zu haben, ihre Verwirklichung im gleichen Zuge jedoch erschwert" (Palentien 1994).

Die sich so widersprüchlich gestaltenden Anforderungen an Kinder erfordern eine bestimmte Persönlichkeit. Weniger der Gehorsam steht heute im Vordergrund, sondern vielmehr die Selbständigkeit (vgl. Preissing u. a. 1990). „Von Kindern wird erwartet, daß sie sich in neuen Lebenssituationen zurechtfinden, daß sie bereit sind, neue soziale Beziehungen aufzubauen und vorher alltäglich gelebte Beziehungen über räumliche und zeitliche Distanzen hinweg aufrechtzuerhalten." (ebd., 13) Über den Alltag lernen heute Kinder schneller, sich selbstbestimmt und autonom zu verhalten sowie Entscheidungen zu treffen. Offen bleibt dabei zunächst, „ob die aktive Gestaltungsfähigkeit der Kinder eher gestärkt wird oder die Kinder überfordert und verunsichert werden" (Peukert 1994, 362).

Zugleich wird ein Trend festgestellt, Kinder in Gruppen zu separieren. Wenn z. B. behinderte Kinder auf Sonderschulen gehen oder wenn sich Kinder ihre SpielkameradInnen nicht mehr in der Nachbarschaft suchen, sondern z. B. in spezialisierten Vereinen (zum Reiten, Skating u.v.a.m.), treffen Kinder oft auch auf Kinder gleicher ethnischer Herkunft, gleichen Geschlechts und gleicher sozialer Schicht (vgl. Thiemann 1988). Rülcker beklagt hier einen Mangel an Möglichkeiten für Kinder, Solidarität einzuüben. So ist für ihn Selbständigkeit für alle nur möglich, „wenn alle fähig und bereit sind, sich solidarisch zu verhalten, d. h. zu helfen und Hilfe anzunehmen." (Rülcker 1990, 27; vgl. auch Storm 1994)

Betrachtet man den Alltag von Kindern insgesamt, so zeigt sich, daß sie einerseits an Raum gewonnen haben, ihre individuellen Fähigkeiten und Grenzen zu erproben, daß viele Kinder andererseits aber an Möglichkeiten verloren haben, sich mit Kindern anderer sozialer oder ethnischer Herkunft auseinanderzusetzen. Letzteres gilt nicht nur für die Freizeit, sondern zum Teil auch für die Schule, wenn bestimmte Gruppen von Kindern bestimmte Schulformen frequentieren oder wenn bestimmte Gruppen von Kindern geballt in bestimmten Stadtteilen wohnen. Letzteres gilt auch für Kinder im Vorschulalter, die in dem Stadtteil, in dem sie wohnen, eine Kindertagesstätte besuchen. Oft schicken MigrantInnen ihre Kinder gar nicht erst in eine Kindertagesstätte, weil viele Mütter ihre Kinder zu Hause betreuen.

13.2 Widersprüche und Defizite der Orientierungsangebote

Neben einem Mangel an Solidarität wird in Diskussionen über Kinder und Jugendliche, z. B. im Kontext des Achten Jugendberichts von 1990, ein Mangel an Orientierungen beklagt. Die Frage nach dem *Sinn* des Lebens wird sowohl insgesamt für Erwachsene (vgl. z. B. Gorz 1994) als auch für Kinder und Jugendliche problematisiert, allerdings oft, ohne die beiden Diskussionsstränge in einen produktiven Zusammenhang zu bringen. Oft werden verschiedene Problemlagen in den Diskussionen miteinander vermischt, die separater Lösungsstrategien bedürfen.

So heißt es in der Stellungnahme der Bundesregierung zum Achten Jugendbericht: „Neben Armutsproblemen scheint unsere Gesellschaft auch ausgesprochene Wohlstandsprobleme zu produzieren. Die Frage nach Orientierung, nach dem Sinn und dem Auftrag des eigenen Lebens verlangt nach anderen weitergehenden Antworten." (Achter Jugendbericht 1990, V)

Fraglich ist, warum die Frage nach Orientierung für Kinder und Jugendliche ein Wohlstandsproblem sein soll, gilt sie doch bei Erwachsenen als gesellschaftspolitische Frage. Oder anders formuliert: Wie beantworten Kinder und Jugendliche, die z. B. aus materiell armen Verhältnissen kommen, Fragen nach dem Sinn des Lebens?

Kossakowski (1993) konstatiert eine Orientierungslosigkeit, deren Folgen sich z. T. in extremen politischen Einstellungen von Jugendlichen insbesondere in den neuen Bundesländern zeigen. Aufgrund der schlechten materiellen Situation vieler Menschen in den neuen Bundesländern, insbesondere bedingt durch die hohe Arbeitslosenquote, kann man hier nicht von Wohlstandsproblemen als Begründungen für Orientierungslosigkeit oder ungelöste Sinnfragen ausgehen.

Dennoch wird im obigen Zitat neben der Armut ein weiterer wichtiger Punkt berührt. Zwei Probleme stellen sich zugleich: 1. Wie können Erwachsene, die selbst in einer Sinnkrise stecken, Kinder inhaltlich orientieren? 2. Wie können Erwachsene Kindern Orientierung vermitteln, ohne ihnen dogmatische Vorgaben zu machen?

Beide Fragen sind miteinander verwoben und stellen eine Herausforderung an die Arbeit mit Kindern in den folgenden Jahren dar. Eine Arbeit mit Kindern am positiven Frieden soll hier als ein Schritt in diese Richtung verstanden werden.
Wird zum einen ein Mangel an Orientierung für die nachwachsende Generation beklagt, wird zum anderen die Fülle an Vorgaben hervorgehoben. „Es besteht immer weniger Möglichkeit, den Nachmittag frei von institutionellen Vorgaben zu gestalten und am Leben der Erwachsenen teilzunehmen, so daß diese Entwicklung auch als ein zunehmender Ausgrenzungsprozeß von Kindern aus der Welt der Erwachsenen und aus generationsübergreifenden Lebenszusammenhängen begriffen werden kann." (Achter Jugendbericht 1990, 39)
Diese sicherlich zutreffende Feststellung bedarf jedoch der Eingrenzung und Erweiterung. Im selben Jugendbericht wird ein Rückgang der Geschwisterzahl in den letzten Jahren festgestellt. Jedes dritte Kind wächst heute als Einzelkind auf (vgl. Peukert 1994, 361). Immer mehr „Kinder wachsen in 1 - oder 2 -Kind-Familien auf, immer weniger mit einer größeren Geschwisterzahl" (Timmermann und Melzer 1993, 40). Einschränkend muß hinzugefügt werden, daß dies vor allem für Kinder mit Eltern deutscher Staatsbürgerschaft (in den alten Bundesländern) zutrifft. Für diese Kinder gilt, daß sie einen Teil des Alltags, der sonst vielleicht dem Zusammensein mit Geschwistern gewidmet wäre, mit Erwachsenen teilen. So geht Peukert davon aus, daß Einzelkinder „tendenziell eine höhere Zuwendung und Aufmerksamkeit der Eltern" erfahren (ebd., 361).
Ferner bringt die beschriebene Institutionalisierung des kindlichen Alltags mit sich, daß es kaum noch Räume gibt, in denen Kinder ohne fürsorgliche Kontrolle von Erwachsenen spielen und experimentieren können. Das aber bedeutet, zu Ende gedacht, daß es vielen Kindern zum Teil schwer fallen dürfte, die (oben angeführte) Autonomie und Selbständigkeit zu erproben.

13.2.1 Zeiten, Räume und soziale Beziehungen

Es wurde versucht die Veränderungen in Zeit- und Raumgestaltung der Kinder im Alltag mit der These von der „Verinselung" der Raumaneignung zu erfassen (vgl. Nissen 1993; Achter Jugendbericht 1990). Dem widerspricht partiell eine empirische Studie, wobei 1000 Kinder nach der „Gestaltung ihrer schulfreien Nachmittage" in verschiedenen Regionen (Großstadt, Land, stadtnahe Wohndörfer) befragt wurden. Hier zeigte sich, daß sich selbst die Kinder in der Großstadt vor allem zu Fuß oder mit dem Fahrrad fortbewegen, so daß eine räumliche Verinselung nicht festgestellt wurde, sondern vielmehr eine Verinselung hinsichtlich „persönlicher Bezüge" und Inhalte. Allerdings sei die räumliche Bewegungsfreiheit der Mädchen eingeschränkter als die der Jungen, da die Eltern Angst vor sexueller Belästigung ihrer Töchter hätten (vgl. Zeiher 1993, 245), was sicherlich für viele Töchter von MigrantInnen noch in verschärfter Form gelten dürfte.
Aufgrund einer Beobachtung von drei Tagesabläufen von zehnjährigen Großstadtkindern kommt Zeiher zu dem Resultat: „Zum einen wird die räumliche und soziale Welt mit besonderen Institutionen, Orten und Gelegenheitsstrukturen für

Kinder ausgestattet. Zum anderen fordert dies eine weitere Art des besonderen Herstellens heraus, nämlich alltägliche Lebensführung als aktives und zielvolles Sich-in-Beziehung-Setzen dazu, indem dem individuellen Tageslauf bestimmte Tätigkeiten und Interaktionen unterlegt werden." (ebd., 239)

Aktives Gestalten der Tagesabläufe durch Planung, Organisation und Mobilität stellt wichtige Anforderungen an die meisten Kinder dar. Es wird relativ früh von ihnen verlangt zu lernen, wie sie ihren Tagesablauf zeitlich und räumlich am besten organisieren können. Allerdings nimmt der Anteil der verplanten Freizeitstunden durch Institutionen zu.

13.2.2 Kinderkultur

So stellt sich denn weniger die Frage nach einer Bewertung dieser Entwicklung in der Freizeitgestaltung von Kindern als vielmehr die Frage nach einer, gemessen an kindlichen Bedürfnissen, besseren Ausgestaltung derselben.

In diesem Zusammenhang erhält der Begriff der Kinderkultur Bedeutung. Hengst setzt sich mit dem Gebrauch dieses Begriffes kritisch auseinander und kommt zusammenfassend zu dem Resultat, daß in der Regel von Kinderkultur die Rede ist, „wenn Erwachsene, wenn Pädagogen [...] den Ausdrucksformen und Aktivitäten von Kindern eine kulturelle Weihe verleihen." (Hengst 1993, 16)

Andere betonen die Aktivitäten der Kinder, die Gestaltung und Reproduktion von Kinderkultur. „Die Kinderkultur bahnt den Schritt auf die nächste Stufe des Könnens vor, indem sie durch Abgrenzung des kindereigenen Erfahrungsraums, durch Bräuche und Riten, sogar durch Intoleranz gegenüber den Abweichlern ein Stützgerüst bietet, das die anstehenden Entwicklungsschritte erleichtert. Die damit verbundene Mühsal, abzulesen an Freundschaftskrisen und lautem Streit, nehmen Kinder auf sich, weil die Kinderwelt als Kultur diese Anstrengungen in einen motivierenden Sinnzusammenhang stellt." (Krappmann 1993, 373) Hierfür müssen Möglichkeiten und Räume geschaffen werden.

Für Hengst erhalten neben bestehender pädagogischer Praxis, die er mit den Schlüsselbegriffen Pluralität, ästhetische Praxis und Soziokultur faßt, Partizipationsmöglichkeiten von Kindern zentrale Bedeutung. „Partizipation ist inzwischen auch in der Bundesrepublik zur zentralen Forderung der Kinderkulturarbeit und der Kinderpolitik geworden." (Hengst 1993, 30) Dabei geht es ihm um (individuelle) Bedürfnisbefriedigung und vor allem um die Verfolgung sozialer und humanökologischer Interessen. „Ein solcher Anspruch läßt sich nur einlösen, wenn es nicht bei einem pluralen Nebeneinander kultureller Ereignisse und Projekte bleibt. Das heißt, es müssen Infrastrukturen geschaffen werden, die diese Angebote auf Stadt- und Stadtteilebene vernetzen." (ebd., 31) Hierbei ist eine möglichst weitreichende Partizipation von Kindern erforderlich.

13.2.3 Orientierung und Kompetenz

Bezogen auf das Problem der inhaltlichen Orientierung soll im folgenden auf die Vorschläge von Negt (1994) eingegangen werden. Er stellt die Frage, wie eine zweite Bildungsreform aussehen kann, die produktiv auf die Situation eingeht, die im Bildungssektor mit der Vereinigung von Ost- und Westdeutschland entstanden ist und fragt nach einer neuen allgemeinen gesellschaftlichen Orientierung. Für ihn steht hierbei die Vermittlung in Schulen im Vordergrund, obwohl seine Kriterien so verallgemeinerbar sind, daß sie auch (partiell) bei der Arbeit mit Kindern in Kindertagesstätten eine Hilfe sein können. Er entwickelt sechs Kriterien, wie man dazu beitragen kann, „ein verbindliches Allgemeines zu finden":

1. „Denken in Zusammenhängen": Für ihn ist orientierendes Denken konkretes, und dies ist wiederum Denken in Zusammenhängen (Negt 1994, 282). [3]
2. „Kompetenz der Selbst- und Fremdwahrnehmung": Für Negt gehört „eine aufgeklärte Umgangsweise mit bedrohter und gebrochener Identität" zu einer Grundlage von Lernprozessen, die auf die Zukunft gerichtet sind (ebd., 284).
3. „Technologische Kompetenz": Hier geht es nicht nur um technische Kompetenzen, sondern auch um das Wissen ihrer Wirkungsweisen (vgl. ebd., 285).
4. „Ökologische Kompetenz": Hier geht es ihm um einen „pfleglichen Umgang" mit Menschen *und* Dingen, der auf gewaltloser Kommunikation beruht (vgl. ebd., 286).
5. „Historische Kompetenz": Für Negt gehören das Wissen um die Vergangenheit und die Fähigkeit zur Utopie zusammen. „Erfahrene eigene Lebensgeschichte in Lernprozessen weiterzuführen, die einen Begriff von allgemeiner Geschichte vermitteln, wäre [...] der Weg, sich historische Kompetenz anzueignen." (ebd., 288)
6. „Gerechtigkeitskompetenz": Hier geht es darum, die Sensibilität und Aufmerksamkeit für Unrecht zu entwickeln (so daß Rechtsverletzungen wahrgenommen werden können) bei gleichzeitiger Aneignung von Kenntnissen über Rechtsnormen (ebd., 289).

Zwar sind die sechs Kriterien noch sehr allgemein und liefern keine konkreten praktischen Handlungsanleitungen für die Arbeit mit Kindern, dennoch weisen sie zum einen in Richtung einer Arbeit am positiven Frieden, und zum anderen können sie für ErzieherInnen, LehrerInnen und SozialpädagogInnen eine Orientierung bei der Wahl der Materialien und der Konzepte für die Praxis bieten.

13.3 Fazit: Partizipation als Weg

Zusammenfassend läßt sich festhalten, daß es in Forschung und Praxis zunehmend darum gehen muß, Kinder als Subjekte in den Vordergrund von Analysen und

---

[3] Er grenzt Denken in Zusammenhängen vom abstrakten Denken ab. „Abstraktes Denken besteht in der Operation mit isolierten Faktoren. Das Abstrakte ist das Isolierte, das vom Zusammenhang abgezogene." (Negt 1994, 282)

Angeboten zu rücken. Der Akt der Partizipation von Kindern hat sich somit nicht nur im Alltag der Kinder verändert, sondern gewinnt zunehmend in der Forschung und der Arbeit mit Kindern insgesamt an Bedeutung.

Partizipierten z. B. Kinder früherer Generationen an ihrer Freizeitgestaltung, indem sie auf die Straße gingen und sich mit Kindern aus der Nachbarschaft auseinandersetzten, stellt sich heute verschärft die Frage nach Partizipationsmöglichkeiten für *alle* Gruppen von Kindern in Institutionen, Vereinen und bei der Einführung neuer Treffpunkte für Kinder. Um bei der Forderung nach Partizipation nicht Gefahr zu laufen, in eine desorientierte Beliebigkeit zu verfallen, können die sechs genannten Kriterien von Negt (1994) eine produktive – auf Verallgemeinerbarkeit – gerichtete Orientierung bieten. Auf die Problematik der Partizipation soll im folgenden differenziert eingegangen werden.

13.4 Grundlagen einer Partizipationspädagogik für Kinder der mittleren Altersstufe (5–14jährige)

„Kinder sind keine Fässer die gefüllt, sondern Feuer, die entfacht werden wollen."

(Rabelais)

13.4.1 Zur Bedeutung und Notwendigkeit einer Partizipationspädagogik

Tageseinrichtungen für Kinder [4] und die Grundschule nehmen inzwischen einen selbstverständlichen Platz unter den Institutionen ein, die den Lebenslauf von Kindern der mittleren Altersstufe strukturieren. Sie sind wichtige soziale Lern- und Lebensorte für Mädchen und Jungen.

Eine elementare Kritik, der sich pädagogisches Wirken seit einiger Zeit ausgesetzt sieht, lautet, daß es die gesellschaftlichen Bedingungen des Aufwachsens und die Zukunftsperspektiven der Heranwachsenden negiert. Es wird davon ausgegangen, daß der „geheime Lehrplan", basierend auf außerinstitutionellen Sozialisationsbedingungen, das Verhalten und die Einstellungen der Heranwachsenden überwiegend und zunehmend determiniert (vgl. Griese 1994, 310 ff.). Viele Initiativen haben darauf mit einem gemeinwesenorientierten oder „situationsorientierten" Ansatz reagiert (vgl. dazu ausführlicher Kapitel 13.5.1 und 13.6.1).

Die Beteiligung der Betroffenen gilt in diesen Ansätzen als konstitutives Element, und der Wille und der Drang, den Kinder bei der Gestaltung immer neuer und eigener Gestaltungsräume an den Tag legen, fordert heute *neue pädagogische*

---

[4] Unter dem Begriff Tageseinrichtungen werden nach dem Kinder- und Jugendhilfegesetz (KJHG) Kindergärten, Horte und andere Einrichtungen gefaßt, und zwar sowohl solche Einrichtungen, die nur vormittags oder vormittags und nachmittags, mit Mittagspause, geöffnet sind, als auch solche, die durchgehend vom Morgen bis zum späten Nachmittag geöffnet haben (vgl. Münder u. a. 1993, 206). Der Begriff „Tageseinrichtungen" wird hier übernommen, die Benennung einzelner Einrichtungsformen ist beispielhaft zu verstehen.

Standards. Dazu zählt, daß Kinder die sie betreffenden Entscheidungen mitbestimmen können, daß ihnen selbstbestimmte Räume zur Verfügung stehen, daß sie sich bei der Gestaltung der Alltagsabläufe mit ihren Wünschen und Interessen einbringen können, daß Kindern Verantwortungsspielräume zugestanden werden und daß sie als Rechtssubjekte anzuerkennen sind.

13.4.2 Veränderte Bildungsanforderungen

Neben diesen reformpädagogischen Entwicklungen begründen im Zusammenhang mit sozialisationstheoretischen Erkenntnissen verschiedene Bildungsanforderungen, die erkenntnis- und handlungsleitende Bedeutung und Notwendigkeit für die Partizipationspädagogik haben. Wichtige Elemente sind:

1. Sucht- und Gewaltprävention: Noch immer ist ein enormes Ausmaß an Kindesmißhandlungen und sexueller Ausbeutung von Kindern zu beklagen. Neben der Kinderschutzarbeit muß dringend eine Präventionsarbeit einsetzen, die die Widerstandsfähigkeit von Mädchen und Jungen fördert und ihnen vermittelt, welche Rechte sie zu ihrem Schutz einfordern können.
2. Desintegrationserfahrungen: Integration zeichnet sich gegenüber Assimilation dadurch aus, daß nicht einseitige, sondern wechselseitige Anpassungsleistungen stattfinden. Notwendig ist deshalb, daß Erwachsene Kindern eigenständige Gestaltungsräume gewähren und sie in ihren Bedürfnis- und Interessenlagen als Subjekte mit eigener Entscheidungs- und Handlungskompetenz achten. Pädagogische Modelle und Einrichtungen selbst haben die größtmögliche Chance, von den Betroffenen angenommen zu werden, wenn diese an der Planung und Ausgestaltung beteiligt wurden (vgl. Gernert 1993, 117). Gerade dem zunehmenden Ausmaß an Schulvandalismus kann mit Mitbestimmungs- und Mitgestaltungsmöglichkeiten entgegengesteuert werden.
3. Demokratieentwicklung: Es macht nicht viel Sinn, von jungen Menschen Demokratiefähigkeit und Demokratieengagement zu erwarten, wenn sie sich nicht schon von klein auf darin üben und entfalten können. Es erscheint heute dringend, daß Mädchen und Jungen Gegenerfahrungen zu der für sie an Jugendlichen und Erwachsenen erlebbaren Politikverdrossenheit, Abkehr von der Offizialkultur und Verantwortungslosigkeit gegenüber dem Gemeinwesen machen können. Dabei reicht es nicht aus, wenn Kinder zu exponierten Anlässen befragt und gehört werden, sondern es muß für sie alltäglich erfahrbar werden, daß ihre Meinung wichtig genommen wird und sie soziale Verantwortung übernehmen können. Die Durchführung zahlreicher Modellversuche hat gezeigt, daß Kinder in der Lage sind, konkrete Pläne für ihre Lebensräume zu machen, z. B. selbständig ihren eigenen „Idealspielplatz" in Form einer gemeinsamen Collage zu entwerfen (vgl. Nikles u. a. 1994, 67 ff.).
4. Ohnmachtsbewältigung: Kinder blicken den ökologischen und sozialen Bedrohungen mit Angst entgegen (vgl. Grefe und Jerger-Bachmann 1992). Auch die individuelle Lebensbewältigung ist heute mehr von ständigen Unsicherheiten und Risikofaktoren gekennzeichnet (vgl. Wendt 1993, 26). Jüngere

Kinder sind auch deshalb davon betroffen, weil sie die Existenzängste ihrer Bezugspersonen spüren, „ihnen bleibt nicht verborgen, was die Eltern an Ängsten, an Selbstzweifeln, an Verbitterungen verdrängen" (Richter 1991, 16). Insbesondere erfahren Kinder in den neuen Bundesländern Zukunftsängste und Verunsicherungen (vgl. Kiderlen 1993, 333). Nicht die Tabuisierung ungelöster, zukunftsentscheidender Kernfragen kann die Ängste von Kindern nehmen, sondern deren Offenlegungen. Tageseinrichtungen und Grundschulen müssen Kindern eine Plattform geben, ihre Wut, ihre Unsicherheiten und Ängste thematisieren und durcharbeiten zu können.

5. Gesellschaftliche Differenzierungs- und Generalisierungsprozesse: Entscheidend ist hier, daß einerseits Gelegenheiten geschaffen werden, in denen von Kindern Alltagsanforderungen und individuelle Betroffenheiten gemeinschaftlich durchgearbeitet und solidarisch gelöst werden können sowie andererseits das Leben in der Einen Welt erkennbar und gestaltbar wird.
Um diesem gesellschaftlichen Prozess zu begegnen, ist ferner notwendig, daß Orte in der Kommune geschaffen werden, die eine generationenübergreifende Kommunikation und Handlungsbasis ermöglichen. Tageseinrichtungen und Grundschulen können dafür wesentliche Rahmenbedingungen herstellen.

6. Kulturelle Randständigkeit und Wirklichkeitsverlust: In einer von den Denk- und Handlungsmustern der Erwachsenen geprägten Umwelt vermindern sich zunehmend Freiräume, die Kinder mit ihren eigenen Ideen, Produkten, Phantasien und Handlungswünschen füllen können (vgl. Esser 1982[2], 79 ff.). Die Bilder von fiktiven und simulativen Räumen (Mediatisierung, Computer) ersetzen alltagsrelevante Erfahrungsmöglichkeiten (vgl. Blinkert 1992, 128 ff.)[5], was durch funktionale und materialisierte Milieubeziehungen noch verstärkt wird. Insgesamt ist der Verlust von eigenständigen, direkten und authentischen Formen der Kinderkultur und Wirklichkeitsaneignung zu beklagen. Freiräume für eine Kinderkultur, die Vertretung von Kinderinteressen und Gelegenheiten zur aktiven Umweltaneignung können dem entgegensteuern.

7. Wohlstandsideologie und „Haben-Mentalität": Entwicklungen der postmodernen Gesellschaft produzieren eine Leistungs-, Konkurrenz- und Konsumgesellschaft, die durch Bestrebungen der traditionellen öffentlichen Erziehung und des Elternhauses gestützt werden; daneben bleibt immer weniger Raum für Mitmenschlichkeit, Rücksicht, Eigeninitiative, Eigenverantwortlichkeit oder Kooperation (vgl. Furian 1993, 307 ff.). Diese Eigenschaften stellen Voraussetzungen und Katalysatoren für soziales und politisches Engagement und für

---

[5] Jörg geht allerdings von einer „Entfremdung vom Geschichtenerzählen" aus. Fernsehfilmen und Geschichten (z. B. Märchen) gemeinsam ist das Phantastische, das wenig gemeinsam hat mit der Logik der Erwachsenen, aber eine Nähe zum kindlichen Lebensgefühl aufweist. „Fernsehfilme, in denen alles möglich ist, in denen Realistisches und Phantastisches durcheinandergewirbelt wird, bereiten Kindern nicht zuletzt deshalb Vergnügen, weil solche Darstellungen eine viel größere Nähe zu dem kindlichen Lebensgefühl erreichen als die auf Logik pochenden Erwachsenen." (Jörg 1994, 53) Hier braucht es also einen differenzierten Umgang mit Medien, wobei auch auf die Bedürfnisse der Kinder nach Phantastik eingegangen werden sollte.

das subjektive Handlungspotential zur individuellen und gesellschaftlichen Lebensbewältigung dar.

13.4.3 Rechtliche und kinderpolitische Entwicklungen

Neben diesen Bedingungen des Aufwachsens sieht sich Pädagogik durch Entwicklungen im rechtlichen und kinderpolitischen Feld zu neuen Prämissen und veränderten Instrumentarien herausgefordert.

Die Frage nach Selbstbestimmungs- und Teilhabechancen von Kindern steht in unmittelbarem Zusammenhang mit der Frage nach der Stellung von Kindern als Rechtssubjekte. Denn formal zugesicherte Mitbestimmungs- und Mitgestaltungsrechte sind eine Voraussetzung für die Teilhabe an politischen Entscheidungen. Mit der „UN-Konvention über die Rechte des Kindes", die am 5.4.1992 in Deutschland in Kraft getreten ist, und mit dem Kinder- und Jugendhilfegesetz (KJHG), seit dem 1.1.1991 in Kraft, sind zwei Gesetzesgrundlagen geschaffen worden, die auf eine verbesserte Rechtsstellung von Kindern abzielen.

Die von 131 Staaten ratifizierte Konvention der UNO umfaßt 54 verschiedene Punkte über die Rechte des Kindes. Darunter verschiedene Teilhaberechte wie beispielsweise:

– das Recht auf Chancengleichheit, unabhängig von Rasse, Geschlecht, einer Behinderung u. a. (vgl. Art. 2, 23);
– daß bei allen Maßnahmen, die Kinder betreffen, das Wohl des Kindes im Mittelpunkt stehen muß (vgl. Art. 3);
– das Recht zur freien Meinungsäußerung, Meinungsbildung, Selbstorganisation und Mitbestimmung entsprechend dem Entwicklungsstand (vgl. Art. 12–17);
– die Rechte auf Bildung, Entfaltung und Kultur (vgl. Art. 28, 29, 31).

Da der Text als Konvention abgefaßt wurde, sind die einzelnen Staaten verpflichtet, diese entsprechend ihren innerstaatlichen Gesetzen anzugleichen. Noch ist dies nur in den wenigsten Ländern in Angriff genommen, geschweige denn verwirklicht worden. Allerdings müssen alle Staaten, die dem Übereinkommen beigetreten sind, regelmäßig Berichte darüber vorlegen, was sie zur Durchsetzung der Rechte des Kindes erreicht und wie sie das Übereinkommen umgesetzt haben. Auf diesem Hintergrund erscheint es wichtig, Kindern die Inhalte der Konvention zu vermitteln, damit sie angeregt werden, für deren Verwirklichung selbst einzutreten. Mädchen und Jungen können nicht früh genug lernen, sich selbst für ihre Rechte einzusetzen, damit sie nicht nur auf Erwachsene angewiesen sind, die stellvertretend ihre Rechte erstreiten.

Als innerstaatliche – einklagbare – Rechtsgrundlage kommt im Kontext von Partizipationsrechten insbesondere dem Kinder- und Jugendhilfegesetz (KJHG) besondere Bedeutung zu:

In § 8 des KJHG wird geregelt (vgl. auch Kapitel 5), daß Kinder und Jugendliche entsprechend ihrem Entwicklungsstand an allen sie betreffenden Entscheidungen der öffentlichen Jugendhilfe zu beteiligen „sind" [6], also auch an der Einflußnahme auf die Erfüllung aller öffentlichen Aufgaben, die die Lebenssituation von Kindern und Jugendlichen entscheidend beeinflussen.

In §9(2) heißt es:

> „Die wachsende Fähigkeit und das wachsende Bedürfnis des Kindes oder der Jugendlichen zu selbständigem, verantwortungsbewußten Handeln sowie der jeweiligen besonderen sozialen und kulturellen Bedürfnisse und Eigenarten junger Menschen und ihrer Familien [sind] zu berücksichtigen".

§11 sieht folgenden Teilhabeanspruch vor:

> „(1) Jungen Menschen sind die zur Förderung ihrer Entwicklung erforderlichen Angebote der Jugendarbeit zur Verfügung zu stellen. Sie sollen an den Interessen junger Menschen anknüpfen und von ihnen mitbestimmt und mitgestaltet werden".

Als Grundsatz für die Förderung von Kindern in Tageseinrichtungen ist in §22 festgelegt:

> „(1) [...] Die Entwicklung des Kindes zu einer eigenverantwortlichen und gemeinschaftsfähigen Persönlichkeit [soll] gefördert werden";
> „(2) [...] Das Leistungsangebot soll sich pädagogisch und organisatorisch an den Bedürfnissen der Kinder und ihrer Familien orientieren".

Schließlich hat nach §80 die Jugendhilfeplanung

> „(2) den Bedarf unter Berücksichtigung der Wünsche, Bedürfnisse und Interessen der jungen Menschen und der Personensorgeberechtigten für einen mittelfristigen Zeitraum zu ermitteln".

Noch sind damit keine befriedigenden subjektiven Rechtsansprüche des Kindes festgelegt, zumal im Konfliktfall das Elternrecht noch immer das Kindesrecht bricht (vgl. Borsche 1991, 45 f.). Allerdings ist auszumachen, daß mit dem KJHG ein vorsichtiges Umdenken eingesetzt hat. So wird punktuell dem Kind die Möglichkeit gegeben, in eigenen Angelegenheiten Rechte eigenständig einzufordern (vgl. §8(3) (Beratung in Not- und Konfliktlagen) und §42(2) (Inobhutnahme in Not- und Konfliktlagen). Die verfassungsrechtliche Verankerung autonomer Kinderrechte steht jetzt auf der Tagesordnung (vgl. Borsche 1991, 37). Tageseinrichtungen und Grundschulen können in dieser Hinsicht Initiativen und Prozesse unterstützen, die für Mädchen und Jungen eigenständige Rechte fordern, die sie zu Rechtssubjekten machen.

Auf politischer Ebene hat seit Anfang der 80er Jahre in Westdeutschland wie in anderen europäischen Staaten verstärkt eine Diskussion über eine Politik von, mit und für Kinder stattgefunden. Als grundlegende Bedingung und Zieldimension wurde die direkte Partizipation von Kindern erkannt (vgl. Frankfurter Erklärung 1991).

---

[6] Die uneindeutige Begrifflichkeit „sind" ist als „Muß-Vorschrift" auszulegen, wobei eine Kollision mit dem Elternrecht vermieden werden soll.

In der praktischen Orientierung und Umsetzung blieb diese Maßgabe aber vor allem auf Kinder der oberen Altersstufe beschränkt und auf spezielle Angebote fokussiert, wie Kinderparlamente und Kinderbüros. Offen bleibt das Problem, wie jüngere Kinder an Entscheidungen beteiligt und wie andere Foren für Mitbestimmung gefunden werden können, die der Lebenswelt von Kindern besser entgegenkommen.

13.4.4 Strukturelemente der Partizipationspädagogik

Partizipation von Kindern ist in Anbetracht der dargelegten Begründungszusammenhänge als Meßlatte und Zielsetzung fortschrittlicher Pädagogik einzustufen und anzusetzen. Am besten kann dies über die Strukturierung einer eigenständigen und innovativen Partizipationspädagogik gelingen, wie sie hier als erkenntnis- und handlungsleitendes Konzept für die oben genannten Einrichtungsformen vorgestellt werden soll.

	Dialogisches pädagogisches Selbstverständnis	
Ausbildung von Partizipationskompetenzen	Partizipationspädagogik	Schaffung von Partizipationsräumen
	Diskurs mit Eltern und Einrichtungsträgern	Fortbildungen für PädagogInnen

---

Das pädagogische Selbstverständnis wird hier als dialogisches Beziehungskonzept zwischen Erwachsenen und Kindern begriffen. In Abhebung zur traditionellen Erziehung wird der Selbstbestimmungsanspruch von Kindern, wie er durch Kinderrechtsbewegungen und Antipädagogik aufgestellt wurde, anerkannt und damit dem Ansatz der „Selbstregulierung" – als Gegensatz zur Fremdbestimmung durch autoritäre Zwänge – gefolgt[7]. D. h. beide werden als Subjekte erkannt, sowohl bei der Aufgabe, die Wirklichkeit zu enthüllen und dadurch zu ihrer kritischen Erkenntnis zu kommen, als auch in der Aufgabe, diese Erkenntnis in konstruktive und tatkräftige Veränderungsarbeit münden zu lassen. Dadurch haben beide eine eigene intentionale Stellung zur Wirklichkeit sowie über Ziel- und Aufgabensetzungen (vgl. Freire 1970, 31 ff.). Den Weg, den die Kinder gehen wollen,

---

[7] Unter dieser Prämisse des Subjekt-Subjekt-Verhältnisses erscheint der Begriff „Erzieherin oder Erzieher" nicht adäquat. Deshalb wird hier als Berufsbezeichnung „PädagogInnen" verwendet, weil sich diese der Subjekt-Stellung des Kindes weniger entgegenstellt und den Bildungsauftrag der Tageseinrichtungen mehr heraushebt.

bestimmen sie selbst; was die Erwachsenen ihnen anbieten können, ist Erfahrung, Wissen und Unterstützung (vgl. von Schoenebeck 1988). Grundlegende Leitlinie des pädagogischen Selbstverständnisses innerhalb der Partizipationspädagogik ist damit einerseits, Kinder in ihrer Subjektivität zu achten. Andererseits setzt die Prämisse der Beteiligung von Mädchen und Jungen an ihren Bedürfnissen, Wünschen, Hoffnungen und Ängsten an. Diese sollen erfahrbar, realisiert bzw. bewältigt werden. Sie setzt auf die Entwicklung von Phantasie und Utopie bei Kindern sowie auf die grundsätzliche Gestaltbarkeit von Lebensräumen (vgl. Tiemann 1994, 4 f.).

Unter Berücksichtigung dieses dialogischen und ko-intentionalen Beziehungskonzepts hat Partizipation die Ausbildung eines Repertoires von Partizipationskompetenzen zur selbstbestimmten Lebensgestaltung und Mitverantwortung an sozialen Problemen zum Ziel. Während zentrale Kompetenzen innerhalb dieses Repertoires ubergreifend betrachtet werden können (vgl. Kapitel 13.4.6), wird die Herausbildung dieser gesondert nach den Einrichtungsformen Tageseinrichtungen für Kinder oder Grundschule erörtert (vgl. Kapitel 13.5.1 und 13.6.2)[8].

Mädchen und Jungen in ihrer Subjektivität zu achten, erfordert, ihnen Möglichkeiten zur eigenständigen Bedürfnis- und Interessenrepräsentation zu gewähren. Dafür sind konkrete Mitbestimmungs- und Mitgestaltungsmöglichkeiten für Kinder im Einrichtungsalltag zu strukturieren (vgl. Kapitel 13.5.8 und 13.6.10). Dies erschließt sich auch daraus, daß Partizipationskompetenzen nicht nur über methodische Maßnahmen erworben werden, sondern sich ebenso an konkreten Mitbestimmungs- und Mitgestaltungsgelegenheiten entwickeln. Andernfalls verkümmern Leitziele wie selbstbestimmte Lebensgestaltung und soziale Mitverantwortung zu *Leer*zielen ohne sinnstiftenden Charakter.

Da sich alltagsbezogene Partizipationsräume von Kindern immer auch im Kontext von Prozessen zwischen allen Beteiligten des Gemeinwesens herstellen, muß sich die Tageseinrichtung und die Grundschule gegenüber dem Gemeinwesen öffnen. In der Funktion eines sozio-kulturellen Zentrums kann sie einen hohen Stellenwert als Ort der generationenübergreifenden Begegnung und Demokratiepraxis im Stadtteil, in der Gemeinde einnehmen (vgl. Kapitel 13.5.8 und 13.6.10).

Neben diesen drei grundlegenden Strukturelementen erscheinen für eine erfolgversprechende Partizipationspädagogik zwei weitere relevant. Wenn sich PädagogInnen darum bemühen, Partizipationsräume für Kinder zu schaffen, werden sie schnell auf Widerstände bei Eltern und Einrichtungsträgern treffen. Für den Diskurs mit diesen Parteien sind bestimmte Überlegungen einzubeziehen (vgl. Kapitel 13.5.9 und 13.6.11). Die Realisierung dieses neuen Arbeitsansatzes wird maßgeblich von spezifischen Fortbildungsmaßnahmen für PädagogInnen abhängig sein; dabei müssen grundlegende Bausteine Berücksichtigung finden (vgl. Kapitel 13.5.10 und 13.6.12).

---

[8] Für Tageseinrichtungen wie Horte und Kinderhäuser sind aufgrund der erweiterten Altersmischung auch Überlegungen und Aspekte aus dem Block „Grundschule" von Relevanz.

13.4.5 Zur Partizipationsfähigkeit der 5–14jährigen

Ein neues Prinzip und Konzept wie die Partizipationspädagogik ruft Bedenken hervor. Neben Ängsten vor eigenem Machtverlust richten sich die Bedenken im wesentlichen darauf, daß Kinder der mittleren Altersstufe nicht zur Mitbestimmung und Mitgestaltung fähig sind oder dadurch überfordert werden. Weil es wichtig ist, diese Bedenken zu berücksichtigen, erscheint es zunächst von Bedeutung, zur Partizipationsfähigkeit der 5–14jährigen und den damit verbundenen Überforderungspotentialen auf entwicklungspsychologischem Hintergrund eine Aussage zu treffen.

Mit der Erwartung, daß Kinder in kürzester Zeit eine demokratische Kultur erlernen und diese reflektiert anwenden, sind sie sicherlich überfordert. Dies darf aber nicht zur Vorstellung führen, daß der Lern- und Entwicklungsprozeß zur Partizipationsfähigkeit einem festgelegten „Reifevorgang" unterliegt. Die entwicklungspsychologische Forschung der letzten Jahrzehnte hat deutlich machen können, daß Sozialisation als ein Prozeß zu begreifen ist, an dem schon kleine Kinder aktiv beteiligt sind (vgl. Markefka und Nauck 1993, 366 ff.). Deshalb ist vielmehr zu fragen, wie Kinder schon frühzeitig wirkungsvoll bei der Aneignung von Partizipationskompetenzen unterstützt werden können.

Aus entwicklungspsychologischer Sicht ist unumstritten, daß Kinder schon früh über kommunikative Fähigkeiten verfügen, die als Voraussetzung für Partizipationsprozesse zu erkennen sind. Piaget hat dargelegt, daß Kinder bereits ab dem 6. Lebensjahr versuchen, andere Menschen zu verstehen, daß sie sich in deren Situationen versetzen können, sowie Gedanken, Ideen und Argumente mit anderen austauschen (vgl. Wallner und Pohler-Funke 1978, 23). Oerter geht noch einen Schritt weiter, indem er herausstellt: „Auf der Verständnisebene des jeweiligen Entwicklungsniveaus können Kinder schon mindestens ab drei Jahren mitreden und mitbestimmen. Mit sechs bis sieben Jahren sind sie bereits ernstzunehmende Partner. Ab nun gibt es keine Entschuldigung mehr dafür, sie nicht an Entscheidungen, die sie selbst betreffen, mitwirken zu lassen. Im Gegenteil, im Regelfall sollte die kindliche Meinung den Ausschlag geben, sofern dem Kind die nötige Information zur Verfügung steht" (Oerter 1992, 91).

Darüber hinaus ist zu bedenken, daß kindliche Eigenschaften wie Phantasie, Spontanität und Handlungsdrang einen Qualitätszuwachs für bestehende Entscheidungsstrukturen darstellen können, diese lebendiger machen und auf Überforderungspotentiale hinweisen, die auch für Erwachsene gegeben sind (vgl. Grasse und Loewenfeld 1992).

Partizipation von Kindern in Tageseinrichtungen ist für viele eine große Herausforderung, die nicht ohne eine Auseinandersetzung mit dem traditionellen Kindheitsbegriff einhergeht, mit einem oftmals mühsamen, angstbesetzten Lernprozeß der Erwachsenen. Das braucht Zeit, Offenheit und gegenseitiges Verständnis.

13.4.6 Wesenszüge der Partizipationskompetenz

Die Kompetenz zur Partizipation ist zunächst als solche einzugrenzen, weil sie die individuelle Bedürfnis- und Interessenrepräsentation bestimmt. Mit anderen Worten, es geht darum, „zu wissen, was ich will oder nicht und darum, mich damit gegenüber anderen behaupten zu können". Da Bedürfnisse und Interessen aber immer auch im Spannungsverhältnis zwischen Individuum und Gesellschaft stehen, müssen sich Kinder darüber hinaus in die Lage versetzen können, die Bedürfnisse und Interessen anderer zu erkennen und bei unterschiedlichen Bedürfnis- und Interessenlagen Wege des Ausgleichs und der Kooperation zu erschließen. Die Zieldimensionen der Partizipationskompetenz lauten damit selbstbestimmte Lebensgestaltung einerseits und soziale Mitverantwortung andererseits. Partizipative Kompetenz muß die Ausprägung beider Pole berücksichtigen, damit sich Selbstbestimmung nicht zum egoistischen Individualismus entwickelt und soziale Verantwortlichkeit oder Anforderungen nicht zur Unterwürfigkeit oder Selbstaufgabe führen.

Innerhalb dieser Pole verdienen in Anbetracht von dargelegten modernen Sozialisationsbedingungen und der damit verbundenen Bildungsanforderungen drei Qualifikationen besondere Aufmerksamkeit, und zwar die Kompetenzen zur selbständigen Umweltaneignung, zum Widerstand und zur Solidarität. Auf deren Wesenszüge und ihre didaktische Herausbildung wird im folgenden auch deshalb grundsätzlich eingegangen, weil sie bisher neben anderen Grundqualifikationen für die Partizipationsfähigkeit, wie Autonomie, Bedürfnisrepräsentation, Kommunikationsfähigkeit, Ambiguitätstoleranz in der Theorie und Praxis der Vorschul- und Grundschulpädagogik nur unzureichend Berücksichtigung finden.

13.4.7 Selbständige Umweltaneignung

Man kann davon ausgehen, daß Kinder Erfahrungen mit verschiedenen Umwelten und Räumen machen. Dazu gehören: die elterliche Wohnung, die Kindertagesstätte, die Wohnung von SpielkameradInnen, Spielplätze, Orte, an denen organisierte Spiel- und Lerngruppen stattfinden, Wohnungen von Verwandten oder Nachbarn (vgl. Colberg-Schrader 1993, 349).

Es ist nicht leicht, etwas über die Partizipation von Kindern bei der Raumaneignung, geschweige denn bei der Raumgestaltung, zu eruieren. Aus der Geschichte der Kindergartenarchitektur resultiert, daß Kinder ihre Umwelt vom Detail aus erleben (vgl. Elschenbroich u. a. 1993, 374).

Exemplarisch sollen hier kurz einige diesbezügliche Ergebnisse der Studie von Zeiher und Zeiher (1994) dargestellt werden. Sie gehen davon aus, daß grundsätzlich gilt: „Seinen Ort im Raum kann der Mensch verändern, es gibt nichts in der Natur des Raums, das ihn an einen bestimmten Ort binden würde." (Zeiher und Zeiher 1994, 49) Das gilt grundsätzlich auch für Kinder, die hierbei auf größere Hindernisse als Erwachsene stoßen.

Zeiher und Zeiher stellen in ihrer qualitativen Untersuchung mit etwa zehnjährigen Kindern in zwei West-Berliner Stadtvierteln die Frage: „Was von dem, was einzelne Kinder in räumlicher Nähe erreichen können, wird in ihrem Handeln zu effektiver Umwelt" (ebd., 91)?

Für Kinder gilt ein eingeschränkterer Aktionsradius als für Erwachsene. Sie können sich in der Regel autonom nur zu Fuß, mit dem Fahrrad oder öffentlichen Verkehrsmitteln bewegen. „In den konkreten Gegebenheiten eines Stadtviertels sind zehnjährigen Kindern ganz bestimmte Tätigkeiten und Lebensformen möglich und andere verwehrt. Regulierungen, Angebote und Möglichkeiten für das außerschulische und außerfamiliale Leben der Kinder finden sich dort in räumlich-gegenständlicher Gestalt in der institutionellen Infrastruktur, in Verhaltensweisen der erwachsenen Bewohner und in informellen Formen des sozialen Lebens unter den dort wohnenden Kindern." (ebd., 215)

Hinzu kommt noch, daß Kinder auf Informationen z. B. über Veranstaltungen angewiesen sind, die ihnen von Erwachsenen oder anderen Kindern gegeben werden, da sie aufgrund ihrer Lebenserfahrung über weniger Kenntnisse bzgl. der Informationsquellen verfügen als Erwachsene. Das galt in der Studie von Zeiher und Zeiher z. B. für Bibliotheken. Hier wurde in der Regel von den Kindern die dem Wohnort naheliegende Bücherei aufgesucht. Während Erwachsene sich eher an Angebot und Konzeption der Bibliothek orientieren würden, wählen Kinder ihre Bücher aus dem zufälligen Angebot.

Für andere Angebote in den Stadtteilen sieht es anders aus. Zeiher und Zeiher fassen ihre Ergebnisse dahingehend zusammen: „Für die untersuchten Kinder war aus der Vielfalt des gesamten Angebots in der Stadt Berlin nur relevant, (1) was ihre Altersgruppe betraf und (2) was ihnen von der lokalen Position ihrer Wohnung aus erreichbar war." (ebd., 216)

Zugleich waren es aber die Kinder selbst, die Veranstaltungsorte und Institutionen auswählten. So wurden z. B. Schwimmbäder gewählt, die weit entfernt waren, obwohl es auch eines in unmittelbarer Nähe gab. Um etwas über die Gestaltungsmöglichkeiten von Kindern zu erfahren, müßte man ihre Motivationen bei der Auswahl von Räumen untersuchen und solche Räume schaffen, die von den Kindern gestaltet werden können. Schließlich ist davon auszugehen, „daß vor allem jüngere Kinder eines einheitlichen Lebensraumes bedürfen, in dem sich für sie ihre verschiedenen Anschauungen und Aktivitäten sinnvoll aufeinander beziehen lassen und der eine schrittweise Vergrößerung im Sinne konzentrisch um die Wohnung angeordneter Kreise ermöglicht." (Herlyn 1990b, 16) Im folgenden soll auf die dazu notwendigen Voraussetzungen eingegangen werden.

Die Entwicklung der Raumerfahrung eines Kindes ist davon gekennzeichnet, daß ihm zunächst über den familiären Binnenraum hinaus die anders strukturierte Welt wenig offenbar wird. Ungefähr ab dem 5. Lebensjahr ist es den meisten Kindern möglich, das unmittelbare Wohnumfeld oder die Streifräume eigenständig zu erkunden, und zwar sowohl nach der räumlichen Anordnung und Beschaffenheit als auch nach dem Erfahrungs-, Erlebnis- und Risikopotential. Im Gegensatz zu angeleiteter Eroberung der Umwelt führt dabei die eigenständige Aneignung der räumlichen Umgebung zu einem erhöhten Maß an Selbständigkeit (vgl. Klein 1992, 183).

Damit diese selbständige Umweltaneigung optimal gelingen kann, müssen Kinder über bestimmte Eigenschaften und Kenntnisse verfügen bzw. sich über ihre Streifzüge aneignen: Mut zur Erschließung der umgebenden Wirklichkeit, Kenntnisse über Raumstruktur und Beschaffenheit der dinglichen Welt sowie ihrer Möglichkeiten und Gefahren, Konfliktfähigkeit gegenüber Personen, die Normen setzen und damit Aneignung be- oder verhindern, und Erlebnisfähigkeit.

Durch den zunehmenden Verlust von Erfahrungsmöglichkeiten und Erfahrungsqualität (vgl. Kapitel 13.4.2) kann die eigenständige Heranbildung dieser Handlungskompetenzen über Umwelterfahrungen immer weniger vorausgesetzt, sondern muß als Erfahrungs- und Lernmöglichkeit eröffnet werden (vgl. Dickmann 1994, 104 ff.).

Nun ist aber festzustellen, daß gerade im Zuge erweiterter institutioneller Angebote für Kinder solche Erfahrungs- und Lernmöglichkeiten verhindert werden, da Kindern kaum noch Zeit bleibt, ihr Lebensumfeld zu erobern. Wurden Kindertageseinrichtungen „vor 150 Jahren vor allem deswegen gegründet, um Kinder von der Straße zu holen, könnte jetzt ihre historische Aufgabe sein, Kindern, die weitgehend in pädagogische Institutionen verbannt wurden, ‚die Straße' bzw. freie Spielräume in der Öffentlichkeit wieder zugänglich zu machen." (Colberg-Schrader 1993, 353)

Darüber hinaus laufen Spezialeinrichtungen für Kinder immer Gefahr, der Effektivität und Überschaubarkeit von Lernzielen wegen zuviel im voraus zeitlich und inhaltlich festzulegen und dadurch die eigenständigen Aneignungsformen der Kinder zu behindern. Auch wenn diese Problematik im Fachdiskurs schon lange verdeutlicht wurde (vgl. Beck-Gernsheim 1987), so sind die weitreichenden individuellen und gesellschaftlichen Folgen der Akzentuierung von Lehrinhalten gegenüber einer erfahrungsorientierten Pädagogik jedoch noch immer nicht in ausreichendem Maß realisiert worden.

Durch traditionelle Unterrichtsformen z. B. in der Grundschule wird in der Regel sowohl die anzueignende Fähigkeit oder Erkenntnis als auch der Weg der Erkenntnisaneignung nicht an realen Lebensvollzügen, sondern an weitgehend abstrahierten und vorgedachten Sinnstrukturen nachvollzogen. „Die Erziehungswissenschaft weiß jedoch seit dem Neuhumanismus, die Psychologie spätestens seit Piaget, daß Lernen nicht passiver Nachvollzug, sondern aktive Erzeugung eigener Sinnstrukturen bedeutet" (Ramseger 1987).

Insgesamt ist demnach eine erfahrungsorientierte Pädagogik notwendig, die Kindern innerhalb und außerhalb von Tageseinrichtungen und Grundschule eigenständige und alltagsrelevante Lern- und Gestaltungsmöglichkeiten eröffnet.

Anzusetzen ist an dem Willen, dem Drang und der Kreativität von Kindern, von denen nur die wenigsten den Verlust von eigenständigen Erfahrungsmöglichkeiten einfach hinnehmen, sondern die nach neuen „Räumen" suchen und versuchen, Situationen und Territorien für ihre Zwecke umzufunktionieren. Allerdings geraten sie außerhalb der Einrichtung dabei oft in Konflikte mit NachbarInnen,

EigentümerInnen von Grundstücken und Ordnungskräften (vgl. Thiemann 1988, 60). Damit Kinder aber auch solchen Konflikten gewachsen sind, ist die dort notwendige Konfliktfähigkeit über das Durcharbeiten von Alltagsanforderungen und durch das Aneignen von Kinderrechten herauszubilden. Aus so gewonnener Handlungsfähigkeit entwickelt sich der Mut und die Kompetenz, alltägliche Erfahrungs- und Erlebnisräume eigenständig zu erschließen.

Da Kinder heute einer Vielzahl von konsumistischen und medialen Ablenkungsmöglichkeiten ausgesetzt sind, haben direkte Erfahrungen mit der unmittelbaren Umwelt vordergründig weniger Anziehungskraft. Notwendig ist deshalb, daß Kinder den Gebrauch von Fernseher, Computerspielen u.ä. reflektieren sowie sich mit Wirkungen, Bedingungen und Folgen des Gebrauchs auseinandersetzen (vgl. Höltershinken 1994). Da dem generationenübergreifend jedoch ein verändertes Kulturverständnis zugrunde liegt, durch das die „natürlichen" Freizeitangebote durch institutionelle und kommerzielle ersetzt wurden, muß der Zugang zur Erlebnisfähigkeit von Kindern und Erwachsenen wieder gemeinsam erschlossen werden. Auch die wachsende Distanz zwischen der Welt der Kinder und der Welt der Erwachsenen kann nicht allein durch die Arbeit mit Kindern überbrückt werden. Vielmehr müssen Wege gefunden werden, durch die sich zwischen den Generationen und familienübergreifend wieder gemeinsame Kontakte und Erfahrungsräume ergeben (vgl. Deutsches Jugendinstitut 1992, 16; Wehrmann u. a. 1995).

13.4.8 Widerstandsfähigkeit

Soziale und ökologische Bedrohungen der postmodernen Industriegesellschaft machen es auch aus gesellschaftlicher Perspektive notwendig, daß von Kindern Handlungsfertigkeiten erworben werden, die es ihnen ermöglichen, auf das zunehmende Risikopotential unserer Gesellschaft zu reagieren. Fromm schreibt: Viele haben die Fähigkeit zum Ungehorsam verloren. Sie merken es nicht einmal. Möglicherweise kann aber „allein die Fähigkeit zu zweifeln, zu kritisieren und ungehorsam zu sein, über die Zukunft für die Menschheit oder über das Ende der Zivilisation entscheiden." (Fromm 1982, 17)

Widerstandsfähigkeit kann danach differenziert werden mit:

– Bedingungen, eigene Betroffenheiten und potentielle Konsequenzen von sozialen Handlungen und Problemen entschlüsseln zu können;
– aber auch dadurch, alternative Anstöße zu geben und Gegenmaßnahmen mit anderen zu entwickeln.

Der entsprechende Lern- und Erfahrungsprozeß wird für Kinder vor allem als produktiv erfahren, wenn sie solche Lebenssituationen durcharbeiten, in denen eine Fremdbestimmung, bedingt durch Abhängigkeit, direkte und strukturelle Gewalt vorherrscht. Hier besteht zugleich die Chance, diese zu überwinden bzw. zumindest einen bewußten Umgang mit ihnen zu finden.

Mädchen und Jungen haben – aufgrund ihres gesellschaftlichen Status – oft nicht die freie Wahl, sich für oder gegen eine Position zu entscheiden, dennoch können bewußtseinsschaffende Maßnahmen den Kindern das informelle Recht auf Widerstand vermitteln. Dies schließt noch nicht die tatsächliche Mitbestimmung und Mitgestaltung ein, kann aber das Übergehen von Bedürfnissen und Interessen verhindern und den Impuls für deren weitergehende Berücksichtigung geben. Zu solchen bewußtseinsschaffenden Maßnahmen zählt, daß Kinder um ihre Rechte wissen, diese auf Alltagssituationen übertragen und dort anwenden können.

13.4.9 Solidaritätsbereitschaft

Im Zuge von gesellschaftlichen Differenzierungs- und Generalisierungsprozessen (vgl. Kapitel 13.4.2) kommt dem Aufbau von Solidaritätsbereitschaft eine Schlüsselrolle innerhalb individueller Lebensbewältigung und sozialen Friedens zu. Solidarität im Sinne von Mitmenschlichkeit ist nicht selbstverständlich gegeben, sondern wird durch soziale Prozesse gestützt, und sie muß individuell angeeignet werden.

Solidaritätsbereitschaft erfordert das Wissen um grundsätzliche Interaktionsprinzipien und Interaktionschancen, die die Abläufe in der Gruppe bestimmen. Sie ist gekennzeichnet von den Fähigkeitsmerkmalen Empathie, Respekt, Toleranz und Verantwortung für andere (vgl. Wittmann 1991, 119 f.).

Abstrakt Solidarität zu verlangen macht keinen Sinn, weil darüber keine konkreten, gemeinsamen Bedürfnis- und Interessenlagen erkennbar werden. Erst über das Durcharbeiten von Alltagsanforderungen oder das Aufarbeiten von Ängsten und Bedrohungen werden diese deutlich, können kollektive Kommunikations- und Gestaltungsprozesse zur Entfaltung kommen.

Der Zweck und die Notwendigkeit von Solidarität können ferner von Mädchen und Jungen dann erschlossen werden, wenn für sie erfahrbar wird, wie sie mit anderen unmittelbar – örtliche soziale Beziehungen – und mittelbar – Beziehungen zwischen gesellschaftlichen Gruppen und „Leben in der Einen Welt" – in einem Netzwerk des gegenseitigen Angewiesenseins und der gegenseitigen Bereicherung leben. Vorurteile, Feindbilder und Intoleranz können unter einer solchen synergetischen Sichtweise beleuchtet und überwunden werden (vgl. Macy 1986, 54 ff.).

Solidarität wirkt letztlich nur dann identitätsstiftend, wenn Kinder in ihren Beziehungen zu Bezugspersonen Empathie, Respekt, Toleranz und Verantwortung für ihre eigene Person erfahren.

13.5 Partizipationsprozesse in Tageseinrichtungen für Kinder

13.5.1 Zur Stellung der Partizipationspädagogik

Die Notwendigkeit, eine neue Lebensqualität in und über Kindergärten, Kindertagesstätten und Horte zu gestalten, die die Interessen und Bedürfnisse von Kindern herausstellt, besteht schon lange. Sie bestimmt sich in erster Linie aus einer kritischen Sicht auf die heutige Lebenswirklichkeit von Kindern. Diese Lebenswirklichkeit blockiert die Entfaltung der physiologischen, psychischen und materiellen Grundbedürfnisse von Kindern und stellt ihre sozialen und politischen Interessen ins gesellschaftliche Abseits.

Allerdings haben reformpädagogische Bemühungen in den letzten Jahrzehnten versucht, dem entgegenzusteuern. Diese kumulieren insbesondere in der fortlaufenden Weiterentwicklung des „Situationsansatzes", der fortschrittliche Zieldimensionen für eine Pädagogik in Tageseinrichtungen für Kinder ausweist (vgl. Colberg-Schrader u. a. 1991, 12 ff.):

– Förderung selbstbestimmten Tuns und Kommunizierens des Kindes – in Unterscheidung zu abstrakter Wissensvermittlung – als Lernen und Entwicklung an der handelnden Auseinandersetzung mit der personalen und dinglichen Umwelt;
– Teilhabe von Kindern an der sozialen Umwelt, die ihre Eigenständigkeit in sozialer, kultureller, rechtlicher und politischer Hinsicht betont;
– Anregung und Hinführung zu Selbstbestimmung, Kritikfähigkeit, Entscheidungsfähigkeit, Eigenverantwortlichkeit, gesellschaftlicher Mitverantwortung und sozialem Engagement;
– und gemeinwesenbezogene Arbeit in dem Sinne, daß Tageseinrichtungen eine kinderfreundliche Umwelt erhalten oder neu schaffen und aktiver Teil von sozialen Prozessen werden.

Diese erforderliche Ausrichtung der Kindertagesstätte bzw. des Kindergartens, die die Autonomiebedürfnisse von Kindern weitreichend zur Entfaltung bringt und die Gestaltungsprozesse im Stadtteil bzw. in der Gemeinde in Gang setzt, ist jedoch noch lange nicht Realität geworden. Dem stehen einerseits psychische Barrieren im Weg, die der pädagogischen Haltung und dem Kindheitsverständnis der Erwachsenen folgen; andererseits liegen überlagernde Probleme wie unzureichende Platzkapazitäten und ein dünnes Berufsprofil von „ErzieherInnen" vor. Die entschlossene persönliche Auseinandersetzung mit dem Partizipationsgedanken und seine fachliche Vertretung können demgegenüber entscheidende Schritte in diese Richtung einleiten. Letzteres schließt selbstverständlich mit ein, daß Partizipationsprozesse in Tageseinrichtungen strukturiert werden. Hierfür sind folgende Bausteine einer Partizipationspädagogik zu berücksichtigen.

13.5.2 Erfahrungsorientierte Pädagogik

Modellversuche und Forschungsprojekte in Westdeutschland haben zeigen können, daß sich Mädchen und Jungen in ihrer Intelligenz, in ihren Fertigkeiten und in ihrem sozialen Verhalten am besten in einem erfahrungsreichen Lebensraum entwickeln (vgl. Colberg-Schrader u. a. 1991, 73). Eine erfahrungsorientierte Pädagogik bemüht sich zum einen darum, Mädchen und Jungen Primärerfahrungen gegenüber der gegenständlichen und natürlichen Umwelt zu ermöglichen und zum anderen, Gegenerfahrungen zu sozial unverträglichen Kulturentwicklungen zu eröffnen. Leitlinie ist dabei, daß Lebensanforderungen und Lebensrealitäten nicht routinemäßig oder durch perfektionierte Organisation von den Kindern ferngehalten, sondern als Alltagserfahrungen mit eigenen Erfahrungsqualitäten und Lernmöglichkeiten aufgearbeitet werden.

Primärerfahrungen gegenüber der gegenständlichen und natürlichen Umwelt können in der pädagogischen Arbeit erschlossen werden, indem „banale" Alltagsabläufe als pädagogisch wertvolle und innovative Inhalte gesehen werden. Dazu gehören die Reinigung und Instandhaltung der Räume und der Spielmaterialien ebenso wie die Essenszubereitung, die Vorbereitung eines Kinderfestes und Bürotätigkeiten. Solche Alltagsabläufe stellen keine Verpflichtungen oder Belastungen dar, die die inhaltliche pädagogische Arbeit stören, sondern alltagsrelevante Lern- und Gestaltungsmöglichkeiten für Kinder. Hier erfahren sie, etwas „Richtiges" tun und bewirken zu können. Pädagogische Ziele der Selbständigkeit und Emanzipation bleiben rückständig, wenn Mädchen und Jungen von jenen Tätigkeiten ausgeschlossen werden, die ihnen ein Höchstmaß an autonomer Handlungskompetenz vermitteln können.

Über Stadtteilentdeckungsspiele oder über das Aufsuchen von Produktionsstätten, Dienstleistungsbetrieben und öffentlichen Einrichtungen können Lücken im Lebensweltverständnis der Kinder geschlossen werden. Denn wo erleben Mädchen und Jungen noch, wo ihre Eltern arbeiten, oder daß die Milch nicht im Supermarkt produziert wird? So entwickelt sich überhaupt erst das Interesse, die Bedingungen und Notwendigkeiten des Lebens zu ergründen.

Für Gegenerfahrungen zu sozial unverträglichen Kulturentwicklungen erscheint insbesondere die Neubesetzung der gesellschaftlich-kulturellen Überbewertung von Konsum relevant.

In der Praxis kann es darum gehen, die Neuanschaffung von Spielmaterialien, das Wegwerfen von Essensresten, den Verbrauch von Bastelmaterialien zu überdenken (vgl. Colberg-Schrader u. a. 1991, 64). Thematisiert werden kann zum Beispiel, daß Filzstifte auch umweltschädlich sind bzw. wie Uhu-Tuben eingeteilt werden können, daß sie einen Monat reichen.

Bedeutsam sind ferner Erfahrungen, die Vorurteile und Feindbilder zu überwinden helfen und Gelegenheiten zum Miteinander, zur Übung von Toleranz und Rücksichtnahme bieten. Dazu müssen zunächst die Unterschiede zwischen sich selbst und den anderen, ihren individuellen Eigenarten und Lebensbedingungen, erfahren werden, um dadurch die Ich-Bezogenheit des eigenen Standpunktes relativieren zu können. Von amnesty international (1989, 77 ff.) sind hierzu zweckdienliche Gruppenspiele entwickelt worden. Gleichzeitig sollten die Lebenshintergründe von behinderten, sozial marginalisierten und MigrantInnen-Kindern die Spiel-, Erlebnis- und Lernwelt der Tagesstätte bereichern. Ein schönes Praxisbeispiel hierzu ist, daß deutsche Kinder von MigrantInnen-Kindern alte, in Vergessenheit geratene und neue Spiele erlernen (vgl. Anwar 1994, 59 ff.). Im weiteren gilt es, erfahrbar zu machen, welche Auswirkungen Vorurteile und Feindbilder auf die Lebenssituation der Betroffenen und auf das gesellschaftliche Miteinander haben und wie diesbezüglich gegensteuernde Handlungsmöglichkeiten entwickelt werden können (vgl. Hielscher 1987, 99 ff.).

13.5.3 Durcharbeiten von Alltagsanforderungen

Die Anforderungen der vielgestaltigen sozialen und dinglichen Umwelt können nicht mit einer isolierten, realitätsfernen Pädagogik erfaßt und bewältigt werden. Allein die Aneinanderreihung angeleiteter Beschäftigungsangebote oder die Vermittlung abstrakter Lernthemen vernachlässigen die zentrale Aufgabe des Kindergartens bzw. der Kindertagesstätte, nämlich den Kindern Inhalte und Handlungen anzubieten, die außerinstitutionelle Lebensvollzüge widerspiegeln und mit denen sie dort bestehen können. Mädchen und Jungen in ihrer Subjektivität zu achten heißt, sie in ihrer Lebenssituation wahrzunehmen, mit ihren Schwierigkeiten, Abhängigkeiten, Gewalterfahrungen, Ängsten und Ohnmachtsgefühlen, die sie im Alltag erleben.

Als Vorteil für diese Pädagogik ist in Tageseinrichtungen für Kinder zu erkennen, daß sie bislang weitestgehend frei von inhaltlichen Vorgaben durch Lehrpläne o. ä. geblieben ist. Dadurch besteht die Möglichkeit und die Aufgabe für PädagogInnen, die Inhalte der Arbeit auf jeweils konkrete Alltagsanforderungen von Kindern zuzuschneiden und daran zu entwickeln. Als Quelle für diese Inhalte gelten einerseits die Fragen und Signale von Kindern und andererseits Überlegungen und Beobachtungen zu Situationen im Alltag, die sich in symptomatischen Verhaltensweisen von Mädchen und Jungen in der Tageseinrichtung widerspiegeln.

PädagogInnen sollten Kinder dazu ermutigen, die Fragen und Konflikte, die sich ihnen in den Situationen ihres täglichen Lebens stellen, in der Einrichtung zu artikulieren und aufzuarbeiten. Werden Kinder gefragt, in welchen Lebenssituationen sie sich verunsichert, unterdrückt, ungleich behandelt, verängstigt, eingeschränkt oder mißverstanden fühlen, dann nennen sie in der Regel:

- Kind kommt ins Krankenhaus;
- „Ich darf nicht mehr krank werden, weil meine Mutter dann kein Geld mehr bekommt";
- „Meine Schwester macht mir immer Vorschriften";
- der Nachbar, der das Spielen vor dem Haus verbietet;
- aber auch: Angst- und Ohnmachtsgefühle durch die in den Medien vermittelten Katastrophen, Kriege und Umweltbedrohungen.

Dabei wird deutlich, daß es um das Vorhandensein oder Fehlen bestimmter Fähigkeiten und Kenntnisse geht, die zur autonomen Bewältigung von alltäglichen Situationen notwendig sind. Es wird dann etwa um die Fähigkeit gehen, eigene Bedürfnisse wahrzunehmen oder diese äußern zu können und Kenntnisse darüber zu haben, welche Rechte ich habe, an wen ich mich wenden kann oder was der Sinn und Zweck bestimmter Lebensvollzüge ist.

Wenn Eltern untereinander streiten und ein Kind darunter leidet, muß es in der Tageseinrichtung die Chance erhalten, etwa im Rollenspiel, diesen Streit zu wiederholen und seine Position neu zu gestalten. Wenn ein Kind Angst vor dem Krankenhaus hat, ist es hilfreich, mit Ärzten und Schwestern zu reden oder andere Kinder mit Vorerfahrungen nach Strategien zu befragen, wie sie damit umgehen würden (vgl. Grossmann 1992, 163 f.). Schließlich sollten Lernprozesse nicht nur isoliert und abgetrennt von diesen Situationen verlaufen, sondern weithin in diesen Situationen selbst stattfinden. Ein Kind kann andere Kinder seiner Gruppe zu einem Streit mit dem Nachbarn hinzuziehen und diese Situation mit ihnen vor- und nachbereiten.

Colberg-Schrader u. a. stellen heraus, daß solches situationsorientiertes Arbeiten nicht mit einem kurzatmigen, planlosen, chaotischen Eingehen auf die von Kindern aufgeworfenen Fragen oder Probleme zu verwechseln ist. „Situationsbezogenes Arbeiten verlangt genauso Überlegungen zu Zielen, Entscheidungen über Inhalte und Arbeitsformen wie jede andere pädagogische Planung" (Colberg-Schrader u. a. 1991, 112). Das Besondere an dieser „offenen Planung" ist, daß aktuelle Ereignisse oder Anregungen der Kinder zur Veränderung oder Fortschreibung der ursprünglichen Tagesplanung führen.

Darüber hinaus gilt es, das Augenmerk auf Situationen zu richten, die Kinder nicht selbst in den Zusammenhang mit ihrem Denken und Handeln bringen und daher nicht wie oben direkt artikulieren können. Dabei sollen Ängste, Ohnmachtsgefühle, Abhängigkeiten oder strukturelle Gewalt, die die Kinder erfahren, aufgedeckt werden. Auf diese Weise kann es gelingen, die Ursachen für Auffälligkeiten bei einzelnen Kindern oder der Gruppe insgesamt ausfindig zu machen, um so zielgerichtet, effizient – und nicht symptombekämpfend – auf die Problemlagen von Mädchen und Jungen zu reagieren. Solche Schlüsselsituationen sind tagtäglich gegeben, nur fällt es oft schwer zu sehen, was an diesen Situationen „bedeutsam" ist.

- Die Aggressivität unter Kindern, die sich insbesondere nach hohem Fernsehkonsum am Wochenende zeigt, kann auf durch Medien vermittelte Gewalt hindeuten.
- Wenn von Kindern ausgedrückt wird, daß vor allem Durchsetzungsvermögen und Brutalität zum Überleben zählen, dann sind die Umgangsformen von Eltern untereinander, gegenüber Kindern oder in der Nachbarschaft zu hinterfragen.
- Die Angst von Kindern vor „zwielichtigen Gestalten" muß nicht mit der Wirklichkeit übereinstimmen; vielmehr kann es um das Fremde gehen, das abge-

wehrt werden muß, d. h. um Muster der Feindseligkeit, die Kinder von ihren Bezugspersonen gegenüber MigrantInnen, Obdachlosen oder Drogenabhängigen übernehmen.

– Die plattgedrückte Nase an der Schaufensterscheibe kann auf unerfüllte Konsumwünsche hindeuten, die Kindern eine starke Orientierung an Besitz aufnötigen.

Angelehnt an das Methodenmodell der Handlungsforschung (vgl. Regel 1991) soll hier illustriert werden, wie solche Beobachtungen in Prozesse münden können, mit denen Mädchen und Jungen Schlüsselsituationen erkennen, hinterfragen, bewältigen bzw. neu gestalten können. Der erste Baustein dieses Methodenkonzepts, das Praxisproblem, ist hier die *Schlüsselsituation* im Alltag (etwa gewalttätiges Handeln nach Fernsehkonsum am Wochenende). Daraufhin erfolgt die *Informationsgewinnung* in Form von Beobachtungsnotizen, Rollenspielen, themenzentriertem Theater, Tagebuchprotokollen der Kinder oder durch Hinzunahme von Fachliteratur.

Anschließend wird im *Diskurs mit den Kindern* ein phantasievolles, kreatives Handeln geplant, das eine Gegen- oder Neuerfahrung zur ursprünglichen Schlüsselsituation zuläßt (etwa die Nachbesprechung von Fernsehfilmen, die am Wochenende gesehen wurden, oder eine Wunschliste für alternative Unternehmungen am Wochenende, die die Kinder selbständig organisieren). Die Umsetzung der Planung führt zum *„Probehandeln"*, das wiederum zur Evaluation und evtl. zur Neubestimmung der ursprünglichen Problemstellung führt.

Die dargestellten Formen des Durcharbeitens von Alltagsanforderungen können alltagsrelevante Orientierungen und alternative Handlungsmöglichkeiten für Mädchen und Jungen eröffnen. Das erfordert wache, fragende sowie zum Diskurs mit den Kindern und Eltern bereite MitarbeiterInnen, die sich täglich im Gespräch zusammenfinden (vgl. Grenz 1993, 169 ff.)

13.5.4 Aneignung von Kinderrechten

Kinderrechte sind in Deutschland fast ausschließlich abgeleitete Rechte, d. h. sie ergeben sich aus der Verpflichtung von Eltern oder deren VertreterInnen gegenüber den Kindern (vgl. Art. 6 GG; §1626 BGB). Kinder haben daher keine Möglichkeit, Rechte auf Selbstbestimmung, Anhörung und Teilhabe an ihren gesetzlichen VertreterInnen vorbei einzuklagen. Eine geringfügige Ausnahme von diesem Prinzip stellen die §§8(3) und 42(2) im KJHG dar. Ob ihre Ansichten, Wünsche, Probleme gehört und zur Kenntnis genommen werden, hängt allerdings von dem Wohlwollen und von korrespondierenden Interessenlagen der Erwachsenen ab. Diese Abhängigkeit der Kinder wird insbesondere dann problematisch, wenn die Bedürfnisse und Interessen von Kindern gegenläufig zu denen ihrer gesetzlichen VertreterInnen sind oder wenn Kinder in Alltagssituationen darauf angewiesen sind, sich eigenständig gegenüber Erwachsenen, ohne ihre gesetzlichen VertreterInnen, zu behaupten. Dieser Status von Kindern läuft ebenso einem pädagogischen Selbstverständnis entgegen, das Kinder als Subjekte anerkennt und ihre Autonomie fördern will. Aufgabe der MitarbeiterInnen der Tageseinrichtungen muß es deshalb sein, die Rechtsposition von Kindern zu stärken. Dies kann angestrebt werden, indem PädagogInnen „persönliche Rechte" mit Kindern erarbeiten. Diese können das Selbstbewußtsein von Mädchen und Jungen stärken, mit dem sie in vielen Alltagssituationen ihre Bedürfnisse und Interessen verteidigen können; ferner, indem solche „persönlichen Rechte" von Kindern in die unmittelbare Öffentlichkeit getragen werden (vgl. Kapitel 13.5.7). Dadurch wird der Boden dafür bereitet, daß Kinder als Rechtssubjekte Anerkennung finden.

Als methodischer Zugang zur Erarbeitung von „persönlichen Rechten" erscheint es zunächst sinnvoll, eine grundsätzliche Auseinandersetzung mit Rechten voranzustellen. Bevor konkrete Rechte zum Thema gemacht werden können, müssen Kinder eine Vorstellung darüber bekommen, was Rechte sind. Gelten sie als unveränderlich? Wer kann sie durchsetzen? Warum sind Rechte notwendig? Was haben Rechte mit Demokratie zu tun? Wer muß sich an die Rechte halten und warum? Was für Rechte hatten Mädchen und Jungen früher in anderen Ländern? Gedichte, Lieder, Bilderbücher, Geschichten, Gruppen- und Rollenspiele können dazu dienen, diesen Fragen nachzugehen.

Die folgende Zusammenstellung von „persönlichen Rechten" soll Beispiel geben, welche Rechte im Einrichtungsalltag gemeinsam mit Kindern erarbeitet werden können. Sie erhebt keinen Anspruch auf Vollständigkeit (vgl. hierzu Wilken 1992; KONTRA o. J.).

- Kinder haben das Recht, als eigenständige Person respektiert zu werden. Sie haben das Recht, ihre Bedürfnisse und Interessen auf ihre Weise deutlich zu machen und zu vertreten. Erwachsene müssen Bedürfnisse und Interessen von Kindern genauso ernst nehmen wie ihre eigenen.
- Kinder haben das Recht zu fragen. Wenn Kinder eine Sache, eine Handlung oder eine Denkweise nicht verstehen, haben sie das Recht, umgehend eine Antwort zu erhalten.
- Kinder haben das Recht auf Freiräume und die Erfahrung mit Grenzen. Kinder müssen Erfahrungen damit machen können, die eigenen und fremden Grenzen selbsttätig abzustecken und kennenzulernen. Dazu braucht es Freiräume, in die Erwachsene nicht eingreifen.
- Kinder haben das Recht, Nein zu sagen. Wenn ein Kind das Gefühl hat, daß es sich vor körperlichen oder psychischen Übergriffen, vor Erwartungen, Anforderungen und Befehlen von Erwachsenen schützen muß, dann hat es das Recht, nicht zu gehorchen oder sich zu wehren.
- Kinder haben das Recht, die Hilfe Dritter einzufordern. Kann ein Kind eine Lebenssituation nicht alleine bewältigen, fühlt es sich hilflos oder überfordert, dann hat es das Recht, Schutz und Hilfe von einer Person seiner Wahl einzufordern.
- Kinder haben das Recht auf Gleichheit, unabhängig von Rasse, Religion, Herkunft, körperlicher Beeinträchtigung und Geschlecht.

13.5.5 Regeln und Alltagsabläufe

Damit Kinder sich schnell in Situationen zurechtfinden und so eindenken können, daß sie neben dem eigenen Standpunkt auch den der anderen berücksichtigen, brauchen sie klare, eindeutige und einsichtige Regeln. Sie werden diese Regeln desto eher akzeptieren und vor allem verstehen können, je mehr sie selbst an der Erstellung dieser beteiligt wurden. „Sinn und Unsinn muß daran gemessen werden, ob Regeln als Teil eines Beziehungs- und Kommunikationsprozesses entstehen oder ob sie diese Prozesse ersetzen" (Kazemi-Veisari 1991b, 3). Dies kann sich mit unterschiedlichen methodischen Hilfsmitteln vollziehen.

In Diskussionsrunden wie dem „Morgenkreis" oder bei der Planung von Aktivitäten, können bestimmte Handzeichen vereinbart werden, die dazu dienen, nonverbal Bedürfnisse zu äußern und den Diskussionsprozeß zu strukturieren:

Flache Hand: Ich bin noch nicht fertig, brauche noch Zeit zum Nachdenken.
Zeigefinger hoch: Ich will etwas direkt dazu sagen.
Daumen hoch: Trendmeldung „Finde ich super!"
Daumen runter: Trendmeldung „Finde ich nicht gut!"

Um grundlegende Kommunikationskompetenz herauszubilden, ist es sinnvoll, in der Gruppe gemeinsame Diskussionsregeln zu erarbeiten, die grundsätzliche Gültigkeit besitzen.

Dazu zählen:

- Keine/keiner unterbricht die andere/den anderen.
- Wenn eine/einer spricht, versuchen die anderen ihm zuzuhören.
- Jede/jeder beschränkt sich auf das Wichtigste.
   (vgl. Dt. Pfadfinderschaft Sankt Georg 1993, 11)

Wichtig ist, daß Kinder ihre Ängste, Wünsche und Phantasien in Vorschläge einbringen, wie eine Situation besser geregelt werden könnte. Die Anforderung an PädagogInnen lautet, sich nicht von Kindern in eine eingreifende Rolle versetzen zu lassen, die eine Veränderung oder Entscheidung vorschnell herbeiführt. Gerade wenn Kinder nach „Machtworten" verlangen oder „petzen", gilt es, die Konfliktfähigkeit zu fördern, indem Kinder versuchen sollen, ihre Konflikte selbst zu lösen und gemeinsam mit anderen Kindern nach generellen Regelungen zu suchen. Auf diese Weise wird vermieden, daß Kinder sich an Fremdbestimmungen orientieren und sich aus der Verantwortung stehlen.

Sind Regeln einmal vereinbart, sollten sie für alle gelten, also auch für die Erwachsenen. Jedoch muß auch vermittelt werden, daß Regeln zu überprüfen sind, wenn sie sich als problematisch erweisen. „Wenn sie keine Hilfe mehr sind, sondern Dialoge verhindern, Prozesse mit dem Verweis, es gäbe doch die und die Regeln, abschneiden, Phantasien blockieren, immer wieder Kinder benachteiligen, dann sind sie ein Hemmnis und müssen verschwinden" (Kazemi-Veisari 1991b, 6). Denn Sinn und Unsinn von Regeln erweisen sich immer in der Praxis, nicht im Kopf.

In vielen Alltagsabläufen zeigt sich, daß aus der Tradition der Einrichtung und aus den Denkmustern von PädagogInnen heraus Regeln und Handlungen zur unhinterfragten Gewohnheit geworden sind. Es bestehen „heimliche Regeln". Seinen Niederschlag findet dies etwa in festen Zeitabläufen: täglich um dieselbe Zeit ist Freispiel angeordnet, zur selben Zeit wird aufgeräumt. Im Gegensatz zu Erwachsenen wollen sich Kinder nicht solchen festgelegten Zeitrastern fügen, sie wollen sich auf ein Geschehen ganz einlassen, die „Zeit verlieren". Selbstverständlich macht eine Zeitplanung auch Sinn, jedoch erkennen Kinder diesen eher, je mehr Transparenz, Flexibilität und Mitbestimmung damit verbunden sind (vgl. ebd., 5 f.).

Es wurde schon herausgestellt, daß eine pädagogische Arbeit, in der Mädchen und Jungen von bestimmten Alltagsabläufen ferngehalten werden, einem falschen Verständnis über ihren Bildungsauftrag unterliegt bzw. die Chance ungenützt läßt, Kindern wertvolle Erfahrungen zur Entwicklung von Partizipationskompetenzen zu eröffnen. Darüber hinaus machen solche Partizipationsmöglichkeiten Reglementierungen überflüssig. Wenn Mädchen und Jungen etwa für die Ordnung in ihren Räumen selbst verantwortlich sind, braucht es kein fortwährendes Zureden und Ermahnen, den Abfall nicht einfach auf den Boden zu werfen.

Partizipation an Alltagsabläufen hat zum Ziel, daß Mädchen und Jungen als selbstverständlich erfahren, nach Beurteilungen, Wünschen und Ideen gefragt zu werden und sich für alle Abläufe in ihrer Einrichtung zuständig fühlen. Dadurch wird es ihnen selbstverständlich, nicht nur zu konsumieren, sondern ihren Alltag eigenständig zu reflektieren und aktiv zu gestalten.

Hierfür lassen sich unterschiedliche methodische Instrumentarien heranziehen: ein Mecker- und Ideenkasten, eine Wandtafel oder regelmäßige Gespräche, in denen der Frust, die Wünsche und die Anliegen von Kindern ausgesprochen werden können (etwa im „Morgenkreis"). Für das Vorschulalter erscheinen insbesondere kreative Formen wie Modellbau, Rollenspiele, Collagen oder Phantasiereisen aufgreifenswert. Es versteht sich von selbst, daß sich dahinter nicht pseudo-demokratische Angebote verbergen dürfen, durch die die Interessen und Bedürfnisse von Kindern keinen Niederschlag in den Realsituationen der Tageseinrichtung finden.

Eine Partizipationspädagogik, die eigenverantwortliches Handeln fördern will, sollte außerdem versuchen, Kindern eigenständige Handlungsräume zu gewähren. Kinder benötigen keine ständigen Belehrungen und Bevormundungen von Erwachsenen, sie benötigen statt dessen in entscheidender Weise viele unkontrollierte Freiräume, um in ständigen Handlungsversuchen und Erfahrungsschritten die eigenen Bedürfnisse nach Leben, nach Veränderung, auch von Ordnungen und Regeln, auszugestalten (vgl. Esser 1992[2]a, 46). In der Praxis kann dies etwa ein „Kinderhaus" im Garten der Tagesstätte erfüllen, zu dem Erwachsene keinen Zutritt haben und das von Kindern selbstverantwortlich arrangiert wird.

13.5.6 Raumgestaltung

„Zeige mir die Räume, und ich sage Dir, was in ihnen geschieht". Räume sind einerseits Ausdruck von kreativen und kommunikativen Prozessen, und anderseits verhindern oder lassen sie dieselben zu. „Räume machen durchschaubar, ob sich Kinderansprüche oder Erwachsenenerwartungen in ihnen durchsetzen. Räume machen Aussagen darüber, ob fließende oder aktive Übergänge zwischen Innen- und Außenwelt die pädagogische Arbeit bestimmen oder beides gegeneinander abgeschottet wird" (Kazemi-Veisari 1991a, 12).

Im Kontext des Partizipationsgedankens muß der Raumgestaltung unter folgenden Gesichtspunkten besondere Beachtung zuteil werden. Vorneweg müssen Räume an den Bedürfnissen der Mädchen und Jungen ausgerichtet sein und nach ihren Interessen gestaltet werden. Dies versteht sich im Grunde von selbst, und viele MitarbeiterInnen in den Einrichtungen versuchen dies auch zu berücksichtigen. Zwei Dinge verstehen sich dabei allerdings nicht von selbst. Erstens muß die Mitgestaltung von Kindern auch durch die Beteiligung an Renovierungen und Umbauten gewährleistet sein. Zweitens müssen sich Kinder in ihren Räumen nicht nur als KulturempfängerInnen, sondern vor allem als Kulturschaffende erfahren können.

„Eingeschränkt auf den Empfang vorgefertigter Kultur, lernen Kinder nur frühzeitig, eigene Ansprüche mit Ersatz aufzufüllen, anstatt ihre eigene Kultur zu finden und zu gestalten" (ebd., 16). Übertragen auf die Alltagspraxis, heißt das, auf vorgefertigte Materialien und Spielzeug weitestgehend zu verzichten und statt dessen eine Fülle von Materialien zur Verfügung zu stellen, deren Aussehen, Farben, Formen, Strukturen zum Betasten, Zuordnen, Verändern reizen (vgl. dazu Hermann u. a. 1984, 14). Wichtig ist dabei, daß das einzelne Kind als kulturschaffendes gewürdigt wird, die Phantasien, Anstrengungen, Interessen einzelner sichtbar werden und daß Brücken zwischen individueller Ästhetik und kollektiven Prozessen sowie zwischen „Phantasie und Wirklichkeit" geschlagen werden. Dies kann z. B. erreicht werden, indem die Werke von einzelnen Kindern in der Gruppe besprochen werden: Was war Ausgangspunkt des Werkes (gemeinsame Themen, Anregung von anderen Kindern, Geschichten, Beobachtung, Gefühl, Erinnerung, Phantasie), was hat es zum Gegenstand, oder welche Absicht verfolgt es (Bedürfnis, Interesse, Symbol, Kritik, Aufruf, etc.), nach welchem Prozeß gestaltete sich die Auswahl der Materialien und Farben, was empfinden und denken andere Kinder über das Werk? Die Ergebnisse solcher Gespräche können als kurze Texte den Bildern beigefügt werden.

Die Raumgestaltung kann außerdem dazu genutzt werden, die Vorgänge und Inhalte von Partizipationsprozessen offenzulegen und festzuhalten. Diskussionen, Abläufe und Gewohnheiten aus den Alltagsprozessen sowie Interessen und Bedürfnisse einzelner Kinder können in Form von Bildern, Fotos, Schaubildern an den Wänden ausgehängt werden. Auf diese Weise können Partizipationsprozesse definiert werden, was dazu dient, daß dieselben für Kinder nicht nur nachvollziehbar, sondern auch in Gang gehalten werden oder wiederholbar sind.

Mädchen und Jungen in ihrer Subjektivität zu achten findet auch darin seinen Ausdruck, inwieweit die individuelle Identitätsbildung gefördert wird. Oftmals wird dies aber gerade durch die alltäglichen Gebrauchsgegenstände blockiert: Teller, Tassen, Bettwäsche, Handtücher und Arbeitskleider sind meistens für alle Kinder gleich. Demgegenüber haben Kinder das Bedürfnis, ihre persönlichen Sachen mitzunehmen und etwa in einem „Eigentumskarton", verstauen zu können. Damit soll nicht der persönliche Besitz betont werden, sondern bedeutungsvolle und persönliche Dinge, die für unterschiedlich erfahrene und bewertete Situationen und Erinnerungen stehen. Gerade auch Erwachsene zeigen ein ähnliches Bedürfnis, wenn sie etwa „unnötige Dinge" in ihren Taschen herumtragen oder ihre eigene Bürotasse mitbringen. Solche Gegenstände sind Teil der Individualität. Diese Gegenstände können Anlaß für Fragen, Erzählungen oder Tauschgeschäfte geben und fördern, daß Kinder beziehungsreicher und behutsamer mit ihnen umgehen.

Ein weiterer wichtiger Aspekt, wenn Kinder Gegenstände von zu Hause in die Tageseinrichtung mitbringen, liegt darin, daß das Leben zu Hause mit dem in der Einrichtung in Verbindung gebracht werden kann. Partizipationspädagogik, die für Mädchen und Jungen auch Bezüge zum außerinstitutionellen Alltag herstellen will, muß Brücken zwischen der Innen- und Außenwelt der Tageseinrichtung schlagen können. Der außerinstitutionelle Alltag ist voll von Bildern und Eindrücken, ohne daß Kinder ausreichend Gelegenheit haben, sich mit diesen zu konfrontieren und eine Beziehung zu ihnen herzustellen. Die zugehörigen Bilder und Materialien, wie Pflanzen, Möbel, Eßwaren, Maschinen oder Berufe, können in kreative Aktionen und gestalterische Maßnahmen in den Einrichtungsalltag aufgenommen werden.

13.5.7 Öffentlichkeitsarbeit mit Kindern

Adressaten einer Öffentlichkeitsarbeit, die von der Tageseinrichtung ausgeht, sind vor allem die Eltern, die BewohnerInnen des Stadtteils, der Gemeinde, der Einrichtungsträger und die Fachöffentlichkeit. Öffentlichkeitsarbeit hat das vordringliche Ziel, zwischen diesen Adressaten und der Einrichtung (Kinder und MitarbeiterInnen) Kontakte herzustellen und Beziehungen aufzubauen. Dies ist Voraussetzung dafür, daß sich die Eltern und BewohnerInnen für die Interessen der Kinder und PädagogInnen mobilisieren lassen und gemeinsame Projekte entwickelt werden können (vgl. Kapitel 13.5.10).

Was haben nun Kinder mit Öffentlichkeitsarbeit zu tun? Sollte dieses Feld nicht lieber den MitarbeiterInnen vorbehalten bleiben?

Erstaunlich ist, daß heute viele Kindergärten, Kindertagesstätten und Horte nach dem „Situationsansatz" oder nach dem Ansatz der „Gemeinwesenorientierung" arbeiten, aber eine Öffentlichkeitsarbeit *mit* und *von* Kindern damit nicht in Verbindung bringen. Schließlich hat Geweinwesenarbeit die Aufgabe, „die Ressource Solidarität herzustellen, Netze zu knüpfen, Menschen zu unterstützen und zu stärken, wenn sie solidarisch in ihrer Lebenswelt handeln wollen." (Oelschlägel 1995a, 27) Wenn aber nach dem Situationsansatz das zentrale Ziel verfolgt wird, die Biographie des Kindes und seine aktuelle Lebenssituation zum Ausgangspunkt der pädagogischen Aktivitäten zu machen, oder wenn mit einer Gemeinwesenarbeit diese Lebenssituation verbessert werden soll, so gehört auch die Öffentlichkeitsarbeit *mit* und *von* Kindern in diesen konzeptionellen Rahmen. Wem kann es besser gelingen, die Interessen und Bedürfnisse von Kindern an Erwachsene heranzutragen, als den Kindern selbst? Nicht auf die Perfektion kommt es an, sondern auf die lebendige innere Beziehung zum Informationsgegenstand. Gerade unter der Flut von Medieninformationen werden Themen aus dem unspektakulären Kinderalltag eher wahrgenommen, wenn sie in der direkten und unverstellten Art von Kindern vorgebracht werden, wobei eine professionelle Öffentlichkeitsarbeit durch die MitarbeiterInnen der Tagesstätte – die demgegenüber eher abgeklärt und sachlich vorgeht – in gewinnbringender Ergänzung zur Öffentlichkeitsarbeit von Kindern steht, weil dadurch verschiedene „Kanäle" bei Erwachsenen angesprochen werden können.

Eine kulturkritische Pädagogik erkennt darüber hinaus: Mädchen und Jungen verfügen über eine ganz eigene Perspektive in dieser Welt, sie formulieren ihre Ideen, Interessen und Probleme auf eine Art, die Erwachsenen abhanden gekommen ist. Diese Perspektive gehört in die Öffentlichkeit, weil sie einen unersetzlichen kulturellen und sozialen Faktor unserer Wirklichkeit darstellt. Am Beispiel der Kindermedienarbeit formuliert Zimmermann: „Kinder produzieren Videos für Kinder und erschließen gleichzeitig Erwachsenen einen Zugang, kindliche Probleme, Sichtweisen und autonomen Gestaltungswillen zu verstehen, ernst zu nehmen, respektive wieder zu erlernen" (Zimmermann 1991, 207; Deutsches Jugendinstitut 1994).

Schließlich kann es einer Öffentlichkeitsarbeit von Kindern auch besser gelingen, andere Kinder anzusprechen. Wenn etwa für ein öffentliches Kinderfest andere Kinder aus dem Stadtteil, der Gemeinde angesprochen werden sollen oder die Überlegung existiert, mit anderen Kindern eine Straßenaktion zu gestalten, dann erhalten Informationen, die dieselbe „Handschrift" tragen, eine höhere Akzeptanz und Aufmerksamkeit.

Über die Möglichkeit, ihre Probleme, Wünsche und Ideen in die Öffentlichkeit zu tragen, können Mädchen und Jungen die Fähigkeit zur Bedürfnis- und Interessenrepräsentation an einem interessanten Lerngegenstand herausbilden. Und sie können erfahren, daß sie als eigenständige Persönlichkeiten einen Platz im Gemeinwesen einnehmen, dem Aufmerksamkeit und Respekt entgegengebracht wird. Darüber werden Entwicklungsprozesse der individuellen und gemeinschaftlichen Meinungs- und Willensbildung in Gang gesetzt.

Zwei Methoden können zur Umsetzung von Öffentlichkeitsarbeit *mit* und *von* Kindern herangezogen werden:

1. Bilder- und Modellbauausstellungen

Diese Methode bietet Kindern die Möglichkeit, unter Einbezug unterschiedlichster Materialien und Techniken eigene Erfahrungswerte, ihre Problemsicht, ihre Ideen und Wünsche zu bestimmten Orten und Themen zu vergegenständlichen. Da insbesondere jüngere Kinder mit dieser Art der Bedürfnis- und Interessenrepräsentation am besten vertraut sind, entwickeln sie hier mehr kreatives Vorstellungsvermögen und Ideenvielfalt, als wenn sie sich sprachlich artikulieren sollen. Vorteilhaft sind kurze Texte, die den Werken der Kinder beigefügt werden und Aufschluß über den Schaffensprozeß geben (vgl. vorhergehendes Kapitel 12). Darüber können das Interesse und das Verständnis von Eltern und anderen Bezugspersonen für die Prozesse in der Tageseinrichtung geweckt werden. Sie erfahren, wie ihr Kind in der Einrichtung lebt und finden Anknüpfungspunkte, um sich mit Kindern und MitarbeiterInnen darüber auszutauschen.

2. Wandtafeln, Litfaßsäulen, „Kinderseite" und Interviews

Eine innovative Überlegung ist, wenn Kinder fest plazierte Wandtafeln oder Litfaßsäulen im Stadtteil oder der Gemeinde selbstverantwortlich gestalten können – als Gegenpol in einer von Erwachsenen dominierten Informationslandschaft. Die Stadtteilzeitung, der örtliche Stadtanzeiger, die lokale Presse können dafür gewonnen werden, Kindern eine Seite zur Verfügung zu stellen. Auch über von Kindern durchgeführte Interviews können Erwachsene für die Situationen der Tageseinrichtung sensibilisiert werden.

13.5.8 Die Tageseinrichtung als soziokulturelles Zentrum

Das emanzipatorisch ansetzende Konzept, Kinder umfangreich in institutionelle Lernwelten einzubinden, hat in Westdeutschland in den letzten Jahren verstärkt Kritik erfahren: Einrichtungen für Kinder befördern auch das „Wegorganisieren" von Kindern aus dem Alltag und den Lebensbezügen der Erwachsenen" (Colberg-Schrader 1993, 352).

Es wurde versucht, dieser Kritik mit einer Öffnung der Tageseinrichtung beizukommen. Um die wachsende Distanz zwischen Alltag und Tagesstätte, zwischen der Welt der Erwachsenen und der Welt der Kinder überbrücken zu können, werden Methoden für eine gemeinwesenbezogene und generationenübergreifende Arbeit favorisiert. Zielsetzung ist dabei, die Verbindungen zum Alltag, zum Wohnumfeld sicherzustellen, so daß Kinder sich als Teil einer altersübergreifenden Gemeinschaft erleben und ihnen Räume in generationenübergreifenden Lebenszusammenhängen eröffnet werden (vgl. ebd. 352).

Auf breiter Ebene werden erfolgversprechende Voraussetzungen aber erst dann gegeben sein, wenn es der Pädagogik in Tageseinrichtungen gelingt, die Notwendigkeit von wechselseitigen Kommunikations- und Veränderungsprozessen zwischen Kindern und Erwachsenen an die örtlichen EntscheidungsträgerInnen wirksam heranzutragen. Denn „immer noch mangelt es an Personal, an Räumen und vielem mehr, womit eine offene und gemeinwesenorientierte Arbeit sichergestellt werden könnte" (Colberg-Schrader u. a. 1991, 18). Deshalb muß gegenüber dem Einrichtungsträger und den politisch Verantwortlichen deutlich gemacht werden, daß die Kindertagesstätte, der Kindergarten oder der Hort die Position eines Kommunikations-, Informations- und Begegnungszentrums im Gemeinwesen für die Familien und das nachbarschaftliche Umfeld einnehmen kann. Grundlage dessen ist, daß die meisten Kinder aus dem unmittelbaren Wohnumfeld in Tageseinrichtungen eingebunden sind und diesen damit diese Chance und Aufgabe zufällt. Durch ein sich immer mehr intimisierendes Familienleben kommt im Zusammenhang mit insgesamt schwindenden Milieubindungen Tageseinrichtungen für Kinder die Bedeutung zu, für alle Generationen im Stadtteil, in der Gemeinde gegenseitige Unterstützungen wieder zu beleben und neue elementare Sozialerfahrungen zu ermöglichen. Über neue Verbindungen von Familie (vgl. Wehrmann u. a. 1995), Tageseinrichtung und Nachbarschaft können außerdem die Lern- und Erfahrungsqualitäten für Kinder vergrößert werden. „Wenn familiäre und nachbarschaftliche Bezugsnetze der Kinder wahrgenommen und bei der pädagogischen Arbeit einbezogen werden, dann verschafft die Öffnung zum Wohnquartier auch wieder mehr Teilhabe der Kinder am Leben in für sie überschaubarer Umgebung" (Colberg-Schrader u. a. 1991, 79).

Über eine engere Verbindung von Tageseinrichtung und Gemeinwesen kann also nicht nur ihrem künstlichen Inseldasein entgegengewirkt werden, sondern auch für Erwachsene bieten die Begegnung und der Austausch wieder die Chance, Erlebnisse jenseits von Zweckrationalität und Effektivität machen zu können. Erfahrungen von alternativen Tageseinrichtungen, von Mütterzentren und Nachbarschaftshäusern sprechen dafür, daß mehr Platz und Zeit für und mit Kindern in öffentlichen Räumen auch mehr Lebensqualität für Erwachsene bedeuten kann. „Immer mehr Eltern suchen von sich aus nach familienübergreifenden Zusammenschlüssen, weil sie ihren Kindern soziale Kontakte verschaffen wollen und auch selbst ein Interesse an Öffentlichkeit und breiter gefaßten Lebensformen über die Familie hinaus haben" (ebd., 22).

Folgende Bausteine können zur Initiierung und Verwirklichung dieses gemeinwesenorientierten Konzepts der Tageseinrichtung herangezogen werden:

1. Angebote, mit denen Eltern und andere Bezugspersonen ihre Erfahrungen, Kenntnisse und Fertigkeiten in den Einrichtungsalltag einbringen können;
2. Informationsveranstaltungen für Eltern und Interessierte zu Themen der Erziehung, Gesundheit, Gewaltprävention u. a.;
3. Vernetzung mit Betrieben, Gruppen und Initiativen vor Ort mit dem Ziel, gemeinsam geplante Gestaltungs- und Veränderungsprozesse voranzutreiben;
4. eine Öffentlichkeitsarbeit, durch die solche Aktivitäten und Prozesse gestützt und ergänzt werden (vgl. Kapitel 13.6.10).

13.5.9 Diskurs mit Eltern und Einrichtungsträgern

Gerade ein innovatives Konzept steht vor der Schwierigkeit, von den Eltern und dem Einrichtungsträger die notwendige Unterstützung zu erhalten. Unter Eltern ist die Einstellung verbreitet, daß die Tageseinrichtung auf die Schule vorbereiten und in erster Linie die Funktion des Versorgens und Behütens der Kinder einnehmen soll (vgl. Bamberg u. a. 1993, 66).

Die Einrichtungsträger stehen unter Umständen einer Tageseinrichtung, die sich in öffentliche Diskussionen und Prozesse einmischt und eine entschlossene

Interessenvertretung wahrnimmt, mit Vorbehalten gegenüber, oder sie untersagen gar eine eigenständige Öffentlichkeitsarbeit und Gemeinwesenorientierung.

Ferner können sich weitere Konflikte im Kontext finanzieller Barrieren ergeben. Zum einen erfordert eine gemeinwesenbezogene Arbeit, die Aktivitäten mit Kindern außerhalb der Einrichtung sucht und die Zusammenarbeit mit KooperationspartnerInnen vor Ort erschließen muß, einen höheren personellen Aufwand. Zum anderen werden durch die ressortabhängige Vergabe von finanziellen Leistungen übergreifende Angebote für verschiedene Gruppen in der Gemeinde, wie sie ein sozio-kulturelles Zentrum anstrebt, blockiert.

Die MitarbeiterInnen der Tageseinrichtung können diesen Konfliktpotentialen begegnen, indem sie die Notwendigkeit einer Partizipationspädagogik auf der Basis der hier vorgelegten entwicklungspsychologischen, sozialisationstheoretischen, rechtlichen, (kinder-)politischen und pädagogischen Begründungslinien darlegen und hervorheben, daß die Herausbildung von Partizipationskompetenzen auch einen entscheidenden Beitrag für die Lebens- und Schulvorbereitung leistet. Denn Kinder, die sich schon früh in Selbstbestimmung und Widerstand üben, werden gefahrenträchtige Schlüsselsituationen im Alltag besser meistern können, werden sich mehr mit ihrer Lebenswelt identifizieren und dort zu mehr Verantwortungsübernahme bereit sein. Im übrigen ist mit „Autonomie" und „Selbstregulierung" nicht zwangsläufig verknüpft, daß Kinder aus einer „pädagogischen Grundversorgung" entlassen werden. Wertstiftende Geborgenheit, emotionale Zuwendung, verläßliche Begleitung sind nicht Kontrapunkt einer Partizipationspädagogik, sondern Voraussetzung, daß sich eine Persönlichkeitsentwicklung zu Autonomie und Emanzipation vollziehen kann.

Darüber hinaus ist in der Elternarbeit von entscheidender Bedeutung, das Spannungsverhältnis zwischen traditionellen Mustern der Eltern-Kind-Beziehung und innovativen Überlegungen einer Partizipationspädagogik in ansprechender Weise zu thematisieren. Denn erweiterte Partizipationschancen für Kinder konfrontieren Erwachsene mit Barrieren, die fest in deren Denk- und Handlungsmustern verankert sind. Damit diese aufgebrochen werden können, muß eine erfolgversprechende Partizipationspädagogik von Anfang an diese Barrieren transparent machen und deren Aufarbeitung herausfordern.

Dabei handelt es sich um Vorbehalte gegenüber einer Pädagogik, die Autonomiebedürfnisse von Kindern respektiert und auf Selbstregulierung im Gegensatz zu Fremdsteuerung setzt (vgl. von Schoenebeck 1988). Diese Vorbehalte folgen zumeist aus einem Kindheitsverständnis, das das Kind als Mängelwesen sieht. Demgegenüber muß deutlich gemacht werden, daß Kinder Akteure sind, die selbständig handeln, sich selbständig die Welt aneignen und diese gestalten wollen, die ein in der Zukunft erfülltes Leben erwarten. Auch wenn sie in vielen Bereichen ihrer persönlichen Entwicklung noch nicht ausgereift sind, haben sie ein Anrecht darauf, als einmalige Individuen mit eigenen Bedürfnissen und Interessen und mit eigener Kompetenz geachtet zu werden. Ihre Autonomie und Selbstbestimmung gilt es letztlich auch deshalb zu fördern, weil ansonsten der gravierende Einfluß von „heimlichen Sozialisationsinstanzen" nicht durchbrochen werden kann.

Gelegenheiten zur Auseinandersetzung – nicht nur „zwischen Tür und Angel" – bezüglich dieser Barrieren und ein hohes Informationsniveau der betroffenen Eltern können grundlegende Kooperationschancen für die pädagogische Arbeit herstellen.

Dem Einrichtungsträger ist zu vermitteln, daß eine Autonomie der Tageseinrichtung verschiedene Vorteile für die Organisation und für den Identifikationsgrad der Einrichtung bereithält, daß Unterstützungspotentiale von Eltern, NachbarInnen und Stadtteilgruppen besser ausgeschöpft werden können. Argumentationshilfe bietet die Autonomiediskussion der Schule (vgl. Kapitel 13.6.11).

Verbündete in dem Spannungsverhältnis zu Eltern und Einrichtungsträgern sind Kinderbeauftragte, die schlichtend in Konflikte eingreifen können. Außerdem können sie durch eine bewußtseinsschaffende Öffentlichkeitsarbeit hinsichtlich des Kindheitsverständnisses und durch die Einflußnahme auf kommunale Planungs- und Entscheidungsprozesse hinsichtlich von Standort- und Finanzierungsfragen den genannten Konfliktpotentialen entgegenwirken. Von ihnen könnte auch die Idee ausgehen, eine Veranstaltung oder Workshops für Eltern, Einrichtungsträger, Behörden und für die politisch Verantwortlichen zum Thema Partizipation von Kindern auszurichten.

13.5.10 Fortbildungsmaßnahmen für ErzieherInnen aus Tageseinrichtungen

Kaum ein anderes Berufsprofil wie das der ErzieherInnen findet so wenig gesellschaftliche und berufspolitische Anerkennung. Ausdruck dessen ist, daß z. B. in frauenverachtender Weise noch immer von „Basteltanten" die Rede ist und deutlich mehr als ein Drittel der BerufsanfängerInnen bereits in den ersten fünf Berufsjahren „das Handtuch" werfen (vgl. von Derschau 1993, 109). Offensichtlich bildet sich ein attraktives und anerkanntes Berufsprofil erst über selbstbewußtes professionelles Handeln heraus. Dagegen wird weniger berücksichtigt, daß sich hierfür die Arbeitsfelder weiterentwickeln und entsprechende Rahmenbedingungen neue Methoden erfordern. Zu solchen Rahmenbedingungen zählen zielgerichtete Fortbildungen.

Auch darf nicht übersehen werden, daß von ErzieherInnen kaum erwartet werden kann, die Selbstbestimmung von Kindern und deren Lerninteresse zu fördern, wenn sie selbst über keine Möglichkeiten zum selbstbestimmten Weiterlernen verfügen.

In der Partizipationspädagogik ist ein Arbeitskonzept begründet, das zu vielen relevanten Handlungsanforderungen im Berufsalltag eine erweiterte Sach- und Handlungskompetenz herstellen und gleichzeitig ein selbstbewußtes berufliches Selbstverständnis strukturieren kann. Für Fortbildungsseminare sind unter diesem Anspruch folgende Arbeitsschwerpunkte bestimmend:

(1) Perspektivensuche für ein erweitertes berufliches Selbstverständnis wider berufliche Zaghaftigkeit, Frustration und Resignation

Bevor Perspektiven in der Fortbildungsveranstaltung entworfen werden können, müssen die Ursachen für das mangelnde berufliche Selbstverständnis erörtert werden. Krug (1994, 8) sieht eine Ursache in der weiblichen Sozialisation, in der sich die „Kardinaltugenden Zurücksteckenkönnen, sich Aufopfern, geduldig sein" ausprägen. Eine weitere Ursache für die Zaghaftigkeit und die Selbstabwertung des eigenen Berufes erkennt sie in der randständigen Position von Kindern in der Leistungsgesellschaft (vgl. ebd.). Musiol weist auf die Arbeitsplatzunsicherheiten und auf die Identitätskrise durch den gesellschaftlichen Wandel für die ErzieherInnen in Ostdeutschland hin (vgl. 1994, 8 f.).

Diesen berufspolitischen Problembereichen vermag die Vermittlung des Partizipationskonzepts neue und interessante Perspektiven für veränderte Berufszuschnitte von ErzieherInnen entgegenzuhalten.

Deutlich werden muß, daß mit der Strukturierung von Partizipationsprozessen die Kindertagesstätten in zunehmendem Maße Anlaufstelle und Begegnungsort für Eltern und andere BewohnerInnen im Stadtteil werden, an dem generationenübergreifende Kontakte stattfinden, an dem Belange von Familien ebenso thematisiert werden wie Fragen des Lebens in der Region, der Umwelt oder der Frauen- und Kommunalpolitik.

Mit diesen Zielsetzungen kann es ErzieherInnen gelingen, aus der traditionellen „Verwahrpädagogik" herauszutreten, z. B. für Kinder Räume im Stadtteil zu erschließen, sich zu Belangen von Kindern und Familien zu Wort zu melden, neue Konzepte der kinderfreundlichen Stadtentwicklung zu entwerfen und mit Kindern und Eltern gemeinsam voranzutreiben oder bei der örtlichen Jugendhilfeplanung mitzuwirken (vgl. Kapitel 13.5.7 ff.).

(2) Erörterung von veränderten Bedingungen der Elementarerziehung

Für berufliche Resignation sind veränderte Bedingungen der Elementarerziehung verantwortlich (vgl. Kapitel 13.4.2), die Fragen aufwerfen, die gegenwärtig oftmals nicht befriedigend beantwortet werden können und in Konzeptionslosigkeit münden. Nicht vernachlässigt werden dürfen deshalb die regionsspezifischen Bedingungen, in denen Kinder innerhalb der Bezugsfelder Familie, Nachbarschaft und Umwelt aufwachsen, sowie die Bedingungen im Einrichtungsalltag.

Auf die einschränkenden, aber auch fördernden Wirkungen dieser Bedingungen und „Schlüsselsituationen" antworten die Handlungsstrategien der Partizipationspädagogik, wie sie weiter oben dargelegt sind. Es kann dann beispielsweise in der Fortbildung vermittelt werden, daß durch die Offenlegung von unerfüllten Konsumwünschen der Kinder und durch das gemeinschaftliche Durcharbeiten der entsprechenden „Schlüsselsituationen" (vgl. Kapitel 13.5.3.) sinnstiftende Orientierungen und alternative Handlungsmöglichkeiten eröffnet werden.

(3) Auseinandersetzung mit Wesenszügen und Bestimmungsfaktoren des „dialogisch-pädagogischen Selbstverständnisses"

ErzieherInnen dürfen nicht nur von veränderten Lebenslagen der Kinder ausgehen, sondern müssen auch ein verändertes professionelles Selbstverständnis entwickeln. Nur mit dieser Kombination wird es gelingen, Lebens- und Lernräume für Kinder zurückzugewinnen und ein interessanteres und qualifizierteres Berufsprofil zu entwickeln. Notwendig ist deshalb, in der Fortbildungsveranstaltung einen Schwerpunkt auf die Entwicklung des „dialogischen und ko-intentionalen Beziehungskonzepts" zu legen, wie es Partizipationspädagoik einfordert und strukturiert (vgl. Kapitel 13.4.4). Eine solche selbstkritische Auseinandersetzung kann sich entlang folgender Leitfragen vollziehen:

– Welche Rechte haben Kinder in der Kindertagesstätte?
– An welchen Interessen orientiert sich die Raumgestaltung?
– Können Kinder über Nähe und Distanz zur Erzieherin, zum Erzieher selbst bestimmen?
– Gibt es Möglichkeiten für die Kinder wie auch für die Erzieherin bzw. den Erzieher, die eigenen Grenzen deutlich zu machen und einzufordern?
– Welche eigenständigen Handlungsräume besitzen Kinder in der Tagesstätte?
– Kommen die unterschiedlichen Lebenswirklichkeiten von Kindern mit ihren Schwierigkeiten, aber auch mit ihren Stärken in der Tagesstättenarbeit zum Ausdruck?
– ErzieherInnen sehen sich vielerlei Erwartungen von außen ausgesetzt – geraten dabei die Bedürfnisse und Interessen der Kinder ins Hintertreffen?

(4) Durcharbeiten von Lösungsstrategien für das Aufbrechen von Barrieren gegenüber Partizipationsprozessen durch Eltern und Einrichtungsträger

Eine weitere Ursache für „Ausbrennen im Beruf" ist der Wunsch bzw. die selbstgestellte Aufgabe, es allen recht zu machen. Der Anspruch, die Erwartungen der Kinder, Eltern und des Einrichtungsträgers gleichzeitig zu erfüllen, treibt ErzieherInnen in selbst aufgestellte Beziehungsfallen und Schwierigkeiten. Demzufolge müssen in der Fortbildung hinsichtlich der konkreten Anforderungen der TeilnehmerInnen Gegenstrategien entwickelt werden, wie sie in Kapitel 13.5.10 und 13.6.12 skizziert wurden.

In Anbetracht der mangelnden berufspolitischen Anerkennung von ErzieherInnen muß sich deren Professionalität auch darin äußern, eine parteiliche Pädagogik klar und deutlich zu vertreten – eine Pädagogik, die sich nach den dargelegten entwicklungspsychologischen, sozialisationstheoretischen, rechtlichen, (kinder-)politischen und pädagogischen Begründungslinien vor allem an den Bedürfnissen und Interessen der Kinder orientiert.

Ein Projekt, das auf die oben genannten Aspekte einer Fortbildung für Beschäftigte in Kindertagesstätten eingeht, stellt das Projekt „Multiplikatoren-Fortbildung Tageseinrichtungen für Kinder – MFT" dar. Hierbei geht es darum, einen Orientierungsrahmen zunächst für MultiplikatorInnen in Jugendbehörden, -ämtern und Spitzenverbänden zu schaffen. Anlaß für dieses Projekt, das von der Bundesarbeitsgemeinschaft der freien Wohlfahrtspflege und der Bundesvereinigung der kommunalen Spitzenverbände in der Zeit von 1992 bis 1996 durchgeführt und vom Bundesministerium für Frauen und Jugend gefördert wird, ist die Umstrukturierung der vereinigungsbedingten sozialpolitischen Veränderungen in der Kindertagesstättenarbeit in den neuen Bundesländern.

„Die Inhalte der Multiplikatoren-Fortbildung gruppieren sich um die Schwerpunkte:

- Rechtsgrundlagen/Strukturen der Jugendhilfe
- Gesellschaftspolitische und kinderpolitische Entwicklungen
- Berufliche Entwicklungen und berufliches Selbstverständnis
- Beratungs- und Fortbildungskompetenzen
- Sozialpsychologische Fragen
- Struktur und Konzeptionsfragen von Tageseinrichtungen für Kinder."
(Haucke 1995, 20 f.; vgl. Hoffmann 1995)

An dieser Stelle erwähnt werden sollte auch das Modellvorhaben „Weiterentwicklung der pädagogischen Arbeit in Tageseinrichtungen für Kinder in den neuen Bundesländern und im Ostteil Berlins", das an der Freien Universität Berlin durchgeführt wird. Mit Hilfe eines Situationsansatzes, der von der Lebenswelt der Kinder ausgeht, soll versucht werden, die Realität in den neuen Bundesländern darzustellen und zu analysieren. Ein wichtiges Ziel des Projektes stellt die Entwicklung von Anregungsmaterialien zur kritischen Reflexion der Praxis in der Arbeit mit Kindern bis zu sechs Jahren (und zum Teil mit Hortkindern) dar. Hierbei geht es sowohl um die Verdeutlichung der Prinzipien einer offenen Planung, als auch um die Entwicklung einer veränderten pädagogischen Praxis direkt und konkret „vor Ort" (vgl. Zimmer 1993).

13.6 Partizipationsprozesse in der Grundschule

13.6.1 Zur Stellung der Partizipationspädagogik

Partizipation als Oberbegriff von Mitbestimmung, Mitgestaltung, Teilhabe und Mitverantwortung findet seine Ausprägung in unterschiedlichen reformpädagogischen Theorien und Praxiskonzepten – als Bedingung und Folgerung elementarer pädagogischer Leitziele wie Autonomie, Selbstbestimmung, Selbständigkeit, soziales Lernen, Demokratieerziehung, Solidarität und Emanzipation.

Wegweisend für die Schulpraxis gelten Reformansätze, die den Übergang von der Pädagogik der Wissensvermittlung hin zu Unterrichtsmethoden der Selbstaneignung von Welt durch das lernende Subjekt vorangetrieben haben[9]. Übergeordnete Zielsetzungen sind dabei jeweils:

---

[9] vgl. Konzepte von Maria Montessori (Erziehung als strukturierte Hilfe zur Selbsthilfe), Berthold

– die Vorrangstellung des Lehrers/der Lehrerin und des Lehrstoffs zugunsten des Kindes abzubauen;

– die Eigenwelt und die Denk- und Erlebnisweise des Kindes stärker zu berücksichtigen, subjektive Interessen von SchülerInnen heraus- und durchzuarbeiten („Binnendifferenzierung");

– sowie sinnvoll erlebbares, selbst- und mitverantwortendes Lernen in Lebens- und Handlungsbezügen als Wesensmerkmal „ganzheitlichen Lernens".

Lebensweltbezogene und schülerzentrierte Unterrichtsmethoden, die als Elemente von Partizipationspädagogik dienen können, sind in unterschiedlichster Form als reformpädagogische Ansätze schon entwickelt und erprobt, auf umfangreiche Praxiserfahrungen verschiedener Modellprojekte und der Freien Alternativschulen kann zurückgegriffen werden.

Programmatische Unterstützung für die Partizipationspädagogik liefern zwei wegweisende Gutachten, die schon 1973 als Ausdruck fachwissenschaftlichen Diskussionsstandes einen weitreichenden Reformbedarf im Schulwesen markierten.

Der Deutsche Bildungsrat formulierte damals: Schule soll von LehrerInnen, SchülerInnen und Eltern nicht als bürokratische, außengesteuerte Organisation erfahren werden, sondern als ein sozialer Ort gemeinsamer Mitverantwortlichkeit (vgl. Baacke 1982, 46). Partizipation sei notwendige Bedingung einer „optimalen Organisation von Lehren und Lernen" und „kontinuierlicher Bildungsreform": Planung, Umsetzung, Kontrolle, Bewährung, Rückkopplung (vgl. Gößling 1984, 40 ff.).

Der „Bericht der deutsch-schwedischen Kommission zur Demokratisierung und Mitwirkung in Schule und Hochschule" lieferte verschiedene Legitimationsmuster schulischer Mitbestimmung. Insbesondere wurde darauf abgehoben, daß moderne Arbeitsteilung die Ablösung hierarchischer Strukturen durch funktionale Kooperation erfordere und aus der Sozialstaatsklausel des Grundgesetzes in Verbindung mit anderen Rechtsnormen das zwingende Gebot abzuleiten sei, daß *alle* gesellschaftlichen Bereiche demokratisch zu organisieren seien (vgl. ebd., Hervorh. v. Verf.).

Der erforderliche Paradigmenwechsel von der Belehrungsschule zur schülerzentrierten, lebensweltbezogenen Schule ist jedoch hinsichtlich seiner Breitenwirkung unzulänglich geblieben und wurde nicht tatsächlich mitvollzogen. „Buch- und Kreidepädagogik in frontalen Steuerungssituationen bestimmen noch immer zu einem großen Teil unsere Grundschulwirklichkeit [...]. Offenkundig erschweren die bestehenden institutionellen Strukturen den Übergang der Lehrerinnen und Lehrer zu neuen Unterrichts- und Erziehungsformen" (vgl. Ramseger 1994, 9).

Otto (freies Unterrichtsgespräch), Peter Petersen (Differenzierter Unterricht in Jena-Planschulen), Célestin Freinet (Freiarbeit), Waldorf-Pädagogik (Lernen mit Kopf, Herz und Hand), Community Education (Öffnung der Schule), Projektunterricht und Projektarbeit (Themenzentriertes Lernen) u. a. m.

Das Problem, eine an den Interessen und Bedürfnissen von Kindern ausgerichtete Pädagogik zu betreiben, liegt nicht darin, daß keine Konzepte und Erfahrungen vorliegen, sondern darin, daß die Konzeptionalisierung der Regelschulen keinen ausreichenden Raum läßt und Lehrkräfte innerhalb verbleibender Möglichkeiten solche Anregungen nicht aufgreifen. Deshalb erscheint es notwendig zu ermitteln, wie sich eine tragfähige Strukturierung der Pädagogik „vom Kinde aus" entwickeln kann. Dies führt zur Überlegung, Partizipation als eigenständiges erkenntnis- und handlungsleitendes Ziel zu definieren und nicht nur als Methodik zum besseren und zum sinnstiftenden Lernen einzusetzen.

Auf diesem Hintergrund darf es deshalb bei weiteren Reformdiskussionen zur Grundschule nicht nur um Projektarbeit, Binnendifferenzierung, Klassengrößen, Ausstattungsstandards und Unterrichtszeiten gehen. Wichtiger ist heute eher, wie Entscheidungs- und Freiräume der SchülerInnen stufenweise für Selbst- und Mitbestimmung vergrößert werden können, wie Demokratie zum Strukturelement der Primarschule werden kann. Folgende Aspekte einer Partizipationspädagogik in der Grundschule sind hierfür einzusetzen.

13.6.2 Ausbildung von Partizipationskompetenzen

Ausgehend von einem ko-intentionalen pädagogischen Selbstverständnis ist die Frage zu stellen, welches die Intention oder Motivation von Kindern sein kann, sich (Partizipations-)Qualifikationen wie selbständige Umweltaneignung, Widerstandsfähigkeit und Solidaritätsbereitschaft anzueignen. Naheliegendes und in der Partizipationsforschung häufig thematisiertes Potential für Beteiligung ist die Betroffenheit.

Betroffenheit entwickelt sich, wenn Gegebenheiten und Handlungen als Beeinträchtigungen für die eigene Person wahrgenommen werden. Voraussetzung dafür ist, daß die unmittelbare Erfahrung und Information ausreicht, die eigene Situation oder die der sozialen Gruppe zu deuten. Neben solcher primärer (subjektiver) Betroffenheit ist eine sekundäre (objektive) Betroffenheit zu erkennen, die dann gegeben ist, „wenn Gefahren und Chancen, Befürchtetes, Erhofftes, Gewünschtes der Wahrnehmung und Erfahrung nicht zugänglich ist" (vgl. Gößling 1984, 138).

Dies hat nun folgende Konsequenzen:

- die Eröffnung von Erfahrungsmöglichkeiten, insbesondere hinsichtlich verschlossener Erlebnis- und Handlungsbereiche des alltäglichen Sozialraumes, ist Grundlage und Medium zur Stiftung von Betroffenheit (vgl. dazu Kapitel 13.6.3);
- Information und kognitive Aufklärungsprozesse über soziale Ungleichheit, strukturelle Gewalt, Bedrohung für individuelle Gesundheit und kollektives Überleben werden zu relevanten Unterrichtsinhalten, weil sie in der „Risikogesellschaft" (Beck 1986) nicht mehr direkt erfahrbar sind;
- Schule darf die unterschiedlichen Lebenswirklichkeiten von Mädchen und Jungen, von deutschen Kindern und Kindern von MigrantInnen, von armen

und reichen Kindern und die dadurch gegebenen unterschiedlichen Betroffenheiten nicht ignorieren, sondern muß sich den gesellschaftlich-kulturellen Gegensätzen und den individuell unterschiedlichen Lebenslagen stellen (vgl. dazu Kapitel 13.6.4);

- Betroffenheit allein kann lähmende Wirkung haben, wenn Strategien zur Ursachenbekämpfung bzw. zum konstruktiven und befriedigenden Umgang mit dieser nicht entwickelt und angeboten werden (vgl. dazu Kapitel 13.6.6);
- LehrerInnen können SchülerInnen nicht etwas abverlangen, das sie selbst nicht vorleben (können), d. h. sie müssen ihre eigenen Betroffenheiten kommunizierbar machen (lernen);
- die Differenzierung von „subjektiver" und „objektiver" Betroffenheit selbst ist didaktisch zu vermitteln, damit Kinder erkennen können, ob ihnen Betroffenheiten übergestülpt werden, ob sie für Ziel- und Wertvorstellungen von Erwachsenen instrumentalisiert werden.

13.6.3 Erfahrungsorientiertes Lernen

Schon Dewey (1964[3]) hat herausgearbeitet, daß es die Trennung vom Leben ist, die das Schulwissen für das Leben unbrauchbar und damit unfruchtbar macht. Zentraler Ansatzpunkt schulischen Lernens bildet nach Dewey die Erfahrung. Ein Gramm Erfahrung sei besser als eine Tonne Theorie. Denn jede Theorie habe nur in der Erfahrung eine lebendige und der Nachprüfung offenstehende Bedeutung und umgekehrt bildet Erfahrung die Grundlage zur Erschließung von Theorie (vgl. Dewey 1964[3], 193).

Bruner (1973, 15 ff.) stellt heraus, daß ganzheitliche und erlebnisreiche Wahrnehmung von Lerngegenständen mit mehreren Sinnen eine Hilfe für die Verarbeitung im Gedächtnis und die Grundlage für intrinsische Lernmotivation darstellt.

Überdies verhindert Erfahrung – im Gegensatz zu Belehrung – das vorschnelle Überstülpen von Erwachsenenrealitäten. Lernen vollzieht sich nicht an vorgedachten Lerngegenständen, sondern an realen Handlungsvollzügen, in denen Behinderungen, Möglichkeiten und Alternativen lebensrelevanten Handelns erfahren werden und je nach persönlicher Weise Bekanntes und Fremdes miteinander verknüpft wird. Gelernt werden muß, wie man miteinander „klarkommt", wie man am besten Probleme löst usw. Dies kann nicht nur theoretisch besprochen werden.

Im Ergebnis führt erfahrungsorientiertes Lernen deshalb zu Orientierungs- und Handlungssicherheit, zu Erkenntnistiefe, Spontanität, Beziehungserfahrung sowie zu kritischer Distanz.

Die Qualität der Erfahrung bestimmt entscheidend Inhalt, Korrekturchance, Veränderungstempo, Erfolg, öffentliche soziale und politische Auswirkungen jedes relevanten sozialen Problems (vgl. Esser 1994, 11).

Erfahrungsorientiertes Lernen kann sich auf unterschiedlichen Wegen vollziehen. Im folgenden werden vier Zugänge dargestellt und dabei idealtypisch voneinander getrennt. In der Praxis werden sich jedoch Überschneidungen ergeben, und es werden sich gerade durch ihre Kopplung wertvolle Konzepte entwickeln lassen.

Erstens können die Erfahrungen, Kenntnisse und Fertigkeiten der SchülerInnen in den Unterricht und in die Lehrgänge hereingeholt werden, wie es ein „schülerzentrierter Unterricht" nach Wagner (1976), das „praktische Lernen" nach Fauser u. a. (1988) oder der „erfahrungsbezogene Unterricht" nach Scheller (1981) strukturiert.

Zweitens werden Erfahrungsgelegenheiten im außerschulischen Umfeld ermöglicht. Hierfür bietet sich der Einsatz und die Fortentwicklung bekannter Modelle an, wie etwa Betriebserkundungen, Betriebspraktika oder Erkundungen und Eroberung des Stadtteils und seiner Einrichtungen durch Rundgänge, Einrichtungsbesuche, Stadtspiele (vgl. Reinhardt 1992, 199 ff.; Benner und Ramseger 1981, 178 ff.).

Drittens kann sich die Grundschule gegenüber der gesellschaftlichen Realität öffnen und an ihrer Gestaltbarkeit ansetzen. Über mit Kindern gemeinsam initiierte Aktionen und Projekte kann für sie erfahrbar gemacht werden, daß Gefahren durch eine verkehrsreiche Straße entschärft werden können, eine Bach-Patenschaft sichtbare ökologische Verbesserungen bringt, interkulturelle Begegnung Vorurteile überwinden hilft, Erwachsene für die eigene Sichtweise interessiert werden können u. a.m. Die strukturierte Umsetzung solcher Handlungs- und Protestformen kann sich über das Methodenkonzept der „sozialen Aktion" vollziehen (vgl. dazu Kapitel 13.6.5). Ebenso kann an Konzepten der Kinderkulturarbeit angeknüpft werden, wie Ausstellungen, Zeitungs-, Radio- und Videoarbeit von Kindern (vgl. Zimmermann 1991 und Ferner 1991, 47 f.). Der Wert solcher Methoden der Kinderkulturarbeit liegt auch darin, daß sie zu einer Entzauberung der Medien führen. Kinder können die produzierten Bilder mit der Wirklichkeit vergleichen und machen Gegenerfahrungen zu einer konsum- und erwachsenenorientierten Medienwelt (vgl. Schmidt 1994).

Und viertens – als Erweiterung der „Freiarbeit" – können Kinder eigenständige Handlungserfahrungen machen. Dies meint, daß im Tagesplan der Schule für Kinder „Freiräume" zur Verfügung stehen, die von ihnen aus eigener Initiative heraus genutzt werden können (vgl. dazu weiter Kapitel 13.6.9).

Die Abkehr von Wissensvermittlung und außengesteuerten Handlungsprozessen zugunsten eigenständiger sinnlich-kreativer Erfahrung mag in unserer komplexen und durchrationalisierten Zeit weltfremd erscheinen, doch wie anders kann von Kindern in einer Zeit voller Ohnmacht und Politikverdrossenheit eine zukunftsträchtige Vision entwickelt werden? Der französische Dichter Saint-Exupéry schreibt: „Wenn du ein Schiff bauen willst, so trommle nicht Männer zusammen, um Holz zu beschaffen, Werkzeuge vorzubereiten, Aufgaben zu vergeben und die Arbeit einzuteilen, sondern lehre die Männer die Sehnsucht nach dem großen Meer (zit. nach Gernert 1993, 125)".

13.6.4 Aufarbeitung gruppenspezifischer Lebenslagen

Der Differenzierung der Lebenswelten außerhalb der Schule stehen vereinheitlichte, lebensweltfremde Unterrichtsinhalte konträr gegenüber. Feministische Pädagogik und interkulturelle Erziehung haben aufgezeigt, daß gruppenspezifische Differenzen durch herkömmliche hegemoniale Bildungsziele unterdrückt werden. Gerade im Kontext von Partizipationschancen hat eine Berücksichtigung des Geschlechterverhältnisses zentrale Bedeutung: „Es ist zu vermuten, daß die unterschiedliche Aneignung des öffentlichen Raums durch Mädchen und Jungen, die Möglichkeit des Verhaltens in ihm auch unterschiedliche Chancen eröffnet für die spätere Mitgestaltung von Öffentlichkeit und öffentlichem Leben von Frauen und Männern." (vgl. Nissen 1990, 151)

Grundschule ist nicht nur eine der ersten gesellschaftlichen Institutionen im Leben des Kindes, sondern gleichzeitig die oftmals einzige Institution, in der Kinder unterschiedlicher Nationalitäten und Milieubindungen miteinander lernen. Vielfalt und Gemeinsamkeit dürfen dort nicht als Gegensatz, sondern müssen als pädagogische Einheit gesehen werden. „Wenngleich auf Differenzierung und Individualisierung im Unterricht nicht verzichtet werden kann, so muß doch gleichzeitig verstärkt darauf hingewirkt werden, daß eine Schulgemeinde entstehen kann. Schule und Unterricht sind als öffentliches Forum zu verstehen, in dem es unter Respektierung persönlicher Zugänge und Interessen um gemeinsame Ziele geht" (Garlichs 1994, 19).

Es geht dabei um ein curriculares und didaktisches Modell der vielfältigen inneren Differenzierung einerseits und der Schaffung von Situationen der Gemeinsamkeit andererseits. Umsetzbar durch gemeinsame Rituale, der Konzipierung unterschiedlicher Angebote von Lernwegen, Lernthemen und Lernmengen sowie der Thematisierung von unterschiedlichen religiösen oder ethnischen Kontexten, nicht zuletzt mit dem Ziel, in der Vielfalt der Kulturen eine gemeinsame Kultur zu suchen (vgl. Preuss-Lausitz 1994, 14). Von den LehrerInnen erfordert diese pädagogische Aufgabe, daß sie die Verschiedenartigkeit der Kinder nicht als Schwäche und Schwierigkeit des Gruppenlebens begreifen, sondern im Gegenteil als Stärke und Bereicherung.

Ein schulischer Auftrag zur Förderung der Partizipationsfähigkeit heißt, Kinder zur Teilhabe an allen gesellschaftlichen Bereichen zu befähigen. Vor dem Hintergrund weitreichender Benachteiligungen und der Chancenlosigkeit für Kinder, die in Armut und kultureller Isolation aufwachsen, sowie verschärften Konkurrenzbedingungen unter gesellschaftlichen Teilgruppen erhält dieser Auftrag einen schwer umsetzbaren und zugleich bedeutungsvollen Charakter.

Wenn es aber in der Grundschule gelingt, individuelle und gruppenspezifische Benachteiligungen bewußtzumachen und gleichzeitig Selbst- und Mitbestimmungsfähigkeit zu fördern sowie solidarisches Verhalten und Handeln zwischen allen SchülerInnen herzustellen, kann sie einen ganz entscheidenden Beitrag zur Überwindung geschlechtsspezifischer und sozialer Ungleichheit leisten.

13.6.5 Bewältigung von Ängsten und Bedrohungen

Die Schule ist mit jungen Menschen konfrontiert, die in erheblichem Maße mit persönlichen und familiären Defiziten belastet sind. SchülerInnen haben das Gefühl, nicht gewollt zu sein, fühlen sich nicht angenommen und in der Bewältigung alltäglicher, entwicklungsbedingter Konflikte allein gelassen. Im Zusammenleben oder besser im Nebeneinanderleben in der Familie ist oftmals keine emotionale Wärme entstanden. Grundschule darf sich deshalb nicht vor existentiellen Ängsten wie Tod, Alleinsein, Krankheit, Scheidungssituation, der Ohnmacht gegenüber Bedrohungen wie Krieg, Ungerechtigkeit und Gewalt oder vor der Frage nach dem Sinn des Lebens verschließen, wenn sie Formen „seelischer Erstarrung" [10] unter Kindern entgegenwirken und ihrem Bedürfnis nach zuversichtlicher Lebensplanung Rechnung tragen will.

Wenn Erwachsene darüber schweigen, regt sich in Kindern das Gefühl der Verachtung, weil sie meinen, daß Erwachsene ihnen vormachen, die Welt sei in Ordnung; oder sie kommen zu dem Schluß, daß Erwachsene diese Gefühle nicht kennen und reagieren mit Verunsicherung oder Abgrenzung. LehrerInnen müssen Trost und Bereitschaft zur Einfühlung anbieten. Nur auf diese Weise können Kinder erkennen, daß ihre Ängste keine persönlichen Störungen sind, sondern verständliche Reaktionen.

Die Konfrontation mit diesen Gefühlen führt nicht – wie oft befürchtet – in Schrecken und Ohnmacht, sondern in Lebensprozesse, in denen sich individuelle und synergetische Energien entfalten und wirken können. In der Bürgerrechtsbewegung im Süden der USA erwiesen sich diejenigen Kinder als psychisch und gesundheitlich stabiler, deren Eltern an den Auseinandersetzungen aktiv beteiligt waren und Stellung bezogen, obwohl ihre Kinder dadurch mehr der akuten Gefahr ausgesetzt waren" (vgl. Macy 1986, 79).

Sinn- und Identitätskrisen der Jugend haben nicht nur ihre Ursache in den Unzulänglichkeiten dieser Welt, sondern, wie Ramseger (1994) zeigt, „in der langjährigen Erfahrung, daß die Schule als Institution auf diese Unzulänglichkeiten nicht oder immer nur behütend und ausgleichend reagiert". *Um dem entgegenzuwirken, muß Grundschule ein Ort der „Einmischung" werden – sie muß Kindern zeigen, wie sie sich einmischen können und daß sich Einmischung lohnt.*

Es kommt also darauf an, in der Grundschule konstruktive Handlungs- und Protestformen zu entwickeln und einzuüben, die Kindern die Erfahrung vermitteln, daß bedrohliche Realitäten kommunizierbar sind sowie gemeinschaftlich bearbeitet und verändert werden können.

---

[10] Den Zustand „seelischer Erstarrung", Folge der Verdrängung von Ängsten und Ohnmachtsgefühlen, hat Joanna Macy (1986, 31 f) so charakterisiert: „Diese Verdrängung beraubt uns eines ungeheuer großen Teiles unserer Energie [...], ein deutlicher Affektverlust tritt auf [...]. Unsere Seele zahlt mit dem Verlust von Freude dafür, daß sie abstumpft gegenüber dem Zustand unserer Welt". Als Folgewirkungen der „seelischen Erstarrung" bestimmt sie Entfremdung, Übersprunghandlungen, Ersatzbefriedigungen, politische Passivität, destruktive Verhaltensweisen u. a. m.

Ein Methodenkonzept, das konstruktive Handlungs- und Protestformen strukturiert und das hier vorgestellt werden soll, ist die „soziale Aktion". Diese gliedert sich in die Prozeßschritte Thematisierung/Sensibilisierung – Zielformulierung – Handlung und Reflexion.

1. Schritt *(Thematisierung/Sensibilisierung)*: Hier gilt es zu erörtern, wie sich die Situation für (andere) Kinder, für LehrerInnen, Eltern, NachbarInnen oder auch für andere Bezugspersonen darstellt. Daraus können ergänzende Erkenntnisse und erste Lösungsperspektiven gewonnen werden sowie gleichzeitig die Beteiligten für die Problemsituation sensibilisiert werden. Handlungspraktisch können Mädchen und Jungen etwa mit dem Tonbandgerät eine Befragung von Eltern und NachbarInnen durchführen. Wertvoll ist auch der kreative Ausdruck zum Thema, über Malen, Singen, Modellieren, Rollenspiele und Geschichten.

2. Schritt *(Zielformulierung)*: Damit das Thema nicht zu weitläufig wird und sich die anschließenden Lösungsschritte an den Denk- und Handlungsmustern von Kindern orientieren, muß mit den Kindern gemeinsam ermittelt werden, was aufgegriffen und erreicht werden soll. Zu unterscheiden ist, welche Perspektiven leichter zu verwirklichen sind und wo mit größeren Schwierigkeiten und Mißerfolgen zu rechnen ist. Dies führt dazu, die Ziele zum einen so abzustecken, daß Erfolgserlebnisse gewährleistet bleiben und möglichen späteren Mißerfolgen der deprimierende Ausschlag genommen werden kann. Zum anderen sind die Zielsetzungen kurz- und mittelfristig anzusetzen. Bleibt die Motivation erhalten, können weitere Ziele formuliert und angegangen werden.
Darüber hinaus sollte der Frage nachgegangen werden, welche Personen oder Gruppen als BündnispartnerInnen gewonnen werden können.

3. Schritt *(Handlung und Reflexion)*: Mit der Zielformulierung ist ein Strategieplan aufgestellt worden, der jetzt umgesetzt werden soll. Wichtig erscheint dabei, daß der Prozeß von den Kindern getragen wird und nicht Erwachsene im Vordergrund stehen. Das wird sich auch darin ausdrücken, welche Formen gewählt werden.

Für das Gespräch mit den betroffenen Erwachsenen und EntscheidungsträgerInnen ist es etwa von Bedeutung, daß sich dieses an einem den Kindern vertrauten Ort und nach ihnen vertrauten Abläufen vollzieht[11].

Fortlaufend ist es wichtig, die Handlungsschritte durch eine Nachbereitung abzurunden. Es gilt herauszustellen, was erreicht wurde und dies entsprechend zu feiern. Es gilt festzustellen, wo nachgehakt und was am Strategieplan verändert werden muß. Darüber hinaus müssen die Aktionen auf die Erfahrungen und die Kenntnisse hin reflektiert werden. Dies ist als wertvoller Prozeßbaustein zu sehen, an dem sich die Kompetenz zu Handlungs- und Protestformen verfestigen läßt und sich Perspektiven für weitere „soziale Aktionen" herausbilden.

---

[11] Ferner ist z. B. von Bedeutung, daß sich Erwachsene an bestimmte Diskussionsregeln halten oder sich zu den Kindern auf den Boden setzen.

13.6.6 Durcharbeiten von Kinderrechten

Mit dem Kinder- und Jugendhilfegesetz (KJHG) und der UN-Kinderrechtskonvention ergeben sich verschiedene Konsequenzen für den Bildungsauftrag der Grundschule.

Kinder sollten zunächst einmal um ihre Rechte wissen. Für LehrerInnen besteht daher die Anforderung, den Kindern ihre Rechte altersgemäß zu vermitteln. Hinsichtlich der UN-Kinderrechtskonvention kann hierfür didaktisches Material zur Hilfe genommen werden, wie es etwa vom Landeskinderbeauftragten in Nordrhein-Westfalen (Eichholz 1991) oder von amnesty international (1989) entwickelt wurde. Bezüglich des KJHG sollten insbesondere die §§8(3) (Beratung in Not- und Konfliktlagen) und §42(2) (Inobhutnahme in Not- und Konfliktlagen) thematisiert werden, da sie eigenständige Teilhabe- bzw. Schutzrechte markieren.

Ferner geht es darum, daß Mädchen und Jungen lernen, sich selbst für die Verwirklichung und Fortschreibung ihrer Rechte einzusetzen und nicht nur auf Erwachsene angewiesen sind, die stellvertretend ihre Rechte erstreiten. Hilfreicher Ansatzpunkt ist hier, die Verletzung von Kinderrechten in Deutschland zu thematisieren. Kindesmißachtung, Mißhandlung und Entmündigung ist in vielerlei Hinsicht Kinderalltag; er kann von ihnen tagtäglich erfahren werden. Mit verschiedenen Aktionen und Projekten kann den Kinderrechtsverletzungen konstruktiv entgegengewirkt und ein Bewußtsein bei Kindern und Erwachsenen darüber geschaffen werden, wo Handlungsbedarf für die Erweiterung und Verwirklichung von Kinderrechten liegt. Kinder von MigrantInnen und behinderte Kinder haben immer noch mit erheblichen Diskriminierungen zu rechnen. Ein multikulturelles Fest, Patenschaften mit Flüchtlingskindern, die Erforschung des Alltags, des Stadtraumes nach Beschränkungen, nach unüberwindbaren „Hürden" für Behinderte und Kinder von MigrantInnen kann dem entgegensteuern. Auf die zunehmende Beschneidung von Aktions- und Spielräumen können Kinder durch eine Dokumentation von örtlichen Spiel- und Aktionsräumen über Fotosafaris und Stadtteilrallyes reagieren.

Ein Bewußtsein über das Leben in der „Einen Welt" erfordert überdies, sich mit Rechten von Kindern in anderen Ländern auseinanderzusetzen bzw. die Frage zu stellen: Was haben wir mit der Situation von Kindern in anderen Ländern zu tun?

Noch immer werden sehr viele Kinder in Trikont-Staaten als Arbeitskräfte ausgebeutet [12].

Ein Projekt hierzu wäre, jene Haushaltsgegenstände und Spielzeugwaren ausfindig zu machen, die durch Kinderarbeit hergestellt werden, daraufhin Briefe oder Bilder an die entsprechenden Firmen mit der Aufforderung zu schicken, ihre Zulieferbetriebe zu überprüfen.

---

[12] Nach Schätzungen der Internationalen Arbeitsorganisation (ILO) muß dort fast jedes fünfte Kind zwischen 10 und 14 Jahren arbeiten (vgl. Tagespresse vom 22.6.94).

Die UN-Kinderrechtskonvention ist damit Leitfaden, dem sich eine Auseinandersetzung zu Mißachtung, Mißhandlung und Entmündigung von Kindern, aber auch mit Gewalt, Krieg, Vorurteilen und Feindbildern strukturiert vollziehen kann.

13.6.7 Teilhabe am Lern- und Erkenntnisprozeß

Angesichts der unterschiedlichen Erlebniswelten von Kindern und Erwachsenen reicht es nicht aus, wenn Erwachsene schülerzentrierte Unterrichtsmethoden und -formen entwickeln, sondern es sind Verfahren zu entwickeln, mit denen Kinder an der Auswahl der Lerngegenstände und an der Gestaltung der Lernsituationen selbstbestimmt und eigenverantwortlich teilhaben können.

Ramseger (1994) konstatiert: „Der rapide Motivationsverlust nach wenigen Jahren des Schulbesuchs [...] zwingt dazu, die herkömmlichen Formen des schulisch angeleiteten Lernens auf ihren universalen Geltungsanspruch und ihre aktuellen Folgen hin zu befragen."

Schulisches Lernen vollzieht sich i. d. R. ganz in behavioristischer Tradition durch externe Bekräftigungen. Dieses sich auf Skinner bzw. Hull berufende Lernmodell erscheint durch neuere empirische Untersuchungen problematisch. Prenzel (1992, 95) legt dar, daß eine vorhandene intrinsische Motivation für eine Tätigkeit durch zusätzliche Gabe von extrinsischen Anreizen (Belohnungen oder Bekräftigungen i.w.S.) reduziert wird; die Tätigkeit wird daraufhin nur mehr dann ausgeführt, wenn eine entsprechende Belohnung winkt.

Schule will Kindern zu Selbstbestimmung, Gruppenfähigkeit und Eigenverantwortlichkeit als zentrale Schlüsselqualifikationen zur Lebensbewältigung verhelfen. Veränderte Arbeitsprozesse und Konkurrenzverhältnisse unterstreichen die Förderung dieser Schlüsselqualifikationen (vgl. Ramseger 1994, 8).

Selbstbestimmtes und eigenverantwortliches Handeln entwickelt sich aus intrinsischer Motivation. Aber nicht nur extrinsische Bekräftigungen (insb. durch Noten), das Setzen von „Deadlines" (durch zeitlich vorbestimmten Stundenplan), sondern auch mangelnde Teilhabe an Lernprozessen reduziert intrinsisch motiviertes Handeln.

Naheliegend ist der Einwand, daß nicht alles, was es zu tun und zu lernen gilt, von sich selbst heraus reizvoll ist und damit intrinsisch motiviert sein kann. Wenn aber Ziel sein soll, daß Notwendigkeiten, die von Kindern selbst noch nicht als solche gesehen werden, früher oder später von ihnen erkannt und internalisiert werden, dann darf der Prozeß zu solcher Selbstregulation nicht durch eine überhöhte Dosis extrinsischer Motivation verhindert werden. „Die Gewährung von maximaler Autonomie und minimaler Kontrolle in einem Kontext adäquater Struktur und Leitung wird auf lange Sicht Selbstregulation hervorbringen – wohingegen exzessive Kontrolle oder komplettes Fehlen von Verantwortung einen internalisierten Selbstregulierungsprozeß verhindert" (Prenzel 1992, 99).

Schlüsselqualifikationen wie Selbstbestimmung, Gruppenfähigkeit, kreative Eigenverantwortlichkeit können nicht mit direktiven Unterrichtsmethoden bzw.

mit Frontalunterricht hinreichend ausgebildet werden. „Das Kind muß zunächst eine innere Aufbauleistung eigentätig vollbringen, sich zur Persönlichkeit lernend entwickeln" (Fölling-Albers 1989, 68).

Sinnstiftende Lernarbeit und Erkenntnis können daher nicht durch Autoritarismus vermittelt werden, sondern vielmehr nur im dialogischen Forschungsprozeß zwischen LehrerInnen und SchülerInnen, und zwar ko-intentional: LehrerIn und SchülerIn haben jeweils ihre spezifische Problemsicht und ihren spezifischen Erfahrungshintergrund. Beide sind „Subjekt nicht nur bei der Aufgabe, die Wirklichkeit zu enthüllen und dadurch zu ihrer kritischen Erkenntnis zu kommen, sondern in der Aufgabe, diese Erkenntnis neu zu schaffen" (Freire 1970, 55). Welt- und Selbsterkenntnis kann für beide Seiten nur dann gewinnbringend in Selbstdifferenzierung aufgearbeitet werden, wenn beide Akteure der Erkenntnisaneignung sind und nicht die SchülerInnen die Rolle der ausschließlich Unwissenden und passiv Rezipierenden einnehmen. Gerade in der Selbstdifferenzierung der Schülerin bzw. des Schülers liegt im übrigen der Ausweg aus dem Dilemma für LehrerInnen, individuelle Sinnbezüge in Lernprozessen für alle SchülerInnen gleichzeitig herstellen zu müssen (vgl. Fölling-Albers 1989, 149)

Dialogische Pädagogik heißt hier konkret, daß der Lehrer bzw. die LehrerIn den SchülerInnen den Lerngegenstand nicht ausgearbeitet vorlegt, sondern eine offene Lernsituation schafft, die die Wirklichkeit problemformulierend darstellt und in dem der Lerngegenstand zum Medium beidseitiger kritischer Reflexion und Erkenntnisaneignung wird.

Dieses grundlegende Beziehungsverständnis kann durch bestimmte Strukturen im Unterricht fixiert werden.

Im Grundschulprojekt Grievenbeck (vgl. Benner und Ramseger 1981, 58 f.) wurden positive Erfahrungen mit der Einrichtung eines „Klassenrates" gemacht, der einmal wöchentlich zur Erörterung der gemeinsamen Planung und der kommenden Vorhaben diente. Für ein ganz ähnliches Prinzip steht der Begriff „Wochenplan" (vgl. Wallrabenstein 1989).

13.6.8 Schülermitverwaltung

Demokratische Einstellungen zu und Identifikation mit einem Bildungsangebot können nicht erwartet werden, wenn keine wesentlichen Mitbestimmungs- und Mitgestaltungsmöglichkeiten an dessen Planungs- und Entscheidungsabläufen gewährt werden.

Dabei sind Mitbestimmungs- und Mitgestaltungsmöglichkeiten nicht nur als Methode mitverantwortlichen und mitgestaltenden Lernens zu sehen. Sie sind auch ein an SchülerInnen gerichtetes Zugeständnis und eine an sie gerichtete Aufgabe, Rechte und Pflichten im Organisationsgebilde Schule selbstverantwortlich wahrzunehmen und mitzugestalten.

„Schulgemeinde" und Schülermitverwaltung können dazu verhelfen, daß SchülerInnen schon früh ein Mitverantwortungsgefühl für die größere Gemeinschaft entwickeln und sich in verantwortliches Handeln einüben, weil abweichende Vorstellungen nicht unterdrückt oder ausgeschaltet, sondern erfahren werden und weil gelernt wird, diskursiv Chancen und Grenzen individueller Interessen und Bedürfnisse zu vertreten, durchzusetzen bzw. auf der Basis von Solidarität und Einsicht zurückzustellen.

Mit der Teilhabe und Mitverantwortung an Entscheidungs- und Planungsprozessen kann die Identifikation mit der Schule wachsen, weil diese nicht mehr allein als Disziplinierungs- und Unterdrückungsinstrument erscheint, sondern als gewinnbringendes Feld kognitiver, emotionaler und sozialer Selbstverwirklichung. Wenn SchülerInnen erfahren, daß ihre Bedürfnisse und Interessen ernstgenommen werden, können sich gerade auch Schulangst, Schulverdrossenheit und Schulvandalismus vermindern.

Zwei Bereiche der Schülermitverwaltung sind zu strukturieren:

1. Schulraum- und Schulhofmitgestaltung
   Nicht selten sind Schulräume und Schulhöfe vorzufinden, in denen es nichts gibt, was Kindern Spaß macht, auf die sie nicht gestaltend einwirken können, sondern die vielmehr an den Ordnungs- und Gestaltungsinteressen der Erwachsenen ausgerichtet sind. Kinder verbringen aber einen Großteil ihrer Zeit im Schulgelände; deshalb müssen bei der Neuplanung bzw. bei Umbaumaßnahmen rechtzeitig ihre Interessen erörtert, definiert und in entsprechende Maßnahmen und Planungsprozesse eingehen – soweit möglich –, indem sie selbst die Gestaltungsmaßnahmen durchführen.

2. Mitverwaltung und Selbstverwaltung
   In den Grundschulen der meisten Bundesländer sind Kinder in Gremien wie der Schulkonferenz nur über ihre Eltern oder über die LehrerInnen vertreten. Voraussetzung für einen wirksamen Schutz vor administrativen und pädagogischen Willkürmaßnahmen sowie für eine angemessene und effiziente Berücksichtigung ihrer Bedürfnisse und Interessen ist aber eine selbständige Meinungs- und Willensbildung und eine eigenständige Interessenvertretung. Zweckdienlich hierfür sind „Freiräume" und Ressourcen wie Freistunden, Arbeitsgemeinschaften oder Wandzeitungen. Denkbar ist auch die Einrichtung von „Kinderkonferenzen", in denen Anliegen von Kindern aufgegriffen und thematisiert werden. Zusammen mit einem Verbindungslehrer könnten diese dann direkt in Gremien wie die Schulkonferenz getragen werden.

13.6.9 Freiräume

„Freiräume" geben als selbstbestimmte Erfahrungsräume für Kinder Gelegenheit und Chance, sich in körperlicher und sinnlicher Aktivität zu erleben und die umgebende Wirklichkeit eigenständig zu erfahren oder neu zu besetzen. Von Bedeutung ist dabei, daß Kinder selbst Tempo und Inhalt der Aneignung äußerer Wirklichkeit bestimmen können und nicht von einem „überwertigen Realismus" abhängig sind (vgl. Adorno 1977[5], 110).

Über selbstbestimmte Entfaltung und Ausdrucksweise entwickelt sich eine authentische Kinderkultur, die subjektive Stärke, Identität und Lebensmut freisetzt, damit Selbstbestimmung und Autonomie gewinnbringende Anteile für die Demokratiepraxis bereithalten. Eigenverantwortliches Handeln, vielseitige Erfahrungsmöglichkeiten und selbsttätige Auseinandersetzung um individuelle Standpunkte legen nahe, daß „Freiräume" Kindern auch die Kommunikation in schwierigen Situationen erleichtern, (selbst-)kritische Reflexionsfähigkeit fördern und Transferleistungen ermöglichen, die von monokausalen Handlungsmustern wegführen.

Das Zugestehen von autonomen Räumen an sich kann von Kindern als Ernstnehmen ihrer Interessen und Bedürfnisse gesehen werden und ist damit Signal gegen soziale Verantwortungslosigkeit und Desintegration.

Solche „Freiräume" können in der Schule dadurch eingesetzt werden, daß SchülerInnen Zeiten und Räume in der Schule zur Verfügung stehen, die sie selbstbestimmt nutzen und gestalten, in denen sie sich der Aufsicht und Kontrolle von LehrerInnen entziehen.

13.6.10 Die Grundschule als soziokulturelles Zentrum

Die Begrifflichkeit „soziokulturelles Zentrum" leitet sich aus Konzepten der „community education" und „Nachbarschaftsschulen" aus Deutschland und Großbritannien ab, die eine Öffnung der Schule für den Stadtteil bzw. die Gemeinde strukturiert haben und gute Ergebnisse vorweisen können (vgl. Reinhardt 1992, 172). In manchen Konzeptionen einer Gesamtschule, in die etwa die örtliche Stadtbibliothek integriert ist, ist das Fundament für ein multifunktionales soziokulturelles Zentrum angelegt.

Kultur und Kulturentwicklung können von Kindern am besten begriffen werden, wenn sie in der Schule von Erwachsenen und Kindern gemeinschaftlich produziert und erlebt werden („Einheit von Bildung und Kultur"). Dazu zählt das Aufgreifen von Lebenserfahrungen älterer Generationen, künstlerischer, politischer Traditionen und Entwicklungen in der Gemeinde (vgl. Wallrabenstein 1991).

Die Trennung zwischen inhaltsorientierter Schulpädagogik einerseits und beziehungsorientierter Sozialpädagogik anderseits kann überwunden werden, wenn Schule Ort gemeinsamer Lebensbewältigung und -gestaltung von vielen Familien und BewohnerInnen im Einzugsgebiet wird. Auf diese Weise wird das lebensweltliche Umfeld deutlicher wahrgenommen, wodurch sich neue Anregungen und Lerngegenstände erschließen und sich der Anspruch, den Unterricht mit kommunalen Bezügen zu verknüpfen, besser verwirklichen läßt. Wenn Eltern in die Institution Schule aktiv eingebunden werden können, erhält eine Elternmitwirkung an der Bildung ihrer Kinder ganz neue Dimensionen (vgl. Benner und Ramseger 1981, 175). Die „Einheit von Vielfalt und Gemeinsamkeit" (vgl. Kapitel 13.6.4) darf nicht auf unterrichtsdidaktische Reformen beschränkt bleiben, sondern muß ein „Projekt der ganzen Schulgemeinde" sein, also von LehrerInnen, Eltern, SchülerInnen bis hin zu den kommunalen Bezugsgruppen (vgl. Preuss-Lausitz 1994, 15).

In der Vernetzung mit sozialen, therapeutischen und anderen pädagogischen Einrichtungen und sozio-kulturellen Initiativen, die eine gemeinsame Raumnutzung vorsieht, ist eine für alle Beteiligten gewinnbringende Verknüpfung zu erkennen. Büchel u. a. zeigen auf: „Manche Eltern finden eher den Weg zur Erziehungsberatungsstelle, wenn sie auf dem Weg zur Klasse in die Sprechstunde hineinschauen können. Manche Frauen aus Migrantenfamilien hätten eher die Möglichkeit, an einem speziellen Deutschunterricht in der Schule teilzunehmen, da von den meisten Familien dieser – schon bekannte – Lernort Schule leichter akzeptiert wird" (Büchel u. a. 1994, 40). Wenn SchülerInnen erleben, daß auch Eltern und NachbarInnen die Schule als Lern- und Lebensort nutzen, dann wird sie in ihren Augen deutlich aufgewertet und läßt die Identifikation mit dieser wachsen. Unter dem Aspekt rückläufiger SchülerInnenzahlen wären nicht nur die räumlichen Voraussetzungen in der Grundschule gegeben, sondern so mancher Schulstandort könnte vor der Schließung bewahrt werden.

Im Gegensatz zu einem geschlossenen System der Grundschule aktiviert ein offenes System Kooperation und Transparenz der Abläufe, setzt Regeln und Leistungen in Beziehung, wodurch Innovationen, Veränderungen und austauschreiche Kommunikation als normal und wünschenswert verstanden werden. In einer Grundschule, die sich als größerer Lebenszusammenhang darstellt, lassen sich auch Konfliktsituationen mit „schwierigen Eltern" und „auffälligen SchülerInnen" vor Ort gemeinschaftlich aufarbeiten.

Eine solche Grundschulkonzeption kann für außerschulische Institutionen der Jugend- und Freizeitarbeit die Funktion eines „Horchpostens" und einer „Koordinationsstelle" wahrnehmen, indem sie Anregungen der Eltern weitergibt oder, wo Schwellenängste bestehen, den Zugang zu diesen erleichtert. In Kooperation mit Einrichtungen und Organisationen der Jugendarbeit kann ein Kommunikations-, Lern- und Aktionsverbund mit hoher Qualität geschaffen werden.

Ganzheitliche Lebensbewältigung heißt immer auch handlungspraktische Einflußnahme auf Lebensumstände. Erleichtert bzw. überhaupt erst möglich wird dies, wenn eine Plattform zur diskursiven Auseinandersetzung und gemeinschaftlichen Handlungspraxis vorhanden ist. Grundschule kann diese anbieten und damit einen Beitrag zur Verbesserung der sozialen und kommunalen Infrastruktur leisten, dem gesellschaftlichen Individualisierungs- und Entsolidarisierungsprozeß entgegenwirken sowie subkulturelle und multikulturelle Ressourcen z. B. im Stadtteil aktivieren. Sie kann zum Forum für Diskussionen über soziale, politische und kulturelle Entwicklungen der Gemeinde werden, um Ängsten und Bedrohungen als existentielle Lebensgefühle zum Durchbruch in kollektive Lebensbewältigung zu verhelfen.

Damit sind die Begründungszusammenhänge für eine Grundschule als soziokulturelles Zentrum entfaltet. Rezepte für die konkrete Umsetzung können nicht gegeben werden; sie müssen Suchprozeß aller Beteiligten im Lebensfeld Schule sein, der örtlich spezifische Ausformungen annehmen kann und muß.

Ausgangspunkt für Praxisüberlegungen können fünf Fragestellungen sein:
Wann und wie präsentiert Grundschule Ergebnisse ihrer Arbeit oder zeigt sich

in der Öffentlichkeit? Wie kann Wissen über die Lebensbedingungen im Stadtteil erworben werden? Welche Formen gibt es, um Problemsituationen und Veränderungsstrategien im Stadtteil zu strukturieren? Welche Ressourcen im Stadtteil können gewinnbringend für den Bildungsauftrag der Grundschule sein? Welche Interessen, Wünsche haben soziale und kulturelle Einrichtungen und Organisationen, Politik und Kreis- oder Stadtverwaltung vor Ort an die Grundschule?

13.6.11 Diskurs mit Eltern und Schulbehörde

Von der Kooperation zwischen Elternhaus und Schule hängt ab, inwieweit sich der Partizipationsgedanke für die Kinder zur übergreifenden Erfahrung entwickelt und nicht auf den Lebensort Schule beschränkt bleibt.

Grundlage dieser Kooperation ist, daß für Eltern nachvollziehbar ist, was in der Schule geschieht und warum. Solche Transparenz läßt sich am besten über die Öffnung der Schule herstellen, wie es das Konzept des „soziokulturellen Zentrums" beschreibt. Bevor Werte wie Mitverantwortung, Kooperation und Lebensnähe nicht im Schulsystem als ganzes in die Mitte gerückt werden, können sie kaum als zentrale Werte auf der Ebene der Schulklasse eingeführt werden.

Wenn Eltern über diese Kooperation und Transparenz erfahren, daß auf ihre Bedürfnisse und Interessen Rücksicht genommen wird, dann lassen sich im Gegenzug auch mögliche psychische Barrieren seitens der Eltern, die dem Partizipationsgedanken entgegenlaufen (vgl. Kapitel 13.5.9), thematisieren und aufarbeiten.

Es wurde verdeutlicht, daß sich die Ausgrenzung schulischer gegenüber außerschulischen Lebens- und Lernprozessen u. a. dadurch vermindern läßt, daß außerschulische Erfahrungsgelegenheiten eröffnet werden. Dies ist aber gleichzeitig auch davon abhängig, wie die außerschulischen Parteien (BewohnerInnen, Initiativen, Vereine, Betriebe, Behörden und PolitikerInnen) sich ihrerseits schulischen Lernprozessen gegenüber aufgeschlossen erweisen. Eltern können nicht erwarten, daß LehrerInnen allein diese institutionelle Öffnung möglich machen, sondern müssen entsprechend ihren Möglichkeiten helfen, gegenüber diesen Parteien mögliche Widerstände aufzuarbeiten, BündnispartnerInnen zu aktivieren und Ressourcen zu erschließen.

Weitere Unterstützungsleistungen können von Kinderbeauftragten ausgehen, indem sie auf der Basis ihrer neutraleren Position bei ihren Einflußmöglichkeiten und Informationszugängen die Funktion von sogenannten „gate-keepern" einnehmen bzw. zwischen den verschiedenen Parteien vermitteln. Überlegenswert – auch ganz im Interesse von Kinderbeauftragten – sind Sprechstunden in Schulen.

Das Ziel, die Autonomie und Emanzipation der Kinder zu stärken, ist wesentlich davon bestimmt, inwieweit LehrerInnen dies glaubwürdig vorleben (können). In einer Schule, in der LehrerInnen stark beschränkenden rechtlichen Rahmenbedingungen und institutionellen Zwängen durch die Schulbehörde ausgesetzt sind, ist dies schwer möglich; zumindest wird darüber autonomes Handeln nicht herausgefordert und gefördert. LehrerInnen sind deshalb gefordert, in Zusammenarbeit mit Eltern und Kinderbeauftragten die Schulautonomie gegenüber der Schulbehörde zu stärken.

Dies wird durch eine Fülle weiterer Gesichtspunkte unterstrichen:

- Eine Vielzahl der für eine Schule nötigen Entscheidungen – seien sie pädagogisch, personell, organisatorisch, baulich oder finanziell – werden vor Ort von den Beteiligten weit situationsgerechter und reaktionsschneller getroffen als durch eine zentrale, bürokratisierte Schulverwaltung.
- Die Stützung der einzelnen Schule durch Außenkontakte und -bindungen – insbesondere durch die Mitwirkung von Eltern – kann wirkungskräftiger sein, da die Schulorganisation durchschaubarer wird und Mitwirkung überhaupt attraktiv erscheinen läßt (vgl. Büchel u. a. 1994, 40).
- Die Erfahrung, der eigenen Schule ein attraktives Profil geben zu können, stärkt Selbstvertrauen und Zugehörigkeitsgefühl aller Beteiligten und die Berufszufriedenheit der LehrerInnen (ebd.).
- Die eigenen Vorstellungen in die Entwicklung der Einrichtung einbringen zu können und sich zum Begründen des eigenen Handelns stetig herausgefordert zu sehen bewirkt Offenheit und Engagement für innovative Reformansätze.

Eine größere Autonomie erhält die Schule dann, wenn sie über Haushaltsmittel freier verfügen kann, wenn sie an der Einstellung des Schulpersonals beteiligt wird und weitgehend eigenständig eine organisatorische und inhaltliche Konzeptionierung vornehmen kann.

13.6.12 Fortbildungsmaßnahmen für GrundschullehrerInnen

Praxis im LehrerInnenberuf muß stärker als bisher zum pädagogischen Lernfeld für die Berufstätigen werden, weil das vorhandene Instrumentarium in vielen Unterrichtssituationen nicht ausreicht, um den sozialen und psychischen Defiziten der SchülerInnen begegnen zu können.

Unterstützende Angebote durch das Jugendamt, freie Beratungsstellen oder Schulsozialarbeit, die von vielen LehrerInnen angefragt werden, reichen allein nicht aus, um Probleme wie Gewalt unter Kindern, Zukunftsängste oder Desinteresse am Unterricht zu bewältigen. Die Probleme sind heute die Regel und nicht (mehr) Ausnahmesituation im Grundschulalltag.

Da Einrichtungen der offenen Jugendarbeit heutzutage Kinder mit Sozialisationsdefiziten oftmals nicht mehr erreichen, kommt der Schule eine große Verantwortung zu, weil sie ein zentraler Lebensort nahezu aller Kinder ist.

Viele LehrerInnen sehen sich durch die Belastung des Unterrichts bei den vielgestaltigen Problemlagen der SchülerInnen nicht mehr in der Lage, sich den offensichtlichen Ängsten und Nöten der Kinder zu stellen. Die Folge ist berufliche Resignation und Apathie im Kollegium. Aufgebrochen werden kann dies jedoch noch durch Fortbildungsangebote, die neben der Reflexion der Arbeit auch hilfreiche und innovative Arbeitsansätze an die Hand geben. Folgt man diesem Ansatz unter Einbeziehung des Anliegens, Konzept und Inhalte der Partizipationspädagogik an Lehrkräfte heranzutragen, so ergeben sich folgende Fortbildungsschwerpunkte:

(1) Mitbestimmung und aktive Mitgestaltung der LehrerInnen
an Fortbildungsinhalten

Erst durch Mitbestimmung und durch aktive Mitgestaltung kann der sinnstiftende Charakter der Partizipation für LehrerInnen erkannt und die für Kinder wichtige Vorbildfunktion von PädagogInnen entwickelt werden. Hierfür müssen zunächst Motivationen für die Fortbildung sowie die Wünsche über Inhalt und Ergebnis offengelegt werden. Darüber hinaus gilt es, sowohl die Einstellungen und die Bedürfnisse zu inhaltlichen Fragen ernst zu nehmen als auch Möglichkeiten der selbstbestimmten und eigenaktiven Ausgestaltung der Veranstaltung anzubieten.

(2) Bearbeitung veränderter Bildungsanforderungen heutiger Kindheit im
Rückbezug auf gängige Problemlagen der „eigenen" SchülerInnen

In Kapitel 13.4.2 wurden aktuelle Bildungsanforderungen der Schule auf der Basis sozialisationstheoretischer Phänomene angesprochen. Zu diesen zählen:

– Sucht- und Gewaltprävention,
– Aufarbeitung von Desintegrationserfahrungen im gesellschaftlichen Modernisierungsprozeß,
– Förderung von Demokratiefähigkeit und Demokratieengagement,
– Bewältigung der Ohnmacht angesichts ökologischer und sozialer Bedrohungen,
– solidarische Aufarbeitung von gesellschaftlichen Differenzierungs- und Generalisierungsprozessen,
– Herstellung alltagsrelevanter Erfahrungsmöglichkeiten entgegen der kulturellen Randständigkeit von Kindern und dem Wirklichkeitsverlust durch die Mediatisierung
– sowie die Reflexion der Wohlstandsideologie in Deutschland.

In der Fortbildung sind in Anbetracht dieser vielfältigen Sozialisationszustände dort Schwerpunkte zu setzen, wo TeilnehmerInnen Defizite „ihrer" SchülerInnen erkennen.

In die reflexive Betrachtung von sozialisationstheoretischen Erkenntnissen mit Erfahrungen im Berufsalltag sind die Arbeitsansätze der Partizipationspädagogik mit einzubeziehen, wie sie in den Kapiteln zur Ausbildung von Partizipationskompetenzen und zur Schaffung von Partizipationsräumen vorgestellt wurden (vgl. Kapitel 13.6.2. bis 13.6.10). Durchgängige Linie der Bearbeitung von veränderten Bildungsanforderungen sollte die Bedeutung der Schule als Ort für Kinder sein, an dem qualifiziertes Fachpersonal sie mit ihren Belastungssituationen ernst nimmt und unterstützt, an dem in der sozialen Gemeinschaft Belastungssituationen solidarisch aufgearbeitet werden.

(3) Auseinandersetzung mit den Wesenszügen und Bestimmungsfaktoren des „dialogisch-pädagogischen Selbstverständnisses"

Die Klärung des beruflichen Selbstverständnisses ist eine grundlegende Aufgabe in der Fortbildung von GrundschullehrerInnen. Bei der Aufarbeitung von Sozialisationszuständen werden sicherlich immer wieder Fragen des pädagogischen Selbstverständnisses der TeilnehmerInnen berührt. Diese sollten festgehalten werden, um sie in einem eigenen Schwerpunkt zu diskutieren. Hilfreiche Unterstützung für diese Diskussion bieten Arbeitsansätze, wie sie in Kapitel 13.5.10 erörtert werden.

In der Auseinandersetzung mit dem dialogischen Selbstverständnis der Partizipationspädagogik ist es notwendig, die biographischen Erfahrungen und Berufseinstellungen von PädagogInnen zu berücksichtigen. Berufliche Resignation, Apathie im Team, aber auch eigene Ohnmacht gegenüber kommunalpolitischen und globalen Problemen oder Politikverdrossenheit sind grundlegende Hindernisse für eine wirksame Interessenberücksichtigung und Interessenvertretung von Kindern.

Deshalb müssen individuelle berufliche Widersprüchlichkeiten im System Schule in diskursiver Auseinandersetzung offengelegt, vermeintliche bürokratische Notwendigkeiten und Zwänge durch den Lehrplan oder Strukturen in Einrichtung und Kommunalpolitik auf ihre angebliche Unveränderlichkeit hin überprüft sowie Konfliktfähigkeit, Teamfähigkeit, Berufsprofil und Professionalität nachhaltig zur Diskussion gestellt werden.

LehrerInnen selbst haben oftmals größte Schwierigkeiten damit, ihre Angst und Ohnmacht gegenüber sozialen und ökologischen Bedrohungen zuzulassen. Dies hat verhängnisvolle Auswirkungen für die Arbeit mit Kindern. Macy sagt dazu: „Wenn wir einen Einfluß als so übermächtig erleben, daß wir nicht einmal ernsthaft darüber nachdenken oder diskutieren können, lassen wir uns gleich in zweifacher Weise zum Opfer machen – nicht nur unsere Handlungsfähigkeit ist eingeschränkt, sondern auch unsere Denkfähigkeit ist blockiert" (Macy 1986, 30). Gerade LehrerInnen sollen aber Kindern ein Vorbild für Denkfähigkeit sein. Mögliche solidarisch-kreative Handlungsansätze zur Überwindung bestimmter Ohnmachtssituationen müssen deshalb bei Fortbildungen erörtert werden.

(4) Durcharbeiten von Lösungsstrategien für das Aufbrechen von Barrieren gegenüber Partizipationsprozessen durch Eltern und Schulträger

Als fortschrittliches Lern- und Schulkonzept stoßen Ziele und Inhalte der Partizipationspädagogik bei Eltern und Schulverwaltung auf gegenläufige konservative und verkrustete Haltungen. Um Frustrationen zu vermeiden und die gewonnenen Handlungsperspektiven nicht außer Kraft zu setzen, ist es deshalb in der Fortbildung wichtig, diese Barrieren und mögliche Gegenstrategien einzubinden, wie sie in Kapitel 13.6.11 andiskutiert sind.

Kapitel 14

Literatur zu Teil A

Achter Jugendbericht 1990: Bericht über Leistungen und Bestrebungen der Jugendhilfe. Bundesdrucksache 11/6576. Bonn

Adorno, Theodor W. 1977[5]: Erziehung zur Mündigkeit. Frankfurt/M.

AG Tuwas 1991: Leidfaden der Sozialhilfe. Frankfurt/M.

Aich, Prodosh (Hrsg.) 1977: Wie demokratisch ist Kommunalpolitik. Hamburg

Alanen, Leena 1994: Zur Theorie der Kindheit. Die „Kinderfrage" in den Sozialwissenschaften. In: Sozialwissenschaftliche Literatur Rundschau, Heft 28, 93–112

Althusser, Louis 1977: Ideologie und Ideologische Staatsapparate. Hamburg und Berlin

Altrichter, Herbert und Peter Gstettner 1993: Aktionsforschung – ein abgeschlossenes Kapitel in der Geschichte der deutschen Sozialwissenschaft? In: Soziale Literatur Rundschau, 67–83

amnesty international, Deutschland 1989: Kinder haben Rechte. Mülheim/Ruhr

Anwar, Angelika 1994: Wie leben Kinder in der Türkei. In: Elke Heller und Barbara Tennstedt (Hrsg.): Das Selbstverständndis der Erzieherin. Berlin

Arbeitskreis „Frieden in Forschung und Lehre an Fachhochschulen" (Hrsg.) 1989: Frieden in Forschung und Lehre an Fachhochschulen. Dortmund

Arendt, Hannah 1960: vita activa. Stuttgart

Arendt, Hannah 1970: Macht und Gewalt. München

Arendt, Hannah 1986: Ziviler Ungehorsam. In: Dies.: Zur Zeit. Berlin, 119–159

Ariès, Philippe 1978: Geschichte der Kindheit. München

Armutsbericht des Paritätischen Wohlfahrtsverbandes für die Bundesrepublik Deutschland 1989: „… wessen wir uns schämen müssen in einem reichen Land…" Blätter der Wohlfahrtspflege 11/12

Atteslander, Peter 1991: Methoden der empirischen Sozialforschung. Berlin

Auernheimer, Georg 1988: Der sogenannte Kulturkonflikt. Frankfurt/M.

Auernheimer, Georg 1990: Einführung in die interkulturelle Erziehung. Darmstadt

Auernheimer, Georg 1991: Sozialarbeit mit Einwanderern. In: Sozial extra, Nr. 2, 4–5

Ausländerbeauftragter des Senats der Freien und Hansestadt Hamburg (Hrsg.) 1994: Bildung und Erziehung im Einwanderungsland. Hamburg

Baacke, Dieter 1982: Mitbestimmen in der Schule. Weinheim/Basel

Baacke, Dieter 1992: Kinder und Kindheit. In: Welt des Kindes 4/92, 21–25

Bächler, Günther, Volker Böge, Stefan Klötzli und Stephan Libiszewski 1993: Umweltzerstörung: Krieg oder Kooperation? Ökologische Konflikte im internationalen System und Möglichkeiten der friedlichen Bearbeitung. Münster

Bade, Klaus 1992: Ausländer, Aussiedler, Asyl in der Bundesrepublik. Bonn

Baer, Ulrich 1981: Wörterbuch der Spielpädagogik. Basel

Bahrdt, Hans Paul 1974: Die moderne Großstadt. Soziologische Überlegungen zum Städtebau. Hamburg

Bahrdt, Hans Paul 1974: Umwelterfahrung. München

Bamberg, Hans-Dieter u. a. 1993: Kitas in Berlin. Der Betreuungsalltag in Kindertagesstätten im Spiegel von Erzieherinnen und Eltern. Berlin

Batscheider, Tordis 1993a: Friedensforschung und Geschlechterverhältnis. Zur Begründung feministischer Fragestellungen in der kritischen Friedensforschung. Marburg

Batscheider, Tordis 1993b: Friedensforschung – eine praxisorientierte Wissenschaft? Kritische Anmerkungen aus einer feministischen Perspektive. In: Michael Alfs, Thomas Dominikowski u. a. (Hrsg.): Arbeit am verlorenen Frieden. Erkundungen im Spannungsfeld von Theorie und Praxis. Münster, 142–153

Baudrillard, Jean 1992: Transparenz des Bösen. Ein Essay über extreme Phänomene. Berlin

Baumgartner, Trautl 1994: Regionalisierung und Dezentralisierung sozialer Dienste in München – ein Modellprojekt. In: Maria Bitzan und Tilo Klöck (Hrsg.) 1994: Jahrbuch Gemeinwesenarbeit 5. Politikstrategien – Wendungen und Perspektiven. München, 251–260

Baumgartner-Karabak, Andrea und Gisela Landesberger 1978: Die verkauften Bräute. Türkische Frauen zwischen Kreuzberg und Anatolien. Reinbek

Beck, Annette 1984: Ausländerkinder im Kindergarten. Hannover

Beck, Ulrich 1985: Von der Vergänglichkeit der Industriegesellschaft. In: Thomas Schmid (Hrsg.): Das pfeifende Schwein. Über weitergehende Interessen der Linken. Berlin, 85–114

Beck, Ulrich 1986: Risikogesellschaft. Auf dem Weg in eine andere Moderne. Frankfurt/M.

Beck, Ulrich 1993: Die Erfindung des Politischen. Frankfurt/M.

Beck, Ulrich 1994a: Jenseits von Stand und Klasse? In: Ulrich Beck und Elisabeth Beck-Gernsheim (Hrsg.): Riskante Freiheiten. Frankfurt/M., 43–60

Beck, Ulrich 1994: Vom Verschwinden der Solidarität. In: Warnfried Dettling (Hrsg.): Perspektiven für Deutschland. München, 29–38

Beck, Ulrich und Wolfgang Bonß (Hrsg.) 1989: Weder Sozialtechnologie noch Aufklärung? Frankfurt/M.

Beck, Ulrich und Wolfgang Bonß 1989: Verwissenschaftlichung ohne Aufklärung? Zum Strukturwandel von Sozialwissenschaft und Praxis. In: Ulrich Beck und Wolfgang Bonß (Hrsg.): Weder Sozialtechnologie noch Aufklärung. Frankfurt/M., 7–45

Beck-Gernsheim, Elisabeth 1987: Die Inszenierung der Kindheit. In: Psychologie heute, 14(12), 30–35

Becker-Textor, Ingeborg 1994: Kindergarten. In: Ingeborg Becker-Textor und Martin R. Textor: Handbuch der Kinder- und Jugendbetreuung. Neuwied, 47–77

Beer, Wolfgang und Ursula Scharf 1988: Sozialkundeunterricht und Friedenserziehung. In: Jörg Calließ und Reinhold E. Lob (Hrsg.): Praxis der Umwelt- und Friedenserziehung. Band 3: Friedenserziehung. Düsseldorf, 225–231

Beerlage, Irmtraud und Eva-Maria Fehre (Hrsg.) 1989: Praxisforschung zwischen Intuition und Institution. Tübingen

Benner, Dietrich und Jörg Ramseger 1981: Wenn die Schule sich öffnet. München

Bergmann, J.R. 1985: Flüchtigkeit und methodische Fixierung sozialer Wirklichkeit. In: Soziale Welt Sonderheft 3, 299–320

Bertels, Lothar 1990: Gemeinschaftsformen in der modernen Stadt. Opladen

Bertels, Lothar und Ulfert Herlyn (Hrsg.) 1990: Lebenslauf und Raumerfahrung. Opladen

Bielefeld, Uli (Hrsg.) 1991: Das Eigene und das Fremde. Hamburg

Bielenberg, Walter, Michael Krautzeberger und Wilhelm Söfker 1993: Baugesetzbuch. München

Birckenbach, Hanne-Margret 1990: Friedensforschung und ihre feministischen Ansätze: Möglichkeiten der Integration. AFB-Texte Bonn

Birckenbach, Hanne-Margret und Regine Mehl 1993: Ein Lernprozeß mit PFiFF: Skizze für ein Projekt Forschungsinstitut Frauen und Frieden. In: Michael Alfs, Thomas Dominikowski u. a. (Hrsg.): Arbeit am verlorenen Frieden. Münster, 177–195

Birckenbach, Hanne-Margret; Uli Jäger und Christian Wellmann 1992: Einmischen statt intervenieren! Bilanz und Perspektiven der Friedensentwicklung 1991/92. In: Dies. in Zusammenarbeit mit der Arbeitsgemeinschaft für Friedens- und Konfliktforschung (Hrsg.): Jahrbuch Frieden 1993. Konflikte, Abrüstung, Friedensarbeit. München, 9–27

Birk, Ulrich-Arthur, Brühl, Albrecht u. a. 1991: Bundessozialhilfegesetz-Lehr- und Praxiskommentar. Baden-Baden

Birnbacher, Dieter 1988: Verantwortung für zukünftige Generationen. Stuttgart

Birsl, Ursula 1994: Rechtsextremismus: weiblich – männlich? – Rechtsextremistische Orientierungen im Geschlechtervergleich. Ergebnisse einer Fallstudie und sozialisationstheoretische Erklärungsansätze. In: Zeitschrift für Frauenforschung, Heft 1+2/94, 42–63

Bitzan, Maria und Tilo Klöck 1988: Aus dem Innenleben von Praxisforschung. In: Maja Heiner (Hrsg.): Praxisforschung in der sozialen Arbeit. Freiburg, 119–139

Blanke, Bernhard (Hrsg.) 1993: Zuwanderung und Asyl in der Konkurrenzgesellschaft. Opladen

Blanke, Hedwig 1993: Kinder und Politik. Partizipationskonzepte auf dem Prüfstand. In: Hedwig Blanke, Brigitte Hovenga und Silvia Wawrziczny (Hrsg.): Handbuch Kommunale Kinderpolitik. Münster, 27–35

Blanke, Hedwig, Brigitte Hovenga und Silvia Wawrziczny (Hrsg.) 1993: Handbuch Kommunale Kinderpolitik. Münster

Blinkert, Baldo 1992: Krise der Gesellschaft als Krise der Kindheit. In: Sozial- und Jugenddezernat der Stadt Freiburg: Situation von Kindern in der Stadt, 121–140

Bloech, Falk 1989a: Arbeitsplatzbeschreibung für Kommunale Friedensarbeiter/innen – zwei Beispiele. In: Arbeitskreis „Frieden in Forschung und Lehre an Fachhochschulen" (Hrsg.): Frieden in Forschung und Lehre an Fachhochschulen. Dortmund, 195–202

Bloech, Falk 1989b: Aktionsgemeinschaft Friedenswoche Minden e. V. In: Arbeitskreis „Frieden in Forschung und Lehre an Fachhochschulen" (Hrsg.): Frieden in Forschung und Lehre an Fachhochschulen. Dortmund, 126–131

Boal, Augusto 1982[2]: Theater der Unterdrückten. Frankfurt/M.

Böhnisch, Lothar 1994: Gewalt, die nicht nur von außen kommt. Die Schule in der Konfrontation mit sich selbst. In: Wilhelm Heitmeyer (Hrsg.): Das Gewalt-Dilemma. Frankfurt/M., 227–241

Boppel, Werner und Udo Kohlenberg 1981: Mitbestimmung in der Schule. Köln

Borchardt, Ulrike 1984: Die neue Friedensbewegung. In: Das Argument 147, 748–754

Borsche, Sven 1991: Das Kind – Rechtssubjekt oder Teil der Familie. In: Deutsches Kinderhilfswerk: Dokumentation der Fachtagung „Die UN-Konvention der Rechte des Kindes". München, 37–54

Botens, Vienna I. und Gabriele Stanzel 1988: Das Schweigen brechen – Sexueller Mißbrauch an Mädchen. In: Sigrid Giesche und Dagmar Sachse (Hrsg.): Frauen verändern Lernen. Dokumentation der 6. Fachtagung der AG Frauen und Schule. Kiel, 114–135

Brakenhoff, Barbara 1986: Sozialorientierte Stadterneuerung. Vom Umgang mit einem Ärgernis. In: Wolfgang Hillenbrand, Burkhard Luber und Dieter Oelschlägel (Hrsg.) 1986: Gemeinwesenarbeit Jahrbuch 3. Stadt- und Regionalplanung. München, 38–49

Braun von der Brelie, Jutta u. a. 1995: Armut und Strategien der Armutsbekämpfung in der Bundesrepublik Deutschland. In: Nachrichtendienst des Deutschen Vereins, Nr. 2, 61–78

Braun, Karl-Heinz 1994: Schule und Sozialarbeit in der Modernisierungskrise. In: np 2/94, 107–118

Bremische Stiftung für Rüstungskonversion und Friedensforschung (Hrsg.) 1990: Chancen für Rüstungskonversion. Bremen

Brieden, Hubert, Heidi Dettinger und Marion Hirschfeld 1987: Neustadt 1945–1949. Nachkriegszeit in der Provinz. Hannover

Brinkmann, Wilhelm 1993: Kindesmißhandlung und Kinderschutz: Problemangemessene Hilfen zwischen karitativer Mildtätigkeit und fürsorglicher Belagerung. In: Gernot Graeßner, Christiane Mauntel und Elke Püttach (Hrsg.): Gefährdungen von Kindern. Opladen, 94–122

Brock, Lothar 1993: Brüche im Umbruch der Weltpolitik. In: Hessische Stiftung Friedens- und Konfliktforschung, Nr. 4, 1–12

Brok, Jos van den 1993: Verschwiegene Not: Sexueller Mißbrauch an Jungen. Zürich

Brühan, Wolf 1994: 10 Thesen für die familienpolitische Diskussion. In: Bundesverband Neue Erziehung e. V.: „Wie privat sind Kinder in unserer Gesellschaft?" Dokumentation der Tagung in Bad Honnef 26./27. November 1993. Grafschaft, 65–67

Bruner, Jerome S. 1973: Der Akt der Entdeckung In: Neber, Heinz (Hrsg.): Entdeckendes Lernen. Weinheim und Basel, 15–27

Büchel, Helga u. a. 1994: Schulautonomie – ein Weg zur besseren Grundschule? In: Die Grundschulzeitschrift 71/94, 40–45

Büchner, Peter 1991: Wir werden das Kind schon schaukeln! In: Sonderteil Spielraum 5/91, 223–227.

Buhr, Petra und Lutz Leisering 1995: Armut im Lebenslauf – Armut und Armutspolitik aus der Sicht der dynamischen Armutsforschung. In: Nachrichtendienst des Deutschen Vereins für öffentliche und private Fürsorge. Heft 2/1995, 73–77

Bundesministerium für Arbeit und Sozialordnung (Hrsg.) 1993: Sozialpolitische Informationen. Nr. 12 vom 19.8.1993 (27. Jahrgang)

Bundesministerium für Jugend, Familie und Gesundheit (BMFJ) 1985: Bürgernähe der Sozialhilfeverwaltung. Band 174. Stuttgart

Buro, Andreas 1987: Massenlernprozesse durch soziale Bewegungen. In: Jörg Calließ und Reinhold E. Lob (Hrsg.): Praxis der Umwelt- und Friedenserziehung. Band 1: Grundlagen. Düsseldorf, 649–658

Buro, Andreas 1994: Friedensbewegung in einer Zeit des Umbruchs und der Neuorientierung. In: Barbara Dietrich, Peter Krahulec, Christiane Ludwig-Körner und Konrad Seyffarth (Hrsg.): Den Frieden neu denken. Jahrbuch 1994 des Arbeitskreises Frieden in Forschung und Lehre an Fachhochschulen. Münster, 12–24

Butterwegge, Christoph und Siegfried Jäger (Hrsg.) 1992: Rassismus in Europa. Köln

Büttner, Christian 1993: Wut im Bauch. Gewalt im Alltag von Kindern und Jugendlichen. Weinheim und Basel

Büttner, Stephan 1993: Stichwort: Offene Planung! In: sozialextra, Nr. 6, 10–11

Cohen, Philip 1994: Verbotene Spiele. Theorie und Praxis antirassistischer Erziehung. Hamburg

Cohn-Bendit, Daniel 1993: Heimat Babylon. Das Wagnis der multikulturellen Demokratie. Hamburg

Colberg-Schrader, Heidi 1993: Institutionen für Kinder. Reservate eigenständigen Kinderlebens? In: Deutsches Jugendinstitut (Hrsg.): Was für Kinder. Aufwachsen in Deutschland. München, 346–353

Colberg-Schrader, Heidi u. a. 1991: Soziales Lernen im Kindergarten. München

Collins, Patricia Hill 1991: Black Feminist Thought. Knowledge, Consciousness, and Politics of Empowerment. London

Cremer, Christa 1985: Zum politischen Bewußtsein und politischen Handeln von Frauen in der Friedensarbeit. In: Johannes Esser (Hrsg.): Friedensarbeit nach der Raketenstationierung. Grundlagen und Anregungen. Braunschweig, 87–98

Croft, Suzy und Peter Bevesford 1993: Partizipation und Politik. In: neue praxis, Nr. 5, 439–458

Damkowski, Wulf und Karin Luckey 1990: Neue Formen lokaler Sozial- und Gesundheitsdienste. Köln

Dammann, Rüdiger 1991: Die dialogische Praxis der Feldforschung. Frankfurt/M.

David, Hans-Joachim 1993: Der Jugendhilfeausschuß. Frankfurt/M.

Denz, Hermann 1989: Einführung in die empirische Sozialforschung. Wien

Derschau, Dietrich von 1993: Die Entwicklung des Bedarfs an ErzieherInnen in der Jugendhilfe. In: Nachrichtendienst des Deutschen Vereins für öffentliche und private Fürsorge. Heft 3/93

Dettmer, Bettina 1984: Die Nordstadt: Zur Ideologie des Sozialen Aufstiegs. Magisterarbeit, Universität Hamburg

Deutsche Gesellschaft für die Vereinten Nationen 1994: Bericht über die menschliche Entwicklung 1994. Bonn

Deutsche Pfadfinderschaft Sankt Georg 1993: Kinder können mehr. Eine Arbeitshilfe zur Kindermitbestimmung. Neuss

Deutscher Bundesjugendring 1991: Positionspapier: „Kinderpolitik". Vollversammlung des Deutschen Bundesjugendrings am 6./7. November 1991 in Hannover

Deutscher Bundesjugendring 1993: Analyse der Lebenssituation von Kindern. Auszüge aus dem Positionspapier „Kinderpolitik". In: Hedwig Blanke, Brigitte Hovenga und Silvia Wawrziczny (Hrsg.): Handbuch Kommunale Kinderpolitik. Münster, 40–50

Deutscher Verein für öffentliche und private Fürsorge 1994: Nachrichtendienst. Heft 11/94. Frankfurt/M.

Deutsches Jugendinstitut (Hrsg.) 1992: Modellprojekt: Lebensraum Kindergarten. Frankfurt/M.

Deutsches Jugendinstitut (Hrsg.) 1994: Handbuch Medienerziehung im Kindergarten. Teil 1: Pädagogische Grundlagen. Opladen

Dewe, Bernd 1991: Beratende Wissenschaft. Göttingen

Dewey, John 1964[3]: Demokratie und Erziehung. Eine Einleitung in die Philosophie der Erziehung. Braunschweig

Dick, Lutz van 1990: Positiven Frieden lernen. Pädagogische Wege zum Erwerb von Kompetenzen zur Friedensfähigkeit. In: Wolfgang R. Vogt (Hrsg.): Mut zum Frieden. Über die Möglichkeiten einer Friedensentwicklung für das Jahr 2000. Darmstadt, 164–175

Dickmann, Bernhard 1994: Erfahrung und Lernen. In: Christoph Wulf (Hrsg.): Einführung in die pädagogische Anthropologie. Weinheim und Basel, 98–113

Die Herausgeber von S+F (Vierteljahresschrift für Sicherheit und Frieden) 1991: Editorial, 55

Dieckmann, Johann 1989: Konfliktregulierung durch Dialoge. Orientierungshilfen für die soziale Arbeit. Freiburg/Brsg.

Dienel, Peter 1972: Partizipation an Planungsprozessen. In: Lauritzen, Lauritz (Hrsg.): Mehr Demokratie im Städtebau. Hannover, 103–122

Dieren, Wouter van (Hrsg.) 1995: Mit der Natur rechnen. Der neue Club-of-Rome-Bericht. Basel

Dietrich, Barbara u. a. (Hrsg.) 1994: Den Frieden neu denken. Münster

Dietrich, Theo 1992: Zeit- und Grundfragen der Pädagogik. Bad Heilbrunn/Obb.

Dominikowski, Thomas 1991: Frieden lehren?! Über Friedenslehre und Curricula der Friedenswissenschaft an Hochschulen. In: AFB-Texte Nr. 2, Bonn

Döring, Diether u. a. (Hrsg.) 1990: Armut im Wohlstand. Frankfurt/M.

Dörner, Dietrich 1983: Empirische Psychologie und Alltagsrelevanz. In: Gerd Jüttemann (Hrsg.): Psychologie in der Veränderung. Perspektiven für eine gegenstandsangemessene Forschungspraxis. Weinheim, 13–29

Düchting, Franz 1994: Wenn Pädagogik was erleben will. Kritische Anmerkungen zum interessanten Verhältnis von „Erlebnispädagogik" und Jugendarbeit. In: deutsche jugend, Heft 7–8, 318–326

Ebert, Theodor 1994: Alternative „Ziviler Friedensdienst"? Ein Interview mit Prof. Theodor Ebert über den Einsatz gewaltfreier Kriseninterventionskräfte als Alternative zum Militär. In: Zivilcourage, Nr. 2, 6–9

Ehrenreich, Barbara 1992: Angst vor dem Absturz. Das Dilemma der Mittelklasse. München

Eichholz, Reinald (Hrsg.) 1991: Die Rechte des Kindes. Ministerium für Arbeit, Gesundheit und Soziales des Landes Nordrhein-Westfalen. Düsseldorf

Eichner, Klaus (Hrsg.) 1988: Perspektiven und Probleme anwendungsorientierter Sozialwissenschaften. Braunschweig

Eickhorst, Annegret 1991: Freie Schulen und ihre pädagogischen Konzeptionen. In: Leo Roth (Hrsg.): Pädagogik. Handbuch für Studium und Praxis. München, 416–431

Elias, Norbert 1976: Über den Prozeß der Zivilisation. Soziogenetische und psychogenetische Untersuchungen. 2. Band. Frankfurt/M.

Elschenbroich, Donata, Lising Pagestecher und Hermann Schwarzer 1993: Zur Baugeschichte von Kindergärten. In: Deutsches Jugendinstitut (Hrsg.): Was für Kinder. Aufwachsen in Deutschland. München, 373–375

Engelbert, Angelika 1986: Kinderalltag und Familienumwelt. Eine Studie über die Lebenssituation von Vorschulkindern. Frankfurt/M. und New York

Engelland, Reinhard u. a. 1989: Einleitung. Friedensarbeit an Fachhochschulen – Kurzbericht zur bisherigen Arbeit des Arbeitskreises. In: Arbeitskreis „Frieden in Forschung und Lehre an Fachhochschulen" (Hrsg.): Frieden in Forschung und Lehre an Fachhochschulen. Dortmund, 9–18

Esser, Johannes 1978: Unterricht über Gewalt. Gewalt in der privaten, gesellschaftlichen und internationalen Wirklichkeit. Informationen und Materialien
für Schule und Sozialarbeit. München/Wien/Baltimore

Esser, Johannes (Hrsg.) 1982[2]: Wohin geht die Jugend? Gegen die Zukunftslosig-
keit unserer Kinder. Reinbek bei Hamburg

Esser, Johannes 1985 (Hrsg.): Friedensarbeit nach der Raketenstationierung.
Grundlagen und Anregungen. Braunschweig

Esser, Johannes 1987a: Curriculare Probleme der Friedenserziehung. In: Arbeits-
marktperspektiven in der sozialen Arbeit, Heft 21 (hrsg. vom Deutschen Verein
für öffentliche und private Fürsorge), Frankfurt/M., 201–224

Esser, Johannes 1987[2]b: Sozialpädagogische Beratungsarbeit mit schwervermit-
telbaren arbeitslosen Jugendlichen/jungen Erwachsenen. In: Christa Cremer,
Johannes Esser u. a. (Hrsg.): „Dranbleiben, durchziehen, unterkommen...".
Bausteine zur Bildungsarbeit in Arbeitsamtsmaßnahmen. Weinheim, 108–153

Esser, Johannes 1992[2]a: Mit Kindern Frieden und Zukunft gestalten. Grundlagen
für die Kindertagesstättenarbeit. Mülheim an der Ruhr

Esser, Johannes 1992b: Zum Gewaltpotential moderner Gesellschaften. Soziokulturelle Gefährdung des inneren Friedens. In: Hessische Blätter für Volks-
bildung. Heft 2, S. 118–126

Esser, Johannes 1994: Alltags-Partizipation und Demokratiepraxis. Basisüberle-
gungen für Politikkonzepte. In: Barbara Dietrich, Peter Krahulec, Christiane
Ludwig-Körner und Konrad Seyffarth (Hrsg.): Den Frieden neu denken. Jahrbuch 1994 des Arbeitskreises Frieden in Forschung und Lehre an Fachhochschulen. Münster, 88–111

Esser, Johannes u. a. (Hrsg.) 1991: Friedenswissenschaft und Friedenslehre an
Fachhochschulen und Universitäten. Frankfurt/M.

Esser, Johannes und Dieter von Kietzell 1993: Alltagsfriedensforschung in der
Kommune. Theoretische Grundlagen, professionelle Vermittlungsstrukturen,
sozialräumliche Untersuchungen. In: Peter Krahulec, Horst Kreth und Konrad Seyffarth (Hrsg.): Der große Frieden und die kleinen Kriege. Jahrbuch
des „Arbeitskreises Frieden in Forschung und Lehre an Fachhochschulen".
Münster, S. 33–57

Esser, Johannes und Thomas Dominikowski 1995[2]: Die Lust an der Gewalttätigkeit bei Jugendlichen. Krisenprofile – Ursachen – Handlungsorientierungen
für die Jugendarbeit. Frankfurt/M.

Evers, Adalbert u. a. (Hrsg.) 1993: Alt genug, um selbst zu entscheiden. Freiburg

Farin, Klaus und Eberhard Seidel-Pielen 1993: „Ohne Gewalt läuft nichts!"
Jugend und Gewalt in Deutschland. Köln

Fauser, Peter u. a. 1988: Praktisches Lernen und Schulreform. Eine Projektbe-
schreibung. In: Zeitschrift für Pädagogik 34(88), 729–748

Ferner, Franz 1991: Kinder reden mit. Kommunale Beratungsstelle für Kinder-
und Jugendinitiativen. Graz

Filsinger, Dieter und Wolfgang Hinte 1988: Praxisforschung: Grundlagen, Rahmenbedingungen und Anwendungsbereiche eines Forschungsansatzes. In:

Heiner, Maja (Hrsg.): Praxisforschung in der sozialen Arbeit. Freiburg, 34–72

Filtzinger, Otto und Dieter Häring (Hrsg.) 1993: Von der Ausländersozialberatung zu sozialen Diensten für Migranten. Freiburg

Finkielkraut, Alain 1989: Die Niederlage des Denkens. Reinbek

Fittkau, Ludger 1992: „Kompromisse schließt Du nicht". In: sozialextra, Nr. 6, 4

Flaig, Berthold Bodo, Thomas Meyer und Jörg Ueltzhöffer 1993: Alltagsästhetik und politische Kultur. Zur ästhetischen Dimension politischer Bildung und politischer Kommunikation. Bonn

Flick, Uwe 1991a: Stationen des qualitativen Forschungsprozesses. In: Ders. u. a. (Hrsg.): Handbuch Qualitative Sozialforschung. München, 148–173

Flick, Uwe 1991b: Triangulation. In: Ders. u. a. (Hrsg.): Handbuch Qualitative Sozialforschung. München, 432–434

Fölling-Albers, Maria (Hrsg.) 1989: Veränderte Kindheit – Veränderte Grundschule. Beiträge zur Reform der Grundschule. Hemsbach

Frädrich, Jana 1993: Jugend- und Kinderforum München. In: Brigitte Lindner und Rainer Wiebusch (Red.) der vom Deutschen Kinderhilfswerk e. V. hrsg. Broschüre: Parlament der Kinder. Berlin, 15–17

Frankfurter Erklärung 1991: Kinderpolitik für eine bessere Zukunft. In: Sonderteil Spielraum 5/91, 234–236

Freinet, Célestin 1944: Pour l'Ecole du Peuple. Maspero

Freinet, Elise 1981: Erziehung ohne Zwang. Stuttgart

Freire, Paulo 1970: Pädagogik der Unterdrückten. Reinbek

Freire, Paulo 1980: Erziehung als Praxis der Freiheit. Beispiele zur Pädagogik der Unterdrückten. Reinbek

Fried, Lilian 1993: Kindergarten. In: Manfred Markefka und Bernhard Nauck (Hrsg.): Handbuch der Kindheitsforschung. Neuwied, 557–565

Friedenserklärung der Stadt Linz 1992. In: Österreichisches Studienzentrum für Frieden und Konfliktlösung und Schweizerische Friedensstiftung (Hrsg.): Friedensbericht 1993. Das neue Chaos der nationalen Egoismen. Zürich 1993, 215–221

Friese, Peter 1989: Milieuarbeit – Begriffe und Methoden. In: Kirsten Ebbe und Peter Friese (Hrsg.): Milieuarbeit. Stuttgart, 39–63

Fromm, Erich 1982: Über den Ungehorsam und andere Essays. Stuttgart

Furian, Martin 1993: Kinder- und Jugendgefährdung durch die Leistungs- und Konsumgesellschaft. In: Theorie und Praxis der sozialen Arbeit, Nr. 8/93, 305–311

Gabriel, Oscar W., Volker Kunz und Thomas Zapf-Schram 1990: Bestimmungsfaktoren des kommunalen Investitionsverhaltens. München

Galas, Dieter 1993: Niedersächsisches Schulgesetz. Neuwied

Galtung, Johan 1971: Gewalt, Frieden und Friedensforschung. In: Dieter Senghaas (Hrsg.): Kritische Friedensforschung. Frankfurt/M., 55–104

Galtung, Johan 1991: Prinzipien ökologischen Überlebens. In: Günter Altner, Barbara Mettler-Meibom, Udo E. Simonis und Ernst U. von Weizsäcker (Hrsg.): Jahrbuch Ökologie 1992. München, 47–53

Galtung, Johan 1993a: Friedensforschung in Deutschland. Stagnation oder Erneuerung. In: Ders., Dieter Kinkelbur und Martin Nieder (Hrsg.): Gewalt im Alltag und in der Weltpolitik. Münster, 41–58

Galtung, Johan 1993b: Kulturelle Gewalt. Zur direkten und strukturellen Gewalt tritt die kulturelle Gewalt. In: Der Bürger im Staat (hrsg. von der Landeszentrale für politische Bildung Baden-Württemberg) 43. Jahrgang, Heft 2, 106–112

Galtung, Johan 1993c: Nach dem Kalten Krieg. Gespräch mit Erwin Koller. Zürich

Gamm, Hans-Jochen 1991: Konstanz und Wechsel in der Friedenserziehung. In: S+F (Vierteljahresschrift für Sicherheit und Frieden) 2/91, 62–65

Garlichs, Ariane 1994: Aufwachsen in einer schwierigen Zeit. In: Die Grundschulzeitschrift 71/94, 16–20.

Geiger, Klaus F. 1991: Die Bundesrepublik ist ein Einwanderungsland. In: Sozial extra, Nr. 5, 6–7

Geitmann, Roland 1988: Wie weit ist der kommunale Auftragsrahmen „Daseinsvorsorge für die örtliche Gemeinschaft" ? In: Dietmar Hübner (Red.): Frieden in der Stadt. Eine Dokumentation der Stadt Schwerte zu den Ergebnissen der Tagung „Stadt-Kultur-Frieden" im Rahmen des Projektes „Kultur 90". Essen, 32–38

Geitmann, Roland 1989: Frieden als kommunale Aufgabe. In: Arbeitskreis „Frieden in Forschung und Lehre an Fachhochschulen" (Hrsg.): Frieden in Forschung und Lehre an Fachhochschulen. Dortmund, 178–183

Gemeinden für den Frieden 1986: Eine Dokumentation der 2. Konferenz (hrsg. von der Stadt Köln). Köln

Gerhard, Uta 1971: Rollenanalyse als kritische Soziologie. Neuwied

Gern, Alfons 1994: Deutsches Kommunalrecht. Baden-Baden

Gernert, Wolfgang 1993: Zur Beteiligung der Betroffenen in der Jugendhilfe. In: Zeitschrift für Jugendforschung Nr. 3/93, 117–125.

Gewalt – Folgerungen für die soziale Arbeit, 1994: Dokumentation des 73. Deutschen Fürsorgetages 1993 in Mainz. Hrsg. vom Deutschen Verein für öffentliche und private Fürsorge. Frankfurt/M.

Giddens, Anthony 1992a: Die Konstitution der Gesellschaft. Grundzüge einer Theorie der Strukturierung. Frankfurt/M.

Giddens, Anthony 1992b: Kritische Theorie der Spätmoderne. Wien

Giesche, Sigrid und Dagmar Sachse 1988 (Hrsg.): Frauen verändern Lernen. Dokumentation der 6. Fachtagung der AG Frauen und Schule. Kiel

Girtler, Roland 1992: Methoden der qualitativen Sozialforschung. Wien

Glaser, Barney und Anselm Strauss 1967: The Discovery of Grounded Theory. Strategies for Qualitative Research. Chicago

Glaser, Barney und Anselm Strauss 1979: Die Entdeckung gegenstandsbezogener Theorie. Eine Grundstrategie qualitativer Sozialforschung. In: C. Hopf und E. Weingarten (Hrsg.): Qualitative Sozialforschung. Stuttgart, 91–111

Glaser, Hermann 1988: Das Verschwinden der Arbeit. Die Chance der neuen Tätigkeitsgesellschaft. Düsseldorf

Glotz, Peter 1983: Am Widerstand scheiden sich die Geister. In: Ders. (Hrsg.): Ziviler Ungehorsam im Rechtsstaat. Frankfurt/M., 7–16

Glowka, D. und B. Krüger 1988: Die Ambivalenz des Rekurses auf Ethnizität in der Erziehung. In: Zeitschrift für Pädagogik, Nr. 23, 36 ff

Goetsch, Christa 1994: Was hat eine Klassenfahrt mit dem Ausländergesetz zu tun? In: Victoria Flores Beza, Christa Goetsch u. a.: Bildung und Erziehung im Einwanderungsland. Hamburg, 104–144

Gordon, Thomas 1993: Die neue Familienkonferenz. Kinder erziehen ohne zu strafen. Hamburg

Gorz, André 1994: Kritik der ökonomischen Vernunft. Sinnfragen am Ende der Arbeitsgesellschaft. Hamburg

Gorzini, Mehdi Jafari und Heinz Müller (Hrsg.) 1993: Handbuch zur interkulturellen Arbeit. Wiesbaden

Gößling, Hans-Jürgen 1983: Erziehung und Beteiligung. Zur Grundlegung einer Partizipationstheorie. Europäische Hochschulschriften 199. Frankfurt/M.

Götze, Lutz und Gabriele Pommerin-Götze 1992: Multikultur und interkulturelles Lernen. In: Gabriele Pommerin-Götze u. a. (Hrsg.): Es geht auch anders! Frankfurt/M., 102–121

Graf, Erich Otto 1990: Forschung in der Sozialpädagogik: Ihre Objekte sind Subjekte. Biel

Gramsci, Antonio 1929 bis 1935: Selections from Prison Notebooks. Hrsg. von Quintin Hoare und Geoffrey Nowell Smith. London 1971

Gramsci, Antonio 1967: Philosophie der Praxis. Hrsg. von Christian Riechers. Frankfurt/M.

Grasse, Renate und Marion Loewenfeld 1992: Kinderpolitik aus Sicht der Erwachsenen. In: Kinderpolitik München. Vorschläge des Arbeitskreises „Kinderforum" im Gesunde-Städte-Projekt München, 14–18

Grefe, Christiane und Ilona Jerger-Bachmann 1992: Das blöde Ozonloch. München

Grenz, Claudia 1993: Handlungsforschung in der Praxis. In: Gerhard Regel und Axel J. Wieland (Hrsg.): Offener Kindergarten konkret. Hamburg

Griese, Hartmut 1991: Multikulturelle Gesellschaft? – Ideologiekritische Anmerkungen. In: Evangelische Akademie Loccum, Loccumer Protokolle, Nr. 65

Griese, Hartmut M. 1994: Wider die Re-Pädagogisierung in der Jugendarbeit. Eine soziologisch-provokative Außenperspektive und Kritik. In: Deutsche Jugend, 42. Jg., H. 7–8, 310–317

Gröll, Johannes 1988: Das Interesse an der Freinet-Pädagogik – Eine Kritik. In: Norbert Franck, Rolf Nemitz und Bernhard Uhrig (Hrsg.): Schulperspektiven. Berlin, 105–126

Gronemeyer, Marianne 1988: Die Macht der Bedürfnisse. Reflexionen über ein Phantom. Reinbek

Gronemeyer, Reimer 1973: Integration durch Partizipation? Frankfurt/M.

Grossmann, Wilma (Hrsg.) 1992: Kindergarten und Pädagogik. Grundlagentexte zur deutsch-deutschen Bestandsaufnahme. Weinheim und Basel

Gugel, Günther und Uli Jäger 1987: Friedensarbeit vor Ort. Erfahrungen-Möglichkeiten-Chancen kommunaler Friedensarbeit. Basisinfo 8. Tübingen

Gugel, Günther und Uli Jäger (Hrsg.) 1988: Handbuch Kommunale Friedensarbeit. Tübingen

Gugel, Günther und Uli Jäger 1988: Kommunale Friedensarbeit. In: Dies. (Hrsg.): Handbuch kommunale Friedensarbeit. Verein für Friedenspädagogik. Tübingen, 8–20

Gugel, Günther und Uli Jäger 1994: Gewalt muß nicht sein. Eine Einführung in friedenspädagogisches Denken und Handeln. Tübingen

Gutschmidt, Gunhild 1989: Armut in Einelternfamilien. Die „typisch weibliche Erwerbsbiographie" ist die zentrale Ursache für die Einkommensarmut alleinerziehender Mütter. In: Blätter der Wohlfahrtspflege 11/12, 335–338

Habermas, Jürgen 1961: Student und Politik. Neuwied

Habermas, Jürgen 1981: Theorie des kommunikativen Handelns. Band II. Frankfurt/M.

Habermas, Jürgen und Niklas Luhmann 1972: Theorie der Gesellschaft oder Sozialtechnologie. Frankfurt/M.

Hamburger, Fritz 1993: Erziehung und Sozialarbeit im Migrationsprozeß. In: Mehdi Jafari Gorzini und Heinz Müller (Hrsg.): Handbuch zur interkulturellen Arbeit. Wiesbaden, 93–106

Hanesch, Walter 1995: Armut in Deutschland: Eine Herausforderung für den Sozialstaat. In: Nachrichtendienst des Deutschen Vereins für öffentliche und private Fürsorge. Heft 2/1995, 66–73

Hantel-Quitmann, Wolfgang 1991: Krisen und professionelles Handeln oder: Brauchen wir ein „Krisenzentrum Hamburg"? In: standpunkt:sozial 1/91, S. 45–52

Hartmann, Helmut 1995: Thesen: Armut als Resultat von Defiziten des Sozialleistungssystems. In: Nachrichtendienst des Deutschen Vereins für öffentliche und private Fürsorge. Heft 2/1995, 78

Haucke, Karl 1995: Das Projekt „Multiplikatoren-Fortbildung Tageseinrichtungen für Kinder – MFT". In: Klein & Groß 48, 20–21

Haug, Frigga (Hrsg.) 1981a: Frauen – Opfer oder Täter? Diskussion. Berlin

Haug, Frigga 1981b: Erfahrung in die Krise führen – oder: Wozu brauchen die Lernenden den Lehrer? In: Isabel Fleischhut u. a. (Red.): Die Wertfrage in der Erziehung. Berlin, 67–77

Haug, Frigga 1990a: Die Hälfte des Himmels. In: Unabhängiger Frauenverband und Argument-Frauenredaktion (Hrsg.): Ohne Frauen ist kein Staat zu machen. Hamburg, 75–83

Haug, Frigga 1990b: Erinnerungsarbeit. Hamburg

Haug, Frigga 1991: Eintritt der Frauen in den Krieg. In: Das Argument 187, 349–359

Haug, Frigga 1993a: Das Bild der Anderen und weibliche Angst. Einige Überlegungen zum Verhältnis von Rassismus und Sexismus. In: Das Argument 202, 901–913

Haug, Frigga 1993b: Knabenspiele und Menschheitsarbeit – Geschlechterverhältnisse als Produktionsverhältnisse. In: Ethik und Sozialwissenschaften. Heft 2, 215–224

Haug, Frigga 1994: Zur Einführung: Versuch einer Rekonstruktion der gesellschaftstheoretischen Dimensionen der Mißbrauchsdebatte. In: Forum Kritische Psychologie 33, 6–20

Haug, Wolfgang F. 1980: Standpunkt und Perspektive materialistischer Kulturtheorie. In: ders. und Kasper Maase (Hrsg.): Materialistische Kulturtheorie und Alltagskultur. Berlin, 6–27

Haug, Wolfgang F. 1985: Pluraler Marxismus 1. Beiträge zur politischen Kultur. Berlin

Hauser, Richard 1995: Arme unter uns: Die Armutsuntersuchung des Deutschen Caritasverbandes. In: Nachrichtendienst des Deutschen Vereins für öffentliche und private Fürsorge. Heft 2/1995, 62–66

Häußermann, Hartmut und Walter Siebel 1987: Neue Urbanität. Frankfurt/M.

Heck, Ludwig: 1990: Humanes Wohnen im ländlichen Raum. In: Alois Glück und Holger Magel: Das Land hat Zukunft. Neue Perspektiven für ländliche Räume. München, 63–81

Heckmann, Friedrich 1992: Ethnos, Demos und Nation – Warum tut sich der Nationalstaat mit ethnischen Minderheiten so schwer? In: Gabriele Pommerin-Götze u. a. (Hrsg.): Es geht auch anders! Frankfurt/M., 60–85

Heiliger, Anita 1993: Gewalt hat ein Geschlecht. Ein Beitrag zur gegenwärtigen Debatte über die Gewalt Jugendlicher. In: kofra 58, 3–9

Heinelt, Hubert 1991a: Lokale Arbeitsmarktpolitik in einem sich wandelnden Wohlfahrtsstaat. In: Bernhard Blanke (Hrsg.): Staat und Stadt. Opladen, 113–125

Heinelt, Hubert und Hellmut Wollmann 1991b: Brennpunkt Stadt. Hannover

Heiner, Maja (Hrsg.) 1988: Praxisforschung in der sozialen Arbeit. Freiburg

Heiner, Maja 1988: Einleitung: Perspektiven der Praxisforschung. In: Dies. (Hrsg.): Praxisforschung in der sozialen Arbeit. Freiburg, 7–16

Heinze, Thomas 1995: Qualitative Sozialforschung. Opladen

Heitmeyer, Wilhelm 1992: Desintegration und Gewalt. In: Deutsche Jugend 40/92,3, 109–123

Heitmeyer, Wilhelm 1993: Die Maßnahmen gegen Fremdenfeindlichkeit gehen an den Ursachen vorbei. In: Bernhard Blanke (Hrsg.): Zuwanderung und Asyl in der Konkurrenzgesellschaft. Opladen, 151–162

Heitmeyer, Wilhelm u. a. 1992: Die Bielefelder Rechtsextremismus-Studie. Weinheim

Heitmeyer, Wilhelm u. a. 1995: Gewalt. Schattenseiten der Individualisierung bei Jugendlichen aus unterschiedlichen Milieus. Weinheim

Hengst, Heinz 1993: Kinderkultur – Kulturarbeit mit Kindern. Eine tour d'horizon. In: Ders.: Von, für und mit Kids. Kinderkultur in europäischer Perspektive. München, 13–34

Henkel, Gerhard (Hrsg.) 1986: Kommunale Gebietsreform und Autonomie im ländlichen Raum. Essener Geographische Arbeiten. Band 15. Paderborn

Henkel, Gerhard 1990: Der Lebens- und Selbstbestimmungsraum in Gemeinde und Dorf. In: Alois Glück und Holger Magel: Das Land hat Zukunft. Neue Perspektiven für ländliche Räume. München, 45–61

Hentig, Hartmut von 1982: Erkennen durch Handeln. Stuttgart

Hentig, Hartmut von 1987: Arbeit am Frieden. Übungen im Überwinden der Resignation. München

Herlyn, Ulfert 1990a: Leben in der Stadt. Lebens- und Familienphasen in städtischen Räumen. Opladen

Herlyn, Ulfert 1990b: Zur Aneignung von Raum im Lebenslauf. In: Lothar Bertels und Ulfert Herlyn (Hrsg.): Lebenslauf und Raumerfahrung. Opladen, 7–34

Herlyn, Ulfert, Ulrich Lakemann und Barbara Lettko 1991: Armut und Milieu. Benachteiligte Bewohner in großstädtischen Quartieren. Basel

Hermann, Gisela u. a. 1984: Krippen und Kindergärten in Reggio/Emilia. Verlag und Vertrieb: Fortbildungsinstitut für die pädagogische Praxis. Berlin

Hermann, Thomas 1992: Die sozialen und politischen Strukturen Hannovers in kleinräumiger Gliederung 1987/1990. Bericht zur Explorationsstudie im Auftrag des Niedersächsischen Sozialministeriums. Hannover

Hielscher, Hans (Hrsg.) 1987: Du und ich – ihr und wir. Konkrete Arbeitshilfen für die soziale Erziehung. Heinsberg

Hinte, Wolfgang 1990: Non-direktive Pädagogik. Eine Einführung in Grundlagen und Praxis des selbstbestimmten Lernens. Wiesbaden

Hinte, Wolfgang und Walter Dorsch 1984: Stadtteilorientierte soziale Arbeit mit Ausländern und Deutschen. Konzeptionelle Grundlagen und praktische Erfahrungen. In: Gerd Stüwe und Friedhelm Peters (Hrsg.): Lebenszusammenhänge von Ausländern und pädagogischer Problematik. Bielefeld, 133–174

Hoehne, Rainer 1993: Wie geht's den Kindern? Kind und Gesundheit. In: Deutsches Jugendinstitut (Hrsg.): Was für Kinder. Aufwachsen in Deutschland. Ein Handbuch. München, 229–233

Hoffmann, Hilmar 1995: Kein Kurs wie jeder andere. In: Klein & Groß 48, 20–21

Hoffmann, Lutz 1992: Die unvollendete Republik. Köln

Hoffmann, Lutz und Herbert Even 1984: Soziologie der Ausländerfeindlichkeit. Weinheim

Höltershinken, Dieter 1994: Medienerziehung im Kindergarten – was Erzieherinnen davon halten. In: Deutsches Jugendinstitut (Hrsg.): Handbuch Medienerziehung im Kindergarten. Teil 1: Pädagogische Grundlagen. Opladen, 37–50

Holzkamp, Klaus 1992: Die Fiktion administrativer Planbarkeit schulischer Lernprozesse. In: Karl-Heinz Braun und Konstanze Wetzel (Red.): Lernwidersprüche und pädagogisches Handeln. Bericht von der 6. internationalen Ferien-Universität Kritische Psychologie. Marburg, 91–113

Holzkamp, Klaus 1993: Lernen. Frankfurt/M.

Holzkamp, Klaus 1994: Antirassistische Erziehung als Änderung rassistischer „Einstellungen"? Funktionskritik und subjektwissenschaftliche Alternative. In: Das Argument 203, 41–58

Honig, Michael-Sebastian 1988: Vom alltäglichen Übel zum Unrecht. Über den Bedeutungswandel familialer Gewalt. In: Deutsches Jugendinstitut (Hrsg.): Wie geht's der Familie? Ein Handbuch zur Situation der Familien heute. München

Hradil, Stefan 1987: Sozialstrukturananlyse in einer fortgeschrittenen Gesellschaft. Von Klassen und Schichten zu Lagen und Milieus. Opladen

Hülsbusch, Robert 1993: Friedensarbeit auf dem Land. Das Beispiel einer westfälischen Kleinstadt. In: Michael Alfs, Thomas Dominikowski u. a. (Hrsg.): Arbeit am verlorenen Frieden. Münster, 29–41

Hüttl, Walter 1984: Eine Möglichkeit zur Beteiligung insbesondere von ausländischen Mitbürgern an Planungsentscheidungen in Sanierungsgebieten. In: Gerd Stüwe und Friedhelm Peters (Hrsg.): Lebenszusammenhänge von Ausländern und pädagogische Problematik. Bielefeld, 175

Informationsstelle Wissenschaft und Frieden 1992: Friedenssicherung in den 90er Jahren. Neue Herausforderungen an die Wissenschaft. Memorandum. Bonn

Institut für Friedensforschung und Sicherheitspolitik 1992: Friedensforschung nach dem Ende des Ost-West-Konflikts. Alte Probleme und neue Herausforderungen. Hamburger Informationen zur Friedensforschung und Sicherheitspolitik. Ausgabe 12. Hamburg

Institut für Landes- und Stadtentwicklungsforschung des Landes Nordrhein-Westfalen (ILS) (Hrsg.) 1990: Ausländer und Stadtentwicklung. Dortmund

Institut für Stadtteilbezogene Soziale Arbeit und Beratung 1989: Zwischen Sozialstaat und Selbsthilfe. Essen

Isensee, Josef und Edzard Schmidt-Jortzig (Hrsg.) 1993: Das Ausländerwahlrecht vor dem Bundesverfassungsgericht. Heidelberg

ISS-Bericht 1993: Untersuchung der Arbeitsweisen, Arbeitsbedingungen und Wirksamkeit von Kinderbeauftragten. Frankfurt/M.

Jacobs, Herbert 1993: Armut als Unterversorgung? Zum Verständnis von Armut in der deutschen Armutsforschung. In: Nachrichtendienst des deutschen Vereins für öffentliche und private Fürsorge (NDV), Heft 11, 423–429

Jäger, Margret und Siegfried Jäger 1992: Rassistische Alltagsdiskurse. Zum Stellenwert empirischer Untersuchungen. In: Das Argument 195, 685–694

Jäger, Siegfried 1992: BrandSätze. Duisburg

Jäger, Uli 1993a: Rechtsextremismus und Gewalt. Materialien, Methoden, Arbeitshilfen. Verein für Friedenspädagogik Tübingen e. V.

Jäger, Uli 1993b: Kriege in der Zweidrittel-Welt. Ein Thema im Unterricht? In: Pädagogik 45. Jahrgang. Heft 9, 24–27

Jahn, Rainer, Walter Rappel und Klaus Steidl 1994: Gemeinwesenarbeit in Stadterneuerungsgebieten: Sand im Getriebe der Verwaltung oder Alibi? In: Ulrike Fuchs und Georg Hopfengärtner (Hrsg.): Gemeinwesenarbeit. Grundprinzip – Weiterentwicklung – Anpassung. Ein Arbeitsansatz in Bewegung. Berichte und Materialien aus der sozialen und kulturellen Arbeit. Band 10. Nürnberg, 61–71

Jahoda, Marie, Paul F. Lazarsfeld und Hans Zeisel 1980[3]: Die Arbeitslosen von Marienthal. Ein soziographischer Versuch. Frankfurt/M.

Jansen, Hans G. 1991: Rüstung, Rüstungskonversion und Ingenieurausbildung. In: Johannes Esser, Wolfgang Frindte, Peter Krahulec (Hrsg.): Friedenswissenschaft und Friedenslehre an Fachhochschulen und Universitäten. Frankfurt/M., 96–105

Jarass, Hans D. und Bodo Pieroth 1992: Grundgesetz für die Bundesrepublik Deutschland. München

Jaschke, Hans-Gerd 1992: Die Krisen der Ballungsräume. In: sozialextra, Nr. 6, 8

Jörg, Sabine 1994: Kindliche Entwicklung und die Rolle des Fernsehens. In: Ministerium für Bildung, Jugend und Sport des Landes Brandenburg (Hrsg.): Kita Debatte. Schwerpunkt Konzeptentwicklung. 2/1994, 47–57

Kaldor, Mary 1992: Der imaginäre Krieg. Eine Geschichte des Ost-West-Konflikts. Hamburg und Berlin

Kalpaka, Annita 1992: Rassismus und Antirassismus. In: Gabriele Pommerin-Götze u. a. (Hrsg.): Es geht auch anders! Frankfurt/M., 93–101

Kalpaka, Annita 1994: Fremd ist der Fremde. In: Ausländerbeauftragter der Freien und Hansestadt Hamburg (Hrsg.): Bildung und Erziehung im Einwanderungsland. Hamburg, 10–51

Kalpaka, Annita und Nora Räthzel (Hrsg.) 1990: Die Schwierigkeit, nicht rassistisch zu sein. Leer

Kalpaka, Annita und Nora Räthzel 1990: Wirkungsweisen von Rassismus und Ethnozentrismus. In: Dies. (Hrsg.): Die Schwierigkeit, nicht rassistisch zu sein. Leer, 12–80

Kappeler, Susanne 1994: Der Wille zur Gewalt. München

Kappner, Hans-Hartmut 1984: Die Bildungstheorie Adornos als Theorie der Erfahrung von Kultur und Kunst. Frankfurt/M.

Kardorff, Ernst von 1988: Praxisforschung als Forschung der Praxis. In: Maja Heiner (Hrsg.): Praxisforschung in der sozialen Arbeit. Freiburg, 73–100

Karr, Werner 1993: Bonner Sparbeschlüsse treffen Länder und Kommunen. In: Erziehung und Wissenschaft. Heft 10

Kastner, Peter 1994: Leidenschaften, Gewalt und Liebe. Ein verdrängtes Thema in der Sozialarbeit. In: standpunkt:sozial 2/94, 3–5

Kattmann, Ulrich 1988: Sind Menschen von Natur aus zum Frieden fähig? In: Jörg Calließ und Reinhold E. Lob (Hrsg.): Praxis der Umwelt- und Friedenserziehung. Band 3: Friedenserziehung. Düsseldorf, S. 7–13

Kazemi-Veisari, Erika 1991a: Räume gestalten Beziehungen. In: Kindergarten heute 3/91, 12–18

Kazemi-Veisari, Erika 1991b: Sinn und Unsinn von Regeln. In: Kindergarten heute 5/91, 3–6

Keim, Klaus Dieter 1979: Milieu in der Stadt. Stuttgart

Ketelhut, Barbara (in Kooperation mit VertreterInnen des Amtes für Jugend) 1993c: Kolloquium zur Realisierbarkeit des Rechtsanspruches auf Kindertagesbetreuung in deutschen Großstädten. Veranstaltet vom Amt für Jugend in Hamburg am 30. September 1992

Ketelhut, Barbara 1989: Familienfesseln. Aspekte sozialer Sicherung von Frauen in der BRD. In: Gruppe Feministischer Internationalismus (Hrsg.): Zwischen Staatshaushalt und Haushaltskasse. Frauen in der Weltwirtschaft. Bremen, 168–187

Ketelhut, Barbara 1993a: Frauenarmut in der Bundesrepublik Deutschland. In: Gleichstellungsstelle Norderstedt und Frauenhaus Norderstedt (Hrsg.): Armut von Frauen in Norderstedt. Das Phänomen der Unsichtbarkeit. Dokumentation der Veranstaltung am 2. Juni 1992. Norderstedt, 4–12

Ketelhut, Barbara 1993b: Vereinen, was ewig sich flieht? Zum Zusammenhang von Familien-, Liebes- und Geschlechterverhältnissen. Münster

Ketelhut, Barbara 1994: Keine Friedenskultur ohne Frauen. In: Barbara Dietrich, Peter Krahulec, Christiane Ludwig-Körner und Konrad Seyffarth (Hrsg.): Den Frieden neu denken. Jahrbuch 1994 des Arbeitskreises Frieden in Forschung und Lehre an Fachhochschulen. Münster

Ketelhut, Barbara 1995: Normal ist, was Frauen arm macht. In: Hamburger Frauenwoche (Red. Sigrid Hahne): Nachlese zu den Hamburger Frauentagen 1994. Hamburg, 4–6

Keupp, Heiner 1987: Das psychosoziale Reformprojekt – Erschöpfung oder gibt es noch Perspektiven? In: Wolfgang F. Haug und Hans Pfefferer-Wolf (Hrsg.): Fremde Nähe. Festschrift für Erich Wulff. Berlin, 101–116

Keupp, Heiner und Bernd Röhrle (Hrsg.) 1987: Soziale Netzwerke. Frankfurt/M.

Keupp, Heiner, Florian Straus und Wolfgang Gmür 1989: Verwissenschaftlichung und Professionalisierung. Zum Verhältnis von technokratischer und reflexiver Verwendung am Beispiel psychosozialer Praxis. In: Ulrich Beck und Wolfgang Bonß (Hrsg.): Weder Sozialtechnologie noch Aufklärung? Analysen zur Verwendung sozialwissenschaftlichen Wissens. Frankfurt/M., 149–195

Kiderlen, Elisabeth 1993: Die ehemalige DDR im Wendeschwindel. In: Deutsches Jugendinstitut (Hrsg.) 1993: Was für Kinder. Aufwachsen in Deutschland. München, 328–335

Kieselbach, Thomas und Ali Wacker (Hrsg.) 1991: Bewältigung von Arbeitslosigkeit im sozialen Kontext. Programme, Initiativen, Evaluationen. Weinheim

Kietzell, Dieter von 1989: Auf dem Weg in eine multikulturelle Gesellschaft – mit Widersprüchen leben. In: Verband für sozial-kulturelle Arbeit e. V. (Hrsg.): XV. International Conference of the International Federation of Settlements and Neighbourhood Centres. Berlin, 46–54

Kietzell, Dieter von und Frieder Müller 1978: Die Selbständigkeit der Verplanten – oder was Anwaltsplanung nicht leisten kann. In: Joachim Brech und Rainer Greift: Bürgerbeteiligung mit Experten. Weinheim, 257–276

Kinderkommission (Kommission zur Wahrnehmung der Belange der Kinder im Deutschen Bundestag) 1994: Bericht über die Tätigkeit der Kommission von 1991–1994 (12. Legislaturperiode des Bundestages). Bonn

Kinderpolitisches Aktionsprogramm des Deutschen Kinderschutzbundes 1995: 1. Entwurf (Februar). Hannover

Kiwitz, Peter 1986: Lebenswelt und Lebenskunst. München

Klein, Armin 1992: Kinder. Kultur. Politik. Perspektiven kommunaler Kinderkulturarbeit. Opladen

Klein, Helmut und Brigitte Reich 1991: Paradigmenwechsel in der Friedenspädagogik? In: S+F Vierteljahresschrift für Sicherheit und Frieden, Jahrgang 9, Heft 2, 56–61

Klemisch, Herbert 1994: BürgerInnenbeteiligung. In: Herbert Klemisch, Gerald Munier u. a. (Hrsg.): Handbuch für alternative Kommunalpolitik. Bielefeld, 49–58

Klemm, Klaus 1990: Bildungspolitik: Bildung 2000– Unterschiedliche Perspektiven im Streit. In: Ulrich Sarcinelli (Hrsg.): Demokratische Streitkultur. Theoretische Grundpositionen und Handlungsalternativen in Politikfeldern. Opladen, 461–470

Knauf, Tassilo u. a. 1991: Ich erkunde meinen Stadtteil. In: Die Grundschulzeitschrift 49/91, 22–24

Komitee für Grundrechte und Demokratie 1995: Der radioaktive Zerfall der Grundrechte oder Warum sich Menschen querstellen, wenn der Castor kommt. Köln

KONTRA (Medienzentrum): Die 12 persönlichen Rechte (Ohne Verf.). (Medienzentrum KONTRA, Hufelandstr. 19, Berlin-Prenzlauer Berg)

Koppe, Karlheinz 1993: Neue deutsche Außenpolitik: Für wen und mit welchen Mitteln? Bonn, 19.6.1993 (Manuskript, 5 S.)

Koppe, Karlheinz 1995: Der unerreichbare Friede: Überlegungen zu einem komplexen Begriff und seinen forschungspolitischen Konsequenzen. AFB-Texte Nr. 1/95. Bonn

Kossakowski, Adolf 1993: Entwicklungsrisiken Jugendlicher und ihre sozialen Ursachen. In: Forum Kritische Psychologie 31, 106–123

Krahulec, Peter 1987: Gemeinden für den Frieden. Stand und Perspektiven kommunaler Friedensarbeit. In: Beiträge zur Kommunalen Friedensarbeit. Grüne und Alternative in den Kommunalvertretungen Hessen e. V. Nr. 5, 15–28

Krahulec, Peter 1993: Alltagsfriedensforschung – eine Perspektivenerweiterung. In: Peter Krahulec, Horst Kreth, Konrad Seyffarth (Hrsg.): Der große Frieden und die kleinen Kriege. Münster, 17–32.

Krahulec, Peter u. a. (Hrsg.) 1993: Der große Frieden und die kleinen Kriege. Münster

Krahulec, Peter und Horst Kreth (Hrsg.) 1992: Deutscher Alltag als Risiko. Münster

Krappmann, Lothar 1993: Kinderkultur als institutionalisierte Entwicklungsaufgabe. In: Manfred Markefka und Bernhard Nauck: Handbuch der Kindheitsforschung. Neuwied, 365–376

Krippendorff, Ekkehart 1986: Unsere politische Kultur – eine Kriegskultur? In: Friedensgruppe des CVJM Hamburg: Kultur und Krieg. Friedensforum 2. Berlin, 9–24

Krippendorff, Ekkehart 1985: Staat und Krieg. Die historische Logik politischer Unvernunft. Frankfurt/M.

Kromrey, Helmut 1994: Empirische Sozialforschung. Opladen

Krug, Marianne 1994: Der vergessene Beruf: ErzieherIn. In: Klein & Groß. Heft 47/94, 7 f.

Krüger, Rolf 1993: Sozialarbeit und Kommunale Jugend- und Sozialpolitik. Lüneburg (unveröff. Manuskript)

Krusewitz, Knut 1985: Umweltkrieg, Militär, Ökologie und Gesellschaft. Königstein/Taunus

Krysmanski, Hans Jürgen 1993: Soziologie und Frieden. Opladen

Küchenhoff, Erich 1985: Widerstand und ziviler Ungehorsam können nicht aufhören! In: Johannes Esser (Hrsg.): Friedensarbeit nach der Raketenstationierung. Grundlagen und Anregungen. Braunschweig, 67–86

Kühl, Jürgen 1993: Arbeitslosigkeit in der vereinigten Bundesrepublik Deutschland. In: Aus Politik und Zeitgeschichte. Beilage zur Wochenzeitung Das Parlament. B 35, 3–15

Kürsat-Ahlers, Elcin (Hrsg.) 1992: Die multikulturelle Gesellschaft: Der Weg zur Gleichstellung? Frankfurt/M.

Landeshauptstadt Hannover (Hrsg.) 1991: Sozialatlas. Hannover

Landeshauptstadt Hannover (Hrsg.) 1992: Zur Armutsberichterstattung von Hannover. Hannover

Landeshauptstadt Hannover 1992: Schriftenreihe zur kommunalen Sozial-, Jugend- und Gesundheitspolitik. Band 9. Kinderfreundliche Stadt Materialien aus der Umsetzung. Hannover

Lauritzen, Lauritz 1972: Planung und Planungskontrolle in der Demokratie. In: Lauritz Lauritzen (Hrsg.): Mehr Demokratie im Städtebau. Hannover, 9–34

Lefèbvre, Henri 1990: Die Revolution der Städte. Frankfurt/M.

Leggewie, Claus 1990: Bloß kein Streit! Über deutsche Sehnsucht nach Harmonie und die anhaltenden Schwierigkeiten demokratischer Streitkultur. In: Ulrich Sarcinelli (Hrsg.): Demokratische Streitkultur. Theoretische Grundpositionen und Handlungsalternativen in Politikfeldern. Opladen, 52–62

Leiprecht, Rudolf 1992: „Pech, daß Ausländer mehr auffallen…". In: Rudolf Leiprecht (Hrsg.): Rassismus und Jugendarbeit. Duisburg, 43–62

Lerner, Gerda 1991: Die Entstehung des Patriarchats. Frankfurt/M. und New York

Lersch, Rainer 1988: Praktisches Lernen und Bildungsreform. In: Zeitschrift für Pädagogik 34/88, 781–797

Luhmann, Niklas 1969: Komplexität und Demokratie. In: Politische Vierteljahresschrift, Nr. 1/10, 314–325

Lüttringhaus, Maria und Michael Preis 1993: Sozialraumbezug statt Zielgruppenspezialisierung. In: Markus Lang (Hrsg.): Fremde in der Stadt – Ville et Immigration. Berichte aus dem Institut für Raumplanung. Band 34. Dortmund, 82 f.

Lutz, Helma 1992: Ist Kultur Schicksal? In: Rudolf Leiprecht (Hrsg.): Rassismus und Jugendarbeit. Duisburg, 43–62

Macy, Joanna 1986: Mut in der Bedrohung. München

Maltry, Karola 1993: Die neue Frauenfriedensbewegung. Entstehung, Entwicklung und Bedeutung. Frankfurt/M. und New York

Mannoni, Maud 1976: „Scheißerziehung". Von der Antipsychiatrie zur Antipädagogik. Frankfurt/M.

Marburger Juristen für den Frieden (Hrsg.) 1988: Handbuch für Kommunale Friedenspolitik. Rechtliche Regeln für das Militär, Rechtsschutz für Bürger, Gemeinden und Gemeindevertreter. Baden-Baden

Markefka, Manfred und Bernhard Nauck (Hrsg.) 1993: Handbuch der Kindheitsforschung. Neuwied

Marquard, Peter 1994: Übereinkommen über die Rechte des Kindes. Beiträge zur Umsetzung der UN-Kinderrechtskonvention (KRK). In: Forum Jugendhilfe, AGJ-Mitteilungen Heft 4/94, 41–44

Martin, Ernst und Uwe Wawrinowski 1991: Beobachtungslehre. Weinheim

Marzahn, Christian 1984: Partizipation und Selbsthilfe. In: Hanns Eyfferth u. a. (Hrsg.): Handbuch zur Sozialarbeit/Sozialpädagogik. Neuwied, 734–742

Mayer, Susanne 1993: Wo, bitte, bleiben die Kinder? Das Gesetz verspricht: An Kindergärten wird kein Mangel sein. Die Praxis lehrt: Davon kann keine Rede sein. Eine Bestandsaufnahme. In: Die Zeit vom 23.4.1993

Mayer, Wolf-Dieter 1987: Integration im Stadtteil. Berlin

Mayer-Tasch, Peter Cornelius 1976: Die Bürgerinitiativbewegung. Reinbek

Mayring, Philipp 1990: Einführung in die qualitative Sozialforschung. München

Mendler, Martin und Wolfgang Schwegler-Rohmeis 1987: Strategie des Gleichgewichts: Bedingung des Friedens oder Schritt zum Krieg? Zur Ideengeschichte von Machtpolitik. In: Reiner Steinweg (Red.): Kriegsursachen. Frankfurt/M., 151–190

Menze, Siegfried 1993: Zwanzig Jahre Friedensarbeit in der Provinz. Das Beispiel: Aktionsgemeinschaft Friedenswoche Minden e. V. In: Michael Alfs, Thomas Dominikowski u. a. (Hrsg.): Arbeit am verlorenen Frieden. Münster, 42–55

Metzler, H. 1992: Die Alternative: Zivilisierung der Konflikte. In: Memorandum der Informationsstelle Wissenschaft und Frieden e. V.: Friedenssicherung in den 90er Jahren. Neue Herausforderungen an die Wissenschaft. Bonn, V-VII

Meyer, Bernhard 1993: Frieden auf den Straßen? In: Michael Alfs, Thomas Dominikowski u. a. (Hrsg.): Arbeit am verlorenen Frieden: Erkundungen im Spannungsfeld von Theorie und Praxis. Münster, 56–71

Meyer, Sibylle und Eva Schulze 1988: Lebens- und Wohnformen Alleinstehender. Wiesbaden

Michler, Walter 1991[2]: Weißbuch Afrika. Bonn

Miles, Robert 1991: Rassismus. Hamburg

Mitscherlich, Alexander 1974: Die Unwirtlichkeit unserer Städte. Anstiftung zum Unfrieden. Frankfurt/M.

Möller, Carola 1993: „Lean production" – japanischer Joker für europäische Arbeitgeber. In: Beiträge zur feministischen Theorie und Praxis. Europa einig Vaterland? Nr. 34, 85–92

Müller, Carl Wolfgang 1988: Wie helfen zum Beruf wurde. Band 2. Eine Methodengeschichte der Sozialarbeit 1945–1985. Weinheim und Basel

Müller, Heinz 1993: Rasse, Ethnos, Kultur und Nation – Eine Phänomenologie zentraler Begriffe im Diskurs um die Migrationsgesellschaft. In: Mehdi Jafari Gorzini und Heinz Müller (Hrsg.): Handbuch zur interkulturellen Arbeit. Wiesbaden, 52–69

Müller, Ingeborg; Roland Mutschler und Wolfgang Pickert 1992: Wohnungsnot in Hamburg. In: Waldemar Süß und Alf Trojan (Hrsg.): Armut in Hamburg. Soziale und gesundheitliche Risiken. Hamburg

Müller, Kerstin 1993: Die Generation der Täter wurde erzogen. Sind linke Lehrer an rechter Gewalt schuld? In: Freitag vom 6.8.1993, 4

Mumford, Lewis 1980: Die Stadt. Geschichte und Ausblick. Band 1 und 2. Köln

Münder, Johannes 1993: Familien- und Jugendrecht. Band 1 und 2. Weinheim

Münder, Johannes u. a. 1993: Frankfurter Lehr- und Praxiskommentar zum KJHG. Münster

Musiol, Marion 1994: Der vergessene Beruf: ErzieherIn. In: Klein & Groß. Heft 47/94, 8 f.

Nadig, Maya 1993: Die Ritualisierung von Haß und Gewalt im Rassismus. In: Friedrich Balke, Rebekka Habermas, Patrizia Nanz und Peter Sillem (Hrsg.): Schwierige Fremdheit. Über Integration und Ausgrenzung in Einwanderungsländern. Frankfurt/M., 264–284

Naschold, Frieder 1969: Demokratie wegen Komplexität. In: Politische Vierteljahresschrift, 326–327

Nauck, Bernhard 1991: Familien- und Betreuungssituation im Lebenslauf von Kindern. In: Hans Bertram (Hrsg.): Die Familie in Westdeutschland. Stabilität und Wandel familialer Lebensformen. Opladen, 389–428

Nauck, Bernhard 1993: Lebensqualität von Kindern. Befunde und Lücken der Sozialberichterstattung. In: Deutsches Jugendinstitut (Hrsg.): Was für Kinder. Aufwachsen in Deutschland. Ein Handbuch. München, 222–228

Negt, Oskar 1984: Lebendige Zeit, enteignete Zeit. Frankfurt/M.

Negt, Oskar 1994: Wir brauchen eine zweite, eine gesamtdeutsche Bildungreform. In: Ders. (Hrsg.): Die zweite Gesellschaftsreform. 27 Plädoyers. Göttingen, 276–290

Negt, Oskar und Alexander Kluge 1974: Öffentlichkeit und Erfahrung. Zur Organisationsanalyse von bürgerlicher und proletarischer Öffentlichkeit. Frankfurt/M.

Negt, Oskar und Alexander Kluge 1992: Maßverhältnisse des Politischen. 15 Vorschläge zum Unterscheidungsvermögen. Frankfurt/M.

Neill, Alexander Sutherland 1969: Theorie und Praxis der antiautoritären Erziehung. Das Beispiel Summerhill. Reinbek

Nicklas, Hans 1987: Stehen wir vor einem Paradigmawechsel? Wertewandel in der modernen Industriegesellschaft. In: Jörg Calließ und Reinhold E. Lob (Hrsg.): Praxis der Umwelt- und Friedenserziehung. Band 1: Grundlagen. Düsseldorf, 750–755

Nicklas, Hans 1992: Frieden durch Ausbreitung des bürgerlich-demokratischen Rechtsstaats? In: Ulrike C. Wasmuht (Hrsg.): Ist Wissen Macht? Zur aktuellen Funktion von Friedensforschung. Baden-Baden, 279–292

Nicklas, Hans und Änne Ostermann 1993: Friedensfähigkeit. Aspekte der bisherigen friedenspädagogischen Diskussion und Perspektiven für die Zukunft. In: Johan Galtung, Dieter Kinkelbur und Martin Nieder (Hrsg.): Gewalt im Alltag und in der Weltpolitik. Münster, 59–70

Nikles, Bruno W. u. a. 1994: Einbeziehung von Kindern und Jugendlichen in die Jugendhilfeplanung. Bericht über einen Modellversuch. Essen

Nissen, Ursula 1990: Räume für Mädchen?! In: Ulf Preuss-Lausitz u. a. (Hrsg.): Selbständigkeit für Kinder – die große Freiheit. Weinheim und Basel, 148–160

Nissen, Ursula 1993: Modernisierungstendenzen im Kinderalltag. Sind Mädchen die ‚modernen' Kinder? In: Deutsches Jugendinstitut (Hrsg.): Was für Kinder. Aufwachsen in Deutschland. Ein Handbuch. München, 241–246

Nyssen, Elke 1993: Geschlechterdifferenzen im Bildungswesen. In: Karin Derichs-Kunstmann und Brigitte Müthing (Hrsg.): Frauen lernen anders. Theorie und Praxis der Weiterbildung für Frauen. Bielefeld, 19–35

Oberndörfer, Dieter 1991: Die offene Republik. Freiburg

Oelkers, Jürgen 1976: Die Vermittlung zwischen Theorie und Praxis in der Pädagogik. München

Oelschlägel, Dieter 1995a: Die dritte Welle. Einige Bemerkungen zu Community Organization. In: Sozial Extra Januar/Februar 1995

Oelschlägel, Dieter o. J. (1995b): Zum aktuellen Stand fachwissenschaftlicher Diskussion in der sozial-kulturellen und in der Gemeinwesenarbeit. In: Andreas Baumgärtner u. a. (Hrsg.): Dokumentation. Köln, 3–16

Oerter, Rolf 1992: Können Kinder ihre Zukunft mitbestimmen? Entwicklungspsychologische Befunde zur Entwicklungsfähigkeit von Kindern. In: Werkheft Kinderleben: Selbstbestimmung und Mitbestimmung von Kindern und Jugendlichen. Arbeitsstelle Friedenserziehung an der Pädagogischen Hochschule Freiburg, 83–92

Oerter, Rolf 1993: Kinderspiel. In: Manfred Markefka und Bernhard Nauck (Hrsg.): Handbuch der Kindheitsforschung. Neuwied, 377–388

Ohe, Werner von der 1988: Konflikt. In: Ekkehard Lippert und Günther Wachtler (Hrsg.): Frieden. Ein Handwörterbuch. Opladen, 216–229

Osterkamp, Ute 1992: Objektive und subjektive Behinderungen einer antirassistischen Pädagogik. In: Karl-Heinz Braun und Konstanze Wetzel (Red.): Lernwidersprüche und pädagogisches Handeln. Marburg, 257–294

Ostermann, Änne 1991: Erziehung zur Friedensfähigkeit nach dem Ende des Ost-West-Konfliktes. In: Vierteljahresschrift für Sicherheit und Frieden. 2/91, 75–77

Palentien, Christian 1994: Familialer Rückhalt von Kindern und Jugendlichen im Kontext der Folgen veränderter Strukturen von Familie. In: Zeitschrift für Familienforschung 1/2 1994, 64–79

Peterßen, Wilhelm H. 1992[5]: Handbuch Unterrichtsplanung. Grundfragen, Modelle, Stufen, Dimensionen. Linz

Petry, Ilse 1993: Gewalt im privaten, öffentlichen und internationalen Bereich aus feministischer Perspektive. In: Johan Galtung, Dieter Kinkelbur und Martin Nieder (Hrsg.): Gewalt im Alltag und in der Weltpolitik. Münster, 151–166

Peukert, Rüdiger 1994: Familie im Umbruch – Folgen für die Kinder. In: Arbeitskreis deutscher Bildungsstätten e. V.: Außerschulische Bildung. Materialien zur politischen Jugend- und Erwachsenenbildung. 4/94, 359–362

Plänkers, Thomas 1993: Vorwort. In: Ders. (Hrsg.): Die Angst vor der Freiheit. Beiträge zur Psychoanalyse des Krieges. Tübingen, 7–12

Politik für Kinder. In: Sozialmagazin, Heft 2, Februar 1995, 13–34

Pommerin-Götze, Gabriele u. a. (Hrsg.) 1992: Es geht auch anders! Frankfurt/M.

Popp, Friedrich 1992: Multikulturelle Gesellschaft zwischen Utopie und Wirklichkeit. In: Gabriele Pommerin-Götze u. a. (Hrsg.): Es geht auch anders! Frankfurt/M., 30–59

Preissing, Christa, Ulf Preuss-Lausitz und Helga Zeiher 1990: Veränderte Kindheitsbedingungen: Neue Freiheiten, neue Zumutungen, neue Chancen? In: Ulf Preuss-Lausitz, Tobias Rülcker und Helga Zeiher (Hrsg.): Selbständigkeit für Kinder – die große Freiheit? Weinheim und Basel, 10–19

Prenzel, Manfred 1992: Kindliche Mitbestimmung aus motivationspsychologischer Sicht und pädagogischer Perspektive. In: Werkheft Kinderleben: Selbstbestimmung und Mitbestimmung von Kindern und Jugendlichen. Arbeitsstelle Friedenserziehung an der Pädagogischen Hochschule Freiburg, 93–102

Preuss-Lausitz, Ulf 1990: Kinder zwischen Selbständigkeit und Zwang. In: Ders. u. a. (Hrsg.): Selbständigkeit für Kinder – die große Freiheit. Weinheim und Basel, 54–68

Preuss-Lausitz, Ulf 1994: „Zwischen Individualismus und Separatismus". In: Die Grundschulzeitschrift 71/94, 12–15

Puskeppeleit, Jürgen und Dietrich Thränhardt 1990: Vom betreuten Ausländer zum gleichberechtigten Bürger. Hamburg

Radtke, Frank-Olaf 1991: Lob der Gleich-Gültigkeit. In: Uli Bielefeld (Hrsg.): Das Eigene und das Fremde. Hamburg, 79–96

Radtke, Frank-Olaf 1992: Die Konstruktion des Fremden im Diskurs des Multikulturalismus. In: Elcin Kürsat-Ahlers (Hrsg.): Die multikulturelle Gesellschaft: Der Weg zur Gleichstellung? Frankfurt/M., 129–141

Rajewsky, Christiane 1988a: An Erfahrungen anknüpfen, über Erfahrungen hinausgehen: Grundlinien einer politischen Kultur des Friedens in der Stadt. In: Dieter Hübner (Red.): Frieden in der Stadt. Eine Dokumentation der Stadt Schwerte zu den Ergebnissen der Tagung „Stadt – Kultur – Frieden" im Rahmen des Projektes „Kultur 90". Essen, 184–190

Rajewsky, Christiane 1988b: Friedensorientierte Kulturarbeit. In: Günther Gugel und Uli Jäger (Hrsg.): Handbuch kommunale Friedensarbeit. Verein für Friedenspädagogik Tübingen, 166–171

Ramseger, Jörg 1987: Neun Argumente für die Öffnung der Grundschule. In: Die Grundschulzeitschrift 1/87, 6–7

Ramseger, Jörg 1994: Was wird aus der Grundschule? In: Die Grundschulzeitschrift 71/94, 7–11

Räthzel, Nora und Annita Kalpaka 1993: Neuere Rassismustheorien. In: Mehdi Jafari Gorzini und Heinz Müller (Hrsg.): Handbuch zur interkulturellen Arbeit. Wiesbaden, 303–333

Regel, Gerhard (Hrsg.) 1991: Mut machen zur gemeinsamen Erziehung – zeitgemäße Pädagogik im offenen Kindergarten. Hamburg

Reich-Hilweg, Ines und Andreas Schmitz 1985: Frieden. In: Wolfgang Pohl u. a. (Hrsg.): Handbuch für alternative Kommunalpolitik. Bielefeld, 279–285

Reich-Hilweg, Ines und Burkhard Luber 1994: Friedenspolitik und Konversion. In: Herbert Klemisch u. a. (Hrsg.): Handbuch für alternative Kommunalpolitik. Bielefeld, 324–330

Reichertz, Jo 1991: Aufklärungsarbeit. Stuttgart

Reichertz, Jo und Norbert Schröer 1994: Erheben, Auswerten, Darstellen. In: Norbert Schröer (Hrsg.): Interpretative Sozialforschung. Opladen, 56–84

Reinhardt, Klaus 1992: Öffnung der Schule. Weinheim und Basel

Retter, Hein 1979: Spielzeug. Handbuch zur Geschichte und Pädagogik der Spielmittel. Weinheim und Basel

Richards, Elizabeth 1989: Friedenserziehung in der Diskussion. In: AFB-Texte, Bonn

Richter, Horst-Eberhard 1991: Über die lange verleugnete Entfremdung und andere Illusionen. Zum Problem der deutschen Selbstbesinnung und der Forderung nach einem Gemeinschaftsbewußtsein. In: Frankfurter Rundschau vom 18.5.1991, Nr. 114, 14

Rogge, Jan-Uwe 1993: Kinder brauchen Grenzen. Reinbek

Röhrs, Hermann (Hrsg.) 1986: Die Schulen der Reformpädagogik – Glieder einer kontinuierlichen internationalen Bewegung. In: Ders. (Hrsg.): Die Schulen der Reformpädagogik heute. Düsseldorf, 13–64

Röhrs, Hermann 1983[2]: Die Reformpädagogik. Ursprung und Verlauf in Europa. Hannover

Röhrs, Hermann 1994: Idee und Realität der Friedenspädagogik. Frieden – eine pädagogische Aufgabe. Band 4. Weinheim

Ronge, Volker 1989: Verwendung sozialwissenschaftlicher Ergebnisse in institutionalisierten Kontexten. In: Ulrich Beck und Wolfgang Bonß (Hrsg.): Weder Sozialtechnologie noch Aufklärung? Frankfurt/M., 332–354

Roth, Michael 1988: Strukturelle und personale Gewalt. Probleme der Operationalisierung des Gewaltbegriffs von Johan Galtung. HSFK-Forschungsbericht, Frankfurt/M.

Rousseau, Jean-Jacques 1989[9]: Emil oder über die Erziehung. Paderborn

Ruddick, Sara 1993: Mütterliches Denken. Für eine Politik der Gewaltlosigkeit. Frankfurt/M.

Rülcker, Tobias 1990: Selbständigkeit als pädagogisches Zielkonzept. In: Ulf Preuss-Lausitz, Tobias Rülcker und Helga Zeiher (Hrsg.): Selbständigkeit für Kinder – die große Freiheit? Weinheim und Basel, 20–27

Runge, B. und F. Vilmar 1988: Handbuch Selbsthilfe. Frankfurt/M.

Rüschendorf, Roswitha 1993: Dörfliche Gemeinwesenarbeit verläßt das Feld der Sozialarbeit. Dorferneuerung in Hessen – ein neues Handlungsfeld der Gemeinwesenarbeit. In: Sozial Extra. Heft 6/93. Wiesbaden, 2–5

Rutschky, Katharina 1992: Erregte Aufklärung. Kindesmißbrauch: Fakten und Fiktionen. Hamburg

Sarcinelli, Ulrich 1990: Auf dem Weg in eine kommunikative Demokratie? Demokratische Streitkultur als Element politischer Kultur. In: Ulrich Sarcinelli (Hrsg.): Demokratische Streitkultur. Theoretische Grundpositionen und Handlungsalternativen in Politikfeldern. Opladen, 29–51

Sartre, Jean Paul 1988: Die Wege der Freiheit. Band 1 bis 3. Reinbek

Scarry, Elaine 1992: Der Körper im Schmerz. Die Chiffren der Verletzlichkeit und die Erfindung der Kultur. Frankfurt/M.

Scarry, Elaine 1993: Das schwierige Bild der Anderen. In: Friedrich Balke, Rebekka Habermas, Patrizia Nanz und Peter Sillem (Hrsg.): Schwierige Fremdheit. Über Integration und Ausgrenzung in Einwanderungsländern. Frankfurt/M., 229–263

Scheherazade. Newsletter Nr. 5, Juli 1993

Scheinhardt, Saliha 1993: Türkinnen in Deutschland. Eine Innenperspektive. In: Friedrich Balke, Rebekka Habermas, Patrizia Nanz und Peter Sillem (Hrsg.): Schwierige Fremdheit. Über Integration und Ausgrenzung in Einwanderungsländern. Frankfurt/M., 68–77

Scheller, Ingo 1981: Erfahrungsbezogener Unterrricht. Theorie, Praxis, Planung. Königstein/Ts.

Schenk, Herrad 1983: Frauen kommen ohne Waffen. Feminismus und Pazifismus. München

Schlotter, Peter 1982: Zur Zukunft der Friedensbewegung. Rahmenbedingungen alternativer Politik. In: Reiner Steinweg (Red.): Die neue Friedensbewegung. Analysen aus der Friedensforschung. Frankfurt/M., 16–33

Schmidt, Hans-Gerd 1994: Produktions- und lebensweltbezogene Medienpädagogik in der Ausbildung. In: Deutsches Jugendinstitut (Hrsg.): Handbuch Medienerziehung im Kindergarten. Teil 1: Pädagogische Grundlagen. Opladen, 52–61

Schmidt, Helmut 1979: Der Kurs heißt Frieden. Düsseldorf

Schmidt-Aßmann, Eberhard 1985: Kommunalrecht. In: Ingo von Münch (Hrsg.): Besonderes Verwaltungsrecht. München, 91–180

Schmitz, Mathias 1988: Partizipation. In: Görres-Gesellschaft (Hrsg.): Staatslexikon. Freiburg, 318–322

Schnack, Dieter und Rainer Neutzling 1993: Kleine Helden in Not. Auf der Suche nach Männlichkeit. Reinbek

Schneider-Wohlfahrt, Ursula u. a. (Hrsg.) 1990: Fremdheit überwinden. Opladen

Schoenebeck, Hubertus von 1982: Unterstützen statt erziehen. Die neue Eltern-Kind-Beziehung. München

Schoenebeck, Hubertus von 1988: Unterstützen statt Erziehen – Die neue Eltern-Kind-Beziehung. München

Schramm, Florian 1992: Beschäftigungsunsicherheit. Wie sich die Risiken des Arbeitsmarkts auf die Beschäftigten auswirken – empirische Analysen in Ost und West. Berlin

Schröder, Hartwig 1992: Grundwortschatz Erziehungswissenschaft. Ein Wörterbuch der Fachbegriffe. München

Schröer, Norbert (Hrsg.) 1994: Interpretative Sozialforschung. Opladen

Schubert, Herbert J. 1992: Zur Armutsberichterstattung für Hannover. Hannover

Schubert, Herbert J. 1990: Private Hilfsnetze. Solidaritätspotentiale von Verwandtschaft, Nachbarschaft und Freundschaft. Hannover

Schubert, Herbert J. u. a. 1992: Landeshauptstadt Hannover. Schriftenreihe zur kommunalen Sozial-, Jugend- und Gesundheitspolitik. Zur Armutsberichterstattung für Hannover. Hannover

Schulte, Axel 1992: Multikulturelle Gesellschaft, Integration und Demokratisierung. In: Elcin Kürsat-Ahlers (Hrsg.): Die multikulturelle Gesellschaft: Der Weg zur Gleichstellung? Frankfurt/M., 94–128

Schulte, Axel 1993a: Vielfalt und Integration. In: Bernhard Blanke (Hrsg.): Zuwanderung und Asyl in der Konkurrenzgesellschaft. Opladen, 181–214

Schulte, Axel 1993b: Von der Gastarbeiter- und Ausländerpolitik zur Minderheiten- und Zuwanderungspolitik? In: Bernhard Blanke (Hrsg.): Zuwanderung und Asyl in der Konkurrenzgesellschaft. Opladen, 113–140

Schulze, Gerhard 1993: Die Erlebnisgesellschaft. Bamberg

Schulze, Joachim 1993: Soziokulturelle Zentren – Stadterneuerung von unten. Essen

Schwarzer, Hermann 1993: Kinderunfälle im Straßenverkehr. In: Deutsches Jugendinstitut (Hrsg.): Was für Kinder. Aufwachsen in Deutschland. Ein Handbuch. München, 277–282

Schweitzer, Jochen 1986: Einführungsreferat über Friedenserziehung. In: Die Deutsche Schule. Zeitschrift für Erziehungswissenschaft und Gestaltung der Schulwirklichkeit. Frankfurt/M., 85–92

Seifert, Ruth 1991: Feministische Theorie und Militärsoziologie. In: Das Argument 190, 861–872

Selle, Klaus 1991: Mit Bewohnern die Stadt erneuern. Der Beitrag intermediärer Organisationen zur Entwicklung städtischer Quartiere. Beobachtungen aus sechs Ländern. Dortmund. In: Schulze, Jochim 1993: Soziokulturelle Zentren – Stadterneuerung von unten. Essen, 322 f.

Senghaas, Dieter 19/2: Abschreckung und Frieden. Studien zur Kritik organisierter Friedslosigkeit. Frankfurt/M.

Senghaas, Dieter (Hrsg.) 1995: Den Frieden denken. Frankfurt/M.

Senghaas, Dieter und Michael Zürn 1992: Kernfragen für die Friedensforschung der neunziger Jahre. In: „Rundbrief der Arbeitsgemeinschaft für Friedens- und Konfliktforschung e. V." Heft Nr. 2, Mai 1992, 46–62

Senghaas-Knobloch, Eva 1990: Zur Bedeutung des subjektiven Faktors in der europäischen Umbruchsituation. In: Dieter Senghaas und Karlheinz Koppe (Hrsg.): Friedensforschung in Deutschland. Lagebeurteilung und Perspektiven für die neunziger Jahre. Dokumentation eines Kolloquiums in Berlin vom 17.-19. Juli 1990, 45–51

Senior, Bruce 1986: Britische Sozialarbeit und schwarze Klienten. In: Autorengruppe Fulda, Portsmouth, Sheffield (Hrsg.): Marginalisierung im Sozialstaat. Marburg, 65–73

Sennett, Richard 1983: Verfall und Ende des öffentlichen Lebens. Die Tyrannei der Intimität. Frankfurt/M.

Sennett, Richard 1991: Civitas. Die Großstadt und die Kultur des Unterschieds. Frankfurt/M.

Siebel, Walter 1989: Neue Wohnformen und informelle Arbeit oder die Rückgewinnung von Zeit und Raum. In: Sozial Extra. Heft 12/89. Wiesbaden, 10 f.

Siegelberg, Jens 1992: Kriege Juli 1991 bis Juni 1992. In: Hanne-Margret Birckenbach, Uli Jäger und Christian Wellmann in Zusammenarbeit mit der Arbeitsgemeinschaft für Friedens- und Konfliktforschung (Hrsg.): Jahrbuch Frieden 1993. Konflikte, Abrüstung, Friedensarbeit. München, 66–67

Smith, Dorothy E. 1994: Familienlohn und Männergewalt. In: Forum Kritische Psychologie. Nr. 33, 33–54

Soeffner, Hans-Georg 1991: ‚Trajectory' – Das geplante Fragment. Die Kritik der empirischen Vernunft bei Anselm Strauss. In: BIOS, Nr. 1, 1–12

Springer, Werner 1993: Aktive Partizipation bewahrt vor Resignation. In: Essener Universitätsberichte Nr. 2/93. Essen, 10–15

Stadt Herten 1993: Geschäftsstelle Kinderfreunde. In: Hedwig Blanke, Brigitte Hovenga und Silvia Wawrziczny (Hrsg.): Handbuch Kommunale Kinderpolitik. Münster, 80–89

Stadt Schwerte (Hrsg.) 1988: Frieden in der Stadt. Essen

Stahlmann, Martin 1994: „Grenzen setzen". Anmerkungen zu einer beliebten Metapher. In: Kinderschutz Aktuell. Die Zeitschrift des deutschen Kinderschutzbundes e. V., Heft 2, 26–27

Statistisches Bundesamt (Hrsg.) 1992: Statistisches Jahrbuch 1992 für die Bundesrepublik Deutschland. Wiesbaden

Statistisches Bundesamt (Hrsg.) 1993: Statistisches Jahrbuch 1993 für die Bundesrepublik Deutschland. Wiesbaden

Stiftung Mitarbeit (Hrsg.) 1991: Demokratie vor Ort. Bonn

Storm, Magdalena 1994: KITA. Zur Zukunft der Kindertagesstätten-Pädagogik. Frankfurt/M.

Storr, Peter 1991: Jugendhilferecht. Regensburg

Strauss, Anselm 1987: Qualitative analysis for social scientists. Cambridge

Strauss, Anselm 1991: Grundlagen qualitativer Sozialforschung. München

Strübel, Michael 1992: Globale Umweltkrisen. Herausforderungen für die Friedensforschung. In: Ulrike C. Wasmuht (Hrsg.): Ist Wissen Macht? Zur aktuellen Funktion von Friedensforschung. Baden-Baden, 221–242

Stüwe, Gerd und Bernd Stickelmann 1992: Multikulturelle Jugendarbeit. In: Sozial extra, Nr. 6, 10

Stüwe, Gerd und Friedhelm Peters (Hrsg.) 1984: Lebenszusammenhänge von Ausländern und pädagogische Problematik. Bielefeld

Thiele, Robert 1992: Niedersächsische Gemeindeordnung. Berlin

Thiemann, Friedrich 1988: Kinder in den Städten. Frankfurt/M.

Thiersch, Hans 1992: Lebensweltorientierte soziale Arbeit. Aufgaben der Praxis im sozialen Wandel. Weinheim

Thiersch, Hans 1992: Schon wieder – und noch einmal – alltagsorientierte Sozialpädagogik. In: Otto/Hirschauer/Thiersch (Hrsg.): Zeit-Zeichen sozialer Arbeit. Neuwied, 33–41

Thorne, Barrie 1993: Gender Play. Girls and Boys in School. Buckingham

Thränhardt, Dietrich und Herbert Uppendahl 1981: Alternativen lokaler Demokratie. Königstein

Thürmer-Rohr, Christina 1987: Vagabundinnen. Feministische Essays. Berlin

Tiemann, Dieter 1994: Papier für die „Second Conference on Baltic Sea States Subregional Cooperation", Ministerium für Arbeit, Soziales, Jugend und Gesundheit des Landes Schleswig-Holstein, vom 25. Juli 1994

Timmermann, Dieter und Wolfgang Melzer 1993: Wandel von Kindheit und öffentliche Erziehung. (Selbst-)Kritische Reflexionen über Ansätze und Perspektiven der Kindheitsforschung. In: Zentrum für Kindheits- und Jugendforschung (Hrsg.): Wandlungen der Kindheit. Theoretische Überlegungen zum Strukturwandel der Kindheit heute. Opladen, 32–48

Ulmann, Gisela 1987: Über den Umgang mit Kindern. Orientierungshilfen für den Erziehungsalltag. Frankfurt/M. und New York

Vester, Michael, Peter von Oertzen u. a. 1993: Soziale Milieus im gesellschaftlichen Strukturwandel. Zwischen Integration und Ausgrenzung. Köln

Vogt, Wolfgang R. 1990: Positiven Frieden wagen. Zur Transformation militarisierter Friedenssicherung in zivilisierter Friedensgestaltung. In: Ders. (Hrsg.): Mut zum Frieden. Über die Möglichkeiten einer Friedensentwicklung für das Jahr 2000. Darmstadt, 1–37

Wagner, Angelika C. u. a. 1976: Schülerzentrierter Unterricht. München, Berlin und Wien

Wallner Ernst M. und Margret Pohler-Funke (Hrsg.) 1978: Soziologie der Kindheit. Heidelberg

Wallrabenstein, Wulf 1989: Wenn Schüler ihr Lernen in die Hand nehmen. In: Die Grundschulzeitschrift Sonderheft 89, 28–31

Walper, Sabine 1991: Finanzielle Belastungen und soziale Beziehungen. In: Hans Bertram (Hrsg.): Die Familie in Westdeutschland. Stabilität und Wandel familialer Lebensformen. Opladen, 351–386

Walper, Sabine 1993: Können wir uns das leisten? Kinder und Armut. In: Deutsches Jugendinstitut (Hrsg.): Was für Kinder. Aufwachsen in Deutschland. Ein Handbuch. München, 267–276

Wawrziczny, Silvia 1993: Braucht Kinderpolitik neue Strukturen? In: Hedwig Blanke, Brigitte Hovenga und Silvia Wawrziczny (Hrsg.): Handbuch Kommunale Kinderpolitik. Münster, 18–26

Weber, Max 1973: Gesammelte Aufsätze zur Wissenschaftslehre. Tübingen

Wehrmann, Ilse, Margarete Kossolapow und Harald Seehausen (Hrsg.) 1995: Familien auf der Suche nach neuer Orientierung. Bremen

Wellendorf, Franz 1994: Grenzen der Erziehung. Überlegungen zur Schule als Institution. In: Gerd E. Schäfer (Hrsg.): Soziale Erziehung in der Grundschule. Rahmenbedingungen, soziales Erfahrungsfeld, pädagogische Hilfen. Weinheim und München, 107–122

Wellmer, Matthias 1994: Ausländerfeindlichkeit und Gewalt ist nicht Protest, sondern Tradition! In: Neue Praxis 3/94, 282–287

Wendt, Ulrich 1993: Haßt Du was, dann bist Du was. In: Hubertus Heil u. a.: Jugend und Gewalt. Marburg, 13–30

Wiedemann, Peter 1991: Gegenstandsnahe Theoriebildung. In: Uwe Flick u. a. (Hrsg.): Handbuch Qualitative Sozialforschung. München, 440–445

Wilken, Hedwig 1992: Welche Rechte hat ein Kind? In: kindergarten heute 4/92, 3–8

Wilken, Walter 1993: Eine Million Kinder leben von Sozialhilfe. Interview mit Walter Wilken, Deutscher Kinderschutzbund. In: Erziehung und Wissenschaft, Heft 10

Willis, Paul 1982: Spaß am Widerstand. Gegenkultur in der Arbeiterschule. Frankfurt/M.

Wintersteiner, Werner 1992: Die Alpen-Adria-Friedensbewegung: Baustein für ein Europa der Regionen. In: Hanne-Margret Birckenbach, Uli Jäger und Christian Wellmann in Zusammenarbeit mit der Arbeitsgemeinschaft für Friedens- und Konfliktforschung (Hrsg.): Jahrbuch Frieden 1993. Konflikte, Abrüstung, Friedensarbeit. München, 220–231

Wittmann, Gerhard W. 1991: Soziale Kompetenz im Kindergarten. München und Wien

Wollmann, Eva 1991: Kinderängste. In: Frigga Haug und Kornelia Hauser (Hrsg.): Die andere Angst. Berlin und Hamburg, 210–249

Wulff, Erich 1986: Produktion und Wirkung von Feindbildern. In: Das Argument 160, 827–834

Young, Nigel 1983: Friedenserziehung zwischen Friedensforschung und Friedensbewegung. In: DGFK-Hefte Nr. 17

Yurtdas, Barbara 1983: Wo mein Mann zuhause ist... Tagebuch einer Übersiedlung in die Türkei. Reinbek

Zeiher, Hartmut J. und Helga Zeiher 1994: Ort und Zeiten der Kinder. Soziales Leben im Alltag von Großstadtkindern. München

Zeiher, Helga 1993: Zeitmanagement und spontanes Spiel. Wer plant den Kinderalltag? In: Deutsches Jugendinstitut (Hrsg.): Was für Kinder. Aufwachsen in Deutschland. Ein Handbuch. München, 234–240

Zierau, Johanna und Kurt Zippel 1992: Mobilität für Frauen im ländlichen Raum. Ratgeber des Niedersächsischen Frauenministeriums. Hannover

Zimmer, Jürgen 1993: Modellverhaben „Weiterentwicklung der pädagogischen Arbeit in Tageseinrichtungen für Kinder in den neuen Bundesländern und im Ostteil Berlin". Berlin (unveröffentlichtes Manuskript)

Zimmermann, Jan 1991: Konzeption Videowerkstatt. In: Kirchner, Nilson u. a.: Netzwerk SpielKultur. Eigenverlag Netzwerk SpielKultur Berlin, 206–208

Praxisforschung: Wie handeln pädagogische, soziale und kulturelle Einrichtungen eines Stadtteils, die sich die Aufgabe gestellt haben, Möglichkeiten der Alltagspartizipation für Deutsche und MigrantInnen zu erweitern?

Kapitel 1

Überleitung von den theoretischen Grundlagen zur Praxisforschung

Im folgenden Teil B wird eine Fallstudie als Ergebnis von Praxisforschung vorgestellt. Darin wurde die Praxis von drei Institutionen untersucht, die in einem großstädtischen Wohngebiet tätig sind und dort das Zusammenleben von Deutschen und MigrantInnen dadurch fördern wollen, daß sie die Möglichkeiten der Alltagspartizipation erweitern.

Die Untersuchung basiert auf theoretischen Einsichten, die in Teil A entfaltet wurden und hier zusammengefaßt werden, um den Forschungsansatz verständlich zu machen:

Die Entwicklung demokratischer Strukturen ist hinter der gesellschaftlichen Realität der Zuwanderung nach Deutschland zurückgeblieben. Immer noch gilt das Diktum Thränhardts von 1988, daß Deutschland ein „unerklärtes Einwanderungsland" ist (Thränhardt 1988, 13; vgl. Schulte 1993, 124). Faktisch verhält sich die Mehrheit der MigrantInnen als EinwandererInnen. Zu erkennen ist dies an ihrer Verweildauer und Bleibeabsicht, an ihrer Familienstruktur und Erwerbsquote, die sich dem deutschen Durchschnitt annähert, an dem Anteil der hier geborenen und aufgewachsenen Angehörigen der sog. „2. und 3. Generation", an ihrem Konsumverhalten. Zu einem Einwanderungsland ist Deutschland faktisch auch dadurch geworden, daß für die deutsche Ökonomie eine Notwendigkeit für eine dauerhafte Beschäftigung von MigrantInnen entstanden ist (vgl. Puskeppeleit und Thränhardt 1990; Bade 1992).

Andererseits bestreiten Politiker der CDU, CSU, FDP und SPD übereinstimmend das Faktum, daß Deutschland zu einem Einwanderungsland geworden ist. Die großen Parteien halten an einer Politik fest, die den MigrantInnen als Nicht-Deutschen einen Sonderstatus zuweist, der die Geltung der Menschenrechte für sie erheblich einschränkt (vgl. Art. 3 Abs. 3 des Grundgesetzes: „Niemand darf wegen seines Geschlechtes, seiner Abstammung, seiner Rasse, seiner Sprache, seiner Heimat und Herkunft, seines Glaubens, seiner religiösen oder politischen Anschauungen benachteiligt oder bevorzugt werden").

Die politisch beabsichtigte und rechtlich institutionalisierte Ungleichheit der MigrantInnen gegenüber den Deutschen wirkt sich auf allen gesellschaftlichen Ebenen aus. Das liegt daran, daß die überwiegende Mehrheit der deutschen Bevölkerung sich in ihrem Verhalten gegenüber den MigrantInnen von zwei Überzeugungen leiten läßt, die den Anschein des Selbstverständlich-Natürlichen haben: Als selbstverständlich wird angenommen, daß die „Einheimischen" Vorrang vor den „Fremden" haben und daß es offensichtliche, bleibende Unterschiede zwischen den „Hiesigen, zu uns Gehörigen" und den „Ausländern" gibt. Diese

Unterscheidungen basieren auf der Annahme, daß Kultur, Religion, ethnische Herkunft und gelegentlich auch die konstruierte Zugehörigkeit zu einer Rasse unveränderliche Merkmale ihrer Träger bleiben und die Differenzen auch durch erhebliche Assimilationsanstrengungen über mehrere Generationen nicht aufgehoben werden können.

Diese Überzeugungen führen zu einem Gesellschaftsbild, dessen Evidenz in seiner allgemeinen Geltung liegt und das als ein Geschichtskonstrukt (vgl. Hoffmann 1992) und als ein Mythos (Jäger 1992) nicht durchschaut wird. Dieses Gesellschaftsbild hat die Funktion, durch Abgrenzung die eigene Zugehörigkeit und soziale Identität plausibel zu machen und den Anspruch auf Privilegierung gegenüber den „Nicht-Deutschen" zu legitimieren.

Diese Überzeugungen lassen durchaus Toleranz in verschiedenen Abstufungen zu. Es kann die Anwesenheit der MigrantInnen akzeptiert und für eine kulturelle Bereicherung gehalten werden. Aber es bleibt ein gewisses Maß an Mißtrauen, ob es zu Störungen kommen wird, wobei als selbstverständlich gilt, daß deren Ursachen dann den „Fremden" anzulasten sind (vgl. Jäger 1992, 295).

Dieses Gesellschaftsbild ist in sich konfliktträchtig. Es enthält den Anspruch, daß die eigene Sicht und Lebensweise, die eigenen Interessen nicht beeinträchtigt werden dürfen durch das Verhalten oder sogar nur durch die bloße Anwesenheit der „Ausländer". Wenn die gesellschaftliche Realität mit dem Anspruch des Gesellschaftsbildes nicht übereinstimmt, kann es dazu kommen, daß die gesellschaftliche Realität dem Gesellschaftsbild angepaßt werden soll.

Untersuchungen von Heitmeyer haben ergeben, daß Gruppierungen von Deutschen, die selber in Desintegrationsprozesse gerieten und in ihrer Zugehörigkeit verunsichert wurden, dafür anfällig sind, die Dominanz der Deutschen gegenüber den Nicht-Deutschen mit direkter terroristischer Gewalt auszudrücken (Heitmeyer 1993, 2–6). Für sie ist die Zugehörigkeit zu Deutschland und zur Kultur der Deutschen ein unverlierbares Merkmal, das besonders durch gewalttätige Abgrenzung identitätsstiftend wirkt.

Es ist dringliche Aufgabe der Arbeit für den Frieden, für das gesellschaftliche Faktum der Einwanderung angemessene demokratische Strukturen zu schaffen. Dazu genügt nicht, Bereitschaft und Zustimmung zu terroristischer Gewalt gegen MigrantInnen zu reduzieren oder eine bloße Akzeptanz der Anwesenheit von MigrantInnen zu erreichen, ohne daß ihr diskriminierender Status und ihre strukturellen Benachteiligungen aufgehoben würden. Es müssen vielmehr auf der politischen Ebene Gesetze erlassen werden, die die Einwanderung oder zumindest den Erwerb der doppelten Staatsbürgerschaft wesentlich erleichtern und damit den Sonderstatus eines „Ausländers" für diejenigen abschaffen, die hier ihren Lebensmittelpunkt haben. Ebenfalls auf Grund politischer Willensbildung müssen Gesetze eingeführt werden, mit denen die soziale Gleichstellung von Einwanderungsminderheiten gefördert werden (vgl. Schulte 1993, 124). Dazu gehören wie z. B. in Großbritannien auch Anti-Diskriminierungsgesetze, mit denen mehr noch als individuelle Diskriminierung derartige Praktiken von Institutionen geahndet werden können.

Die rechtliche Gleichstellungen der MigrantInnen durch eine entsprechende Politik muß allerdings ergänzt werden durch eine tiefgehende Veränderung im Gesellschaftsbild der Deutschen. Die politische und rechtlich institutionalisierte Gleichstellung der MigrantInnen würde ihnen weiterhin den Status der Nicht-Einheimischen belassen, wenn nicht ein gründlicher Wandel des deutschen Wir-Bewußtseins und der damit verbundenen Abgrenzung erfolgt. Dort, wo Deutsche und MigrantInnen zusammenkommen, also an den Orten der Arbeit, der Freizeit und vor allem der Wohnung, muß eine soziale Gleichstellung in der Praxis und im Bewußtsein erreicht werden, die nicht nur durch neue Gesetze bewirkt werden kann.

Auch in kultureller Hinsicht ist eine Demokratisierung erforderlich. Das meint, daß die vielfältigen Minderheiten Voraussetzungen dafür finden, je ihre Kultur zum Ausdruck zu bringen, ohne deswegen diffamiert zu werden, und zwar, sofern sie dies wünschen, nicht nur an besonderen Orten, sondern in den öffentlichen bzw. halböffentlichen Einrichtungen einer Kommune wie z. B. Kindertagesstätten, Schulen, Krankenhäuser, Bibliotheken u.v.a.m. Durch die Präsentation kultureller Vielfalt kann es zu einer Begegnung, zum Austausch und zu kritischer Auseinandersetzung kommen, so daß sich kulturelle Orientierungen weiterentwickeln können.

In diesem Zusammenhang gewinnt kommunale Friedensarbeit an Bedeutung. Die Schaffung von demokratischen Strukturen für das Zusammenleben von Deutschen und MigrantInnen ist eine wichtige Aufgabe u. a. für solche Institutionen, die in den Wohngebieten für die pädagogische und kulturelle, soziale und politische Arbeit zuständig sind. Sie können erheblich zu einer Sozialisation von Kindern und Erwachsenen beitragen, derzufolge alle BewohnerInnen als gleichberechtigt gesehen werden und alle gleichermaßen die Möglichkeit einer kulturellen Darstellung und Weiterentwicklung bekommen. Die Abschaffung des marginalisierenden Sonderstatus „Ausländer" und die Einlösung des Menschenrechtes der Egalität wird auf der gesellschaftlichen Ebene der direkten lebensweltlichen Interaktion zu einer Aufgabe für Kindertagesstätten, Schulen, berufsqualifizierende und weiterbildende Einrichtungen, für Freizeitheime, Kulturzentren und Jugendhäuser, für soziale Dienste und psychosoziale Beratungsstellen, für Kirchen, Parteien, für Vereine und Initiativen in den Kommunen.

Es kommt darauf an, daß diese Institutionen nicht nur die pädagogische, soziale und kulturelle Versorgung eines Gebietes gewährleisten, sondern die Menschen, die sie erreichen, Deutsche wie MigrantInnen, zu einer aktiven und kooperativen Gestaltung ihrer Lebensverhältnisse anleiten.

Für die Entwicklung eines neuen Bewußtseins, nach dem MigrantInnen gleichermaßen wie Deutsche als zugehörig zu ihrem Wohngebiet anzusehen sind, genügen belehrende Informationen über Kultur, Religion und Herkunftsländer der MigrantInnen nicht, auch nicht symbolische Aktionen wie Großdemonstrationen gegen „Ausländerfeindlichkeit" und Lichterketten. Ein neues Bewußtsein erwächst aus der gleichberechtigten Beteiligung der Deutschen wie MigrantInnen an der Gestaltung der gemeinsamen Lebensbedingungen und beim Aushandeln, wie man miteinander leben möchte. Es geht darum, daß die an einem gemeinsamen Ort wohnenden Deutschen und MigrantInnen Alltagspartizipation lernen und praktizieren (vgl. Teil A, Kapitel 8.3). Alltagspartizipation gilt hier als Indikator dafür, daß sich das Zusammenleben von Deutschen und MigrantInnen positiv entwickelt und im Alltag demokratische Strukturen entstehen.

Alltag wird in diesem Zusammenhang als ein Handlungsfeld verstanden. Partizipation soll primär dort realisiert werden, wo Menschen ihre eigenen Erfahrungen, ihre Zuständigkeit, Bekanntheit und Kompetenz einbringen können.

Alltag ist keine Idylle. In ihm ereignet sich ständig Gewalt in struktureller, kultureller und auch direkter Form. Es wird Ausgrenzung und Demütigung erlebt. Man begegnet nicht nur vertrauten Personen, sondern auch fremden, anstößigen Menschen, Konkurrenten und Gegnern. Alltägliche Ereignisse bleiben oft undurchschaubar. Der Alltag ist nur scheinbar eine kleine Welt für sich, gesellschaftliche Kräfte, Tendenzen und Konflikte sind in ihm präsent und müssen bewältigt werden.

Alltagspartizipation meint, daß die BewohnerInnen sich an der Regelung, Realisierung und Überprüfung der Angelegenheiten beteiligen, die sie in ihren alltäglichen Lebenswelten und darüber hinaus in ihrer Kommune oder ihrem Stadtteil betreffen. Zur Alltagspartizipation gehört, daß unterschiedliche Vorstellungen ausgehandelt, daß Ideen entwickelt und realisiert, daß Vorhaben übergeordneter Instanzen kritisch überprüft und eigene Interessen zur Verhandlung gebracht werden. Im Prozeß der Alltagspartizipation kann ein Bewußtsein der Zuständigkeit, Kompetenz und Identifizierung mit der Entwicklung der eigenen Wohnumgebung wachsen.

Alltagspartizipation hat unterschiedliche Reichweiten. Im engeren Sinne meint sie die Aufnahme und Gestaltung der sozialen Beziehungen in den Lebenswelten – angesichts der Auflösung gewachsener Milieus eine keineswegs leichte Aufgabe. In der Nachbarschaft, in Lebensstilgruppen oder Selbsthilfeinitiativen sind ausgesprochene und unausgesprochene Übereinkünfte zu treffen, welche Formen der Gemeinsamkeit, der gegenseitigen Hilfe oder der Distanz angebracht sind.

In der weiteren Wohnumgebung sind die Interessen der VerkehrsteilnehmerInnen, der spielenden Kinder, die Vorstellungen von Ruhe und von Geselligkeit aufeinander abzustimmen. Für die Veränderung einer Kommune bzw. eines Stadtteils mit seiner infrastrukturellen Ausstattung, seinen Verkehrsströmen, Grünzonen, kulturellen Angeboten und Treffpunkten brauchen die administrativen Planer die Mitwirkung der Bevölkerung. In den Kindertagesstätten und Schulen, in den sozialen und kulturellen Einrichtungen kann die Gestaltung der Arbeit nicht nur den professionellen MitarbeiterInnen überlassen bleiben, sie brauchen die kritischen Rückmeldungen und die Zusammenarbeit mit den Eltern bzw. TeilnehmerInnen. Wie eine Kommune bzw. ein Stadtteil feiert, aus welchen Anlässen protestiert wird, was öffentlich verhandelt werden soll, muß von den BewohnerInnen eingebracht werden. Sie entscheiden mit, welche Art von Kultur das Gesicht einer Kommune bestimmt. Kommunale Kultur besteht nicht nur aus den Repräsentationsobjekten, sondern läßt erkennen, welche Traditionen an einem

Ort lebendig sind, wie die Gegenwart gedeutet wird, welche Befürchtungen und Hoffnungen gehegt werden. Kulturelle Alltagspartizipation muß dafür sorgen, daß nicht nur die Mainstream-Kultur, sondern die vielfältigen Ausdrucksformen kultureller Minderheiten in einer Kommune öffentlich werden.

Alltagspartizipation ist keineswegs allein angewiesen auf die Möglichkeiten politischer Mitwirkung in den Kommunalparlamenten, Ortsräten, in den örtlichen Gliederungen der politischen Parteien und ihren Arbeitskreisen, in den Vereinen, Verbänden und den üblichen, miteinander verschachtelten Einflußzirkeln. Alltagspartizipation kann und muß ihre eigene Organisationsform finden, bisweilen deutlich als Gegengewicht zu den herkömmlichen politischen Gremien. Gerade in ihnen haben nicht nur MigrantInnen, sondern generell marginalisierte Minderheiten geringe Einflußmöglichkeiten. Demokratisierungsprozesse aber müssen Minderheiten zu Chancen der Gestaltung und Einflußnahme verhelfen.

In großstädtischen Wohngebieten hat hohe Fluktuation dazu geführt, daß die gewachsenen Strukturen sozialen Handelns und politischer Einflußnahme teilweise aufgelöst sind. In dichtbesiedelten städtischen Neubaugebieten sind derartige Strukturen nicht oder noch nicht entstanden. Es fehlen räumliche Ressourcen, aber auch die Handlungsmuster, nach denen man sich zu bestimmten Terminen und Orten trifft und Angelegenheiten des Stadtteils verhandelt, Öffentlichkeit herstellt und politischen Einfluß nimmt. Dabei geht es meistens um Wohngebiete mit einem hohen Anteil an MigrantInnen und zudem mit sozialen Desintegrationsprozessen bei deutschen BewohnerInnen, insbesondere Jugendlichen.

Gerade in solchen Wohngebieten kommt den dort tätigen pädagogischen, sozialen und kulturellen Institutionen die besondere Aufgabe zu, Möglichkeiten der Alltagspartizipation zu schaffen bzw. zu erweitern, um auf diese Weise demokratische Strukturen für das Zusammenleben von Deutschen und MigrantInnen zu entwickeln.

Ausgehend von diesen Überlegungen entstand die Forschungsfrage: „Wie handeln pädagogische, soziale und kulturelle Einrichtungen eines Stadtteils, die sich die Aufgabe gestellt haben, Möglichkeiten der Alltagspartizipation für Deutsche und MigrantInnen zu erweitern?"

Kapitel 2

Der Forschungsprozeß

Annäherung an das Forschungsfeld

Für die Forschungsfrage, die sich aus den theoretischen Überlegungen in Teil A zur kommunalen Friedensarbeit ergeben hatte, mußte zunächst ein Untersuchungsgebiet gefunden werden. Es war erforderlich, daß die Institutionen, mit denen die Praxisforschung durchgeführt werden sollte, in einem gemeinsamen Einzugs- bzw. Wirkungsgebiet liegen, damit die Ergebnisse vergleichbar sind.

Gesucht wurde ein Wohngebiet mit einem hohen Anteil an MigrantInnen und einer erheblichen Fluktuationsrate in den letzten Jahren.

Ausgewählt wurde der Stadtteil Nordstadt in Hannover. Der Anteil der hier wohnenden MigrantInnen beträgt 1995 22%. In den 5 Jahren vor Beginn der Sanierung, von 1980–1985, ist ein Anteil von 50% der Bewohnerschaft weggezogen. Die Nordstadt ist durch Merkmale gekennzeichnet, die auch in anderen westdeutschen Großstädten anzutreffen sind: Es handelt sich um ein Altbaugebiet in City-Randlage mit einem hohen Anteil von SozialhilfeempfängerInnen, andererseits ist dieses Wohnviertel offiziell saniert worden, und auf Grund des Modernisierungsprozesses ziehen zunehmend einkommensstarke BewohnerInnen ein (Angaben dazu in Kapitel 3).

Zur Charakterisierung dieses Stadtteils dienen die Daten der kommunalen Ämter sowie Untersuchungen zur Geschichte der Nordstadt. Außerdem wurden mit zwei Schlüsselpersonen ausführliche Interviews geführt, die als Experten für die soziale Struktur, für Partizipation und Segregation in der Nordstadt gelten.

Aufschluß über das Untersuchungsgebiet brachte ferner die Voruntersuchung. Sie wurde in Form von ausführlichen Leitfadengesprächen mit nahezu allen pädagogischen, sozialen, kulturellen und politischen Einrichtungen der Nordstadt durchgeführt. Dabei wurden offene Fragestellungen gewählt, um die verschiedenen Sichtweisen und Handlungsstrategien zur Frage des „Zusammenlebens von Deutschen und MigrantInnen in der Nordstadt" zu erfassen. Die Einrichtungen sollten aus ihren Praxiserfahrungen berichten,

– wie sich das Zusammenleben von Deutschen und MigrantInnen darstellt,
– welche Probleme und Konflikte auftreten, welche Lösungsmöglichkeiten gesehen werden,
– welche Aktivitäten dazu unternommen werden, welche Ressourcen dafür vorhanden sind,
– welche Formen der Kooperation zu diesem Thema entwickelt wurden.

Die Ergebnisse der Voruntersuchung werden im einzelnen in Kapitel 5 dargestellt. Es war nicht verwunderlich, daß sich pädagogische, soziale, kulturelle und politische Einrichtungen eine stärkere Beteiligung nicht nur der MigrantInnen, sondern der Bevölkerung insgesamt an den verschiedenen Veranstaltungen, Angeboten und Projekten wünschten. Nahezu in allen Institutionen waren Überlegungen angestellt worden, wie die Bevölkerung stärker zu aktivieren wäre. Im „Nebeneinanderherleben" wurde ein großes Problem gesehen. Marginalisierung erschien vielfach als ein Defizit an Kommunikation und wurde selten als ein politisches Problem begriffen. Insofern besteht bei den befragten Institutionen eine große Bereitschaft, Partizipation zu fördern, freilich in einem sehr unspezifischen Sinn. Wie weit die intendierte Beteiligung reichen soll, welche Themen, welche Defizite dabei einbezogen werden und welche realen Veränderungen zumindest auf der Ebene des Stadtteils angestrebt werden, damit es zumindest ansatzweise zu einer gesellschaftlichen Demokratisierung kommt, sollte in der Hauptuntersuchung genauer erkundet werden.

Nachdem die Forschungsgruppe die Protokolle dieser Voruntersuchung mehrfach gelesen und dann ausgewertet hatte, wurden allen beteiligten Einrichtungen wesentliche Ergebnisse in anonymisierter Form zugeschickt. Sie wurden eingeladen, die Daten gemeinsam zu interpretieren. Die Gruppendiskussion, die sich aus dieser Einladung ergab, ist wiederum als ein wichtiger Beitrag zur Einschätzung des Untersuchungsgebietes protokolliert und dann von den Beteiligten bestätigt worden.

Zwei Tageszeitungen, die im Untersuchungsgebiet gelesen werden, sind im Zeitraum eines Jahres daraufhin ausgewertet worden, welche Deutungsmuster zum Thema „MigrantInnen in Deutschland" als generelle Meinung veröffentlicht wurden (vgl. Kapitel 3).

Die Hauptuntersuchung

Für die Hauptuntersuchung, die ca. ein Jahr dauerte, sind drei der 31 Einrichtungen aus der Voruntersuchung ausgewählt worden:

– Die Dienststelle der Gemeinwesenarbeit Nordstadt innerhalb des Kommunalen Sozialdienstes. Sie hatte sich vorgenommen, in einem neu bezogenen Wohnkomplex kreative und solidarische Formen der Nachbarschaft anzuregen. Dort wohnen unter schwierigen Bedingungen ca. 110 Personen; fast alle beziehen Sozialhilfe, ein Drittel der BewohnerInnen sind MigrantInnen. Außerdem initiierte die Gemeinwesenarbeit Möglichkeiten der Partizipation im Stadtteil, arbeitete mit an strukturellen Veränderungen und beteiligte dabei nicht nur Einzelpersonen, sondern Gruppen und Organisationen.
– Der türkische Kulturverein Çağdaş Dostlar. Dabei handelt es sich um eine Selbstorganisation, die viele Möglichkeiten der Alltagspartizipation bietet. Sie legt großen Wert auf Kooperation zwischen Menschen aus verschiedenen Herkunftsländern und insbesondere zwischen MigrantInnen und Deutschen. Der Verein sieht seinen besonderen Beitrag in kulturellen Aktivitäten, in die er vor

allem Jugendliche einbezieht. Çağdaş Dostlar sucht nach Möglichkeiten, an der Begegnung der Kulturen beteiligt zu werden.
- Die Kindertagesstätte „Mäuseburg" mit einem Anteil von 35% Migranten-Kindern. Die Erzieherinnen hatten sich als Jahresaufgabe vorgenommen, die kulturellen Traditionen der MigrantInnen in ihrem Haus zu präsentieren und außerdem die Eltern stärker noch als bisher in die Arbeit einzubeziehen. Das Team der Erzieherinnen hatte wiederholt an Initiativen für einen kindgerechten Stadtteil mitgewirkt.

Diese drei Einrichtungen hatten Vorstellungen von Alltagspartizipation entwickelt, die über die bloße Förderung von kommunikativen Prozessen hinausgehen und Einfluß auf die Veränderung der Wohnumgebung bzw. des Stadtteils zu nehmen suchen. Es ist selbstverständlich, daß daran Deutsche wie MigrantInnen gleichberechtigt mitwirken. Deshalb kann in diesen Vorhaben ein Ansatz zur Demokratisierung aus dem Alltag heraus gesehen werden.

Bei der Auswahl dieser drei Einrichtungen war aber nicht nur ausschlaggebend, daß hier eine im Vergleich zu anderen Institutionen weiterreichende Vorstellung von Partizipation vorlag. Die Entscheidung für diese Einrichtungen ist auch deshalb getroffen worden, weil sie unterschiedliche institutionelle Bedingungen repräsentieren und somit verschiedene Antworten auf die Forschungsfrage erwarten lassen.

In der Hauptuntersuchung mit diesen Einrichtungen wurde zunächst deren *institutioneller Kontext* erhoben:

Dazu wurden alle erreichbaren Unterlagen gesammelt: Satzungen, Dienstanweisungen, Verträge, Selbstdarstellungen, Zeitungsmeldungen. Es wurden die Räumlichkeiten und Ressourcen besichtigt und darüber Feldnotizen gefertigt. Die Forschungsgruppe hat mit jeder Einrichtung ausführliche Leitfadengespräche geführt und wörtlich protokolliert. Darin ging es u. a. um den Träger der Einrichtung, ihre Rechtsform, ihren Auftrag, ihre Ausstattung, ihre MitarbeiterInnen und deren Qualifikation. Ferner wurde das handlungsfeldbezogene Wissen der MitarbeiterInnen erfragt, also ihre Kenntnisse über ihr Handlungsfeld und die dort agierenden Personen und Kooperationspartner, außerdem ihr Deutungswissen über ihr Handlungsfeld und ihre eigene Praxis sowie ihr Handlungswissen, also ihre Methodenkenntnis und Prognosefähigkeit.

In einer nächsten Phase wurde der *situative Kontext* erhoben:

- Mit den BewohnerInnen des Wohnkomplexes, in dem die Gemeinwesenarbeit tätig werden wollte, wurden standardisierte Interviews geführt, um ihre Erfahrungen mit Nachbarschaft und ihre Bereitschaft zu künftiger Partizipation zu erkunden. Außerdem sollte das Fremdbild der Gemeinwesenarbeit in der Sicht dieser BewohnerInnen erhoben werden. Das Ergebnis wurde von den Gemeinwesenarbeiterinnen ausgewertet, die Diskussion wurde protokolliert.
- Mit fünf ExpertInnen der Kulturarbeit in Hannover wurden Leitfadengespräche geführt über die Möglichkeiten von Çağdaş Dostlar, stärker als bisher am kulturellen Leben beteiligt zu werden. Außerdem sollte in Erfahrung

gebracht werden, wie der Verein in der Sicht der ExpertInnen beurteilt wird. Die Protokolle dieser Gespräche wurden im Vorstand von Çağdaş Dostlar diskutiert. Auch diese Diskussion wurde protokolliert.

– Mit den Eltern der Kinder in der Kindertagesstätte wurden standardisierte Interviews geführt, um zu erkunden, welche Partizipationserfahrungen vorliegen und inwieweit die Eltern zur Mitarbeit in der Kindertagesstätte und darüber hinaus im Stadtteil bereit sind. Auch hier ging es außerdem um das Fremdbild der Kindertagesstätte: Wie schätzen die Eltern das Bemühen der Erzieherinnen um kulturelle Begegnungen ein? Das Ergebnis dieser Befragungsreihe ist einerseits von den Erzieherinnen, andererseits auf einem Elternabend diskutiert worden. Darüber wurden Protokolle angefertigt, die mit den Erzieherinnen ausgewertet wurden.

Parallel zur Erforschung des situativen Kontextes begann die *Prozeßforschung.*

Im Lauf eines Jahres ist der Arbeitsprozeß dieser drei Einrichtungen begleitet worden. Als Methode wurde in der Prozeßforschung vor allem die *teilnehmende Beobachtung* angewendet (vgl. Mayring 1990; Atteslander 1991; Legewie 1991). Sie eignete sich insbesondere für die Begleitung von Veranstaltungen, die von den untersuchten Institutionen durchgeführt wurden. In offenen Situationen wurden *unbeteiligte Beobachtungen* angestellt. Bei beiden Vorgehensweisen sind die Forscher in regelmäßigen Abständen aus der beobachteten Situation hinausgegangen und haben Notizen angefertigt.

Aus den beobachteten Tätigkeiten gingen deren Ziele und Begründungen sowie die Selbstbeurteilung der Akteure meistens nicht unmittelbar hervor. Darum hat die Forschungsgruppe mit den Beteiligten *Interviews* durchgeführt, und zwar in standardisierter, häufiger in teilstandardisierter oder unstandardisierter Form. In der letzteren Form war der Gegenstand des Gespräches vorher vereinbart, den Beteiligten wurde aber Gelegenheit gegeben, ihre Sicht ausführlich und erst durch spätere Nachfragen beeinflußt zu schildern. Die Interviews wurden nahezu immer wörtlich protokolliert, meistens durch Nachschrift akustischer Aufzeichnungen.

Außerdem wurden *Gespräche* geführt, die von Interviews begrifflich dadurch unterschieden sind, daß sie kürzer waren, spontan sich ergaben, kein festes Thema hatten und erst nachträglich aus dem Gedächtnis protokolliert wurden.

Ferner zeichnete die Forschungsgruppe *Feldnotizen* auf, in denen sie kürzere Beobachtungen im Forschungsfeld und Informationen festhielt.

Die Forschungsgruppe hat im Laufe des Forschungsprozesses ihre Einfälle dazu auf sog. Memos festgehalten.

Die Protokolle der Beobachtungen und Interviews sind den MitarbeiterInnen bzw. Vorständen zugeschickt worden und von ihnen bestätigt oder mit kürzeren oder selten längeren Ergänzungen versehen worden. Häufig führten die Protokolle zu *Gruppendiskussionen* in den Institutionen, die von der Forschungsgruppe wiederum aufgezeichnet und den Beteiligten zugeleitet wurden. Es war mit ihnen vereinbart worden, daß unterschiedliche Auffassungen in den Protokollen sowie im abschließenden Forschungsbericht festgehalten werden, wenn über Tatsachen oder deren Deutungen kein Einvernehmen hergestellt werden kann. Auf Grund dieses Verfahrens werden die Beteiligten hier als *MitforscherInnen* bezeichnet.

Die erhobenen Handlungsmuster sind auf diese Weise durch *kommunikative Validierung* bestätigt worden. Zur Absicherung wurden die Forschungsergebnisse, insbesondere die Interpretationen, mit den WissenschaftlerInnen der Forschungsstelle Lüneburg diskutiert und überprüft. Einzelne Aspekte der angemessenen methodischen Vorgehensweise und der Bewertung von Ergebnissen sind mit FachkollegInnen im eigenen Fachbereich erörtert worden.

Der Forschungsprozeß hatte natürlich Einfluß auf die Praxis der Institutionen. Bereits das Wissen der Beteiligten, beobachtet zu werden und die Aufforderung, im Interview Auskunft über die eigene Arbeit zu geben, führte zu erhöhter Reflexion. Erst recht hat das Lesen von Protokollen die MitarbeiterInnen bzw. Vorstandsmitglieder zu MitforscherInnen gemacht. Sie wurden durch die Forschung dauernd genötigt, das eigene Handeln aus einer gewissen Distanz zu betrachten. Die Beteiligten haben mehrfach zum Ausdruck gebracht, daß darin für sie der Gewinn der Forschung und der Ausgleich für die zusätzliche Arbeit lag.

Die Forschungsgruppe hat aber niemals direkt Einfluß auf die Praxis genommen. Sie hat nie selber in den Institutionen mitgearbeitet, darin unterscheidet sich Praxisforschung von Handlungsforschung. Die Forschungsgruppe hat den Beteiligten auch keine Ratschläge gegeben. Die Rollen bleiben stets strikt getrennt: Jeder behielt die Verantwortung für seinen Teil, die Forschungsgruppe für die Forschungsergebnisse, die MitarbeiterInnen für das, was in ihren Einrichtungen geschah.

Die indirekte Beeinflussung der Praxis durch die Forschung wird nicht als Minderung des Wertes der Ergebnisse verstanden, im Gegenteil. Es kommt in der Praxisforschung darauf an, Praxis auf dem Niveau der selbstkritischen Reflexion darzustellen. Praxisforschung hält es nicht für einen wissenschaftlichen Gewinn, wenn als Forschungsergebnis vorgeführt würde, wie unreflektiert Praxis sein kann, die in Alltagsroutine erstarrt ist. Daß es unreflektierte Praxis gibt, braucht nicht erst erforscht zu werden. Im übrigen darf man den Einfluß der Forschung auf die Praxis nicht zu hoch veranschlagen: Da, wo sich die Mitforschenden ihrer Sache sicher waren, haben sie dies in den Interviews und in der Praxis zum Ausdruck gebracht.

Nach Fertigstellung der Texte hat die Forschungsgruppe den MitforscherInnen die Kapitel zu ihrer Einrichtung jeweils vorgelegt. Sie sind dort mit sehr großer Aufmerksamkeit bis ins kleinste Detail der Formulierungen gelesen und ausführlich reflektiert worden. Es gab dann jeweils eine Gruppendiskussion der MitforscherInnnen einer Einrichtung mit der Forschungsgruppe über Inhalt und Wortlaut der Texte. Vorher hatte es fast nie Widerspruch gegen die zugesandten Protokolle von Interviews und Beobachtungen gegeben; mit dem abschließenden Text waren die MitforscherInnen aber an zahlreichen Stellen nicht einverstanden.

Wenn es sich um sachliche Fehler handelte oder um Formulierungen, die anders als beabsichtigt mißverstanden werden konnten, war es einfach, den Text zu korrigieren. Ausführlich wurde vor allem um solche Passagen gestritten, die eine

Interpretation der Praxis enthielten, wie sie von den MitforscherInnen nicht geteilt wurde. Das waren natürlich auch, aber nicht nur solche Textteile, in denen Kritik an der vorgefundenen Praxis geäußert wurde.

Auf Grund der Protokolle hatte die Forschungsgruppe die Möglichkeit, ihre Sicht der Praxis zu belegen, und die MitforscherInnen haben in vielen Fällen dann auch eine kritische Sicht ihrer Arbeit akzeptiert. Gelegentlich führte die Diskussion dazu, daß die Forschungsgruppe ihre Interpretation einschränken mußte, teilweise aber auch zuspitzte und schärfer formulierte. In einigen Fällen konnte kein Einvernehmen erzielt werden; die MitforscherInnen haben dann von der vorher vereinbarten Möglichkeit Gebrauch gemacht, in den Text der Forschungsgruppe ihre abweichende Stellungnahme in eigener Formulierung hinzuzufügen.

Eine solche Vereinbarung ist sicher ungewöhnlich. Es kommt nicht oft vor, daß Kritik an Forschungsergebnissen von den „Erforschten" geäußert wird, weil sie nicht damit einverstanden sind, wie sie interpretiert werden. Für Praxisforschung ist diese Kritik durchaus Teil des Forschungsergebnisses. Sie entspricht dem Verständnis von Praxisforschung, Praxis aus ihrem Kontext zu verstehen. Daß es dabei unterschiedliche, gelegentlich unvereinbare Auffassungen gibt, ist zu erwarten.

Darstellung der Ergebnisse

Gegenstand der Praxisforschung war das Handeln der drei Institutionen. Dabei richtete sich das Interesse der Forschung insbesondere auf folgende zwei Aspekte:

– Einerseits sollte herausgefunden werden, welches Handeln als *typisch* für die jeweilige Institution gelten kann. Darum hat sich die Forschungsgruppe bei der Begleitung der Praxis und der Durchsicht der Unterlagen insbesondere folgende Fragen gestellt: Wo gibt es Wiederholungen? Wo ist Routine erkennbar? Welche Begriffe werden häufig gebraucht? Wann sprechen die MitforscherInnen von „immer", „sonst", „normalerweise" oder gebrauchen ähnliche Adverbien? Es ging also darum, das für die jeweilige Institution kennzeichnende Handeln zu erfassen.

– Andererseits richtete sich die Aufmerksamkeit der Forschungsgruppe darauf, welche *Änderungen* im gewohnten Handlungsablauf der Institutionen zu erkennen waren und welche Anlässe zu den Veränderungen geführt hatten. Lag es daran, daß es neue Rahmenbedingungen gab und die Institution darauf reagierte? Oder führte die auswertende Reflexion die MitforscherInnen dazu, ihre Praxis umzustellen? Es ging also andererseits darum, die Anlässe und Ergebnisse des Lernens der Institutionen zu erkennen.

In dieser Forschung wurde davon ausgegangen, daß Institutionen zwar nicht in jedem einzelnen Schritt, aber insgesamt zielgerichtet handeln. Darum galten als Bestandteile des Handelns nicht nur die einzelnen Tätigkeiten der MitarbeiterInnen bzw. Vorstandsmitglieder, sondern auch die *Begründungen,* die sich aus generellen *Leitzielen* und Situationsanalysen ergaben, die aktuellen *Handlungs-ziele* sowie die rückblickend auswertenden *Reflexionen*.

Im Alltag der Institutionen wurden freilich nur in seltenen Fällen Analysen und Begründungen erstellt, um dadurch das Handeln abzusichern. Das meiste Handeln basierte auf Routine, d. h. auf der Gewißheit, daß auf Begründungen zurückgegriffen werden konnte, die zu früheren Zeitpunkten für eine vergleich-bare Handlungsanforderung überlegt worden waren. Durch Interviews wurden die in die Routine eingegangenen Überlegungen erfaßt.

Im Alltag müssen die Beteiligten in den Institutionen im schnellen Wech-sel auf unterschiedliche Anforderungen reagieren und in verschiedenen Zusam-menhängen tätig werden. Eine Erzieherin z. B. muß rasch hintereinander, gele-gentlich sogar gleichzeitig auf Kinder eingehen, sich mit Eltern unterhalten und eine Entscheidung im Gespräch mit Kolleginnen treffen. Dabei sollen Ziele sehr verschiedener Art erreicht werden.

Im Interesse, das Typische des Handelns, aber auch das Lernen der Institutio-nen zu erfassen, hat die Forschungsgruppe *Handlungsmuster* konstruiert. Darin wurden verschiedene Tätigkeiten, die auf ein gleiches Ziel gerichtet sind, die ent-sprechenden Leit- und Handlungsziele, die dazugehörigen Begründungen und Reflexionen zusammengefaßt. Die MitforscherInnen haben diesen Konstrukten, die von der Forschungsgruppe gebildet worden waren, zugestimmt und bestätigt, daß sie ihrer Arbeit entsprechen. Die Handlungsmuster sind also Zusammenfas-sungen und kommen als ganze nicht in den einzelnen Tätigkeiten vor.

Gegenstand dieser Praxisforschung war nicht, die möglicherweise unterschied-lichen Motivationslagen und Schwerpunkte der einzelnen MitarbeiterInnen zu erfassen. Auch wenn die zahlreichen, nicht standardisierten Interviews im Laufe eines Jahres viele Aufschlüsse über differenzierte Motivationslagen der Mitarbei-terInnen erbrachten, die u. U. abwichen von der Zielsetzung, die die Institution sich insgesamt und offiziell gegeben hatte, so beschränkt sich die Darstellung der Ergebnisse dieser Forschung darauf, das Handeln der Institutionen wiederzu-geben. Das war insofern möglich, weil in der Regel auch bei unterschiedlichen Motivationen der Beteiligten das Handeln der Institutionen nach einheitlichen Mustern verlief. Die MitarbeiterInnen bzw. der Vorstand hatten sich auf gemein-same Grundlinien für die Praxis ihrer Institution verständigt. Die Handlungsmu-ster stellen also das Ergebnis von Vereinbarungen und Absprachen der Beteilig-ten dar, die meistens schon länger zurücklagen und in den Interviews wieder ins Bewußtsein kamen oder zum Teil erst während der Forschungszeit ausdiskutiert wurden. Dann, wenn die Beteiligten kein Einvernehmen erreichen konnten, wenn es zu deutlichen Fraktionsbildungen oder, wie in einem Fall, sogar zu Rücktritten im Vorstand kam, ist dies gesondert beschrieben worden.

Bei der Darstellung der Handlungsmuster der drei Institutionen in den Kapi-teln 6–8 ist deskriptiv vorgegangen worden. Häufig kommen die Beteiligten mit eigenen Formulierungen selber zu Wort, wobei der in Protokollen festgehaltene Wortlaut nicht geglättet und Betonungen durch Unterstreichungen festgehalten wurden.

Im Anschluß an die Beschreibung der Handlungsmuster folgt jeweils die *Interpretation der Ergebnisse* aus der Sicht der Forschungsgruppe, wobei insbesondere darauf geachtet wurde, wie die Bestandteile des Handelns, also die Ziele und Begründungen, die Vorgehensweisen und Reflexionen der Beteiligten zusammenpassen und wie die Rahmenbedingungen berücksichtigt wurden.

Erst abschließend wurden die Handlungsmuster der Institutionen mit Konzepten verglichen, die in der Fachliteratur veröffentlicht sind. Diese Reihenfolge wurde deshalb gewählt, weil die Beteiligten in den Institutionen sich nicht auf bestimmte literarische Konzepte berufen, sondern sich durch die Reflexion ihrer Praxiserfahrungen selber Begündungen für ihr Handeln, ihre Ziele und methodische Vorgehensweisen erarbeitet haben. Um diese in der Praxisforschung erfassen zu können, ist die Forschungsgruppe „nicht mit festgefügten und vorab endgültig definierten Begriffen, Konzepten und Meßinstrumenten in die Erhebungssituation" eingetreten (Kromrey 1994, 439).

Im Vergleich der herausgearbeiteten Handlungsmuster mit veröffentlichten Konzepten zeigte sich, daß es bei leitenden Gedanken Übereinstimmungen gibt, ohne daß die Vertreter der untersuchten Institutionen die entsprechenden Texte gekannt hätten. Das mag daran liegen, daß die Einschätzung der gesellschaftlichen Situation eines „unerklärten Einwanderungslandes" geteilt wird, daß daraus die Einsicht eines notwendigen Demokratisierungsprozesses wächst, der wesentlich als aktive Förderung von Minderheiten zu verstehen ist und daß eine gleichberechtigte Akzeptanz der Minderheiten dort eine Basis haben muß, wo Deutsche und MigrantInnen zusammenleben. Übereinstimmungen sind also darauf zurückzuführen, daß bestimmte gesellschaftspolitische Grundpositionen als Leitgedanken für richtig gehalten werden, und zwar unabhängig voneinander sowohl von den untersuchten Institutionen als auch von den AutorInnen konzeptioneller Veröffentlichungen.

Von besonderem Interesse sind allerdings die Unterschiede zwischen den erhobenen Handlungsmustern und den in der Literatur vorliegenden Konzepten. Diese hängen damit zusammen, daß die AutorInnen der Konzepte erhebliche Ansprüche an eine als „richtig" gedachte Praxis richten, ohne die jeweils spezifischen Rahmenbedingungen zu berücksichtigen oder auch nur zu kennen. Praxisforschung geht auf die spezifischen Schwierigkeiten ein, die das Handeln im alltäglichen institutionellen und situativen Kontext bereitet und untersucht, *auf welche Weise* sich Praxis unter den gegebenen Bedingungen entwickelt. Darin liegt der spezifische Beitrag von Praxisforschung zur Weiterführung vorliegender Theorieentwürfe.

Die Forschungsfrage ist darauf gerichtet, *wie Institutionen handeln, die Alltagspartizipation fördern wollen.* Es wäre eine andere Untersuchung, wenn nach der Wirkung solchen Handelns gefragt würde. Sie müßte sehr viel umfassender sein, weil sie einen größeren Personenkreis über längere Zeit erfassen müßte, um herauszufinden, ob bzw. wie sich diese Personen an Partizipationsprozessen beteiligen. Dabei müßten deren lebensgeschichtlichen Vorerfahrungen und außer der Praxis von Institutionen wichtige externe Einflußfaktoren berücksichtigt werden. Diese zu erfassen, ginge über den zeitlichen Rahmen dieser Untersuchung hinaus. Die hier gestellte Forschungsfrage beschränkt sich darauf, die Praxis von drei Institutionen in einem gemeinsamen Stadtteil zu erfassen und dabei darauf zu achten, wie sie sich auf die Chancen und Hindernisse ihres Handlungsfeldes einstellen. Denn die Ergebnisse der Friedensarbeit in den Kommunen sind selten direkt übertragbar, weil die Ausgangssituationen unterschiedlich und die Wirkungen kaum exakt festzustellen sind. Lernen kann kommunale Friedensarbeit vor allem daraus, *wie* unter Berücksichtigung der Bedingungen gehandelt wird, und aus der selbstkritischen Reflexion der eigenen Arbeit.

Kapitel 3

„MigrantInnen in Deutschland" als Thema in zwei Tageszeitungen

3.1 Fragestellung der Presseauswertung

Einen wesentlichen Kontext für die Praxis von Institutionen bilden die Zeitungen, die hauptsächlich im Untersuchungsgebiet gelesen werden. Darum wurden parallel zur Praxisforschung in der Nordstadt von Hannover zwei Tageszeitungen daraufhin ausgewertet, wie in ihnen die Minderheit der MigrantInnen dargestellt und welche Aussagen über das Zusammenleben der deutschen Mehrheit mit ihnen gemacht werden. Die Untersuchungsfragen lauteten:

– Unter welcher Themenstellung wird über MigrantInnen berichtet?
– Welche Bezeichnungen werden für MigrantInnen häufig gebraucht?
– Welche stereotypen Deutungen werden hinsichtlich der Anwesenheit von MigrantInnen in Deutschland häufig verwendet?

Ausgewählt wurden die *Hannoversche Allgemeine Zeitung* (HAZ) und *die tageszeitung* (taz) aus Berlin.

Die HAZ ist zusammen mit der Neuen Presse, die im gleichen Verlagshaus erscheint, die in Hannover am häufigsten gelesene Zeitung. Der Verlag nimmt mit seinen Tochtergesellschaften in Niedersachsen die führende Stellung ein. Die HAZ erreicht im Großraum Hannover (ca. 1 Million EinwohnerInnen) eine tägliche Auflage von bis zu 270.000 Exemplaren. Die Neue Presse, die für einige Teile mit der HAZ eine gemeinsame Redaktion hat, erreicht eine Auflage von 60.000 Stück. Bei der größten Konkurrentin, der Bild-Zeitung, sind es 130.000 Exemplare. In den Stadtteilen und Regionen um Hannover finden die Stadtteil- bzw. Regionalbeilagen besondere Beachtung. In ihnen werden auch amtliche Bekanntmachungen veröffentlicht. Bei der Auswertung der HAZ wird unterschieden zwischen

– dem überregionalen Teil,
– dem Lokalteil für die Stadt Hannover,
– der Stadtteilbeilage Nord, die u. a. im Stadtteil Nordstadt gelesen wird.

Die tageszeitung (taz) ist in Berlin vor 17 Jahren als eine kritische, alternative Zeitung gegründet worden. Im Blick auf die Forschungsfrage ist bedeutungsvoll, daß unter der Rubrik „Intertaz" alle 14 Tage auf zwei Seiten über Migration und den Alltag von MigrantInnen berichtet wird. Kennzeichnend für die taz ist generell, besonders aber speziell für diese Spalten, daß sie häufig die Betroffenen selber zu Wort kommen läßt. Die taz erreicht eine Gesamtauflage von bis zu 60.000 Stück. In der Nordstadt von Hannover wird sie unter den zahlreichen

StudentInnen und im grün-alternativen Milieu häufig gelesen. Die taz wurde auch deshalb ausgewählt, weil in ihr Positionen zum Thema erwartet wurden, die sich von denen in der HAZ deutlich unterscheiden. Allerdings hat die taz keinen Hannover-Teil.

Die Untersuchung der HAZ und der taz bezog sich auf den Zeitraum von Mai bis Dezember 1994, ebenso des Lokalteils der HAZ. In diesen Monaten wurden alle Texte gesammelt und sortiert, die sich mit MigrantInnen in Deutschland befaßten. Artikel über Rechtsextremismus, Antisemitismus und die Situation in den Herkunftsländern der MigrantInnen blieben unberücksichtigt.

Die Stadtteilbeilage der HAZ für die Nordstadt wurde von August 1993 bis Dezember 1994 gesammelt und ausgewertet.

3.2 Häufigkeit der Meldungen über MigrantInnen

Zunächst wurden 35 Themen herausgefunden, die dann 8 Hauptthemen zugeordnet wurden. Mittels einer Frequenzanalyse (Lamneck 1989, 187) wurde die Häufigkeit von Themen verglichen.

In der HAZ wurden in den 8 Monaten im überregionalen Teil 432 Artikel über MigrantInnen gedruckt, im Durchschnitt also mehr als ein Artikel pro Tag. Es wurden 26 Fotos von MigrantInnen gezeigt.

Die taz druckte in der gleichen Zeit fast doppelt so viele Artikel zum Thema (834), die durchschnittlich erheblich mehr Platz einnahmen als in der HAZ (taz im täglichen Durchschnitt 1406 cm^2, HAZ 696 cm^2).

Die Häufigkeit der meisten Themen (Flüchtlinge und Asylgesetzgebung, Kurden, Gewalttaten gegen MigrantInnen, die Prozesse von Solingen bzw. Magdeburg sowie Übergriffe und Untätigkeit der Polizei) ist in beiden Zeitungen annähernd gleich verteilt.

Zwei Themen haben in HAZ und taz einen unterschiedlichen Stellenwert: Die HAZ berichtet sehr viel häufiger als die taz von Straftaten mit MigrantInnen als TäterInnen. In der taz werden öfter als in der HAZ die sozialen Beziehungen zwischen Deutschen und MigrantInnen beschrieben.

3.3 Bezeichnungen für MigrantInnen und thematische Verknüpfungen

Die HAZ bezeichnet MigrantInnen jeweils nach ihrem Herkunftsland als Kosovo-Albaner, Bosnier, Kroaten, Türken, Afrikaner, Kurdenfamilie oder als Landsleute. Sofern Sprecher von Verbänden und Kommunen erwähnt werden, sprechen diese von Flüchtlingen.

Die taz bezeichnet MigrantInnen als AusländerInnen, AsylbewerberInnen, ausländische BürgerInnen der Europa-Union, Bürgerkriegsflüchtlinge, Kriegsdienstverweigerer und Deserteure, TürkInnen oder Angehörige anderer Natio-

Reihenfolge der Themen nach Häufigkeit in der HAZ

	Thema	*HAZ*	taz	Rang in der taz
1.	Flüchtlinge und Asylgesetzgebung	*90*	186	(1.)
2.	Kurden	*77*	105	(4.)
3.	Straftaten von MigrantInnen	*75*	19	(8.)
4.	Gewalttaten gegen MigrantInnen	*60*	159	(2.)
5.	Prozesse wegen Terror gegen MigrantInnen in Solingen und Magdeburg	*39*	86	(5.)
6.	Fehlverhalten der Polizei	*31*	71	(7.)
7.	Ausländer- und Einwanderungsrecht	*27*	77	(6.)
8.	Soziale Beziehungen zwischen Deutschen und MigrantInnen	*23*	110	(3.)
	Aussiedler	6	11	
	Sinti und Roma	2	2	
	Abzug Alliierten Militärs	2	5	
	Europawahl	*0*	3	
	Gesamt	*432*	834	

nalitäten, als türkische Familien, kurdische Volkszugehörige, SchwarzafrikanerInnen. In den Bezeichnungen der taz kommt meistens der Grund der Migration zum Ausdruck.

In Verbindung mit MigrantInnen in der HAZ erscheinen folgende Begriffe: Ausländertarife (von Kfz-Versicherungen), ausländerfeindliche Ausschreitungen, Ausländerhatz, Fremdenhaß, ausländerfeindliche Krawalle, Bürgerkrieg, Asylstatus, Ausländerkriminalität, Schutzgeld-Erpressung, Menschenhandel, Saisonarbeiter, Asylbewerber-Heime, Ausländerpolitik, Mafia, Zigarettenschmuggler, Rauschgifthändler. Nahezu alle diese Begriffe sind mit negativ aufgeladenen Assoziationen verknüpft.

In der taz werden folgende Begriffe mit MigrantInnen verbunden: Asyldebatte, Kurdenproteste, Ausländeranteil, Opfer, Übergriffe und Gewalttaten, Rassismus der Deutschen. Darüber hinaus werden Themen wie Gewerkschaften, Reisen, Datenschutz, Werbung, Partnerschaft, Parteien, Kommunikation, Türkenghetto, Literatur, deutsche Gedenktage behandelt. In der taz wird in größerer thematischer Breite von MigrantInnen in Deutschland berichtet.

Reihenfolge der Themen nach Häufigkeit in der taz

	Thema	*taz*	HAZ	Rang in der HAZ
1.	Flüchtlinge und Asylgesetzgebung	*186*	90	(1.)
2.	Gewalttaten gegen MigrantInnen	*159*	60	(4.)
3.	Soziale Beziehungen zwischen Deutschen und MigrantInnen	*110*	23	(8.)
4.	Kurden	*105*	77	(2.)
5.	Prozesse wegen Terror gegen MigrantInnen in Solingen und Magdeburg	*86*	39	(5.)
6.	Ausländer- und Einwanderungsrecht	*77*	27	(7.)
7.	Fehlverhalten der Polizei	*71*	31	(6.)
8.	Straftaten von MigrantInnen	*19*	75	(3.)
	Aussiedler	*11*	6	
	Abzug Alliierten Militärs	*5*	2	
	Europawahl	*3*	0	
	Sinti und Roma	*2*	2	
	Gesamt	*834*	432	

Die taz stellt in der untersuchten Zeit mehrfach wissenschaftliche Arbeiten zum Thema Migration vor. Sie läßt SprecherInnen von Verbänden und Vereinen zu Wort kommen, die selber ihre Forderungen und Appelle zugunsten der MigrantInnen vorstellen können.

3.4   Stereotypen in den Meldungen

Stereotypen haben u. a. die Funktion, die Deutung von komplexen Ereignissen zu vereinfachen. Die Presse benutzt häufig Stereotypen, um den LeserInnen schwierige politische und gesellschaftliche Zusammenhänge verständlich zu machen. Stereotypen werden nicht nur durch die offenkundig wertende Kommentierung von Ereignissen gebildet, sondern bereits durch die Auswahl von Meldungen bzw. von Aspekten der Ereignisse, über die berichtet wird (vgl. Metin 1990, 100). Die Beigabe von Fotos oder Karrikaturen hat die gleiche Funktion. Durch die Stereotypisierung der Ereignisse werden Meinungen und Beurteilungen von LeserInnen bestätigt und verstärkt.

Merten hat 1986 bei einer Analyse von 18 in Nordrhein-Westfalen erscheinenden Zeitungen das Konstrukt eines besonders einfachen, aber stets wiederholten Stereotyps nachgewiesen: „Ausländer begehen Straftaten" (Merten 1986, 58). Merten geht weiter und sagt, daß Stereotypen in einer bestimmten gesellschaftlichen Situation gebildet werden und darin ihre Funktion haben: Je höher die Arbeitslosenquote oder andere soziale Probleme, desto negativer sind die Meldungen über AusländerInnen (vgl. ebd.).

In der HAZ wie der taz sind *Flüchtlinge und Asylgesetzgebung* das häufigste Thema, wenn von MigrantInnen berichtet wird. Von beiden Zeitungen wird dieses Thema, ebenso wie die Themen *Ausländerrecht und Einwanderungsrecht,* vor allem als ein innenpolitischer Konflikt zwischen den Parteien behandelt. Es werden vorrangig die Positionen von CDU/CSU und SPD dargestellt.

In der HAZ tritt die Beschreibung der Situation der Flüchtlinge in Deutschland, der Fluchtgründe und -folgen hinter den Streit der Parteien zurück. Allerdings werden im Zusammenhang mit der Asylpraxis Einzelschicksale aufgezeigt. Die HAZ schildert die Behandlung der Flüchtlinge in den Anlaufstellen, die Abschiebepraxis und den Abschiebestopp an Einzelfällen. Dabei ist 25 mal folgendes Stereotyp zu erkennen: „Flüchtlinge sind Verfolgte, Leidende, zudem noch Opfer der deutschen Bürokratie". Aber 18 mal wird in dem gegensätzlichen Stereotyp berichtet: „Flüchtlinge sind Nutznießer der Vorzüge des Lebens in Deutschland". Damit ist häufig das weitere Stereotyp verbunden: „Flüchtlinge sind in Deutschland unerwünscht."

Die HAZ zählt wiederholt die Leistungen und Kosten auf, die der deutsche Staat für MigrantInnen aufbringt. Vorteile, die der deutschen Gesellschaft durch MigrantInnen zukommen, werden keinmal benannt. Lediglich durch Meldungen, in denen von Äußerungen der „Ausländerbeauftragten" des Bundes oder Niedersachsens berichtet wird, werden derartige Kostenaufstellungen in Frage gestellt.

Auch die taz berichtet in Stereotypen. Das Stereotyp „Flüchtlinge sind Verfolgte, Leidende, zudem noch Opfer der deutschen Bürokratie" wird in 174 Berichten gebraucht. Dieses Stereotyp hat hier deutlich die Funktion, Kritik an staatlichen Institutionen und politischen Entscheidungsträgern zu veranschaulichen und zu begründen. Als „Nutznießer der Vorzüge des Lebens in Deutschland" erscheinen die Flüchtlinge in der taz nie.

Anders als in der HAZ (12 mal) wird in der taz mit 40 Beiträgen der Lebensalltag von MigrantInnen beschrieben. Ihre eigene Interpretation ihres Erlebens, ihre Beiträge zur Kunst, zur Wissenschaft und Literatur werden dargestellt. Häufig kommen dabei die MigrantInnen selber zu Wort.

Zum Thema *„Kurden"* überwiegt in der HAZ das Stereotyp „Die Kurden wollen uns in die Auseinandersetzung ihrer PKK (der kommunistischen Partei Kurdistans) hineinziehen, das kann nicht hingenommen werden" (27 mal). Andererseits müssen 16 Berichte dem gegensätzlichen Stereotyp zugerechnet werden

„Der Widerstand der Kurden ist verständlich, die Verfolgten müssen bei uns Schutz finden".

In der taz kommt 23 mal das zweite Stereotyp vor, in dem Verständnis für die Kurden aufgebracht wird. 12 Artikel berichten allerdings sehr differenziert über die Situation der Kurden und lassen kein eindeutiges Stereotyp erkennen.

In der HAZ wird in nahezu allen 77 Artikeln von Kurden im Zusaammenhang mit der PKK berichtet, in der taz nur 8 mal.

„*Gewalttaten gegen MigrantInnen*" erscheinen in der HAZ meistens (66 mal) in dem Stereotyp „unverständliche Aktionen von einzelnen oder kleinen Gruppen". Niemals werden solche Taten mit der gesellschaftlichen Situation in Deutschland in Verbindung gebracht. Das Stereotyp „Gewalttaten gegen MigrantInnen sind verständlich und finden Zustimmung in der Bevölkerung" kommt nur 6 mal vor.

Derartige Gewalttaten werden in der taz fast immer im Kontext mit gesellschaftlichen Entwicklungen gesehen (88 mal). Sie werden als eine beständige Bedrohung der Demokratie gewertet.

„*Fehlverhalten der Polizei*", (d. h. Übergriffe gegen MigrantInnen und Untätigkeit bzw. ungenaue Ermittlung bei Angriffen gegen MigrantInnen) erscheint in der HAZ 21 mal in dem Stereotyp „solche Übergriffe sind Amtsmißbrauch und nicht zu entschuldigen". 12 mal wird in dem entgegengesetzten Stereotyp berichtet „Solche Übergriffe sind zwar bedauerlich, aber verständlich, z. B. wegen Überforderung der Polizei". 11 Beiträge sind differenziert und abwägend.

In der taz überwiegt eindeutig das Stereotyp des unentschuldbaren Amtsmißbrauches (66 mal). Differenzierende, abwägende Darstellungen sind demgegenüber selten (5 mal).

„*Soziale Beziehungen zwischen Deutschen und MigrantInnen*" sind für die taz ein zentrales Thema (110 Artikel gegenüber 23 in der HAZ). Dabei kommt in der taz häufig das Stereotyp vor „für die sozialen Beziehungen wird die ethnische Herkunft der Beteiligten zunehmend unwichtiger" (34 mal). Ebenso oft wird in dem Stereotyp berichtet „MigrantInnen gehören als Eingewanderte zur deutschen Gesellschaft". Beide Stereotype sind in der HAZ nicht anzutreffen. Die HAZ verwendet dagegen das Stereotyp „Migranten bleiben Fremde in der deutschen Gesellschaft" (12 mal), das wiederum in der taz nicht vorkommt.

Von „*Straftaten von MigrantInnen*" handeln in der HAZ 75 Artikel, in der taz nur 19.

Die HAZ berichtet häufig von polizeilich festgenommenen MigrantInnen, die verdächtigt werden, Straftaten begangen zu haben. MigrantInnen erscheinen dabei häufig als Angehörige einer kriminellen Organisation („Russen-Mafia", „PKK", „die Kosovo-Albaner" u. a.). Die taz bringt in diesem Zusammenhang differenzierte Berichte.

In der HAZ wird in diesem Zusammenhang häufig der Begriff „Ausländerkriminalität" verwendet. Pfeiffer (1995) hält ihn allerdings für eine unzulässige kriminologische Kategorie. Ausführliche Auswertungen von Daten über nichtdeutsche Tatverdächtige zeigen differenzierte Zusammenhänge zwischen Tatverdacht einerseits und rechtlichem Status, sozialer Stellung, Aufenthaltsgrund in Deutschland und Alter der Verdächtigten andererseits auf. An Hand von Daten aus Niedersachsen vergleicht Pfeiffer die Zuordnung von Deutschen und Gruppen von MigrantInnen zu bestimmten Delikten und stellt auffällige Unterschiede fest. Bei der Gruppe der Flüchtlinge ist z. B. der Verstoß gegen Asylgesetze das häufigste Delikt.

3.5 Berichterstattung über MigrantInnen im Lokalteil der HAZ

Im Hannover-Teil der HAZ wird zu den gleichen Themen wie im überregionalen Teil über MigrantInnen berichtet. Die LeserInnen finden durch Ereignisse in ihrer eigenen Stadt bestätigt, was sie den überregionalen Artikeln entnehmen können. Allerdings sind die Ereignisse, die aus Hannover berichtet werden, sehr viel drastischer und konflikthafter dargestellt als im überregionalen Teil. Dafür fehlen in den Darstellungen aus Hannover zu diesen Themen die Erörterungen der politischen Hintergründe.

Dieser auffallend andere journalistische Stil im Lokalteil im Vergleich zum allgemeinen Teil hängt mit der Vermarktung der Zeitung zusammen: In der Darstellung dessen, was in Hannover geschieht, muß die HAZ mit der Bild-Zeitung konkurrieren und hat sich deren Stil weithin angepaßt. Die Artikel im überregionalen Teil müssen das stilistische Niveau der „Frankfurter Rundschau" oder der „Zeit" halten.

Folgende Tabelle zeigt die Häufigkeitsverteilung der Themen über MigrantInnen im Lokalteil der HAZ im Zeitraum Mai bis Dezember 1994:

Am häufigsten wird im Lokalteil über MigrantInnen unter dem Thema *„Straftaten"* berichtet (72 mal). Es geht dabei um Drogen, Mord, Prostitution, Bewaffnung, Provokationen, Gewalt, illegales Glücksspiel, Schmuggel, illegalen Aufenthalt, Selbstmord. Differenzierende Beschreibungen kommen fast überhaupt nicht vor, Entlastendes zugunsten der MigrantInnen wird kaum vorgebracht. 12 mal werden in Fotos polizeiliche Einsätze dargestellt. Die Polizei wird mit technischer Ausrüstung und in starker Position abgebildet. MigrantInnen sind als Festgenommene am Boden liegend zu sehen oder werden auf dem Foto gerade abgeführt. Auffallend ist, daß Pressevertreter häufig bei Polizeieinsätzen gegen MigrantInnen anwesend sind und mit Fotos dokumentieren können. Es wird durchgängig das Stereotyp verwendet „der Arbeitsalltag der deutschen Polizei wird durch MigrantInnen in Anspruch genommen" (72 mal).

Wenn von *Kurden* im Lokalteil berichtet wird, geht es um Drogen, Anschläge gegen türkische Einrichtungen, Großdemonstrationen mit Verkehrsblockaden, Genehmigungsvorbehalte bei Veranstaltungen, Angriffe auf Polizisten, Abschiebung und Unsicherheit bezüglich eines Abschiebestopps. In 30 der 53 Artikel werden Kurden mit der PKK bzw. PKK-Symbolen in Verbindung gebracht, von der PKK wiederum wird ausschließlich im Zusammenhang mit Haftbefehlen und Strafprozessen berichtet. Nur in 3 Artikeln gibt es eine differenzierte Darstel-

Berichterstattung in der HAZ

	Thema	HAZ lokal	HAZ überreg.	Rang in der HAZ überreg.
1.	Straftaten von MigrantInnen	77	75	(3)
2.	Kurden	53	77	(2)
3.	Flüchtlinge und Asylgesetzgebung	41	90	(1)
4.	Soziale Beziehungen zwischen Deutschen und MigrantInnen	33	23	(8)
5.	Gewalttaten gegen MigrantInnen	4	60	(4)
6.	Fehlverhalten der Polizei	4	31	(6)
7.	Aussiedler	2	6	(10)
8.	Europawahl	1	0	(13)
9.	Prozesse (Solingen und Magdeburg)	0	39	(5)
10.	Ausländer- und Einwanderungsrecht	0	27	(7)
11.	Sinti und Roma	0	2	(11)
12.	Abzug Alliierten Militärs	0	2	(12)
		210	432	

lung, nur in einem Artikel kommt Verständnis für die Situation von Kurden zum Ausdruck.

Beim Thema „Flüchtlinge und Asylgesetzgebung" wird über die Gemeinschaftsunterkünfte berichtet, aber auch vom Protest von Anliegern gegen diese Einrichtungen. Die 41 Artikel handeln ferner von Geldleistungen für Flüchtlinge, sie erörtern die Frage, ob die Unterkünfte menschenwürdig seien, sie berichten von Rechtsverstößen der Asylbewerber (z.B. Fahren mit defektem Auto, Benutzen eines afghanischen Führerscheins). Es wird auch von Initiativgruppen berichtet, die die Flüchtlinge unterstützen.

Zum Thema „Soziale Beziehungen zwischen Deutschen und MigrantInnen" (33 mal) wird über soziale und kulturelle Aktivitäten von Schulen, Hochschulen, Kirchen und einzelnen Gruppen informiert, die durch Sternmärsche, Informationsveranstaltungen, Lesungen, Konzerte und andere Kulturangebote für Toleranz und Akzeptanz im Blick auf die MigrantInnen werben. Organisationen von MigrantInnen sind bei der Hälfte der berichteten Ereignisse beteiligt. Artikel, in denen Deutsche und MigrantInnen zusammen vorkommen, handeln von derartigen Veranstaltungen oder – in seltenen Fällen – von Situationen, in denen MigrantInnen Hilfe von deutschen Stellen in Anspruch nehmen.

Wenn im Lokalteil der HAZ einzelne MigrantInnen auf Fotos gezeigt werden (25 mal), dann als Tänzer und Musikanten, als Mädchen und Frauen mit Kopftuch. MigrantInnen werden überwiegend in emotional belasteten Situationen abgebildet, als Hilfesuchende, als um Angehörige Trauernde. Fotos, auf denen Deutsche und MigrantInnen zusammen zu sehen sind, kommen nur 4 mal vor.

Der Alltag der MigrantInnen in Hannover, u. a. beim Wohnen, bei der Arbeit, wird nicht dargestellt, auch nicht Diskriminierung der MigrantInnen in der Arbeitswelt und bei der Versorgung mit Wohnraum oder in der Schule (vgl. Warnken und Merkel 1993; Räthzel und Sarica 1994).

3.6 Berichte über MigrantInnen in der Stadtteilbeilage Nord

Wöchentlich erscheint in der der HAZ eine Beilage jeweils für mehrere Stadtteile oder für eine Region im Umland. Für den Zeitraum August 1993 bis Dezember 1994 wurde die Ausgabe Nord ausgewertet, die im Untersuchungsgebiet Nordstadt der HAZ beiliegt.

Darin wird vor allem von kulturellen Ereignissen, von Festen und besonderen Veranstaltungen der Vereine, Schulen und dgl. im Stadtteil berichtet (24% der Artikel), von Angeboten für Kinder und Jugendliche (16%), über die Sanierung (16%), die Verkehrsplanung (16%) sowie über einzelne, ungewöhnliche Vorkommnisse (28%).

MigrantInnen kommen nur in 19 der insgesamt 196 Artikel im genannten Zeitraum vor. Sie schildern meistens Sonderveranstaltungen von Vereinen oder pädagogischen Einrichtungen. MigrantInnen werden dabei erwähnt, um das Bemühen der Deutschen um Offenheit und Integration der MigrantInnen hervorzuheben. So wirbt z. B. der Nordstädter Schützenverein anläßlich seines hundertjährigen Gründungsfestes mit der Parole „Vereine für Ausländer öffnen". Es wird von einem „Schüleraustausch" berichtet („Polen loben Offenheit der Schüler"), einem russischen Abend („Balalaika und Borschtsch erobern Herz und Gaumen") und dem Bau türkischer Trommeln („Trommeln gegen den Ausländerhaß"). Von gemeinsamen Aktionen von Deutschen und MigrantInnen wird selten, und zwar nur anläßlich derartiger pädagogischer Bemühungen und besonderer Hilfen für MigrantInnen berichtet.

Vier Artikel beschreiben MigrantInnen-Vereine und deren Tätigkeiten (z. B. „Türken laden in ihre Moschee ein"). Behandelt wird das Leben im Alltag der Vereine. Die Mitglieder erscheinen darin als Mitmenschen, die sich nur in wenigen Einzelheiten von anderen MitbürgerInnen der Nordstadt unterscheiden. Die Vereine der MigrantInnen werden wie die vergleichbaren deutschen als Freizeiteinrichtungen dargestellt.

Bezeichnet werden MigrantInnen in der Stadtteilbeilage nach ihrem Herkunftsland (als Türken, Kroaten, Polen u. a.), aber häufig werden sie mit ihrem Namen genannt. Zum Teil werden auch ihre Berufe erwähnt. Allerdings kommen sie nur in zwei Artikeln selber zu Wort.

Das Leben von MigrantInnen in der Nordstadt wird von keiner Seite problematisiert. Es ist allerdings (mit einer Ausnahme) keine Rede davon, daß die Anwesenheit der MigrantInnen eine gesellschaftliche bzw. politische Dimension hat, nur einmal wird darauf verwiesen, daß „Ausländer kein Wahlrecht" haben. Die MigrantInnen sind in der Nordstadt die freundlichen Nachbarn von nebenan, die man zum Teil mit Namen anreden kann und von denen man manchmal sogar den Beruf kennt.

Diskriminierung von MigrantInnen und ihre Belastungen im Alltag kommen in der Stadtteilbeilage nicht vor.

3.7 Zusammenfassung: Meinungsbildung durch die Presse in der Nordstadt

Im überregionalen Teil der HAZ wird von MigrantInnen unter Themenstellungen berichtet, die auch im Hannover-Teil dieser Zeitung vorkommen. Dabei ist nur eine geringfügige Verschiebung der Häufigkeitsverteilung festzustellen, das Thema „Straftaten von MigrantInnen" ist an die erste Stelle gerückt. Im Lokalteil überwiegt ein drastischer Stil der Berichterstattung. Dafür fehlt die politische Dimension der Ereignisse, sie kommt nur dadurch vor, daß über Aktionen „gegen Ausländerfeindlichkeit" oder zur Unterstützung der Flüchtlinge informiert wird.

In der Stadtteilbeilage Nord kommen MigrantInnen nur unter einem der 8 Themen vor, unter denen auf den anderen Seiten über sie berichtet wird, nämlich unter dem Thema „Soziale Beziehungen zwischen Deutschen und MigrantInnen". Auch die Stereotypen, in denen im überregionalen und lokalen Teil MigrantInnen dargestellt werden, sind in den Nordstadt-Seiten nicht wiederzufinden. Hier sind die MigrantInnen die netten Mitmenschen von nebenan, die sich zwar in ihrem Lebensstil in mancher Hinsicht von den deutschen MitbürgerInnen unterscheiden und die gelegentlich besondere Hilfen annehmen müssen, aber das Zusammenleben mit ihnen bereitet keine Probleme und bietet keinen Anlaß für Konflikte. Eine politische Dimension lassen die Berichte zu dieser Themenstellung allerdings nicht erkennen. Das Thema „MigrantInnen in Deutschland" wird völlig anders diskutiert als „MigrantInnen in der Nordstadt". Zugespitzt gesagt: Die MigrantInnen, die in der Nordstadt leben, müssen völlig andere Menschen sein als diejenigen, die nach Deutschland oder speziell nach Hannover zugewandert sind.

Freilich entnimmt man aus dem Nordstadt-Teil überhaupt nichts davon, daß die MigrantInnen in diesem Wohngebiet ihrerseits Probleme oder nennenswerte Sorgen hätten. Darüber ist allerdings viel zu erfahren, wenn man die Zeitschrift „betrifft" der Ausländerbeauftragten für Niedersachsen liest, den „Schädelspalter", ein Monatsmagazin aus Hannover oder „Arkadas", die Zeitung einer MigrantInnen-Organisation.

Im überregionalen Teil der HAZ überwiegen die Stereotypen, in denen MigrantInnen als eine Bedrohung gedeutet werden und durch ihr Verhalten Gründe dafür liefern, daß sie von den Deutschen abgelehnt werden. Aber die HAZ bringt auch entgegengesetzte Stereotype, in denen Verständnis für MigrantInnen zum Ausdruck kommt. Außerdem gibt es auf den überregionalen Seiten der HAZ 57 (von insgesamt 432) Artikel, in denen differenziert argumentiert wird und die nicht einem Stereotyp zuzuordnen sind, weil über unterschiedliche Positionen informiert wird.

In der taz dagegen drücken nahezu alle Artikel bestimmte Stereotypen aus. Die taz-LeserInnen werden durchgängig in einem spezifischen Meinungsbild hinsichtlich der MigrantInnen bestätigt. Dabei dominiert das Deutungsmuster, daß es sich um Verfolgte, Leidende handelt, um Opfer der Bürokratie und terroristischer Gewalt. Von den herrschenden politischen Kräften haben sie keine Unterstützung zu erwarten, die gesellschaftlichen Tendenzen sind eher gegen sie gerichtet. Dabei haben die MigrantInnen wichtige kulturelle Beiträge in die hiesige Gesellschaft einzubringen.

Es stellt sich jedoch die Frage, ob dieses generelle Bild, das die taz-LeserInnen ihrer Zeitung entnehmen, mit den Situationen übereinstimmt, die in der Begegnung mit MigrantInnen in der Nordstadt erlebt werden.

Die taz- und HAZ-LeserInnen können beide die Deutungsmuster aus dem politischen Teil ihrer Zeitung nicht direkt zur Entschlüsselung der Situation der MigrantInnen in der Nordstadt verwenden. Andererseits geben ihre Zeitungen ihnen wenig Hilfen, die Situation der MigrantInnen in der Nachbarschaft der Nordstadt politisch zu begreifen.

Kapitel 4

Charakterisierung des Untersuchungsgebietes

4.1 Zur Geschichte und Struktur des Stadtteils Nordstadt in Hannover

Die Nordstadt von Hannover ist heute ein citynahes Wohngebiet. Es schließt im Norden an den Bezirk Mitte an und liegt noch innerhalb eines Kreises mit 3 km Radius um das Zentrum. Die Verkehrsverbindung in die Stadtmitte und in die Außenbezirke läuft über zwei Hauptachsen, auf denen auch zwei Stadtbahnlinien liegen. Auf Grund ihrer eindeutigen Umgrenzung und des spezifischen sozialräumlichen Charakters gilt die Nordstadt in Hannover seit je als ein gewachsener, eigenständiger Stadtteil.

Die Nordstadt war eines der ersten Arbeiterquartiere von Hannover. Die Industrialisierung in der zweiten Hälfte des vorigen Jahrhunderts brachte für diese einstige Gartensiedlung vor den Toren der Stadt einen enormen Aufschwung. Die Bevölkerung wuchs von 3.000 BewohnerInnen im Jahr 1833 auf ca. 10.000 im Jahr 1859. Als die Nordstadt eingemeindet wurde, stieg die EinwohnerInnenzahl bis 1909 auf den Höchststand von ca. 46.000. Anlaß für dieses Wachstum war einerseits der Bau der Eisenbahn von Hannover nach Bremen ab 1847 und die Anlage des großen Güterbahnhofes am Weidendamm. Das breite Bahngelände bildet auch heute noch die deutliche Grenze der Nordstadt nach Osten und Norden. Andererseits siedelten sich auf Grund der 1869 erlassenen Gewerbefreiheit und der französischen Kriegsfolgezahlungen ab 1871 in der Nähe zur Bahn zahlreiche größere Industriebetriebe an (Fabriken für Aufzüge, für Wolle und Watte, für Wachstücher, für Eisenguß, die bekannte Firma Sprengel für Schokoladenprodukte). Der Zuzug der Arbeitskräfte führte zu Wohnungsmangel, Grundstücksspekulation und extensiver Bautätigkeit (vgl. Büsing u. a. 1981; Dettmer 1984; Landeshauptstadt Hannover 1989b).

Die westliche Grenze der Nordstadt bildet die Nienburger Straße und davor im weitläufigen Welfengarten das Welfenschloß, das 1875 zur Technischen Hochschule umgebaut wurde. In dieser attraktiven Lage entstanden im westlichen Teil der Nordstadt Bürgerhäuser des gehobenen Standards mit schmuckvollen Fassaden, Erkern und Balkonen. So bildete sich die sog. „Nordstädter Mischung": Zwar überwogen eindeutig die Industrie- und Bahnarbeiter sowie Handwerker, doch daneben lebten in der Nordstadt auch zahlreiche Hauseigentümer, Ladeninhaber und Angehörige bürgerlicher Berufsgruppen (vgl. Dettmer 1984).

Im März 1945 wurden kurz vor dem Ende des Krieges durch einen Bombenangriff fast alle Häuser im Ostteil, in der Nähe der Bahnanlagen, zerstört. Von den 5.500 Wohnungen blieben nur 265 erhalten. Bis 1984 stieg ihre Zahl in diesem

Teil durch recht einfache Bebauung wieder auf 2245. Der Westteil und darin die bürgerlichen Häuser blieben eher verschont; Kriegseinwirkungen vernichteten hier knapp die Hälfte des Wohnungsbestandes, er stieg bis 1985 wieder auf die frühere Höhe von 6330 Wohnungen (vgl. Landeshauptstadt Hannover 1989b).

1985 wurde ein wesentlicher Teil der Nordstadt förmlich gemäß Städtebauförderungsgesetz zum Sanierungsgebiet erklärt. Notwendig geworden war die Sanierung aus den gleichen Gründen wie in anderen westdeutschen Großstädten: Der wirtschaftliche Aufschwung in den 50er und 60er Jahren hatte zu einer Bewohner-Fluktuation geführt: Weil die erhaltenen Arbeiterwohnungen und die nach dem Krieg schnell errichteten Neubauten schlecht ausgestattet waren (z. B. gab es in 38% der Wohnungen nur Ofenheizungen, 12% waren ohne WC auf der Etage), weil die Wohnumgebung vielfach belastet war (Lärm von Straßen und Betrieben, Spielplätze und Grünanlagen fehlten), wechselten zahlreiche Familien in die Vorstädte (vgl. Landeshauptstadt Hannover 1989b).

In die Nordstadt zogen wegen der relativ niedrigen Mieten einkommensschwache BewohnerInnen, u. a. MigrantInnen, Studierende (50% der Haushalte in der Nordstadt verfügten 1985 über ein monatliches Nettoeinkommen von unter 1800 DM, in Hannover insgesamt waren es 35%; der Anteil der MigrantInnen an der Wohnbevölkerung betrug 1985 in der Nordstadt 18%, in Hannover waren es 9%). Die Eigentümer, z. T. Erbengemeinschaften, hielten die Wohnungen nicht instand. Es drohte eine Verslumung in der attraktiven citynahen Lage. 77% der BewohnerInnen hielten 1985 eine Sanierung zur Verbesserung der Wohnsituation für erforderlich (vgl. Landeshauptstadt Hannover 1989b).

Wie in vergleichbaren Großstädten führte die Sanierung zu zahlreichen Konflikten, die auf verschiedenen Ebenen ausgetragen wurden. Auf einer formalisierten Ebene standen sich die kommunale Baubehörde und das Stadtteilforum gegenüber. Letzteres versteht sich als ein parteipolitisch unabhängiges Gremium, in dem alle interessierten Nordstädter BürgerInnen mitwirken können. Hier wird kontinuierlich über Jahre hinweg bis heute der Sanierungsprozeß kritisch begleitet, die Bevölkerung über die anstehenden Vorhaben informiert und Alternativ-Planung entwickelt. Mit dem Stadtteilforum vertraglich verbunden ist der Anwaltsplaner, der zwar von der Stadtverwaltung ein Jahreshonorar bezieht, aber entsprechend dem in Hannover-Linden entwickelten Modell unabhängig von der Kommune arbeitet, die Bürger informiert und bei der Gestaltung eigener Vorstellungen fachlich unterstützt.

Die Konflikte entzündeten sich an prinzipiellen Interessengegensätzen. Das Stadtteilforum vertrat folgende Positionen: keine Vertreibung der alteingesessenen Bevölkerung, Erhalt von billigem Wohnraum, keine Abrisse, sofortiger Einsatz aller rechtlichen Instrumente bei drohendem Verfall oder Leerstand von Gebäuden. Die kommunale Planungsabteilung sah als vordringliche Sanierungsziele die Modernisierung von Altbauten, Entkernung von Blockinnenbereichen, Neubau in Baulücken, Begrünung, Verkehrsberuhigung (Birth u. a. 1987).

Positiv ist die langjährige Arbeit des Stadtteilforums darin einzuschätzen, daß es unparteilich und offen ist für alle, die sich für die Stadtteilentwicklung interessieren; es ermöglicht den Austausch aller beteiligten Gruppierungen. Als Kritik muß angemerkt werden, daß sich das Forum im Laufe der Zeit und der fachlichen Arbeit zu einer Expertenrunde entwickelt hat und daß sich dieses Gremium die Themen von der Behörde vorgeben läßt und im wesentlichen nur noch reagiert. An der Arbeit des Anwaltsplaners ist positiv zu bewerten, daß den von Sanierung betroffenen BewohnerInnen eine fachliche Instanz zur Beratung, ggf. auch zur Erstellung von Gegengutachten zur Verfügung steht. Die Anwaltsplanung hat wesentlich zur Veröffentlichung aller sanierungsbezogenen Probleme beigetragen, sie hat den Handlungsspielraum der kommunalen Planer ausgelotet und das Selbstbewußtsein und die Kompetenz der verschiedenen BewohnerInnengruppen deutlich gestärkt.

Kritisch ist hinzuzufügen, daß die Arbeitskraft nur eines Anwaltsplaners bei weitem nicht ausreicht, um mit den Vorgaben einer kommunalen Planungsbehörde Schritt zu halten; die finanziellen und zeitlichen Ressourcen reichen bei weitem nicht aus, um vorhandene Ideen zusammenzutragen und zu formulieren. Außerdem ist diese Art der BürgerInnenbeteiligung für die Verwaltung ein geeignetes „Frühwarnsystem", sie kann sich rechtzeitig auf zu erwartende Widerstände aus dem Stadtteil einstellen und mit Entgegenkommen in geringfügigen Angelegenheiten erreichen, daß ihre wesentlichen Planungen durchgesetzt werden.

In die Offensive gegangen ist das Stadtteilforum 1987 mit einer „Ideensammlung", mit der die Bewohnerschaft mobilisiert werden sollte (vgl. Birth u. a. 1987). Aus einer Bedarfserfassung erwuchsen eigene Vorstellungen zur künftigen Gestalt des Stadtteils und daraus wiederum Anforderungen an die Planung. Es kam eine Fülle von Ideen zusammen, von denen einige im Sanierungsprozeß realisiert werden konnten. Generell kann man für Hannover der Sanierungsplanung bestätigen, daß sie jeweils sorgfältig zu erfassen sucht, in welchen Punkten sich Interessen, Ideen und konkrete Vorstellungen aus dem Stadtteil mit den eigenen Zielsetzungen in Übereinstimmung bringen lassen. Dieser Bereich wird dann öffentlichkeitswirksam realisiert.

Eine andere Ebene der Konflikte zwischen Nordstädter BewohnerInnen und kommunalen PlanerInnen sind die Blockversammlungen. Die Administration geht blockweise vor und führt dort Versammlungen durch. Dabei gehen dann die Interessen der verschiedenen AnwohnerInnen auseinander. Während die BewohnerInnen der Vorderhäuser eher Modernisierungsmaßnahmen zustimmen, wehren sich diejenigen, die in den Hinterhäusern und -höfen ansässig sind, gegen den vorgesehenen Abriß ihrer Gebäude, der zu Umsiedlung, Zerstörung des sozialen Netzwerkes und höheren Mietbelastungen führt. Meistens hat sich die Verwaltung mit ihrer Vorstellung von der Aufwertung durch mehr Licht und mehr Grün durchsetzen können, was dann zur Auflösung sozialer Beziehungen und der darin liegenden Ressourcen führte, zumal es auch in den modernisierten Vorderhäusern zu Mietsteigerungen und damit zum Wechsel der BewohnerInnen kam. Freilich gibt es auch Beispiele dafür, daß es möglich war, Vorstellungen zu „kippen", die die Verwaltung mit recht massivem Druck durchzusetzen suchte. Mit phantasievollen, fröhlichen und zugleich kämpferischen Aktionen unter Beteiligung der

AnwohnerInnen konnten in Wohnblöcken und Innenhöfen deren Ideen realisiert werden (vgl. Birth u. a. 1987).

Die heftigsten Konflikte entzündeten sich an der Nutzung der aufgelassenen Industriekomplexe wie z. B. der ehemaligen Schokoladenfabrik Sprengel. Nachdem die Fertigung ausgelagert und die Gebäude jahrelang dem Verfall überlassen worden waren, hatten die Eigentümer die weitere Nutzung einem Immobilienspekulanten überlassen. 1981 wurde der Komplex von jungen Menschen besetzt, mehrmals von der Polizei geräumt, aber immer wieder besetzt. Die verkommenen Bauten wurden in Eigenarbeit gesichert und instand gesetzt. „Sprengel" wurde zu einem kommunalen Symbol: Für die einen, die NutzerInnen und ihre SympathisantInnen, steht „Sprengel" für die Vorstellung, daß mit Eigeninitiative und kämpferischem Widerstand eine Verwertung von Boden und Gebäuden nach kapitalistischen Gesichtspunkten verhindert werden kann und autonome, solidarische Lebensweise gerade für diejenigen möglich wird, die auf dem sog. „freien" Wohnungsmarkt keine Chance haben.

„Sprengel" war Symbolbegriff aber auch für diejenigen konservativen politischen Kräfte in Hannover, die einer SPD/Grünen-Mehrheit im Rat und einer entsprechenden Verwaltung besonders zu Zeiten von Wahlkämpfen immer wieder vorhielten, daß sie unfähig wären, „Recht und Ordnung und Schutz des Eigentums" durchzusetzen und den Hausbesetzern Geld „hinterherwerfen", das dann für sozialen Wohnungsbau fehlt.

„Sprengel" ist bis heute aber auch Symbol dafür, daß es möglich ist, durch Mediation zwischen den Konfliktparteien Lösungen zu finden, weil z. B. auch Jugendliche, die unter der Armutsgrenze leben müssen, ein Recht auf Wohnung haben und deren konstruktiver Elan (und die über viele Winter durchgehaltene, entsagungsvolle Reparatur der Bauten in Eigenarbeit) gefördert werden muß.

1995, zehn Jahre nach Beginn der Sanierung, hat längst die Phase der Reprivatisierung eingesetzt. Weil die dabei zu verhandelnden Fragen aus rechtlichen Gründen fast alle unter Ausschluß der Öffentlichkeit diskutiert werden müssen, ist die bauliche, städteplanerische Sanierung kein zentrales Thema mehr im Stadtteil. Die mit der Sanierung verbundene Aufwertung des citynah gelegenen Wohngebietes hat private Modernisierung angeregt. Allerdings ist dadurch die Bevölkerungsfluktuation nicht zur Ruhe gekommen. Viele Alteingesessene müssen verarbeiten, daß langjährige Freunde und Nachbarn weggezogen sind, daß die Häuser in ihrer äußeren Gestalt, aber auch die Bewohnerschaft sich verändert haben. „Die Nordstadt ist nicht mehr wie früher" ist ein häufiger Ausspruch. Gewachsene sozialräumliche Identifizierungen sind weggefallen. Ein 40jähriger Mann aus der Nordstadt sagte 1991:

> „Über die Sanierung ist ja so viel geredet und geschrieben worden, aber für mich ist das alles undurchsichtig. Ich erleb' nur, die Leute ziehen weg, ziehen neu ein. Genauso mit den Geschäften: Besitzerwechsel, wissen Sie, den neuen kenn' ich gar nicht mal. Der Eigentümer von unserem Haus will vielleicht auch verkaufen, heißt es, für uns ist das alles undurchsichtig. Mit den Ausländern jetzt im Haus. Ich persönlich habe nichts gegen sie, auch wenn ich sie nicht versteh', mir hat noch keiner was getan, ich tu auch niemand was,

aber langsam fühle ich mich hier selbst in der Fremde. Das muß man sich mal vorstellen: Ich wohn' jetzt 22 Jahre in diesem Haus, man könnte sagen, das ist meine Heimat, wir wollten nie hier weg. Aber langsam fühl' ich mich hier als Fremder. Meine Frau sagt immer: Paß auf, eines Morgens wachst du auf, und du kennst dich hier überhaupt nicht mehr aus. Alles ist anders geworden, und du weißt nicht, warum und wieso... Es läuft alles irgendwie über unseren Kopf hinweg" (zitiert nach von Kietzell 1991, 17).

In den Jahren von 1980 bis 1985 war ein Anteil von 50% der Bewohnerschaft des Stadtteils fortgezogen. Es scheint, als ob sich seit 1994, zum Ende der Sanierung, dieser Vorgang wiederholt (vgl. Feldnotiz N21). Es stellt sich für die Nordstadt so wie für Sanierungsgebiete in anderen Großstädten die Frage, wie diese sozialräumlichen Umbrüche, die häufig mit sozialer Desintegration verbunden sein können, bewältigt werden.

Die Wohnbevölkerung hat sich in den vergangenen Jahren folgendermaßen entwickelt:

	insgesamt	Wohnberechtigte	davon MigrantInnen	Deutsche
1961	27.461	–	–	–
1970	21.701	1.123	5%	20.578
1976	19.669	2.945	15%	16.724
1980	19.044	3.469	18%	15.575
1987	16.829	3.029	18%	13.800
1990	17.885	3.383	19%	14.502
1995	17.812	3.958	22%	13.854

(Landeshauptstadt Hannover 1980, 13; 1988, 138; 1990, 19; 1995).

Die steigende Zahl der MigrantInnen ist vor allem dadurch zu erklären, daß bei ihnen der Anteil der Kinder relativ hoch ist. Bei der Vergabe von Neubauwohnungen oder modernisiertem Altbau in öffentlicher Hand entscheidet eine „Vergabekommission", wer einziehen darf. Dabei werden Migranten-Familien nicht benachteiligt; sie gelten oft als Notfälle, weil sie bisher mit großer Familie nur eine kleine Wohnung hatten, was ihnen bei der Wohnungsvergabe zugute kommt.

Die Aufstellung zeigt, daß wie in anderen deutschen Großstädten der Anteil der MigrantInnen in den höheren Altersgruppen weit unter dem Durchschnitt liegt, daß aber der Anteil ihrer Kinder und Jugendlichen relativ hoch ist.

Es gibt in der Nordstadt 11 Kindertagesstätten und eine Grundschule mit Vorklasse, aber es bestehen erst Plätze für 380 Kinder, der Bedarf wurde für 1990 mit 405 Plätzen angegeben (vgl. Landeshauptstadt Hannover 1991, 23).

Vergleicht man die Anteile der Altersgruppen in der Nordstadt mit den Zahlen von Hannover insgesamt, dann fällt auf, daß die 18–29jährigen in der Nordstadt stark vertreten sind. Dies liegt zum Teil an der studentischen Wohnbevölkerung,

MigrantInnen in Hannover

Altersgruppen	Anteil der MigrantInnen an den Altersgruppen in der Nordstadt	Anteil der Altesgruppen an der wohnberechtigten Bevölkerung in der Nordstadt	in Hannover
0–2	28,6%	2,6%	2,7%
3–5	32,1%	2,3%	2,5%
6–9	32,9%	2,7%	3,1%
10–15	36,9%	3,7%	4,5%
16–17	43,8%	1,4%	1,5%
18–29	21,7%	29,1%	19,7%
30–44	20,5%	26,4%	19,7%
45–64	29,3%	18,8%	24,0%
65–74	5,8%	7,2%	9,8%
75 u.ä.	1,6%	5,5%	8,0%
Durchschnitt	22,0%	–	–
Summe		100 %	100 %

(Landeshauptstadt Hannover 1995).

zum Teil daran, daß es in der Nordstadt „Nischen" gibt, wo in schlecht ausge-statteten Gebäuden die Mieten niedrig sind und junge Menschen auch dann leben können, wenn sie arbeitslos sind.

Der relativ hohe Anteil der Studierenden zeigt sich auch an dem Prozent-satz der Ein-Personen-Haushalte, der mit 59,9% in der Nordstadt höher liegt als in Hannover insgesamt (49,0%). Dabei ist zu berücksichtigen, daß die über 65jährigen in der Nordstadt weniger vertreten sind als in Hannover insgesamt (vgl. Hermann 1992, 116).

Die Nähe der Universität wird auch an den Bildungsabschlüssen erkennbar:

Bildungsabschlüsse

Abschluß	Nordstadt	Hannover
Hauptschulabschluß	49,1%	52,4%
Realschulabschluß	19,2%	24,5%
Hochschulreife	31,7%	23,1%
Hochschulabschluß	13,9%	12,8%

Im Bezirk Georgengarten in der Nordstadt beträgt der Anteil der Personen mit Hochschulreife sogar 71,3% (vgl. Hermann 1992, 25–34).

Die Erwerbsbevölkerung gliedert sich folgendermaßen (in Klammern die Veränderungen zwischen 1970 und 1987):

Beschäftige und Erwerbslose

	Nordstadt		Hannover	
Selbständige	7,2%	(- 2,0%)	7,2%	(- 1,6%)
Beamte	8,8%	(+ 5,2%)	10,8%	(+ 8,8%)
Angestellte	44,6%	(+ 5,2%)	49,6%	(+ 8,8%)
Arbeiter	39,5%	(- 3,3%)	32,4%	(- 7,2%)
Erwerbslose	14,4%		11,2%	
Beschäftigt im produzierenden Gewerbe	31,9%	(- 41,9%)	30,3%	(- 42,1%)
Dienstleistungssektor	49,1%	(+ 16,1%)	49,2%	(+ 14,9%)

(vgl. Hermann 1992, 37–66).

Die Nordstadt ist einer der Arbeiterbezirke von Hannover geblieben. Allerdings ist die Zahl der Beschäftigten in der Produktion wie in Hannover insgesamt erheblich gesunken. Die „Nordstädter Mischung" zeigt sich auch in der Verteilung der Erwerbstätigkeiten. In den Jahren zwischen 1970 und 1987 sind im Bereich Produktion und Handel viele Arbeitsplätze in der Nordstadt verlorengegangen. Dafür haben sich die Bereiche Dienstleistung und Organisation erheblich ausweiten können, so daß die Zahl der Beschäftigten am Arbeitsort Nordstadt etwa gleich geblieben ist. Die Nordstadt hat sich von einem Fabrik-Standort zu einem Gebiet gewandelt, in dem der tertiäre Sektor eine wachsende Bedeutung bekommt.

Obwohl der Anteil derer, die ihren Lebensunterhalt durch Erwerbstätigkeit bestreiten, mit 39% dem Durchschnitt von Hannover entspricht, lebt in der Nordstadt ein relativ hoher Prozentsatz von Armutsbevölkerung: Von Arbeitslosengeld müssen 4,7% existieren (Hannover 3,6%), Sozialhilfe beziehen 6,8%, (Hannover 4,3%). Davon betroffen sind relativ häufig die jüngere und mittlere Generation, der Anteil der RentnerInnen und PensionärInnen in der Nordstadt liegt mit 20% unter dem Durchschnitt von Hannover (24,5%). Der Altbaubezirk Georgengarten innerhalb der Nordstadt hat mit 19% SozialhilfeempfängerInnen einen besonders hohen Quotienten. Dies zeigt noch einmal, daß die Nordstadt in sich deutlich differiert (vgl. Hermann 1992, 69–82).

Die Bevölkerung lebt in der Nordstadt, obwohl es hier keine Hochhäuser gibt, enger beisammen als in Hannover insgesamt (Bewohner pro Hektar in der Nordstadt 42, in Hannover 24, in den Nordstädter Bezirken Lutherkirche sind es 70, in der Sandstraße 63 Personen).

Dem entsprechen die Angaben zur Bebauungsdichte: Gebäude mit nur 1–2 Wohneinheiten gibt es in der Nordstadt kaum, sie haben einen Anteil von 0,7% (Hannover 5,6%). Dafür gibt es in der Nordstadt viele zwei- bis viergeschossige Wohngebäude, Wohnhäuser mit 7 Wohnungen haben einen Anteil von 59% (in Hannover 24%).

Im Jahr 1987 gab es immer noch viele Wohnungen ohne Bad und/oder WC, nämlich 8,7% (Hannover 4,4%) (vgl. Landeshauptstadt Hannover 1994).

Die Bundestagswahl 1994 brachte folgende Ergebnisse (in Klammern die Veränderung zur vorigen Wahl 1990):

Bundestagswahl 1994

	Nordstadt		Hannover	
SPD	37,1%	(- 5,4%)	40,1%	(- 0,9%)
CDU	26,5%	(- 3,4%)	35,4%	(- 2,1%)
B90/Grüne	21,9%	(+ 8,1%)	11,3%	(+ 4,7%)
FDP	7,2%	(- 2,8%)	8,2%	(- 3,3%)
Republikaner	1,3%	(+ 0,1%)	1,5%	(+ 0,3%)
PDS	4,3%		1,9%	

(Landeshauptstadt Hannover 1995)

An diesem Ergebnis wird wiederum das grün-alternative Milieu in der Nordstadt erkennbar.

Die MigrantInnen in der Nordstadt gliedern sich nach Nationalitäten folgendermaßen:

MigrantInnen in der Nordstadt

Türken	1.191
Griechen	621
Asiaten	465
ehem. Jugoslawen	409
übr. Europa	339
Italien	196
Spanien	182
andere	334
gesamt	3.737

Hinzu kommen 221 Bürgerkriegsflüchtlinge aus dem ehemaligen Jugoslawien, die in 3 Gemeinschaftsunterkünften untergebracht sind.

Bei der relativ hohen Zahl von AsiatInnen handelt es sich überwiegend um IranerInnen, die in der Nordstadt ebenso wie GriechInnen eine eigene community bilden (vgl. Landeshauptstadt Hannover 1995).

Aus diesen Angaben läßt sich folgende Charakteristik der Nordstadt entwerfen:

1990 erhielt die Nordstadt von ihren BewohnerInnen die miserable Benotung 1.4 auf der Skala von - 5 bis +5. Nur 4 andere Stadtteile von insgesamt 51 wurden noch schlechter bewertet (vgl. Hermann 1992, 216).

Inzwischen würde die Benotung vermutlich besser ausfallen. Der Stadtteil hat sein Aussehen vorteilhaft verändert. Von 1990 bis 1995 sind 265 neue Wohnungen gebaut worden, hinzu kommt eine große Zahl modernisierter Altbauten mit Wohnqualität auf gehobenem Niveau. Störende Gewerbe wurden aus dem Stadtteil hinausgelegt, Industriebrachen sind aufgesiedelt worden. Die Stadtbahn läuft nun unterirdisch durch die Nordstadt, die Hauptstraße soll zum fußläufigen Einkaufsbummel verleiten (vgl. Landeshauptstadt Hannover 1995).

Die Nordstadt ist attraktiv geworden. Sie ist gut an den öffentlichen Nahverkehr angebunden. Stadtmitte und das Universitätsgelände sind schnell zu erreichen. An die Stelle der Fabriken sind moderne Dienstleistungsbetriebe getreten.

Nach wie vor ist die Nordstadt ein Wohngebiet für Arbeiter, wenn auch deren Quote sinkt und Angestellte nachrücken. In der Nähe zur Universität hat sich der Bereich von Dienstleistung und Organisation ausgedehnt.

Nach wie vor ist die Nordstadt ein Wohngebiet für arme Menschen. Wer arm ist, muß sich hier nicht verstecken. Aber außer dem Kiosk, ein paar Straßenecken und Plätzen gibt es hier keine öffentlichen Einrichtungen für sie. Dadurch ist die Zunahme von Armut im Stadtbild offensichtlich. Vor den Geschäften betteln junge Menschen um Essen oder Geld. Auf öffentlichen Plätzen sitzen Gruppen junger Männer ohne erkennbare Beschäftigung, alkoholisierte Jugendliche sind im Stadtbild verbreitet. Die Zahl insbesondere der jungen Menschen, die von Sozialhilfe leben, ist 1992 im Stadtteildurchschnitt auf 12% gestiegen, sie liegt inzwischen und insbesondere in einzelnen Teilen der Nordstadt wesentlich höher (vgl. Feldnotiz N20).

Nach wie vor ist für die Nordstadt die „Mischung" charakteristisch: Man kann hier teuer wohnen im schick modernisierten Altbau am Park. Billig sind die Mieten nur noch in den kümmerlichen Gebäuden aus der Nachkriegszeit. Nutzungsentgelte zahlen inzwischen die Hausbesetzer, es gab und gibt 1995 in der Nordstadt einige besetzte Häuser.

Die Nordstadt ist kein günstiges Wohngebiet für Kinder. Es gibt dort nur 10 offizielle Kinderspielplätze, weit weniger, als im Niedersächsischen Spielplatzgesetz als Soll-Bestimmung vorgesehen sind. Die meisten sind dringend renovierungsbedürftig. Die engen, vollgeparkten Straßen eignen sich auch nicht für Kinderspiele. Auf den Wegen und Plätzen in der Nordstadt sind erstaunlich wenig Kinder anzutreffen. Durch die Sanierung sind zahlreiche Spielmöglichkeiten in Hinterhöfen weggefallen. Kinder in der Nordstadt halten sich überwiegend in den Wohnungen auf (vgl. Experteninterview N23).

4.2 Milieus und Netzwerke in der Nordstadt

Zur Zeit der Voruntersuchung wurde in den Medien nahezu täglich von brutalen Überfällen auf MigrantInnen und Brandanschlägen gegen ihre Häuser berichtet, häufig auch von Zustimmung begleitet, die derartiger Terror unter der deutschen Bevölkerung in der Nachbarschaft gefunden hat.

Die Forschungsgruppe wurde mehrfach mit der Frage konfrontiert: „Kann auch in der Nordstadt Gewalt gegen MigrantInnen eskalieren?"

In den vergangenen Jahren hatte es einzelne gewalttätige Überfälle von rechtsgerichteten Jugendbanden gegen „Autonome" und Hausbesetzer gegeben. Die Taten und das Umfeld der Täter wurden nie offiziell aufgeklärt. Ein Supermarkt hatte durch Aushang bekanntgegeben, daß für Sinti das Betreten dieses Ladens verboten ist. Durch öffentlichen Druck wurde erreicht, daß dieses Verbot zurückgenommen werden mußte. In einem anderen Laden wurde offen mit Nazi-Emblemen und -Orden gehandelt. Das Geschäft galt als informeller Treffpunkt für Angehörige bzw. Sympathisanten neofaschistischer Organisationen, wurde aber nach einiger Zeit auf Grund politischer Initiative aus dem Stadtteil aufgegeben (vgl. Experteninterview N23). Im April 1994 erfuhr die Forschungsgruppe von einem Drohbrief gegen eine spanische Familie in der Nordstadt, die beschimpft wurde, weil ihr eine städtische Wohnung zugewiesen worden war. SozialarbeiterInnen berichten, daß gelegentlich deutsche Wohnungssuchende in der Nordstadt deutlichen Ärger darüber äußern, daß Wohnungen an MigrantInnen vergeben werden. SozialarbeiterInnen bekommen bei solchen Anlässen Ressentiments zu hören, die in der Nordstadt nicht öffentlich geäußert werden (vgl. Gespräch mit Sozialarbeiter N4). In diesem Zusammenhang ist auf die 117 Stimmen zu verweisen, die die Partei der Republikaner bei den Wahlen 1995 gewinnen konnten, und zwar ohne öffentliche Wahlveranstaltungen.

Andererseits erläuterte einer der Experten seine Überzeugung, daß die Mehrheit der Bevölkerung in der Nordstadt gewalttätige Angriffe gegen MigrantInnen nicht zulassen würde. „Faschisten wagen bislang nicht, in der Nordstadt offen aufzutreten, weil die Gegenkräfte hier zu stark sind, die Autonomen, die Punks, die Szene der Grün-Alternativen" (Experteninterview N23, 1). In einer Befragung haben Migranten, die als Geschäftsinhaber in diesem Stadtteil ansässig geworden sind, überwiegend erklärt, daß sie sich hier nicht unsicher fühlen und keine Angst vor Überfällen haben (vgl. Experteninterview N23, 1).

In mehreren Interviews, in Feldgesprächen der Forschungsgruppe und in der gemeinsamen Auswertung der Voruntersuchung wurde in diesem Zusammenhang wiederholt auf die spezifische Tradition der Nordstadt verwiesen.

Ein anderer Eindruck ergibt sich aus den Interviews mit Experten und MitarbeiterInnen der verschiedenen Einrichtungen (vgl. Kap. 5) sowie den Feldgesprächen des Forscherteams: In diesem Stadtteil ist eine soziale Struktur gewachsen, in der die Anwesenheit von MigrantInnen akzeptiert und – zumindest prinzipiell – nicht bestritten wird, daß MigrantInnen die gleichen Chancen der Partizipation haben sollen wie deutsche BewohnerInnen.

Die Begründung dafür wird übereinstimmend darin gesehen, daß es in der Nordstadt traditionell eine Akzeptanz unterschiedlicher, nebeneinander lebender Gruppen gibt:

In den Erinnerungen hat es in diesem Stadtteil „immer schon" einen großen Anteil materiell armer Menschen gegeben. Hier haben „immer schon" in gesellschaftlichen Nischen Menschen zu überleben gesucht, die als marginalisiert gelten: Obdachlose, Gelegenheitsarbeiter, Suchtabhängige, verarmte, allein lebende Frauen u. a. In der Nordstadt gibt es eine Tradition, daß eine gesellschaftlich niedrig eingeschätzte Subkultur zu diesem Stadtviertel dazugehört und hier ein Lebensrecht ebenso wie die Arbeiter, die Handwerker und die „Bürgerlichen" hat.

„In der Nordstadt kriegt man von Kindheit an etwas mit, was es woanders nicht gibt: Hier lernt man früh, mit unterschiedlichen Gruppen zu leben. Hier ist es einfach natürlich, daß andere Menschen da sind. Da stellt man sich darauf ein." „Es gibt in der Nordstadt eine Akzeptanz von Minderheiten, ob nun Drogenabhängige, Kornstraße [ein „autonomes Jugendzentrum" der Punkerszene, d.A.], Sprengel [eine besetzte Fabrik, d.A.] oder anderes, hier wird vieles akzeptiert. Das kommt auch den Ausländern zugute" (Gemeinsame Auswertung N10, 4).

Diese akzeptierte Pluralität von Lebenslagen und -weisen einschließlich von Subkulturen ist die Folge eines Zerfallsprozesses, der Auflösung des homogenen sozialdemokratischen Milieus, in dem freilich die verarmten Teile der Arbeiterschaft „immer schon" dazugehörten. Als sich die einheitliche Milieustruktur auflöste, entstand in diesem Stadtteil die Pluralität von Submilieus:

- Die traditionell geprägten Facharbeiter, die Inhaber kleiner Geschäfte und „die Handwerkerschaft, die von sich dann, wenn sie ganz ärgerlich wird, behauptet, daß sie die ältesten Nordstädter sind, die bei vielen Punkten den Republikanern nicht sehr weit entfernt stehen, verbal ordentlich draufhauen und letztendlich dann doch nicht zündeln."
- Das grün-alternative Milieu, Studenten und Exstudenten, Leute aus Ingenieurbüros, Juristen, Künstler und Designer, auch viele Frauen, die „waren besonders bedroht durch die Sanierung, weil sie eben wegsaniert wurden aus ihren Hinterhöfen und kleinen Muckelbuden, die haben sich aber, sagen wir mal, tapfer geschlagen oder gewehrt und haben weiterhin ihre Nischen irgendwo".
- „Als dritte große Gruppe das Ausländermilieu, was nun auch in viele kleine Teilchen zerfällt..., aber letztendlich doch ganz gut miteinander auskommt. Also das sieht man hier an den kleinen Restaurants zum Beispiel in der Schaufelderstraße. Da sitzt also der Türke, gegenüber der Grieche, Italiener, Ali, Bangladeshi, ja. Und die halten häufig ihr Schwätzchen miteinander auf der Straße."
- „Die underdogs. Also das sind jetzt, wie nennt man das, pauperisierte, verarmte Jungmannen, Autonome sozusagen, das sind die Punks, sage ich mal, die ganze Kultur plus Lebensform".
- „Eine richtige Oberschicht haben wir überhaupt nicht hier, doch es gibt sie wohl, die Professoren, die Blumenhagenstraße. Sind auch zum Teil Originale...

so ein bißchen verrüscht, nicht im Geschehen drin." (Experteninterview N15, 2–4).

Diese Mikromilieus gliedern sich auf in vielfältige Netze als Systeme von Transaktionen, „in dem Ressourcen getauscht, Informationen übertragen, Einfluß und Autorität ausgeübt, Unterstützung mobilisiert, Koalitionen gebildet, Aktivitäten koordiniert, Vertrauen aufgebaut oder durch Gemeinsamkeiten Sentiments gestiftet werden" (Ziegler 1984, 435).

Zwei Gruppierungen sind von dem Experten nicht genannt worden. Von den Zahlen her handelt es sich um größere Personengruppen, von ihrer Bedeutung für den Stadtteil her können sie außer Betracht bleiben, weil sie in der Nordstadt gar nicht in Erscheinung treten und nicht ein Beziehungsnetz entwickelt haben, wie es für Mikromilieus kennzeichnend ist. Gemeint ist das konservative Bürgertum, das überwiegend CDU wählt (immerhin 26% der Stimmen) und die sogenannten Yuppies, die zunehmend in die modernisierten Altbauten der Nordstadt ziehen, aber hier kaum in Erscheinung treten (vgl. Experteninterview N23).

In der Nordstadt wirkt sich gesellschaftliche Desintegration, z. B. auf Grund von Erwerbslosigkeit, in den Lebenslagen nicht nur von Randgruppen, sondern eines großen Teils der Bevölkerung aus. Aber es gibt viele soziale Netze, in denen diese schwierigen Lebenslagen verarbeitet werden können, so daß sie nicht zum Abbruch sozialer Kontakte und zur Desorientierung führen müssen. Die Einbindung in soziale Netze und darüber hinaus in bestimmte Milieus bietet die Möglichkeit, sich im Stadtteil als zugehörig zu erleben.

Zwischen diesen Milieus existieren „viele Reibungsflächen". „Zwischen SPD und GABL (Grün-Alternative-Bündnis-Liste, d.A.), da sind eigentlich die wesentlichen, die härtesten Konflikte gelaufen, soweit man im bürgerlichen Milieu sich dann auch bekämpfen kann." „Aber ansonsten, daß man sich nicht grüßt und daß man sich ignoriert, sich noch für die nächsten 15 Jahre für völlig bekloppt und doof findet, daß man nicht mehr zusammenarbeitet. Das gibt es hier. Aber das ist nicht gefährlich im Sinne einer gesellschaftlich relevanten Konfliktgefahr." „Jugendzentrum Feuerwache z. B., klar, hat es da immer Probleme gegeben mit türkischen Jugendlichen und Deutschen. Und da wird auch mal die ganze Hütte ausgeraubt. Aber weil es das so gibt mit diesen kleinen Raubzügen und kleinen Konflikten, gibt es diesen großen nicht. Man bleibt sozusagen in touch." „Die Rapper. Sehr interessant so ein Generationenkonflikt von jugendlichen Rappern mit ihren Eltern. Die Eltern sagen dann Teufelstanz dazu". (Die Eltern sind in den Kulturvereinen der Migranten und möchten, daß die Kinder die heimatlichen Traditionen pflegen, die Kinder organisieren sich selbst als Rappergruppe.) – Das traditionelle Facharbeiter-Milieu hatte, als sich Punks und Autonome aus ganz Hannover in dem autonomen Zentrum Kornstraße trafen, auf einer Tafel eine Bürgerwehr angekündigt. „Aber sie sind nicht marschiert. Es war so ein bißchen Ankündigungskonflikt, und auf der Ebene hat man dann auch ein bißchen seine Kraft verpulvert" (Experteninterview N15, 6–8).

Es gibt zwei Faktoren, die für den Zusammenhalt der Milieus und Netze sorgen: die in den Gesprächen immer wieder genannte „Kneipenkultur" und die „Projektkultur".

„Wenn eine Kneipe nur eine Szene hat, dann geht sie ein." „Im Prinzip sind alle halbwegs gehenden gastronomischen Einheiten hier Milieutreffpunkte. Und zwar mit zwei Standbeinen und einem Spielbein." Das meint: Vorne am Tresen lagern die Leute von dem einen Milieu. Im Hinterzimmer trifft sich ein anderes, und für die dritten gibt es ggf. einen Extraraum. „Man sieht sich, man nickt sich zu, man weiß, die gehören dazu, und dann spricht man auch mal etwas ab" (Experteninterview N15, 11).

Der andere integrierende Faktor ist die „Projektkultur". Es gibt Projekte, die lange vorbereitet werden und dann nur einen Abend dauern. Andere Projekte laufen über ein Jahr. In den Projekten arbeiten Leute aus verschiedenen Netzen und Milieus zusammen, diskutieren, werken, musizieren. Die Kirchen stellen als Ressource den Gemeindesaal, intellektuelle Gruppen steuern die Begriffe, Slogans und Texte bei, andere bringen Musikinstrumente. Und manche machen mit, „weil die jungen hübschen Spanier alle eben so jung und hübsch sind." In dem einen Projekt geht es um die Gestaltung eines öffentlichen Platzes, in einem anderen um die Finanzierung einer Stadtteil-Institution. Gelegentlich kommt die Staatsmacht, „die bewirkt dann, daß sich mehrere Milieus zusammenschließen. Die es dann vielleicht auch erst mal gar nicht merken, daß es unterschiedliche Milieus sind... Und das hat viel Dampf, sozusagen viel Kraft gekostet, und immer, wenn dann wirklich gekämpft wurde, hatten die Kämpfer am Schluß dann doch das Gefühl, daß es nicht ganz vergebens war. Also es wurden hier schon Erfolge, ich würde mal so sagen, im Sinne der Kämpfer Siege eingefahren. Mit der schrecklichen Erfahrung..., daß die Sieger sich dann etwas selbstgefällig zurücklehnen und sagen: ‚Jetzt haben wir gesiegt, und damit ist der Kampf vorbei und Schluß'" (Experteninterview N15, 11; 19).

Ein für die Nordstadt geradezu sensationelles Projekt fand im Mai 1994 statt, als die Gemeinwesenarbeit an der Lutherkirche ein Fest organisiert hatte. Kinder und Eltern aus mehreren Kindertagesstätten nahmen daran teil, auch mehrere Gruppen von MigrantInnen. Muslime haben im Gemeindesaal getanzt, und zum Schluß sind Kinder und Eltern, die Gruppen der MigrantInnen, auch die Muslime, zum Familiengottesdienst in die Lutherkirche gezogen. Ein derartiges Projekt schafft außergewöhnliche soziale Realitäten, für die Zeit des Projektes sind Regeln und Sanktionen außer Kraft gesetzt. Im Mai 1995 wurde das Fest wiederholt. Es entstand der Eindruck, als sei es beim ersten Mal interessanter gewesen. Es war nicht mehr das Aufregend-Besondere, daß verschiedene Gruppen, auch Muslime, dieses große Gebäude in der Mitte des Stadtteils gemeinsam und sehr vital nutzten. Aber darin lag die Bedeutung der Wiederholung: Die Kooperation der Muslime mit den Christen der Lutherkirche, inszeniert von der Gemeinwesenarbeit und im Programm arrangiert von Kindertagesstätten, war nicht mehr ungewöhnlich (teilnehmende Beobachtung N6; Gespräche N7).

Ein anderes gelungenes Projekt stellt die Konfliktregelung im Kultur- und Nachbarschaftszentrum „Gartenhaus" in der Nordstadt dar.

Das „Gartenhaus" ist ein ansehnliches, altes Gebäude, welches 1978 durch eine Hausbesetzung vor dem Abriß gerettet wurde: Die Universität als Eigentümerin duldete die Besetzung und schloß mit der „Bürgerinitiative Gartenhaus e. V." eine Nutzungsvereinbarung. Seither wird dort Nachbarschaftsarbeit geleistet, eine Wohngemeinschaft konnte sich einmieten und ein iranischer Kulturverein eine große Sammlung iranischer Bücher und Zeitschriften zusammentragen. Im „Gartenhaus" finden seither politische und kulturelle Veranstaltungen statt, verschiedene Gruppen erhielten hier Unterkunft. Auch das „Gartenhaus" wurde für die Nordstadt zu einem Symbol, daß durch eine riskante Initiative ein Gebäude vor der Zerstörung bewahrt und im Stadtteil genutzt werden kann von Gruppen und für Veranstaltungen, für die sich sonst kein Platz findet.

1994 spitzte sich ein interner Konflikt zwischen den Nutzern soweit zu, daß die weitere Existenz aufs Spiel gestellt wurde. Dabei standen sich deutsche Frauen aus der Bürgerinitiative und iranische Männer des Kulturvereins gegenüber, und es ging nicht nur um Nutzungsrechte, sondern um das Geschlechtsrollenverständnis.

Das Projekt bestand darin, daß sich in diesen Konflikt Personen aus verschiedenen Gruppierungen der Nordstadt einschalteten und mit den Beteiligten einen tragfähigen Kompromiß erarbeiteten. Das Besondere liegt nicht in den gefundenen Regelungen, auf deren Basis wieder Kooperation und weitere kulturelle und politische Arbeit möglich ist. Das Besondere eines solchen Projekt-Engagements von Personen aus unterschiedlichen Lebenszusammenhängen liegt darin, daß eine wenn auch nicht von allen Nordstädtern, aber doch weithin geschätzte Einrichtung erneut vor dem Verfall gerettet und einer vielfältigen Nutzung zur Verfügung gestellt wird. Bemerkenswert ist der politische Einsatz für ein Symbol der Nordstadt, zu dem Menschen aus unterschiedlichen Gruppierungen zusammengefunden haben (vgl. Gespräche und Dokumente N12; Experteninterview N15, 18).

Wenn ein Projekt zu Ende gekommen (oder abgebrochen) ist, leben die Gruppierungen wieder nebeneinander. Man hat gelernt, eine gewisse Distanz zu halten. Die Beteiligten gehen wie kurzfristige Wohngemeinschaften auseinander „und müssen sich sozusagen nicht weiter bekämpfen. Also das ist Stadt, urbanes Leben" (Experteninterview N15, 7).

In vielen Gesprächen und Interviews wurde beklagt, geradezu als ein zentrales Problem der Nordstadt bezeichnet, daß hier die Menschen nebeneinanderher leben (vgl. Expertengespräch N23). Man klagt oft darüber, aber niemand macht Anstalten, es zu ändern. Es gibt keine Initiative, um organisatorische Strukturen oder auch nur Anlässe zu schaffen, wo über Kneipengespräche und Projektbündnisse hinaus gemeinsame Vorhaben für die Nordstadt neu entwickelt werden. Die diversen Submilieus bzw. ihre meist informellen Führungspersonen achten sorgfältig darauf, daß niemand für die Nordstadt insgesamt spricht oder Pläne entwickelt. Gemeinsame Projekte brauchen fein austarierte Abkommen, bei dem keiner bevorzugt oder benachteiligt werden darf. Öffentliche Erklärungen und politische Aussagen eines Beteiligten gefährden den Konsens (Experteninterview N15, 9; teilnehmende Beobachtung N18).

Projekte und Kneipen der Nordstadt bilden die Knotenpunkte, welche die verschiedenen Vernetzungen miteinander verbinden. Aber es gibt kein Zentrum, keinen sozialen, keinen politischen, keinen geistigen, auch keinen architektonischen Mittelpunkt der Nordstadt. Es gibt keinen Ort, keine Institution, keine Gruppierung, keine Einzelperson, welche koordinierende, über die punktuelle Projektplanung hinausgehende richtungweisende Kompetenz beanspruchen kann (vgl. Experteninterview N15, 7).

In einer solchen Situation geschieht in der Nordstadt keine kontinuierliche, organisierte Stadtteilpolitik, an der sich die aktiven Gruppen beteiligen. Politische Diskussionen gibt es innerhalb der verschiedenen Gruppierungen, aber nicht untereinander. Das gilt auch für lokalpolitische Themen oder die Fragen der Entwicklung des eigenen Stadtteils, über die zu Beginn der Sanierung, als „Ideen für die Nordstadt" gesammelt wurden, noch allgemein und breit diskutiert wurde. Für politische Diskurse gibt es keine öffentliche Struktur mehr. Die formellen politischen Gremien wie z. B. der Bezirksrat tagen außerhalb der Nordstadt. Selbst die Sanierungskommission, in der unter BürgerInnenbeteiligung die Stadtteilentwicklung konzipiert wird, kommt nicht mehr in der Nordstadt zusammen, sondern im zentralen Rathaus (Experteninterview N15, 12). Jetzt kann geschehen, was noch vor einigen Jahren unvorstellbar war: Großflächig werden Gebäude abgerissen, ohne daß sich Protest regt oder zumindest eine öffentliche Diskussion über Nutzungskonzepte geführt wird (vgl. Experteninterview N23).

Sofern in den letzten Jahren noch stadtteilpolitische Forderungen erhoben und durch phantasievolle, öffentliche Aktionen veranschaulicht worden waren, wie z. B. die notwendige Ausstattung der Nordstadt mit Einrichtungen für Kinder und Jugendliche, gingen die Impulse dafür nicht von BewohnerInnen bzw. Stadtteilgruppen aus, sondern von professionellen MitarbeiterInnen sozialer und pädagogischer Einrichtungen (Experteninterview N15, 13).

Fazit:

Die „Nordstädter Mischung" der Bewohnerschaft ist dadurch gekennzeichnet, daß das Milieu durch diverse Submilieus (vgl. Hradil 1987, 168) gebildet wird, denen sich jeweils Lebensstilgruppen bzw. nahräumige Netze von BewohnerInnen (vgl. Ziegler 1984) zuordnen. Die Submilieus und ihre Gliederungen leben nach informellen Regeln mit begrenzten Reibungen und Kooperationen nebeneinanderher, was u. a. dazu führt, daß kontinuierliche politische Diskussionen stadtteilöffentlich nicht mehr stattfinden. „Immer schon" gehören zu den EinwohnerInnen der Nordstadt Menschen in unterschiedlichen Lebenslagen.

Diese soziale Struktur bietet die Erklärung dafür, daß in der Nordstadt die Anwesenheit von MigrantInnen nicht als ein Problem angesehen wird.

Die Milieus der Grün-Alternativen und der Autonomen Jugendlichen sind sich darin einig, daß sie öffentliches Auftreten von neofaschistischen Gruppen verhindern wollen (vgl. Experteninterview N23).

Achtet man jedoch genauer darauf, wie in der Nordstadt MigrantInnen am dortigen Alltag partizipieren können, so bemerkt man informelle Abgrenzungslinien, die im Alltag verbindlich sind:

Die Linien der Abgrenzung gelten durchaus räumlich. Vor der Moschee auf dem Fußweg und der Straße, vor dem Kaufhaus Woolworth und vor ausländischen Geschäften sowie in bestimmten Hinterhöfen stehen MigrantInnen zusammen. Im Welfengarten haben sie bestimmte Flächen, wo sie, wie man weiß, im Sommer lagern. Aber vor der Lutherkirche halten sie sich kaum auf, die Bänke dort benutzen sie schon gar nicht (Gespräch mit dem Pastor N7; Beobachtungen N9). In den Kneipen um die Lutherkirche, die von einer bestimmten Gruppe deutscher Kneipengänger besucht werden, stehen immer die Türen offen, von dort aus wird aufmerksam darauf geachtet, daß die informellen Regeln eingehalten werden und keiner, der vom Phänotyp als MigrantIn auszumachen ist, dort länger verweilt (Beobachtungen N8 und N9).

Die Kioske im Stadtteil sind Treffpunkte, an denen Männer üblicherweise stehenbleiben, um ihr Bier zu trinken – wenn der Verkäufer ein Deutscher ist. Wird ein Kiosk von einem Migranten geführt, wird dort nur Bier abgeholt, es sei denn, der Kiosk hat einen Innenraum, wo man sich ungesehen aufhalten kann (Gespräch mit Geschäftsmann N5; Beobachtungen N9).

In den Vereinen, politischen Parteien und anderen förmlichen Organisationen, aber auch in den informellen Gruppierungen, in denen deutsche BewohnerInnen der Nordstadt zusammenkommen, nehmen nur ausnahmsweise MigrantInnen teil. MigrantInnen haben ihre eigenen Organisationen und Gruppierungen. Sie sind auch selten dort präsent, wo Projekte und Kooperationen im Stadtteil abgesprochen werden (Gespräche und Beobachtungen N21; N22). Daß an einem öffentlich ausgeschriebenen Seminar über „Finanzierung interkultureller Arbeit" keine Organisation von MigrantInnen der Nordstadt teilgenommen hat, obwohl viele von ihnen durch direkte Einladung angesprochen worden waren und deshalb 20 deutsche Vereinigungen interkulturelle Arbeit weitgehend unter sich aushandelten, muß als kennzeichnend gelten (Gespräche und Dokumente N13).

Die MigrantInnen haben Zugang zu Kindertagesstätten, Schulen, Jugendzentren, Krankenhäusern und anderen staatlichen Einrichtungen. In der offiziellen Kommission, die Sozialwohnungen vergibt, werden sie nicht benachteiligt. Aber immer wieder berichten MigrantInnen aus der Nordstadt von Grenzen, die ihnen den Zugang versperren: Sie bekommen die Wohnung, die sie nicht wollten; in der Kindertagesstätte, in der Schule und im Krankenhaus sehen sie ihre Kinder benachteiligt (Protokoll des Elternabends K17, 2). In den pädagogischen, sozialen, kulturellen und politischen Einrichtungen können sie, so äußern sie häufig, nicht gleichberechtigt partizipieren.

Kann in der Nordstadt wie in anderen deutschen Städten Gewalt gegen MigrantInnen eskalieren? Dieses Forschungsvorhaben ist nicht darauf angelegt, repräsentativ Einstellungen zu dieser Frage zu erheben, so daß eine eigene Prognose nicht gewagt werden kann. An dieser Stelle kann nur die Einschätzung der Experten und Mitarbeiterinnen von 31 Institutionen referiert werden. Sie verweisen auf die relativ stabile Sozialstruktur dieses Stadtteils, in der die Anwesenheit von MigrantInnen akzeptiert ist.

Wenn es dennoch gelegentlich einen Drohbrief gegen MigrantInnen gibt, wenn Ärger wegen deren angeblich ungerechter Bevorzugung bei der Wohnungsvergabe geäußert wird, dann ist auch nach Ansicht der beteiligten Sozialarbeiter anzunehmen, daß solche Ressentiments von Menschen geäußert werden, die nicht bzw. nicht mehr in die sozialen Beziehungsnetze des Stadtteils integriert sind (vgl. Gespräch N4).

Bedauerlich ist in diesem Zusammenhang, daß es in diesem Stadtteil einen kontinuierlichen politischen Diskurs nicht mehr gibt, in dem dann auch die Frage öffentlich diskutiert werden könnte, wie die Alltagspartizipation von MigrantInnen und anderen Gruppen, die sich als benachteiligt erleben, weiterzuentwickeln ist.

4.3 Primärquellen zur Analyse der Nordstadt

N1 Dezember 93 – Januar 94: Interviews der Voruntersuchung

N2 22.09.93: Gespräch mit einer alleinerziehenden Migrantin über ihre Zugehörigkeit

N3 16.12.93: Teilnehmende Beobachtung zum Verhältnis Ehrenamtlicher und GWA

N4 12.04.94: Gespräch mit einer Sozialarbeiterin über einen an Migranten gerichteten Drohbrief mit rechtsradikalem Inhalt

N5 19.04.94: Gespräch mit einem Nordstädter Geschäftsmann über Zugehörigkeiten

N6 28.05.94: Teilnehmende Beobachtung des Kinderflohmarktes vor der Lutherkirche

N7 Mai 94: Gespräch mit dem Pastor der Lutherkirche über den Platz rund um die Lutherkirche

N8 Juni 94: Beobachtung des Alltags auf dem gesperrten Engelbosteler Damm

N9 Juni/Juli 94: Beobachtungen zu Treffpunkten und Aufenthaltsorten im Stadtteil

N10 13.07.94: Gemeinsame Auswertung der Voruntersuchung mit beteiligten Institutionen

N11 August 94: Gespräche über die Chaostage 94 und deren Auswirkungen auf die BewohnerInnen der Schaufelder Straße

N12 September 94: Gespräche und Dokumente zum „Gartenhaus"

N13 September/Oktober 94: Gespräche und Dokumente zur Finanzierung von Migrantenvereinen

N14 16.10.94: Teilnehmende Beobachtung der Wahlparty für MigrantInnen im Stadtteil-Zentrum

N15 24.02.95: Experteninterview über die Kleinmilieus der Nordstadt

N16 Januar – März 95: Gespräche über die Neuorganisation und den Umzug des Sozialamtes in die Schaufelder Straße

N17 Januar – April 95: Gespräche über die Raumvergabepraxis im Stadtteil-Zentrum und über die Spaltung eines kurdischen Migrantenvereins

N18 13.05.95: Teilnehmende Beobachtung des Kinderfestes um die Lutherkirche

N19 Juni/Juli 95: Beobachtungen zur Aneignung öffentlicher Räume von MigrantInnen

N20 Juli 95: Gespräche und Beobachtungen zur Punkerszene in der Nordstadt

N21 Juli 95: Gespräche und Beobachtungen von Kooperationsprojekten der Vereine im Stadtteil

N22 Juli 95: Teilnehmende Beobachtung der politischen und kulturellen Kristallisationspunkte

N23 September 95: Interview mit einem zweiten Experten über die Situation im Stadtteil

Kapitel 5

Die Voruntersuchung

Die Voruntersuchung fand in der Zeit von Dezember 1993 bis Januar 1994 statt. Angeschrieben wurden sämtliche 35 Einrichtungen in der Nordstadt, die dort im sozialen, pädagogischen, kulturellen oder politischen Bereich tätig sind und deren Arbeit sich sowohl an Deutsche als auch an MigrantInnen richtet. Mit MitarbeiterInnen von 31 der 35 Einrichtungen wurden ausführliche Leitfadengespräche geführt, die im Durchschnitt eine Stunde, häufig auch länger dauerten. Die Gespräche wurden auf einem Tonträger aufgezeichnet und transkribiert. Nach Abschluß der Gesprächsserie wurden die Beteiligten zu einer Beratung der verschlüsselten Ergebnisse eingeladen (im folgenden kurz „gemeinsame Auswertung" genannt). 13 Personen nahmen daran teil.

Bei den 31 Einrichtungen handelt es sich um

- 6 pädagogische bzw. kulturelle Freizeiteinrichtungen,
- 6 Organisationen von MigrantInnen,
- 5 soziale Betriebe,
- 3 politische Parteien,
- 3 Schulen,
- 3 Kindertagesstätten,
- 2 Kirchen,
- 1 Einrichtung des kommunalen Sozialdienstes,
- 1 Mieterberatungsstelle,
- 1 kommunale Bücherei.

Die 31 Gespräche brachten folgende Ergebnisse:

Zunächst schilderten die Einrichtungen aus der Sicht ihrer Praxis das Zusammenleben der Deutschen und MigrantInnen in ihren Institutionen und auch im Stadtteil. Zusammengefaßt ergaben die Gespräche, daß die Tatsache des Zusammenlebens einer Mehrheit von 78% Deutschen mit einer Minderheit von 22% MigrantInnen von niemandem als ein Problem gesehen wird. Es ist in der Nordstadt inzwischen eine Normalität geworden, die nicht mehr in Frage gestellt wird. Forderungen nach „Reduzierung des Ausländeranteils", wie sie in anderen Stadtteilen Hannovers deutlich erhoben wurden, gibt es demnach in der Nordstadt nicht.

Im Gegensatz zu den deutschen Einrichtungen gingen allerdings alle 6 MigrantInnen-Organisationen sofort auf zahlreiche Probleme ein, die ihr Zusammenleben mit den Deutschen belasten. Im Verlauf der längeren Gespräche haben dann aber auch alle deutschen Einrichtungen von Konflikten und Problemen zwischen Deutschen und MigrantInnen im Stadtteil berichtet. Insgesamt wurden in den 31 Gesprächen 183 verschiedene derartige Probleme benannt.

Interessant ist, wo deutsche MitarbeiterInnen die Ursachen für die Probleme sehen:

Bei 95 der insgesamt 183 Nennungen sind es die MigrantInnen, die Probleme bereiten, und zwar durch ihre Einstellungen, Verhaltensweisen und durch die Mangelhaftigkeit ihrer Kenntnisse. 42 Nennungen (von 14 der 25 deutschen Einrichtungen) bezogen sich darauf, daß die Kultur der MigrantInnen zu Problemen führt, z. B. ihr Verständnis der weiblichen Rolle oder ihre „störende Mentalität". Bei 36 Nennungen wurde die unzureichende Bereitschaft der MigrantInnen zur Anpassung und Kontaktaufnahme beschrieben, z. B. das Nichteinhalten deutscher Regelungen. 17 Nennungen betrafen fehlende Kenntnisse der MigrantInnen, vor allem ihre Defizite bezüglich der deutschen Sprache.

Es waren 23 der 25 befragten deutschen Einrichtungen, die Probleme den MigrantInnen zuwiesen. Die Einrichtungen der MigrantInnen dagegen sahen die Probleme in der Regel nicht auf seiten ihrer Landsleute. Erwähnt wurde in diesem Zusammenhang nur je einmal deren Unsicherheit, ob sie sich auf eine Lebensperspektive in Deutschland einstellen können sowie eine Zurückhaltung gegenüber MigrantInnen aus anderen Herkunftsländern.

Bei 24 der insgesamt 183 Nennungen wurden die Probleme der deutschen Bevölkerung zugewiesen, und zwar von 11 der 25 deutschen Einrichtungen. 6 mal werden rassistische Sprüche bzw. Denkmuster bei Deutschen erwähnt, und zwar von 3 der 25 deutschen Einrichtungen. Im übrigen sind es Einzelnennungen (z. B. Neid, Angst und Zurückhaltung der Deutschen). Nur 2 von 6 Organisationen der MigrantInnen kritisieren die Deutschen: Einmal wurden rassistische Aussprüche genannt, einmal die Fürsorglichkeit in deutschen Einrichtungen gegenüber MigrantInnen an Stelle von Gleichbehandlung.

Bei 27 der insgesamt 183 Nennungen wurden die Probleme der Kommune zugewiesen, insbesondere der kommunalen Administration, die sich nicht angemessen auf MigrantInnen einstellen kann. Geschildert wurde das Fehlen von Räumlichkeiten für Versammlungen und Ausstellungen sowie die unzureichende Unterstützung der MigrantInnen-Organisationen. Diese Aspekte beschrieben mit 14 Nennungen sämtliche befragten Organisationen der MigrantInnen. 13 Nennungen dieser Art kamen von 10 der 25 deutschen Einrichtungen. Die Parteien (SPD, FDP und Bündnis 90/Die Grünen) erwähnten übereinstimmend keinerlei Probleme, die durch kommunale Politik oder Administration verursacht wären.

Nur bei 19 der insgesamt 183 Nennungen ging es um gesellschaftliche bzw. politische Ursachen, die das Zusammenleben der Deutschen und MigrantInnen belasten, z. B. Benachteiligungen der MigrantInnen auf dem Wohnungs- und Arbeitsmarkt (3 mal), rechtliche Diskriminierung der MigrantInnen (6 mal), politisch geschürter Rassismus (1 mal). Sämtliche Organisationen von MigrantInnen beschrieben gesellschaftliche Bedingungen der Probleme, aber nur 9 der 25 deutschen Einrichtungen.

Bei 18 der 183 Nennungen handelt es sich um unspezifische Probleme, wie sie allgemein im alltäglichen Zusammenleben vorkommen können. Dabei wird häufig deutlich beklagt, die Menschen in diesem Stadtteil würden generell „nebeneinander her leben".

Überblickt man die 183 geschilderten Konflikte und Probleme sowie die angeführten Ursachen, muß man berücksichtigen, daß die Gespräche mit pädagogischen, sozialen, kulturellen bzw. politischen Einrichtungen geführt wurden, die den Auftrag haben, mit Menschen zu arbeiten und Kenntnisse zu vermitteln sowie Verhaltensweisen und Bewußtsein zu beeinflussen. Damit mag zusammenhängen, daß so häufig Defizite in diesem Bereich genannt werden. Es sind insbesondere die deutschen pädagogischen und sozialen Einrichtungen, die das Verhalten und die Kultur der MigrantInnen als Auslöser von Problemen sehen. Sie sind an Lernzielen orientiert, in denen auf die Kultur und Fähigkeiten der Migrantinnen wenig Rücksicht genommen wird.

Allerdings haben diese Gespräche die Verbreitung des in Teil A, Kapitel 11 beschriebenen Gesellschaftsbildes bestätigt, nach dem Reibungen bzw. Störungen, die im Zusammenleben auftreten, den „Fremden" zugeschrieben werden, weil man von ihnen Anpassung an die in Deutschland geltenden Regeln, Lebensweisen und Lernziele verlangen kann. Das Anderssein der Anderen wird als störend bzw. defizitär verstanden, als Belastung für das Zusammenleben und als Ursache von Konflikten.

Bei allen befragten MigrantInnen-Organisationen ist ein sehr viel deutlicher ausgeprägtes Bewußtsein von Problemen im Zusammenleben zu erkennen. Sie alle sehen insbesondere die gesellschaftlichen Diskriminierungen und alltäglichen Benachteiligungen, denen sie ausgesetzt sind. Für die meisten deutschen Einrichtungen hat dieser Aspekt eine geringe Bedeutung. Die Durchsicht der Gesprächsprotokolle und der Vergleich der Aussagen von Deutschen und von MigrantInnen drängt den Eindruck auf, daß von der Mehrheit der deutschen GesprächsteilnehmerInnen Benachteiligungen der MigrantInnen gar nicht wahrgenommen und deshalb nicht als ein Problem für das Zusammenleben genannt werden. Dieser Eindruck wurde durch eine spätere Elternversammlung in einer Kindertagesstätte bestätigt.

Alle Institutionen, mit denen Gespräche geführt worden waren, sind nach deren Beendigung von der Forschungsgruppe zu einer Versammlung eingeladen worden, um sich über das Ergebnis informieren zu lassen und darüber zu beraten. Die Information zu dem eben genannten Punkt löste bei den MitarbeiterInnen der deutschen Einrichtungen Nachdenklichkeit aus. Sie schilderten daraufhin ihre Schwierigkeiten, auf MigrantInnen zuzugehen und deren Situation zu verstehen. Folgende vier Zitate aus dieser Versammlung sind dafür bezeichnend:

„Wir sind ja hier alle sehr offen für die Ausländer bei uns, aber die Probleme liegen unter der Oberfläche. Es liegt – das ist in der Untersuchung nicht richtig rausgekommen – auch was uns betrifft, sehr wohl an uns Deutschen. Wir haben deutlich Schwierigkeiten mit den Ausländern. Die Probleme des Zusammenlebens liegen sicher auch auf unserer Seite."

„Wir haben große Schwierigkeiten, die Fremden anzusprechen, sie überhaupt zu erreichen. Wir haben zwar Dolmetscher und setzen die auch manchmal ein. Aber das geht natürlich nicht immer. Wir haben vieles versucht. Wir sind natürlich auch auf Informationen von denen angewiesen. Wir haben die Schwierigkeit, daß wir vielfach Konkretes von den Ausländern gar nicht wissen, da fehlen uns die Informationen, da wird zu wenig an uns herangetragen. Dann können wir auch nicht aktiv werden."

„Ich muß auch ganz persönlich sagen: Ich bin oft hingegangen zu Veranstaltungen ausländischer Vereine. Aber ich habe mich manchmal da gar nicht wohl gefühlt. Das muß ich zugeben, es gelingt mir schwer, mit ausländischen Institutionen etwas anzufangen. Ich sollte vielleicht mehr auf die Leute zugehen, aber es ist nicht einfach."

„Ich sehe die Schwierigkeit, ein Vertrauensverhältnis zu den Ausländern hier zu entwickeln. Das ist offensichtlich noch wenig ausgebaut. Außerdem müßte mit den Ausländern zusammen und gemeinsam überlegt werden, was zu tun ist. Zu solchen gemeinsamen Überlegungen gibt es erst erste Ansätze" (Gemeinsame Auswertung, N10, 2–4).

In mehreren Beiträgen wird die Schwierigkeit der deutschen Einrichtungen erkennbar, die MigrantInnen überhaupt zu erreichen. Die Auswertung und die Beratung in dieser Versammlung machte bei den Beteiligten die Notwendigkeit bewußt, mit den MigrantInnen und deren Organisationen zu kooperieren und gemeinsam zu planen. Derartige Vorhaben waren bislang in den Ansätzen stecken geblieben.

In dieser Versammlung wurde auch das Thema Diskriminierung der MigrantInnen angesprochen. Die deutschen TeilnehmerInnen stimmten darin schnell überein, daß sie sich gegen derartige Benachteiligungen wenden wollten. Aber wo und wann werden MigrantInnen benachteiligt? „Man müßte rauskriegen, was sie denn wollen", sagte ein deutscher Teilnehmer (ebd., 4). Es ist bezeichnend, daß zu diesem Auswertungsgespräch von den MigrantInnen-Organisationen niemand erschienen war. Dieses Ergebnis der Voruntersuchung legte nahe, in die Hauptuntersuchung eine MigrantInnen-Organisation einzubeziehen, um genauer zu erfahren, welche Handlungsmuster dort praktiziert werden, um die eigenen Interessen zu artikulieren, und wie seitens der deutschen Institutionen darauf reagiert wird.

Das Ergebnis der Voruntersuchung ist widersprüchlich: Zu einem Zeitpunkt, wo in der Presse laufend von deutschen Terroranschlägen gegen MigrantInnen berichtet wird und wo einflußreiche Personen die Behauptung häufig wiederholen, daß es „bei uns zu viele Ausländer" gebe, wird das Zusammenleben der Deutschen und MigrantInnen mit einem Anteil von 22% in der Nordstadt auf einer generellen Ebene für unproblematisch, geradezu normal gehalten, und zwar ausnahmslos von allen befragten Einrichtungen. Allerdings wird von einer Mehrheit der deutschen MitarbeiterInnen auffallend wenig wahrgenommen, was die MigrantInnen ihrerseits vortragen, nämlich ihre Benachteiligungen in vielfältiger Hinsicht. Unter der Oberfläche des generell problemlosen Zusammenlebens ist aber seitens nahezu aller deutscher MitarbeiterInnen ein Mißtrauen erkennbar, das sich gegen die MigrantInnen richtet, weil von ihnen, wie sie sagen, Belastungen in der Arbeit, Störungen und Konflikte ausgehen.

Weiterhin sollten die Einrichtungen in den Interviews der Voruntersuchung berichten, ob und ggf. welche Anstrengungen sie unternehmen, um das Zusammenleben der Deutschen und MigrantInnen im Stadtteil günstig zu beeinflussen und wie sie ihre Erfahrungen dazu reflektieren.

Wie zu erwarten, gehört es zum Selbstverständnis aller befragten Institutionen der pädagogischen, sozialen, kulturellen und politischen Arbeit, für Integration der MigrantInnen einzutreten und ihr Zusammenleben mit den Deutschen zu fördern.

10 der 31 Einrichtungen berichteten von Informationsveranstaltungen, in denen sie primär Kenntnisse über die Herkunft, insbesondere über die Kultur der MigrantInnen vermittelt hatten. Es wurden Vorträge gehalten, Bücher ausgelegt, Ausstellungen durchgeführt, z. B. über die „fremde Welt der Ausländer".

9 Einrichtungen sahen ihren Beitrag vor allem darin, die Begegnung zwischen Deutschen und MigrantInnen zu fördern, also „die Menschen zusammenzubringen", Feste zu organisieren, „Kontakte zu ermöglichen", „damit die Menschen miteinander reden". 9 Einrichtungen nannten Kooperation als ihren Beitrag, mit dem, genauer betrachtet, freilich eher eine vage Zielvorstellung als tatsächliche Praxis bezeichnet wurde.

8 Einrichtungen machten kulturelle Angebote, also musikalische Vorführungen, Theater, Folklore oder Lesungen. Dabei fällt auf, daß nur 3 Einrichtungen davon berichten, wie sie angefangen haben, nach einer neuen Kultur zu suchen, in der die gegenwärtige Situation der MigrantInnen in Deutschland und das Zusammenleben hier aufgegriffen wird.

6 Einrichtungen boten lebenspraktische Hilfen, z. B. Beratung bei Mietproblemen oder Unterstützung bei der Reparatur von Fahrrädern.

Auffällig ist, daß die Schulen und Kindertagesstätten, in deren Sicht besonders das soziale Verhalten der Kinder und Jugendlichen von MigrantInnen Probleme im Zusammenleben bereitet, in ihren Beiträgen darauf gar nicht eingehen, sondern Informationen über die fremde Kultur anbieten, offensichtlich so ihren pädagogischen Auftrag interpretieren.

Die Einrichtungen von MigrantInnen, die alle und recht deutlich die gesellschaftlichen Probleme genannt hatten, die das Zusammenleben belasten, gehen in ihrer Arbeit auf diese Aspekte (mit wenigen Ausnahmen) gar nicht ein, sondern stellen ihre traditionelle Kultur vor und wollen die Kommunikation, das Gespräch fördern.

Nur 4 Einrichtungen verstehen ihre Arbeit in diesem Zusammenhang so, daß sie politische Wirkung haben soll. Sie behandeln politische Themen, leisten politische Unterstützung und Interessenvertretung.

Die Mitwirkung in politischen Gremien wird kaum thematisiert.

Damit wird das Urteil des Experten bestätigt (vgl. Kapitel 4.2), daß in der Nordstadt eine kontinuierliche und öffentliche politische Arbeit im Stadtteil weithin zum Erliegen gekommen ist.

Auf direkte Nachfrage berichteten fast alle Einrichtungen, daß sie speziell das Zusammenleben der Deutschen und MigrantInnen im Stadtteil zum Thema besonderer Veranstaltungen gemacht hätten.

10 Institutionen schilderten Feste, zu denen sowohl Deutsche als auch MigrantInnen eingeladen waren. 9 Einrichtungen hatten ein Projekt durchgeführt, also eine Veranstaltung wie z. B. eine Ausstellung oder eine Vorführung, die über eine längere Zeit vorbereitet worden war.

4 Einrichtungen hatten in diesem Zusammenhang Vorträge angeboten. 4 Einrichtungen hatten schon einmal eine politische Aktion gemacht oder sich daran beteiligt. Bei diesen Veranstaltungen zum Zusammenleben der Deutschen und MigrantInnen war überwiegend der Alltag thematischer Schwerpunkt, es ging um praktische Informationen und vor allem um gesellige Zusammenkunft.

In der gemeinsamen Auswertung wurden diese Ergebnisse von den Beteiligten so interpretiert:

Das Zusammenleben von deutschen und MigrantInnen ist in diesem Stadtteil weniger ein Thema von Veranstaltungen, sondern der alltäglichen Begegnung:

„Richtig, im Alltag ist das Verhältnis Deutsche/Ausländer am ehesten erfolgversprechend. Da gibt es viel Bemühen." „Im *Alltag* haben wir als Deutsche viel mit den Ausländern zu tun. Da kommen wir zusammen. Da gehen wir täglich aufeinander zu. Da müssen wir gemeinsam handeln." „Was zwischen den Menschen hier in der Nordstadt geschieht, das ist viel wichtiger. Wenn ich z. B. Fußball spiele, und dann kommen Schwarzafrikaner, dann können die natürlich mitspielen, kein Problem. Daß wir sowas möglich machen, darauf kommt es an" (ebd., 3–5).

Leider waren die MigrantInnen-Organisationen auf dieser gemeinsamen Auswertung nicht anwesend, um sich dazu äußern zu können, ob ihnen eine Akzeptanz in diesen geschilderten Bereichen genügt. In ihren Berichten war davon die Rede, daß ihr Alltag bestimmt ist von Benachteiligungen und Demütigungen, z. B. von fehlenden Räumen für Zusammenkünfte und von schlimmen Behandlungen auf den Behörden. Wenn vom Alltag in der Nordstadt gesprochen wird, dann wird er jedenfalls nicht gleich erlebt. Der Alltag der deutschen MitarbeiterInnen ist in den meisten Fällen ein anderer als der der MigrantInnen. Es wird bestätigt, daß der Alltag der Nordstadt weithin gekennzeichnet ist durch ein „Nebeneinanderherleben", und es ist in der Hauptuntersuchung zu fragen, inwieweit diese Situation z. B. durch gemeinsame Feste, durch Fußball und Vorträge verändert wird.

Bei der Struktur der MitarbeiterInnen und Vorstände zeigte sich folgendes:

In 23 der 31 befragten Einrichtungen gibt es vertraglich angestellte MitarbeiterInnen, insgesamt 259. Davon sind 8% MigrantInnen. Nur in 11 der 23 Einrichtungen gibt es MigrantInnen als fest angestellte MitarbeiterInnen.

13 Organisationen sind durch einen Vorstand vertreten, in 5 Organisationen setzt sich der Vorstand aus Angehörigen verschiedener Nationalitäten zusammen. In den MigrantInnen-Organisationen gibt es keine deutschen Vorstandsmitglieder.

Bei den politischen Parteiorganisationen in der Nordstadt hat nur die SPD einige MigrantInnen als Mitglieder.

Ferner war gefragt worden, ob es zum Thema „Zusammenleben von Deutschen und MigrantInnen in der Nordstadt" eine Kooperation mit anderen Institutionen gibt. Auch unter diesem Aspekt wurde bestätigt, daß dieses Thema nicht auf einer politischen Weise, in einer stadtteilpolitischen Organisationsform aufgegriffen wird. Das hängt offensichtlich damit zusammen, daß dieses Thema nicht für ein dringliches Problem des Stadtteils gehalten wird. Es gibt und gab keine Stadtteilrunde, in der das Zusammenleben von Deutschen und MigrantInnen regelmäßig diskutiert wird, wo Benachteiligungen und Konflikte vorgebracht und gemeinsame Vorgehensweisen vereinbart werden könnten.

Im Stadtteil Nordstadt bestehen vier regelmäßige Koordinationsrunden: das Treffen der Kindertagesstätten, das Jugendforum, in dem MitarbeiterInnen der Kinder- und Jugendarbeit zusammenkommen, ferner Kontakte einzelner Bildungs- und Freizeiteinrichtungen mit den Schulen sowie das Stadtteilforum, wo sanierungsbezogene Fragen verhandelt werden. Aber es besteht kein Handlungsbedarf, um sich kontinuierlich darüber auszutauschen, daß in diesem Stadtteil ein hoher Anteil von MigrantInnen mit den Deutschen zusammenlebt.

Überhaupt hat die Kooperation untereinander für die befragten Einrichtungen keine große Bedeutung. Zwar wurden in den 31 Gesprächen insgesamt 40 Kooperationspartner genannt, aber nur 6 der erwähnten Partner haben ihrerseits die Zusammenarbeit bestätigt.

Die Einrichtungen der MigrantInnen sind fast gar nicht in das ohnehin lockere Kooperationsnetz im Stadtteil einbezogen: In den 4 genannten regelmäßigen Runden sind sie nicht vertreten. Nur die Iranische Gemeinde und die Spanische Mission haben Partner im Stadtteil.

Die politischen Parteien wurden niemals als Kooperationspartner erwähnt.

Die Gemeinwesenarbeit (GWA) hat noch am ehesten im Stadtteil eine vernetzende Funktion, aber es sind nur 5 Einrichtungen, die sich auf die GWA als Partner beziehen.

In der gemeinsamen Auswertung wurde dieses Ergebnis bestätigt und zugleich bedauert:

„Ja, Kooperation läuft bei uns nur zu bestimmten Anlässen." „Insgesamt gibt es bedauerlicherweise sehr wenig Kooperation." „In der Kooperation gibt es bei uns immer wieder Brüche. Das läuft nicht so glatt. Bei Festen z. B. sitzt man zusammen, man kommt sich näher, aber dann sieht man sich lange nicht mehr. Wenn ich mir hier alle die Namensschilder ansehe, muß ich leider sagen, viele von den Leuten kenne ich überhaupt nicht" (ebd., 2, 3).

Ingesamt zeigt diese Voruntersuchung eine Entsprechung zur Presseauswertung (Kapitel 3): In dem Nordstadtteil der Hannoverschen Allgemeinen Zeitung sind die MigrantInnen als die freundlichen NachbarInnen von nebenan dargestellt, mit denen es keine Konflikte gibt. Auf der Ebene des Stadtteils wirken sich die politischen Probleme mit den MigrantInnen, die auf den vorderen Seiten der Zeitung thematisiert werden, überhaupt nicht aus. Es gibt keinen Anlaß, auf dieser Ebene politisch aktiv zu werden, etwa um die Lebensbedingungen der MigrantInnen zu verbessern. So sehen es auch fast alle deutschen MitarbeiterInnen in den befragten Einrichtungen.

Andererseits wird in dem überregionalen und dem Hannover-Teil der Zeitung laufend bestätigt, daß die MigrantInnen generell eine Belastung und zumindest potentielle Bedrohung darstellen. Auch diese Einstellung kam in vielen Gesprächen mit deutschen MitarbeiterInnen zum Ausdruck, indem sie eine gewisse Vorsicht gegenüber MigrantInnen erkennen ließen und ihnen die Ursachen für Konflikte und Probleme zuwiesen.

Kapitel 6

Förderung von Partizipation durch die Praxis der Gemeinwesenarbeit Nordstadt

Anpassung

es hat mich Mühe gekostet
das laut sprechen
das Untermalen der Worte mit den Händen
das herzliche Umarmen von
jedem
aufzugeben
jetzt
bin ich
leise
steif
distanziert
jetzt bin ich
nach harter Arbeit an mir
endlich eine Deutsche
(Sideri 1992, 149)

6.1 Ergebnisse der Kontextforschung

6.1.1 Der institutionelle Kontext der Gemeinwesenarbeit Nordstadt

In vier Stadtteilen von Hannover ist Gemeinwesenarbeit (im folgenden wie üblich abgekürzt GWA) als ein „Besonderer Dienst" dem „Kommunalen Sozialdienst" zugeordnet. GWA gilt als ein spezifisches Sachgebiet der Abteilung „Familienhilfe" innerhalb des städtischen Sozialamtes.

Ursprünglich gab es GWA in 6 Stadtteilen, und zwar in Sanierungsgebieten wie der Nordstadt und in Neubausiedlungen der 70er Jahre mit verdichteter Bebauung, die als besonders belastet mit sozialen Problemen gelten. Anläßlich der kommunalen Aufgabenkürzungen wurden inzwischen die Stellen in zwei Stadtteilen gestrichen mit der Begründung, daß GWA keine städtische Pflichtaufgabe ist und die Sanierung abgeschlossen wurde.

In der offiziellen Arbeitsplatzbeschreibung der GWA in Hannover vom 18.2.1993 wird deren Praxis, prozentual differenziert nach den verschiedenen Anteilen, so zusammengefaßt:

„Verzeichnis der am Arbeitsplatz auszuführenden Tätigkeiten:

- Stadtteilanalyse, Planung, Konzeptionsentwicklung und Umsetzung von Maßnahmen und Aktivitäten zur Verbesserung der sozialen und sozialkulturellen Infrastruktur im Stadtteil (70%)
- Koordination (10%)
- Öffentlichkeitsarbeit (10%)
- Fachberatung und Anleitung (FachkollegInnen, Ausbildungsstätten, PraktikantInnen, Ehrenamtliche, aktive BewohnerInnen) (10%)" (G13, 1).

Der dienstliche Auftrag der GWA wird in der Arbeitsanweisung folgendermaßen begründet und erläutert:

„Gemeinwesenarbeit ist professionelle, sozialplanerische Arbeit zur Förderung der sozialkulturellen Stadtteilentwicklung. Die Begründung für diesen Arbeitsansatz liegt darin, daß die enge Wechselbeziehung zwischen StadtteilbewohnerInnen und ihrem jeweiligen sozialen Umfeld von hoher Bedeutung ist: Dort, wo die Menschen wohnen, können sie soziale Einbindung, Unterstützung und Zugehörigkeit erfahren, aber auch Vereinsamung und Anonymität. Hier treffen unterschiedliche Kulturen und Lebensstile aufeinander, es kann zu Störungen und Konflikten kommen, aber auch zu gegenseitiger Bereicherung. Freie Zeit kann hier als Chance zur Selbstentfaltung und Bestätigung genutzt werden. In der Wohnumgebung werden die großen gesellschaftlichen Problemlagen wie Arbeitslosigkeit, finanzielle Einschränkungen, Zuwanderung von Flüchtlingen konkret sinnlich erfahren und müssen hier verarbeitet werden. Hier bilden sich soziale Stimmungslagen, kann Zufriedenheit, aber auch Verbitterung wachsen. Damit ein Stadtteil lebendig wird und nicht nur zum Rückzug in private Isolierung genutzt wird, braucht er vielfältige Ressourcen. Kleinere soziale und kulturelle Einrichtungen im Nahbereich sind für die Entwicklung der wichtigsten Ressource – der nachbarschaftlichen Netzwerke – von großer Bedeutung. Weil Stadtteile kaum noch als gewachsene Milieus angesehen werden können, ist die Bildung von positiv erlebten Kommunikationsstrukturen ein langsamer und konfliktreicher Prozeß, der professioneller Unterstützung bedarf" (G13, 1 f.).

Die fachliche Qualifikation für GWA wird in der Arbeitsplatzbeschreibung so formuliert:

„Die [...] dargestellten Tätigkeiten erfordern detailliertes (auch beruffremdes) Fachwissen. Die eigenständige Entwicklung und Fortschreibung von Konzepten und die daraus folgende Umsetzung von strukturverbessernden Maßnahmen setzen erhöhte Initiative und erhebliche Eigenverantwortlichkeit voraus. Für die sich hieraus ergebenden Absprachen mit Vertretern der verschiedensten Ebenen (MitarbeiterInnen anderer Ämter, GeschäftsführerInnen der Wohnungsbaugesellschaften, Sozialministerium, Bezirksregierung u. a.) sind besonderes Einfühlungsvermögen und Verhandlungsgeschick zwingend notwendig. Aus der Projektorientierung der Arbeit ergibt sich eine ständige Terminengebundenheit, welche die Bereitschaft zur flexiblen Gestaltung der Arbeitszeit (u. a. Wochenenden und regelmäßige Abendtermine) bedingt. Auch aus der bürgernahen, niedrigschwelligen Arbeit im Stadtteil ergibt sich eine starke Belastung durch permanenten Publikumsverkehr" (G13, 4).

In Hannover wurde GWA 1973 eingeführt, als im Altbaugebiet Hannover-Linden die Sanierung begann. Nachdem in anderen Großstädten wie Frankfurt und Berlin die Sanierung ganzer Stadtteile zu erheblichen Konflikten und gewalttätigen

Straßenschlachten geführt hatte, wurde im Bauamt Hannover die Linie entwickelt, die BewohnerInnen so weit wie möglich in den Erneuerungsprozeß einzubeziehen. Sanierung, d. h. Gesundung eines Wohngebietes sollte nicht gegen die dort lebenden Menschen, sondern mit ihnen durchgeführt werden (vgl. Brech und Greiff 1978). Deshalb wurden von der Kommune Planstellen für GWA zur sozialen Begleitung der Sanierung im Sinn der oben genannten Arbeitsplatzbeschreibung geschaffen.

Im Stadtteil Hannover Nordstadt wurden 1986 Planstellen für GWA eingerichtet, nachdem 1985 auch hier die Sanierung begonnen hatte. Der Anstoß zur Einführung von GWA kam in diesem Fall vom Allgemeinen Sozialdienst. Die zahlreichen baulichen Mängel in diesem Stadtteil, aber auch die Verunsicherung unter den BewohnerInnen durch Abrisse und Neubauten führten zu zahlreichen sozialen Problemen. GWA sollte nicht nur die Akzeptanz des Sanierungsprozesses in der Bevölkerung fördern, sondern der Desorientierung durch niedrigschwellige Beratungsangebote, sozialpädagogische Gruppenarbeit und Förderung von nachbarschaftlichen Unterstützungsnetzen entgegenwirken.

Die GWA in der Nordstadt bestand aus zwei Stellen für Diplom-SozialarbeiterInnen/SozialpädagogInnen mit staatlicher Anerkennung, die nach BAT IVb besoldet wurden. Die beiden Planstellen waren mit drei Frauen besetzt, von denen zwei je zu drei Vierteln und eine zur Hälfte tätig war. Über die Organisation und die Voraussetzungen in ihrer Dienststelle berichteten die Gemeinwesenarbeiterinnen:

„In der Dienststelle sind wir ein gleichberechtigtes Team ohne Leitung und die Dienst- und Fachaufsicht hat der Kreissozialarbeiter. Und natürlich auch die Abteilungsleitung in übergreifenden Fragen... Wir sind zwei Stellen, die wir uns mit drei Sozialarbeiterinnen teilen und wir kriegen 3.500,- DM Gruppengeld und Pauschale für Sachmittel, Aktivitäten, Ausflüge im Jahr... Wir haben einen Gruppenraum und ein Büro (zusammen ca. 50 m²)“... „Wir haben eine minimale Büroausstattung, gemessen am heutigen Standard: eine Schreibmaschine, einen Kopierer der einfachsten Sorte. Das war es eigentlich schon, was jetzt die Büroausstattung angeht. Sonst hier in unserem Gruppenraum können wir Tee kochen, wir haben eine kleine Teeküche und haben ein paar Sachen für Straßenfeste, die auch mit zu unserer Ausstattung gehören, die man braucht. So Standardsachen: Stühle, Tische, ein paar Spielgeräte für Kinder für Straßenfeste, Stellwände“ (Gemeinwesenarbeiterinnen, G3, 2).

Standen zu Beginn für die GWA Instandhaltungsmängel vieler Wohnungen, Sanierungsvorhaben und Bürgerbeteiligung im Mittelpunkt, so hat sich die Arbeit im Laufe der Jahre inhaltlich geändert, weil, wie eine Gemeinwesenarbeiterin erklärte,

„unmittelbare Auseinandersetzungen und Konflikte um Sanierung, um Abriß von Häusern, Hinterhäusern, Erhalt billigen Wohnraums, Modernisierung... jetzt kaum noch eine Rolle spielen“ (G3, 3).

Sanierung ist zwar als städtebaulicher, aber noch lange nicht als ein sozialer Prozeß abgeschlossen. Das Team der GWA hatte 1994 eine Stadtteilanalyse erstellt und auf deren Grundlage die offizielle Arbeitsplatzbeschreibung durch eine Konzeption der GWA für die Nordstadt aktualisiert und konkretisiert. Darin wurden folgende Schwerpunkte für die Arbeit festgelegt:

Der erste Schwerpunkt: Nachbarschaftsarbeit

Dazu wollte die GWA gesellige Treffpunkte einrichten, gemeinsame Interessen von BewohnerInnen organisieren und ihnen Möglichkeiten der Mitgestaltung ihrer Wohnumgebung schaffen. Daraus ergaben sich folgende Arbeitsvorhaben:

„– Nachbarschaftscafé:
  offener Treffpunkt, Informationsaustausch über Neuigkeiten aus dem Stadtteil, persönlicher Austausch, Anlaufstelle für Beratung...
– Nachbarschaftsprojekte in neu belegten Wohnblöcken:
  Hausbesuche bei den MieterInnen, Organisation eines Hoffestes, Initiierung und Organisation einer MieterInnenversammlung..., gemeinsame Planung bei der Hofgestaltung.
– Mädchengruppe:
  für 10–13jährige, geplant ist kostenloses offenes Gruppenangebot im kreativen Bereich.
– Schularbeitenhilfe:
  für deutsche und ausländische Kinder.
– Deutschkurse für ausländische Frauen mit Kinderbetreuung:
  Gezielt werden Frauen aus dem Stadtteil persönlich angesprochen, die schon sehr lange in Deutschland leben, aber über die Angebote der Bildungseinrichtungen nicht erreicht werden. Die Inhalte sind praxisorientiert, die Lernanforderungen sind an den unterschiedlichen Voraussetzungen der Teilnehmerinnen ausgerichtet" (Konzeption der GWA Nordstadt, G13, 10).

Der zweite Schwerpunkt: Koordination sozialer und pädagogischer Aktivitäten im Stadtteil

Die GWA wollte zu bestimmten Themen und Anlässen die Zusammenarbeit der sozialen, pädagogischen und kulturellen Einrichtungen im Stadtteil organisieren. Das führte zu folgenden Arbeitsvorhaben:

„– Jugendforum:
  Vertretung der Interessen und Belange von Kindern und Jugendlichen im Stadtteil durch Austausch der verschiedenen Einrichtungen untereinander, Öffentlichkeitsarbeit, planerische Arbeit, projektbezogene Arbeit (z. B. Theaterprojekt in den Schulen).
– Kinderfeste:
  Planung und Durchführung von Kinderstraßenfesten und Aktionen in Zusammenarbeit mit der Lutherkirchengemeinde und dem Verein Stadtteilplatz Lutherkirche und Umgebung" (Konzeption der GWA Nordstadt, G13, 11).

Der dritte Schwerpunkt: Neue Aufgaben im Stadtteil

Die GWA wollte bisher unbearbeitete soziale Probleme im Stadtteil aufgreifen, Arbeitskreise mit kompetenten Fachleuten einrichten und dadurch die Infrastruktur des Stadtteils verbessern. Die GWA hielt dazu folgende Einrichtungen für erforderlich:

„– Gesundheitsladen:
eine Anlaufstelle zur gesundheitlichen Versorgung benachteiligter Gruppen; erforderlich ist die Initiierung einer fachübergreifenden Arbeitsgruppe, Erstellung einer Grobkonzeption, Beantragung und Betreuung einer ABM-Stelle zur Fortführung der Konzeption und Erstelllung eines Finanzierungsplanes und Einrichtung einer Anlaufstelle.
– Der Mieterladen e. V.:
Seinen MitgliederInnen bietet der Mieterladen e. V. Beratung in einer offenen Sprechstunde durch JuristInnen, Sondertermine für Hausgemeinschaften, Organisation von Hausversammlungen, außergerichtlichen Schriftverkehr, Gutachtenerstellung über Gebäudemängel von ArchitektInnen. Die GWA ist maßgeblich beteiligt an der Organisation und Abwicklung der Vereinstätigkeit (Konzeptentwicklung und Fortschreibung, Betreuung der ABM-Kräfte, incl. Gehaltsabrechnung).
– Information von MieterInnen:
über ihre Rechte bei Haus- und Wohnungsverkäufen im Sanierungsgebiet" (Konzeption der GWA Nordstadt, G13, 11).

Der vierte Schwerpunkt: Fortsetzung bestehender Arbeitsvorhaben

„– Einzelfallberatung:
Anlaufstelle innerhalb der Sprechstunde oder nach Absprache, ohne Aktenführung, ggfs. Weitervermittlung zu anderen städtischen Diensten oder anderen Einrichtungen.
– Informationsaustausch und Kooperation mit anderen Institutionen und Ämtern:
Je nach Bedarf und aktuellem Anlaß nehmen wir Kontakt auf oder bieten uns als Kooperationspartner an, z. B. KSD (Kommunaler Sozialdienst), Amt für Wohnungswesen, Sanierungsabteilung, Grünflächenamt, Stadtteilforum, Anwaltsplaner, Stadtteilzentrum, Sanierungskommission, Bezirksrat.
– Öffentlichkeitsarbeit:
Informationen über die Angebote und Veranstaltungen der GWA durch Pressearbeit, Plakate. Stadtteilübergreifende Veranstaltungen für z. B. StudentInnen der Ev. Fachhochschule, FHS Hildesheim" (Konzeption der GWA Nordstadt, G13, 11 f).

Mit dieser Konzeption hatten die Gemeinwesenarbeiterinnen ihre Arbeit für einen längeren Zeitraum geplant. Sie berücksichtigten dabei ihre Erfahrungen und persönlichen Stärken, die drei Kolleginnen waren seit vielen Jahren in der GWA tätig.

Kurze Zeit nach Erstellung der Konzeption wurden Pläne des Oberstadtdirektors bekannt, den kommunalen Haushalt radikal zu kürzen und dabei die Stellen der GWA in der Nordstadt zu streichen. Als eine der drei Kolleginnen gekündigt hatte, gab es widersprüchliche Äußerungen der Vorgesetzten zur Wiederbesetzung der Stelle. Überraschend wurde mit Verspätung von zwei Monaten die Stelle doch neu besetzt. Der für die gesamte soziale Arbeit der Kommune zuständige Dezernent erklärte öffentlich, daß von der zwanzigprozentigen Kürzung des Etats in seinem Hause die GWA nicht betroffen sei, er halte diese Arbeit für unverzichtbar. Einen Monat später teilte das Sozialamt dem für die Nordstadt zuständigen Bezirksrat offiziell mit, daß die GWA in diesem Stadtteil aufhören und in einem anderen Wohngebiet neu anfangen werde. Nach längeren internen Diskussionen hatten die Gemeinwesenarbeiterinnen der Verlagerung ihrer Dienststelle zugestimmt. Zwei Monate später beschloß derselbe Bezirksrat, daß die GWA in der Nordstadt doch fortgesetzt wird und bewilligte für eine zusätzliche Arbeitskraft 80.000 DM. Dann wurden ständig neue Termine für den Umzug der GWA in einen anderen Stadtteil genannt, er wurde immer wieder verschoben.

Die betroffenen Gemeinwesenarbeiterinnen sind in solche Entscheidungen kaum einbezogen worden und haben darauf nur geringen Einfluß gehabt. Sie erfuhren immer wieder nur indirekt davon, bis ihnen ihre Versetzung mitgeteilt, deren Termin aber wiederholt verändert wurde. Die dadurch entstandene Situation bestimmte wesentlich den institutionellen Kontext der Praxis von GWA Nordstadt. Nahezu alle ihre Vorhaben waren auf einen weiten Zeitraum hin angelegt. Auf Grund der widersprüchlichen und meist indirekten Informationen mußten sie den Eindruck gewinnen, sie könnten ihre Pläne fortsetzen, bis dann wenig später sich die Annahme verdichtete, sie müßten ihre Arbeit in der Nordstadt abbrechen.

Andererseits war es den Gemeinwesenarbeiterinnen unmöglich, über einen Zeitraum der Verunsicherung von 18 Monaten nur abzuwarten und keine Aktivitäten mehr zu entfalten. Das hätte als Bestätigung der Argumente verstanden werden können, die für den Abbruch der GWA in der Nordstadt vorgebracht worden waren. Die Gemeinwesenarbeiterinnen haben sich vielmehr bemüht, einer Verlagerung oder gar Streichung ihrer Stellen durch überzeugende Arbeitsvorhaben entgegenzuwirken.

6.1.2 Das Forschungsvorhaben

Entsprechend der offiziellen Arbeitsplatzbeschreibung und ihrem konzeptionellen ersten Schwerpunkt hatte die GWA Nachbarschaftsarbeit für das Wohnhaus Schaufelder Straße 29 geplant. Damit nahm sie sich dort eine Aufgabe vor, die in das Forschungsvorhaben paßt: Sie wollte für die BewohnerInnen Möglichkeiten der Partizipation in ihrer Lebenswelt eröffnen und dadurch das Zusammenleben von Deutschen und MigrantInnen fördern.

Das bei der Sanierung umgebaute und nach modernem Standard ausgestattete große Bauwerk aus rotem Backstein in der Schaufelder Straße 29 ist ein Teil der etwa 100 Jahre alten ehemaligen Schokoladenfabrik Sprengel. Die Freiflächen hinter dem Gebäude grenzen an das heutige Stadtteilzentrum, die Kulturkneipe „Schwule Sau", die einstige „Kofferfabrik", die frühere Besetzer jetzt als ein alternatives Wohnprojekt nutzen, die Kindertagesstätte „Mäuseburg" und ein immer noch leerstehendes Maschinenhaus, das zu einem Kinderhaus umgebaut werden soll – insgesamt alles Teile der ehemaligen Sprengelfabrik.

Wenn man als Adresse „Schaufelder Straße" angibt, so ruft man bei allen, die die Nordstadt kennen, konfliktträchtige Assoziationen hervor. Diese Straße ist in den vergangenen 35 Jahren ein Ort gesellschaftlicher Auseinandersetzungen gewesen. Bis 1980 war die Schokoladenfabrik Sprengel ein wichtiger Arbeitgeber in der Nordstadt. Allerdings wurden seit etwa 1960 kaum noch Nordstädter Arbeiter, sondern zunehmend MigrantInnen als gering entlohnte Arbeitskräfte eingestellt. MigrantInnen zogen in die Schaufelder und umliegende Straßen ein, nachdem ein großer Teil der deutschen MieterInnen dort ausgezogen war, weil die Wohnungen keine Bäder und eigenen Toiletten enthielten und grobe Instandhaltungsmängel aufwiesen.

1980 gab die Firma Sprengel den Produktionsstandort Nordstadt auf. Das große Areal lag brach, aus Gründen der Bodenspekulation wurden die Gebäude teilweise zerstört. 1987 zogen Hausbesetzer ein und schützten einige Gebäude vor dem Verfall. Sie fanden zunächst in der Bevölkerung Unterstützung. Aber die Zustimmung bei den Nachbarn hielt nicht lange an. Häufige Präsenz der Polizei in der Schaufelder Straße mit Sonderstaffeln und gepanzerten Fahrzeugen, Straßensperren und wiederholte Durchsuchungen, aber auch Sperrmüll und Bauschutt, den die Besetzer auf die Straße karrten, Hundekot, Lärm und besprühte Wände waren für die Mehrheit der AnwohnerInnen Beleg dafür, daß das Alternativprojekt gescheitert war. Nach Räumungen mit paramilitärisch-spektakulären Polizeieinsätzen, erneuten Besetzungen und gescheiterten Verhandlungen drängte die Stadtverwaltung die Besetzer auf einige Gebäudeteile zurück. Die in Hannover erscheinenden Tageszeitungen zeichneten durchweg ein einseitig negatives Bild von den „Chaoten" und der „Schaufelder Straße", das dieser Adresse heute noch anhaftet (vgl. Gespräch N11).

Aus den Besetzern sind inzwischen Nutzer geworden, die einige Teile der einstigen Fabrikanlage auf Grund von Nutzungsverträgen als Wohngemeinschaften in Gebrauch genommen haben. Es sind durchweg junge Menschen ohne festes Arbeitseinkommen, die auf dem Wohnungsmarkt schwerlich Räume für gemeinsames Wohnen gefunden hätten. Inzwischen gibt es ein Kino dort, gelegentlich Konzerte und andere kulturelle Veranstaltungen. Auf dem großen Hof leben junge Menschen in Bauwagen und lassen sich dort von der Verwaltung nicht vertreiben (vgl. Beobachtungen N20).

Das heutige Bild der Straße zeigt Häuserfronten mit provozierenden Parolen und großflächigen Wandgemälden. Auf dem Vorplatz stehen alte Autos, häufig brennt dort ein Lagerfeuer. Große Hunde sichern das Gelände. Junge Bettler sitzen vor der nahen Post und den Geschäften. Jedes Jahr ist „Sprengel" Zentrum eines großen Treffens von Punkern, den sog. „Chaos-Tagen" (vgl. Beobachtungen N20).

Zu „Sprengel" gibt es in der Nordstadt keine einheitliche Meinung: Die einen sagen: „Laß sie dort leben, wo sollen sie sonst hin, sie gehören doch auch zur Nordstadt". Andere meinen: „Sie zeigen, daß man auch ohne Geld selbstbestimmt leben kann". Oder es wird gesagt: „Das ist Auflehnung und Schmutz" (Beobachtungen N20).

In der Schaufelder Straße hat eine kommunale Baugesellschaft aus einem der Fabrikgebäude 34 Sozialwohnungen errichtet, die im Dezember 1993 bezogen wurden. Seitdem leben ca. 110 Menschen in diesem Haus dicht beieinander. Ein einziger zentraler Eingang für alle Mietparteien erinnert an den Wohnungsbau der 70er Jahre.

Die Nettokaltmiete beträgt 9,80 DM/m^2. Die Gesamtmiete incl. Heizung und erhöhter Betriebskosten (durch große Flure und Treppenhäuser) steigt auf 17,38 DM/m^2.

Anzahl	Wohnung	Größe	Bruttomiete
4	1 -Zi-Whg.	18 bis 48 qm	bis 714,–
17	2 -Zi-Whg.	42 bis 64 qm	bis 978,–
3	3 -Zi-Whg.	66 bis 86 qm	bis 1255,–
6	4 -Zi-Whg.	95 bis 104 qm	bis 1.787,–
4	5 -Zi-Whg.	105 bis 137 qm	bis 2.035,–

Hinzu kommen Ausgaben für Strom und Gas. Fast alle Mietparteien erhalten Hilfe zum Lebensunterhalt oder ergänzende Sozialhilfe.

Bei mehr als einem Drittel der Haushalte handelt es sich um MigrantInnen. Unter ihnen gibt es keine alleinerziehenden oder alleinlebenden Frauen.

Haushalte

Haushaltstypen	Deutsche	MigrantInnen	Gesamt
Einzelpersonen	6	2	8
Paare ohne Kinder	1	3	4
Mütter mit Kind bzw. Kindern	8	0	8
Familien mit 1–3 Kindern	6	5	11
Familien mit 4–8 Kindern	0	3	3
Gesamt 21	13	34	

(Befragung, G4)

Die Ausstattung der Wohnungen und der Zuschnitt der Grundrisse werden allgemein gelobt. Einige Wohnungen reichen über zwei Etagen und haben Dachterrassen. Die Geschoßhöhen in den ehemaligen Fabriketagen überschreiten den üblichen Standard für Sozialwohnungen. Die über 6 Meter hohen Flure und Treppenhäuser steigern allerdings die Nebenkosten (vgl. G4, 4).

Im Nordteil des Gebäudes befinden sich Büros des Kommunalen Sozialdienstes und ein Gruppenraum, der für Mieterversammlungen o. ä. zur Verfügung steht. Die Gartenanlagen im Hof sind noch nicht fertiggestellt und machen wegen des dort gelagerten Mülls und Bauschutts einen deprimierenden Eindruck.

6.1.3 Der situative Kontext – BewohnerInnenbefragung

Vom 14.–31. März 1994, also etwa 3 Monate nach Einzug, wurde eine Befragung der BewohnerInnen des Hauses Schaufelder Straße 29 durchgeführt. Es sollte herausgefunden werden,

- welche Erfahrungen mit nachbarschaftlichen Beziehungen mitgebracht wurden,
- welche Erwartungen bzw. Befürchtungen die BewohnerInnen an ihre neuen Nachbarn hegten,
- ob Vorbehalte bestanden, mit Menschen anderer ethnischer Herkunft zusammenzuwohnen,
- inwieweit die GWA bereits bekannt war.

Die Befragung in Form standardisierter Interviews wurde von StudentInnen des Fachbereichs Sozialwesen der Evangelischen Fachhochschule Hannover durchgeführt, die in regulären Seminaren und einer Einführung darauf vorbereitet worden waren. Zwei von ihnen waren Migrantinnen. Die Gemeinwesenarbeiterinnen hatten Gelegenheit, sich am Entwurf der Fragen zu beteiligen.

An der Befragung nahmen 26 Haushalte (= 76,5%) teil, 5 Haushalte wurden nicht erreicht, 3 lehnten eine Befragung ab. Es handelte sich um 15 Haushalte von Deutschen und 11 von MigrantInnen (afghanischer, ghanaischer, iranischer, italienischer, spanischer und türkischer Nationalität). Dieses Verhältnis von 15:11 entsprach nahezu der Zusammensetzung von 21 deutschen zu 13 MigrantInnen – Haushalten bei der Gesamtzahl der BewohnerInnen. Unter den 15 deutschen Haushalten befanden sich 3 von Aussiedlern aus Osteuropa.

Die Gespräche wurden insgesamt mit 25 Frauen und 22 Männern geführt.

Die folgenden Angaben in diesem Kapitel beziehen sich auf diese Befragung (G4).

In den befragten Familien lebten 22 Mädchen und 27 Jungen, sie verteilten sich hinsichtlich ihres Alters wie folgt:

In 15 der 26 befragten Haushalte war niemand, in 10 anderen Haushalten je eine Person, nur in einem Haushalt waren beide Erwachsenen berufstätig. In 10 der 20 Familien mit Kindern (bzw. einem Kind) war niemand, bei den anderen je eine Person berufstätig.

Fast zwei Drittel der Befragten würden wieder wegziehen, wenn sich eine Gelegenheit dazu böte, und zwar (mit einer Ausnahme) alle MigrantInnen und alle

Mädchen und Jungen in den befragten Familien

Jahre	Mädchen	Jungen
0–2	3	8
3–6	2	5
7–10	7	4
11–14	7	7
15–18	3	3
0–18	22	27

AussiedlerInnen. Die Gründe dafür lagen nicht in der Qualität der Wohnungen, zumal alle BewohnerInnen aus einer zu kleinen oder zu schlechten Wohnung gekommen waren. Im Durchschnitt gaben sie ihrer neuen Wohnung eine gute Note, auch wenn sie im Detail etliche Mängel aufzählen konnten. Die Wohnumgebung aber, insbesondere die Schaufelder Straße, bewerteten die, die wieder wegziehen wollten, insbesondere also die MigrantInnen und Aussiedler, mit mangelhaft oder ungenügend. Auf der Straße störte sie der Dreck und Müll, die laute Musik, die Nachbarschaft mit „Sprengel", aber auch im Haus war es ihnen zu unordentlich und zu schmutzig.

In früheren Wohnungen hatten 19 Haushalte eher gute und nur 3 eher schlechte Erfahrungen mit Nachbarschaft gemacht. 19 mal wurden das gelegentliche nachbarliche Gespräch, 17 mal die gegenseitige Hilfe und 7 mal die gemeinsamen Unternehmungen als Grund für die positive Bewertung genannt. Alle MigrantInnen und alle AussiedlerInnen mit einer Ausnahme hatten vorher in ihrer Nachbarschaft gegenseitige Hilfe erlebt.

Fast alle BewohnerInnen würden es begrüßen, wenn sie in dem neuen Haus Nachbarn kennenlernen, mit denen sie sich unterhalten können, nur eine Familie deutete mögliche Bedenken an. Bis auf zwei fanden es alle gut, wenn die Menschen in diesem Haus sich gegenseitig helfen, z. B. auf die Kinder aufpassen oder sich Kleinigkeiten ausborgen.

60% wollten im Haus Leute kennenlernen, mit denen sie etwas gemeinsam unternehmen können. 73% mochten mit den anderen BewohnerInnen im Haus ein Fest feiern, 62% mit anderen gemütlich zusammensitzen. Es gab viele konkrete Vorschläge, was die BewohnerInnen gern mit anderen unternehmen würden.

Alle alleinerziehenden Frauen erhofften sich am deutlichsten nachbarschaftliche Hilfen und Unterhaltung, andererseits waren sie vorsichtig bei ihren Wünschen nach gemeinsamen Unternehmungen im Haus. Die stärksten Kontakt- und Aktivitätswünsche kamen von den MigrantInnen. Deren Frauen, die fast alle nicht berufstätig sind, nannten viele Ideen, was sie mit anderen gemeinsam unternehmen wollten, z. B. einen Garten anlegen, ein selbstverwaltetes Café im Haus einrichten, einen Frauenabend veranstalten u. a. m. Die männlichen Migranten wollten Musik machen und tanzen, ein Fest feiern. Auch die deutschen nicht berufstätigen Frauen wollten mit anderen Frauen kochen und essen, sich zur Unterhaltung treffen. Die deutschen Männer waren bei dieser Frage nach nachbarschaftlichen Unternehmungen zurückhaltend.

Eindeutig waren die Wünsche nach Mitbestimmung bei der Gestaltung der Hofanlage, mit zwei Ausnahmen wollten alle beteiligt werden. 64% wollten mitbestimmen, welche Verbesserungen und Renovierungen im Haus gemacht werden. 16% äußerten den Wunsch, als MieterInnen bei der Neuvergabe von Wohnungen mitzubestimmen.

Fast zwei Drittel der BewohnerInnen äußerten im Blick auf das Wohnen in diesem Haus aber auch Befürchtungen. Es waren fast immer Ängste, es könnte zu Konflikten mit den anderen HausbewohnerInnen kommen. Das Leben hier könne so anonym bleiben bzw. weil es so anonym wäre, könne man nicht wissen, welche bedrohlichen Fremden sich in dem Haus aufhalten.

72% der Befragten hatten Freunde oder Verwandte in der Nordstadt, mit denen sie sich gelegentlich trafen. 20% nahm regelmäßig an Vereinen bzw. bestimmten Veranstaltungen teil.

Das Zusammenleben von Deutschen und MigrantInnen in diesem Haus werde sich nach Meinung von 64% gut entwickeln. 20% meinten, daß es in dieser Hinsicht Probleme geben werde, einige waren unsicher. Die Befürchtungen kamen gleichermaßen von Deutschen wie MigrantInnen. Allerdings hatte niemand von den Deutschen bereits schlechte Erfahrungen mit MigrantInnen gemacht, und keiner der Deutschen mochte nicht mit MigrantInnen zusammenwohnen. Auch bei den Migrantinnen war niemand, der nur mit Menschen aus dem gleichen Herkunftsland zusammenwohnen wollte.

Zwei Drittel der MigrantInnen wollten in der Freizeit am liebsten mit Menschen der gleichen Sprache zusammen sein. Die befragten deutschen Frauen würden nahezu alle in ihrer Freizeit gern etwas mit Migrantinnen im Haus zusammen machen, genannt wurden am häufigsten „kochen und essen", „ein Fest feiern", „sich unterhalten".

Die GWA war bei zwei Dritteln der MigrantInnen bereits bekannt, diese konnten auch mehrere Aktivitäten der GWA benennen. Bei den Deutschen war es umgekehrt, nur ein Drittel kannten die GWA, allerdings wußten nahezu alle, die aus dem Stadtteil zugezogen waren, von den diversen Aktivitäten der GWA, ohne allerdings diese als Veranstalterin benennen zu können.

Das Ergebnis der Befragung wurde der GWA mitgeteilt. Die Gemeinwesenarbeiterinnen waren überrascht über die günstige Ausgangslage für ihre Arbeit.

„Wir sehen die Auswertung der Befragung als eine Bestätigung unserer Pläne und Arbeitsvorhaben. Wir hatten ohnehin ‚im Hinterkopf', in der nächsten Zeit mit den neuen Bewohnern ein gemeinsames Fest zu organisieren; wir wollten die Gestaltung der Grünanlagen hinter dem Haus als gemeinsame Aufgabe ansprechen und wir wollten den Bewohnern anbieten, ggf. über Mietprobleme zu reden. Wir sehen uns darin bestätigt, daß die Bewohner offensichtlich Erwartungen in diese Richtung geäußert haben" (Gemeinwesenarbeiterin, G6, 1).

„Wir wissen jetzt, daß wir gar nicht so hohe Barrieren abbauen müssen, die etwa zwischen den Bewohnern und uns oder zwischen den Bewohnern untereinander bestehen. Wir können uns auf die geäußerten Erwartungen beziehen...Wir sind uns darin sicherer, daß diese Vorhaben nicht nur aus unserer Sicht, sondern auch aus der Sicht der Bewohner sinnvoll sind" (Gemeinwesenarbeiterin, G6, 2).

„Wir hatten nicht gewußt, daß die GWA bei den Bewohnern der Nordstadt so bekannt ist." „Wir hatten nicht erwartet, daß bei den Bewohnern eine so hohe Bereitschaft besteht, gemeinsam etwas zu unternehmen." „Wir hatten nicht erwartet, daß die deutschen Bewohner gar keine Probleme darin sehen, mit ausländischen Nachbarn zusammen-zuwohnen" (Gemeinwesenarbeiterin, G6, 2).

„Wir werden mit den Bewohnern darüber (d. h. über die Gestaltung der Grünanlagen) sprechen und dann deren Bereitschaft zur aktiven Mitarbeit an der Gestaltung der Wohn-anlage dem Eigentümer übermitteln. Wir halten die hohe Bereitschaft der Bewohner, sich hier zu beteiligen, für sehr wichtig" (Gemeinwesenarbeiterin, G6, 4).

„Wir meinen allerdings, daß an dem Dreck, der in der Befragung immer wieder genannt wurde, nicht die ‚Sprengelleute' schuld sind. Es sollen auch keine Sündenböcke erfunden werden. Auf der anderen Seite werden wir mit den Bewohnern auch auf die Vorteile gerade dieser Wohngegend achten" (Gemeinwesenarbeiterin, G6, 5).

6.2 Ergebnisse der Prozeßforschung

Mit der GWA Nordstadt war vereinbart worden, daß ihr Nachbarschaftsprojekt Gegenstand der Praxisforschung werden sollte. Dieses Vorhaben begann im März 1994 und wurde im Mai 1995 wegen der Verlagerung der Dienststelle beendet. Diese Untersuchung von Praxis der GWA Nordstadt bezieht sich also nicht auf deren gesamte Tätigkeit. Allerdings wird hier das Nachbarschaftsprojekt im Zusammenhang der übrigen GWA gesehen, zumal sich die Kolleginnen in der Zeit von August bis Oktober 1994 zugunsten der Arbeit im Stadtteil mit Aktivitäten in der Schaufelder Straße 29 zurückgehalten hatten, u. a. mit der Intention, die BewohnerInnen dieses Hauses in die Gruppen und Veranstaltungen im Stadtteil zu integrieren.

6.2.1 Erstes Handlungsmuster: Nachbarschaftsarbeit als Anregung von Selbstorganisation der BewohnerInnen

Nachbarschaftsarbeit in dem Haus Schaufelder Straße 29 war für die GWA Nord-stadt nicht das erste Vorhaben dieser Art. Entsprechend ihrem dienstlichen Auf-trag hatten die Gemeinwesenarbeiterinnen bereits früher ähnliche Projekte in anderen Wohnblocks durchgeführt bzw. ein Nachbarschaftscafé eingerichtet oder entsprechende Gruppen initiiert. Dabei haben sich Handlungsmuster herausgebil-det, die in der Praxis allerdings miteinander verknüpft sind. Um die Unterschiede insbesondere in Zielsetzung und Begründung darstellen zu können, werden sie hier nacheinander beschrieben.

1. Vorgehensweisen

Kennzeichnend für dieses Handlungsmuster ist, daß die GWA Anlässe schafft, zu denen sie die BewohnerInnen einer näheren Wohnumgebung einlädt. Auf Grund ihrer Kenntnisse des Arbeitsfeldes entwickelt die GWA solche Anlässe, von denen sie annimmt, daß sie den Wünschen der BewohnerInnen entsprechen wie z. B. das Hoffest im Frühling 1994 für den neubezogenen Komplex Schaufelder Straße 29. Die GWA benutzt solche Einladungen, um informelle Gespräche an den Haustüren der Leute zu führen. Die GWA macht sich persönlich bekannt, sucht etwas zu erfahren, was die Menschen im Blick auf die geplante Veranstaltung interessiert bzw. welche Themen den Alltag bestimmen. Sie erkundigt sich, ob die GesprächspartnerInnen sich ggf. mit einem eigenen Beitrag an dem Treffen beteiligen wollen.

Derartige durch einen Anlaß ausgelöste, informelle Gespräche sind typisch für dieses Handlungsmuster der GWA. Für das Hoffest in der Schaufelder Straße 29 hatten die Gemeinwesenarbeiterinnen drei Tage lang in dem Gebäude alle Haushalte, sofern sie diese erreicht haben, unter Bezugnahme auf die in der Befragung geäußerten Erwartungen persönlich eingeladen (vgl. G8, 1).

Gelegentlich kündigen sich die Gemeinwesenarbeiterinnen zu Besuchen brieflich an, und, sofern die BewohnerInnen einverstanden sind, unterhalten sie sich mit ihnen ohne bestimmten Anlaß über deren Alltagswelt, um auf diese Weise neue Vorhaben zu entwickeln (vgl. teilnehmende Beobachtung G12).

Zu diesem Handlungsmuster gehört, daß die GWA die vorgesehene Veranstaltung vorbereitet: Sie wird trotz der persönlichen Einladung zusätzlich öffentlich angekündigt, und zwar durch Plakate, Handzettel und Presseartikel. Die Texte werden, zumindest in den Überschriften, in mehrere Sprachen übersetzt. Es werden DolmetscherInnen eingeladen. Meistens sind kommunale Dienststellen oder andere Einrichtungen bei einer solchen Veranstaltung involviert, wie z. B. in diesem Fall der Wohnungseigentümer, dem die Mängelrügen der MieterInnen und deren Wünsche zur Mitgestaltung der Hofanlagen mitgeteilt wurden. Die GWA tritt hierbei als Vermittlerin auf, sie agiert in dem Interesse, daß die Pläne der BewohnerInnen nicht abgeblockt werden.

Zur Vorbereitung gehören ferner die vielen kleinen Handgriffe einer Gastgeberin, damit die Eingeladenen eine ansprechende Atmosphäre vorfinden und sich aktiv betätigen können. Während der Veranstaltung nimmt die GWA sich zurück, damit die BewohnerInnen die Situation in ihrem Sinne gestalten können. Am Ende bleibt meist für die Gemeinwesenarbeiterinnen das Abwaschen als professionelle Dienstleistung.

2. Ziele und Begründungen

„Mein Ausgangspunkt ist: In der Nachbarschaft leben jeweils sehr unterschiedliche Menschen, die sich voneinander zurückziehen, anonym bleiben und recht passiv. Meine Vorstellung ist, daß die Menschen aktiv werden, daß sie sich trauen, gemeinsam zu handeln. Ich wünsche mir zum Beispiel, daß sie den Innenhof in Beschlag nehmen, daß sie ihn nutzen und dazu viele Ideen entwickeln" (Gemeinwesenarbeiterin, G10, 3).

„Meine Vorstellung ist: Die Leute gehen offen miteinander um. Sie haben keine Angst voreinander, und wenn, dann kann darüber gesprochen werden. Sie haben voneinander nichts zu befürchten. Es herrscht kein Mißtrauen. Die Bewohner sind sehr selbständig. Sie gestalten ihre Umgebung. Sie nutzen die Möglichkeiten, die sich ihnen bieten. Sie gestalten z. B. das Kinderhaus, sie beteiligen sich zumindest daran" (Gemeinwesenarbeiterin, G10, 3).

Die Menschen, die „Lust haben, sich über ihre Wohnung hinaus" (Gemeinwesenarbeiterin, G3, 4) an einem gemeinsamen Vorhaben zu beteiligen und dabei ihre Fähigkeiten und Möglichkeiten zeigen wollen, sollen dazu einen Ort bekommen. Diese Nachbarschaftsprojekte der GWA zielen darauf, daß Menschen aktiv an der Gestaltung ihrer alltäglichen Lebenswelt partizipieren und darüber Vereinbarungen untereinander aushandeln, z. B., wie der gemeinsame Innenhof gestaltet und genutzt werden soll: Sollen dort Autos parken, oder sollen Motorfahrzeuge nicht hineingelassen werden, weil dort Spielflächen für Kinder und Jugendliche angelegt sind? Dürfen Kinder lauter als Autos sein? Wird es Wiesen, Blumen, Mietergärten geben, und wer wird sie pflegen? Werden dort Hunde ausgeführt? Soll Müll getrennt, evtl. kompostiert werden? Wo können die Jugendlichen toben, wo können sie mit Gleichaltrigen zusammenkommen?

„Wir sehen die Nachbarschaft als einen kleinen, überschaubaren Lebenszusammenhang, der von den Bewohnern unmittelbar gestaltet werden kann. In diesem kleinen Ausschnitt des Stadtteils können sie ihren eigenen Einfluß zur Geltung bringen und Erfolge dabei direkt erleben" (Gemeinwesenarbeiterin, G10, 1).

„Nachbarschaft hat große Bedeutung, daß Menschen sich wohlfühlen an ihrem Wohnort. Nachbarschaft bietet die Möglichkeit, aus der Anonymität herauszukommen. Dies trauen sie sich hier am ehesten zu, weil sie mit dem ersten Schritt aus dem privaten Bereich in die Öffentlichkeit die Nachbarschaft erreichen" (Gemeinwesenarbeiterin, G10, 1).

Als professionelle Dienstleistung ist Nachbarschaftsarbeit dort erforderlich, wo Menschen in ihrem Alltag in eine schwierige Lebenslage gebracht worden sind. Sie wohnen z. B. in dem großen Komplex Schaufelder Straße 29 dicht beieinander. Sie haben sich diese Wohnung nicht ausgesucht, sind vom Wohnungsamt hierher geschickt worden. Zum großen Teil wollen sie hier wieder weg, aber als SozialhilfeempfängerInnen müssen sie annehmen, was ihnen angeboten wird. Sie sind sich zunächst sehr fremd, haben Angst voreinander. Sie müssen sich in einer als belastet geltenden Lebenswelt einrichten, sind selber zumindest dadurch belastet, daß sie vom Sozialamt abhängig sind.

Die Menschen leben hier „an einem belasteten Ort" (Gemeinwesenarbeiterin, G3, 7). Daß jeder, also auch Menschen in derartigen Lebenslagen, die Chance zur Alltagspartizipation haben sollen, ist für die GWA die wesentliche Begründung für ihre Nachbarschaftsprojekte (vgl. G1, 2).

Die Anlässe des Zusammenkommens dürfen zunächst keinen großen Aufwand erfordern. Die Eingeladenen müssen sich anfangs umsehen können, ob sie sich beteiligen wollen, ohne eine größere Verpflichtung einzugehen (vgl. G10, 1). Um MigrantInnen wie Deutschen gleichermaßen Zugang zu ermöglichen, werden Anlässe überlegt, bei denen nicht nur verbal kommuniziert wird.

Die GWA sieht ihre Rolle dabei so, daß sie den Anlaß für kommunikative Aktivität aufspürt, den Raum dafür vorbereitet, daß sie dazu einlädt und Menschen ermutigt, sich zu beteiligen. Die GWA schafft die Gelegenheiten, bei denen Menschen tun können, was sie anders sich nicht zu tun trauen.

> „Aber dabei soll die GWA niemals in die Versorger-Rolle kommen". „Es muß eine Arbeitsteilung geben: Die Leute machen etwas, die GWA übernimmt auch einen Teil" (Gemeinwesenarbeiterinnen, G10, 4).

> „Macht Nachbarschaftsarbeit Spaß?" „Ja, weil wir dabei in direkten Kontakt zu den Menschen des Stadtteils kommen und nicht nur auf der organisierenden Ebene arbeiten, z. B. Anträge bearbeiten" (Gemeinwesenarbeiterin, G10, 1).

Dafür, daß sich die GWA diesem Schwerpunkt gerade 1994 zugewandt hat und ihn von sich aus zum Gegenstand dieser Praxisforschung machen wollte, gab es auch eine Begründung, die auf einer politischen Ebene lag: Bei ihren anderen, oben genannten Arbeitsschwerpunkten im Stadtteil hat die GWA eine koordinierende Funktion. Sie arbeitet mit vielen Einrichtungen des Stadtteils zusammen und bleibt selber dabei im Hintergrund. Zu einem Zeitpunkt, wo der Erhalt der Planstellen für GWA in der Nordstadt bedroht war, suchten die Gemeinwesenarbeiterinnen ein Vorhaben, mit dem sie den kommunalpolitischen Entscheidungsträgern die Relevanz der GWA zeigen konnten. Durch die haushaltspolitischen Planungen sahen sie sich in eine Lage gebracht, in der sie deutlicher als sonst bzw. fachlich erforderlich sich selber als Agierende öffentlich kenntlich machen wollten und auf sichtbaren Erfolg angewiesen waren.

3. Reflexion der Praxis

Erfolg für ihre Nachbarschaftsarbeit sehen die Gemeinwesenarbeiterinnen dort, wo die Angesprochenen die Gestaltungsaufgaben selber in die Hand nehmen und die GWA ihre organisierenden und vorbereitenden Tätigkeiten zurückziehen kann (vgl. G1, 4).

Welches Verhältnis von Arbeitsaufwand zu Erfolg als angemessen gelten kann, ist von der GWA nicht festgelegt. Jedenfalls führen die weitaus meisten Einladungen nicht zur Beteiligung. Die GWA schätzt dies so ein:

> „Man muß irgendwas anbieten, was über… das, was man ansonsten sich kaufen, konsumieren kann, weil das im Fernsehen läuft oder auf Videos; was darüber hinausgeht, also was irgendwie noch größer, noch glänzender, noch lauter ist" (Gemeinwesenarbeiterin, G3, 5).

Die GWA akzeptiert, daß für die Eingeladenen die Priorität der Aktivitäten anders liegt. „Da ist es viel wichtiger, den Alltag auf die Reihe zu kriegen und das mit den Kindern noch" (Gemeinwesenarbeiterin, G1, 5).

Das Hoffest wurde für die Gemeinwesenarbeiterinnen zu einer großen Enttäuschung. Von den mindestens 8 MieterInnen, die fest zugesagt hatten, sich mit einem eigenen Beitrag an der Veranstaltung zu beteiligen, kam niemand zu dem verabredeten Vorgespräch, aber auch keiner zu dem Fest! Es erschienen 3 Jugendliche und 9 Kinder, im Verlauf des Nachmittags schauten 7 Erwachsene vorbei. Mangels Interesse fiel der Rundgang über den Hof und die Ideensammlung zur dessen Gestaltung aus, auch die vereinbarte Kontaktaufnahme mit den jugendlichen Bewohnern der Bauwagen auf dem benachbarten „Sprengelgelände" kam nicht zustande.

Die Gemeinwesenarbeiterinnen erklärten sich dieses Ergebnis einerseits damit, daß wegen Regens das Treffen in den Gruppenraum verlegt werden mußte. Dadurch war es nicht möglich, durch Blick aus der Wohnung auf den Hof zunächst die Situation einzuschätzen und im weiten Hof sich vorsichtig der Veranstaltung zu nähern bzw. unauffällig wieder zurückzuziehen.

Solche Zurückhaltung war zu verstehen, weil sich im Haus die negativen Faktoren verstärkt hatten: Es hatte nächtliche Polizeieinsätze wegen Lärms gegeben, Hundekot lag im Treppenhaus, Müll war in den Fahrstuhl gekippt (vgl. G8, 3).

> „Inzwischen ist der gemeinsame Eingang für alle Bewohner für viele direkt zu einem Ärgernis geworden wegen des Drecks, der da immer rumliegt... Sie haben den Eindruck, hier mit Chaoten zusammenzuwohnen." „Wir meinen, einen Rückzug in die abgegrenzte Privatsphäre beobachten zu können" (Gemeinwesenarbeiterin, G9, 3).

Als Vertrauensbruch empfindet die Gemeinwesenarbeiterin das Fortbleiben derer, die ihre Beteiligung zugesagt hatten, nicht:

> „Das wäre zu hart formuliert. Es ist ja eine Arbeitsbeziehung und keine Freundschaft zu den Bewohnern. Ich kann die Leute demnächst darauf ansprechen, was denn los war und warum sie nicht gekommen sind. Aber enttäuscht bin ich schon, daß die Bewohner sagen, sie wollen gemeinsam ein Fest feiern und dann nicht kommen" (Gemeinwesenarbeiterin, G9, 2).
> „Das Unangenehme ist dabei für mich, wir als GWA kommen nun doch wieder in die Rolle, daß wir als GWA etwas für die Leute veranstalten und dann gucken, ob es wohl angenommen wird. Am Ende des Festes sagte mir eine Mutter: ‚Was wollt Ihr denn als nächstes machen?' Genau das ist es, was wir vermeiden wollen" (Gemeinwesenarbeiterin, G9, 2).
> „Wir geraten immer wieder in die Situation, daß wir von außen Ideen an die Bewohner herantragen... Wenn von den Bewohnern keine Anregungen vorgebracht werden, komme ich mir wie ein Spion vor, der von außen guckt, was drinnen los ist... Es ist dann so, als ob wir kontrollieren würden, ob noch Müll herumliegt oder sonst ein Mißstand zu entdecken wäre, den wir aufgreifen müßten" (Gemeinwesenarbeiterinnen, G10, 2).

Zum nächsten Treffen sechs Wochen später, zu dem außer den MieterInnen auch Vertreter des Hauseigentümers geladen waren und bei dem die Gestaltung der Hofanlagen beraten werden sollte, war niemand aus dem Haus gekommen, obwohl in zahlreichen Gesprächen ein deutliches Interesse daran bekundet worden war. Die zusätzlichen schriftlichen Einladungen im Hausflur waren heruntergerissen.

Dadurch, daß die Ereignisse durch Protokolle teilnehmender Beobachtung festgehalten wurden und auch über die Auswertungsgespräche Protokolle entstanden waren, die von den Gemeinwesenarbeiterinnen bestätigt und wiederum reflektiert wurden, kamen sie dazu, ihre Praxis ausführlicher und selbstkritischer als sonst zu betrachten. Sie fragten sich, ob ihre Bemühungen doch am Interesse der BewohnerInnen vorbeigingen (vgl. G8, 3 und G9, 1). Sie kamen dabei zu folgenden Überlegungen:

- Die BewohnerInnen können vermutlich die Gemeinwesenarbeiterinnen als Mitarbeiterinnen des Sozialamtes nicht richtig einschätzen. Was wollen sie von uns, den BewohnerInnen, wenn sie mit uns reden? SozialhilfeempfängerInnen sind sehr vorsichtig gegenüber Kontrolleuren.
- Selbst wenn die ca. 110 BewohnerInnen mehr Kontakt untereinander und Kommunikation wünschen, so wollen sie dies vermutlich nicht mit allen anderen. Die Menschen, die in dieses Haus eingewiesen sind, unterscheiden sich in vieler Hinsicht. Die Vorstellung, daß alle etwas gemeinsam unternehmen wollen, geht offenbar an der Realität vorbei.
- Offenbar suchen und brauchen die BewohnerInnen die Anonymität, die die GWA gerade überwinden möchte. Viele von ihnen haben inzwischen „keine Namensschilder an ihrer Wohnungstür. Sie wollen nicht gefunden werden. Sie wollen anonym bleiben" (Gemeinwesenarbeiterin, G10, 3).

„Mir geht es übrigens selber sehr ähnlich wie den Leuten hier: Wenn jemand von außen käme und wollte, daß ich mehr und anders Kontakt zu meinen Nachbarn entwickle, den würde ich rausschmeißen. Ich brauche auch dringend Abstand zu meinen Nachbarn" (Gemeinwesenarbeiterin, G10, 5).

„Wenn sich die Leute auf der Straße treffen, bleiben sie sehr viel eher stehen und reden miteinander. Auf der Straße kann der Kontakt sehr viel unverbindlicher bleiben" (Gemeinwesenarbeiterin, G10, 5).

Aus diesen Überlegungen zogen die Gemeinwesenarbeiterinnen die Konsequenz, daß sie ihr zunächst gewähltes Handlungsmuster abbrechen und ein anderes aufgreifen wollten (vgl. G8, 3; G9, 4; G10, 6).

6.2.2 Zweites Handlungsmuster: Stadtteilarbeit zur Beteiligung an Gruppen und Projekten

Die GWA Nordstadt hat von Anfang an einen großen Teil ihrer Arbeit auf den Stadtteil hin orientiert. Es lassen sich dabei drei Typen von Veranstaltungen unterscheiden:

- Die GWA organisiert stadtteilöffentliche Veranstaltungen, z.B. Flohmärkte für Kinderartikel (2 mal im Jahr), Laternenumzüge, das Jugendforum (monatlich) und andere Arbeitskreise; sie nimmt monatlich an der Sanierungskommission und 14tägig am Stadtteilforum sowie an weiteren fachlichen Koordinationsgremien teil;
- die GWA richtet stadtteilöffentliche Gruppen oder Treffpunkte ein, z.B. Mieterberatung, Hausaufgabenhilfe, einen ambulanten Gesundheitsladen, einen Deutschkurs für Migrantinnen, einen Mädchentreff in den Sommerferien u.a.;

– die GWA entwickelt und koordiniert Projekte, die sich direkt auf Veränderungen der Stadtteilstruktur richten, z. B. Aufwertung der Schaufelder Straße und des Platzes um die Lutherkirche (vgl. Konzeption G13).

1. Vorgehensweisen

Auf Grund langjähriger Kenntnis des Arbeitsfeldes und erworbenen Vertrauens bei MitarbeiterInnen diverser Einrichtungen sowie bei Schlüsselpersonen im Stadtteil hat GWA die Fähigeit erlangt, solche Themen aufzuspüren, bei denen eine Kooperation verschiedener Einrichtungen möglich bzw. notwendig ist.

Bei den Arbeitsvorhaben, die daraus entwickelt werden, tritt die GWA nicht, jedenfalls nicht allein, als Veranstalterin auf. Sie sieht ihre Aufgabe darin, Einrichtungen des Stadtteils zur Mitarbeit zu gewinnen. Der GWA wird häufig die Rolle der Koordinatorin zugewiesen. Als kommunale Einrichtung mit guten Kontakten zu anderen städtischen Diensten ist die GWA oft für organisatorische Fragen zuständig, z. B. beim Flohmarkt für Kinderartikel:

„Der Flohmarkt erforderte folgende Arbeiten:
– 2 Leute aus dem Nachbarschaftscafé für den Verkauf und Bedienung gewinnen,
– 1 Person für Anmeldung und Kuchen entgegennehmen, Standkarten ausgeben,
– 1 Person für Organisation, Stände einteilen und Vergabe regeln,
– 1 Person für Kontakte, gucken, ansprechen, Infos geben,
– Handzettel erstellen und verteilen, Plakate aushängen oder auslegen in Kitas und Geschäften, Presse informieren,
– Anmeldung vorher telefonisch entgegennehmen,
– Café herrichten (größte Arbeit),
– Geschirr ausleihen, für Kaffee, Tee und Getränke sorgen"
(Gemeinwesenarbeiterin, G15, 1).

Der GWA überlassen die anderen Einrichtungen auch die Öffentlichkeitsarbeit, weil die GWA bei den Medien, aber auch bei örtlichen Geschäftsleuten als Organisatorin anerkannt ist.

Wenn die GWA selber Einrichtungen für den Stadtteil initiiert, z. B. den Deutschkurs oder den Mieterladen, muß sie für die materiellen Ressourcen sorgen, also beim Deutschkurs die Anerkennung durch den Sprachverband, die Finanzierung, die Räumlichkeiten, die Lehrkraft, die Kinderbetreuung. Die GWA übernimmt die Werbung, in solchen Fällen wiederum durch zahlreiche persönliche Gespräche und Hausbesuche:

„Der Deutschkurs für ausländische Frauen... [Die Kollegin] A. ist für den letzten Deutschkurs viel rumgerannt, hat Hausbesuche gemacht, Leute persönlich angesprochen, die auch erst gesagt haben, sie kommen, die dann nicht gekommen sind... Also einen Zeitraum von 3 Monaten zur Vorbereitung und Werbung hat sie garantiert gebraucht" (Gemeinwesenarbeiterin, G1, 4).

Sehr diffizile Vorgehensweisen sind erforderlich, wenn die GWA strukturelle Konflikte des Stadtteils aufgreift und direkt auf Veränderungen zielt, wie z. B. bei der Aufwertung der Schaufelder Straße. Zusammen mit dem Anwaltsplaner hatte die GWA begonnen, Gespräche mit den Besetzern der Sprengelfabrik und angrenzenden BewohnerInnen in Gang zu bringen. Die tatsächlichen Belästigungen und Verärgerungen konnten zur Sprache gebracht werden, negative Projektionen wurden überwunden. Diese Gespräche entwickelten sich recht erfolgreich, weil bei den Beteiligten überwiegend eine gegenseitige Akzeptanz entstand. Derartige Aktivitäten der GWA hatten freilich direkt politische Relevanz: Zu diesem Zeitpunkt verfolgte die örtliche Gliederung der SPD eine politische Linie, in der die Besetzer als eine unzumutbare Belastung für die Nordstadt galten und Nutzungsverträge mit ihnen nicht vorgesehen waren. Über den zuständigen Dezernenten erreichte die SPD, daß die GWA diese Aktion für eine Weile einstellen mußte. Erst nach einiger Zeit gelang es der GWA, auch Vertreter der SPD davon zu überzeugen, daß es für die Nordstadt ein Gewinn sein wird, wenn die Schaufelder Straße ihren schlechten Ruf verliert (vgl. Feldnotiz G17, 2).

Bei diesem Handlungsmuster praktiziert die GWA eine breites Spektrum von Vorgehensweisen.

2. Ziele und Begründungen

Ziel der GWA ist auch bei diesem Handlungsmuster, den BewohnerInnen Partizipation zu ermöglichen, in diesem Fall über die Nahumgebung ihrer alltäglichen Lebenswelt hinaus. Auch hier geht es der GWA darum, daß Menschen ihre Fähigkeiten in soziale Zusammenhänge einbringen können. Die Beispiele Flohmarkt und Laternenumzug zeigen, daß dabei auch andere als verbale Fähigkeiten gefragt sind.

Die GWA legt Wert darauf, daß in der Nordstadt Traditionen gemeinsamer Aktivität entstehen. Dadurch wird das Bewußtsein gefördert, daß die benachteiligten Gruppen des Stadtteils, also die Kinder, aber auch die MigrantInnen, zur Nordstadt gehören (vgl. teilnehmende Beobachtung G15). Angesichts des in Kapitel 4 benannten „Nebeneinanderher" der verschiedenen Gruppierungen gibt es sonst in der Nordstadt wenig Anlässe, schon gar nicht Traditionen, in denen gemeinsame Aktivitäten öffentlich dargestellt werden (vgl. Experteninterview N15, 1).

Es kommt für die GWA dabei darauf an, solche Einrichtungen zu fördern, die einen direkten Nutzen für die BewohnerInnen haben: ein Deutschkurs kann die Lebensperspektiven von Migrantinnen erweitern, Mieterberatung finanzielle Vorteile bringen, ebenso der Flohmarkt, wo Kinderartikel verkauft oder preiswert erworben werden können. Es liegt nahe, daß es auch für die BewohnerInnen der Schaufelder Straße von großem Vorteil ist, wenn von ihnen selber der schlechte Ruf dieser Straße revidiert wird (vgl. G3, 4; 7; 8).

3. Reflexion der Praxis

Eine besondere Belastung sehen die Gemeinwesenarbeiterinnen bei diesem Handlungsmuster in der Unterschiedlichkeit der Anforderungen: Es wird von ihnen erwartet, daß sie sich schnell umstellen können von beratenden Gesprächen mit einzelnen Menschen in persönlichen Schwierigkeiten zu organisierenden, koordinierenden Tätigkeiten, die meistens politische Sensibilität verlangen. Die unterschiedlichen Termine der Veranstaltungen führen zu einer unregelmäßigen Wochenarbeitszeit. Die Gemeinwesenarbeiterinnen leisten eine weitgehend selbstbestimmte Arbeit, aber müssen sich hochgradig mit ihrer Arbeit identifizieren (vgl. G1, 3; G3, 4).

Erfolg sehen die Gemeinwesenarbeiterinnen auch bei diesem Handlungsmuster darin, wenn die angesprochenen Menschen sich beteiligen. Bei Stadtteilaktivitäten, bei denen mit mehreren Institutionen kooperiert wird, nehmen erheblich mehr Menschen teil als bei der Nachbarschaftsarbeit; insofern sind ein Laternenumzug, gemeinsam mit 5 Kindertagesstätten organisiert, und ein Flohmarkt wie am 3.12.1994, an dem 42 Erwachsene und 28 Kinder ihre Stände aufgebaut hatten, ein wichtiges Erfolgserlebnis (vgl. teilnehmende Beobachtung, G15, 1).

Als Erfolg werten die Gemeinwesenarbeiterinnen aber auch, wenn es zu Kooperationen verschiedener Einrichtungen im Stadtteil kommt und die Zusammenarbeit sich verstetigt. Dabei gelingt es leichter, die MitarbeiterInnen der pädagogischen und sozialen Einrichtungen zusammenzubringen und eine ständige Kooperation der Fachbasis von Kinder- und Jugendarbeit zu etablieren, als die anderen Einrichtungen des Stadtteils, zumal deren ehrenamtliche MitarbeiterInnen, zusammenzubringen. In der Voruntersuchung war als Partner der Zusammenarbeit im Stadtteil am häufigsten die GWA genannt. Die koordinierende Funktion der GWA wird im Stadtteil anerkannt. Das stärkt das Selbstbewußtsein der Kolleginnen. Allerdings ärgert es sie, daß die koordinierende Tätigkeit der GWA bei den Kommunalpolitikern und bei den eigenen Vorgesetzten in der Behörde wenig geschätzt wird (vgl. G3, 11).

Erfolgreich ist für die GWA Kooperation mit anderen Einrichtungen auch insofern, als in der Zusammenarbeit die beteiligten Einrichtungen sich verändern, indem sie sich z. B. stärker füreinander öffnen, wie etwa eine der evangelischen Kirchengemeinden:

> „Die Zusammenarbeit mit der Lutherkirchengemeinde ist für mich ein erfolgreiches Erlebnis, daß die Gemeinde für die Stadtteilöffentlichkeit viel mehr Offenheit zeigt, sich weniger abkapselt" (Gemeinwesenarbeiterin, G3, 6).

Als schwierig erweist es sich, in die genannten Gruppen oder Veranstaltungen MigrantInnen einzubeziehen. Bei den Flohmärkten hatte kaum jemand von den MigrantInnen einen Stand zum Verkauf übernommen; nur wenige der MigrantInnen-Eltern waren mit ihren Kindern zum Laternenumzug gekommen (vgl. teilnehmende Beobachtung G15, 1). Die GWA hat die Einladungen regelmäßig übersetzt und ihr bekannte MigrantInnen persönlich angesprochen (vgl. G1, 4).

Die GWA erklärte sich diese Situation so: Möglicherweise wirkt es sich negativ aus, daß im Team der Gemeinwesenarbeiterinnen keine MigrantIn dabei ist:

„Was ich öfter denke, wir sind drei Deutsche. Das kommt schon zum Tragen, und daß es manchmal schön wäre, hier jemanden zu haben, der türkisch sprechen kann, das würde uns, glaube ich, manche Tür mehr öffnen" (Gemeinwesenarbeiterin, G1, 6).

Soweit es die Gemeinwesenarbeiterin überblicken konnten, hatten im Laufe von 6 Monaten nur zwei Personen aus der Schaufelder Straße 29 die gezielten Einladungen zu den Stadtteilveranstaltungen angenommen. Die GWA fragte sich, inwieweit sie sich die Nicht-Beteiligung dieser Personen an den vielfältigen Angeboten als einen Mißerfolg ihrer Arbeit anrechnen muß. Sie kam zunehmend zu der Einsicht, daß sie sich von dem selbstauferlegten Anspruch befreien mußte, Menschen unbedingt zur Teilnahme an den eigenen Veranstaltungen zu veranlassen (vgl. G10).

6.2.3 Drittes Handlungsmuster: Nachbarschaftsarbeit zur Unterstützung bei Problemen und Konflikten

Nach einer Phase von ca. 4 Monaten, in der die GWA Nordstadt sich verstärkt auf den Stadtteil hin orientiert hatte, wandte sie sich erneut dem Haus Schaufelder Straße 29 zu. Anlaß dafür war, daß eine Gemeinwesenarbeiterin durch zahlreiche informelle Gespräche davon erfahren hatte, daß es zunehmend Mängel in den Wohnungen gab, die vom Eigentümer nicht behoben wurden, und daß sich Konflikte der MieterInnen untereinander verschärften.

1. Ziele und Begründungen

Auf Grund der Praxisreflexion hielt es die GWA nicht mehr für sinnvoll, Kommunikation der BewohnerInnen an sich, unabhängig von bestimmten Themen oder Konflikten, zu fördern und jede Art von Aktivität der NachbarInnen anzustreben (vgl. G6, 2). GWA zielte jetzt nicht mehr darauf ab, daß möglichst viele, tendenziell alle BewohnerInnen etwas zusammen unternehmen. Sie akzeptierte die Unterschiedlichkeit der ca. 110 Menschen in diesem Haus und deren Abwehr dagegen, sich von Mitarbeiterinnen eines Sozialen Dienstes Freizeitgestaltung arrangieren zu lassen (vgl. G10, 5).

GWA wollte jetzt bestimmte Probleme und Konflikte, die aus dem Haus an sie herangetragen wurden, aufgreifen mit dem Ziel, daß die BewohnerInnen in einer schwierigen Situation handlungsfähig würden (vgl. G9, 4).

Die GWA stellte fest, daß die SozialmieterInnen dem Bauunternehmen gegenüber auch da, wo sie berechtigte Forderungen auf Beseitigung von Mängeln in der Wohnung anzumelden hatten, abgewiesen wurden und als einzelne nicht wußten, wie sie sich artikulieren konnten (vgl. G 10, 4).

Handlungsunfähig waren sie auch in ihrem Hauptkonflikt untereinander: Einige unter ihnen, den anderen unbekannt, verdreckten Flure, Eingänge und

Fahrstühle, kippten Müll aus, warfen Zeitungsstapel herum und ließen ihre Hunde ihr „Geschäft" verrichten. Der Eigentümer hatte daraufhin die Reinigungspauschale, die alle MieterInnen zahlen müssen, kräftig erhöht.

In dieser Situation erwies sich die Anonymität im Gebäude als eine Bedrohung. In einem so großen Komplex gab es zumindest bislang noch keine effektive soziale Kontrolle. Die Mehrheit hatte darunter zu leiden, daß keiner wußte, wer die Verursacher dieser Verschmutzung waren. Man grenzte sich voneinander ab und zog sich in die Anonymität zurück, aber die Anonymität war in dieser Situation nicht nur Schutz, sie schränkte die Möglichkeiten der Kooperation untereinander erheblich ein (vgl. G9, 4).

Die GWA entschloß sich nun zu einer veränderten Rolle: Sie wollte in dem Haus zwei Dienstleistungen anbieten, und zwar Beratung in Mietangelegenheiten durch den Mieterladen, der von ihr initiiert worden war, und Organisation einer oder mehrerer Veranstaltungen, in denen die Mieter gemeinsam ihre Beschwerden dem Eigentümer vortragen und den internen Konflikt regeln konnten (vgl. G6, 2).

Die GWA wollte die Anonymität der Mieter nicht mehr überwinden, sondern respektieren, solange sie gewünscht wurde. Nachbarschaftliches, gemeinsames Agieren sollte erst dann unterstützt werden, wenn es von den Nachbarn selber als notwendig angesehen wurde (vgl. G10, 5).

2. Vorgehensweisen

Die GWA hatte in zahlreichen Gesprächen mit BewohnerInnen im Verlaufe der Sanierung seit 1990 die Notwendigkeit einer stadtteilnahen Mieterberatung erkannt und zusammen mit JuristInnen einen „Mieterladen e. V." eingerichtet, in dem MieterInnen sich Rat und konkrete Hilfe holen konnten. Die GWA machte durch Aushänge und Handzettel im Haus auf diese Einrichtung aufmerksam.

Sie beraumte eine Veranstaltung an, zu der sie Vertreter der Eigentümergesellschaft des Hauses eingeladen und mühevoll überzeugt hatte, daß sie erscheinen müßten. Die Gemeinwesenarbeiterinnen übernahmen die Werbung für diese Veranstaltung im Haus, zum Teil auch wieder durch Haustürgespräche. Sie bereiteten den Gruppenraum vor, und eine der Kolleginnen übernahm die Moderation (vgl. G20).

Die Unterstützungsleistung, die die GWA den MieterInnen anbot, bestand darin und beschränkte sich auch darauf, daß alle, die eine Beschwerde vorbringen wollten, den Adressaten dafür als direkten Gegenüber und andere Bewohner in einer ähnlichen Lage als potentielle Verstärkung im Rücken hatten. Die GWA hatte diese Gesprächssituation vermittelt. Aber im Verlaufe dieser Veranstaltung ließ sie die MieterInnen völlig für sich reden und blieb strikt in der Rolle einer neutralen Moderatorin (vgl. teilnehmende Beobachtung, G20).

Zurückhaltend blieb sie auch an einer spannenden Stelle des Gespräches: Zum Thema der Verschmutzung durch Unbekannte machten nacheinander zwei Frauen den Vorschlag, daß alle MieterInnen, die Sauberkeit in Fluren und im Hof wünschten, sich an einem Wochenende zu einer gemeinsamen, offen ersichtlichen Aufräumaktion treffen sollten. Dann könne jeder sehen, in welchem Zustand die Mehrheit das Haus wünschte. Indirekt war dies ein Aufruf, an diesem Termin aus der Anonymität herauszukommen, um zu sehen, wer an der Sauberkeit interessiert wäre und wer nicht. Es war ein Versuch, aus Anlaß dieses permanenten Ärgernis eine Form der sozialen Kontrolle zu etablieren. Im Anschluß an die Aufräumaktion könnte man ein gemeinsames Fest feiern (vgl. teilnehmende Beobachtung, G20).

Die Versammlung – es waren 33 BewohnerInnen erschienen – reagierte zunächst skeptisch. Auch die Gemeinwesenarbeiterin als Moderatorin tat nichts, um diesen Plan, der ihr eigenes Anliegen hätte sein können, voranzutreiben. Sie beließ es dabei, daß zögernd und langsam sich BewohnerInnen für diese Aktion selber organisierten, in eine Namensliste eintrugen und verschiedene Funktionen übernahmen (vgl. teilnehmende Beobachtung, G 20, 3).

An der Aktion hatten die Gemeinwesenarbeiterinnen nicht organisierend, sondern als Besucherinnen teilgenommen. An der Säuberungsaktion waren 23 BewohnerInnen aktiv beteiligt, beim Fest im Hof bis in den Abend hin machten 45 Personen mit, z. T. mit eigenen Leistungen (vgl. teilnehmende Beobachtung, G20; Feldnotizen G21, 3).

Weiter konnte die Vorgehensweise der Gemeinwesenarbeiterinnen nicht begleitet werden, weil die Praxisforschung zum Endpunkt gekommen war und die GWA in einen anderen Stadtteil versetzt wurde. Aber die hier geschilderte Vorgehenweise war für die GWA nicht neu, sie entsprach ihrem Handeln in früheren Situationen, als es im Zusammenhang mit der Sanierung zu Konflikten gekommen war.

3. Reflexion in der Praxis

Die GWA wertete es als einen Erfolg ihrer Arbeit, daß es ihr gelungen war, sowohl 4 kompetente Vertreter der Eigentümergesellschaft als auch 33 BewohnerInnen zur Teilnahme an dieser Veranstaltung zu gewinnen. Gemessen an ihrem ursprünglichen Erfolgskriterium (Aktivitäten der Beteiligten), war der GWA ferner wichtig, daß von den MieterInnen 12 konkrete Mängelrügen vorgetragen worden waren. Sie sind in einem Protokoll festgehalten worden, ebenso die Zusagen der Eigentümer, die Anliegen zu überprüfen. Dies geschah dann kurz darauf, in nahezu allen Fällen wurden die Mängel behoben. Drei Viertel der Anwesenden an der Veranstaltung beteiligten sich mit eigenen Wortbeiträgen. Ein Drittel trug sich namentlich in die Liste derer ein, die an der Säuberungsaktion mitmachen wollten (vgl. teilnehmende Beobachtung, G20).

Die GWA sah sich darin bestätigt, daß sie wie bei früheren Aktionen anläßlich der Sanierung an Konflikten angesetzt und dabei ein Forum organisiert hatte, an dem die Interessen vorgetragen und ausgehandelt werden konnten (vgl. Feldnotizen G21, 3). Ihre Vermittlungsfunktion verstand die GWA als eine notwendige Form der Unterstützung der schwächeren Konfliktpartner, die häufig ihr

Gegenüber im Konflikt nicht erreichen: Sie schreiben an eine anonyme Gesellschaft, bekommen keine Antwort und sind dann unfähig zu weiterem Handeln, sie erleben sich als Opfer einer Entwicklung, gegen die sie sich nicht wehren können (vgl. G10, 3).

Die GWA wollte auch künftig darin fortfahren, Nachbarschaft durch ihre professionelle Arbeit zu fördern, allerdings nur insoweit und solange, wie die BewohnerInnen sich aktiv daran beteiligen. Die Gemeinwesenarbeiterinnen hielten dieses Verständnis für eine persönliche Entlastung, weil sie es als ungemein anstrengend erlebt hatten, kommunikative Aktivitäten in der Annahme zu initiieren, daß sie damit ein gemeinsames Bedürfnis realisieren, was sich aber als Fiktion herausstellte (vgl. G10, 4).

Allerdings hielten sie es weiterhin für erforderlich, die Menschen auch durch persönliche Ansprache einzuladen, weil Aushänge nicht genügen (vgl. Feldnotizen G21, 3).

Sie räumten ein, daß sie sich durch die anfängliche Befragung im Haus Schaufelder Straße 29 zu falschen Schlüssen hatten verleiten lassen:

> „Uns ist nicht klar gewesen, daß zwischen Fragebögen beantworten und Handeln ein so großer Schritt liegt. Da war natürlich auch unser Wunschdenken mit dabei" (Gemeinwesenarbeiterin, G19, 1).

Bestätigt hat sich aber durch die weitere Entwicklung, was sich bei der Befragung bereits gezeigt hatte, daß die Konfliktlinien in diesem Haus nicht zwischen Deutschen und MigrantInnen verlaufen.

Im Blick auf die Begleitung der eigenen Arbeit durch die Praxisforschung sagten die Gemeinwesenarbeiterinnen:

> „Es war eine positive Erfahrung, auch mal Beobachtungen der eigenen Arbeit zu bekommen... Es war gut, nach Gesprächen Protokolle zu bekommen" (Gemeinwesenarbeiterin, G19, 2).

Die Gespräche und deren Protokolle haben die Praxisreflexion wesentlich mitbestimmt.

6.3   Interpretation der Ergebnisse

Die Erforschung der Praxis der GWA im Stadtteil Hannover Nordstadt hat zur Unterscheidung von drei Handlungsmustern geführt:

1. Nachbarschaftsarbeit als Anregung von Selbstorganisation der BewohnerInnen,
2. Stadtteilarbeit zur Beteiligung an Gruppen und Projekten,
3. Nachbarschaftsarbeit zur Unterstützung bei Problemen und Konflikten.

Die unterschiedlichen Handlungsebenen der GWA Nordstadt

Die GWA Nordstadt weist ein sehr breites Handlungsspektrum auf. Mit ihren Vorhaben wendet sich die GWA tendenziell an alle BewohnerInnen der Nordstadt. Sie arbeitet mit einzelnen Menschen, mit kleineren und größeren Gruppen, mit pädagogischen, sozialen, kulturellen und politischen Einrichtungen im Stadtteil, mit Kirchen, staatlichen Behörden und Dienststellen der Wohlfahrtsverbände, mit kommerziellen Unternehmen, mit den öffentlichen Medien. Sie tritt selber als Anbieterin sozialer Dienstleistungen auf, sie initiiert, organisiert und koordiniert die Dienste anderer, sie wirbt in der Bevölkerung für die Annahme der angebotenen Dienstleistungen. Entsprechend vielfältig sind die Methoden, die die GWA verwendet, und die Rollen, in denen sie agiert.

Für die Breite ihrer Tätigkeiten hat die GWA Nordstadt allerdings eine Begründung, die bedenkenswert ist und Konsequenzen für das Selbstverständnis von GWA hat: *Die GWA Nordstadt arbeitet sowohl auf der Ebene der Lebenswelten der BewohnerInnen als auch auf der Ebene der Institutionen im Stadtteil als auch auf der Ebene der Stadtteilöffentlichkeit.*

– Durch ihre Arbeit in den *Lebenswelten* gewinnt die GWA eine differenzierte und detaillierte Kenntnis der Problemlagen, aber auch der Handlungsbereitschaft im Stadtteil. Auf Grund ihrer zahlreichen Gespräche kennt die GWA Mißstände und Defizite nicht nur in Form von Zahlen und Fakten, sondern sie weiß, wie BewohnerInnen ihre Lebenslagen verarbeiten. Die Gemeinwesenarbeiterinnen sind nicht etwa Expertinnen für „Armut als ein soziales Problem", sondern für die spezifischen Lebensweisen in der Nordstadt, die durch Armut erzwungen werden. Sie verstehen die Schlüsselworte, mit denen im Stadtteil die Verhältnisse interpretiert werden. Vermutlich gibt es kaum eine andere Einrichtung im Stadtteil, die einen besseren Überblick hat. Im übrigen beruhte die Akzeptanz der GWA bei BewohnerInnen darauf, daß diese den Eindruck haben, von den Gemeinwesenarbeiterinnen verstanden zu werden. Für die Gemeinwesenarbeiterinnen bildete das Verstehen von Lebenswelten die Kraftquelle ihrer Arbeitsmotivation.
– Durch ihre Zusammenarbeit mit den sozialen, pädagogischen, kulturellen und politischen *Institutionen im Stadtteil* ist die GWA in der Lage, spezifische Ressourcen als gezielte Unterstützungsleistungen für die BewohnerInnen zu entwickeln. Sie kennt die fachlichen Kompetenzen im Stadtteil, die Finanzierungsmöglichkeiten, die Kooperationsbereitschaft von KollegInnen und kann auf spezifische Problemlagen im Stadtteil genau ausgerichtete Hilfsangebote entwickeln.
– Durch ihre Arbeit auf *Stadtteilebene* gelingt es der GWA, benachteiligte, an den Rand gedrängte Gruppen in den Stadtteilprozeß einzubeziehen. Sie initiiert und koordiniert Aktionen, mit denen erreicht werden soll, daß bestimmte Plätze und Straßen im Stadtteil nicht soziale Problemgebiete bleiben.

Ihre Tätigkeit auf den verschiedenen Ebenen bietet der GWA die Möglichkeit, differenzierte Lösungsstrategien für soziale Probleme zu entwickeln: Sie kann die BewohnerInnen ermutigen und stärken, *selber zur Bewältigung ihrer Probleme aktiv zu werden.* Wo Unterstützung von außen gebraucht wird, kann die GWA *spezifische Dienstleistungen* entwickeln. Sie hindert Marginalisierung, indem sie die *integrierenden Kräfte eines Stadtteils* stärkt.

Eine wesentliche Funktion der GWA ist darin zu sehen, daß sie neben der Förderung von Selbstorganisation eine fachlich qualifizierte *Vermittlungsarbeit* leistet: Was die GWA in den lebensweltlichen Gesprächen erfährt, verdichtet sich für sie zu einem Handlungsimpuls. Es ist nicht Mitleid, was die GWA zum Handeln bringt – dazu ist der Alltag zu widersprüchlich, ärgerlich und häufig unverständlich. Es ist die Einsicht, was Menschen aus eigener Kraft zu leisten bereit und fähig sind, welche überindividuellen Ressourcen in den Lebenswelten gebraucht werden und wo Chancen zu deren Entwicklung zu finden sind. Insofern leistet GWA keine methodische Einzelfallhilfe, höchstens Krisenintervention in akuten Notlagen. Wo ein direktes Hilfeersuchen von einzelnen Menschen an sie herangetragen wird, nimmt sie es dadurch ernst, daß sie in den meisten Fällen die betreffenden Menschen an die kompetenten Stellen weiterleitet.

In den Gesprächen mit den Institutionen des Stadtteils vermittelt die GWA die Situation und die Interessen der BewohnerInnen sowie die Merkmale von deren Lebenswelten. Auch auf dieser Ebene hat die GWA eine spezifische Aufmerksamkeit, die darauf gerichtet ist, inwieweit die Institutionen erforderliche Ressourcen bereits anbieten oder ob sie sich den spezifischen Bedürfnissen der StadtteilbewohnerInnen erst öffnen müssen bzw. ob bestimmte Dienste neu zu entwickeln sind. Ob Kirchen oder Kindergärten, Behörden oder Parteien, Vereine, Verbände oder Firmen – die GWA regt sie an bzw. beunruhigt sie mit den Erwartungen der Menschen und der Lebenswelten.

Auf dieser Ebene besteht die Rolle der GWA Nordstadt darin, die zuständigen Institutionen überhaupt zu entdecken bzw. sie von ihrer Zuständigkeit für Erwartungen und Handlungsbereitschaft im Stadtteil zu überzeugen. Weil meistens die einzelnen Einrichtungen sich auf spezifische Aufgaben begrenzen, die der Komplexität des Alltags im Stadtteil nicht gerecht werden und weil sie sich häufig mehr mit ihren Innenproblemen als mit dem Stadtteil beschäftigen, bringt GWA die Einrichtungen zusammen, wird GWA koordinierend und Kooperation fordernd und fördernd tätig.

In der neueren Literatur zur GWA wird diese Vermittlungsfunktion als eigentliche, professionelle Aufgabe der GWA verstanden (vgl. Heiner 1994; Hinte 1994). GWA wird als eine „intermediäre Instanz" bezeichnet (Hinte 1994, 77). Die GWA Nordstadt hat diese Aufgabe gesehen und angenommen. In der Praxis werden allerdings eher die *Schwierigkeiten* solcher Vermittlungsarbeit erkennbar:

In den Verhandlungen mit den Repräsentanten von Institutionen wird eine andere Sprache gesprochen und gilt eine andere Logik des Argumentierens als in den Lebenswelten. Dort sind es beeindruckende Lebensleistungen von konkreten Personen und belastende, zum Teil die Kräfte von einzelnen oder Familien überfordernde Schicksale. Auf der Ebene der Institutionen geht es um überprüfbare Zahlen und Fakten, um Häufigkeiten, Eindeutigkeiten, um das dramatisch Außergewöhnliche. Paragraphen sind gefragt, Ämterzuständigkeit, Ermessensspielräume. Profilierungstendenzen von Verbänden, politische Taktiken und Rücksichtnahmen von Parteien, von den Medien erzeugte Aktualitäten, übergreifende gesellschaftliche Einflüsse sind zu beachten. Es ist nicht das menschlich anrührende Einzelschicksal, das zum Handeln nötigt, sondern das Eigeninteresse der Institutionen.

Die Praxisforschung hat gezeigt, daß ein derartiger Wechsel der Argumentationsebenen von den Mitarbeiterinnen der GWA Nordstadt nicht einfach zu realisieren ist. Lebensschicksale müssen in eine andere Logik übersetzt werden. Dabei muß in Kauf genommen werden, daß Authentizität verlorengeht und die GWA stellvertretend für die Betroffenen handeln muß. Dabei entsteht die Schwierigkeit, die Interessen der Menschen nicht zu verbiegen. Die GWA Nordstadt hat sich dieser Aufgabe dadurch gestellt, daß sie bei unterschiedlichen Projekten schwerpunktmäßig auf den verschiedenen Ebenen agiert: Bei der Einrichtung des „Gesundheitsladens" z. B., in dem wohnsitzlose Nordstädter eine hygienische und medizinische Grundversorgung finden können, war die GWA nicht von einer persönlichen Kenntnis der Lebensweise von Wohnsitzlosen ausgegangen. Aber die GWA kannte Mitarbeiter aus anderen Diensten, denen die Lebenswelten dieser Menschen persönlich vertraut waren. Auch bei der Koordination der pädagogischen Einrichtungen im Jugendforum wurde GWA nicht auf Grund ihrer Nähe zu den Jugendlichen aktiv, sondern weil sie mit den entsprechenden Kolleginnen regelmäßig zusammenarbeitete. In diesen Fällen fiel der GWA die Rolle leichter, die Situation und Erwartungen der Wohnsitzlosen bzw. der Jugendlichen in die administrativen und politischen Argumentationsmuster zu übersetzen.

Bei der Etablierung des Deutschkurses für türkische Frauen dagegen kam das professionelle Handeln der GWA aus dem direkten Erleben der Unselbständigkeit türkischer Frauen und der daraus ersichtlichen Notwendigkeit, einen solchen Kurs für den Stadtteil zu organisieren. Es ist bezeichnend, daß zwar das Angebot dieses Kurses, aber nicht die dahinterliegende Problematik von der GWA stadtteilöffentlich gemacht wurde. Daß durch die Teilnahme an diesen Kursen die Frauen Selbstbewußtsein und Überwindung von Abhängigkeit erreichen können, wenn auch zunächst in kleinen Schritten, und daß damit ein wichtiges Thema im Stadtteil behandelt wird, ist von der GWA nicht in die öffentliche Diskussion gebracht worden. Damit wurden auch die Männer nicht damit konfrontiert, ihre Rolle kritisch zu überprüfen und sich von Gewaltausübung (in vielfältigen Formen) zu distanzieren.

Die Mitarbeiterinnen der GWA Nordstadt als Mitforscherinnen formulierten dazu folgende Stellungnahme: „Wenn wir eine stadtteilöffentliche Diskussion angeregt hätten, daß dieser Kurs u. a. die Funktion hat, die beteiligten Frauen selbstbewußter und unabhängiger zu machen, würde ihnen von den Männern die Teilnahme verboten. Außerdem ist es Sache der Frauen selber, ob und inwieweit sie ihre Situation veröffentlichen. Es ist nicht Aufgabe der GWA, ihre defizitäre Situation zu beschreiben und sie dabei zu Objekten einer Diskussion zu machen."

Zur konzeptionellen Selbstdarstellung der GWA

Die *Leitidee* des professionellen Handelns der GWA ist die Förderung von Partizipation. „Mitgestaltung", „Mitbestimmung", „Beteiligung" sind die leitenden Begriffe, die sie bei der Begründung ihrer Arbeit häufig genannt wurden. Waren es die Ausgestaltung der Hofanlagen in der Schaufelder Straße 29 oder die Einflußnahme der MieterInnen auf notwendige Reparaturen im Haus, waren es die Vorhaben zur Aufwertung der eigenen Straße oder des zentralen Platzes an der Lutherkirche, immer ging es darum, daß die BewohnerInnen an der Entwicklung ihrer nahen oder weiteren Wohnumgebung partizipieren können. Der Deutschkurs für türkische Frauen, die Hausaufgabenhilfe, die Gesundheits- und Mieterberatung sollten Ausgrenzungsprozessen entgegenwirken. Das Jugendforum, in dem die pädagogischen Einrichtungen des Stadtteils politische Forderungen zur Verbesserung der Situation von Kindern und Jugendlichen entwickelt haben und der Laternenumzug, der die verschiedenen Kindertagesstätten und andere Einrichtungen zur Zusammenarbeit gebracht hatte, zeigt, daß die GWA nicht nur die BewohnerInnen, sondern auch die Institutionen des Stadtteils zur Beteiligung an dessen Entwicklung bringen wollte.

Dementsprechend wählt GWA Nordstadt solche Handlungsfelder aus, wo Menschen bzw. Institutionen bislang von Partizipation ausgeschlossen waren und voraussichtlich von sich aus, ohne Hilfen von außen, höchstens eingeschränkte Möglichkeiten zur Beteiligung haben. Nach diesem Kriterium hatte sich die GWA für das Nachbarschaftsprojekt Schaufelder Straße 29 entschieden, für das Projekt einer Aufwertung dieser Straße, für den Mieterladen, die ambulante Versorgung der Wohnsitzlosen im Gesundheitsladen, für das Jugendforum, weil Kinder und Jugendliche in der Entwicklung der Nordstadt eindeutig benachteiligt sind. GWA sieht sich nicht generell für „den" Stadtteil zuständig, versteht sich nicht als Moderatorin aller dort agierenden gesellschaftlichen Kräfte, sondern als Unterstützerin derjenigen, die nicht oder weniger wirkungsvoll als andere am gesellschaftlichen Prozeß partizipieren.

Handlungsleitend ist für GWA ferner, daß *kontinuierliche Strukturen* für Partizipation entwickelt werden. Für die Schaufelder Straße 29 war eine regelmäßige „Mieterversammlung" geplant. Der Mieterladen hat die Konstruktion eines eingetragenen Vereins, ebenso das Gremium, das die Umgestaltung des zentralen Platzes plant. Beim Gesundheitsladen war ähnliches intendiert. Das Jugendforum der pädagogischen Einrichtungen im Stadtteil hat sich feste Regeln gesetzt. In diesem Zusammenhang ist auch der Laternenumzug und der Flohmarkt für Kinderartikel zu sehen: Es lag der GWA nicht nur an der Verstetigung der Kooperation von Einrichtungen der Kinder- und Jugendarbeit, sondern an der Etablierung von Traditionen, in denen Kinder und Jugendliche im Stadtteil im Zentrum der öffentlichen Aufmerksamkeit stehen.

Entsprechend diesen konzeptionellen Grundsätzen hatte die GWA eine Liste von Arbeitsschwerpunkten aufgestellt (vgl. 6.1).

Die Diskussion um die Weiterführung der GWA in der Nordstadt, die sich schon seit einiger Zeit ankündigte, hatte der GWA Fragen aufgenötigt, die allerdings auch ohne diesen Druck zur Beantwortung anstanden: Aus welchen Gründen ist GWA als ein „Besonderer Sozialer Dienst" erforderlich? Warum wird er in dem Stadtteil Nordstadt gebraucht bzw. wie lange wird er dort notwendig sein?

Allein aus der Beobachtung der Tätigkeiten der GWA Nordstadt, so wie sie im Stadtteil wahrgenommen werden konnten bzw. bei den Handlungsmustern hier dargestellt wurden, gehen die spezifische Zuständigkeit der GWA und ihre Leistungen nicht hervor. Insofern ist es bezeichnend, daß bei der Befragung in der Schaufelder Straße 29 die deutschen MieterInnen diverse Vorhaben aufgezählt haben, an denen die GWA maßgeblich beteiligt war. Aber sie konnten diese Vorhaben nicht der GWA zuordnen, sie wußten nicht, daß die GWA dabei initiierend und koordinierend maßgeblich beteiligt war.

Der Verlauf der Diskussion in der Kommunalpolitik und Administration um die Streichung der GWA in der Nordstadt zeigte eine gewisse Unsicherheit, ob GWA hier weiterhin gebraucht wird bzw. wozu sie erforderlich ist.

Die GWA hatte versäumt, eine zusammenhängende und schlüssig begründete Darstellung ihrer Arbeit nach außen abzugeben, in der ihre Überlegungen zu den verschiedenen Handlungsebenen und ihre konzeptionellen Grundsätze verbunden sind mit einer Analyse des Stadtteils und den sich daraus ergebenden Aufgaben und Zuständigkeiten für eine GWA.

Wohl hat die GWA laufend ihre Praxis reflektiert. Der Forschungsgruppe konnte sie, wie aus den Handlungsmustern hervorgeht, Ziele und Begründungen für ihre jeweilige Vorgehensweise nennen. Allerdings lassen die Handlungsmuster auch erkennen, daß die einzelnen Teilelemente einer Handlungsbegründung nicht zu einem Gesamtentwurf zusammengefaßt waren. Für die Alltagspraxis war eine derartige konzeptionelle Zusammenfasssung nicht erforderlich, die GWA sah sich laufend mit diversen Erwartungen konfrontiert, sie hatte genug zu tun und konnte sich jeweils auf die genannten Begründungen stützen. Daß das Fehlen einer Gesamtkonzeption eine Unschärfe in der Darstellung der GWA nach außen zur Folge hatte, wurde erst in der politischen Diskussion über die Zukunft der GWA offensichtlich.

Es liegt auch an der Breite der Tätigkeiten der GWA, daß sich aus der Beobachtung der Praxis von GWA deren spezifische Zuständigkeit ohne Erläuterung nicht erfassen läßt: Wenn man darauf achtet, was Gemeinwesenarbeiterinnen in der Nordstadt machen, so kann man erfahren, daß sie u. a. Hausbesuche durchführen, eine Befragung organisieren, eine BewohnerInnenversammlung bis ins Detail vorbereiten und sich dabei mit den TeilnehmerInnen unterhalten (vgl. 1. Handlungsmuster), daß sie u. a. als Mitveranstalterin vom Kinderflohmarkt auftreten, für den Gesundheitsladen und die Mieterberatung werben, zum Deutschkurs für Frauen einladen, an Stadtteilinitiativen beteiligt sind und für solche Aktivitäten gelegentlich selber Handzettel austragen (vgl. 2. Handlungsmuster); daß sie u. a. als Veranstalterinnen und Moderatorin bei einer Mieterversammlung auftreten, nachdem sie offensichtlich vorher Gespräche mit allen dort Beteiligten geführt haben (vgl. 3. Handlungsmuster).

Die GWA legt zwar großen Wert auf die aktive Mitwirkung aller Beteiligten, sie zielt auf Selbstorganisation. Aber wenn sie eine Veranstaltung für notwendig hält, übernimmt sie, wenn sich niemand anderes gefunden hat, auch selber das Austragen der Einladungen oder das Abwaschen des Geschirrs. Allerdings hat sie das Vorhaben der Selbstorganisation der MieterInnen in der Schaufelder Straße 29 abgebrochen, als sie dort zu wenig Mitwirkungsbereitschaft fand.

Bei den Vorhaben der GWA läßt sich Effizienz schwer feststellen. Allerdings hat die GWA keine Berechnungen angestellt, ob der geleistete Arbeitsaufwand in Relation zu dem Ergebnis angemessen war. Die GWA hat ihren (beträchtlichen!) Arbeitsaufwand an ihren jeweiligen Vorhaben gemessen; die Kolleginnen haben sich gefragt, welche Pläne sie von ihrer Arbeitskraft her realisieren können. Wenn sie von dem Erfordernis eines Vorhabens überzeugt waren, haben sie ihre Arbeitskraft hineingesteckt. In der Auswertung dieser Praxisforschung brachten die Gemeinwesenarbeiterinnen allerdings zum Ausdruck, daß sie in Zukunft eine Evaluation ihrer Arbeit für erforderlich halten, auch um genauer für sich erfassen zu können, wieviel Arbeitskraft in die einzelnen Projekte eingegangen ist und um eine Grundlage für die Einschätzung zu haben, ob der Aufwand jeweils angemessen ist.

Zur Undeutlichkeit der Rollen der GWA

Die Unschärfe in der Außendarstellung der GWA hängt u. a. mit den Rollen zusammen, die sie in der Arbeit mit den BewohnerInnen in deren Lebenswelten als auch mit den Vertretern von Institutionen im Stadtteil übernommen hat:

In Kapitel 4 war auf die Konkurrenz der diversen Gruppen und Institutionen der Nordstadt hingewiesen worden, die argwöhnisch darauf achten, daß die Balance der Machtverhältnisse im Stadtteil gewahrt bleibt. Die GWA wurde deshalb bei Projekten und in Gremien als Koordinatorin und Zuständige für Öffentlichkeitsarbeit akzeptiert, weil sie sich im Hintergrund hielt und nicht selber profilierte. Besonders deutlich wurde dies an der Entstehung des Gesundheitsladens: Die Gemeinwesenarbeiterinnen hatten durch andere SozialarbeiterInnen und ÄrztInnen von der prekären gesundheitlichen Situation von Wohnsitzlosen, Alkohol- und Drogenabhängigen, den BewohnerInnen von Bauwagen und Abbruchhäusern erfahren. Die GWA hat verschiedene fachliche Kompetenzen, die für eine Einrichtung einer ambulanten, hygienischen und medizinischen Versorgung relevant sind, aufgespürt und zu gemeinsamer Konzeptionsentwicklung zusammengeführt. Es ist der GWA gelungen, dann jemanden zu finden, der als Persönlichkeit und von seiner Fachlichkeit her eine derartige Einrichtung im Stadtteil repräsentieren kann. Die GWA hat Politiker und wichtige Institutionen dazu gebracht, daß sie von „unserem" Gesundheitsladen reden – immer dann, wenn andere Einrichtungen des Stadtteils von „unserem" Vorhaben sprechen, hat die Koordinationstätigkeit der GWA zum Erfolg geführt, freilich mit der Konsequenz, daß der Anteil der GWA an diesem Ergebnis kaum noch kenntlich ist und die GWA sich auch nicht dagegen wehrte, wenn andere Institutionen sich mit Ergebnissen profilierten, die der GWA zu verdanken waren.

Die Reinigungsaktion in der Schaufelder Straße 29 mit dem anschließenden Fest sollten von den BewohnerInnen als deren eigene Aktion verstanden werden, die zu weiteren Vorhaben ermutigt und nicht als eine Veranstaltung *für* die Bewohner, mit der die GWA sich darstellt.

In ihrem ersten Handlungsmuster zielte die GWA auf Förderung von Selbstorganisation der BewohnerInnen in der Schaufelder Straße 29. Sie ging aus von deren Wünschen und Ideen, die sie bei informellen Gesprächen und einer Befragungsserie erfahren hatte, und entnahm daraus konkrete Handlungsziele (u. a. Durchführung eines Hoffestes, Gestaltung der Hofanlagen in Eigenarbeit der MieterInnen). Die GWA „aktivierte" die BewohnerInnen, sich zum Erreichen ihrer Ziele selber zu organisieren. Sie übernahm die Rolle, die Menschen darin zu bestärken, daß sie tun, was sie selber wollen.

Die Aktionen in der Schaufelder Straße 29 schlugen zunächst fehl. Die BewohnerInnen wollten ihre geäußerten Vorstellungen doch nicht ausführen. Die GWA geriet in die widersprüchliche Rolle, nun selber etwas zu organisieren, woran die BewohnerInnen sich kaum beteiligten. Der latente Widerspruch einer „Selbstorganisation mit fremder Hilfe" wurde offensichtlich.

Es ist anzunehmen, daß die BewohnerInnen in Gesprächen und bei der Befragung ihre Ideen, wie sie sich ihr Zusammenleben wünschen, ehrlich geäußert hatten, jedenfalls zu jenem Zeitpunkt. Vermutlich haben die meisten von ihnen sich eine phantasievolle Nutzung der Hofanlagen und entsprechende Ausgestaltung vorstellen können. Aber wann und mit wem sie ihre Ideen realisieren, hatten sie damit noch nicht gesagt. Sie haben sich vorbehalten, zu welchem Zeitpunkt und mit welchen Personen sie unterschiedliche Formen nachbarschaftlicher Kommunikation ausprobieren wollten. Über soziale Nähe oder Distanz wollten sie entsprechend ihren Lebenserfahrungen und Interessen selber entscheiden. Die geäußerten Ideen konnten nicht, jedenfalls nicht so schnell, in konkretes, selbstorganisiertes Handeln umgesetzt werden.

Entsprechend ihrer Leitidee blieben die Gemeinwesenarbeiterinnen dabei, die Partizipation und Eigentätigkeit der Menschen zu fördern. Aber sie distanzierten sich zunehmend von einem von ihnen als „pädagogisch" bezeichneten Konzept, für oder mit Menschen bestimmte Handlungsziele aufzustellen und sie dann zu aktivieren, diese zu erreichen. Nach wie vor hält die GWA die Selbstorganisation der BewohnerInnen für ein wichtiges Ziel. Aber die Beteiligten müssen sie nicht nur selber wünschen, sondern auch aktiv daran arbeiten. Die GWA ist dann bereit, unterstützende Hilfen zu geben, aber nur insoweit diese angefordert werden und die Eigentätigkeit der Beteiligten nicht behindern.

Anders als im ersten hat die die GWA im zweiten und dritten Handlungsmuster bestimmte Dienstleistungen entwickelt und es den Menschen überlassen, ob sie diese annehmen oder nicht. Diese Angebote (wie z. B. das Arrangement einer Mieterversammlung Vertretern des Hauseigentümers oder die Einrichtung des Gesundheitsladens) zielten wie bisher darauf, die Selbständigkeit und Eigeninitiative der Menschen im Stadtteil zu unterstützen und dafür die nötigen Ressourcen zu bieten. Aber die GWA verzichtete darauf, die Menschen durch direkte Beeinflussung zu bestimmten Tätigkeiten zu aktivieren.

Allerdings ist sie bei dieser Entscheidung hinsichtlich ihrer Rolle im Verhältnis zu ihrer Klientel nicht konsequent geblieben. Auf Grund ihrer längeren Berufserfahrung war der GWA bewußt, daß die Entscheidung, eine angebotene Ressource anzunehmen, für viele Menschen einen großen, schwierigen Schritt bedeutet. Gerade für Menschen in randständigen Lebenslagen ist es nicht einfach, sich auf partizipative Interaktionsmuster einzulassen. Die GWA hatte den Eindruck, daß sie diesen Menschen nicht gerecht wird, wenn sie ihr Dienstleistungsangebot nur in Form einer schriftlichen Information publiziert. Das Annehmen der Angebote von GWA ist für Menschen mit Ausgrenzung als prägender Lebenserfahrung ein erheblicher sozialer Lernprozeß, der selten ohne unterstützende Begleitung begonnen und durchgehalten wird.

Darum machte die GWA auch im dritten Handlungsmuster Werbung für ihre Veranstaltungen durch persönliche Gespräche, auch durch Besuche an der Wohnungstür. Insbesondere dann, wenn es um eine Entscheidung von großer Tragweite ging, etwa für eine Türkin, selber die deutsche Sprache zu lernen und damit ein Stück Selbstbestimmung zu gewinnen, war nach Ansicht der GWA ein wiederholter Anstoß oft notwendig. Für Menschen, die nicht lesen können, die sehr unsicher sind, sich in der deutschen Sprache auszudrücken – und das sind keineswegs nur MigrantInnen –, die noch nie in eine der traditionellen Bildungseinrichtungen hineingegangen sind, die also in der Erwachsenenbildung als „bildungsferne Zielgruppe" bezeichnet werden, erschien der GWA eine nachgehende, wiederholt ermutigende Einladung wichtig. Die Gemeinwesenarbeiterinnen nahmen für sich in Anspruch, die feine Grenze zwischen der überlegten Ablehnung einer Einladung und der erforderlichen Ermutigung zu spüren und zu respektieren.

Im Unterschied zu dem Kommunalen Sozialdienst, der von der Klientel aufgesucht werden muß und von dem Hausbesuche nur zu bestimmten Anlässen vorgenommen werden, ist GWA, wie sie in der Nordstadt praktiziert wurde, eine Form sozialer Arbeit, die potentiell jeden Stadtteilbewohner zum Klienten macht und sehr nahe in seine persönliche Lebenswelt eindringt. Es ist darum verständlich, wenn die Gemeinwesenarbeiterinnen sich gelegentlich als Kontrolleure empfunden haben. Es handelt sich bei dieser Tätigkeit der kommunalen Angestellten um eine Weise der Verstaatlichung alltäglicher Lebenswelt.

Die GWA suchte den Aspekt der Kontrolle dadurch zu mindern, daß sie erstens vor jedem Gespräch und bei der Veröffentlichung von Problemen das Einverständnis der Beteiligten einholte, daß sie zweitens strikt darauf bestand, daß die GWA keinerlei hoheitliche Funktionen zugewiesen bekommt und daß sie drittens zunehmend Wert darauf legte, die eigene Rolle öffentlich zu machen.

Darin lag freilich eine Schwierigkeit der GWA Nordstadt: Sie hat mehrfach die eigene Rolle zurückgenommen, sowohl in der Beziehung zu Vertretern von

Institutionen (z. B. bei der Errichtung des Gesundheitsladens) als auch in der Beziehung zu den BewohnerInnen. In solche Situation war die GWA dadurch geraten, daß sie sich davon leiten ließ, Partizipation von Menschen und Institutionen zu fördern. Offensichtlich ist es aber nicht einfach, dabei das Ausmaß der *eigenen Partizipation als GWA* erkennbar zu machen.

Zur Begründung des Erfordernisses von GWA in der Nordstadt

Als die Gemeinwesenarbeiterinnen den Druck spürten, die Notwendigkeit der Weiterführung ihrer Arbeit in der Nordstadt auszuweisen, hatten sie sich nach kontroverser Diskussion im Team für das Vorhaben der Nachbarschaftsarbeit in der Schaufelder Straße 29 entschieden. Sie gingen dabei davon aus, daß dieses Vorhaben den eigenen Kriterien entsprach, daß es in der gebotenen kurzen Zeit, etwa einem Jahr, sichtbare Erfolge zeitigen würde (worin sie sich getäuscht hatten) und daß sie damit Zustimmung bei den Entscheidungsträgern in Politik und Administration erreichen könnten. Sie stützten sich dabei auf die Annahme, daß es ein öffentliches Interesse an Konfliktprävention in einem besonders problembeladenen Teil der Nordstadt gäbe. Sie konnten auf das dienstliche „Verzeichnis der am Arbeitsplatz auszuführenden Tätigkeiten" verweisen, wo „die Bildung von positiv erlebten Kommunikationsstrukturen" als Arbeitsziel genannt wird (vgl. Kapitel 6.1). Die GWA hatte vor, sich mit dieser Nachbarschaftsarbeit deutlicher als sonst selber herauszustellen. Die politische Entscheidung der Stellenstreichung hatte dann diese Absicht überflüssig gemacht.

Im Rückblick auf die von der GWA geleistete Arbeit läßt sich sagen, daß die GWA andere Möglichkeiten zur Legitimation gehabt hätte. Freilich hängt die Beantwortung der Frage, aus welchen Gründen und für welchen Zeitraum GWA in der Nordstadt erforderlich ist, davon ab, welche städteplanerische Perspektive für diesen Stadtteil gesehen wird. Es sind zwei Entwicklungen vorstellbar:

Einerseits kann man sich ein Szenarium denken, in dem es den Marktmechanismen überlassen bleibt, die soziale Struktur dieses Wohngebietes nachhaltig zu verändern. Die Nähe zur Universität und zur Innenstadt, die weitere Ansiedlung von Dienstleistungsbetrieben und private Modernisierung von Wohnraum führen dazu, daß sich zunehmend einkommensstarke BewohnerInnen hier niederlassen. Die Bindung von Sozialwohnungen wird abgelöst, steigende Mieten zwingen einkommensschwächere MieterInnen zum Wegzug. In einem paramilitärischen Einsatz werden die in Armut, aber weithin selbstbestimmter Lebensweise wohnenden Jugendlichen aus den Bauwagen und dem Nutzerprojekt „Sprengel" in andere Stadtteile vertrieben. Eine solche Entwicklung würde GWA überflüssig machen, denn GWA in der Organisationsform einer kommunalen Einrichtung wäre wenig geeignet, Widerstand gegen eine derartige Entwicklung zu fördern.

Andererseits kann man sich eine Entwicklung vorstellen, in der die traditionelle „Nordstädter Mischung" der Bevölkerung erhalten bleiben soll. Auch SozialhilfeempfängerInnen und verarmte Jugendliche in selbstorganisierten Wohnprojekten sollen weiterhin in der Nordstadt leben können. Dann aber muß eine

Entwicklung vermieden werden, bei der es innerhalb des Stadtteils zu besonderen sozialen Problemgebieten kommt. Sanierung des Stadtteils als ein langwieriger sozialer Prozeß muß bei diesem Szenarium auch mit den Beteiligten in den als belastet eingeschätzten Wohngegenden erfolgen. Sie müssen einbezogen werden in die Aufwertung ihres Umfeldes und des Stadtteils als ganzem. Gerade ihre Partizipation an der Gestaltung ihrer Lebenswelt wie z. B. ihrer unmittelbaren Wohnumgebung und an den Einrichtungen und Veranstaltungen des Stadtteils sind als Indikator anzusehen dafür, daß die Sanierung als soziale „Gesundung" Fortschritte macht.

Die GWA als ein Teil der sozialen Stadtentwicklungspolitik kann die professionelle Zuständigkeit dafür übernehmen, Ausgrenzungen in ihrer jeweiligen lebensweltlichen Deutung und ihren strukturell-gesellschaftlichen Bedingungen zu erkennen und mit den beteiligten Personen und Institutionen Ressourcen zu entwickeln, die weitere Marginalisierung aufhalten und Partizipation ermöglichen. Nachbarschaft in der Nahumgebung der Lebenswelten oder Lebensstilgruppen können solche Ressourcen sein, ebenfalls niedrigschwellige, nah erreichbare Beratungen und ambulante Hilfen. Die vorhandenen Institutionen des Stadtteils sind daraufhin zu koordinieren, daß sie für die Beteiligung der randständigen Bevölkerungsteile offen sind.

Als ein kommunaler Dienst ist GWA für die Entwicklung eines Teils der Kommune so lange notwendig, wie es dort Bevölkerungsgruppen gibt, die von Alltagspartizipation ausgeschlossen sind. Sicher muß sich GWA deutlicher profilieren, als dies bislang in der Nordstadt geschehen ist. Aber sie kann auf wesentliche Elemente ihres konzeptionellen Selbstverständnisses zurückgreifen. Sie ist zuständig für die Ressourcen, die erforderlich sind, daß auch von Marginalisierung bedrohte Gruppen in ihrer Lebenswelt und im Stadtteil Partizipation entfalten können.

Zum Verhältnis von Deutschen und MigrantInnen

Die Befragung in der Schaufelder Straße 29 hatte keine Anhaltspunkte für eine spezifische Ablehnung der MigrantInnen in dem Haus ergeben. Im weiteren Verlauf sahen die BewohnerInnen keine Probleme darin, mit Menschen unterschiedlicher ethnischer Herkunft zusammenzuwohnen. Das zeigt deutlich eine Protokollnotiz, in der verschiedene Stellungnahmen von BewohnerInnen anläßlich der gut besuchten Mieterversammlung festgehalten worden waren:

> „Ob einer Deutscher ist oder Ausländer, das spielt bei uns keine Rolle, sondern ob er hierher gehört. Und das zeigt einer, wenn er sich einsetzt und was tut. Beispielsweise für die Nachbarschaft. Oder daß aus unserem Hof etwas Ordentliches wird. Bei uns gibt es Ausländer, aber die gehören unbedingt dazu, weil die einfach mitmachen, wenn wir so eine Versammlung durchziehen. Damit aus so einem Haus was wird, da muß man sich schon engagieren, von allein kommt da nichts... Ob eine Frau Spanierin ist meinetwegen, oder Türkin, die jetzt neben mir wohnt, darauf kommt es nicht an, das kann ich gut akzeptieren, sie akzeptiert ja auch, daß ich Deutsche bin, wichtig ist, daß sie gute Ideen hat, was man hier machen kann und daß sie sich dafür einsetzt, so wie

heute abend mit der Unterschrift oder sonstwie. Von alleine kommt da nichts, daß wir hier gut leben können. So ist das mit der Nachbarschaft, da reden die Leute in ihren Familien ganz verschiedene Sprachen, die du nicht verstehst. Das macht nichts, vielleicht versteht mich ja mancher auch nicht. Aber ob sich einer mit einsetzt, daß wir hier gut leben können, darauf kommt es an" (G20, 10).

Diese Aussagen zeigen sehr deutlich, daß Partizipation an der Gestaltung lebensweltlicher Bedingungen, „damit wir hier gut leben können", dazu führt, daß das „Zusammenleben von Deutschen und MigrantInnen" gefördert wird, wie es in der Forschungsfrage heißt.

War die ethnische Herkunft der eng zusammen wohnenden Menschen in dem Komplex Schaufelder Straße 29 soweit erkennbar kein Problem, haben andererseits an Stadtteilveranstaltungen der GWA relativ wenig MigrantInnen teilgenommen. Sowohl an den vorbereitenden Koordinationsrunden als auch in den regelmäßigen Gremien waren MigrantInnen als Einzelpersonen bzw. als Organisationen kaum vertreten. Offensichtlich genügt es nicht, wenn die GWA diese Gruppe von StadtteilbewohnerInnen wie alle anderen einlädt. Würde die GWA Nordstadt weitergeführt, wären gezielte Gespräche mit Organisationen der MigrantInnen erforderlich. Diese Aufgabe hatte GWA bislang nicht wahrgenommen. Sie hatte die MigrantInnen als Menschen gesehen, die wegen ihrer Defizite besondere Hilfen brauchen, also Deutschkurse, Schulaufgabenhilfen, Mieterberatung. Sie hat für diese Angebote gelegentlich auch in fremdsprachiger Information geworben. Hinzukommen müßte, daß die GWA mit den Organisationen der MigrantInnen Kontakt aufnimmt, um sie an der Entwicklung des Stadtteils zu beteiligen.

6.4 Die Praxis der Gemeinwesenarbeit Nordstadt im Vergleich zu Positionen in der Literatur

Im Rückblick wird in der Nordstadt ein Konzept von GWA erkennbar, das differenzierter ist als die theoretischen Konzeptionen, die in der Literatur zur GWA vorliegen.

Am ehesten entspricht die GWA in der Nordstadt dem theoretischen Ansatz der Milieuarbeit von Ebbe und Friese (1989): „Milieuarbeit ist eine Weise, wie man professionelle Sozialarbeit organisieren kann. In der Milieuarbeit verlagert sich das Hauptinteresse der Sozialarbeiter vom einzelnen Klienten auf das Milieu, in dem die Menschen leben. In diesem Sinne ist das gesamte Milieu der Klient des Milieuarbeiters" (Ebbe und Friese 1989, 39). „Der Milieuarbeiter stellt die Frage: ,Welche Ressourcen gibt es im lokalen Bezirk, und wie können sie aktiviert werden?' und er interessiert sich weniger dafür, was schiefläuft" (ebd., 40). „Dabei geht es häufig darum, Ressourcen bei solchen Menschen zu aktivieren, die sich auf Grund negativer Erlebnisse in unserer Gesellschaft machtlos fühlen, weil sie nicht länger daran glauben, daß sie irgendwelche Einflußmöglichkeiten haben" (ebd., 40). Es ist darauf zu achten, die Ressourcen der Klienten „in den Mittelpunkt zu stellen" (ebd., 44). „Das Zielfeld der Milieuarbeit [sind] nicht in erster Linie Menschen, sondern deren Lebensbedingungen" (ebd., 46).

Die Nähe des Verständnisses von GWA zu diesem Theorieentwurf ist offensichtlich. Allerdings gibt es zwei feine, aber bedenkenswerte Unterschiede:

Die GWA Nordstadt spricht, insbesondere nach Aufgabe ihres ersten Handlungsmusters, nicht mehr davon, durch direkte Beeinflussung die Ressourcen der Menschen zu aktivieren, sondern sie will Ressourcen für die Menschen bereitstellen. Dieser scheinbar geringe Unterschied hat doch erhebliche Folgen für das Rollenverständnis: Im ersten Handlungsmuster wollte die GWA Nordstadt noch die Fähigkeiten und Stärken der BewohnerInnen erfahren, um sie dann in Aktionen professioneller Nachbarschaftsarbeit einzusetzen. Aber die Kolleginnen haben sich in der Praxisreflexion bewußt gemacht, daß sich die BewohnerInnen dagegen sperren, ihre Fähigkeiten, Freizeitvorstellungen und Vorlieben in die Vorhaben der Kommunalen Sozialen Arbeit einzubringen. Sie wollen sich die Entscheidung nicht wegnehmen lassen, wann und wo und mit wem sie ihre Fähigkeiten ausleben. Die GWA Nordstadt hält es demgegenüber für erforderlich, Ressourcen anzubieten, sei es als Hilfen für Schwächen und in Krisen, sei es als Möglichkeitsrahmen für eigene Bedürfnisse und Neigungen. Die Gemeinwesenarbeiterinnen der Nordstadt stellen sich den BewohnerInnen nicht vor als diejenigen, „die mit euch das machen wollen, was ihr selber gut könnt", sondern als diejenigen, „die euch Angebote machen, die vielleicht nützlich sind, damit ihr selber etwas machen könnt".

Es gibt noch einen anderen, feinen, aber folgenreichen Unterschied zwischen der GWA, wie sie in der Nordstadt entwickelt wurde, und dem Konzept von Ebbe und Friese: Die Kolleginnen aus der Nordstadt würden dem widersprechen, daß das Zielfeld der Milieuarbeit nicht in erster Linie Menschen, sondern deren Lebensbedingungen sind (und dies nicht nur aus Abneigung gegen die Sprache der Artillerie). Als eine kommunale Dienststelle weiß die GWA von vielen Fehlplanungen, bei denen auch in guter Absicht die Lebensbedingungen an den Interessen der StadtteilbewohnerInnen vorbei entwickelt worden sind. Die meisten Spielplätze der Nordstadt bieten dafür Anschauung. Der GWA Nordstadt geht es demgegenüber doch „in erster Linie" um Menschen, die sich an der Entwicklung ihrer Lebensbedingungen beteiligen sollen.

Eher kann sich die GWA Nordstadt wiederfinden in den Forderungen, die Herlyn, Lakemann und Lettko am Ende ihrer Untersuchung zum Zusammenhang von Armut und Milieu aufstellen (1991). Die Autoren beziehen sich auf Ebbe und Friese (vgl. Herlyn, u.a. 1991, 233) und führen aus: „Im Grundsatz geht es darum, die Beteiligung der Problemmieter an dem Wohnprozeß anzuregen bzw. aufrechtzuerhalten. Erst dann, wenn Momente der Identifikation mit dem jeweiligen Wohnmilieu entstehen, kann sich ein Engagement entwickeln, das aus der Gleichgültigkeit und Passivität u. U. auch Geringschätzung hinausführt [...]. Eine der entscheidenden Voraussetzungen für integriertes Wohnen verschiedener sozialer Gruppen wäre eine Mitbestimmung" (ebd., 238). Die Autoren fordern eine GWA als „dauerhafte, professionelle Vermittlungsinstanz zwischen den verschiedenen Gruppen und Interessen" (ebd.). Sie stellen sich darunter eine „Beziehungsarbeit" vor, die auf der Grundlage einzelner Hausbewohnerschaften versucht, die Integration unter den Hausbewohnern zu stärken." „Eine Verbesserung der sozialen Beziehungen im Stadtteil ist vor allem dann zu erreichen, wenn die baulich-räumlichen Strukturen Anlaß zur Kommunikation geben (ebd., 240). Dabei ist u. a. an eine Verbesserung der Aufenthaltsqualität von Straßen, an Kinderspielplätze, freizeitbezogene Veranstaltungen wie Stadtteilfeste gedacht, um die Bewohner stärker miteinander in Kontakt zu bringen.

Diesen Anforderungen, die von den Autoren auf Grund von Erfahrungen mit GWA in einem anderen Stadtteil von Hannover entwickelt worden sind, könnten die Kolleginnen aus der Nordstadt im Grundsatz sicher zustimmen. Aber die Untersuchung der Praxis in der Nordstadt hat deutlich gemacht, welche Schwierigkeiten auftreten, wenn sich ein kommunaler sozialer Dienst die Aufgabe stellt, die sozialen Beziehungen der Menschen beeinflussen und verändern zu wollen. Die GWA hat sich dann nicht nur vor ihrem Anstellungsträger, sondern zunächst vor ihrer Klientel zu legitimieren, wenn sie in deren alltägliche Lebenswelt eindringt.

Auch mit dem Konzept einer „Stadtteilorientierten Sozialen Arbeit", das Hinte und Karas im „Studienbuch Gruppen- und Gemeinwesenarbeit" 1989 dargestellt haben, stimmt die GWA Nordstadt in wesentlichen Punkten überein: Es gehe darum, „auf der Ebene kleinräumiger Strukturen Bürger bei der Artikulation ihrer Interessen und der Organisation und Gestaltung ihres Alltags zu unterstützen" (Hinte und Karas 1989, 34). Diese Arbeit orientiert sich konsequent an den Interessen der Wohnbevölkerung, sie nutzt die Ressourcen des Stadtteils, Selbsthilfe und Eigeninitiative der Bewohner stehen im Vordergrund, die Arbeit geschieht zielgruppenübergreifend und ist auf den ganzen Stadtteil gerichtet. „Zentraler Bestandteil der Arbeit ist die Organisation der Kooperation unter den Trägern sozialer Dienste und anderer Organisationen (Vereine, Kirchengemeinden usw.) im Stadtteil (lokale Fachbasis) sowie die Verknüpfung der Aktivitäten mit Vorhaben anderer kommunaler Dienststellen und Planungen im politischen Raum" (ebd., 35).

An einem wesentlichen Punkt haben die Gemeinwesenarbeiterinnen der Nordstadt allerdings eine andere Position: Sie würden auf gar keinen Fall, wie Hinte und Karas fordern, ihre Arbeit „gleichzeitig in den Bezugsrahmen institutioneller (Regel-)Arbeit stellen" (ebd., 33), d. h. mit den hoheitlichen Aufgaben verquicken. Die GWA ist der Überzeugung, daß damit zwei widersprüchliche Rollen vermischt werden und die Beziehung zwischen Gemeinwesenarbeiterin und KlientIn undeutlich wird. Die Klienten müssen die Gewißheit haben, daß ihnen das, was sie mit der Gemeinwesenarbeiterin besprechen, weder zum Schaden oder Vorteil ausgelegt wird, wenn der Soziale Dienst über Unterhaltsleistungen entscheidet bzw. dienstliche Vermerke erstellt, die für richterliche Entscheidungen relevant sind. Darum besteht die GWA Nordstadt mit Vehemenz auf der Trennung von GWA und den sozialen Diensten, die hoheitliche Aufgaben zu erfüllen haben.

In der theoretischen Diskussion ist die politische Funktion von GWA weiterhin heftig umstritten. Als wichtige Kontrahenten können Hinte und Oelschlägel bezeichnet werden:

Hinte versteht die SozialarbeiterInnen im Stadtteil als „intermediäre Instanz": „Auf der einen Seite müssen sie für Politik und Verwaltung seriöse Zustandsbeschreibungen liefern, nicht im Sinne von Denunziation und Tratscherei, sondern im Sinne einer aufklärenden, aus der Sicht der betroffenen Menschen vorgenommenen Information (etwa kleinräumige Sozialberichterstattung), die schriftlich und mündlich in einer Sprache transportiert wird, die Politik und Verwaltung verstehen. Auf der anderen Seite müssen sie bei den BürgerInnen Aufklärungs- und Informationsarbeit leisten: Wie funktioniert städtische Politik, welche/n PolitikerIn kann man wofür ansprechen, wie erhält man Leistungen aus Ämtern usw.?" (Hinte 1994, 79 f.).

Die GWA Nordstadt hat mehrfach eine koordinierende Funktion gehabt. Sie hatte z. B. in dem Konflikt der MieterInnen mit dem Hauseigentümer vermittelt. Aber sie hat dies in einer völlig anderen Rolle getan, als Hinte sie vorsieht. Die GWA sieht sich jedenfalls nicht als Transportunternehmen, das Informationen zwischen Politik/Administration einerseits und BewohnerInnen andererseits übermittelt. Sie will nicht stellvertretend für eine Seite reden, im Gegenteil, sie arrangiert Zusammenkünfte, Gremien und entwickelt stabile Vereinsstrukturen, damit die Beteiligten selber miteinander reden und handeln. Wenn die GWA Nordstadt vermittelt, dann will sie Menschen und Institutionen zusammenbringen, damit sie gemeinsam etwas gestalten und so Partizipation praktizieren.

Angesichts des differenzierten Machtgefüges, das ein Stadtteil wie die Nordstadt darstellt, würde es die Position der GWA völlig undeutlich machen, wenn sie mal Sprecherin dieses, mal jenes Machtfaktors wäre. Es ist schwer vorstellbar, wie GWA eine tendenziell von allen Seiten akzeptierte Position im Stadtteil gewinnen könnte und man ihr die fachliche Autorität zuerkennen sollte, die für alle Seiten günstigste Verwendung der Ressourcen zu wissen. Die GWA Nordstadt sieht sich im Unterschied zu Hinte nicht als eine unabhängige Instanz im Stadtteil, sondern eher als Unterstützerin von Anliegen bestimmter Gruppen.

Oelschlägel tritt seit langem für die „Kommunalpolitisierung" der Sozial-, speziell der Gemeinwesenarbeit ein (vgl. zuletzt 1994, 18). Er meint damit eine „Skandalisierung", d. h. eine „Veröffentlichung der Versäumnisse staatlicher und kommunaler Sozialpolitik, das Benennen konkreter Probleme und die Information über die Ursachen und Dimensionen sowie das Aufzeigen widerständiger Aktionsformen" (ebd., 19), am günstigsten im gemeinsamen Handeln mit den neuen sozialen Bewegungen. Auf kommunaler Ebene hat soziale Arbeit die meisten Möglichkeiten der „Einmischung", weil hier das politische Feld noch überschaubar ist.

Eine derartige Vertretung von Interessen benachteiligter Gruppen (am besten mit ihnen zusammen) entspricht durchaus dem Verständnis der GWA Nordstadt. Das Jugendforum ist z. B. der Ort, wo die MitarbeiterInnen der Kinder- und Jugendarbeit die Lebensbedingungen der jungen Menschen als Skandal formuliert und in die fachliche und politische Öffentlichkeit gebracht haben. Die Praxis der GWA Nordstadt hat gezeigt, daß es eine kollektive fachliche Leistung ist, die gut organisiert sein muß, wenn Skandale in der Lebenswelt in die Sprache und Logik der Politik zu übersetzen sind.

Man kann im Blick auf die Praxis der GWA Nordstadt fragen, warum dies nicht häufiger, lauter, als zentraler Arbeitsschwerpunkt geschehen ist. Man mag vermuten, daß GWA als ein kommunaler Dienst zum Zeitpunkt der Gefährdung der eigenen Stellen sich mit Kritik an kommunaler Stadtentwicklung zurückgehalten hatte. Allerdings werden MitarbeiterInnen in der Kommunalverwaltung bei einer fachlichen Stellungnahme etwa zu Defiziten in der Versorgung eines Stadtteils immer auch Zustimmung finden. Der Verwaltungsapparat einer größeren Kommune kennt durchaus fachliche Kritik der einzelnen Abteilungen untereinander. Es ist nicht primär die innere Zensur der MitarbeiterInnen, die sie zurückhält, Skandale zu publizieren, die ihnen bei der Arbeit bekannt werden. Ausschlaggebend ist eher die politische Situation in einem Stadtteil wie der Nordstadt, wie sie in Kapitel 4 geschildert wurde: Es ist insgesamt bei den Initiativen und Gruppen im Stadtteil das Bewußtsein für politische Zusammenhänge und die Bereitschaft zu politischen Aktionen zurückgegangen. Es sind die Subjekte nur noch selten erkennbar, die eine Politisierung der Zustände mittragen würden. In der Nordstadt jedenfalls sind auch die neuen sozialen Bewegungen, die Oelschlägel als Bündnispartner sieht, als solche nicht auszumachen.

Hinzu kommt, daß auch auf der herkömmlichen politischen Ebene, also bei den Parteien, eine reflektierte und ausgewiesene Stadtteilentwicklungspolitik nicht mehr zu finden ist. Es hat den Anschein, als werde es den Marktmechanismen überlassen, wie sich ein Stadtteil entwickelt. Selbst ein Wohngebiet wie die Nordstadt erscheint den Politikern und den Spitzen der Verwaltung als zu unbedeutend, um daran politisch zu arbeiten. Die Nordstadt steht nirgends auf einer politischen Tagesordnung. (Nach Abschluß der Felduntersuchung haben im Sommer 1995 die Medien über die sog. „Chaostage" in der Nordstadt von Hannover berichtet. Aber diese politische Aufmerksamkeit hielt nur wenige Wochen, bislang sind keine wesentlichen Folgerungen für den Stadtteil erkennbar.)

In einer derartigen Situation reicht „Einmischung" allein nicht mehr als politische Strategie von GWA. Im übrigen erscheint auch „Skandalisierung" sozialer Defizite als eine eingeschränkte Handlungsmaxime: In einer Kommune werden laufend Skandale aufgedeckt, besonders in der sozialen Versorgung der marginalisierten Bevölkerung wird ein Skandal nach dem anderen publik. Nicht nur, daß öffentliche Skandalisierung derzeit als ein Mittel seine Brisanz verloren hat, sondern es liegt die politische Erfahrung vor, daß die Veröffentlichung von Skandalen kaum noch zu langfristig wirksamen, fachlich überlegten Handlungsstrategien führt, sondern eher zu Alibihandlungen, wo finanzielle Mittel kurzfristig von einem Teil des Haushalts in einen anderen geschoben werden. Die „Skandalisierung" z. B. der Zustände in einem Jugendzentrum kann dann auch dazu führen, das diese Einrichtung ganz geschlossen wird. Es müssen andere politische Vorgehensweisen und Strategien gefunden werden.

In einer derartigen Situation bekommen die kleinen Schritte der Alltagspartizipation, wie sie die GWA Nordstadt praktiziert hat, eine bedenkenswerte Relevanz. Die Gemeinwesenarbeiterinnen versuchen, der Entpolitisierung mit den kleinen Schritten der Beteiligung von Menschen an der Gestaltung ihres Alltags entgegenzuarbeiten. Sie wissen, daß sie die privatisierenden Neigungen, den Wunsch nach Anonymität und die bestehende Entpolitisierung der Lebensbedingungen als Ausgangslage ihrer Arbeit akzeptieren müssen. Aber sie können Anlässe, Ressourcen, Anregungen schaffen, damit Partizipation entsteht.

6.5 Verzeichnis der Primärquellen, Verlauf der Forschung

Ende November erhielt die Gemeinwesenarbeit Nordstadt, wie alle Einrichtungen der Nordstadt eine Information über das Forschungsprojekt und ein Angebot zur weiteren Mitarbeit. Die GWA meldete bereits im ersten Gespräch ihr Interesse an.

G1 13.01.94: Interview im Rahmen der Voruntersuchung
G2 16.02.94: Gespräch über das Forschungsprojekt, Absprachen
G3 24.02.94: Interview zur Arbeit der GWA, institutioneller Kontext (Teil 1)
G3 07.03.94: Absprachen über die BewohnerInnenbefragung im Wohnhaus Schaufelderstraße 29
G3 14.04.94: Interview zur Arbeit der GWA (Teil 2)
G4 21.04.94: Auswertung der BewohnerInnenbefragung
G5 11.05.94: Abschluß des Forschungsvertrages
G6 11.05.94: Gespräch mit dem Team über die Ergebnisse der BewohnerInnenbefragung
G7 05.06.94: Teilnehmende Beobachtung eines von der GWA organisierten Hoffestes
G8 20.06.94: Gedächtnisprotokoll einer Gemeinwesenarbeiterin zum Hoffest
G9 20.06.94: Auswertungsgespräch über das Hoffest
G10 12.10.94: Gespräch mit dem Team über Nachbarschaft
G11 12.10. und 19.10.94:Zwischenauswertung der Forschungsgruppe
G12 27.10. und 02.11.94:Teilnehmende Beobachtung von Haustürgesprächen der GWA
G13 29.11.94: Konzept der GWA sowie Dienstanweisung und Arbeitsplatzbeschreibung
G14 29.11.94: Pressemappe der GWA bis 1993
G15 03.12.94: Teilnehmende Beobachtung eines Kinderartikel-Flohmarkts der GWA
G16 08.03.95: Zwischenauswertung der Forschungsgruppe
G17 17.03.95: Feldnotizen zur Stadtteilarbeit der GWA
G18 16.05.95: Jahresübersicht der GWA-Aktivitäten

G19   16.05.95:   Gespräch mit dem GWA-Team über den Stand der Nachbar-
                     schaftsarbeit
G20   29.05.95:   Teilnehmende Beobachtung einer Mieterversammlung
G21   Januar 93 – Januar 94:Notizen der Kontakte und Kurzgespräche

Darüber hinaus fand eine Vielzahl von Telefonaten und Kurzkontakten sowie ein
schriftlicher Austausch statt.

Kapitel 7

Förderung von Partizipation durch die Praxis von Çağdaş Dostlar

Wo liegt unsere Sehnsucht
Unsere Eltern haben ihre alte Heimat verlassen
und keine neue gefunden
ihre alte Heimat ist keine Heimat mehr
wo sollen wir unsere Heimat suchen
in der alten Heimat unserer Eltern
die wir nicht kennen
oder hier
wo wir als Fremde aufgewachsen sind
wir haben keine Heimat
nur unsere Gedanken
unseren Eltern bleibt die Sehnsucht
uns nicht einmal das.
(Conchita Hernando 1988, 28)

7.1 Ergebnisse der Kontextforschung

7.1.1 Der institutionelle Kontext von Çağdaş Dostlar

„Çağdaş Dostlar Kültür ve Sanat Dernegi; Kultur- und Kunstverein der Zeit-genössischen Freunde" wurde 1992 gegründet und unter der türkisch-deutschen Bezeichnung in das Vereinsregister Hannover eingetragen.

Die Aufgabe des Vereins wird in § 2 der Satzung so formuliert:

> „Der Zweck des Vereins ist die Unterstützung sozialer, kultureller politischer Aktivitäten mit dem Ziel, die gegenseitige Verständigung, Toleranz, Akzeptanz und Gleichberechtigung zwischen deutschen und nicht-deutschen MitbürgerInnen in der Bundesrepublik Deutschland zu fördern.
>
> Der Satzungszweck wird insbesondere verwirklicht durch:
>
> – Kulturaktivitäten im Bereich Folklore, Theater, Musik, bildende Künste, Literatur etc.
> – Förderung der Zusammenarbeit von Deutschen und Nichtdeutschen (z. B. Gründung einer gemischten Theater- und Musikgruppe)
> – Förderung der Kultur und Bildung, indem der Verein Arbeitsgruppen und Kurse anbietet, wie: Erlernen traditioneller Instrumente, Sprachkurse, etc.
> – Förderung der Toleranz, Akzeptanz und Gleichberechtigung zwischen Deutschen und ethnischen Minderheiten durch geeignete Veranstaltungen, wie Diskussionen, Kurse, Seminare und Referate."

Der Verein verfolgt ausschließlich und unmittelbar gemeinnützige Zwecke. Gemäß § 3 seiner Satzung hat er „keinerlei parteipolitische oder religiöse Bestrebungen" (Satzung C7).

Im Verein bestehen 1995 folgende Gruppen:

- Drei Kinder- und Jugendgruppen, und zwar eine Folklore-Gruppe, die traditionelle Tänze aus der Türkei einübt; eine Musikgruppe, deren TeilnehmerInnen auch Musikunterricht erhalten können; eine Sportgruppe, die Fußball spielt;
- eine Musikgruppe der Erwachsenen („In ihren Musikstücken und Liedern kommt die Sehnsucht nach sozialer Gerechtigkeit, Frieden, Achtung der Menschenrechte und Liebe zum Ausdruck", Selbstdarstellung von 1994, C15);
- eine Behinderten-Arbeitsgruppe (eine Selbsthilfegruppe türkischsprachiger Eltern behinderter Kinder);
- eine Theatergruppe, die als Eigenproduktion „Wir Deutschländer" und von Bert Brecht „Die Gewehre der Frau Carrar" in türkischer Sprache aufgeführt hat und damit u. a. in Bremen, Frankreich und den Niederlanden aufgetreten ist;
- eine Videogruppe, deren Kurzfilm „Integration...(s) Märchen" ausgezeichnet wurde und die 1995 den Film „Türken dokumentieren aus ihrer Sicht Hannover" fertigstellt.
- Außerdem bietet der Verein Kurse zum Erlernen der deutschen, türkischen und kurdischen Sprache, des Musikinstrumentes Saz sowie Computerkurse an.

An drei Wochenenden im Monat besteht Gelegenheit, den Sonnabend und Sonntag gemeinsam zu verbringen, miteinander zu reden, zu kochen und zu essen bzw. etwas miteinander zu unternehmen.

Monatlich wird ein Seminar durchgeführt zu Themen wie „Mieterschutz", „Pflegeversicherung", „Menschenrechte in der Türkei", „Staatsbürgerschaftsrecht" u. a.

In Zusammenarbeit mit anderen Einrichtungen organisiert der Verein Dichterlesungen (Nazim Hikmet, Yunus Emre), Konzerte, Ausstellungen, Vernissagen.

Çağdaş Dostlar beteiligt sich an lokalen politischen und kulturellen Veranstaltungen (zum 1. Mai, Internationalen Frauentag, Flüchtlingsfest, Mahnwachen gegen rassistische Gewalttaten u. a.) (vgl. Programm C7).

Der Verein wurde von einigen TürkInnen gegründet, die sich kannten, großenteils miteinander befreundet waren, zusammen tanzen und musizieren wollten und dafür einen organisatorischen Rahmen suchten. Sie traten zunächst einem der bestehenden türkischen Kultur-Vereine bei, fühlten sich dort aber bevormundet und eingeschränkt. Deshalb haben sie Çağdaş Dostlar gegründet. Insofern kann man diesen Verein als eine Selbsthilfeorganisation türkisch sprechender BürgerInnen bezeichnen.

Der Verein hatte 1993 ca. 70, nach einem internen Streit 1995 noch 55 Mitglieder. Sie sprechen überwiegend türkisch, haben meist türkische, zum geringen Teil afghanische, syrische, iranische oder irakische Staatsbürgerschaft, ein Teil von ihnen versteht sich als Kurden oder Aserbeidschaner. Die Mitglieder gehören der ersten, zweiten oder dritten Generation von MigrantInnen an. Zum Teil leben sie hier seit mehr als 20 Jahren, einige sind erst kürzlich eingereist.

Die TeilnehmerInnen an den Veranstaltungen unterscheiden sich in mehrfacher Hinsicht: Es sind alle Altersstufen vertreten, die politischen Richtungen divergieren. Einige der Frauen tragen ein Kopftuch, die meisten bedecken ihren Kopf nicht, einige haben offensichtlich gefärbte Haare (vgl. Küper-Basgöl 1992; Seiwert 1994).

Nur wenige Deutsche nehmen an den Veranstaltungen teil, es sind überwiegend Frauen, die mit türkischen Männern privat befreundet oder verheiratet sind. Die Angaben über deutsche Mitglieder schwanken zwischen 3 und 14. Im Vorstand ist kein deutsches Mitglied vertreten.

Die gesamte Vereinsarbeit wird ehrenamtlich geleistet, nur die Lehrer und Leiter der Kulturgruppen erhalten teilweise Honorar.

1995 werden stundenweise ein Gruppenraum der Gemeinwesenarbeit in der Nordstadt und an Wochenenden in Untermiete Räume der Arbeiterwohlfahrt in einem Altenclub in einem anderen Stadtteil genutzt.

> „Wir haben 4 Räume zur Verfügung. Einen Raum als Treffpunkt, ein kleiner Raum für Versammlungen, zum Ausweichen, ein Musikübungsraum im Keller und ein Raum für Saz-Kurse und eine Teeküche" (Vorstandsmitglied, C 2, 2).

Der Verein kann die Räume kostenfrei nutzen, allerdings unter einschränkenden Bedingungen und mit erheblichen Auflagen. In der Zeit von 1993 bis 1995 erhielt Çağdaş Dostlar von der Stadt Hannover Zuschüsse in Höhe von insgesamt DM 3.600. In der Anfangsphase gab es keinerlei finanzielle Unterstützung. Die erheblichen Aufwendungen für Instrumente, Kostüme, Videogeräte und dergleichen müssen aus Mitgliedsbeiträgen und Einnahmen bei Aufführungen bestritten werden. Fehlende räumliche und finanzielle Ressourcen sind das primäre Problem des Vereins.

Çağdaş Dostlar gehört auf Grund seines Selbstverständnisses, wie es in der Satzung zum Ausdruck kommt und in Gesprächen mit dem Vorstand eindrücklich bestätigt wurde, zu den Institutionen, die für das Forschungsvorhaben in Frage kommen: Çağdaş Dostlar sieht das Ziel seiner Aktivitäten darin, die gegenseitige Verständigung, Toleranz, Akzeptanz und Gleichberechtigung zwischen deutschen und nichtdeutschen MitbürgerInnen in der Bundesrepublik Deutschland zu fördern. Zur Verwirklichung dieses Zieles bietet der Verein zahlreiche Möglichkeiten der Alltagspartizipation an.

Ausgewählt für die Hauptuntersuchung wurde Çağdaş Dostlar deshalb, weil der Verein sich in doppelter Hinsicht von den anderen beiden Institutionen unterscheidet, die an der Forschung beteiligt sind: Çağdaş Dostlar ist eine von ehrenamtlich tätigen Mitgliedern getragene Selbstorganisation, in der MigrantInnen nicht nur Adressaten der Arbeit, sondern deren Träger sind.

7.1.2 Das Forschungsvorhaben

Der Vorstand von Çağdaş Dostlar war seinerseits daran interessiert, in die Forschung einbezogen zu werden. Er versprach sich, daraus zu lernen, wie er eine bessere materielle Förderung seiner Arbeit erreichen könnte. Allerdings zeigte sich sehr bald, daß es nicht genügt, geeignete Ansprechpartner kennenzulernen und die Formalien einer Antragstellung zu beherrschen. Der Verein Çağdaş Dostlar mußte sich überlegen, wie er sich nach außen präsentiert. Das aber hängt davon ab, wie er sich selber verstehen will. Dem Verein wurde im Laufe der Forschung bewußt, daß es in dieser Hinsicht ungeklärte und widersprüchliche Auffassungen gibt. Der Selbstklärungsprozeß führte zu erheblichen vereinsinternen Konflikten, deren Bearbeitung aber nachträglich als notwendig angesehen wurde.

Insofern hat sich bei Çağdaş Dostlar das Interesse an der Forschung geändert: Ging es zunächst pragmatisch darum, auf welche Weise eine bessere Förderung zu erreichen wäre, so wurde zunehmend die Notwendigkeit, die Fragen der Forscher beantworten zu müssen, zum Impuls einer Selbstklärung: Worin liegen unsere Stärken? Welchen neuen Aufgaben müssen wir uns zuwenden? Mit wem wollen wir zusammenarbeiten? Wie beurteilen wir selbst das, was wir tun?

7.1.3 Der lokalpolitische Kontext von Çağdaş Dostlar

Um den lokalpolitischen Kontext von Çağdaş Dostlar zu erfassen, wurden ausführliche Leitfaden-Interviews mit 5 ExpertInnen geführt, und zwar

- mit einem Mitarbeiter des Kulturamtes der Stadt Hannover, der im Rahmen der Förderung von Stadtteilkultur für die Zusammenarbeit mit MigrantInnen-Organisationen zuständig ist;
- mit einer Mitarbeiterin des Sozialamtes der Stadt Hannover, die „dezernatsübergreifende Ausländerangelegenheiten" bearbeitet;
- mit einem Vorstandsmitglied der „Iranischen Gemeinde", einer seit längerer Zeit bestehenden, einflußreichen MigrantInnenorganisation;
- mit der Leiterin des kommunalen Freizeitheimes in dem Stadtteil, in dem Çağdaş Dostlar agiert;
- mit der Mitarbeiterin für interkulturelle Arbeit im „Pavillon", dem größten selbstorganisierten sozio-kulturellen Zentrum von Hannover.

Die 5 ExpertInnen waren ausgewählt worden, weil sie für Hannover die wichtigsten AnsprechpartnerInnen für Kooperation und Förderung von MigrantInnenorganisationen darstellen.

Für die Forschung lag das Interesse an diesen Interviews und Gesprächen darin, das Fremdbild von Çağdaş Dostlar zu erheben und somit zu erfahren, wie die Bedeutung der Arbeit von Çağdaş Dostlar im lokalpolitischen Kontext eingeschätzt wird, welche Erwartungen an diesen Verein bestehen und im besonderen, welche Bedeutung der Förderung von Partizipation durch Çağdaş Dostlar beigemessen wird.

Diese Kontextuntersuchung erbrachte folgende Ergebnisse:

Erstens: Zum Fremdbild von Çağdaş Dostlar läßt sich nach diesen Interviews sagen, daß dieser Verein bei den GesprächspartnerInnen kaum bekannt ist. Einer der Befragten verband mit dem Namen Çağdaş Dostlar gar keine Vorstellung. Die anderen vier wußten nichts über das Selbstverständnis und die Arbeitsschwerpunkte des Vereins. Zwei der Befragten erinnerten sich an eine punktuelle Zusammenarbeit. Keiner von ihnen meinte, ein Programm oder eine andere schriftliche Darstellung des Vereins erhalten zu haben. Alle gaben die Empfehlung, Çağdaş Dostlar solle sich deutlicher und häufiger präsentieren.

Der Vorstand von Çağdaş Dostlar zeigte sich über diese Uninformiertheit sehr empört, emotional hochgradig erregt. „Das ist eine Lüge!" (C12, 1) Es hätte mehrere Telefonate gegeben, Anschreiben, Grußkarten zum Neuen Jahr und viele Berichte über Veranstaltungen in der Presse. Es wurde aber auch geäußert, daß der Verein nach außen aktiver werden müsse. Erkennbar haben die Zwischenergebnisse der Forschung zu erhöhter, kritischer Selbstreflexion geführt.

Für die Untersuchung der Praxis von Çağdaş Dostlar ergab sich daraus die Frage, wie der Verein sich nach außen präsentiert. Zu prüfen war allerdings auch, nach welchen Kriterien diese ExpertInnen eine MigrantInnen-Organisation für beachtenswert halten.

Zweitens: Alle Interviews brachten übereinstimmend zum Ausdruck, daß generell derartige MigrantInnen-Organisationen für sehr wichtig gehalten werden. Allerdings zeigen sich bei der näheren Begründung erhebliche Differenzierungen:

Der Mitarbeiter und die Mitarbeiterin der städtischen Verwaltung wählten die deutlichsten Formulierungen, blieben aber zurückhaltend mit konkreten Folgerungen.

„Letztendlich habe ich viele Vereine [von MigrantInnen, d. A.] kennengelernt, die ganz wichtige soziale und kulturelle Arbeit machen, und denke, das kann man gar nicht genug würdigen" (Expertin C6, 10).

„Das ist ja auch eine Sache, die Stabilität und Sicherheit schafft, es ist wichtig für das soziale und kulturelle Leben in der Stadt… ich denke, es macht viel aus für das, was die Stadt wert ist und was sie ihren Leuten wert ist" (Expertin C6, 15).

Die MigrantInnenvereine werden als „Scharnier", als „Mittler" gesehen zwischen Stadtverwaltung und „ausländischer Bevölkerung in der Stadt" (C5, 4), um „gesellschaftspolitische Probleme, die in einem Stadtteil z. B. bestehen, durch die Arbeit des Vereins, durch das, was sie machen, einfach besser transportieren zu können" (Experte C6,4).

Die Verwaltung erkennt demnach, daß Partizipation durchaus ihren Interessen dient (vgl. Teil A, Kapitel 8.2). Wenn es Konflikte gibt, an der die „ausländische Bevölkerung in der Stadt" beteiligt ist, sollen die MigrantInnen-Organisationen in das Krisenmanagement einbezogen werden, um für „Stabilität und Sicherheit" sorgen zu helfen. Außerdem wird von den Organisationen der MigrantInnen erwartet, daß sie zu einer positiven Bewertung der Stadt, in der sie jetzt leben, beitragen.

Im Verhältnis zu den starken Formulierungen („kann man gar nicht genug würdigen") fällt die finanzielle Würdigung der MigrantInnen-Organisationen recht bescheiden aus: Im sog. „Ausländertopf" des Etats im Kulturamt befanden sich 1994 gerade 24.000 DM, der entsprechende Titel im Sozialamt betrug 1994 ca. 55.000 DM. Für 1995 wurden diese Haushaltsansätze auf 20.000 DM bzw. 40.000 DM gekürzt. In Hannover gibt es ca. 50 aktive Organisationen von MigrantInnen. Gefördert werden generell nicht die laufend anfallenden Kosten; darum gibt es keine finanzielle Planungssicherheit. Es können auf Antrag nur nachträglich Ausgaben bei bestimmten Arbeitsvorhaben geltend gemacht werden, die dann auch nur zum Teil als förderungswürdig gelten. Der sog. „Ausländertopf" im Kulturamt kann im übrigen nicht nur von MigrantInnen-Organisationen, sondern auch von deutschen Einrichtungen in Anspruch genommen werden, wenn sie Projekte mit oder für MigrantInnen durchgeführt haben.

Das kommunale Freizeitheim, deren Leiterin als Expertin interviewt wurde, gehört zu denjenigen deutschen Einrichtungen in Hannover, die sich mit eigenen Arbeitsvorhaben den Problemen der MigrantInnen zuwenden. Für solche Projekte der deutschen Einrichtung haben in der Sicht der Leiterin die MigrantInnen-Vereine große Bedeutung:

> „Wir [machen] Projekte mit Schulen im Stadtteil, und zwar Kultur- und Geschichtsprojekte mit Kindern und Jugendlichen. Z. B. haben wir mit der Hauptschule F. einen Videofilm zur Situation von türkischen Mädchen im Stadtteil gedreht. Da könnte ich mir auch die Fachkompetenz und die eigene Betroffenheit gerade dieser Gruppe gut vorstellen, uns in solchen Projekten auch inhaltlich zu unterstützen. Weil, wir haben hier keine ausländischen Kollegen beschäftigt, befassen uns aber, und das gibt dieser Stadtteil vor – meiner Ansicht nach – und bei den Schulklassen, wo wir 50% bis 70% ausländische Kinder haben" (Expertin C6, 24).

> „Da sehe ich durchaus Ansatzpunkte,… wo ich gerne mit ihnen zusammenarbeiten würde und mal eine gemeinsame Veranstaltungsreihe anbieten würde hier im Freizeitheim. Das finde ich auch spannend. Das kann man dann immer auch ganz schön mit kulturellen Sachen untermalen, solche Veranstaltungen" (ebd., 22).

Seitens der deutschen Expertin wird Partizipation einer MigrantInnen-Organisation wie Çağdaş Dostlar durchaus gewünscht. Aber es sind die deutschen Einrichtungen, die das Problem definieren, das Anlaß zu einer Veranstaltung gibt. Überhaupt sind es im Blick auf MigrantInnen deren Probleme und Defizite, die eine Aktivität aus Sicht der deutschen Einrichtung erforderlich machen. Die MigrantInnen werden für diese Vorhaben bereits deshalb gebraucht, weil sie in den deutschen Einrichtungen nur selten als MitarbeiterInnen vorkommen. Die Mitwirkung der MigrantInnen kommt meistens so zustande:

> „… als es im Augenblick doch eigentlich eher so ist, daß man sporadisch auf sie [die Migrantenvereine, d. A.] zurückgreift und sagt, ach, wir brauchen eine türkische Folklore, ich kenn' da wen" (ebd., 26).

Bei einer derartigen Reduktion der MigrantInnenkultur auf folkloristische Einschübe soll es nicht bleiben. Aber bislang verläuft die Zusammenarbeit überwiegend in der Form, daß in den deutschen Einrichtungen die deutschen MitarbeiterInnen eine Partizipation von MigrantInnen als notwendige Unterstützung eigener Vorhaben in Anspruch nehmen.

Bei der Untersuchung der Praxis von Çağdaş Dostlar war deshalb zu fragen, inwieweit der Verein diesen Erwartungen entsprochen bzw. andere Vorstellungen von Kooperation entwickelt hat.

Der Vorstand der iranischen Gemeinde hält die Arbeit der MigrantInnen-Vereine deshalb für wichtig, weil sie in Zusammenarbeit mit deutschen politischen Initiativen die „Gleichberechtigung" (C6, 55) der verschiedenen Kulturen, insbesondere Minderheiten-Kulturen, zu erreichen suchen. Dieses Ziel wird gerade in Zeiten wirtschaftlicher Krisen dringend, es betrifft nicht nur MigrantInnen-Minderheiten. Solange die „Gleichberechtigung der Lebensformen" nicht erreicht ist, ist „multikulturelle Gesellschaft, interkulturelle Gesellschaft, alles dies ist gescheitert und [besteht] nur im Kopf der Politiker" (ebd., 55).

Von deutschen Politikern sämtlicher Parteien erwartet dieses Vorstandsmitglied einer langjährigen MigrantInnen-Organisation keine wirkungsvollen Impulse zur Durchsetzung der Gleichberechtigung der Minderheiten. Deren eigene Organisationen müssen selbst für ihre Rechte kämpfen. Dazu müssen sie sich regional zusammenschließen und auch mit deutschen Initiativen, die Minderheiten vertreten, verbünden. In diesem Zusammenhang sind für ihn Vereine wie Çağdaş Dostlar von großer Bedeutung.

Bei der Untersuchung der Praxis von Çağdaş Dostlar ist zu fragen, inwieweit Interesse an politischen Zusammenschlüssen besteht.

Am ausführlichsten geriet das Interview mit der Mitarbeiterin für interkulturelle Arbeit in dem selbstorganisierten sozio-kulturellen Zentrum, das nicht nur für einen Stadtteil, sondern für die Region Hannover eine große Ausstrahlung hat. Sie arbeitet seit vielen Jahren mit jungen Deutschen und MigrantInnen zusammen und hat regelmäßige Kontakte zu zahlreichen kulturell aktiven Gruppen, für die sie Gelegenheiten der Begegnung und des gegenseitigen Lernens schafft, meistens in Bezug zu aktuellen Themen.

Ihr fällt zunehmend auf, daß bei jungen MigrantInnen ebenso wie bei jungen Deutschen eine klare Absetzbewegung von den kulturellen Traditionen zu erkennen sei. Besonders die Jugendlichen, die in zweiter oder dritter Generation in Deutschland aufwachsen, interessierten sich nicht mehr für traditionelle Musik und Tänze aus den Herkunftsländern ihrer Eltern und Großeltern. Derartige Distanzierung zu den Traditionen der vorigen Generationen sei für die Mitarbeiterin völlig normal. Im Gegenteil, das Festhalten an Traditionen aus den Herkunftsländern könne dazu führen, daß kulturelle und gesellschaftliche Entwicklungen dort wie hier nicht wahrgenommen werden.

Die jungen MigrantInnen suchten wie die jungen Deutschen eine eigene Jugendkultur, die sie überwiegend in der Popkultur entdecken. Darin sei eine Vermischung verschiedener kultureller Elemente selbstverständlich, ein kultureller Nationalismus oder Rassismus sei den meisten Jugendlichen völlig fremd.

Allerdings führten die Traditionsabbrüche und gesellschaftlichen Diskriminierungen bei den Jugendlichen zu Verunsicherungen und zu einem Verlust an

Eigenständigkeit. Aufgabe von Kulturarbeit mit jungen Menschen sei es, ihnen die Möglichkeiten zu geben, daß sie die kulturellen Abbrüche nicht nur als Sog erleben, von dem sie mitgerissen werden in einen main stream, sondern daß sie ihrem Erleben zusammen mit Anderen einen eigenen kulturellen Ausdruck geben können. Dazu bedürfe es Orte, in denen sozialer Zusammenhalt, Anregung und Bestätigung erlebt werden könne (vgl. Expertin C6).

Dieses Interview deutet an, in welcher Situation Jugendliche zu kultureller Aktivität in einem Verein wie Çağdaş Dostlar gewonnen werden müssen. Einem solchen Verein wird einerseits eine große Bedeutung zuerkannt, weil er soziale Bindung vermitteln und Jugendliche vor Vereinzelung und Desorientierung bewahren kann. Andererseits wird zumindest indirekt kritisch gefragt, ob ein Verein, der einer bestimmten Herkunftskultur verpflichtet ist, ein Ort sein kann, an dem die notwendige Auseinandersetzung mit anderen Kulturen und gegenwärtigen Themen geleistet werden kann.

In der Praxisuntersuchung von Çağdaş Dostlar war darum darauf zu achten, wie das erklärte Ziel dieses Vereins realisiert werden konnte, nämlich durch Pflege und Darstellung der eigenen Kultur eine Begegnung und Verständigung und wechselseitige Akzeptanz der Kulturen zu erreichen. Zu fragen war, welche Bedeutung die kulturellen Traditionen für die verschiedenen Generationen haben, wie die kulturelle Weiterentwicklung gefördert wird und welche Möglichkeiten der Zusammenarbeit mit deutschen Einrichtungen gesehen werden, die sich gerade die Vermischung der Kulturen zur Aufgabe gemacht haben.

Drittens: Alle fünf ExpertInnen wünschen, daß eine Einrichtung von MigrantInnen wie Çağdaş Dostlar in der Öffentlichkeit von Hannover präsent und zu Kooperationen bereit ist, und zwar in organisatorischer wie politischer Hinsicht:

Alle MitarbeiterInnen der befragten deutschen Einrichtungen empfehlen dringend, daß ein derartiger Verein sich an den organisatorischen Zusammenschlüssen beteiligt, die in den Stadtteilen entstanden sind, wo die diversen sozialen, kulturellen, pädagogischen und politischen Einrichtungen zusammenarbeiten. Dadurch wird das Bewußtsein gefestigt, daß die Kultur der MigrantInnen selbstverständlich zum Stadtteil dazugehört. Eine organisatorisch geregelte und kontinuierliche Zusammenarbeit führt zu intensiveren Kontakten als gelegentliche, sporadische Auftritte von Tanz- oder Musikgruppen. Auf diese Weise wird eine MigrantInnen-Organisation an allem beteiligt, was stadtteilöffentlich verhandelt wird.

In politischer Hinsicht wird von den deutschen ExpertInnen die Empfehlung geäußert, daß sich die MigrantInnen durch ihre Vereine an den lokalen Themen beteiligen sollen, z.B. an den Überlegungen, wie das zur Weltausstellung im Jahr 2000 in Hannover vorgesehene „Haus der Kulturen" gestaltet werden kann. Es wird gesagt, daß das Zusammenleben der Deutschen und MigrantInnen im Stadtteil vor allem durch lokalpolitische Arbeit gefördert wird: „Darüber redet man ja, darüber lernt man sich kennen, anders, als wenn man wen singen hört, tanzen sieht. Und vorher das Organisatorische bespricht" (Expertin C6, 30).

Die iranische Gemeinde erwartet von Çağdaş Dostlar ebenfalls verstärktes politisches Engagement, allerdings vor allem in Hinblick auf die Gründung eines Dachverbandes aller MigrantInnen-Organisationen auf Landesebene. Ein derartiger Verband kann dem Erfahrungsaustausch nützen, er gibt den MigrantInnen mehr politisches Gewicht und kann ihren Forderungen nach stärkerer finanzieller Untersützung mehr Nachdruck verleihen.

Die Interviews mit den 5 ExpertInnen zeigen, wie dem Verein Çağdaş Dostlar das Bemühen um Partizipation nicht gerade leicht gemacht wird: Er findet kaum Beachtung, wenig materielle Unterstützung, nahezu keine Bestätigung seiner Arbeit (wenigstens im kritischen Dialog). Andererseits werden spezifische und recht hohe Erwartungen an seine Arbeit gerichtet.

Als der Vorstand und engagierte Mitglieder von Çağdaş Dostlar die wesentlichen Aussagen dieser Interviews diskutierten, überwog ein Gefühl der Verärgerung:

> „Ja, die Erwartungen von außen, das kann ich mir schon denken, wir sollen ganz viel machen und tun und die wollen eigentlich immer nur haben und wir kriegen nichts zurück." „Es ist gut, was ihr macht, macht weiter so, aber Geld gibt es nicht." „Das ist ja ziemlich viel Kritik von außen!" (Vorstand C12, 7). „Da kommt keiner und fragt, was braucht ihr und kommt auch keiner und guckt mal und macht sich ein Bild. Wie soll dann die Zusammenarbeit ausehen? Für wen und warum?" „Ja, viele denken, wir sind halt die Dummen und kommen aus Anatolien und dort kennt man vieles eben nicht. Dabei leben wir hier schon zwanzig Jahre und länger" (ebd., 8).

Aber es ergaben sich auch solche Überlegungen:

> „Ja, das haben wir schon verstanden, daß die Kritik zum Teil berechtigt ist und daß wir sicher auch eine Menge dazu tun können, daß sich etwas verändert. Wir haben aber daraus auch einiges gelernt." „Ich möchte natürlich die Dinge immer noch selbst entscheiden und möchte nicht so gern, daß andere Leute mir reinreden. Ich möchte mir eigene Gedanken machen und etwas auch selbst entwickeln" (ebd., 11).

Für die Praxisuntersuchung waren damit interessante Aspekte angesprochen: Was hat der Verein aus dieser Situation gelernt, und welche eigenen Gedanken wird er sich machen, in die er sich nicht hineinreden lassen will? Zu fragen war, inwieweit es an seiner eigenen Praxis liegt, daß er sich in einer so schwierigen Situation befindet. Aber auch auf das Verhalten der ExpertInnen gegenüber diesem Verein ist noch einzugehen.

Für Çağdaş Dostlar waren die Interviews mit den ExpertInnen ernüchternd. Der Vorstand reagierte in der Weise, daß er den direkten Kontakt zu VertreterInnen der Stadtverwaltung suchte. Er hat MitarbeiterInnen des hannoverschen Sozial-, Jugend- und Kulturamtes zu einem Gespräch eingeladen, um die eigene Arbeit vorzustellen und Auskünfte über Förderungsmöglichkeiten zu erhalten. Für die Prozeßforschung ergab sich daraus die Aufgabe, die Handlungsmuster zu untersuchen, mit denen Çağdaş Dostlar auf die Erwartungen seines lokalpolitischen Kontextes reagiert und dabei eigene Vorstellungen entwickelt.

7.2   Ergebnisse der Prozeßforschung

7.2.1   Erstes Handlungsmuster: Die Mitglieder schaffen eine herzliche Atmosphäre

Kennzeichnend für die Zusammenkünfte von Çağdaş Dostlar sind eine vertrauensvolle, geradezu herzliche Atmosphäre. Bei allen Beobachtungen bestätigte sich dieser Eindruck.

> „Wer den Versammlungsraum betritt, geht zu allen Anwesenden. Die gegenseitige Begrüßung ist vertrauensvoll, geradezu herzlich, häufig mit Umarmungen verbunden, gelegentlich fröhlich, sogar laut. Meist schließt sich ein Gespräch mit einzelnen oder Gruppen der Anwesenden an, so daß die Begrüßung insgesamt 15–25 Minuten in Anspruch nimmt. Fast alle der ca 35 Anwesenden scheinen sich zu kennen. Wer einen Platz gefunden hat, bekommt einen Tee gebracht" (teilnehmende Beobachtung C19, 1).

Diese Beobachtung gibt Verhaltensweisen wieder, die als typisch gelten können. An Wochenenden, im Zusammenhang mit Vorträgen bzw. Aufführungen oder unabhängig davon, verbringen Mitglieder und Gäste von Çağdaş Dostlar ihre Freizeit in gemeinsamen Gesprächen. Sie unterhalten sich in kleineren oder größeren Gruppen, die sich gelegentlich neu formieren. Alle Anwesenden sind einbezogen. Geredet wird über Alltägliches, aber auch über politische Fragen. In einer kleinen Teeküche wird gekocht und gebraten, in Gruppen wird gemeinsam gegessen. Im Keller üben derweil die Musikgruppen. Gelegentlich kommt eine Gruppe in den Versammlungsraum und führt etwas vor (vgl. teilnehmende Beobachtung C9).

In den Interviews wird deutlich, daß in Çağdaş Dostlar großer Wert auf diese Atmosphäre gelegt wird. Sie ist wesentlicher Teil der Arbeit.

> „Wenn Menschen in unserem Verein [zusammenkommen], seien es jetzt Deutsche oder Nichtdeutsche, dann ist da, entsteht da 'ne Atmosphäre, die einer *Familie* ähnlich ist Eine freundschaftliche, eine ja, gleichberechtigte Atmosphäre, wo sehr viele sich auch zu Hause fühlen. Und aus dem Grunde auch... ja weil eben diese *warme, herzliche* Beziehung da ist, unser Mitglied geworden sind. Ich habe von einer deutschen Frau zum Beispiel erzählt, die ist unser Mitglied geworden, weil ja, alle Leute da herzlich sind. Ja, die Deutschen, die dahin kommen, ja, sind alle willkommen, und da gibt es jetzt nicht einzelne Leute, mit denen die sprechen, sondern die können sich unterhalten mit allen und sind da wirklich willkommen und fühlen sich auch so" (Vorstandsmitglied C1, 6).

Es ist vor allem die Begegnung in einer derartigen Atmosphäre, durch die das Zusammenleben gefördert wird. Während eine der deutschen ExpertInnen im Interview gesagt hatte, daß vor allem das gemeinsame politische Handeln dazu führt, daß man sich kennenlernt und näherkommt, wird in Çağdaş Dostlar ein anderer Akzent gesetzt:

> „Erfolgreich ist natürlich, wenn die Menschen gemeinsam feiern und dann ins Gespräch kommen. Wenn wir nur Diskussionsveranstaltungen gemacht haben, da war zwischenmenschliche Kommunikation nicht so da. Die Menschen haben diskutiert und sind dann auseinandergegangen. Aber wenn wir Veranstaltungen hatten, wo die Menschen gefeiert

haben, sich begegnet, sich nähergekommen sind, das war eigentlich ein Erfolg und ein Schritt in die Richtung des Zusammenkommens" (Vorstandsmitglied C1, 4).

Zur Begründung für diese Wertschätzung der Atmosphäre wird mehrfach darauf verwiesen, daß in Deutschland die Menschen nebeneinander her leben.

> „Eigentlich wäre es schon gut, wenn die Gesellschaft menschlicher würde, aber ich habe den Eindruck, es zählt hier nur noch das Geld, und die Leute leben aneinander vorbei. Ich finde das gut, daß das in unserem Verein anders ist, daß man da auch füreinander da ist. Die Menschen hier sind allgemein sehr allein und viele Kinder kennen ihre Eltern nicht mehr. So etwas wollen wir gerade verhindern und im Verein ein anderes Zusammenleben entwickeln" (Vorstandsmitglied C12, 11).

In der Reflexion der derzeitigen Situation des Vereins wird mehrfach der Konflikt genannt, daß diese Atmosphäre verloren zu gehen droht, wenn der Verein weiterhin wächst und seine Mitgliederzahl, aber auch seine Aufgaben ausweitet. An diesem Konflikt, in dem engagierte Mitglieder unterschiedliche Positionen einnehmen, werden gravierende Differenzen im Selbstverständnis des Vereins erkennbar: Für die einen liegt die Identität von Çağdaş Dostlar eindeutig in der herzlichen Atmosphäre, in der sie ein wesentliches Element türkischer Kultur und Tradition sehen. Sie möchten dieses Selbstverständnis des Vereins als einer großen Familie gerade deshalb unbedingt bewahren, weil sie eine derartige, auch emotional erfahrbare Zugehörigkeit im „Nebeneinanderher" der deutschen Gesellschaft vermissen. Auch meinen sie, daß diese Atmosphäre die Basis bildet für die Identifizierung mit dem Verein und die Bereitschaft zu dem großen Engagement der Mitglieder, von dem der Verein bislang lebt.

Die anderen argumentieren, daß diese Atmosphäre nicht verlorengehen darf, aber sie sehen das Erfordernis, daß der Verein sich deutlicher nach außen profiliert, indem er mit anderen Einrichtungen kooperiert, sich an Veranstaltungen in der Stadt Hannover beteiligt bzw. selber größere Veranstaltungen inszeniert. Notwendig ist diese deutlichere Außenorientierung, um die kulturellen und politischen Ziele des Vereins wirkungsvoller öffentlich zu vertreten, aber auch, um auf Grund der gewachsenen Anerkennung eher bei der finanziellen Förderung berücksichtigt zu werden.

7.2.2 Zweites Handlungsmuster: Die Mitglieder leisten ein erhebliches ehrenamtliches Engagement

Bemerkenswert ist zweitens, wie Çağdaş Dostlar jedenfalls bislang vom Engagement und der Initiative seiner Mitglieder lebt. Sie sind am Vereinsleben in den Gruppen und Kursen aktiv beteiligt, sie bestimmen mit, welche Themen behandelt, welche Veranstaltungen durchgeführt werden. Im Vorstand, der vierzehntägig tagt und in dem die verschiedenen Gruppen vertreten sind, werden die Impulse der Mitglieder aufgegriffen. In den Interviews wird mehrfach mit großem Stolz darauf verwiesen, daß alle Anregungen und Vorschläge von den Mitgliedern kommen. „Wir machen das selbst", wird häufig geäußert.

In der Reflexion dieser Praxis sehen die Mitglieder darin ihre Stärke, daß eine hohe Identifikation mit dem Verein besteht:

> „Unsere Stärke ist unser Zusammenhalt, unser Engagement, und wir werden auch, wenn wir keinen Raum finden, weiterhin zusammenhalten. Wir werden die Arbeit, die wir gut finden, weitermachen, auch wenn die Bedingungen noch schwerer werden. Wir können unsere Mitglieder mobilisieren" (Vorstandsmitglied C2, 8).

Allerdings zeigt sich auch in diesem Zusammenhang das Problem, daß das Wachsen des Vereins diesen Stil möglicherweise ändern wird. Bereits jetzt wird gelegentlich beklagt, daß die ehrenamtliche Arbeitsbelastung für den Verein an eine Grenze gekommen ist.

Wie das Geld verwendet wird, das von den Gruppen bei Aufführungen eingespielt wurde, entscheiden nicht die Gruppen selber, sondern der Vorstand. An dieser Regelung entzündete sich ein tiefer Konflikt, der zur Abwahl des bisherigen Vorstandes und später zum Auszug von ca. 20 Mitgliedern führte: Ein Teil der Musiker, meist junge Männer, erhob den Anspruch, die eingespielten Gelder selbst zu behalten oder zur Anschaffung eigener Instrumente zu verwenden. Sie waren weiterhin bereit, auf politischen Veranstaltungen umsonst zu spielen. Aber wenn sie bei einer privaten Feier bis zu 2.000 Mark pro Auftritt verdienen, dann wollen sie dieses Geld für sich behalten, ebenso die nicht unerheblichen Einnahmen aus dem Musikunterricht in den Räumen und mit den Instrumenten des Vereins. Die Gegenseite – es waren Gründungsmitglieder, die nicht nur in musikalischen Gruppen engagiert waren – argumentierte, daß die sozialen Ziele des Vereins nicht mit dem Wunsch nach privatem Gelderwerb vermengt werden dürfen. In diesem Konflikt ging es um die finanzielle Basis des Vereins, aber auch um sein Selbstverständnis: Entwickelt sich Çağdaş Dostlar zu einem organisatorischen Rahmen zur Förderung individueller oder Gruppeninteressen, oder ist dieser Verein ein Netz von „Zeitgenössischen Freunden", die sich zur Erfüllung kultureller, sozialer und politischer Aufgaben zusammengeschlossen haben.

> „Die Deutschen haben ja das Sprichwort: Bei Geld hört die Freundschaft auf! Also es ist wirklich wahr, daß die Freundschaft aufgehört hat, größtenteils. Also es sind Sachen passiert wie Beleidigungen, Beschimpfungen, es war einfach furchtbar, was abgelaufen ist" (Vorstandsmitglied C8, 8).

Es stand die Frage zur Entscheidung, was Vorrang haben soll, die Förderung individueller Interessen oder die Entwicklung einer Solidarität, die auf freundschaftlicher Verbundenheit basiert, so daß die Musikgruppen auch andere Gruppen unterstützen, die keine Einnahmen erwirtschaften. Welches Identifizierungsangebot wird sich als überzeugend erweisen, die Identifizierung mit der selbst erarbeiteten Musik und der damit erzielten finanziellen Anerkennung oder die Identifizierung mit dem Verein? „Ihr wollt den Verein nur benutzen, um euer privates Geld zu verdienen," sagten die einen. „Ihr wollt unsere Musik nur benutzen, um euren Verein zu finanzieren," erwiderten die anderen. Der Konflikt wurde zunächst durch den Auszug einiger Musiker gelöst. Er zeigte sich jedoch bald in anderem Zusammenhang.

7.2.3 Drittes Handlungsmuster: Die Mitglieder unterstützen sich gegenseitig

Türkisch sprechende Eltern, die ein behindertes Kind haben, gründeten im Rahmen des Vereins eine Arbeitsgruppe. Dort tauschen sie Erfahrungen aus, vereinbaren Begleitung beim Gang zu Ärzten und Behörden und beraten sich beim Ausfüllen von Formularen. Sie laden Ärzte und SozialarbeiterInnen zu Informationsveranstaltungen ein. Nicht nur in dieser Arbeitsgruppe, sondern in allen Veranstaltungen des Vereins sind die behinderten Kinder dabei und werden aufmerksam versorgt, und zwar nicht nur von den eigenen Eltern.

Daß die Mitglieder sich gegenseitig unterstützen, ist bei Çağdaş Dostlar nichts Ungewöhnliches. Das geht soweit, daß auch mit Geld ausgeholfen wird.

An den monatlichen Informationsveranstaltungen wird von Mitgliedern oder geladenen Fachleuten zu Themen referiert, die Alltagsprobleme betreffen, z. B. Mieterschutz, Pflegeversicherung.

Der Verein bietet Kurse zur Weiterbildung an, und zwar in deutscher, türkischer, kurdischer Sprache, und zur Benutzung von Computern.

Dieser Unterstützungsfunktion des Vereins wurde in den Interviews eine große Bedeutung beigemessen. Typisch ist, daß Çağdaş Dostlar als eine „große Familie" bezeichnet wird. Damit ist eine Gemeinschaftsform gemeint, wie sie aus den Herkunftsländern erinnert wird. Aber es wird sofort hinzugefügt, daß es bei Çağdaş Dostlar „ganz demokratisch" zugeht, also ohne die hierarchischen Strukturen, die in der Türkei für die Großfamilie kennzeichnend sind.

In der Reflexion klingt häufig der Konflikt an, daß diese wichtige Funktion verloren geht, wenn der Verein weiterhin wächst.

7.2.4 Viertes Handlungsmuster: Die Mitglieder diskutieren ihre politische Situation

In den Mitgliederversammlungen oder anderen Zusammenkünften, zu denen extra eingeladen wird, werden häufig politische Themen referiert und diskutiert. Politische Gespräche finden auch an den geselligen Zusammenkünften statt. Die meisten der Lieder, die in Çağdaş Dostlar geübt und vorgetragen werden, haben politische Inhalte, ebenso die beiden Theaterstücke und das selbst produzierte Video. Es gibt also keine Abtrennung der Politik von der Kultur, der Geselligkeit oder den Alltagsthemen.

Bei der teilnehmenden Beobachtung ging es z. B. um den Kampf der Palästinenser um Autonomie im Vergleich zu den Kämpfen der Kurden.

Diskutiert wurden natürlich immer die Überfälle gegen MigrantInnen und deren politische Hintergründe, die doppelte Staatsbürgerschaft und die Positionen deutscher PolitikerInnen dazu.

In seinem Selbstverständnis sieht sich der Verein als nicht rassistisch, nicht fundamentalistisch, nicht religiös und nicht nationalistisch, sondern als demokratisch und an den Menschenrechten orientiert. Denn Demokratie und Menschenrechte sind für Çağdaş Dostlar nicht an eine Nation gebunden, sie sind wichtiges Thema für Deutschland wie für die Herkunftsländer.

In der Praxis der politischen Diskussion ist es nicht einfach, diese Linie einzuhalten, denn in den Herkunftsländern wird Opposition brutal unterdrückt, findet mit deutscher Waffenhilfe kriegerische Auseinandersetzung und Terror zwischen Mehrheiten und Minderheiten statt. In Hannover üben das türkische Konsulat sowie der Regierung nahestehende türkische Gruppen, aber auch kurdische Vereinigungen erheblichen politischen Druck aus. Durch Spitzel ist Meinungsfreiheit bedroht.

Zwar gibt es Mitglieder, die vor Diskussionen über die Situation in der Türkei Angst haben: „Wir lassen die Konflikte dort in der Türkei" (ehemaliges Vorstandsmitglied C8, 3). Doch das ist unmöglich, wenn man sich auf politische Diskussionen einläßt, zu stark ist die politische Situation in der Türkei mit der hiesigen verbunden.

Offensichtlich sind unterschiedliche politische Richtungen in der Mitgliedschaft von Çağdaş Dostlar vertreten bzw. nehmen an den Veranstaltungen teil, die ja immer offen sind. Die Diskussionen laufen temperamentvoll, laut, emotional. Aber es gelingt den Mitgliedern, unterschiedliche Auffassungen zu akzeptieren und sich als Verein auf der Linie zu verständigen, daß im Verhältnis der Türken und Kurden, ebenso der Irakis und Kurden und im Umgang mit der Opposition die Menschenrechte beachtet, Schutz und Entwicklungschancen für Minderheiten gewährt werden müssen und ein offener, demokratischer Prozeß beginnen muß.

Wie Çağdaş Dostlar sich selber diesem Anspruch stellt, zeigt eine aufschlußreiche Satzungsänderung. Der Verein, von TürkInnen gegründet und mit überwiegend türkischen Mitgliedern, sieht sich durch den Kurden-Konflikt vor die Frage gestellt, wie er selber mit den kurdischen und anderen Minderheiten umgeht: Ein nationalistisches Verständnis von Kultur soll nicht Minderheiten ausgrenzen. Darum wird die Satzung neu gefaßt. Es heißt nicht mehr „Der Satzungszweck wird insbesondere verwirklicht durch Darstellung der türkischen Kultur", sondern „Der Satzungszweck wird insbesondere verwirklicht durch Kulturaktivitäten". Angesichts der militärischen Auseinandersetzung zwischen Türken und Kurden ist die Begegnung gleichberechtigter Kulturen in diesem Verein, der beide Gruppierungen integrieren kann, ein beachtlicher Vorgang.

Eine weitere Ergänzung der Satzung zeigt die politische Entwicklung im Verein: Wurden zunächst als „Ziel" der Vereinsaktivitäten die sozialen bzw. moralischen Werte „Verständigung, Toleranz und Akzeptanz zwischen deutschen und nichtdeutschen MitbürgerInnen" genannt, so wurde im Verlaufe des Forschungsprozesses das eindeutig politische Ziel „Gleichberechtigung" hinzugefügt.

Das Eintreten für „Gleichberechtigung" betrifft die hiesige Situation, die das wichtigste Thema der politischen Diskussionen bietet. Hierzu fordert Çağdaş Dostlar das Wahlrecht für MigrantInnen, die Möglichkeit der doppelten Staatsbürgerschaft, Stärkung der Gewerkschaften, gleichberechtigte Akzeptanz von Minderheitenkulturen, Schutz vor Ausländerfeindlichkeit.

Als der Vorstand und einige Mitglieder von den Ergebnissen der Gespräche mit ExpertInnen erfuhren, wo erwartet wurde, daß sich die MigrantInnen stärker kommunalpolitischen Themen zuwenden sollten, wurde sehr zurückhaltend reagiert:

> „Kommunalpolitik, was ist das?" „Naja, wie wichtig ist uns der U-Bahn-Bau?" (Vorstandsmitglied C12, 3) „Als Türkin, als Ausländerin in dieser Stadt sind andere Themen für mich lebensnotwendiger oder lebenswichtiger. In dieser Zeit, wo überall abgebrannt wird, wo ich immer noch Angst habe, mitten in der Nacht durchs Kröpke zu gehen. Diese Themen interessieren mich halt mehr, als ob ein Kindergarten dichtmachen soll oder nicht." „Spezielle Themen, wie Expo oder Kindergartenthemen oder wo eine Schule gebaut werden soll oder geschlossen werden soll, zu solchen Themen haben wir uns nicht geäußert. Dazu haben wir natürlich eine Meinung, sind vom personellen her aber nicht in der Lage, zu allen Themen zu arbeiten" (Vorstandsmitglieder C8, 6).

7.2.5 Fünftes Handlungsmuster: Die Mitglieder sind kulturell aktiv

Die kulturellen Aktivitäten bilden die eigentliche Mitte des Vereins.

Besonders die Kinder, Jugendlichen und jungen Erwachsenen engagieren sich in einer oder mehreren der Kulturgruppen und wenden dafür viel Zeit auf. Çağdaş Dostlar legt großen Wert auf Qualität in der Kulturarbeit:

> „Andere Vereine laden irgendwelche Künstler ein. Wir haben das nicht nötig. Wir haben die Künstler, die Kulturarbeit machen, bei uns im Verein. Wir machen das selber. Es ist für uns sehr wichtig, daß wir die Leute, die begabt sind, erkennen und auch fördern" (Vorstandsmitglied, C2, 4).

Die meisten jugendlichen Musiker bekommen zusätzlich gezielten Musikunterricht. An den Wochenenden werden nicht selten 2–3 Auftritte gefordert. Das Erlernen der traditionellen Tänze dauert 2–3 Monate, wenn wöchentlich geübt wird. „Wenn man das richtig gut tanzen will, muß man schon 1–2 Jahre rechnen" (ein Mitglied, C9, 3). Die Kostüme, die teils in der Türkei gekauft, teils von den Eltern gefertigt werden, haben einen Wert von bis zu 2.000 Mark. Es ist üblich, die Tänze nur mit den regional zugehörigen Kostümen aufzuführen, von denen deshalb mehrere Sätze angeschafft werden mußten (vgl. ebd.).

Daß die Videogruppe einen Preis erhielt und die Theatergruppe gute Kritiken bekam und sogar in Nachbarländer eingeladen wurde, erfüllt die Mitglieder mit Stolz.

Diese Kulturarbeit verfolgt einen politischen Zweck. Er wird ausdrücklich in der Satzung genannt: „Die gegenseitige Verständigung, Toleranz, Akzeptanz und Gleichberechtigung zwischen deutschen und nicht-deutschen MitbürgerInnen". In nahezu jedem Interview wird diese Zielsetzung bestätigt:

> „Wir möchten in unserer Arbeit, unserer Kulturarbeit möglichst Deutsche und Nichtdeutsche zusammenbringen" (Vorstandsmitglied, C1, 1).

Tatsächlich nehmen an den Kulturgruppen aber nur sporadisch Deutsche teil. Erklärt wird dies mit dem hohen Anspruch an diszipliniertes Üben und häufige

Auftritte, die deutsche Jugendliche eher abschreckt. So kann das hohe Ziel nur durch die recht kurzen Musik- und Tanzeinlagen der Gruppen von Çağdaş Dostlar bei diversen Veranstaltungen realisiert werden.

Inzwischen ist ein anderes Ziel der Kulturarbeit in den Vordergrund getreten:

„Die Jugendlichen sollten wissen, woher sie kommen und sich nicht unterlegen fühlen, nur weil sie ihre Kultur nicht kennen. Denn die deutsche Kultur ist in dieser Gesellschaft vorherrschend." „Es geht nicht nur ums Tanzen… Wenn ich sehe daß es Kinder gibt, die sich ihrer Herkunft schämen, finde ich das schrecklich. Die wollen an sich nichts Türkenhaftes entdecken. Die Kinder, die mit türkischer Kultur vertraut sind, sind dagegen sicherer." „Ja, das stimmt. Die Musik und die Tänze geben Selbstbewußtsein und helfen, sich zu behaupten, es geht nicht nur um das Tanzen im Verein." „Wir vermitteln ihnen, daß sie etwas haben und können, weil sie Kurde oder Türke sind und Deutsche auch etwas haben. Daß sich keiner deshalb zu schämen braucht, sondern daß es gleichberechtigt zu einer Begegnung kommt." „Die Kinder lernen aber [im Kindergarten und in der Schule, d. A.], türkisch ist schlecht. Sie lernen Deutsch nicht gut und schämen sich, Türkisch zu sprechen und ganz zu lernen." „Über die Ablehnung der Sprache wird die eigene Person und die Eltern verachtet. Sie wissen nicht, wohin sie gehören. Sie sind eine verlorene Generation. Auf gut deutsch, sie ducken sich." „Mit 16, 17 Jahren suchen sie dann ihre Identität in Vereinen, vor allem in Moscheen oder bei den Nationalisten, den Wölfen [die Organisation „Graue Wölfe", d. A.]. Dort erleben sie dann richtige Stärke" (Vorstandsmitglieder, C16, 3–4).

In einem Interview mit einer Expertin hatte sie ihre Beobachtung genannt, daß sich inzwischen junge MigrantInnen immer häufiger von den kulturellen Traditionen ihres Herkunftslandes absetzen und eine Vermischung von verschiedenen kulturellen Elementen wie z. B. in der Pop-Musik eher ihrem Selbstverständnis entspricht. Deshalb wurde ein Interview mit einem türkischen, gut Deutsch sprechenden Jugendlichen geführt, um zu erfahren, welche Bedeutung für ihn das Spielen türkischer Instrumente und Musikstücke hat:

„Es ist eher die moderne Musik, die die Jugendlichen hören wollen. Die Musik ist anders als die von unseren Eltern. Wir spielen aber auch für Jugendliche und Ältere. Die Wünsche stimmen wir unter uns ab. Wir mögen sehr schnelle Musik, daß man in Schwung kommt und tanzen kann. Das ist mehr Pop-Musik, und das sind Tänze." Befragt nach deutschen Texten: „Viele interessieren sich nicht dafür, fürs Nachdenken, sondern für schnelle Musik, um in Schwung zu kommen. Wir machen keine Disco-Musik, sondern Pop" (Junger Musiker, C16, 1–2).

Die Distanzierung des jugendlichen Musikers von den traditionsbewußten Erwachsenen ist vorsichtig, aber erkennbar. Die Erwachsenen, darauf angesprochen, sahen bei den Jugendlichen ein Bedürfnis nach Distanzierung von traditioneller Kultur überhaupt nicht und verwiesen auf den großen Zulauf von Kindern und Jugendlichen zu den Gruppen, den Wert der traditionellen Musik und eher eine Distanzierung der Jugendlichen von amerikanischer Musik und dem, „was im Fernsehen kommt".

Als wenig später eine jugendliche Musikgruppe auftrat und ihren selbständig eingeübten Beitrag ansagte, nämlich eine Mini-Playback-Show wie im Fernsehen, war das der erwachsenen Gespächspartnerin unangenehm (teilnehmende Beobachtung, C 17, 2).

Die Jugendlichen haben sich ein sog. elektro-akustisches Schlagzeug besorgt, auf dem die Töne elektronisch erzeugt werden, ein Instrument, das sicher nicht zur traditionellen Musik gehört. Das zwiespältige Verhältnis der Eltern bzw. Erwachsenen im Verein dazu zeigt sich daran, daß sie zwar die Jugendlichen damit musizieren lassen, aber nicht dulden, daß die Musikgruppe des Vereins damit öffentlich auftritt (vgl. Gespräche und Beobachtungen C20). In einem anderen ethnischen Kulturverein im Stadtteil verhalten sich die Erwachsenen bzw. der Vorstand rigider: Sie haben den jungen Griechen strikt verboten, Rap-Musik zu machen oder danach zu tanzen. Die Jugendlichen kommen in den Vereinsräumen zu traditioneller Folklore zusammen und treffen sich heimlich in anderen Räumen, um miteinander und mit anderen Jugendlichen zu „rappen" (vgl. Experteninterview N15).

Im Theaterspiel und bei der Produktion von Videos ist es einfacher, die Reflexion der hiesigen Situation auszudrücken als in der Musik oder in den Tänzen.

Wie sich eine Veränderung von kulturellen Mustern, hier die Rollen von Mann und Frau, in kleinen Schritten, aber doch deutlich erkennbar in Çağdaş Dostlar vollzieht, zeigte die Feier des internationalen Frauentages 1995 in diesem Verein:

> „Weil wir in Deutschland leben, wollen wir auch diesen Tag feiern, den es in unserer Kultur eigentlich nicht gibt." Wie immer waren es die Frauen, welche die Speisen mitbrachten, die sie zu Hause gekocht und zubereitet hatten. Heute aber mußten sie gleich Platz nehmen. „Weil wir heute Frauentag feiern", brachten heute ausschließlich Männer die Speisen an die Plätze. Von Männern wurden Lieder vorgetragen über Frauen, die für Freiheit und gegen Unterdrückung gekämpft hatten. Ein Mann, der die Moderation der Veranstaltung übernommen hatte, forderte alle auf, etwas zum Frauentag zu sagen. Alle Frauen hoben die große und wichtige Bedeutung dieses Tages hervor, weil sie als Migrantinnen unter einer doppelten Benachteiligung leiden, einer doppelten Ungleichwertigkeit. In allen Beiträgen von Männern wurde die Bedeutung dieses Tages ironisiert („Nur, wenn es auch einen Männertag gibt." „Nur, wenn jeder Tag Frauentag ist.") Am Ende waren alle, Männer wie Frauen, sehr zufrieden mit dem Ablauf und dem Gesagten an dieser Veranstaltung: „Auch wir können einen Frauentag feiern!" (teilnehmende Beobachtung, C 17, 2).

7.2.6 Sechstes Handlungsmuster: Çağdaş Dostlar präsentiert sich in der Öffentlichkeit

Der Verein wird häufig eingeladen, mit seinen Tanz- oder Musikgruppen an öffentlichen Veranstaltungen mitzuwirken. Anlässe dafür sind politischer Art, z. B. die großen Feiern zum 1. Mai, Kundgebungen gegen Fremdenfeindlichkeit und terroristische Gewalt, aber auch Stadtteilfeste. Veranstalter sind dabei deutsche Organisationen, die mit den Einladungen an verschiedene MigrantInnen-Organisationen zum Ausdruck bringen wollen, daß deren Kultur einen wichtigen Teil dieser Stadt darstellt.

Derartige Veranstaltungen entsprechen in ihrer Zielsetzung natürlich genau dem Selbstverständnis von Çağdaş Dostlar. Der Verein beteiligt sich selbstverständlich auch dann, wenn die Auftritte nicht honoriert werden. Trotzdem wird derartige Mitwirkung von den Mitgliedern zunehmend kritisch reflektiert:

> „Die deutsche Bevölkerung soll uns nicht nur als so 'ne Art Nebenerscheinung in Kostümen, als tanzendes Etwas sehen, als exotische Erscheinung bei irgendwelchen Festen. Weil wir eben mehr anzubieten haben als Folklore und türkischen Kebab" (Vorstandsmitglied C2, 6). „Wir müssen darauf achten, wenn wir nicht als kunterbunter Vogel erscheinen möchten, weil, das kommt nämlich ganz schnell dazu, daß die uns anrufen, mit eurer Musikgruppe vorbeizukommen oder mit eurer Folkloregruppe, daß die mal eine halbe Stunde rumtanzen, das war's dann auch" (Vorstandsmitglieder C8, 9).

Freilich fällt es den Mitgliedern leichter zu formulieren, wie sie nicht gesehen werden wollen, als ihr Selbstverständnis positiv auszudrücken. Offensichtlich ist es schwierig, das „mehr als Folklore" zu benennen und öffentlich zu präsentieren.

Einen Schritt in diese Richtung ist Großveranstaltung, die Çağdaş Dostlar kürzlich mit enormem Aufwand an ehrenamtlicher Arbeit und finanziellem Einsatz mit dem Ziel durchgeführt hat, Deutschland müsse mit wirtschaftlichen Sanktionen gegen die Türkei beginnen, damit dort die Menschenrechte eingehalten werden. Dabei ist es gelungen, politische und kulturelle Inhalte aufeinander zu beziehen, zumal in Çağdaş Dostlar zahlreiche politische Lieder gesungen werden.

7.2.7 Siebtes Handlungsmuster: Çağdaş Dostlar kooperiert mit anderen Einrichtungen

In den vergangenen drei Jahren hat Çağdaş Dostlar mit 6 deutschen Einrichtungen und mit 3 MigrantInnen-Organisationen in Hannover zusammengearbeitet. Bei der Kooperation mit Deutschen ging (mit einer Ausnahme) die Initiative immer von den deutschen Veranstaltern aus, die für ihr Programm eine Gruppe suchten. Die Zusammenarbeit blieb punktuell (vgl. Vorstandsmitglied C1, 4; Expertin C6).

Mit MigrantInnen-Organisationen trifft sich Çağdaş Dostlar 2–3 mal im Jahr zu einem Meinungsaustausch. Zu einer gemeinsamen Arbeit und zu verbindlichen Absprachen ist es nicht gekommen.

Eine Intensivierung der Zusammenarbeit ist für Çağdaş Dostlar gemäß ihrem Selbstverständnis wichtiges Ziel.

> „Also, wir sind offen für wirklich alle Nationalitäten und Kulturen, mit uns zusammenzuarbeiten und bemühen uns auch, die Menschen dafür zu gewinnen" (Vorstandsmitglied C1, 2). Ausnahmen bilden nur Gruppierungen, die als fundamentalistisch oder nationalistisch eingeschätzt werden.

Die derzeitige Praxis der Zusammenarbeit wird aber zunehmend kritisch reflektiert. Çağdaş Dostlar will nicht mehr nur eine Nummer im Programm der deutschen Veranstalter sein. Der Verein sieht sich „teilweise richtig ausgenutzt" (Vorstandsmitglied C8, 9), er möchte bereits in die Planung einbezogen werden und eine gegenseitige Zusammenarbeit erreichen. Aber er ist ratlos, wie die deutschen Veranstalter umzustimmen sind. Sie machen Veranstaltungen gegen „Ausländer-feindlichkeit", aber Çağdaş Dostlar erlebt die Art, wie zu solchem Anlaß mit ausländischen Partnern umgegangen wird, nicht minder als eine „ausländerfeind-liche" Praxis.

Mit anderen Migranten-Organisationen verbindet Çağdaş Dostlar das Ziel, einen Dachverband zu gründen. Dieses Erfordernis wurde auch in einem der Experteninterviews geäußert. Aber auch auf seiten von Çağdaş Dostlar ist das Mißtrauen groß:

> „Wir haben Sorge, daß ein größerer Verein uns schlucken würde nach dem Motto: Der große Fisch frißt die kleinen. Und ein Vorstand eines solchen Landesverbandes, der würde dann über Gelder entscheiden, und vielleicht hätten wir wieder nichts davon" (Vorstandsmitglied C12, 5).

Deshalb ist es bislang nicht einmal ansatzweise dazu gekommen, eine kontinuier-liche Zusammenarbeit verschiedener MigrantInnen-Organisationen politisch zu strukturieren.

7.2.8 Achtes Handlungsmuster: Çağdaş Dostlar bemüht sich um materielle Förderung

Das vordringliche Problem von Çağdaş Dostlar sind die unzureichenden mate-riellen Ressourcen. Räume kann der Verein in einer Altenbegegnungsstätte am Wochenende, bei anderen Einrichtungen stundenweise nutzen. Er darf dort, wo er sich trifft, außen kein Schild anbringen, weil die Vermieter befürchten, es könne zur Auseinandersetzung mit konkurrierenden Gruppen kommen. Weil der Ver-ein deshalb keine erkennbare Anschrift hat, hat ihn oftmals Post nicht erreicht. Außerdem möchte Çağdaş Dostlar finanziell stärker unterstützt werden. Der Ver-ein wünscht sich ein Büro, eine ABM-Kraft, um stärker nach außen wirken zu können.

Çağdaş Dostlar hat seit seinem Bestehen viel unternommen, um Unterstützung zu erhalten. Immer wieder wurden Anträge an die Stadtverwaltung gestellt. Mei-stens wurden diese überhaupt nicht beantwortet bzw. als „Nichtanträge" behan-delt, weil bestimmte Formvorschriften nicht beachtet worden waren. 3.600 Mark wurden bisher insgesamt an Zuschüssen von der Stadt gezahlt.

Der Verein hat mehrfach Bittbriefe an Politiker und andere Personen des öffentlichen Lebens geschrieben, meist ohne Resonanz. Immerhin hat er dadurch die Räume erhalten, die er nun nutzen kann. Er hat die Banken in Hannover und Ausstellungsfirmen auf der Messe angeschrieben, ohne eine Antwort zu erhalten.

Çağdaş Dostlar weiß, daß dieses Bemühen fortgesetzt werden muß. Der Verein will mehr Öffentlichkeitsarbeit betreiben, aber gerade dafür fehlen die Ressour-cen, und die ehrenamtlichen Kräfte stoßen an eine Belastungsgrenze.

In der Reflexion dieser Situation überwiegen Gefühle der Verärgerung und der Ratlosigkeit. Verbittert sind die Mitglieder darüber, daß sie auf die meisten Schrei-ben überhaupt keine Antwort bekommen haben. Dies werten sie als eine grobe

Mißachtung, die man niemals deutschen Einrichtungen zumuten würde. Sie sehen darin eine deutliche Diskriminierung. Sie sind verärgert, wenn sie erfahren, daß deutsche Einrichtungen nicht nur Planstellen für hauptamtliche MitarbeiterInnen und Bürokapazitäten haben, sondern vor allem darüber, daß diese deutschen Einrichtungen dafür finanziert werden, daß sie Veranstaltungen mit bzw. für MigrantInnen durchführen, die an dieser Finanzierung nicht partizipieren.

Verärgert sind die Mitglieder von Çağdaş Dostlar auch darüber, daß in den Gesprächen mit den ExpertInnen gesagt wurde, Çağdaş Dostlar sei nicht genügend bekannt. Die Mitglieder sind davon überzeugt, daß sie eine gute, für Hannover wichtige Arbeit machen. Die kommunale Jugendpflege hat Schwierigkeiten, Jugendliche zu erreichen, so sagen sie. Wir aber holen die Jugendlichen von der Straße, aus dem Drogenmilieu. Bei uns rauchen die Jugendlichen nicht und trinken keinen Alkohol, wie sie es in den kommunalen Jugendzentren tun. Warum wird unsere Jugendarbeit nicht bezahlt wie die der deutschen Jugendarbeiter? Warum macht man sich nicht die Mühe, unsere Arbeit wenigstens zur Kenntnis zu nehmen? Die Antwort liegt nahe: Man behandelt uns so, weil wir Ausländer sind. Das Ausbleiben der materiellen Förderung hat für die Mitglieder von Çağdaş Dostlar auch den Aspekt einer schwerwiegenden Demütigung.

Çağdaş Dostlar hat in der Zeit der Praxisforschung Vertreter der kommunalen Sozial-, Kultur- und Jugendverwaltung eingeladen. Den Gästen wurden die unzureichenden Räumlichkeiten gezeigt und die Probleme benannt. Immerhin konnten die Schwierigkeiten dadurch konkreter gefaßt werden. Um Unterstützung der Jugendarbeit zu erhalten, müßte der Verein als sog. freier Träger der Jugendhilfe anerkannt werden, ein prinzipiell möglicher, aber faktisch sehr schwieriger Weg, zumal Çağdaş Dostlar dann mit den renommierten, großen Trägern um ein Stück des immer kleiner werdenden „Kuchens" konkurrieren müßte. Im Blick auf Unterstützung der verschiedenen Gruppen bzw. Arbeitsvorhaben müßte sich Çağdaş Dostlar um eine sog. Projektfinanzierung bemühen. In dieser Hinsicht gibt der Vorstand seine Ratlosigkeit zu erkennen:

> „Was ich als Mangel sehe, daß wir nicht so, wie die deutschen Vereine, Projekte formulieren, beschreiben und beantragen können. Da sind wenige Leute, die das können" (Vorstandsmitglied C12, 9).

Hier zeigt sich das Dilemma, das so zusammengefaßt werden kann: Weil nur ehrenamtlich gearbeitet wird, kann sich niemand im Verein den Zeitaufwand leisten, in der gebotenen Ausführlichkeit Anträge und Projekte zu formulieren. Weil keine Anträge und Projekte formuliert werden, bekommt der Verein keine Kräfte, die die Überforderung der Ehrenamtlichen ausgleichen könnten. Aber wenn es dazu käme, daß der Verein größer wird und mit bezahlten Kräften arbeiten könnte, dann geht das verloren, was bisher seine Stärke ausmacht, nämlich sein ehrenamtliches Engagement und die herzliche Atmosphäre.

Daraus wird bei Çağdaş Dostlar vorläufig das trotzige Fazit gezogen:

> „Freundschaft ist hier etwas ganz anderes als bei uns" (Vorstandsmitglied C12, 12),
> „Wir brauchen eigentlich kein Geld. Das geht auch ohne" (ebd., 7).

7.3   Interpretation der Ergebnisse

Erstens: Çağdaş Dostlar hat sich als ein vitales lebensweltliches Beziehungsnetz entwickelt. In dieser Hinsicht passen verschiedene Handlungsmuster des Vereins in der Innenbeziehung zusammen: die herzliche Atmosphäre, die gegenseitige Unterstützung, die Informationen und Diskussionen über Fragen zur eigenen Situation, die vielfältigen Möglichkeiten zum ehrenamtlichen Engagement, das durch die Vereinsstruktur noch gestützt wird, die kulturellen Aktivitäten im Zusammenhang einer Gruppe.

Mit diesen Handlungsmustern erweitert der Verein in erheblichem Maße Möglichkeiten zur Alltagspartizipation.

Für die Mitglieder und gelegentlichen Gäste sind die genannten Handlungsmuster verbindlich. Mit ihnen verarbeiten sie ihre gesellschaftliche Lage als MigrantInnen in Hannover. Deshalb hat für sie dieser Verein und seine Handlungsmuster große Bedeutung. Darin stimmen sie überein, während sie sich in vieler Hinsicht erheblich unterscheiden (Alter, Dauer der Anwesenheit in Deutschland, politische Ansichten, Auslegung der Rolle der Frau, Verhältnis zur Kultur im Herkunftsland u. a. m.).

Die Alltagspartizipation, die in diesen Handlungsmustern praktiziert wird, zeichnet sich dadurch aus, daß sie nicht nur kulturelle Aktivität anregt und fördert, sondern daß sie weder persönliche Schwierigkeiten noch die Problematik der gesellschaftlichen Lage verdrängt. Die Arbeit dieses Vereins zeigt, wie Alltagspartizipation politisches Bewußtsein fördern kann und eine demokratische Struktur schafft:

Demokratie wird in diesem Verein so verstanden, daß tendenziell alle Mitglieder an den wichtigen Entscheidungen beteiligt sind. Beschlüsse kommen in einem offenen Prozeß und nach gründlicher Diskussion unter den Mitgliedern zustande. Die Mitgliederversammlung ist das wichtigste Gremium in diesem Verein. Er lebt von dem ehrenamtlichen Engagement seiner Mitglieder und ist darauf angewiesen, daß sie in allen wesentlichen Fragen der Praxis des Vereins zustimmen. Als an einem wichtigen Punkt ein Dissens auftrat, wurde der Konflikt offen und ausführlich ausgetragen. Wie es in der Satzung vorgesehen ist, wurde ein Vorstand abgewählt, es gab eine Vorstandsneuwahl, dann allerdings den Austritt einer unterlegenen Fraktion.

Die demokratische Chancengleichheit der Mitglieder hat eine Einschränkung darin, daß die Geschlechterrollen noch durch Traditionen des Herkunftslandes bestimmt sind, wobei diese Rollenprägungen weithin unbewußt bleiben. Bei Çağdaş Dostlar sind Männer stärker als Frauen an der politischen Meinungsbildung und an den vereinsinternen Entscheidungen beteiligt. In den offiziellen Funktionen im Verein sind nur zwei Frauen vertreten. Insofern kollidiert die Orientierung dieses Vereins an dem traditionellen Muster einer großen Familie mit dem demokratischen Selbstanspruch. Die teilnehmende Beobachtung an der Feier des Frauentages 1995 in diesem Verein zeigte allerdings eine Entwicklung: Zumindest bei den Frauen, die sich an diesem Tag offen geäußert haben – und das waren nahezu alle anwesenden –, kam deutlich ein Bewußtsein zum Ausdruck, daß die traditionelle Rolle der Frau geändert werden muß. Auch wenn daraus nicht sofort Konsequenzen gezogen wurden, so zeigt dies doch, daß die Offenheit des Vereins für gesellschaftliche Entwicklungen auch zu Neuorientierungen in sensiblen Fragen führen kann. In den „Türkischen Arbeitervereinen", die seit den sechziger Jahren in der Bundesrepublik Deutschland als die ersten Organisationen türkischer Migranten entstanden, waren Frauen fast gar nicht beteiligt, obwohl es fast so viele türkische Arbeiterinnen wie türkische Arbeiter gab. Im Vergleich dazu ist bei Çağdaş Dostlar die Veränderung unverkennbar.

Erklärtes Ziel von Çağdaş Dostlar ist, daß durch derartige Alltagspartizipation das Zusammenleben der Deutschen und MigrantInnen gefördert wird. Dieses Ziel wurde bisher kaum erreicht, es ist jedenfalls nur in Ausnahmen und Ansätzen gelungen, Deutsche in dieses Beziehungsnetz zu integrieren.

Zu erklären ist dies dadurch, daß der Verein sich als eine Lebensstilgruppe entwickelt hat und in der gemeinsamen Verarbeitung der gleichen gesellschaftlichen Lage seine spezifische Stärke hat. Deshalb liegt es nicht allein daran, daß in den Zusammenkünften überwiegend Türkisch gesprochen wird, wenn Deutsche sich selten beteiligen: Es sind die Themen, die Probleme und Ängste der MigrantInnen, die dort zur Sprache kommen, es sind ihre Kultur und Lebensweise, die dort ihren Ausdruck finden, die aber nicht den Alltag von Deutschen bestimmen.

Während des Forschungsverlaufes hatte Çağdaş Dostlar an diesem Punkt eine Änderung vorgenommen: In den anfänglichen Gesprächen hatte der Vorstand großen Wert darauf gelegt, daß gerade die herzliche Atmosphäre und die Art der Verständigung eine Anziehungskraft auch für Deutsche haben müsse und in dieser groß-familiären Atmosphäre deutsche und nichtdeutsche BürgerInnen zusammenfinden.

Im Verlauf der Forschung wurde erkannt, daß diese Zielsetzung illusionär ist, wenn auch nach wie vor Deutsche als Gäste willkommen sind und herzlich begrüßt werden. Jetzt lädt der Verein Deutsche zu bestimmten Themen und Terminen gezielt ein und orientiert sich bei dem Ziel der Verständigung an bestimmten Fragestellungen, die Deutsche und MigrantInnen gemeinsam betreffen, wie z.B. die deutschen Waffenlieferungen an die Türkei zu einem Zeitpunkt, wo mit diesen Waffen militärische Operationen gegen Kurden durchgeführt werden, unter denen insbesondere die zivile Bevölkerung zu leiden hat.

Zweitens: Zweifellos bietet die Praxis von Çağdaş Dostlar zahlreiche Möglichkeiten zur Alltagspartizipation an, „Kulturaktivitäten im Bereich Folklore, Theater, Musik, bildende Künste, Literatur etc.", wie es in der Satzung heißt. Als eine Selbstorganisation eröffnet der Verein besonders MigrantInnen die Chancen zu kultureller Beteiligung, die ansonsten kaum Möglichkeiten kultureller Entfaltung haben.

Ob mit diesen Kulturaktivitäten das satzungsmäßige gesellschaftspolitische Ziel erreicht wurde, „die gegenseitige Verständigung, Toleranz, Akzeptanz und Gleichberechtigung zwischen deutschen und nichtdeutschen MitbürgerInnen" zu fördern, muß differenziert betrachtet werden. Offensichtlich ist es den Theater- und Videogruppen besser gelungen, von den deutschen MitbürgerInnen beachtet zu werden, und das nicht nur, weil einige Deutsche in diesen Gruppen mitwirken. Es liegt vor allem daran, daß in den Video-Darstellungen Themen behandelt wurden, die auch Deutsche unmittelbar ansprechen.

Mit Verwunderung, dann aber auch mit Lob hat die lokale Presse zur Kenntnis genommen, daß Brecht auch von einer türkischen Laien-Gruppe gespielt werden kann. Die Rezension in einer Zeitung läßt erkennen, daß es für die Journalistin keineswegs schon selbstverständlich ist, daß der deutsche Dichter Brecht von Türken gespielt werden darf. Es macht für eine Theaterrezension offensichtlich einen Unterschied, ob deutsche Kulturgüter durch international renommierte Künstler oder durch MigrantInnen aus der eigenen Nachbarschaft behandelt werden. Daß dieses ungewöhnliche Ereignis ein Erfolg wurde und die Darstellung der TürkInnen eigene Akzente setzte, ist als ein Schritt hin auf das satzungsmäßige Ziel zu werten.

Schwieriger ist dieses Ziel durch traditionelle Tänze und Musik zu erreichen. Die Gruppen von Çağdaş Dostlar treten überwiegend bei türkischen Festlichkeiten auf, aber auch bei offiziellen Anlässen wie Kundgebungen zum 1. Mai oder gegen den Rassismus. Diese öffentlichen Auftritte bringen bei den Zuschauern die Tatsache ins Bewußtsein, daß MigrantInnen an dieser Gesellschaft partizipieren. Die Vorführungen der traditionellen Musik und Tänze lassen aber offen, in welcher Weise diese Partizipation erfolgt. Die Empfindlichkeit der Mitglieder von Çağdaş Dostlar ist verständlich: Sie erleben sich bei ihren Auftritten als ein „bunter Vogel", als ein „folkloristischer Farbtupfer", sie haben erkennbar eine unwichtige Nebenrolle. Sie müssen die Bühne verlassen, bevor die wesentlichen Beiträge kommen. Die Meinung der Expertin, die gesagt hatte, daß man eine Gruppe kaum kennenlernt, wenn man sie nur singen hört oder tanzen sieht, ist berechtigt.

Kennzeichnend dafür ist folgende Begebenheit:

Auf einem Stadtteilfest trat eine Tanzgruppe von MigrantInnen in bunten Trachten auf. Der deutsche Ansager, der die Gruppe offensichtlich nicht kannte, kündigte an, es werde ein alt-persischer Hochzeitstanz vorgeführt. Nach dem Tanz verbesserte er sich, es sei ein afghanisches Totenritual gewesen. Kaum einer der Anwesenden hatte die Verwechslung gemerkt oder kam durch diese neue Ansage zu einer veränderten Einsicht (teilnehmende Beobachtung, C20).

Im Verlauf des Forschungsprozesses ist bei Çağdaş Dostlar die Einsicht gewachsen, daß es auf den Zusammenhang ankommt, in dem die Darbietungen vorgetragen werden. Nach den enttäuschenden Erfahrungen bei der Kooperation mit deutschen Einrichtungen hat Çağdaş Dostlar selbst die genannte große Veranstaltung gegen den türkisch-kurdischen Krieg und die deutschen Waffenlieferungen durchgeführt. In diesem Rahmen machen traditionelle Lieder, die sich gegen Krieg und Unterdrückung wehren und die den deutschen Zuschauern ausführlich erläutert wurden, einen ergreifenden Sinn (vgl. C21). Çağdaş Dostlar hat sich selber die wichtige Einsicht erarbeitet, daß noch nicht viel erreicht ist, wenn man von den etablierten Einrichtungen zum Vortanzen eingeladen wird. Zur Partizipation gehört unverzichtbar hinzu, über die Inhalte der Kooperation mitzubestimmen.

Çağdaş Dostlar schätzt die Relevanz des Erlernens traditioneller Musikinstrumente, Lieder und Tänze anders ein als die deutsche Expertin in dem unter 7.1.3 genannten Interview. Für Çağdaş Dostlar ist das Festhalten und Darbieten der kulturellen Traditionen notwendig, um die Selbstachtung der jugendlichen MigrantInnen zu unterstützen. Gerade weil die MigrantInnen in der hiesigen Gesellschaft häufig die Erfahrung machen müssen, daß gering bewertet wird, was sie einzubringen haben, sollen sie den Reichtum der eigenen Kultur kennenlernen und selbstbewußt vortragen können.

In dieser Position von Çağdaş Dostlar ist eine pädagogische mit einer künstlerischen Argumentation verquickt. Unter dem Aspekt künstlerischer Kreativität kann es durchaus bereichernd sein, wenn traditionelle Instrumente, musikalische Formen und Tänze eingebracht und vor dem Vergessen bewahrt weden. In pädagogischer Hinsicht – das zeigt das Interview mit jener Expertin – ist es strittig, ob zur Entwicklung von Identität und Selbstachtung die Jugendlichen zunächst den Umweg über die Traditionen früherer Generationen gehen müssen oder ob die Beschäftigung mit kultureller Tradition auch ggf. zu einem späteren Zeitpunkt erfolgen und der eigene künstlerische Ausdruck mit verschiedenen musikalischen Elementen erprobt werden kann.

Gespräche mit Musikern bei Çağdaş Dostlar ergaben, daß sie sich zur Zeit nicht vorstellen können, wie in ihrem Verein nebeneinander unterschiedliche musikalische Gruppen bestehen könnten, wobei die einen traditionelle Musik erlernen und vortragen und die anderen deren Weiterentwicklung vorantreiben. Dazu müßten andere Instrumente angeschafft, andere Lehrer eingestellt und jugendliche Musiker gewonnen werden, die an kulturellem Experiment und Austausch interessiert sind. Gegenwärtig ist der Verein zu einer derartigen Erweiterung seines Selbstverständnisses nicht in der Lage.

Ein anderer Kultur-Verein von MigrantInnen in Hannover, der sich in seiner musikalischen Entwicklung eine Verbindung unterschiedlicher mediterraner Elemente erarbeitet hat, erhebt gegen Çağdaş Dostlar den Vorwurf, daß

„eine türkische Musikkultur konserviert wird, die sich jeglichem Wandel versperrt und einer Öffnung zu neuen Formen türkischer und der Einbeziehung anderer Volksmusik, also einem Dialog, verweigert" (Gespräch C20, 2).

Die Vorstellung, daß mehrere Kultur-Vereine mit unterschiedlichen Schwerpunkten zusammenarbeiten und Musiker von der einen Förderung zur anderen wechseln können, scheitert vorläufig noch an einem Mangel an gegenseitiger Toleranz und Akzeptanz. Daß ein Verein, der traditionelle Kultur pflegt, mit anderen Vereinen zusammen die kulturelle Entwicklung weitertreibt, ist zur Zeit in Hannover nicht möglich. Für Çağdaş Dostlar stellt sich hier die Aufgabe, nicht nur dafür einzutreten, mit der eigenen Kultur akzeptiert und toleriert zu werden, sondern auch andere, experimentelle Weisen kultureller Aktivität zu tolerieren und zu akzeptieren.

Umstritten ist die Beurteilung der bei Jugendlichen aus den Mittelmeerländern anzutreffenden Interesse an Ethnorock bzw. Ethnopop. Bei dieser Musikrichtung, die nicht mit Discomusik verwechselt werden darf, werden originäre Elemente der Musik aus den Mittelmeerländern mit westlicher Rock- oder Popmusik verbunden. Die einen sehen in dieser Verbindung die kulturelle Entsprechung der von den Jugendlichen zu leistenden Sozialisationsaufgabe, die Werte ihrer Herkunftskultur mit hier geltenden Werten zu vermitteln. Kritiker dieser Tendenz erkennen darin die Auslieferung der Traditionen an den weltweit dominierenden Mainstream. Es ist zu prüfen, wie eigensinnig und kreativ die Jugendlichen eine solche Synthese entwickeln können.

Der Vorwurf an Çağdaş Dostlar, der Verein sei auf türkischsprachige Musikkultur begrenzt, ist im Blick auf die gesamten Aktivitäten des Vereins sicher nicht berechtigt. Çağdaş Dostlar ist in vieler Hinsicht an gegenwärtigen Fragestellungen engagiert. Zu fragen ist, inwieweit er dabei finanzielle Unterstützung und gleichberechtigte Kooperation findet.

Drittens: Seinerseits setzt sich Çağdaş Dostlar bis an die Grenze der Belastbarkeit einiger Mitglieder dafür ein, daß es zu Alltagspartizipation auch auf lokalpolitischer Ebene kommt. Çağdaş Dostlar sucht nach Chancen, dort zu partizipieren, wo Kultur in der Stadt sich darstellt und kulturelle Vielfalt sich begegnet. Çağdaş Dostlar will politisch beteiligt sein, wo es um Menschenrechte und Gleichberechtigung von MigrantInnen geht.

Die Ergebnisse dieses Engagements sind für Çağdaş Dostlar bislang hochgradig enttäuschend.

Die Ursachen dafür liegen einerseits bei den deutschen Institutionen bzw. deren MitarbeiterInnen, mit denen Kooperation in Frage kommen könnte und die deshalb als ExpertInnen interviewt wurden. Es hatte sich gezeigt, daß diese ExpertInnen bislang kaum wahrgenommen hatten, was Çağdaş Dostlar an vielfältigen Aktivitäten leistet und wie dieser Verein sich selber versteht. Das ist deshalb erstaunlich und zu kritisieren, weil diese ExpertInnen von ihrer Funktion her für die Zusammenarbeit mit den Organisationen der MigrantInnen bzw. deren Unterstützung zuständig sind. Sie hatten den Verein noch nie besucht und waren über die Vielfalt der Aktivitäten nicht informiert. Andererseits hatten die Interviews ergeben, daß diese deutschen ExpertInnen deutliche Vorstellungen davon haben, was Organisationen der MigrantInnen zu leisten haben. Zum Teil haben diese ExpertInnen eigene Projekte, mit denen sie Themen und Probleme der MigrantInnen bearbeiten. Die Hypothese liegt nahe und wird durch Aussagen in den Interviews gestützt, daß diese ExpertInnen die MigrantInnen-Organisationen lediglich insoweit wahrnehmen, als es in die eigenen Projekte bzw. Vorstellungen paßt.

Die Erwartungen der ExpertInnen an MigrantInnen-Organisationen sind sehr hoch. Andererseits sind sie nicht in der Lage, einen Verein wie Çağdaş Dostlar nennenswert zu unterstützen. Damit wird den MigrantInnen-Vereinen die

Möglichkeit zur Partizipation bzw. deren Reichweite von der deutschen Bürokratie vorgegeben. Schließlich schaffen sie für Çağdaş Dostlar eine Situation, in der es für ihn unmöglich ist, am kulturellen und politischen Leben in der Stadt gleichberechtigt zu partizipieren.

Die Ursachen für das seitens Çağdaş Dostlar unbefriedigende Ergebnis seiner Bemühungen um Partizipation liegen andererseits auch bei dem Verein selbst: Er ist in den Gesprächsrunden und bei den Projekten auf der Ebene des Stadtteils nicht präsent, wo jedenfalls in Hannover Kooperationen der vergleichbaren Einrichtungen beraten und vereinbart werden und wo sich langfristig Muster gemeinsamen Handelns der verschiedenen Vereine und Organisationen herausbilden.

In der Schlußbesprechung legte der Vorstand von Çağdaş Dostlar Wert auf die Feststellung, daß der Verein mit zahlreichen Organisationen, mit Ämtern, Parteien, anderen Vereinigungen und Zusammenschlüssen in Hannover und darüber hinaus zusammengearbeitet hat. Darin unterscheidet sich Çağdaş Dostlar von den meisten anderen MigrantInnen-Organisationen.

Allerdings ist er nicht in den Gremien vertreten, in denen über eine punktuelle Kooperation hinaus langfristig und kontinuierlich übergreifende Fragen beraten werden, wie z. B. im Jugendforum, oder wo Verantwortung wahrgenommen wird für eine Einrichtung als ganze, wie z. B. ein sozio-kulturelles Zentrum, wo im Plenum der Nutzer Ressourcen verteilt oder verweigert werden müssen.

Wenn der Verein sich auf diese Ebene der Zusammenarbeit einlassen würde, dann müßte er sich für die Themen des Stadtteils öffnen. Schließlich sind seine Mitglieder auch Bewohner eines Stadtteils. Was z. B. mit und in einer Kindertagesstätte geschieht, wäre dann auch ein Thema für Çağdaş Dostlar. Häufig wird im Zusammenhang mit U-Bahn-Bauten darüber gestritten, wie die Haltestellen und Zuführungen aussehen müssen, damit Frauen und alte Menschen sie angstfrei passieren können. In diese Überlegungen könnte auch die Angst der MigrantInnen eingebracht werden, denn die Furcht vor dem weißen Mann ist inzwischen eher begründet als die vor dem „dunklen Mann". Deshalb sollte Çağdaş Dostlar überlegen, ob nicht doch, anders als es Vorstandsmitglieder formuliert hatten (vgl. 7.2.4), kommunalpolitische Aktualitäten wie z. B. U-Bahn-Bau und Kindertagesstätten wichtige Themen auch für MigrantInnen sind.

Çağdaş Dostlar hat bislang seine möglichen Partner noch im unklaren gelassen, was er als Verein in Kooperationsformen einbringen möchte und einbringen kann. Ist er ein Verein, der Musik und Tänze aus dem türkischen Herkunftsland darbieten kann, und zwar mit einem hohen Qualitätsanspruch? So wird er von den deutschen Einrichtungen gesehen und eingesetzt. Çağdaş Dostlar will aber „mehr" bieten, hat jedoch bisher nicht deutlich genug gemacht, was dies „mehr" ist. Der Verein will auch politisch agieren, aber nicht auf der Ebene, auf der politische Parteien handeln. Er will die konkreten Interessen von MigrantInnen als seinen Mitgliedern vertreten, hat aber das weitreichende Ziel einer generellen gesellschaftlichen Veränderung. Er ist ein kleiner Verein, scheut aber den Zusammenschluß mit vergleichbaren MigrantInnen-Organisationen zu einem politisch wirksamen Dachverband.

Çağdaş Dostlar befindet sich in einem Klärungsprozeß im Blick auf sein eigenes Selbstverständnis. Er will größer werden hinsichtlich seiner Mitgliederzahl, er will verstärkt öffentliche Veranstaltungen durchführen und politische Themen behandeln, weil er endlich Beachtung und damit verstärkte Förderung und politische Wirksamkeit erreichen will. Andererseits wird er dann verlieren, was seine Stärke ausmacht, nämlich die Überschaubarkeit und den Zusammenhalt im Binnenverhältnis.

Er versteht sich als Förderer türkischer Kulturtraditionen und möchte durch Begegnung der Kulturen zu gegenseitiger Achtung und Gleichberechtigung beitragen. Aber gerade weil er einer kulturellen Tradition verpflichtet ist, sperrt er sich kultureller Begegnung mit anderen Richtungen und einer Weiterentwicklung.

Er möchte mit deutschen Institutionen kooperieren, ist aber nicht dort beteiligt, wo derartige soziale Einrichtungen ihre Kooperationen verhandeln, nämlich auf der Ebene des Stadtteils.

Die Untersuchung der Praxis von Çağdaş Dostlar legt nahe, daß der Verein am wirkungsvollsten handeln kann, wenn er eine Organisation von MigrantInnen eines bestimmten kulturellen Herkunftsbereiches bleibt, die jetzt in der Nahumgebung eines gemeinsamen Stadtteiles leben. In die gewünschten Kooperationsbeziehungen kann er hineinwachsen, wenn er sich stärker den Themen und Koordinationsrunden des Stadtteils zuwendet. Und sofern die jungen MigrantInnen dies wünschen, wird er sich auch kultureller Zusammenarbeit mit anderen Richtungen öffnen müssen.

Der Vorstand von Çağdaş Dostlar hat sich mehrfach von „Türkei-orientierten Vereinen" abgegrenzt, also von muslimisch geprägten Organisationen oder den in Deutschland auftretenden Ablegern politischer Kräfte in der Türkei. Seine Mitglieder sind dabei, in Deutschland ihren Lebensmittelpunkt zu gründen. Deren Interessen in einer ungesicherten Situation will der Verein vertreten. Zugleich möchte er Mittler zwischen einer Minderheit und der Mehrheitsgesellschaft sein. Was die Mitglieder zusammenbringt, ist also nicht primär die Erfahrung der Marginalisierung und Ohnmacht, die durch den Zusammenschluß kompensiert werden soll, so wie marginalisierte Jugendliche gelegentlich zur Selbstbehauptung sich in Gangs zusammenschließen, was den Keim der Gewalt in sich trägt. Im Gegensatz dazu geht Çağdaş Dostlar jedenfalls bislang selbstbewußt davon aus, einen eigenständigen Beitrag der Mehrheitsgesellschaft anzubieten.

Çağdaş Dostlar übernimmt auch zwischen den Generationen von MigrantInnen eine Mittlerfunktion. Jede Generation der MigrantInnen muß für sich neu herausfinden, welche Relevanz die ethnische bzw. kulturelle Herkunft hat. Für türkische Jugendliche bedeutet die Türkei, die sie höchstens als Besucher gesehen haben, anderes als für ihre Eltern. Bei dieser Vermittlungsaufgabe kann die Jugendarbeit eines Vereins wie Çağdaş Dostlar eine wichtige Funktion übernehmen. Freilich kann auch von einer Migranten-Organisation Jugendarbeit nicht nur ehrenamtlich geleistet und von den türkischen Erwachsenen angeleitet werden, zu denen die Jugendlichen Distanz gewinnen müssen. Çağdaş Dostlar braucht dringend Unterstützung auf dem Weg zur Professionalisierung seiner Jugendarbeit. Es gibt inzwischen genug MigrantInnen, die sich als SozialpädagogInnen qualifiziert haben.

Çağdaş Dostlar muß sich mit anderen Organisationen zusammenschließen. Wenn der Verein aktiver noch als bisher in die Öffentlichkeit des Stadtteils hinein agiert, liegt es nahe, nicht nur mit anderen ethnischen Vereinigungen zu kooperieren, sondern generell mit sozialpolitisch ausgerichteten Initiativen und Einrichtungen. Viele deutsche Gruppierungen dieser Art haben vergleichbare Erfahrungen mit der Bürokratie gemacht wie Çağdaş Dostlar, z. B. manche Initiativen von Frauen.

In einigen Äußerungen von Vorstandsmitgliedern bei Çağdaş Dostlar klingt ein Bedauern durch, daß der Verein nicht nur im Blick auf seine Mitglieder, sondern auch auf seine nach außen gerichteten Aufgaben wächst. Der kleine, überschaubare Verein der Gründungsphase erscheint im Rückblick eher als ein Ort der Geborgenheit. Es wäre zu bedauern, wenn sich eine Organisation wie Çağdaş Dostlar auf die Begrenztheit der Lebensstilgruppe reduziert. In seiner Mittlerfunktion zwischen den Migranten-Generationen, vor allem aber zwischen MigrantInnen und deutscher Mehrheitsgesellschaft hat er eine wichtige Aufgabe. Diese muß aber von den deutschen Kooperationspartnern begriffen und akzeptiert werden.

7.4 Die Praxis von Çağdaş Dostlar im Vergleich zu Positionen in der Literatur

In der Literatur sind die Rahmenbedingungen, Merkmale und Funktionen von MigrantInnen-Organisationen mehrfach dargestellt worden, zuletzt von Özcan (1989), Puskeppeleit und Thränhardt (1990), Heckmann (1992). Im Vergleich zu diesen Darstellungen zeigt die Untersuchung von Çağdaş Dostlar aus den Jahren 1994 und 1995 erhebliche Verschiebungen.

Özcan hat 1989 die Organisationen türkischer Arbeitnehmer in der Bundesrepublik Deutschland analysiert und dabei parallel zur Veränderung der gesellschaftlichen Rahmenbedingungen für ArbeitsmigrantInnen drei Phasen festgestellt:

In der ersten Phase (1960–1967) waren die türkischen Arbeitervereine eine Art „türkische Teestube", wo die Besucher ein Stück Heimat erleben und aktuelle Probleme bewältigen konnten.

In der zweiten Phase (1967–1980) hat die soziale und politische Entwicklung in der Türkei die Ziele, Organisationsformen und Aktivitäten der hiesigen türkischen Vereinigungen bestimmt, so daß nahezu das gesamte Spektrum der rechts- und linksgerichteten Parteien und Strömungen in der Türkei auch in der Bundesrepublik vertreten war. „Die linksgerichteten Organisationen waren aber diejenigen Gruppen, die sich mit ihrem kritischen Potential am bewußtesten mit der deutschen Umwelt auseinandersetzen konnten" (Özcan 1989, 340).

Für die dritte Phase (seit 1980) sieht Özcan einen Wechsel von der Türkeiorientierung hin zur Organisation von Interessen der (faktisch) eingewanderten türkischen Minderheit. Das kommt u. a. darin zum Ausdruck, daß die Zahl der Sport-, Freizeit-, Kultur-, Sozialdienstvereine anteilmäßig deutlich zugenommen hat. Diese Gruppierungen sieht Özcan vor allem an der Problematik einer Immigration und den Erwartungen der hiesigen Gesellschaft orientiert. Die Notwendigkeit zur Organisation ergibt sich für die MigrantInnen aus den Erfahrungen von Diskriminierung, Verachtung und Ungleichbehandlung. Eine Verschärfung der Diskriminierungen und restriktive Maßnahmen der deutschen Ausländerpolitik würden zu einer deutlicheren Zunahme islamisch-extremer und rassistisch-faschistischer bzw. linksradikaler Organisationen führen (vgl. ebd., 345).

Im Verein Çağdaş Dostlar war eine Tendenz zu extremer Separierung eindeutig nicht zu erkennen, obwohl in die Zeit der Untersuchung die Terroranschläge gegen MigrantInnen in den Medien ein wichtiges Thema waren (vgl. Kapitel 3) und in der Presse unter Verwendung von Stereotypen berichtet wurde, die von den MigrantInnen als diskriminierend aufgefaßt werden mußten. Daraus läßt sich zunächst allerdings nur schließen, daß Çağdaş Dostlar einen Sammelpunkt für das demokratische Potential unter den MigrantInnen in Hannover darstellt.

Aus der Untersuchung von Çağdaş Dostlar ist die Hypothese zu gewinnen, daß es inzwischen eine vierte Phase der MigrantInnen-Organisationen gibt. Ging es nach Özcan in der dritten Phase um die Vertretung der Interessen der MigrantInnen, die langfristig in der hiesigen Gesellschaft bleiben wollen, so geht es bei Çağdaş Dostlar um die gleichberechtigte Anerkennung der eigenen im Bezug zu anderen Kulturen. Intendiert ist damit eine Art „Normalisierung": Es soll als selbstverständlich gelten, daß die eigene Kultur so wie andere Kulturen einen Teil der Vielfalt und des Reichtums einer Kommune ausmacht und sich entsprechend öffentlich darstellen kann. Çağdaş Dostlar möchte hinsichtlich der finanziellen Förderung und der Möglichkeiten des öffentlichen Auftretens keine Sonderstellung mehr, sondern die Gleichbehandlung. Çağdaş Dostlar will ein Verein unter anderen sein und ist insofern eine Entsprechung zu den gesellschaftlichen Tendenzen, die auf eine erklärte Einwanderungspolitik zielen.

Puskeppeleit und Thränhardt haben 1990 die Betreuung der MigrantInnen durch die deutschen Wohlfahrtsverbände beschrieben und gehen in diesem Zusammenhang auch auf die Selbstorganisationen der MigrantInnen ein. Die Autoren kritisieren „die Instrumentalisierung der Interessen der Ausländer im Sinne der spezifischen Eigeninteressen des deutschen Organisationssystems, d. h. den Objektcharakter von Ausländern in der Ausländerarbeit" (Puskeppeleit und Thränhardt 1990, 168). Es ist nicht nur der Münchener Stadtentwicklungsplan, den die Autoren nur als einen der Belege anführen, der bereits 1972 konstatierte, daß „die Ausländer selbst und die von Ausländern geführten Organisationen bei der Koordination der Betreuungsarbeit unberücksichtigt geblieben sind. Wünsche und Bedürfnisse der Ausländer werden bisher nur im Blickwinkel deutscher

Organisationen aufgenommen" (ebd., 169). Zwar werden Partizipationsforderungen der MigrantInnen-Organisationen und die Relevanz der Eigenorganisation und Selbsthilfe häufig diskutiert, aber faktisch kommt es doch immer wieder zur „Mediatisierung ausländischer Vereine durch die Betreuungsverbände" (ebd., 171). Die Autoren kritisieren die „Umwegfinanzierung der kommunalen Mittel und deren allein durch die Betreuungsverbände bestimmte Verteilung" (ebd.). Neuere Arbeitsansätze, um mit GWA in den Wohngebieten präsent zu sein, werden nicht aufgegriffen. Es kommt nicht selten vor, daß gerade die MigrantInnenvereine aus den Begegnungsstätten der Betreuungsverbände ferngehalten oder allenfalls geduldet werden (vgl. ebd., 170).

Die freizeit- und kulturbezogenen Leistungen der ausländischen Vereine werden allerdings eher anerkannt (wenn auch kaum finanziell gefördert) als die Leistungen im Bereich der Sozialberatung, weil dort die Selbstorganisationen der MigrantInnen mit den Sozialberatern der Wohlfahrtsverbände konkurrieren.

Die Untersuchung von Çağdaş Dostlar hat freilich gezeigt, daß auch auf dem Gebiet der kulturellen und kommunalpolitischen Präsentation diese Selbstorganisation in Konkurrenz zu den etablierten deutschen sozial-kulturellen Einrichtungen, Freizeitheimen und Beauftragten der kommunalen Administration für die Angelegenheiten der MigrantInnen steht. Deutsche Stellen übernehmen die Organisation von Veranstaltungen, in denen die Situation von MigrantInnen, ihre Konflikte, ihre Kultur dargestellt werden. Çağdaş Dostlar hat große Schwierigkeiten, sich einer „Mediatisierung" durch deutsche Veranstalter zu entziehen.

Für Heckmann (1992) ist eine MigrantInnen-Organisation eine „Übergangsinstitution" (ebd., 115), ein Produkt der Versuche, die mit der Einwanderung verbundenen Probleme in der neuen Umgebung zu lösen. Heckmann bezeichnet sie als „ethnische Kolonien" (ebd., 96), die durch „die freiwillige Aufnahme oder Weiterführung innerethnischer Beziehungen" (ebd., 98) gebildet werden und sich somit vom Ghetto, in dem räumliche Integration und soziale Organisierung durch Zwang erfolgt, unterscheidet. Ethnische Kolonien entstehen auf Grund von Kettenmigration (Nachzug von Familienangehörigen oder Nachbarn) oder als Selbsthilfeorganisation, deren entwickeltste Form das „Zentrum" (ebd., 104) darstellt, wo vielfältige Bedürfnisse, Interessen und Tätigkeiten auf ethnischer Grundlage zusammengefaßt sind. Es ist dabei keineswegs ungewöhnlich, wenn die Mitglieder in vielfacher Hinsicht differieren, wie dies bei Çağdaş Dostlar zu beobachten ist. Ethnische Kolonien können durchaus sehr heterogen sein. Ihre Funktionen sind nach Heckmann Neueinwandererhilfe, Persönlichkeitsstabilisierung, Selbsthilfe, Sozialisation und soziale Kontrolle (vgl. ebd., 112).

Diese Funktionen lassen sich auch bei Çağdaş Dostlar erkennen, wobei die Organisation der spezifischen kulturellen Interessen hinzukommt. Eine Funktion, bei Heckmann eher beiläufig erwähnt, muß im Blick auf Çağdaş Dostlar besonders hervorgehoben werden: Dieser Verein sieht sich als eine „Repräsentation der Minderheitengruppe in Öffentlichkeiten der Mehrheits- oder Gesamtgesellschaft" (ebd., 114). Er kämpft darum, den von ihm vertretenen Bevölkerungsteil im Stadtteil und in der Kommune darzustellen. Dabei soll es nach den Vorstellungen von Çağdaş Dostlar zu einer wechselseitigen Begegnung, zum Austausch und gegenseitigem Lernen kommen. In dem Maße, in dem dieses Vereinsziel realisiert werden kann – und wie sich zeigte, liegt dies vor allem am Verhalten der deutschen Partnerinstitutionen –, kann eine „ethnische Kolonie" nicht zu einem Ort der Abgrenzung, sondern eine „Institution der Akkulturation" (vgl. ebd., 182) werden.

Bereits 1987 hatten von Kodolitsch und Schuleri-Hartje über eine Arbeit des Deutschen Institutes für Urbanistik berichtet, in der am Beispiel der fünf Städte Duisburg, Fürth, Hamburg, Kassel und Ludwigsburg die Möglichkeiten der Partizipation untersucht worden waren, „die sich durch ein relativ breit gestreutes Netz ethnischer Vereine ergeben" (von Kodolitsch und Schuleri-Hartje 1987, 45). Dazu sind MitarbeiterInnen von Kommunalverwaltungen, PolitikerInnen, Ausländerbeauftragte sowie Vorstände und Mitglieder ethnischer Vereine in diesen fünf Städten nach ihren Kontakten, Organisationsstrukturen und Einschätzungen befragt worden. Diese Untersuchung ist insofern von Interesse, weil sie die Möglichkeiten der Mitwirkung von MigrantInnen unterhalb der Ebene des kommunalen Wahlrechtes erhoben hat.

Vergleicht man die Praxis von Çağdaş Dostlar und den Kontext dieses Vereins mit den Ergebnissen dieser Untersuchung, dann muß man sagen, daß sich seitens der kommunalen Behörden, der KommunalpolitikerInnen und der Ausländerbeauftragten seit 1987 noch nicht viel geändert hat.

Von Kodolitsch und Schuleri-Hartje berichten von verbalen Bekenntnissen der Art, daß die ethnischen Vereine einen wichtigen Teil des kulturellen, sozialen und politischen Lebens der Kommunen darstellen. Aber die seitens der kommunalen Politik bzw. Administration Zuständigen wissen wenig über diese Vereine, haben kaum Kontakt zu ihnen und bieten nur minimale materielle Förderung. „Die Kommunalverwaltungen ihrerseits suchen den Kontakt zu den Ausländervereinen vornehmlich dann, wenn sie deren Mitarbeit bei der Gestaltung von Ausländertagen, der Woche des ausländischen Mitbürgers, bei Stadtteilfesten usw. wünschen" (ebd., 46).

Seitens der kommunal Zuständigen wird die Aufgabe der Ausländervereine überwiegend darin gesehen, so diese Untersuchung, die „Interessen ihrer Mitglieder" zu vertreten, „kulturelle Identität" zu erhalten und „den Landsleuten Kontakt" zu bieten (ebd., 47). Das ist aber so allgemein formuliert, daß sich daraus kein konkreter Förderungsanspruch ableiten läßt, etwa als Träger von Jugendhilfe oder Sozialberatung anerkannt zu werden. Die Fördermittel, die aus Haushaltstiteln mit der Bezeichnung „Ausländerkultur" vergeben werden, waren schon 1987 unerheblich.

Mitarbeit in MigrantInnen-Vereinen soll und kann das kommunale Wahlrecht nicht ersetzen, denn weit über die realen politischen Mitwirkungsmöglichkeiten bei der Wahl in Kommunen hinaus stellt dieses Recht einen wichtigen Schritt in Richtung auf rechtliche Sicherung und politische Gleichstellung der MigrantInnen dar. Weder haben die genannten 5 Kommunen 1987 noch hat Hannover 1995 erkannt, welche politische Bedeutung die Alltagspartizipation für gesellschaftliche Integration hat, die von solchen Vereinen geleistet werden kann. Über die Mitwirkungsmöglichkeiten innerhalb eines solchen Vereins und die dort geleistete kulturelle Tätigkeit hinaus kann ein MigrantInnen-Verein Möglichkeiten der Partizipation im Stadtteil eröffnen.

Das setzt voraus, daß MigrantInnen und ihre Organisationen ernst genommen werden als gleichberechtigte Partner und nicht nur als Objekte der Betreuung bei sozialen Problemen oder als folkloristischer „bunter Vogel", wie Çağdaş Dostlar sich selber erlebte.

7.5 Primärquellen zu Çağdaş Dostlar, Verlauf der Forschung

Ende November 1993 erhielt der Verein Çağdaş Dostlar, wie andere Vereine der Nordstadt auch, eine Information über das Forschungsprojekt. Darin wurde der Verein zur Teilnahme an der Voruntersuchung aufgefordert. Der Vorstand äußerte bereits im ersten Interview ein Interesse an weiterer Mitarbeit im Forschungsprojekt.

C1	21.12.93:	Interview mit einem Vorstandsmitglied im Rahmen der Voruntersuchung
		18.02.94: Vorstellung des Forschungsprojekts im Vorstand des Vereins
C2	14.03.94:	Interview über die Arbeit des Vereins, institutioneller Kontext (Teil 1)
C2	20.04.94:	Interview über die Arbeit des Vereins (Teil 2)
C3	20.04.94:	Abschluß des Forschungsvertrages
C4	11.05.94:	Schreiben des Vereins an 12 VertreterInnen des öffentlichen Lebens (Politik, Vereine und Verwaltung)
		06.07.94: Vorstellung eines Mitarbeiters (ABM) und Gespräch über den aktuellen Stand im Verein
C5	30.08.94:	Gespräch mit Vorstandsmitglied über Entwicklungen des Vereins, Absprache zur Kontextbefragung (Auswahl der ExpertInnen)
C6	20.09.94:	Experteninterview mit einer Mitarbeiterin eines Soziokulturellen Zentrums in Hannover
C7	25.09.94:	Programme und Flugblätter sowie alte und neue Satzung des Vereins
C6	29.09.94:	Experteninterview mit Vorstandsmitglied der Iranischen Gemeinde
C8	29.09.94:	Interview mit einem ehemaligen Vorstandsmitglied über Auseinandersetzungen im Verein
C6	04.10.94:	Experteninterview mit einem Mitarbeiter des Kulturamtes (für Stadtteilkulturarbeit)
C6	05.10.94:	Expertininterview mit einer Mitarbeiterin eines städtischen Freizeitheimes

C8   05.10.94:   Interview mit zwei Vorstandsmitgliedern über die Auseinandersetzung im Verein

C6   10.10.94:   Expertininterview mit einer Mitarbeiterin des Sozialamtes für „Ausländerangelegenheiten"

C9   11.12.94:   Teilnehmende Beobachtung eines geselligen Treffens im Verein

C10   25.11.94:   Zwischenauswertung der Forschungsgruppe
06.12.94: Gespräch mit einem ehemaligen Vorstandsmitglied nach Austritt aus dem Verein

C11   13.12.94:   Auswertung der Experteninterviews

C12   13.12.94:   Gespräch mit vier Vorstandsmitgliedern über die Auswertung der ExpertInnengespräche

C13   23.02. und 27.02.95:Teilauswertung des Forschungsteams

C14   25.02.95:   Dokumentation der Vereinsaktivitäten als Jahresbericht 1994

C15   25.02.95:   Teilnehmende Beobachtung einer Informationsveranstaltung mit je einer Vertreterin des Kultur-, Jugend- und Sozialamtes

C16   11.03.95:   Gespräch mit dem Vorstand und Jugendlichen über Musikgruppen und Kulturarbeit im Verein

C17   11.03.95:   Teilnehmende Beobachtung beim Frauenfest

C18   Jahresübersicht 1994 aller Aktivitäten des Vereins Çağdaş Dostlar

C19   26.03.95:   Teilnehmende Beobachtung einer geselligen Zusammenkunft

C20   1993–95   Notizen über Kontakte und Gespräche

Daneben gab es eine Vielzahl von Absprachen über Telefonate und Kurzkontakte sowie schriftliche Vereinbarungen.

Kapitel 8

Förderung von Partizipation durch die Praxis der Kindertagesstätte „Mäuseburg"

... es sind Menschen gekommen

Das
was Max Frisch sagte
war
seinerzeit
sehr schön.
Für mich
war das nichts Neues
ich habe es
schon immer gewußt
daß ich
ein Mensch bin.
Hier
muß ich
es jeden Tag
beweisen,

mit meinem Lachen
meinem Weinen
meinem Sprechen
meinem Tanzen.
Jetzt bin ich müde.
Bitte
glaube es mir,
ich bin ein Mensch.
Sag bitte nicht
andauernd
daß auch
ich
ein Mensch bin.
Es macht traurig.
(Papulias 1992, 148)

8.1 Ergebnisse der Kontextforschung

8.1.1 Der institutionelle Kontext der Kindertagesstätte „Mäuseburg"

Die Kindertagesstätte (im folgenden wie üblich abgekürzt: Kita) „Mäuseburg" (Hannover-Nordstadt, Rehbockstraße) befindet sich auf dem Gelände der ehemaligen „Sprengel"-Fabrik. Das Gebäude war ursprünglich eine Turnhalle der „Bürgerschule" und wurde dann als Lagerhalle der Schokoladenfabrik „Sprengel" genutzt. Nach Stillegung der Fabrik wurden Gelände und Gebäude von der Stadt Hannover aufgekauft und letzteres zu einer in der Nordstadt dringend erforderlichen Kita umgebaut. Sie wurde 1990 unter der Bezeichnung „Mäuseburg" eröffnet. Träger ist der „Kreisverband der Arbeiterwohlfahrt Hannover Stadt e. V".

Die „Mäuseburg" liegt im Innenbereich zwischen hohen Häuserblocks, die als Sozialwohnungen saniert wurden. Die Außenanlagen der „Mäuseburg" grenzen an den Teil der ehemaligen „Sprengel"-Fabrik, auf dem junge Menschen Bauwagen zusammengestellt haben und dort leben. Die jetzigen Nutzer des ehemals besetzten Fabrikkomplexes sind also Nachbarn der „Mäuseburg". Die Nachbarschaft der sog. „BauwäglerInnen" mit den Erzieherinnen und Kindern der „Mäuseburg" führte zu keinen größeren Konflikten.

In der Kita gibt es vier Gruppen, denen jeweils mindestens zwei pädagogische Fachkräfte (eine Erzieherin und eine Kinderpflegerin) zugeordnet sind:

- eine „Krabbelgruppe" („Krippe") für 15 Kinder von 1,5–3 Jahren,
- zwei Kindergartengruppen für je 25 Kinder von 3–6 Jahren,
- eine Hortgruppe für 20 Kinder von 6–10 Jahren.

Die „Mäuseburg" bietet also Platz für 85 Kinder. 1994 waren es 55 deutsche und 30 Migranten-Kinder. Dieser Prozentsatz von 35% Migranten-Kindern entspricht in etwa ihrem Anteil von 32% an den Kindern im Alter von 3–9 Jahren in der Nordstadt.

Im Stadtteil gibt es drei weitere Kindertagesstätten sowie einige Kinderläden. Die insgesamt angebotenen Plätze reichen nicht aus. Für die „Mäuseburg" wird eine Warteliste geführt. Bei der Vergabe werden die üblichen Kriterien verwendet, wobei insbesondere auf eine vielfältig gemischte Zusammensetzung der Gruppen und die Berücksichtigung sozialer Aspekte geachtet wird.

Insgesamt arbeiten 19 Frauen in der Kita. Im pädagogischen Bereich sind es hinsichtlich ihrer Qualifikation 6 Erzieherinnen, 1 Sozialpädagogin (grad.), 3 Kinderpflegerinnen, 1 Berufs- und eine Vorpraktikantin. Diese pädagogischen Mitarbeiterinnen bezeichnen sich selbst alle einheitlich als Erzieherinnen, sie werden hier deshalb ebenfalls so benannt. In der Küche sind eine Kochfrau und eine Küchenhilfe tätig. Weiterhin gehören 3 Reinigungskräfte zum Team. 2 Frauen in der pädagogischen Arbeit und die 3 Frauen im Reinigungsdienst sind Migrantinnen.

Es gibt Halbtags- und Ganztagsbetreuung. Die Regelöffnungszeiten liegen von 8.00 bis 12.30 bzw. 16.00 Uhr. Zusätzlich gibt es einen Früh- und Spätdienst ab 7.00 Uhr und bis 17.00 Uhr. Die Kita ist ganzjährig geöffnet. Lediglich zwischen Weihnachten und Neujahr sowie für eine dreitägige Fortbildung wird sie geschlossen.

Die räumliche Ausstattung der „Mäuseburg" entspricht dem üblichen Standard: Die beiden Kindergartengruppen befinden sich im Erdgeschoß. Sie haben je einen großen Gruppenraum auf drei Ebenen, eine Lese- und Kuschelecke, eine Bau,- Puppen- und Verkleidungsecke und „Hopsmatratzen".

Die Krabbelgruppe ist im 1. Stock untergebracht. Dort gibt es einen großen Gruppenraum, den Waschraum mit Wickelkommode sowie einen Schlafraum mit Schlafmatratzen.

Der Hort befindet sich im 2. Stock. Auch dort befindet sich ein großer Gruppenraum, Räume für Schularbeiten, zum Spielen und zum Werken, eine kleine Küche sowie ein größerer Eingangsbereich mit Garderobe.

Wenn man die Kita betritt, kommt man in eine hohe Eingangshalle, die sehr einladend und kommunikativ gestaltet ist. Ferner gibt es eine Gymnastikhalle, eine Cafeteria für das gemeinsame Mittagessen, die Küche und einen Raum für Teamsitzungen. Insgesamt sind diese Räumlichkeiten für 85 Kinder im Alter von 18 Monaten bis zu 10 Jahren, für 19 Mitarbeiterinnen, Eltern und Besucher eine Minimalausstattung.

Die Außenanlagen bieten die üblichen Flächen zum Toben und Freispiel. Die Erzieherinnen haben im Grundsatz keine Einwände, daß diese Flächen von den Kindern der Nachbarschaft am späten Nachmittag und Abend genutzt werden. Aber sie ärgern sich über die Verunreinigungen, die dabei entstehen, über die häufigen Zerstörungen durch Kinder der Nachbarschaft und das gleichgültige Verhalten der Eltern.

1994 hatten die Erzieherinnen ihr pädagogisches Konzept aufgeschrieben. Daraus ist zu erkennen, daß sie auf differenzierte Zusammensetzung der Gruppen und eine integrierende pädagogische Arbeit großen Wert legen. „Integration bedeutet die Betonung der Gemeinsamkeit, die die Kinder verbindet und nicht die Hervorhebung der Defizite einzelner" (K16, 10).

Eine Anerkennung als „integrative Einrichtung" im Sinne der 2. Durchführungsverordnung des Niedersächsischen Kindertagesstätten-Gesetzes ist nicht möglich, weil damit eine Verkleinerung der Gruppengröße verbunden ist, was von der Stadt Hannover wegen des Rechtsanspruchs auf einen Kindergartenplatz und der fehlenden Plätze abgelehnt wird.

> „In allen vier Gruppen versuchen wir ein ausgewogenes Verhältnis von Jungen und Mädchen zu realisieren. Ebenso wichtig ist die Altersmischung. Die Gruppen setzen sich aus unterschiedlichen Nationalitäten zusammen: z. Zt. Italien, Türkei, Polen, jugoslawische Länder, Vietnam, Iran. Jedem einzelnen Kind soll die Möglichkeit gegeben werden, seine eigene soziale Rolle innerhalb der Gruppe zu erfahren. Unter Berücksichtigung unterschiedlicher Familienstrukturen, sozialen Schichtungen, Weltanschauungen und Nationalitäten sollen demokratische Verhaltensweisen geübt werden" (ebd., 7).

In jede der Kindergartengruppen wurde jeweils ein behindertes Kind aufgenommen, in einem Fall erst nach längerer Hospitation und Beratung durch eine Fachkraft.

Großer Wert wird auf eine sorgfältige Ernährung gelegt: Die in der eigenen Küche zubereiteten Speisen entsprechen den neueren Einsichten in kindgemäßes, gesundes Essen. Auf Allergien wird weitgehend Rücksicht genommen. Für muslimische Kinder gibt es Alternativen zum Schweinefleisch.

Die Angebote für die Kinder in den Gruppen bzw. Kleingruppen sind einerseits auf vielfältige Förderung ausgerichtet, andererseits an den Bedürfnissen der Kinder und an spezifischen Situationen orientiert, sie bieten also in den pädagogischen Grundsätzen das, was nach dem derzeitigen Stand der Aus- und Fortbildung zu erwarten ist. Besonders hervorzuheben ist, daß in der „Mäuseburg" die Schulung der körperlichen Ausdrucksfähigkeit und Beweglichkeit der Kinder große Bedeutung hat. Rhythmik und Kindertanz werden wöchentlich angeboten.

Ein Spezifikum der „Mäuseburg" ist die Teamarbeit, auf die sorgfältig geachtet wird. Die Leiterin trifft sich mit den Erzieherinnen zweimal monatlich für zwei Stunden zu Dienstbesprechungen. Einmal monatlich arbeitet das Team an seiner Konzeption. Es gibt besondere Teamsitzungen mit den Reinigungskräften und mit den Mitarbeiterinnen aus der Küche. Im Forschungsverlauf wurde erkennbar, wie ernst das Team die gemeinsame Beratung und Beschlußfassung nimmt: Alle Interviews fanden mit dem Team statt, die Protokolle wurden vom Team gelesen, diskutiert und beschlossen, desgleichen die Auswertungen der teilnehmenden Beobachtungen und Gesprächssituationen. Die Mitarbeiterinnen haben ihre jährliche Fortbildung gemeinsam zum Thema der Praxisforschung gemacht und später deren Ergebnisse als Team reflektiert. Deshalb werden die Erzieherinnen hier meistens als „das Team" bezeichnet.

Richtungsweisend für die Arbeit sind ferner die „Grundpositionen der Arbeiterwohlfahrt für ihre Arbeit in Tageseinrichtungen für Kinder", die seit 1983 in Deutschland verbreitet sind. Als Grundwerte werden dort „Demokratie, Freiheit, Verantwortung, Toleranz und Solidarität" genannt, die es in Tagesstätten umzusetzen gilt (vgl. K16, 18). Es sind gesellschaftsbezogene, politische Wertvorstellungen, nach denen in den Einrichtungen der Arbeiterwohlfahrt gearbeitet wird. Dabei sollen die Kinder

> „Unterschiede zwischen sich, den anderen und ihren Familien sowie individuelle Eigenarten" wahrnehmen und respektieren. „Dadurch können Kinder Toleranz und Respekt vor den unterschiedlichen Weltanschauungen, Religionen, Nationalitäten und deren Eigenheiten erwerben. Bei der gemeinsamen Erziehung ausländischer und deutscher Kinder und behinderter und nichtbehinderter Kinder sind Toleranz und Respekt von zentraler Bedeutung, damit z. B. körperliche und soziale Andersartigkeit nicht zu Diskriminierungen führt." „Dadurch wird die Tageseinrichtung auch zum Lernfeld für friedliche Konfliktbewältigung als Grundlage einer aktiven Friedenserziehung" (ebd., 19).

Die Geschäftsstelle des Kreisverbandes der Arbeiterwohlfahrt hat die Dienst- und Fachaufsicht, sie führt die Buchhaltung, sie bietet Fortbildungen, die für Mitarbeiterinnen der Arbeiterwohlfahrt kostenlos sind und in begrenztem Umfang während der Dienstzeit wahrgenommen werden können.

Die Leitungsaufgaben nimmt die Leiterin der „Mäuseburg" wahr. Entscheidungen werden überwiegend im Team getroffen. Konflikte mit dem Träger hat es in den bisherigen 5 Jahren nicht gegeben. Das liegt u. a. daran, daß der Träger die Eigenständigkeit seiner Kindertagesstätte in pädagogischen Fragen und die Besonderheiten, die sich aus dem jeweiligen Umfeld ergeben, respektiert. Das Team sagte dazu im Abschlußgespräch: „Es gibt offene Fragen, wo sich Leitung und Geschäftsstelle im Einzelfall aber über die Zuständigkeit verständigen."

Weil es bislang zu keinen Konflikten kam, sind allerdings die Grenzen der Zuständigkeiten nicht abgesteckt. Das gilt z. B. für die Frage, wie weit sich die „Mäuseburg" zu politisch besetzten Themen im Stadtteil äußern darf, etwa in der Kinderpolitik.

Die Eltern werden durch schriftliche und mündliche Informationen, durch Gespräche, Elternnachmittage bzw. -abende und den Elternbeirat informiert. Im einzelnen ist Elternarbeit Gegenstand dieser Untersuchung.

Die Zeit für Elternarbeit rechnet als Bestandteil der Vorbereitungszeit, für die je Gruppe 7,5 Stunden pro Woche angesetzt sind oder als „Überarbeitszeit", die nicht bezahlt wird bzw. durch Freizeit ausgeglichen werden muß. Die Folge ist, daß die Erzieherinnen sich entsprechend aus ihrer Gruppe herausziehen müssen, so daß diese zeitweilig nur von einer Erzieherin begleitet wird.

8.1.2 Das Forschungsvorhaben

Das Team hatte sich für das Jahr 1994 die spezielle Aufgabe gestellt, als Kindertagesstätte einen Beitrag zur Förderung des Zusammenlebens von Deutschen und MigrantInnen zu leisten. Die Erzieherinnen hatten sich deshalb vorgenommen, die Kultur der MigrantInnen in besonderen Veranstaltungen aufzugreifen und deutsche wie Migranten-Eltern verstärkt am Geschehen in der „Mäuseburg" zu beteiligen. Dieses Vorhaben paßte in den Zusammenhang dieser Forschung. Es wurde mit dem Team vereinbart, daß speziell dieses Vorhaben – und nicht etwa die gesamte Arbeit der Kindertagesstätte – Gegenstand der Praxisforschung sein sollte.

In den Vorgesprächen hatte das Team erklärt, daß es für dieses Vorhaben keinen besonderen Anlaß in der Mäuseburg gegeben hätte. Die Erzieherinnen hätten keine speziellen Probleme mit Kindern oder Eltern der MigrantInnen gehabt, auch wären keine erkennbaren Spannungen zwischen MigrantInnen und Deutschen in der „Mäuseburg" aufgefallen (vgl. Team K3, 10). Dieser Eindruck wurde durch teilnehmende Beobachtungen in den Kindergruppen und bei Elternversammlungen bestätigt (vgl. K12; K17). Die Begründung für ihr Vorhaben sahen die Erzieherinnen in der allgemeinen gesellschaftlichen Situation im Frühjahr 1994, in der vielfältige Benachteiligungen der MigrantInnen und Terroranschläge gegen sie ein zentrales Thema waren. Als eine Einrichtung in einem Stadtteil mit einem hohen Anteil von MigrantInnen wollen sie einen Beitrag zur Förderung eines guten Zusammenlebens leisten (vgl. Team K3, 11).

8.1.3 Der situative Kontext

Das Team wollte von den Eltern der „Mäuseburg" erfahren, wie diese über das genannte Vorhaben dachten. Die Erzieherinnen meinten, daß ehrlichere Antworten zu erwarten wären, wenn die Fragen an die Eltern von neutraler Seite gestellt würden. Darum wurde eine Elternbefragung in Form standardisierter Interviews durch StudentInnen des Fachbereichs Sozialwesen der Evangelischen Fachhochschule Hannover durchgeführt. Die StudentInnen waren in regulären Seminaren zur Sozialforschung und in besonderen Vorgesprächen vorbereitet worden. Einige von ihnen waren MigrantInnen.

In Absprache mit dem Team sollten durch die Interviews folgende Fragen geklärt werden:

– Aus welchen familiären Situationen kommen die Kinder der „Mäuseburg"?
– Fördert die „Mäuseburg", daß sich deutsche und Migranten-Eltern kennenlernen und gemeinsame Aktivitäten entwickeln?
– Spielen deutsche und Migranten-Kinder auch zu Hause miteinander?
– Was halten die Eltern von dem Vorhaben des Teams, in besonderen Veranstaltungen auf die Kultur der MigrantInnen einzugehen?
– Wie werden die bisherigen Möglichkeiten der Elternbeteiligung beurteilt?

- Besteht bei den Eltern Bereitschaft, sich in anderer Weise als bisher an der Arbeit der „Mäuseburg" zu beteiligen?
- Wie partizipieren die Eltern an der Entwicklung der Nordstadt?

Die Eltern waren durch ein Anschreiben des Teams auf die Befragung hingewiesen worden. Sie konnten erklären, ob sie sich beteiligen wollten oder nicht. Die Befragungen fanden je nach Wunsch der Eltern in deren Wohnung oder im „Personalraum" der „Mäuseburg" statt und zwar in der Zeit vom 13. Juni bis 4. Juli 1994. Es beteiligten sich 35 von 66 Eltern, also 53%, und zwar 27 von den 44 deutschen Eltern, d. h. 61% sowie 8 von den 22 Migranten-Eltern, d. h. 36%. Im nachhinein wurde vermutet, daß die relativ geringe Beteiligung auch darauf zurückzuführen ist, daß der Zeitraum zu knapp bemessen wurde und er kurz vor den Sommerferien lag.

Wenn nichts anderes vermerkt ist, beziehen sich alle Angaben in diesem Kapitel auf diese Befragung (vgl. K10; K13).

Das Ergebnis der Interviewserie ist zunächst dem Team vorgestellt und von ihm beraten worden. Anschließend wurden die Befragungsergebnisse an einem gut besuchten Elternabend (36 TeilnehmerInnen) den Eltern vorgestellt und von ihnen ausführlich diskutiert. Weil in dieser größeren Gesprächsrunde Äußerungen von MigrantInnen zu ihrer spezifischen Situation durch die Beiträge der übrigen (mehrheitlich deutschen) TeilnehmerInnen nicht zum Zuge kamen, wurde mit drei MigrantInnen ein gesondertes, ausführliches und offenes Interview geführt. Alle diese Gespräche wurden protokolliert.

„Auf dem Elternabend wurde zunächst nachgefragt, warum sich an den Gesprächen nur 8 ausländische Elternpaare beteiligt hätten.

Es wurde kritisiert, daß die Erläuterung der Befragung und die Einladung nur auf deutsch verfaßt worden war.

Andererseits machten gerade ausländische Eltern deutlich, daß nicht die Sprache als der wichtige Grund für die Zurückhaltung der ausländischen Eltern anzusehen sei, zumal die Fragen einfach waren, mündlich gestellt und erläutert wurden und eine Türkisch sprechende Studentin die türkischen Familien aufgesucht hatte. Es wurden von ausländischen Eltern folgende andere Gründe genannt:

AusländerInnen sind unsicher (sie sprachen von sich zu diesem Punkt mehrfach in der dritten Person):

- ,Sie haben geradezu Angst, was bei den Fragen angesprochen wird.'
- ,Was wird erwartet, und was wird aus den Ergebnissen gemacht?'
- ,Die Befragungen bringen uns AusländerInnen in Erinnerung, wie unsicher für uns alles hier ist.'
- ,Außerdem möchten sie nicht durch unpassende Antworten auffallen.'
- ,Außerdem kommen bei solchen Anlässen unangenehme Erinnerungen hoch, wenn sie ihre besondere Situation erklären müssen. Immer wieder.'
- ,Es geht mir so was schrecklich auf die Nerven!'
- ,Ich kann nicht immer über meine Situation hier reden, ich will es nicht mehr.' ,Ich werde so oft gefragt, wie es mir geht und so. Ich kann es nicht mehr. Schluß, einfach Schluß!'

– ‚Es nervt mich, wenn die Leute hören wollen, was wir als Ausländer Besonderes sind.'" (Elternabend, K17, 1).

Hier zeigt sich in eklatanter Weise, warum es seitens der MigrantInnen so schwierig ist, über ihre Probleme mit Deutschen zu reden. Sie wehren sich insbesondere dagegen, als „AusländerInnen" abstrakt als die Anderen wahrgenommen zu werden. Deshalb war es für die Praxisforschung erforderlich, nicht nur eine Gruppendiskussion in gemischtkultureller Zusammensetzung zu protokollieren, sondern mit drei MigrantInnen gesonderte Interviews zu machen.

„Aus welchen familiären Situationen kommen die Kinder der 'Mäuseburg'?"

Unter den 35 Befragten befanden sich 9 alleinerziehende Frauen und ein alleinerziehender Mann. Alle 10 Alleinerziehenden waren nicht erwerbstätig. In 15 Familien lebten je 1 Kind, in 14 Familien je 2 Kinder, in 5 Familien je 3 Kinder und in einer Familie 4 Kinder.

Mit einer Ausnahme wird in den Familien mit den Kindern regelmäßig abends gemeinsam gegessen.

In 10 Familien hatten ein oder beide Elternteile einen akademischen Beruf, in 6 Familien waren ein oder beide Elternteile StudentInnen. 6 Eltern lebten erst 3 Jahre oder kürzer in der Nordstadt, überwiegend die StudentInnen. 22 Eltern wohnten bereits 7 Jahre oder länger in diesem Stadtteil, lebten also bereits vor Beginn der Sanierung hier. Die Migranten-Eltern waren mindestens 6 Jahre hier ansässig, die Hälfte länger als 10 Jahre.

Die „Mäuseburg" besuchten

– 5 Kinder seit 4 Jahren,
– 10 Kinder seit 3 Jahren,
– 7 Kinder seit 2 Jahren,
– 9 Kinder seit 1 Jahr,
– 4 Kinder seit weniger als 1 Jahr.

Nur 1 der 15 Migranten-Elternteile hatte selber eine Kindertagesstätte besucht, bei den deutschen Eltern waren es 13 von 44.

„Fördert die 'Mäuseburg', daß sich deutsche und Migranten-Eltern kennenlernen und gemeinsame Aktivitäten unternehmen?"

Von den befragten deutschen Eltern erklärten

– 14,8%, daß sie in der „Mäuseburg" nur andere deutsche Eltern kennengelernt hätten;
– 33,3%, daß sie in der „Mäuseburg" außer anderen deutschen noch Eltern aus 1–2 weiteren Nationen kennengelernt hätten;
– 51,8%, daß sie in der „Mäuseburg" außer anderen deutschen noch Eltern aus 3 oder mehr weiteren Nationen kennengelernt hätten.

Von den befragten Migranten-Eltern erklärten

- 25%, daß sie in der „Mäuseburg" nur deutsche Eltern kennengelernt hätten;
- 37,5%, daß sie in der „Mäuseburg" Eltern aus mindestens 3 Nationen kennengelernt hätten;
- 37,5%, daß sie in der „Mäuseburg" Eltern aus mehr als 3 Nationen kennengelernt hätten.

An anderen Stellen waren die Eltern gefragt worden, wie viele andere Eltern sie mit Namen anreden können, wenn sie sich mit ihnen unterhielten. Die Antworten darauf bestätigten die obigen Angaben.

20 Eltern kannten die Namen von 10–25 anderen Eltern. Nur 2 der deutschen Eltern gaben an, daß sie andere Eltern „nur vom Sehen her" kannten.

Die Eltern, die mit Namen angeredet werden konnten, waren überwiegend in der „Mäuseburg" kennengelernt worden. Es trifft also eindeutig zu, daß die „Mäuseburg" dazu beiträgt, daß deutsche und Migranten-Eltern sich kennenlernen.

Erwartungsgemäß war die Zahl derer geringer, die gemeinsame Aktivitäten unternehmen: 51% der Eltern gaben an, daß sie sich gegenseitig helfen, genannt wurde insbesondere dabei die „Kinderbetreuung". 26% der Eltern wechselten sich „regelmäßig beim Bringen und Holen der Kinder" ab. 18% der Familien von Kindern aus der „Mäuseburg" „unternahmen etwas gemeinsam", vor allem „Spaziergänge". 14% der Eltern besuchten sich „gegenseitig in den Wohnungen". Bei diesen Aktivitäten waren MigrantInnen entsprechend ihrem Anteil in der „Mäuseburg" beteiligt. Diejenigen deutschen Eltern, die überhaupt andere Eltern in ihre Wohnung einluden bzw. mit anderen Eltern gemeinsame Unternehmungen machten, taten dies mit deutschen oder MigrantInnen gleichermaßen.

„Spielen deutsche und Migranten-Kinder auch zu Hause miteinander?"

In 23% der Familien nehmen die Kinder regelmäßig nur einen Spielkameraden mit in die eigene Wohnung, bei 77% sind es regelmäßig bis zu 4 andere Kinder. Bei 1/3 der Familien sind es nur deutsche SpielkameradInnen, die mit in die eigene Wohnung kommen, bei 2/3 der Familien kommen sowohl deutsche als auch Migranten-Kinder.

Die befragten Migranten-Familien nahmen zur Hälfte nur deutsche Kinder mit in die Wohnung, bei der anderen Hälfte waren es viele Kinder aus verschiedenen Nationalitäten.

Die Kinder der „Mäuseburg" sind es gewohnt, mit Kindern aus anderen Nationen zusammenzuleben. Zum großen Teil setzen sie diese Gewohnheit zu Hause fort.

Auf dem Elternabend kritisierten die deutsche Eltern mit Nachdruck, oft auch hoher emotionaler Erregung, daß bei der Befragung häufig zwischen Deutschen und MigrantInnen unterschieden worden war:

„Sämtliche 9 Beiträge in dieser Gesprächsphase, die von deutschen Männern oder Frauen kamen, hielten es für falsch, geradezu gefährlich, das Verhältnis Deutsche/Ausländer überhaupt zu thematisieren. Niemand äußerte sich dagegen.

- ‚Wir leben hier als Menschen zusammen, da soll man nicht fragen, woher der eine oder andere kommt.‘
- ‚Ich suche mir die Menschen danach aus, ob sie mir sympathisch sind, egal welcher Nation oder Haarfarbe.‘
- ‚Ich suche mir Menschen aus, ob sie mir passen, da spielt die Herkunft keine Rolle‘“ (Elternabend, K17, 2).

Diese Meinung erschien eindeutig als der common sense unter den deutschen Eltern. Die Deutschen wehrten sich wie die MigrantInnen dagegen, daß Unterschiede zwischen ihnen und den MigrantInnen thematisiert werden. Allerdings war die Perspektive der deutschen Eltern eine andere, die, ob gewollt oder nicht gewollt, dazu führt, daß sie sich mit den Problemen der benachteiligten Minderheit nicht auseinandersetzen müssen.

Beide Abwehrhaltungen, die der MigrantInnen wie die der Deutschen, tragen dazu bei, daß sich nichts ändern muß: Deutsche müssen ihre Vorurteile und Haltungen nicht hinterfragen, MigrantInnen haben deshalb weniger Gelegenheit, von sich aus Veränderungen in die Hand zu nehmen.

„In derselben Gesprächsphase hatten auch immer wieder ausländische Eltern das Wort ergriffen. In jedem ihrer Beiträge brachten sie Beispiele dafür, daß sie im Alltag benachteiligt oder gedemütigt wurden. Sie trugen dies nicht in polemischer Form vor, sondern ruhig, als eine ihnen selbstverständlich, alltäglich gewordene Erfahrung, die aber sichtbar schmerzt.

- ‚Ich muß mit meinem behinderten Kind in der Wohnung unter dem Dach wohnen. Das würde man einer deutschen Familie bestimmt nicht zumuten.‘
- ‚Ich arbeite für vier, meine deutschen Kollegen machen sich ein faules Leben. Aber was willst du machen?‘
- ‚Mein Kind wurde aus dem Krankenhaus nach Hause geschickt (obwohl es nicht gesund war), das tut man nur mit einem ausländischen Kind.‘
- ‚Ausländische Kinder werden auf die Sonderschule geschickt, wenn sie was nicht verstanden haben; deutschen Kindern wird es erklärt.‘

Das waren – nicht überprüfbare – offene Diskriminierungen. Dazu kamen Beispiele von gedankenlosen Beleidigungen:

- ‚Weil ich eine ausländische Frau bin, werde ich geduzt. Die deutschen Frauen siezen sich, aber mich duzen sie.‘

Auffallend war, daß zu dem Thema Deutsche/Ausländer in den Beiträgen von den Deutschen gesagt wurde, sie würden keine Unterschiede mehr machen (wollen). In allen Beiträgen von Ausländern kamen seelische Verwundungen zum Ausdruck.
In der Diskussion wurde dieser Unterschied nicht aufgegriffen“ (Elternabend, K17, 2–3).

Drei Migranten-Eltern haben einige Tage später in einem ausführlichen Gespräch von den Benachteiligungen und Verletzungen berichtet, die sie im Alltag erlebt hatten. Es wurde thematisiert, daß es MigrantInnen (nicht nur an diesem Elternabend) nicht einfach fällt, Deutschen die eigene Situation verständlich zu machen.

Eine Migrantin sagte im Rückblick auf die erwähnte Gesprächssituation an dem Elternabend: „Die Deutschen haben keine Ahnung." (Elterninterview, K18, 1). Eine andere fügte hinzu, daß sie über die eigene Situation mit deutschen Leuten nur reden könne, „wenn ich mich wohlfühle"- was in dieser Gesprächsphase nicht gegeben war (ebd.). Später sagte sie: „Ich fühle mich unwohl, wenn ich über ‚meine Probleme' (gemeint: als Migrantin) reden soll. Eigentlich wollte ich gar nicht mehr an solchen Gesprächen teilnehmen" (ebd.). Es wurde gefragt: „Auf dem Elternabend sagten viele deutsche Eltern, es sei egal, woher jemand kommt. Haben Sie den Eindruck, daß es so ist und daß kein Unterschied in der Kita gemacht wird?" Die Antworten darauf wurden sehr vorsichtig formuliert und dabei die Frage umgedreht: Es wäre wichtig, wenn Unterschiede gemacht würden und z. B. einem persischen oder einem spanischen Kind in der Eingewöhnungsphase eine besondere Aufmerksamkeit und Zuwendung zuteil würde; aber das könnte die Kita wohl nicht leisten (vgl. Elterninterview, K18, 2).

Offensichtlich verlaufen die Einführungsgespräche mit MigrantInnen-Eltern nicht einfach. Die Erzieherinnen sehen die Ursachen dafür allerdings anders; sie hatten in einem früher liegenden Interview gesagt, „daß einige Eltern (der MigrantInnenkinder) sich erstmal gar nicht so öffnen, daß sie erstmal irgendwie vorsichtig sind" (K1, 1).

Die o. g. Bemerkung einer Migrantin, daß die Kita eine besondere Aufmerksamkeit und Zuwendung etwa für persische oder spanische Kinder in der Eingewöhnungszeit „wohl nicht leisten" könnte, traf bei den Erzieherinnen einen sensiblen Punkt. Sie legen großen Wert auf die einführenden Gespräche und formulierten als Mitforscherinnen folgende Stellungnahme:

> „In der ersten Woche der Eingewöhnungsphase finden persönliche Gespräche mit den Eltern statt. Es wird ein gemeinsamer Termin vereinbart. Im gemeinsamen Gespräch erfahren die Erzieherinnen von den Eigenarten, Gewohnheiten, individuellen Fähigkeiten, Stärken und Schwächen des Kindes. Der Austausch über die Lebenssituation der Kinder außerhalb der Einrichtung ist für die Erzieherinnen sehr wichtig, um individuell auf das einzelne Kind eingehen zu können. Im Gespräch erfahren die Eltern von unserer pädagogischen Arbeit und dem Gruppenablauf. Wichtige Voraussetzung für eine gute Eingewöhnungszeit sind Zeit und Geduld."

Wenn eine Migrantin die Vermutung äußerte, daß eine besondere Aufmerksamkeit und Zuwendung zu Kindern von MigrantInnen in der Eingewöhnungszeit wohl nicht geleistet werden könnte, trifft diese vorsichtig formulierte Diskrepanz zwischen Intention und Wirkung eine empfindliche Stelle bei den Erzieherinnen. Ihr Anspruch an die eigene Arbeit läßt die Frage nicht zu, ob die indirekt geäußerte Erwartung der MigrantInnen eine Überforderung enthält.

„Was halten die Eltern von dem Vorhaben des Teams, in besonderen Veranstaltungen auf die Kultur der MigrantInnen einzugehen?"

Auf die Frage „Welche Feiertage oder Feste wünschen Sie sich, daß Ihre Kinder sie in der Kita feiern können?" wurden von der Hälfte der deutschen Eltern

„ausländische Feste" genannt, zum Teil spezifiziert wie z. B. „Ramadan", „türkisches Kinderfest", „iranisches Neujahrfest". Es waren auch deutsche Eltern, die an anderer Stelle geäußert haben, daß die Kinder „ausländische Lieder" oder „ausländische Tänze" lernen bzw. erläutert bekommen sollen.

In deutlichem Gegensatz dazu nannte nur ein Migranten-Elternteil bei den gewünschten Festen u. a. auch ein türkisches Fest, sonst wurden von den MigrantInnen ausschließlich die traditionellen deutschen Feste aufgeführt. Nur von dieser Mutter wurde in anderem Zusammenhang gewünscht, daß ein bestimmtes türkisches Lied in der „Mäuseburg" vorkommt, im übrigen wurden von den MigrantInnen keine Lieder oder Tänze, Spiele, Gebräuche oder Erzählungen ihrer Herkunftskultur erwähnt, auch nicht als Antwort auf die Frage, was sie als Eltern den Kindern in der „Mäuseburg" einmal zeigen oder erzählen wollten.

Dieses Ergebnis war ein Hinweis an das Team, daß sein Vorhaben, bestimmte Feste der MigrantInnen und Ausdrucksformen ihrer Kultur in die pädagogische Praxis hineinzuholen, nicht den Wünschen der MigrantInnen entsprach. Auf dem Elternabend wurde darüber ausführlich gesprochen:

> „Deutsche Eltern meinten dazu, daß sie, wenn sie im Ausland leben würden, auch nicht deutsche Feste vorführen wollten. Außerdem hätten sie als Deutsche auch mit den deutschen Festen wie Weihnachten Schwierigkeiten. Allgemein hieß es, daß die Kita weiterhin so schöne Kinderfeste feiern sollte, in die zum Teil auch ausländische Elemente (Speisen, Musik, Verkleidungen) einfließen könnten, aber nicht mit dem Anspruch, die Realität einer anderen Kultur vorzuführen.
> Ausländische Eltern äußerten dazu, daß sie sich in einer Zwischensituation erlebten (sie sprachen von sich auch hier zumeist wieder in der dritten Person):
> – ‚Hier in Deutschland sind sie ganz klar Ausländer, und in ihrem Heimatland seien sie „die Deutschen", also auch Ausländer.'
> – ‚Meine Heimat ist irgendwo dazwischen, ich weiß nicht mehr, wo meine Heimat ist. Da gehört mir nicht mehr dies oder das Fest.'
> – ‚Die alten Feste von früher passen nicht mehr zu mir. Die deutschen Feste passen auch nicht zu mir. Darum feiere ich nicht das eine oder andere richtig.'
> – ‚Es ist furchtbar, wenn wir als Ausländer den Deutschen was vorführen sollten, – so, das ist nun unser Fest. Das könnte ich niemals. Das könnte wohl keiner'" (Elternabend, K17, 3–4).

Das Gespräch wechselte dann zu dem Wunsch von MigrantInnen, daß Verständnis für ihre Kultur sich vor allem darin ausdrücken könnte, wenn Zweisprachigkeit der Kinder akzeptiert und direkt gefördert würde. Zwar betonten die Migranten-Eltern durchweg, daß ihre Kinder in der „Mäuseburg" die deutsche Sprache lernen sollten, nicht zuletzt deshalb, um in der Schule nicht benachteiligt zu werden. Aber sie stimmten auch zu, als eine Migrantin sagte „daß die Muttersprache für das Kind ein Stück Heimat sei. Gelegentlich würde das Kind gefühlsmäßig heimatlos sein. Dann will es sich zurückziehen in die Heimat. Die besteht darin, daß es mit Kindern zusammen sei, die die gleiche Heimatsprache sprechen. Das Kind wüßte selber am besten, wann es diese Geborgenheit brauche und wann nicht" (Elternabend, K17, 4).

In dem Interview einige Tage später mit 3 MigrantInnen wurde diese Auffassung bestätigt. Die Migranten-Eltern sahen es als eine besondere Chance für ihre Kinder, daß sie in zwei Kulturen aufwachsen. Die spanische Mutter sagte: „Schön finde ich, wenn man meine Tochter fragt, wo kommst du her, dann sagt sie: Aus Madrid und Hannover" (Elterngespräch, K18, 3). Die Eltern wünschten, daß ihre Kinder sich in zwei Kulturen einwurzeln und daraus ihre Lebenskraft schöpfen, aber auch eine kritische Distanz zu einigen kulturellen Überlieferungen gewinnen, mit denen sich die Eltern nicht mehr identifizieren konnten. Darum wäre es sehr wichtig, daß sie zweisprachig aufwachsen, darin von den Erzieherinnen verstanden und gefördert werden. Aber es wäre „künstlich und lächerlich" (ebd.), wenn in der „Mäuseburg" von den Erzieherinnen Feste oder kulturelle Gebräuche arrangiert werden, die ihnen selber fremd sind (vgl. ebd., 3).

„Wie werden die bisherigen Möglichkeiten der Elternbeteiligung beurteilt?"

Die Elternnachmittage in der „Mäuseburg" werden gut besucht: Die Frage „Wie oft waren Sie schon auf Elternnachmittagen?" brachte folgende Antworten:

keinmal	11%
1–3 mal	20%
öfter	14%
regelmäßig	54%
Zufrieden mit den Elternnachmittagen waren	63%
unzufrieden mit den Elternnachmittagen waren	26%

- 60% der Eltern meinten, sie erhielten viel Information durch das Team, 31% beklagten sich über zu wenig Information.
- 40% der Eltern waren der Ansicht, sie könnten viel mitreden in der „Mäuseburg", 48% geben an, sie könnten selten mitreden, 6% meinen, sie könnten nie mitreden.
- Aber 48% der Eltern sagten, sie könnten viel mitentscheiden, 40% gaben an, sie könnten selten oder sogar nie mitentscheiden.

Es lassen sich drei Typen von Eltern bilden:

- Typ A kommt *regelmäßig*, mindestens öfter zu den Elternnachmittagen. Er ist mit diesen Veranstaltungen *überwiegend zufrieden*, obwohl er sie als *wenig effektiv* kritisiert. Er ist der Meinung, die Eltern könnten *nicht genug mitreden und mitentscheiden*, als Thema für Elternnachmittage wünscht er sich Fragen der Erziehung und Entwicklung der Kinder. Typ A hat meist einen akademischen Beruf.
- Typ B kommt ebenfalls *regelmäßig* zu den Elternnachmittagen, ist mit ihnen *zufrieden*, obwohl die Eltern *selten mitentscheiden*. Themen für die Elternnachmittage hat Typ B nicht vorzuschlagen.

– Typ C kommt *selten* zu den Elternnachmittagen, meint aber, daß die Eltern *viel mitreden und mitentscheiden*, hat keine besonderen Themenvorschläge, aber auch keine Kritik an den Veranstaltungen.

Die MigrantInnen sind dabei anteilmäßig wie die Deutschen vertreten.

Die Zufriedenheit mit den Elternnachmittagen sagt nichts aus über die Wahrnehmung der Partizipationsmöglichkeiten. Aber je häufiger die Eltern teilnehmen, um so deutlicher äußern sie ihre Enttäuschung, daß sie wenig mitreden oder gar mitentscheiden können.

Insgesamt war doch ein recht hoher Anteil der Eltern der Ansicht, wenig informiert zu werden, nicht genügend mitreden bzw. mitentscheiden zu können. Themen, die für die Elternnachmittage gewünscht wurden, betrafen vor allem die Entwicklung und Erziehung der Kinder, aber auch die Organisation der „Mäuseburg". Insgesamt wurden 42 Themen genannt, nur 3 davon betrafen die Situation der MigrantInnen in der „Mäuseburg" oder im Stadtteil bzw. das Zusammenleben von Deutschen und MigrantInnen.

„Besteht bei den Eltern Bereitschaft, sich in anderer Weise als bisher an der Arbeit der 'Mäuseburg' zu beteiligen?"

– 71% der Eltern (darunter mit nur einer Ausnahme alle MigrantInnen) hatten in der „Mäuseburg" bereits „mitgeholfen". Für die Zukunft gab es bei den Eltern folgende Vorschläge der Partizipation:

– 88% der Eltern möchten die Gruppen begleiten, wenn sie Besuche oder Besichtigungen in der Nordstadt machen, auch fast alle Migranten-Eltern.

– 77% würden beim Abholen des Kindes gern auf eine Tasse Kaffee oder Tee in der „Mäuseburg" bleiben.

– 37% der Eltern haben ein Hobby oder Interesse, das sie den Kindern in der Gruppe zeigen möchten, 29% möchten mit den Kindern Lieder oder Tänze einüben.

– 34% der Eltern (75% der MigrantInnen) sind bereit, bei mündlichen Übersetzungen zu helfen, 31% würden auch schriftliche Mitteilungen übersetzen.

Die Bereitschaft der Eltern zur Mitarbeit in der „Mäuseburg" kam auf dem Elternabend noch deutlicher zum Ausdruck:

„Alle Eltern, die sich dazu äußerten, wünschten ausdrücklich mehr Elternabende, zum Teil für die Gruppe, zum Teil gesamt.

– Einige Frauen äußerten, daß für sie die Mitarbeit in der Kita eine Möglichkeit wäre, etwas mit anderen Leuten zu unternehmen und aus dem Haus heraus zu kommen.

– ‚Nicht nur mein Kind wächst in der Kita in die Gesellschaft rein, auch mir geht es so, ich komm' durch die Kita in die Gesellschaft rein.'

– ‚Ich mach' gern mit, weil ich dabei andere Eltern kennenlerne.'

– ‚Über die Kinder kommt man sich näher, das ist für mich ein Anreiz.'

– ‚Sonst mach' ich nichts in Vereinen oder Kirche, aber bei der Kita, da engagiere ich mich, das hat Sinn, und da lerne ich Leute kennen.'

- ‚Wenn ich hier bei der Kita was mitmache, mach' ich was für mein Kind und genauso für mich selber.'
- ‚Ich habe durch die Kita viele Leute hier kennengelernt, das find' ich gut.'
- ‚Mir geht es so, ich komm' vom Dorf, erst war es furchtbar in der Nordstadt, mein Mann war zur Arbeit nach Hannover rein, und ich war hier allein, das war furchtbar. Inzwischen ist die Nordstadt für mich wie ein Dorf, das find' ich prima, das liegt aber zum großen Teil an den Kontakten in der Kita.'
- ‚Das wäre sehr gut, wenn man nachmittags hier noch sitzen könnte und etwas reden und Kaffee trinken.'
- ‚Ich hab' viele interessante Frauen hier kennengelernt, inzwischen trifft man sich auch so.'
- ‚Mitarbeit in der Kita ist für mich eine sehr sinnvolle Sache.'
- ‚Woanders bin ich nicht aktiv, aber hier in der Kita ist das selbstverständlich'" (Elternabend, K17, 4–5).

Hier zeigt sich, daß die meisten Eltern(teile) in unterschiedlicher Form bereit sind, die Arbeit in der „Mäuseburg" zu ihrer Sache als auch zur gemeinsamen Sache aller Beteiligungswilligen zu machen. Es geht den Eltern dabei offensichtlich nicht nur um die Kinder, sondern um die eigene Entwicklung, wenn sie die „Mäuseburg" als einen Treffpunkt nutzen wollen.

Haben sich Deutsche wie MigrantInnen dagegen verwahrt, abstrakt die Unterschiede zwischen ihnen zu thematisieren, so sind sie zu einer Begegnung und zum Gespräch bereit, wenn ihre Kinder das Thema, zumindest den Anlaß bilden. Hier wollen die Eltern einbringen, was ihnen auf Grund ihrer Kultur und Ausdrucksmöglichkeiten geboten erscheint. Mehr Raum für solchen Austausch zu schaffen könnte neben einigen Anregungen für die Kinder Gelegenheiten dafür bieten, daß sich (so nebenbei) Deutsche und MigrantInnen besser kennenlernen, von Freuden und Sorgen erfahren, ohne abstrakt die Situation als MigrantInnen thematisieren zu müssen. Sie werden dabei auf Differenzen stoßen, aber sie können diese produktiv in Lösungsstrategien für die Arbeit mit Kindern einbauen.

„Wie partizipieren die Eltern an der Entwicklung der Nordstadt?"

Die Eltern sind eindeutig dafür, daß die Kinder mehr noch als bisher Einrichtungen in der Nordstadt besuchen und den Stadtteil kennenlernen. Sie würden großenteils die Gruppen dabei begleiten. Als Ziele werden dabei u. a. auch „Sprengel", die Jugendlichen in den Bauwagen, die Flüchtlingsunterkünfte genannt. Daß die Kinder ihren Stadtteil kennenlernen, ist für die Eltern wichtiger (89%) als das Erlernen von Tänzen und Liedern (54%).

Alle Eltern haben insgesamt sehr viele und konkrete Vorschläge, was in der Nordstadt verbessert werden müßte. Sie betreffen vor allem Verkehrsberuhigung und -sicherung (von 69% genannt), die Reinigung und Hygiene der Straßen (45%), die Verbesserung und Sicherung der Spielflächen (34%), Erweiterung der pädagogischen Einrichtungen (33%) und der Grünflächen (16%). Vereinzelt genannt werden die Situation um „Sprengel", die Renovierung der Wohnungen, die Steigerung der Mieten.

Es handelt sich dabei um Themen, die die Situation der Kinder betreffen. Nicht nur auf den Spielplätzen, an denen sich Eltern zum Gespräch treffen, werden die genannten Probleme besprochen, sondern vor allem in der „Mäuseburg". Bei den informellen Begegnungen, aber auch auf den Elternversammlungen werden die Defizite der Nordstadt verhandelt. 40% der Eltern hatte bereits an einem Projekt in der Nordstadt aktiv mitgearbeitet, um Verbesserungen zu erreichen.

Offensichtlich ist die „Mäuseburg" ein wichtiger Ort in der Nordstadt, wo – mit Blick auf die Situation der Kinder – die gesellschaftliche Situation dieses Stadtteils besprochen wird. Hier liegt ein Ansatzpunkt für Alltagspartizipation, deren Effektivität zu untersuchen ist.

8.2 Ergebnisse der Prozeßforschung

8.2.1 Erstes Handlungsmuster: Das Team möchte in der „Mäuseburg" das Erleben kultureller Vielfalt arrangieren

Das Team hatte sich vorgenommen, das Zusammenleben von deutschen und Migranten-Kindern in der „Mäuseburg" und in der Nordstadt für ein Jahr zum Thema seiner Arbeit zu machen und dazu die Eltern stärker als bisher einzubeziehen.

In einem Weiterbildungsseminar hatten die Erzieherinnen die Gelegenheit, dieses Vorhaben zu konkretisieren. Sie wollten an die positiven Erfahrungen anknüpfen, die sie mit Kinderfesten gemacht hatten, bei denen die Atmosphäre eines fremden Landes hergestellt worden war. So war z.B. ein Faschingsfest als ein „orientalischer Basar" dekoriert worden. Einige MigrantInnen hatten Speisen mitgebracht, die für die meisten Kinder fremd, aber wohlschmeckend waren. Es gab Musik aus anderen Ländern, und die Mütter hatten den Kindern Tänze aus ihren Herkunftsländern gezeigt. Die Erzieherinnen werteten dieses und ähnliche Feste als einen Erfolg ihrer Arbeit, weil von den Kindern und Eltern viel Zustimmung gekommen war (vgl. Team, K3, 11).

In dem Team wurden daraus zwei Vorschläge entwickelt: Mit Hilfe der Eltern sollten in der „Mäuseburg" die Feste und Feiern der MigrantInnen aufgegriffen werden und neben den herkömmlichen deutschen Festen wie Weihnachten, Ostern, Sommerfest usw. sollten u.a. türkisches Opferfest, kurdisches Neujahrsfest, spanische und iranische Feste einen selbstverständlichen Platz im Jahresablauf der „Mäuseburg" bekommen (vgl. Team, K11, 4).

Der andere Vorschlag war ähnlich: Es sollten verschiedene „ausländische Wochen" durchgeführt werden, mal eine italienische, dann eine spanische Woche usw. Die Eltern sollten dazu Fotos aus dem Land mitbringen und erzählen, wie dort gelebt wird. In der Woche würden nur Gerichte aus diesem Land gekocht, die entsprechende Fahne sollte ausgehängt werden (vgl. Team, K4, 2).

Die Erzieherinnen waren von ihren Vorschlägen begeistert und freuten sich auf die Durchführung.

Die Begründung für solche Pläne, auf diese Weise kulturelle Vielfalt in der „Mäuseburg" zu arrangieren, wurde so formuliert:

> „Ich denke, wenn wir uns beschäftigen mit ausländischen Festen und Feiertagen... wird alles ein bißchen selbstverständlicher. Es ist auch für uns gar nicht so fremd, und so gibt es auch die Möglichkeit, bestimmte neue Erfahrungen selbstverständlicher in die Arbeit einfließen zu lassen. Das stelle ich mir als ein schönes Ziel vor, ... auch in bezug auf die Elternarbeit. Dadurch, daß wir einfach mehr wissen, kann die Elternarbeit auch wieder neue Akzente bekommen" (Team, K3, 12).

Auch in anderen Zusammenhängen wurde ähnlich argumentiert: Wenn die Feste und Gebräuche der Deutschen und der MigrantInnen in der Praxis der „Mäuseburg" nebeneinander erlebt werden, dann bleiben die fremden Kulturen nicht fremd, sondern werden selbstverständlicher. Es wird selbstverständlich, daß die Kulturen der MigrantInnen zur „Mäuseburg" und zur Nordstadt dazugehören. Es wird normal, daß in diesem Stadtteil MigrantInnen und Deutsche zusammenleben (vgl. Team, K11, 6). Die MigrantInnen und ihre kulturellen Ausdrucksformen „gehören zum Haus dazu und gehören zu unserer Gesellschaft" (Team, K3, 12).

Außerdem sollte durch diese Pläne die Elternarbeit „wieder neue Akzente" bekommen. Allerdings waren es unterschiedliche „Akzente", die von den Erzieherinnen gesetzt wurden: Auf Grund eigener, neu gewonnener Kenntnisse und Erfahrungen in den Kulturtraditionen der MigrantInnen könnten sie sich mit den Eltern anders unterhalten; vgl. dazu das obige Zitat: „dadurch, daß wir einfach mehr wissen ..." (vgl. auch Team, K11, 7). Andere Erzieherinnen sahen in diesen Plänen die Chance, die Eltern aktiver als bisher in die Arbeit einzubeziehen, insbesondere die MigrantInnen, weil sie als Deutsche aus eigenen Kenntnissen die Feste aus anderen Kulturen ohnehin nicht arrangieren könnten (Team, K3, 12).

Doch waren im Team sehr bald auch Bedenken aufgekommen: Wenn das kurdische Neujahrsfest in der „Mäuseburg" gefeiert wird, würden dann die türkischen Kinder und Eltern zu Hause bleiben (vgl. Team, K4, 2)? Lassen sich die tatsächlichen politischen Konflikte durch solche Vorhaben aufheben? Außerdem sahen mehrere Erzieherinnen das Problem, daß ihnen selber zu den Festen der MigrantInnen nicht nur die erforderlichen Kenntnisse fehlen, sie würden also in die Rolle kommen, den Kindern nichts erklären zu können; vor allem müßten sie etwas arrangieren, was ihnen zumindest vorab fremd und beziehungslos war (vgl. Team, K10, 2).

Als dann die Interviews und deutlicher noch der folgende Elternabend keine Zustimmung der MigrantInnen zu dem Vorhaben brachten, reagierten die Erzieherinnen sehr enttäuscht: „Schade, wirklich schade" (Team, K11, 1). Sie erklärten sich die Zurückhaltung der Migranten-Eltern so wie in ähnlichen Situationen: „Die ausländischen Familien sind nicht bereit, was vorzuführen," (ebd.), „es macht ihnen viel Arbeit" (Team, K10, 2).

Aber in der Reflexion des Elternabends wuchs die Einsicht: „Für mich ist wichtig geworden, daß die ausländischen Eltern nicht so herausgestellt, sondern gleichberechtigt einbezogen werden wollen und die Besonderheiten eher spontan zur Geltung kommen" (Team, K19, 1). „Das wäre so, als wenn ich in der Türkei immer zeigen sollte, wie Weihnachten bei uns gefeiert würde ... Auch ich habe Hemmungen, mein Volksgut vorzuführen, ich bin auch nicht deutsch genug" (Team, K11, 1). Auch die kurdische Erzieherin in dem Team sagte von den Festen ihrer Herkunftskultur: „Ich kann damit nicht umgehen, mir sagt es nichts" (Team, K10, 2).

Das Team hat deshalb die Pläne der „ausländischen Wochen" bzw. der Veranstaltung von Festen der MigrantInnen in der „Mäuseburg" zurückgenommen.

8.2.2 Zweites Handlungsmuster: Das Team läßt sich auf die Alltagserfahrungen der Kinder und Eltern ein

In ihrer jährlichen, dreitägigen Fortbildung hatten die Erzieherinnen das Erleben von Fremdheit, wie es sich in ihrer eigenen Biographie niedergeschlagen hatte, nachempfunden und sich bewußt gemacht. Es war ihnen deutlich geworden, welche Verunsicherung darin liegt, wenn sie sich als einzelne gegenüber einer Mehrheit nicht verständlich machen können und nicht wissen, wie sie bestimmte verbale und nonverbale Äußerungen deuten sollen und welche Erwartungen an sie gerichtet werden. Sie hatten selber erfahren, welche Bedeutung Gespräche zur Selbstvergewisserung haben und sich vorgenommen, sich noch aufmerksamer darauf einzulassen, wenn Kinder oder Eltern ihre Situation ins Gespräch bringen wollen (vgl. K5).

„Wir erfahren dann öfter mal, es sind zwar leider nur so Tür-und-Angel-Gespräche, über so ein paar Sachen von den Eltern" (Team, K3, 11).

Zum Beispiel erklärte der Vater eines Migranten-Jungen, als sein Sohn unerwartet mit kahlgeschorenem Kopf kam: In der Familie wurde Beschneidung des Jungen gefeiert, und er versuchte den Erzieherinnen zu erläutern, welche Bedeutung dieses Ereignis für den Jungen und seine große Verwandtschaft hat. Ein anderer Vater ließ sich seit einigen Tagen einen Bart stehen, er nannte den Erzieherinnen als Grund dafür: Sein Vater, der Familienälteste, war gestorben, er war in Trauer, aber er ist nun in die Rolle des Ältesten gekommen.

Kinder und Eltern der Migranten bringen unübersehbar die Kultur, in der sie leben und die für sie Bedeutung hat, in die Kindertagesstätte und in die Gruppe der anderen Kinder hinein. Die Migranten-Eltern suchen das Gespräch mit den Erzieherinnen, sie möchten verstanden werden. Sie wollen unbedingt vermeiden, daß ihr Kind wegen der erkennbaren Auffälligkeiten mißverstanden oder ausgelacht wird.

Migranten-Eltern wollen nicht nur von sich erzählen, sie fragen auch die Erzieherinnen nach deren Wertvorstellungen und Orientierungen. So wollte ein türkischer Vater von der Erzieherin seines Kindes erfahren, was für sie der Frauentag bedeutete und wie sie ihn feiern würde (vgl. Team, K3, 13).

Für die Erzieherinnen ist es nicht einfach zu verstehen, was sie hören und sehen und was ihnen erläutert wird. Es fehlt bei den Tür-und-Angel-Gesprächen oft die

Ruhe zum Zuhören. In der Teambesprechung tauschen sie sich über befremdende Bgebenheiten aus und versuchen sie zu reflektieren, aber es fällt ihnen offensichtlich schwer, fremde Riten und besonders deren Bedeutung zu verstehen:

„Es ist mir aufgefallen, daß die Kinder und auch die Frauen orange Hände haben." „Ja, so bräunlich, ja." „Ich weiß jetzt nicht mehr, was das ist." „Ich glaube, so zur Hochzeit bekommen die dann irgendwie ..." „Tauchen nur den kleinen Finger ein und die Frauen, bei so einem Frauenabend davor, die bemalen sich dann die ganzen Hände. Das ist irgendwie gegen Krankheiten und Reinheit und irgendsowas" (Team, K3, 13).

Es sind nicht nur die besonderen kulturellen Anlässe, die in die „Mäuseburg" hineingetragen werden, es ist auch der Alltag der Kinder nicht immer einfach zu verstehen und nicht in jedem Fall an die Erwartungen der Erzieherinnen angepaßt. Folgende Auffälligkeiten wurden u. a. berichtet: Bei einer teilnehmenden Beobachtung in einer Gruppe wurde bemerkt, daß zur Zwischenmahlzeit zwei Migranten-Jungen sich nichts zum Essen mitgebracht haben wie die anderen Kinder und wie es üblich ist. Es ist ihnen sichtlich unangenehm, daß der Beobachtende es bemerkt hat (vgl. teilnehmende Beobachtung, K12). Die Erzieherinnen wundern und ärgern sich häufig darüber, daß Migranten-Kinder nicht übersetzen mögen und so tun, als ob sie z. B. kein Türkisch bzw. Spanisch verstehen und nur Deutsch sprechen (vgl. Team, K11, 1). In der Gruppe der „Krabbelkinder" (etwa bis 3 Jahre alt) kapselten sich 5 iranische Jungen von den anderen Kinder zunehmend ab und sprachen nur Persisch (vgl. Team, K1, 8).

Die teilnehmenden Beobachtungen in den verschiedenen Gruppen ergaben keinerlei Besonderheiten in der Interaktion zwischen deutschen und Migranten-Kindern (vgl. K12). In allen Gruppen waren ein Drittel bis zur Hälfte der Kinder MigrantInnen, und es wirbelten Brocken aus verschiedenen Sprachen durcheinander – es ist für die Kinder Alltagserfahrung, daß Deutsche und MigrantInnen zusammen aufwachsen. Aber dieser scheinbar normale Alltag ist durchsetzt von meist wenig auffälligen Unterschieden zwischen Deutschen und MigrantInnen, in denen dennoch Marginalisierung zum Ausdruck kommen kann.

Ein alltäglich praktiziertes Handlungsmuster des Teams der „Mäuseburg" ist, daß die Erzieherinnen sich auf derartige Besonderheiten des Alltags einlassen. Sie handeln so, daß sie Kinder oder Eltern auf die Besonderheiten „ansprechen". Diese Anlässe werden nicht in der Gruppe thematisiert, sondern mit den Beteiligten. „Ansprechen" und „erklären" sind die Begriffe, mit denen die Erzieherinnen ihre Alltagspraxis am häufigsten ausdrücken. „Erklären" meint häufig auch „übersetzen". Dabei holen sie sich oft Hilfe von einer der beiden Migrantinnen, die in dem Team arbeiten.

Ziel des „Ansprechens" und „Erklärens" ist für die Erzieherinnen, daß sie „Schwierigkeiten" vermeiden, die bei den Kindern oder Eltern, in der Gruppe oder für sie selber auftreten. Mehrfach erklären sie, wie wichtig es für sie ist, daß alle Beteiligten „ohne Schwierigkeiten" zusammen leben können, in der „Mäuseburg" und in der Nordstadt.

Aber dieses Handlungsmuster ist am wenigsten reflektiert. Welcher der Beteiligten von Schwierigkeiten betroffen ist, was Ursache wovon ist und was daraus folgt, wird nicht erkennbar überprüft. Die Erzieherinnen haben ein großes Vertrauen darin, daß sich „Schwierigkeiten" lösen lassen, wenn man sie „anspricht" oder Sachverhalte „erklärt" bzw. „übersetzt". (In den Interviews verwendeten die Erzieherinnen häufig den Begriff „Schwierigkeiten" im Blick auf einzelne Kinder oder ihre Arbeit generell. Im Abschlußgespräch hielten sie rückblickend den Begriff „Mißverständnisse" für treffender, wobei „Mißverständnisse" sich dann ergeben, wenn Eltern die Absichten der Erzieherinnen nicht verstehen. Sie waren durchgängig davon überzeugt, daß die kleineren und größeren Konflikte im Alltag zwischen MigrantInnen und einer deutschen Institution wie der „Mäuseburg" durch geduldiges Erklären der hiesigen Verhaltenserwartungen zu lösen sind.)

Von den „Sachen", die sie gelegentlich in den Tür-und-Angel-Gesprächen erfahren haben, sagte eine Erzieherin: „Es wäre dann auch viel schöner, wenn man sich noch mehr Zeit nehmen könnte, um da einmal so richtig in ein Gespräch reinzukommen" (K3, 11).

In den Ferien, wenn die Gruppen kleiner sind, ist es den Erzieherinnen möglich, sich auf die verschiedenen alltäglichen Lebenswelten der Kinder näher einzulassen. In diesen Wochen macht z. B. die Hort-Gruppe Besuche in den häuslichen Wohnungen der Kinder, vorausgesetzt, daß deren Eltern einverstanden sind (vgl. Team, K1, 12).

8.2.3 Drittes Handlungsmuster: Das Team beteiligt die Eltern an der Arbeit in der „Mäuseburg"

Die Eltern können sich auf verschiedenen Ebenen am Geschehen in der „Mäuseburg" beteiligen:

- Die Erzieherinnen „sprechen die Eltern an", wenn ihnen „Schwierigkeiten" auffallen. Es geschieht ad hoc, wenn die Kinder abgeholt werden oder zu den Elternsprechtagen, die etwa halbjährlich stattfinden. Anderseits gibt es Anfragen von Eltern, die einen Termin für ein „Elterngespräch" wünschen.
- Allgemeine Mitteilungen an alle Eltern werden schriftlich ausgehängt. Solche Informationen werden in deutscher Sprache veröffentlicht und nur gelegentlich in Übersetzung. Die Erzieherinnen vertrauen ohnehin mehr auf die mündliche Kommunikation:
  „Es geht vieles nicht über Zettel an der Tür, sondern über ein persönliches Gespräch. Wenn wir merken, die Eltern stehen vor der Tür und lesen den Zettel, haben ihn mit Sicherheit aber nicht verstanden, daß wir uns dann mit denen auf ein Gespräch einlassen oder denen genau erklären, was auf dem Zettel steht" (Team, K1, 4).
- Auf Wunsch der Eltern wurde eine Pin-Wand angebracht, an der Erzieherinnen und Eltern Informationen und Wünsche veröffentlichen können.

- Eltern beteiligen sich an der Gestaltung der Außenanlagen. In einem freiwilligen Arbeitseinsatz haben sie z. B. den Pflanzenbewuchs einer Fassade angelegt und Rasen angesät.
- Eltern werden gebraucht zur Begleitung der Gruppen auf ihren Gängen durch den Stadtteil und bei Ausflügen, z. B. im Schwimmbad.
- Jährlich wird ein „Beirat" aus Vertretern des Trägers, der Mitarbeiterinnen und der Eltern benannt, der einmal monatlich zusammenkommt und die Arbeit der „Mäuseburg" beratend begleitet. Ein „Elternrat" ist vorgesehen, aber noch nicht zustande gekommen.
- Eltern beteiligen sich an Festen und Sonderveranstaltungen. Das Sommerfest z. B. ist offiziell eine Veranstaltung der Elternschaft.

Die Einbeziehung der Eltern bezeichneten die Erzieherinnen als sehr wichtig. Sie brachten wiederholt zum Ausdruck, daß die Eltern sich stärker als bisher beteiligen sollen. Sie nannten dafür folgende drei Gründe:

- Einerseits ist bei bestimmten Gelegenheiten Mithilfe von Eltern erwünscht, geradezu Voraussetzung, z. B. bei Gängen durch den Stadtteil oder bei der Vorbereitung und Durchführung von Festen (vgl. Team, K1, 12; K8, 3).
- Zum anderen suchen die Erzieherinnen das Gespräch mit den Eltern, um etwas über die familiäre Situation der Kinder zu erfahren, etwa über Wertvorstellungen und Erziehungsstile, in denen die Kinder aufwachsen. Die Erzieherinnen wollen auf Grund solcher Gespräche die Kinder besser verstehen, möchten aber auch den Eltern ihre pädagogischen Absichten verständlich machen (vgl. Team, K1, 9; K3, 12; K4, 1).
- Drittens sollen die Eltern sich mit der „Mäuseburg" „identifizieren" (Team, K4, 1). Es ist dem Team sehr daran gelegen, daß die Eltern mit seiner Arbeit zufrieden sind und diese Einrichtung im Stadtteil einen guten Ruf hat (vgl. Team, K3, 8).

Allerdings hat das Team sehr deutliche Vorstellungen davon, wo die Eltern mitwirken dürfen und wo nicht: Sie dürfen Vorschläge machen für den Essensplan, bei manchen Ausflügen sind einige BegleiterInnen erwünscht, sie sollen beim Sommerfest mithelfen und bestimmte Aktionen übernehmen, wie die Begrünung der einen Außenfassade. Nicht mitreden sollen die Eltern bei Einstellungen von neuen MitarbeiterInnen, bei den Finanzen, bei der Fortbildung, beim Erziehungskonzept und bei der Zusammensetzung der Gruppen.

In der Reflexion der bisherigen Mitarbeit der Eltern, z. B. anläßlich des Sommerfestes, und den weitgehenden Wünschen der Eltern zur zukünftigen Beteiligung an der „Mäuseburg", wie sie in der Befragung und dem anschließenden Elternabend zum Ausdruck kamen, zeigten sich ambivalente Einstellungen der Erzieherinnen zu den Eltern. Einerseits wurde Elternbeteiligung gewünscht, andererseits aber kritisiert und gefürchtet.

Das Team war überzeugt: „Die Beteiligung der Eltern ist eigentlich nicht so dolle" (K11, 2). Es fand die Mithilfe der Eltern beim letzten Sommerfest „dürftig" (K7, 2). Tatsächlich hatten nur 5 Elternteile eine helfende Funktion übernommen (vgl. teilnehmende Beobachtung, K7, 2). Besonders die Migranten-Eltern werden kritisiert, sie würden sich nicht „öffnen", wenn die Erzieherinnen das Gespräch mit ihnen suchten (vgl. K1, 1). Aber auch den deutschen Eltern wird vorgehalten, sie würden „den Mund nicht aufkriegen" (vgl. K11, 2). Allerdings vermittelten die teilnehmenden Beobachtungen den gegenteiligen Eindruck, daß die Eltern sich sehr engagiert äußerten (vgl. K17).

In der Reflexion wird aber auch die Befürchtung der Erzieherinnen deutlich, „die Eltern wollen sich doch stärker engagieren, als die Erzieherinnen das doch immer wünschen" (Team, K10, 3). „Mitspracherecht ist ein Problem" (Team, K4, 1), die Eltern sollen nicht „überall mitreden" (ebd.). Am besten ist, wenn „sie nur zuhören" (Team, K11, 3). Die Eltern dürfen nicht „belastend für uns werden" (ebd.), sie sind ohnehin häufig „nervig" (ebd.). Die teilnehmenden Beobachtungen zeigten allerdings, daß die Anwesenheit der Eltern die Alltagsroutine in den Gruppen erheblich durcheinanderbrachte. Zudem hielten sich Eltern nicht an Absprachen und wollten zu Zeitpunkten mit den Erzieherinnen Gespräche führen, als diese sich dringend auf die Gruppe konzentrieren mußten (vgl. teilnehmende Beobachtung, K 12).

Der Wunsch der Eltern, anläßlich des Abholens der Kinder bei einer Tasse Kaffee oder Tee eine Weile zusammenzusitzen und miteinander zu reden, war den Erzieherinnen bereits bekannt. Als er jetzt erneut vorgetragen wurde, löste er beim Team wieder große Besorgnis aus: Die Cafeteria sei nicht geeignet, am Ende würden die Eltern gar nicht mehr gehen (vgl. Team K10, 3).

Die Erzieherinnen als Mitforscherinnen formulierten dazu folgende Stellungnahme: „Die Aufsicht der Kinder muß gewährleistet sein. Die Erzieherinnen können nicht gleichzeitig die Eltern unterhalten und bewirten. Die Kinder laufen zwischen den Gruppen und den Eltern hin und her, das bringt erhebliche Unruhe in den Gruppenalltag. Vermutlich werden überwiegend die Eltern das Angebot nutzen, die ohnehin häufig in der Kita präsent sind. Die anderen müßten zusätzlich angesprochen werden. Die bisherige Form der Elternarbeit müßte bestehen bleiben. Bisher verweilen einzelne Eltern für eine Zeit im Gruppenraum oder auf dem Hof, so daß sich ein Gespräch ergeben kann. Auch beim Frühstück in der Hortgruppe gibt es Gelegenheit zu zwanglosem Gespräch."

8.2.4 Viertes Handlungsmuster: Das Team geht mit den Kindern in die Stadtteilöffentlichkeit

Die Nordstadt ist ein für Kinder vielerorts geradezu gefährlicher Stadtteil. Die Straßen sind eng, mit geparkten Autos zugestellt, unübersichtlich und gefährlich auf Grund des hohen Verkehrsaufkommens. Mit Ausnahme des am Rande gelegenen Welfengartens gibt es wenig Spielplätze. Man sieht auf den Fußwegen wenig kleinere Kinder.

Es ist kennzeichnend für das Selbstverständnis des Teams der „Mäuseburg", daß es diese Einrichtung als einen wesentlichen Teil der Nordstadt begreift. Darum legen die Erzieherinnen großen Wert darauf, daß die Kinder diesen Stadtteil kennenlernen, insbesondere die Spielmöglichkeiten. Die Erzieherinnen unternehmen mit ihren Gruppen, teilweise von Eltern begleitet, Gänge durch die Nordstadt. Sie besuchen die Spielplätze und probieren mit den Kindern die dortigen Geräte aus, sie gehen die Wege zu den Schulen und zum Jugendzentrum, zur Stadtteilbücherei, zu den Handwerksbetrieben, die im Stadtteil verblieben sind, und zur Polizei.

Das Team arbeitet regelmäßig in den Gremien mit, in denen sich die Fachkräfte der Kinder- und Jugendarbeit treffen, dem Jugendforum, der Runde der Kindertagesstätten und Schulen. Das Team hatte sich z. B. 1992 engagiert, den Skandal der mit Dioxin verseuchten Spielflächen öffentlich zu machen: Die Erzieherinnen hatten dazu mit den größeren Kindern Warnschilder gemalt und sie als eine Demonstration in Anwesenheit der Presse auf den gefährlichen Plätzen aufgestellt. 1993 hatte das Team zusammen mit den Kindern einen neuen Spielplatz eingeweiht, den das Jugendforum erstritten hatte. Als die Pläne der Verwaltung bekannt wurden, die Elternbeiträge für die Kindertagesstätten erheblich zu erhöhen und Einsparungen in der kommunalen Jugendhilfe durchzuführen, hatte das Team mit anderen Einrichtungen der Nordstadt einen Protestzug organisiert. Das Team war beteiligt an den öffentlichen, örtlichen Aktionen gegen Ausländerfeindlichkeit. Zusammen mit der GWA und anderen Kindertagesstätten führte die „Mäuseburg" ein großes „Lampionfest der Nordstädter Kinder" durch.

Die „Mäuseburg" kooperiert mit anderen Einrichtungen im Stadtteil: Mit dem „Verein für Sport, Kultur- und Soziale Arbeit" wurde vereinbart, daß er für Kinder der Nordstadt Tanz- und Gymnastikgruppen anbieten und dafür nachmittags einen großen Raum der „Mäuseburg" benutzen kann.

Das Team will damit erreichen, daß die Kinder über den Nahbereich ihrer unmittelbaren Wohnumgebung hinaus den Stadtteil entdecken und daß andererseits im Stadtteil die Kinder und ihre Belange wahrgenommen werden. Die „Mäuseburg" möchte zu einer wichtigen Lobby für Kinder werden.

Die Begründung dafür wird von den Erzieherinnen kurz so formuliert: „Was können wir am besten für die Kinder tun?" (Team, K3, 4). Es ist für dieses Team kennzeichnend, daß es diese Frage nicht nur im Blick auf die pädagogische Gruppenarbeit und auf die Elterngespräche stellt, sondern auch im Blick auf den Stadtteil.

8.3 Interpretation der Ergebnisse

Die Arbeitskapazität des Teams der „Mäuseburg" ist durch den festen zeitlichen Rhythmus der Anforderungen in den Kindergruppen nahezu ausgefüllt. Die Arbeitszeit ist stärker verplant als z. B. bei den Gemeinwesenarbeiterinnen und dem Vorstand von Çağdaş Dostlar. Darin liegt ein wesentlicher Grund dafür, daß die Erzieherinnen auf Fragen zur Reflexion ihrer Praxis, deren Ziele und Begründungen kürzere Antworten gaben als die beiden anderen untersuchten Einrichtungen.

Der Leitgedanke ihres Vorhabens war, es sollte „selbstverständlicher" werden, daß in der Nordstadt Deutsche und MigrantInnen zusammenleben und ihre Kinder in der „Mäuseburg" miteinander aufwachsen. Damit wendete sich das Team präventiv gegen eine Entwicklung, in der MigrantInnen, weil sie nicht zur hiesigen Mehrheits-Gesellschaft gehören, bedroht und terrorisiert oder auch nur benachteiligt und ausgegrenzt werden. Eine derartige Entwicklung hatte das Team allerdings nicht in der eigenen Kindertagesstätte oder der Nordstadt wahrgenommen, sondern auf Grund eines politischen Bewußtseins den Berichten der Medien entnommen. Darum fehlte ihm ein konkreter Anknüpfungspunkt für sein Vorhaben.

Die Erzieherinnen erklärten dazu, sie selber hätten „ein gutes Gefühl" (Team, K1, 1), mit Menschen aus verschiedenen Herkunftsländern in der „Mäuseburg" zusammenzuarbeiten und im Stadtteil zusammenzuwohnen. Sie halten ein gleichberechtigtes Zusammenleben und -arbeiten für normal und wollten durch ihr Vorhaben eine solche Normalität fördern.

In der „Mäuseburg" besteht eine Atmosphäre der Akzeptanz, in der MigrantInnen spüren können, daß sie willkommen sind. Die Erzieherinnen gehen mit ihnen in der gleichen Selbstverständlichkeit um wie mit den Deutschen. Sie sehen die Migranten-Kinder jedenfalls nicht als eine besondere Problemgruppe und sind nicht darauf fixiert, deren Defizite aufzuspüren.

Entsprechend seinem Leitgedanken hatte das Team sich vorgenommen, neben den deutschen Festen in der „Mäuseburg" verschiedene Festtage der MigrantInnen zu feiern und die diversen Herkunftsländer durch „ausländische Wochen" herauszustellen.

Die deutschen Eltern, soweit sie sich in der Befragung und vor allem auf dem Elternabend geäußert hatten, hätten diesem Vorhaben zugestimmt. Auf deutliche Ablehnung stieß es aber bei den MigrantInnen, und zwar aus zwei Gründen:

Erstens reagierten die MigrantInnen sehr sensibel darauf, daß durch ein derartiges Arrangement ihrer Feste in der „Mäuseburg" ihr besonderer Status als Nicht-Deutsche herausgehoben würde. Sie brachten mit großer Erregung zum Ausdruck, sie wären es leid, immer wieder der deutschen Mehrheitsbevölkerung ihr Anderssein vorführen zu müssen.

Außerdem könnten sie sich, das machten sie mit wenigen Ausnahmen deutlich, mit bestimmten Festen ihrer Herkunftskultur, die von politischen und religiösen Traditionen geprägt sind, nicht mehr vorbehaltlos identifizieren. Sie kämen also in die Situation, den Deutschen (und ihren eigenen Kindern) etwas vorführen zu müssen, was ihrem Selbstverständnis nicht mehr entspricht.

Die MigrantInnen, die sich so äußerten, unterschieden sich in ihrer ethnischen und religiösen Herkunft, ihrer Ausbildung und Berufstätigkeit. Gemeinsam ist ihnen, daß sie ihre Kinder in eine deutsche Kindertagesstätte schicken und daß sie der 2. Generation von MigrantInnen angehören. Ihre Zurückhaltung bei der Präsentation von Kultur ist aber nicht so zu erklären, daß sie sich von ihrer kulturellen Herkunft distanzieren und an die deutsche Gesellschaft völlig assimilieren wollen. Sie alle möchten, daß ihre Kinder ganz bewußt in zwei Kulturen aufwachsen. Sie sprechen mit ihren Kindern in der häuslichen Umgebung ihre Herkunftssprache. Sie wollen, daß ihre Kinder in der „Mäuseburg" die deutsche Sprache lernen, aber auch die Herkunftssprache benutzen können, also zweisprachig aufwachsen.

Bei einer solchen Lebensplanung paßte es den MigrantInnen nicht, wenn ihr besonderer Status durch das Arrangement ihrer Feste herausgestellt würde. Ihre Anwesenheit würde damit nicht „selbstverständlicher", sondern etwas Besonderes.

Dafür, daß die MigrantInnen Schwierigkeiten hatten, sich mit traditionellen Festen zu identifizieren, hatten auch die deutschen Erzieherinnen großes Verständnis. Auch ihnen fiele es schwer, sagten sie, sich mit dem deutschen Weihnachtsfest oder anderen, deutlicher christlich geprägten Festen wie Ostern oder Himmelfahrt zu identifizieren.

Es zeigt sich, daß es nicht nur um das Zusammenleben verschiedener Kulturen geht, sondern weit divergierende subjektive Aneignungsformen der verschiedenen kulturellen Überlieferungen zusammentreffen. Die Aneignung von Traditionen als je individueller Vorgang spielt sich vor allem im privaten Bereich und in solchen Gruppen ab, die in ihrem Lebensstil übereinstimmen. Die Eltern der MigrantInnen, aber auch die Erzieherinnen feiern die verschiedenen Feste durchaus, aber meistens in jeweils subjektiver Interpretation der Überlieferungen. Das geschieht dann aber in der Umgebung der Familie oder unter Freunden, mit denen man seine Ansichten zu Fragen der Wertorientierung teilt. Der halböffentliche Raum einer Kindertagesstätte eignet sich nicht, die eigenen, subjektiven Deutungen der Tradition auszudrücken. Es wird als Schwierigkeit empfunden, sich in festen Kategorien, z. B. als „Muslim", als „Türke", als „spanischer Katholik" darstellen und kulturelle Ausdrucksformen erklären zu müssen, von denen man sich innerlich distanziert hat bzw. die subjektiv umgedeutet wurden. Ohnehin gibt es in manchen Fragen der Wertorientierung und Erziehungsstile mehr Gemeinsamkeiten zwischen Familien von Deutschen und MigrantInnen als zwischen Deutschen untereinander bzw. MigrantInnen untereinander.

Mit ihrer Ablehnung des Vorhabens von dem Team haben die MigrantInnen ihr Empfinden dafür zum Ausdruck gebracht, daß durch solche Arrangements kulturelle Vielfalt nicht „selbstverständlicher" dargestellt, sondern im Gegenteil verdeckt wird. Hier wird das Dilemma offenkundig, daß wohlmeinende Absichten sich ins Gegenteil verkehren, wenn fürsorglich für eine Minderheit geplant wird und die gleichberechtigte Akzeptanz nicht dadurch zum Ausdruck kommt, daß gemeinsam eine Konzeption erstellt wird. Diese Einsicht ist dem Team nicht unbedingt leicht gefallen, aber es war offen genug, um die Zurückhaltung der MigrantInnen zu spüren und darauf einzugehen.

Andererseits wird die von deutschen Eltern geäußerte Auffassung, man solle nicht zwischen Deutschen und MigrantInnen unterscheiden, weil sie doch alle „Menschen" seien, dieser Situation nicht gerecht. „Die Deutschen haben keine Ahnung", kommentierte eine Migrantin diese Äußerungen mit Bitterkeit. Es war bezeichnend, daß in dieser Gesprächsphase die deutschen TeilnehmerInnen überhaupt nicht wahrnahmen, daß die MigrantInnen laufend von erlittenen Benachteiligungen und Beleidigungen erzählten, die sie als offensichtlich nicht gleichberechtigte Menschen hinnehmen müssen. *Sowohl durch Kategorisierung als auch durch Leugnung aller Differenzen wird die gesellschaftliche, aber auch die je individuell gedeutete Lebenslage nicht begriffen, in der MigrantInnen hier leben.*

Elternarbeit in der „Mäuseburg" bietet die Chance, sich gegenseitig nicht nur als Menschen, sondern in konkreten Lebensbedingungen kennenzulernen, wenn z. B. Erlebnisse mit Behörden ausgetauscht werden oder sich herausstellt, daß gelegentlich MigrantInnen, gelegentlich aber auch deutsche Eltern für bestimmte Vorhaben keine Ressourcen haben.

Mit seinem zweiten Handlungsmuster, in dem es sich auf die alltäglichen Lebenswelten der Kinder und Eltern einläßt, wird das Team den unterschiedlichen Lebenslagen eher gerecht. Die Eltern berichten u. a. von besonderen kulturellen Ereignissen, aber auch von deren jeweiligen Bedeutungen für die Familie und die Kinder. Sie fragen die Erzieherinnen, wie diese bestimmte Ereignisse bzw. Festtage interpretieren, um deren kulturelle Orientierungen zu verstehen. Die Eltern berichten vor allem vom Alltag in den häuslichen Lebenswelten.

In den Tür-und Angel-Gesprächen können die Eltern entscheiden, wann und was und wie sie ausführlich erzählen. Darum kommt ihnen eine solche informelle Gesprächssituation entgegen. Andererseits fehlen den Erzieherinnen bei solchen Gelegenheiten meistens die Zeit und die Ruhe zum Zuhören.

Die Erzieherinnen nutzen solche Situationen, um mit den Eltern „Schwierig-keiten anzusprechen". Sie gehen in ihren Teamgesprächen auf derartige Erfahrungen ein. Aber es gibt in der Praxis der „Mäuseburg" keinen Ort, an dem eine kritische Distanz hergestellt wird, um zu überprüfen, was von den Erzieherinnen als „Schwierigkeit" wahrgenommen und als solche interpretiert wird. Der Alltag erschließt sich nur in der Interpretation, aber es bedarf der Überprüfung, inwieweit die subjektiven Auslegungen angemessen sind. Dies gilt besonders für die professionelle pädagogische Begleitung kindlicher Entwicklungsprozesse, aber auch der Förderung der „Selbstverständlichkeit" im Zusammenleben von Deutschen und MigrantInnen. Die Erzieherinnen müssen die schwierige Aufgabe bewältigen, nicht nur die Worte, sondern auch die Körpersprache der Kinder (und Eltern) zu entschlüsseln. Das Nichtverstehen dessen, was Kinder ausdrücken wollen, und bereits das unbeabsichtigte Übersehen kindlicher Signale vergrößert häufig deren Probleme.

In den Gesprächen mit den Eltern müssen die Erzieherinnen heraushören, welche Rolle ihnen von den Eltern zuerkannt wird und in welcher Weise von ihnen das Verhältnis der Migranten-Kinder, speziell der Jungen, zu den deutschen Frauen geprägt wird.

Es ist erforderlich, daß die Erzieherinnen die von ihnen wahrgenommenen und angesprochenen, aber auch die übersehenen „Schwierigkeiten" in einer kontinu-ierlichen fachlichen Beratung überprüfen und dabei auch Blockaden des Fremd-verstehens, die in der eigenen Person liegen, aufarbeiten. Dies gilt umso mehr, wenn die Erzieherinnen auftretende Konflikte als „Mißverständnisse" interpretieren und darum großen Wert auf geduldiges „Ansprechen" und „Erklären" legen. Für eine pädagogische Einrichtung ist die Deutung offensichtlich naheliegend, daß Konflikte mit MigrantInnen aus einem (noch) ungeklärten Verständnis der Kinder bzw. Eltern entstehen; dadurch wird legitimiert, daß die eigene pädagogische Arbeit wesentlich im „Ansprechen" und „Erklären" liegt und von den Kindern der MigrantInnen (und deren Eltern) das nachvollziehende Verstehen als Anpassungsleistung erwartet werden muß.

Andererseits klingt in einigen Äußerungen der Erzieherinnen auch an, wie schwer es für sie ist, die Fremdheit der MigrantInnen zu verstehen, wiewohl sie sich darum bemühen. Zur Unterstützung ist eine externe Praxisbegleitung erforderlich.

Die Gespräche mit dem Team haben den Eindruck erweckt, als hätten die Erzieherinnen ein ambivalentes Verhältnis zu den häuslichen Erlebnissen der Kinder: Einerseits betonen sie, wie wichtig es ist, die Vorstellungen der Eltern und die häusliche Umgebung der Kinder kennenzulernen. Andererseits werten sie das familiäre Erleben der Kinder und ihren lebensweltlichen Alltag ab und nehmen sich zu seinem Verständnis wenig Zeit. Das Ernstnehmen der unterschiedlichen Alltage der Kinder, der Besonderheiten und „Schwierigkeiten" aber ist wichtige Voraussetzung dafür, die kulturelle Vielfalt „selbstverständlicher" werden zu lassen und dabei auch die mit Ethnizität und Kultur verbundenen Benachteiligungen wahrzunehmen und zu überwinden. Das Team hat die Chancen, die in dem zweiten Handlungsmuster zur Verwirklichung seines eigenen Leitgedankens liegen, noch nicht voll gesehen und genutzt.

Wenn die Erzieherinnen die „Schwierigkeiten" der Kinder „ansprechen", individualisieren sie die behandelten Probleme. Vermutlich müssen viele dieser Probleme vertraulich besprochen werden. Aber manche Themen betreffen durchaus die Lebenslagen von mehreren Kindern, z. B. die generelle Situation von MigrantInnen, und wären geeignet für ein Gruppengespräch. Es ist zu überlegen, ob die Erzieherinnen in den Gruppen Situationen schaffen, in denen Kinder von ihrem häuslichen Alltag erzählen und auf diese Weise die „Selbstverständlichkeit" der unterschiedlichen kulturellen Muster fördern, Kindern aber auch die Unterschiede und Benachteiligungen bewußt werden und sie zu Überlegungen kommen, wie derartige negative Erfahrungen zu überwinden sind. So könnten die Erzieherinnen in Anknüpfung an die subjektiven Eindrücke der Kinder sich mit deren Eltern darüber unterhalten und mit Eltern und Kindern gemeinsam Lösungsmöglichkeiten suchen.

Ambivalent ist offensichtlich auch das Verhältnis des Teams zur Mitbestimmung der Eltern. Einerseits wird eine verstärkte Mitwirkung der Eltern gewünscht, andererseits gefürchtet. Die häufig geäußerten Zweifel an der Ernsthaftigkeit des Engagements der Eltern dienen als Begründung der Abwehrhaltung.

Ein Grund für diese Abwehr ist darin zu erkennen, daß verstärktes Eingehen auf die Eltern, also die gewünschte erhebliche Ausweitung der Anzahl von Elternnachmittagen oder -abenden, die inhaltliche Mitwirkung des Elternbeirates, eine Beteiligung der Eltern an den Kindergruppen u. a. zu einer verstärkten Arbeitsbelastung für das Team führen würde. In den Arbeitszeitregelungen mit dem Träger der „Mäuseburg" sind keine Extrastunden für Elternarbeit vorgesehen, die vielfältigen Aktivitäten des Teams sind bereits jetzt unbezahlte Mehrarbeitsstunden. Es sind also Verhandlungen mit dem Träger erforderlich, wie die von der Arbeiterwohlfahrt ausgegebenen „Elterninformationen" realisiert werden können: „Die Zusammenarbeit mit den Eltern ist wichtiger Bestandteil unserer pädagogischen Arbeit" (K16, 16). Auch in den „Grundpositionen" der Arbeiterwohlfahrt zur Arbeit in Kindertagesstätten wird darauf verwiesen, daß in ihren Einrichtungen im „Zusammenleben von Eltern und Erziehern" die Kinder Demokratie lernen sollen (vgl. ebd., 19). Wenn darin ein wesentlicher Teil der pädagogischen Arbeit einer Kindertagesstätte gesehen wird, geradezu ihre demokratische Legitimation, dann muß die Einrichtung mit so viel Arbeitskapazität ausgestattet sein, damit diese Aufgabe nicht nur in Überstunden geleistet werden kann. Der Arbeitgeber muß zu erkennen geben, wie ernst er seine demokratischen „Grundpositionen" nimmt.

Ein weiterer Grund für die abwehrende Haltung des Teams gegenüber stärkerer Mitwirkung der Eltern liegt aber auch darin, daß die Erzieherinnen in der „Mäuseburg" mit einer großen Zahl von akademisch gebildeten Eltern konfrontiert sind. Auf dem Elternabend, an dem sich nahezu alle der 36 anwesenden Eltern mit mündlichen Beiträgen beteiligten, war zu erkennen, wie Eltern ihre überlegenen sprachlichen Fähigkeiten ausspielten und dadurch einschüchternd wirkten. Die Erzieherinnen betonten allerdings, daß sie sich von akademischer Ausbildung der Eltern nicht beeindrucken lassen. Sie stimmten aber dem zu, daß sie in ihrer Berufsausbildung für die Gruppenarbeit mit Kindern, aber damit noch nicht für die Begleitung von Erwachsenen-Gruppen qualifiziert wurden.

Das Team hatte sich lange dagegen gewehrt, daß in den Interviews mit den Eltern deren Erwartungen abgefragt werden, und hatte sich zunächst auch gegen das Ansinnen der Eltern gesträubt, eine Pin-Wand einzurichten, wo nicht nur Informationen, sondern auch Vorschläge der Eltern angeheftet werden können, „weil dann Eltern ihrer Phantasie freien Lauf lassen, und die Erzieherinnen müssen tanzen" (Team, 4, 2). Erst nach einer Weile ließen sich die Erzieherinnen davon überzeugen, daß es ihrer Entscheidung überlassen bleibt, ob sie Vorschlägen aus der Elternschaft folgen wollen oder nicht.

Unsicherheit des Teams den Eltern gegenüber zeigte auch die teilnehmende Beobachtung des Sommerfestes und dessen Auswertung. In einem Interview war gefragt worden: „War es *Euer* Fest, sind die Eltern *Gäste,* oder ist es ein gemeinsames Fest? Ihr fragt in einem Aushang, welche Eltern bei der Vorbereitung ,*helfen wollen'.*" Die Erzieherinnen antworteten mit Vehemenz: „Auf alle Fälle ist das Sommerfest ein Fest *der Eltern*, des Elternbeirats für Eltern und Kinder. Das steht auch im Beiratsprotokoll und im Elternbrief" (K8, 2).

Andererseits hatte das Team alle wichtigen Funktionen in der Hand behalten und den Eltern nur Hilfstätigkeiten zugewiesen. Nur wenige Eltern waren dann an der Gestaltung des Festes aktiv beteiligt. In der abschließenden Reflexion der Erzieherinnen wurde deutlich, daß sie sich auf das Risiko einer Elternbeteiligung entgegen ihrer eigenen Erklärung nur zurückhaltend eingelassen hatten. Die Mitwirkung der Eltern hatten sie gewünscht und gefürchtet.

Die Erzieherinnen als Mitforscherinnen formulierten dazu folgende Stellungnahme: „Im folgenden Jahr wurden den Eltern die Elemente des Sommerfestes vorgestellt, und sie konnten in Teilbereichen Verantwortung übernehmen. Die Erzieherinnen sehen hierin eine Änderung ihrer Haltung hin zu einer weitergehenden Beteiligung der Eltern, die zu Beginn der Forschung so nicht bestand." (Die Forschungsgruppe stimmt dieser Auffassung zu. Durch die Konfrontation mit den Forschungsergebnissen und die Diskussionen darüber in ihrem Team haben die Erzieherinnen eindeutig an Selbstbewußtsein gegenüber den Eltern gewonnen. Das zeigen u. a. die Stellungnahmen, deren Einfügung das Team gefordert hat. Mit der gewachsenen Sicherheit ist auch die Bereitschaft gestiegen, die Eltern in die Arbeit einzubeziehen. Nach wie vor sind aber die Anforderungen der Eltern und die damit erwarteten Mehrbelastungen ein heikler Punkt.)

Auf dem Elternabend, in jener Phase, als die Eltern sehr viel stärkere Beteiligung einforderten, wurden Argumente dafür vorgetragen, die über den herkömmlichen Rahmen einer Kindertagesstätte hinausgehen: Die Zitate der Eltern (vgl. Kapitel 8.2.3) zeigten ein Interesse der Eltern nicht nur an der Entwicklung der Kinder in der „Mäuseburg", sondern sie suchen eine Gelegenheit zu eigener Kommunikation und für Aktivitäten über den pivaten Bereich hinaus. Die Eltern werteten die gemeinsamen Zusammenkünfte als eine sinnvolle Betätigung im Eigeninteresse.

Elterntreffen im Zusammenhang mit einer Kindertagesstätte erscheinen deshalb als günstiger Anlaß zur Anbahnung von Kommunikation, weil Nähe und Distanz zu anderen Eltern ausprobiert werden kann. Die Gemeinsamkeit als Eltern gibt den unverfänglichen Anlaß, aufeinander zuzugehen. Aber nichts hindert daran, Distanz zu wahren, wenn dies angezeigt erscheint. „Ich suche mir die Menschen danach aus, ob sie mir sympathisch sind, egal, welcher Nation oder Haarfarbe" (Elternabend, K17, 2) war auf dem Elternabend gesagt worden.

Eine Kindertagesstätte erscheint als ein geeigneter Ort der Stiftung von Kommunikation in einem Stadtteil, von dem sonst gesagt wird, daß die BewohnerInnen nebeneinanderher leben. Es gibt günstige Ansatzpunkte dafür, eine Kindertagesstätte wie die „Mäuseburg" zu einem „Gemeinwesenzentrum" auszubauen (vgl. Kapitel 9).

Die Interviews und der Elternabend haben gezeigt, daß die Eltern ein hohes Interesse an der Entwicklung eines kindgerechten Stadtteils haben. 40% von ihnen haben sich bereits an verschiedenen Stellen dafür engagiert. Andererseits ist die „Mäuseburg" der primäre Ort, an dem sich die Eltern über aus ihrer Sicht problematische, die Kinder gefährdende Entwicklungen im Stadtteil unterhalten und dabei auch über erforderliche Aktionen reden. Auch insofern bietet ein Elterntreffpunkt einen wichtigen Ansatz für GWA.

Für das Team ist die Beschäftigung mit der Nordstadt ein wichtiger Bestandteil der Arbeit. „Was können wir am besten für die Kinder tun?" (Team, K3, 4.) Um diese Frage zu beantworten, partizipieren die Erzieherinnen in verschiedenen Gremien der Kinder- und Jugendarbeit im Stadtteil.

Allerdings ist auffallend, wie vorsichtig und zurückhaltend die Erzieherinnen in dieser Hinsicht agieren: Bei ihren Spaziergängen durch den Stadtteil gehen sie meistens durch die problemlosen Zonen, sie suchen die erholsamen und anregenden Teile der Nordstadt auf. Die Kinder kommen aber auch aus den gefährlichen Straßen, über die ungesicherten Überwege, aus den schmutzigen und keineswegs kindgerechten Teilen der Nordstadt.

Die Frage „Was können wir am besten für die Kinder tun?" könnte das Team der „Mäuseburg" in einem weitergehenden Sinn als bisher beantworten. Welche Einrichtung im Stadtteil sonst sollte einen Blick dafür haben, wo für das Wohlergehen und die Sicherheit der Kinder etwas getan werden müßte? Das Team weiß bzw. könnte wissen, wo die Kinder in der Nordstadt gefährdet sind, wo ihnen Spielmöglichkeiten fehlen. Das Team kennt die anderen Einrichtungen, die als Lobby für Kinder in Frage kommen und mit denen kooperiert werden kann. Das Team kann mit der Unterstützung eines großen Teiles der Eltern rechnen, das zeigten die Interviews. Die Eltern haben von sich aus gesagt, welche Themen aufzugreifen wären, also wo Zebrastreifen und gesicherte Straßenübergänge erforderlich sind, wo Tempo-30-Zonen eingerichtet werden müssen bzw. der Autoverkehr ausgesperrt werden sollte, wo Spielflächen eingerichtet oder umgestaltet werden müßten usw.

Der Grund dafür, daß das Team sein eigenes Handlungsmuster nicht deutlicher und konsequenter praktiziert, liegt darin, daß es sich scheut, politisch zu agieren. Die Themen einer kindgerechten Stadtteilentwicklung sind in der Nordstadt parteipolitisch besetzt, in diesem Fall von Bündnis 90/Die Grünen. Offensichtlich ist auch zwischen dem Träger und dem Team nicht abgesprochen, wie weit die fachliche Zuständigkeit der Erzieherinnen reicht: Umfaßt sie nur die pädagogische Arbeit innerhalb der Kindertagesstätte, oder gehört die Wahrnehmung der fachlich-politischen Aufgabe dazu? Ungeklärt ist, welche Konflikte entstehen, wenn eine Institution der Arbeiterwohlfahrt Positionen aufgreift, die ein politischer Gegner der SPD besetzt hält. Auch hier könnte es sinnvoll sein, wenn sich die Erzieherinnen gemeinsam mit den Eltern für bestimmte Veränderungen im Stadtteil einsetzen.

Je mehr sich die Erzieherinnen nach ihrem zweiten Handlungsmuster auf den Alltag und das Erleben der Migranten-Familien einlassen, können sich daraus Themen ergeben, die nicht nur für die jeweilige Gruppe oder für die ganze „Mäuseburg", sondern für eine Aktion im Stadtteil interessant wären. Solche Aktionen, mit denen nicht nur das Zusammenleben von Deutschen und MigrantInnen, sondern die Gleichheit der Lebenschancen selbstverständlicher würde, müssen sich aus dem konkreten Erleben ergeben, das in den Erzählungen der Kinder und Eltern aus ihrem Alltag erkennbar wird. Anteilnahme der Erzieherinnen und der anderen Kinder am Erleben der MigrantInnen bietet eher noch als die allgemeine Politik Anlaß für besondere Veranstaltungen der „Mäuseburg", um selbstverständlicher werden zu lassen, daß MigrantInnen ein gleichberechtigter Teil der Nordstadt sind.

Die Erzieherinnen als Mitforscherinnen formulierten dazu folgende Stellungnahme: „Der Grund dafür, daß das Team sein eigenes Handlungsmuster nicht konsequenter praktiziert, liegt darin, daß das Zeitbudget für mehr politisches Engagement begrenzt ist."

8.4 Die Praxis der „Mäuseburg" im Vergleich zu Positionen in der Literatur

Wesentliche, bis heute richtungweisende Veröffentlichungen zur elementarpädagogischen Arbeit in Kindertagesstätten mit deutschen und Migranten-Kindern sind bereits in den achtziger Jahren erschienen. Sie basieren auf längeren wissenschaftlichen Begleitungen von Modellprojekten an verschiedenen Orten.

Eine derartige Untersuchung wurde 1984 von Annette Beck veröffentlicht: „Ausländerkinder im Kindergarten – Wege zu einem gegenseitigen Verständnis". Es handelt sich um einen „Erfahrungsbericht über einen Modellversuch", an dem 10 Kindertagesstätten in Hannover, Braunschweig, Wolfsburg und Seelze beteiligt waren und der von 1980–1983 für drei Jahre aus Bundes- und Landesmitteln gefördert wurde.

„Aufgabe des Projektes war es, Erziehern, die mit ausländischen Familien arbeiten, Arbeitshilfen an die Hand zu geben" (Beck 1984, 6). Dies geschieht aber völlig anders als in der damals üblichen Weise, Defizite bei den Migranten-Kindern festzustellen und durch spezielle Fördermaßnahmen zu kompensieren. Annette Beck beschreibt vielmehr das, was der Titel sagt, nämlich „Wege zum gegenseitigen Verständnis". In dem Projekt, das als dreijährige Fortbildung für die Erzieherinnen in den 10 Kindertagesstätten angelegt war, ging sie von den Schwierigkeiten im Umgang mit ausländischen Kindern aus, die sich anscheinend nur langsam in den gewohnten Kindergartenalltag integrieren ließen. „In der Projektarbeit ist versucht worden, die Ursachen genauer zu untersuchen, warum das Zusammenleben von Ausländern und Deutschen im Kindergarten viele Probleme hervorruft" (ebd., 12). Denn „es ist schwer, ausländische Familien einzuschätzen, ihr Verhalten vorherzusagen, Ursachen für das Verhalten zu benennen. Oft sind Erzieherinnen befremdet, weil sie die Verhaltensweisen der Ausländer nicht verstehen. Sie wissen z. B. nicht, warum Ausländer wütend, großzügig oder traurig sind" (ebd., 13).

Das Fortbildungsprojekt wollte das *Verstehen* der fremden Einstellungen, der Wertmaßstäbe und Denkweisen fördern. „Einen anderen, fremden Menschen verstehen zu lernen, ist kein rein kognitiver Prozeß. Informationen und Wissen über seine Geschichte und Kultur reichen nicht aus, sondern emotionale Fähigkeiten, wie der Aufbau einer Beziehung, jemanden annehmen und sich ernsthaft auf ihn einlassen, jemanden akzeptieren, sind mindestens ebenso wichtig. Verstehen lernen bedeutet auch umgehen lernen mit den Hindernissen, die dem Verständnis im Wege stehen" (ebd., 15). Die Ursachen für das Nichtverstehen des Fremden sieht Beck in der gesellschaftlichen Situation, in der beruflichen Sozialisation und in Persönlichkeitsmerkmalen des Erziehenden.

Annette Beck beschreibt mit vielen Beispielen aus dem Kindergartenalltag, wie solche Verstehensprozesse ablaufen. Sie schildert Entwicklungen ausländischer Kinder, das Akzeptieren fremder Lebensweisen, Identitätsfragen der Kinder, die Hilflosigkeit der ErzieherInnen, ihre Auseinandersetzung mit den Eltern u. a.m. Das Ergebnis dieses Modellversuchs liegt im wesentlichen darin, daß die ErzieherInnen schildern können, wie sie an Sensibilität für die Situation der ausländischen Kinder und Eltern gewonnen haben (vgl. ebd., 205).

Die gesellschaftlichen Bedingungen des Verstehens bzw. Nichtverstehens sind allerdings so allgemein formuliert, daß daraus keine Hilfe für die Arbeit mit Eltern und Kindern zu gewinnen ist. Kritisch muß eingewendet werden, daß hier Kinder in ihrer Lebenswelt gesehen werden, ohne daß gefragt wird, ob diese ggf. verändert werden muß bzw. wie Kinder, Eltern und Erzieherinnen dabei zusammenwirken können.

Wegweisend ist diese Untersuchung aber dadurch geworden, daß hier Abstand genommen wurde von der Defizitorientierung, aber auch von der Stereotypenbildung. Das Verstehen, zu dem diese Fortbildung anleitet, will nicht die einzelnen Kinder als jeweilige Träger von Merkmalen bestimmter Kulturen, Ethnizitäten oder Religionen begreifen, sondern in ihrer Individualität beachten. Diese Individualisierung ist heute, über 10 Jahre später, erst recht wichtig, weil inzwischen der Prozeß der kulturellen Differenzierung fortgeschritten ist; viele MigrantInnen der dritten Generation erleben sich zwischen den Kulturen und müssen jeweils ihren eigenen kulturellen Aneignungsprozeß bewältigen.

Ohne sich direkt auf diese Untersuchung zu beziehen, knüpfen die Erzieherinnen der „Mäuseburg" an diesen Ansatz an, wenn sie großen Wert darauf legen, sich auf die Alltagserfahrungen der einzelnen Kinder und Eltern einzulassen, ihre Eigenart zu respektieren, sie aus ihrer Lebenswelt heraus zu verstehen und in diesem Zusammenhang ihr zunächst fremd erscheinendes Verhalten als sinnvoll zu begreifen.

Die Erzieherinnen der „Mäuseburg" haben freilich stets darauf geachtet, die Migranten-Kinder nicht gesondert zu behandeln, sondern ihnen die gleiche Aufmerksamkeit und Wertschätzung zuzuwenden wie den deutschen Kindern. Wenn sich die TeilnehmerInnen des genannten Modellversuchs über drei Jahre damit beschäftigt haben, die Fremdheit der Fremden wahrzunehmen und zu verstehen, kann dadurch eine latente Stigmatisierung der Fremden eintreten, obwohl dies nicht beabsichtigt ist und in der Fortbildung wiederholt darauf aufmerksam gemacht wird, daß die Fremdheit der MigrantInnen primär im Vorverständnis der deutschen ErzieherInnen liegt.

In dem Bemühen, Fremdheit zu verstehen, bleibt Beck sehr zurückhaltend in ihrer Kritik am Verhalten der Migranten-Kinder. Auch darin könnte eine verdeckte Form der Marginalisierung liegen. Die Erzieherinnen der „Mäuseburg" dagegen wollen den Migranten-Kindern Kritik da nicht ersparen, wo sie ihnen im Blick auf das Zusammenleben der Gruppe erforderlich scheint. Sie sehen die „Mäuseburg" auch als ein Lernfeld für das Austragen von Konflikten. Sie wollen die Kinder nicht vor Konflikten bewahren, in die sie sonst andernorts geraten werden. Sie begreifen die „Mäuseburg" als Teil der Nordstadt, in der die verschiedenen Gruppen der Bevölkerung Formen des Zusammenlebens entwickeln müssen.

Für den von Annette Beck beschriebenen Modellversuch hat der jeweilige Stadtteil, in dem die Kita liegt, keine besondere Bedeutung. Die Erzieherinnen verstehen zwar die Migranten-Kinder dadurch besser, daß sie die Lebensbedingungen der MigrantInnen kennenlernen. Aber eine Partizipation der Eltern an der Entwicklung im Stadtteil ist nicht in ihrem Blick.

Mit der Hinwendung zum Stadtteil, die für das Team der „Mäuseburg" einen wichtigen Bestandteil ihrer Arbeit darstellt, gibt es eher eine Entsprechung zu einem anderen Modellversuch in den achtziger Jahren.

1987 hat Mayer den Abschlußbericht eines Projektes veröffentlicht, das von der Robert-Bosch-Stiftung über viereinhalb Jahre in der Zeit von 1980–1985 gefördert wurde und in dem Berliner Stadtteil Wedding angesiedelt war. Es war Teil eines Gesamtprojektes in den weiteren Städten München sowie Stuttgart und trug den programmatischen Titel „Deutsche und Ausländer im Stadtteil – Integration durch den Kindergarten". „Die Projektarbeit zielte in erster Linie auf eine Verbesserung des Zusammenlebens von Deutschen und Ausländern im Stadtteil ab. Es galt, den Stadtteil als Ganzheit mit all seinen infrastrukturellen Bedingungen und als Lebensort der deutschen und ausländischen Bevölkerung zu verändern und zu entwickeln. Diese Entwicklung nahm ihren Ausgangspunkt in den Kindertagesstätten des Stadtteils, erweiterte sich auf andere soziale Einrichtungen im Stadtteil und schuf selbst neue Einrichtungen der sozialen und kulturellen Versorgung. Daher kam den Kindertagesstätten als Einstieg in die Stadtteilpraxis besondere Bedeutung zu" (Mayer 1987, 12).

Für diese Aufgabe hatten die Arbeiterwohlfahrt der Stadt Berlin e. V., das Bezirksamt Wedding von Berlin, der Caritasverband für Berlin e. V. und das Diakonische Werk Berlin einen Kooperationsverbund gegründet, damit das Projekt „in und nicht neben den im Stadtteil vorhandenen Einrichtungen abläuft, alle im Stadtteil vorhandenen, für die soziale und pädagogische Versorgung der Ausländer zuständigen Träger sich an dem Projekt beteiligen, ein gemeinsames Projekt und nicht bloß eine parallele Förderung der verschiedenen Träger zustande kommt" (ebd., 19).

Das Projekt war so ausgestattet, daß die beiden beteiligten Kindertagesstätten mit einer zusätzlichen Erzieherin verstärkt werden konnten. Außerdem gehörten eine Fachkraft für Beratung und Fortbildung des Personals und ein Koordinator zum Projekt.

Das Projekt nahm seinen Ausgangspunkt in der Öffnung der Alltagspraxis des Kindergartens für die Situationen, die sich im Stadtteil ergeben. Die Erzieherinnen suchten die Probleme und Konflikte zu erkennen, die die Kinder in ihrer Lebenswelt erleben. Daraus ergaben sich Themen, die dann in einem längeren Zeitraum mit den Kindern behandelt wurden. Die Kindergruppen bestanden aus je 15 Kindern, in denen 5 verschiedene Nationalitäten vertreten waren. Die pädagogische Arbeit setzte also nicht bei der Differenz und Erläuterung der kulturellen Hintergründe der Kinder an, sondern bei den Ereignissen und Problemen, die den Kindern aus ihrem Alltag vertraut waren.

Kennzeichnend für diese Praxis ist die intensive Einbeziehung der Eltern, und zwar nicht nur in die Themenstellungen im Kindergarten, sondern in die Erkundung des Stadtteils.

Aus der Stadtteilerkundung erwuchs dann zunächst ein gegenseitiges vertieftes Kennenlernen der im Stadtteil Wedding ansässigen sozialen und kulturellen Vereine und Institutionen. Es kam zu Verstärkung der Kooperation und zu Neugründungen, mit denen eine Verbesserung der sozialen und kulturellen Versorgung erreicht werden sollte. Dazu gehörten vor allem verschiedene Beratungsstellen, ein Nachbarschaftskreis, in dem mehrere Initiativgruppen zusammenarbeiteten und u. a. kommunikative Angebote für Bewohnergruppen machten. Außerdem wurde eine Begegnungsstätte als ein Kulturzentrum für den Stadtteil entwickelt, das der Kooperation der unterschiedlichen Gruppierungen im Stadtteil dienen sollte.

Mit diesen und weiteren Aktivitäten sollte erreicht werden, daß deutsche und ausländische Kinder ihren Stadtteil „als ein Stück ‚Zu Hause' erleben" (ebd., 23), „Deutsche und Ausländer gemeinsam über ihre Anliegen und Probleme miteinander reden, um Hindernisse und Defizite zu beheben, die sozialen Einrichtungen im Stadtteil sich dem Stadtteil und Bedürfnissen öffnen und erkennen, daß auch sie ihren Beitrag dazu leisten können, Deutschen und Ausländern das Zusammenleben zu erleichtern" (ebd.).

Während in dem von Mayer veröffentlichten Abschlußbericht des Berliner Teils dieses Projektes vor allem dessen Struktur beschrieben wird, bringt Gudrun Jakubeit in den „Materialien zur interkulturellen Erziehung" (1989) eine exemplarische Auswahl von praktischen Beispielen zur interkulturellen Erziehung im Kindergarten. Diese Sammlung stellt eine neubearbeitete Auflage der „Materialien zur interkulturellen Erziehung" von Pfriem und Vink (1980) dar. Die völlig neugestaltete Neuauflage durch Jakubeit dokumentiert die Verbreitung von Projekten zur interkulturellen Erziehung in den achtziger Jahren. Wesentliche Teile der Materialien stammen aus dem Projekt der Robert-Bosch-Stiftung, das Mayer dargestellt hat.

In dem ersten Band der Materialien mit dem Titel „Kinder" wird davon ausgegangen, daß es beim interkulturellen Lernen weniger um bestimmte Aktionen oder didaktische Einheiten geht, sondern um eine pädagogische Grundhaltung, die die Anwesenheit der ausländischen Kinder als eine Bereicherung ansieht. Welche Konsequenzen sich daraus für die Praxis im Kindergartenalltag ergeben können, stellt der erste Band in einer Fülle von anregenden Beispielen dar.

Der zweite Band mit dem Titel „Eltern Stadtteil Fortbildung Heimatländer" (Jakubeit 1989) setzt voraus, daß interkulturelle Arbeit es nicht bei der Arbeit mit den Kindern belassen kann, „sondern daß die Elternarbeit, die Öffnung des Kindergartens für das soziale Umfeld ebenso integraler Bestandteil sein müssen wie die Veränderung der Rahmenbedingungen der Kindergartenarbeit und Beratung oder Fortbildung von Erzieherinnen" (ebd., 12). Auch dazu bringt die Sammlung eine Fülle von Ideen und Impulsen.

Das Team der „Mäuseburg" kannte diese Publikationen nicht. Aber es orientierte seine Arbeit an entsprechenden Grundpositionen. In seiner Grundhaltung sah es MigrantInnen als eine Bereicherung für den Stadtteil. Es teilte den situationsorientierten Ansatz, der weniger von einem starren Curriculum als von einer Achtsamkeit auf Alltagserlebnisse ausgeht, sowie die Öffnung für den Stadtteil. Im übrigen bestätigt ein Vergleich mit den Materialien von Jakubeit die Entscheidung des Teams der „Mäuseburg", die in ihrem ersten Handlungsmuster beabsichtigten Lerneinheiten „Feste der MigrantInnen" und „ausländische Wochen" aufzugeben. Jakubeit bietet zwar anregende Beispiele, wie solche Lernsequenzen zu gestalten sind. Aber es wird daran auch deutlich, daß durch solche Arrangements kulturelle Stereotypen gebildet werden, die dem Entwicklungsstand der MigrantInnen und ihrer Kinder nicht mehr entsprechen, auch wenn es nicht der Absicht von Jakubeit entspricht, solche Mißverständnisse der „Ausländerpädagogik" fortzuführen.

Die „Mäuseburg" ist kein Modellprojekt wie das aufwendige Vorhaben der Robert-Bosch-Stiftung oder andere Einrichtungen, von denen Jakubeit berichtet. Das Weddinger Modell, das Mayer darstellt, setzt das Interesse der vier großen Wohlfahrtseinrichtungen voraus, an der Entwicklung der sozialen und kulturellen Versorgung des Stadtteils zusammenzuwirken. Hinzu kommt die besondere materielle, insbesondere personelle Ausstattung dieser Projekte zum Tragen, aus denen sich Voraussetzungen ergeben, die in einer Kindertagesstätte wie der „Mäuseburg" nicht anzutreffen sind. Die Bedeutung der Untersuchung in der „Mäuseburg" liegt darin, daß sie aufzeigt, inwieweit und mit welchen praktischen Schwierigkeiten sich in einer nach üblichem Standard ausgestatteten Kita die Grundlinien eines situationsbezogenen, gemeinwesenorientierten Ansatzes in der interkulturellen Arbeit realisieren lassen.

Weiter noch als das Projekt der Robert-Bosch-Stiftung geht der Verein „Kinderhaus im Sternipark e. V." in Hamburg-Altona in der politischen Stadtteilarbeit (vgl. Sternipark e. V. 1993). Eine Initiativgruppe, die an den Lebensbedingungen von Kindern interessiert ist, hat sich dort zu einem eingetragenen Verein zusammengeschlossen. Ziel ihrer Arbeit ist es,

– allen Kindern im Stadtteil bis zu 14 Jahren pädagogisch sinnvolle Betreuungsmöglichkeiten anzubieten;
– für die Erzieherinnen Arbeitsbedingungen zu schaffen, daß Konzepte des interkulturellen Lernens realisiert werden können;
– mit Einrichtungen für Kinder in der „Dritten Welt" zusammenzuarbeiten;
– durch politische Einflußnahme die Lebensbedingungen für Kinder im Stadtteil zu verbessern;
– öffentliche Aktionen gegen Fremdenfeindlichkeit und zur Aufarbeitung der Stadtteilgeschichte anzubieten.

Der Verein tritt ferner durch die Herausgabe von Kinderbüchern, Ratgebern und Plakaten in die Öffentlichkeit. Er ist ein gutes Beispiel dafür, wie aus der Arbeit mit und für Kinder ein Gemeinwesenzentrum wachsen kann. Freilich wird diese Arbeit von einer Initiative aktiver Eltern getragen und geht damit weit über den Rahmen dessen hinaus, was Erzieherinnen in einer Kita leisten können.

Das Team der „Mäuseburg" gebraucht den Begriff interkulturelles Lernen nicht. Aber in seiner Praxis lassen sich die wesentlichen Elemente dieses Lernkonzeptes finden. Theorie und Praxis des interkulturellen Lernens werden regelmäßig in dem „Informationsdienst zur Ausländerarbeit" dargestellt, herausgegeben vom Institut für Sozialarbeit und Sozialpädagogik in Frankfurt am Main. Neben zahlreichen generellen theoretischen Beiträgen ist hier ein Aufsatz von Isabell Diehm von Interesse: „Erziehung in der Einwanderungsgesellschaft, konzeptionelle Überlegungen in einem Frankfurter Projektkindergarten" (Diehm 1994). Isabell Diehm beschreibt die Entwicklung der Arbeit mit ausländischen Kindern seit der „Ausländerpädagogik" in den siebziger Jahren, skizziert die „Defizitthese" und die „Kulturkonflikthypothese" als damalige Leitgedanken und stellt dann ein Frankfurter Projekt als Beispiel für den Ansatz des interkulturellen Lernens vor. Diese Einrichtung bietet 60 Kindern einen Betreuungsplatz, 32% davon sind nicht-deutsche Kinder aus 11 verschiedenen Nationen. Zum Team gehören 6 Erzieherinnen, eine Fachberaterin und eine wissenschaftliche Begleiterin für die Laufzeit des Projektes.

In diesem Projekt sollte die alltägliche pädagogische Praxis durch die multikulturelle Dimension erweitert werden, jedoch nicht durch spektakuläre didaktische Einheiten, sondern durch Aktivitäten, die in den alltäglichen Ablauf der Praxis eingebettet sind.

Der interkulturelle Aspekt kommt in diesem Projekt durch drei Prinzipien zum Ausdruck: „Als vorrangiges, die gesamte Projektarbeit umspannendes Prinzip ist das der Akzeptanz/Wertschätzung und Repräsentanz zu nennen. Das meint zunächst eine akzeptierende und wertschätzende Bewußtseins- und Grundhaltung auf seiten der Erzieherinnen gegenüber dem, was die Persönlichkeit eines Kindes in seinen jeweils besonderen, ganz unterschiedlichen individuellen und vielfältigen Erfahrungen ausmacht. Gleichzeitig beinhaltet es die Absicht, im Kindergarten Raum zu schaffen, damit sich jedes Kind in seinem So-sein wiederfinden kann, sich repräsentiert fühlt." (ebd., 94)

Dieses Prinzip erinnert an die oben genannten Grundsätze von Annette Beck. Es ist aber auch handlungsleitend für das Team der „Mäuseburg" und für dessen Bereitschaft, sich auf die Alltagserfahrungen der Kinder und Eltern in deren Erzählungen einzulassen. Für die Erzieherinnen der „Mäuseburg" gilt der individualisierende Grundsatz, sich auf jedes Kind (auf Deutsche wie auf MigrantInnen unterschiedlicher Herkunft) gleichermaßen in seiner spezifischen Entwicklung achtsam einzulassen und sich diese individuelle Aufmerksamkeit nicht durch stereotypisierendes Wissen über Herkunftskulturen zu verstellen. Kinder werden von den Erzieherinnen nicht als Träger bestimmter kultureller Traditionen interpretiert, sondern sie repräsentieren ihre eigene Entwicklung bzw. die kulturellen Entwicklungsschritte ihrer Familie.

Daraus folgt für Isabell Diehm das zweite Prinzip der „indirekten Thematisierung": Ethnische bzw. kulturelle Zugehörigkeiten der Kinder und die daraus sich ergebenden Differenzen kommen indirekt und vielfältig z. B. in den Spielmaterialien, Bilderbüchern und Musikkassetten vor. Die Kinder hören unterschiedliche Ton- und Klangsysteme, finden Puppen mit verschiedenen Hautfarben und Gesichtszügen. Migranten-Eltern kommen zum Vorlesen, die Kinder nehmen die Geschichte sowohl in einer fremden als auch in der vertrauten Sprache auf. Überhaupt bringen Migranten-Eltern Aspekte ein, die ihnen wichtig sind. Dadurch wird kulturelle Vielfalt auf eine unkomplizierte Weise im Alltag präsent (vgl. ebd., 97).

Das dritte Prinzip ist der „Situations- und Biographiebezug". Die Erzieherinnen gehen auf die Situation der Migranten-Kinder nicht durch curriculare Konstrukte oder didaktische Arrangements ein, wie sie u. a. durch die Beispiele in den Materialien von Gudrun Jakubeit nahegelegt werden, sondern durch Reaktion auf das situative Gruppengeschehen und den jeweiligen biographischen Kontext der beteiligten Kinder. Auch ein Streit mit aggressivem Verhalten wird aus dem biographischen Zusammenhang der Kinder verstanden – hier zeigt sich wieder, wie nahe bereits Annette Beck dem interkulturellen Ansatz war. Die Erzieherinnen intervenieren durchaus, wenn es die Situation erfordert, aber sie blenden den biographischen und familiären Lebenszusammenhang des Kindes nicht aus.

Dieser pädagogische Ansatz, mit dem eine nicht festgelegte kulturelle Vielfalt aufgegriffen werden soll, setzt nicht nur ausführliche Teamarbeit, sondern kontinuierliche Praxisreflexion voraus. Eine externe Fachberatung ist dabei unerläßlich, um die jeweiligen Wahrnehmungen und Reaktionsweisen kritisch zu überprüfen.

Der Vergleich mit der Position von Isabell Diehm bestätigt noch einmal, daß die Erzieherinnen der „Mäuseburg" sich wesentliche Grundzüge des interkulturellen Lernens erarbeitet haben. Sie haben sich ihre Konzeption, ausgehend von den recht allgemeinen Grundsätzen der Arbeiterwohlfahrt und vor allem von ihrer die MigrantInnen akzeptierenden Grundhaltung, selber zurechtgelegt.

8.5 Verzeichnis der Primärquellen, Verlauf der Forschung

Ende November 1993 erhielt die Kita Mäuseburg wie andere Einrichtungen der Nordstadt eine Information über das Forschungsprojekt. Die Kita meldete bereits im ersten Interview ihr Interesse zu weiterer Mitarbeit an.

K 1   09.12.93:   Interview im Rahmen der Voruntersuchung
K 2   03.03.94:   Gespräch über das Forschungsprojekt, Absprachen
K 3   16.03.94:   Interview mit dem Team über den institutionellen Kontext
K 4   28.04.94:   Abschluß des Forschungsvertrages, Vorbereitung der Interviews
              mit den Eltern

K5   07.–08.06.94:Teilnehmende Beobachtung am Seminar des Teams mit dem Thema „Fremdheit im Stadtteil"
10.06.94: Anschreiben der Kita-Eltern
04.07.94: Gespräch mit VertreterInnen des Elternbeirats und der AWO-Geschäftsstelle

K6   13.06.- 04.07.94:Interviews mit den Eltern

K7   08.07.94:   Teilnehmende Beobachtung am Sommerfest der Kita

K8   20.07.94:   Auswertungsgespräch mit dem Team über das Sommerfest

K9   18.10. und 28.10.94:Zwischenauswertung der Forschungsgruppe

K10 09.11.94:   Auswertung der Eltern-Interviews

K11 09.11.94:   Auswertungsgespräch mit Team (1. Teil) über die Eltern-Interviews

K12 29.11.94:   Teilnehmende Beobachtung in der Hortgruppe

K12 01.12.94:   Teilnehmende Beobachtung in einer Kindergartengruppe

K12 01.12.94:   Teilnehmende Beobachtung in der „Krabbelgruppe" (Krippe)

K13 18.12.94:   Zusatzauswertung der Eltern-Interviews

K14 19.12.94:   Gespräch mit dem Team über die teilnehmende Beobachtung

K11 18.01.95:   Auswertungsgespräch mit Team (2. Teil) über Eltern-Interviews

K15 24.01.95:   Gespräch mit dem Team über Beteiligung der Eltern
24.01.95: Forschungsgruppe und Kita Mäuseburg laden schriftlich zum Elternabend ein

K16 26.01.95:   Dokumente zur Konzeption der Kita

K17 07.02.95:   Protokoll des Elternabends über die Ergebnisse der Interviews mit anschließendem Fest

K18 27.02.95:   Interview mit 3 ausländischen Elternteilen

K19 26.04.95:   Gespräch mit dem Team über den Stand des Vorhabens

K20 10.05.95:   Gespräch mit Erzieherinnen einer Gruppe über die teilnehmende Beobachtung

K21 10.05.95:   Gespräch mit Team über Jahresaktivitäten
17.05.95: Besuch einer interkulturellen Kita in Hamburg

K22 1993–1995 Notizen über Kurzgespräche

Dazu fanden eine Vielzahl von Kurzkontakten und Telefonaten sowie schriftlicher Austausch statt.

Kapitel 9

Zusammenfassung der Ergebnisse

Die Forschungsfrage heißt: „Wie handeln pädagogische, soziale und kulturelle Einrichtungen eines Stadtteils, die sich die Aufgabe gestellt haben, Möglichkeiten der Alltagspartizipation für Deutsche und MigrantInnen zu erweitern?"
Diese Fragestellung ist Teil eines Forschungsprojektes von „Alltagsfriedensforschung in der Kommune". Erweiterung der Alltagspartizipation für Deutsche und MigrantInnen wird hier als eine Aufgabe der kommunalen Friedensarbeit verstanden, weil damit auf der Ebene der Kommune ein Beitrag zu einer demokratischen Lösung eines andauernden gesellschaftlichen Konfliktpotentials geleistet wird.
Ein permanenter Konfliktherd liegt in dem Widerspruch, in dem Deutschland sich als ein „unerklärtes Einwanderungsland" (Thränhardt 1988) befindet: Die Mehrheit der MigrantInnen in Deutschland verhält sich faktisch wie Einwanderer, andererseits wird nur einer sehr geringen Zahl eine Einbürgerung zugestanden, fast alle müssen im Sonderstatus eines „Ausländers" bleiben, durch den sie gegenüber den Deutschen in vielfältiger Weise benachteiligt werden. Die politisch gewollte und rechtlich sanktionierte Nachrangigkeit der „Fremden" gegenüber den „Einheimischen" stellt eine permanente Mißachtung der Menschenrechte und eine ungelöste Aufgabe der Demokratisierung dar, belastet die Lebensbedingungen der MigrantInnen im Alltag und kann in besonderen Situationen dazu führen, daß die andauernde strukturelle bzw. kulturelle Gewalt in direkte Gewalt umschlägt.
Eine demokratische Lösung der faktischen gesellschaftlichen Einwanderungssituation muß als eine *demokratische Minderheitenpolitik* angelegt werden: Auf der politischen Ebene muß entschieden werden, daß die ZuwandererInnen erstens einen rechtlich gesicherten Status bekommen, daß sie zweitens dadurch mit den Einheimischen gleichberechtigt und vor Diskriminierung geschützt werden und daß sie drittens gefördert werden, um mit gleichen Chancen am Gesellschaftsprozeß teilnehmen zu können. Dabei müssen die verschiedenen Minderheiten der MigrantInnen die Möglichkeit finden, ihre kulturellen Traditionen zum Ausdruck zu bringen und autonom weiterzuentwickeln.
Die Demokratisierung der Einwanderungssituation auf der politisch-rechtlichen Ebene muß eine Entsprechung finden auf der Ebene der alltäglichen Interaktion im Zusammenleben der Deutschen und MigrantInnen in den Kommunen. Die Entwicklung von Demokratie auf dieser Ebene geschieht dadurch, daß MigrantInnen beteiligt werden, wo gesellschaftliche Güter und Dienste vergeben werden wie z. B. Wohnung, Bildung, Beratung, medizinische Versorgung u. a. m. und sie, soweit dies möglich ist, in gesicherten Verhältnissen leben können. Dabei

ist zweitens darauf zu achten, daß ihre Überzeugungen und Lebensweisen als gleichberechtigt gelten und nicht diffamiert werden, und zwar überall dort, wo Menschen interagieren z. B. in Nachbarschaft und Schulen, in Behörden und Vereinen. Dazu ist eine grundlegende Änderung des gesellschaftlichen Bewußtseins der Mehrheit der Deutschen erforderlich, so daß nicht mehr die Sichtweisen, Werte und Lebensstile der Deutschen den Vorrang haben und die „Fremden" sich anpassen müssen. Drittens ist auch auf der Ebene des Alltags in den Kommunen für Chancengleichheit der Minderheiten zu sorgen, die nur durch eine aktive Förderung zu erreichen ist.

Alltagspartizipation meint in diesem Zusammenhang, daß Deutsche und MigrantInnen die gleichen Möglichkeiten finden, sich am Gesellschaftsprozeß im Alltag zu beteiligen.

Bei der Aufgabe, Möglichkeiten der Alltagspartizipation in den Kommunen zu erweitern, kommt den pädagogischen, sozialen und kulturellen Institutionen besondere Bedeutung zu. Sie sind bei der Verteilung der gesellschaftlichen Güter und Dienste in den Kommunen hauptsächlich beteiligt. Sie können für angemessene Förderung benachteiligter Minderheiten sorgen und es gehört in einer Demokratie zu ihren wesentlichen Aufgaben, ein Bewußtsein für die Chancengleichheit von Minderheiten zu entwickeln, Diffamierungen aufzudecken und der Entstehung von Vorurteilen entgegenzuwirken.

Wie Institutionen bei der Wahrnehmung dieser Aufgabe handeln, war Gegenstand dieser Praxisforschung.

Die Voruntersuchung mit den im Untersuchungsgebiet tätigen deutschen Institutionen zeigte, daß diese die genannten Ziele uneingeschränkt und selbstverständlich für sich gelten lassen. Sie nehmen für sich in Anspruch, daß bei ihrer Arbeit Deutsche wie MigrantInnen gleichberechtigt behandelt werden; soweit es ihnen möglich ist, wollen sie Benachteiligungen aller Art ausgleichen; diese Aufgabe sehen sie als wesentlich für ihren pädagogischen, sozialen bzw. kulturellen Auftrag an. Sie wenden sich gegen jede Art der Diffamierung von Minderheiten und wollen ein demokratisches Bewußtsein fördern, das auch Minderheiten gleiche Beteiligungschancen einräumt.

Die befragten ethnischen Organisationen treten ihrerseits für eine Integration ihrer Mitglieder in die deutsche Gesellschaft auf Basis gleicher Rechte und Entfaltungschancen ein. Die Umsetzung einer demokratischen Minderheitenpolitik auf der Ebene des Alltags in einem Wohngebiet ist als Zielsetzung unstrittig. Zu untersuchen war, inwieweit das konkrete Handeln dieser generellen Zielformulierung entspricht.

Im Untersuchungsgebiet gab es in dem Forschungszeitraum und (mit geringfügigen Ausnahmen) in der erinnerten Vergangenheit keine öffentlich ausgetragenen Konflikte zwischen Deutschen und MigrantInnen. Die Tatsache, daß in der Nordstadt Deutsche und MigrantInnen mit einem Anteil von 22% zusammenleben, wird nicht als ein Problem empfunden. In diesem Stadtteil, der durch einen hohen Anteil von SozialhilfeempfängerInnen gekennzeichnet ist und in dem Modernisierungsprozesse zur Fluktuation und damit zur Auflösung gewachsener

Sozialbeziehungen geführt haben, und zu einem Zeitpunkt, wo die Presse nahezu täglich Politiker zu Wort kommen läßt, die von „Überfremdung", von „notwendiger Reduzierung des Ausländeranteils" reden und wo von terroristischer Gewalt gegen MigrantInnen berichtet wird, wird die Anwesenheit von MigrantInnen als eine „Normalität" und als problemlos bezeichnet.

In den Interviews ist die Forschungsgruppe mehrfach mit der Ansicht konfrontiert worden, daß es überhaupt falsch wäre, in einer Untersuchung zwischen Deutschen und MigrantInnen zu unterscheiden. Es müßten die Gemeinsamkeiten herausgestellt werden, „wir leben hier als Menschen zusammen, da soll man nicht fragen, woher der eine oder andere kommt" (Elternabend K17, 2). In dem dicht bewohnten Komplex Schaufelder Straße 29 sah niemand von den deutschen BewohnerInnen ein Problem darin, mit MigrantInnen zusammenzuleben, und als erhebliche Konflikte unter den NachbarInnen ausbrachen, verliefen die Trennlinien *nicht* zwischen Deutschen und MigrantInnen. Die Untersuchung bei den Eltern der Kinder aus der „Mäuseburg" ergab, daß Kinder, die SpielkameradInnen mit in die Wohnung nehmen durften, dabei nicht zwischen Deutschen und MigrantInnen unterscheiden mußten. Auch in den nachbarschaftlichen Beziehungen der Eltern waren solche Unterscheidungen nicht erkennbar. Mit Stolz wurde es als Kennzeichen dieses Stadtteils geschildert, daß Deutsche und Schwarzafrikaner spontan miteinander Fußball spielen (vgl. N10, 4). Es fanden sich zahlreiche Beispiele unproblematischer Alltagskommunikation, bei der ethnische Herkunft anscheinend keine Bedeutung hat. Die Auswertung der Stadtteilbeilage der Hannoverschen Allgemeinen Zeitung brachte das gleiche Ergebnis: Der „Ausländer" ist der „freundliche Nachbar von nebenan".

Zur Erklärung wiesen Experten darauf hin, daß es eine Tradition in der Nordstadt gibt, nach der hier „immer schon" unterschiedliche soziale Gruppen nebeneinander gelebt und sich gegenseitig akzeptiert haben.

Allerdings ist das konfliktlose Nebeneinander in einer Gruppendiskussion als „die Oberfläche" bezeichnet worden. „Aber die Probleme liegen unter der Oberfläche" (gemeinsame Auswertung, N10, 3). BewohnerInnen, die schon lange in der Nordstadt leben, räumten ein, daß sie kaum etwas über die hier wohnenden MigrantInnen wissen. Umgekehrt sagte eine Migrantin: „Die haben keine Ahnung", und bezog dies auf die Kenntnisse der deutschen GesprächsteilnehmerInnen über die Lebensbedingungen der MigrantInnen in der Nordstadt. An der Diskussion an diesem Elternabend war auffällig, daß die deutschen Eltern überhaupt nicht wahrgenommen hatten, was die MigrantInnen als permanente Erfahrung der Diskriminierung schilderten.

Dem entsprach, daß die ExpertInnen für Kulturarbeit in Hannover über die Arbeit des türkischen Kulturvereins Çağdaş Dostlar fast gar nicht Bescheid wußten.

Allerdings war bezeichnend, daß an der gemeinsamen Auswertung der Voruntersuchung keine der MigrantInnen-Organisationen teilgenommen hatte. Sie sind auch nicht beteiligt, wenn in Koordinationsrunden oder Projekten Vorhaben im Stadtteil verhandelt werden.

„Unter der Oberfläche" wurde in der Voruntersuchung mit den verschiedenen Einrichtungen noch ein anderer Aspekt erkennbar: „Wir sind ja hier alle sehr offen für die Ausländer bei uns" (gemeinsame Auswertung N10, 3). Diese Aussage eines deutschen Mitarbeiters drückte allgemeine Überzeugung aus. Aber wo es im Alltag zu Störungen, Problemen, kleineren Konflikten oder Belastungen kommt, werden diese überwiegend den MigrantInnen angelastet. Es besteht zumindest weithin eine spezifische Vorsicht gegenüber den MigrantInnen, sie könnten (wieder) Schwierigkeiten bereiten.

Die MigrantInnen ihrerseits schilderten in allen Gesprächen Benachteiligungen, denen sie im Vergleich zu Deutschen ausgesetzt sind. Nach einer Weile des Gespräches brach es meistens sehr emotional aus ihnen heraus, daß ihnen, weil sie „Ausländer" sind, etwas zugemutet wird, was man Deutschen niemals antun würde. Von diesem Eindruck sind sie durchgängig geprägt. Es besteht auch ihrerseits eine permanente Vorsicht gegenüber den Deutschen, eine durch erlittene Demütigungen entstandene hohe Empfindsamkeit.

Während einerseits die Anwesenheit der MigrantInnen in der Nordstadt als unproblematisch und normal erscheint, ergaben Beobachtungen und Gespräche, daß durch die Nordstadt sehr wohl unsichtbare „Trennungslinien" verlaufen, mit denen markiert wird, an welchen Plätzen MigrantInnen sich in der Freizeit aufhalten.

Es gibt in der Nordstadt keinen Ort, kein Gremium und keinen Anlaß, die konkreten Erfahrungen der MigrantInnen und ihre gesellschaftliche Situation zur Sprache zu bringen. Darum gibt es auch keine politische Initiative, an den Lebensbedingungen der MigrantInnen etwas zu ändern, weder von politisch tätigen Gruppen noch von den Parteien. Das Zusammenleben der Deutschen und MigrantInnen in diesem Stadtteil wird kaum als ein gesellschaftliches, politisch zu bearbeitendes Thema erkannt.

In der Voruntersuchung wurde zwar berichtet, daß es gemeinsame, z. T. öffentliche Veranstaltungen für Deutsche und MigrantInnen gegeben habe. Aber dabei handelte es sich um Feste, um Darbietungen traditioneller MigrantInnen-Kultur, um Vorträge und Ausstellungen, die aber nie die derzeitigen Lebensbedingungen zum Gegenstand hatten. Das erklärte demokratische Ziel, für Gleichberechtigung und Chancengleichheit einzutreten, wurde dabei auf einer Ebene angegangen, auf der Benachteiligungen und Ungleichheit der Lebenschancen nicht wahrgenommen werden müssen.

Für die Hauptuntersuchung wurden drei Institutionen ausgewählt, und zwar nicht unter dem Aspekt, daß diese drei stellvertretend für andere stehen könnten, sondern weil anzunehmen war, daß sie im Unterschied zu anderen Institutionen Alltagspartizipation so auslegen, daß dadurch die Lebensbedingungen im Stadtteil verändert werden. Die drei Institutionen haben unterschiedliche institutionelle Rahmenbedingungen, so daß im Vergleich Besonderheiten erkennbar werden können.

Die Praxis der GWA

Bei der GWA ließ sich ein wesentlicher Teil der Praxis während der Forschungszeit in dem Handlungsmuster „Nachbarschaftsarbeit als Anregung von Selbstorganisation der BewohnerInnen" zusammenfassen. Dabei wollte die GWA wesentlich mehr erreichen als gelegentliches Gespräch unter Nachbarn, ein Fußball-Freundschaftsspiel oder ein besonderes Ereignis wie z. B. ein Fest. Zwar hatte die GWA sich auch vorgestellt, daß die BewohnerInnen des Komplexes Schaufelder Straße 29 gelegentlich ihre Freizeit gemeinsam verbringen, aber intendiert war, Nachbarschaft als eine dauerhafte Ressource der gegenseitigen Unterstützung zu entwickeln. Außerdem sollten die Nachbarn an der Gestaltung ihrer Wohnumgebung mitwirken und untereinander aushandeln, wo z. B. Spielflächen, Ruhezonen, Abstellflächen für Fahrzeuge Platz finden. Die BewohnerInnen sollten die Möglichkeit haben, aus der Anonymität des „Nebeneinanderherlebens" herauszukommen und dort, wo sie sich auskennen, miteinander vereinbaren, wie sie zusammenleben wollten. Derartige Alltagspartizipation war weiterhin gedacht als eine Aufwertung einer belasteten Wohngegend der Nordstadt: Zusammen mit AnwohnerInnen aus anderen Häusern sollte diese Straße ihr negatives Image überwinden.

Die Gemeinwesenarbeiterinnen hatten nicht nur eine Befragung unternommen, sondern vor allem sehr viele informelle Gespräche mit den BewohnerInnen geführt, um diese für dieses Vorhaben zu gewinnen und dabei eine gewisse Bereitschaft dafür herausgehört.

In dem Jahr der Praxisbegleitung hatte dieses Handlungsmuster nicht zu einem erkennbaren Erfolg geführt, die Beteiligung blieb minimal und punktuell. Offensichtlich hatten die BewohnerInnen auf Grund einiger ärgerlicher Vorkommnisse ein Bedürfnis nach Distanz untereinander und sogar nach Anonymität, wollten ihre Freizeitaktivitäten nicht mit HausbewohnerInnen verbringen und konnten wohl auch die Gemeinwesenarbeiterinnen nicht einschätzen. Die GWA stellte dieses Vorhaben dann zurück.

Die beiden anderen Handlungsmuster der GWA fanden auf einer anderen Ebene statt: Die GWA holte Fachkräfte zusammen, die eine Mieterberatung, einen Gesundheitsladen, einen Deutschkurs aufbauen konnten. Sie brachte die professionellen MitarbeiterInnen der Kinder- und Jugendarbeit zu einem Jugendforum, die Kindertagesstätten zu einem Laternenumzug zusammen, unterstützte Anlieger des zentralen Platzes an der Lutherkirche und Interessierte bei der Gründung eines Vereins. Käufer und Verkäufer eines second-hand-Marktes für Kinderartikel, Mieter und Vermieter in der Schaufelder Straße 29 wurden von der GWA zusammengeführt. Die Gemeinwesenarbeiterinnen haben ihre institutionellen Ressourcen, ihre Position als kommunale Einrichtung und ihre organisatorische Kompetenz in diese Arbeit eingebracht.

Auf diese Weise hat die GWA die organisatorischen *Voraussetzungen für Alltagspartizipation* im Stadtteil geschaffen. Sie verstand sich selbst dabei nie als Mittlerin zwischen der Bevölkerung und den verschiedenen Ebenen der Administration. Es war ihr wichtig, den direkten Kontakt zu den BewohnerInnen zu halten, darum wendete sie weiterhin viel Zeit für informelle Gespräche auf. Sie ließ sich von den BewohnerInnen „aktivieren". Es fiel ihr nicht leicht, die Anliegen auf den unterschiedlichen Ebenen der Sprache und der Interessen zu formulieren. Mit ihrer Praxis schuf sie die Plattform, auf der die BewohnerInnen Alltagspartizipation praktizieren konnten, soweit diese es selber wollten.

Bei den Haushaltsberatungen im Jahr 1994 war entschieden worden, GWA in der Nordstadt nicht weiterzuführen. Inzwischen, nach Ende der Untersuchung, ist diese Entscheidung revidiert worden: Zunächst mit einer, vermutlich doch wieder mit zwei Stellen soll die Arbeit wieder aufgenommen werden. Für GWA, die im Stadtteil an längerfristigen Prozessen arbeitet, bleibt dieses verunsichernde Hin und Her eine ungünstige Arbeitsbedingung.

Das Fazit aus dieser Untersuchung lautet, daß GWA in diesem Stadtteil weiterhin erforderlich ist, und zwar aus vier Gründen:

Erstens muß vermieden werden, daß die Modernisierung der Nordstadt an einigen Straßenzügen vorbeigeht und sich dort Probleme und Konfliktpotentiale ansammeln, so daß soziale Brennpunkte entstehen. Dabei handelt es sich bei diesen Gebieten nicht um Obdachunterkünfte bzw. Schlichtwohnungen; bei den Bauvorhaben der Sanierung ist glücklicherweise verzichtet worden, derartige Inseln der Armut einzuplanen. Andererseits treten in einzelnen Teilen gehäuft soziale Probleme auf. Diese Entwicklung ist allein durch administrative Maßnahmen, etwa bei der Vergabe von Sozialwohnungen, nicht zu steuern. Notwendig sind Unterstützungsangebote wie Mieterberatung, Gesundheitsladen, Schülerhilfen, spezielle Gruppenangebote, die aus einer sehr genauen Kenntnis der Situation plaziert und dargestellt werden müssen und für deren Akzeptanz besondere, persönlich ansprechende Werbung notwendig ist. Erforderlich ist ferner eine Beteiligung der BewohnerInnen an der Entwicklung ihrer Wohnumgebung, um zu erreichen, daß nicht aus anonymisierender Abgrenzung voneinander, Resignation und sozialer Gleichgültigkeit soziale Brennpunkte entstehen. Die Praxis der GWA zur Förderung von Alltagspartizipation und zum gezielten Aufbau von kleinen, nah erreichbaren Unterstützungsangeboten ist deshalb weiterhin unverzichtbar.

Zweitens müssen die Lebensbedingungen für Kinder und Jugendliche dringend verbessert werden. Auch hier ist es nicht allein mit einzelnen administrativen Maßnahmen wie Einrichtung eines Spielplatzes oder Aufstellung einer Ampel getan. Die Eltern, die MitarbeiterInnen der entsprechenden Einrichtungen, aber auch die Kinder und Jugendlichen selber wissen, was fehlt und müssen beteiligt werden. Die Aktivitäten der GWA im Jugendforum und zur Kooperation der Kindertagesstätten wird weiterhin gebraucht.

Allerdings wäre zu wünschen, daß es die GWA in Zukunft nicht bei so freundlichen Aktionen wie Laternenumzug und Flohmarkt beläßt, sondern, wie im Jugendforum begonnen, die unbequemen Themen, die Defizite, Gefährdungen und Versäumnisse zur Sprache bringt. Dabei würde es nicht genügen, in einer besonderen Aktion einen „Skandal" aufzudecken. Kommunale Politik und Administration scheren sich kaum noch darum, wenn man ihnen Skandale vorhält. Zur Veröffentlichung der Skandale muß die geduldige Vermittlungsarbeit der GWA hinzukommen, durch die kooperative Lösungen in die Wege geleitet werden.

Drittens ist es erforderlich, daß in einem Stadtteil mit einem Anteil von 22% MigrantInnen diese Minderheit Möglichkeiten bekommt, sich darzustellen. Es muß Orte geben, wo die Benachteiligungen und offenen sowie versteckten Demütigungen der MigrantInnen zur Sprache kommen können. Außerdem müssen die Organisationen der MigrantInnen stärker in die vorhandenen Koordinationsrunden und Projekte einbezogen werden.

Anders als bisher müßte dazu die GWA deshalb auf die MigrantInnen und ihre Organisationen zugehen. Die GWA ist bislang der allgemeinen Überzeugung gefolgt, daß „MigrantInnen im Stadtteil" kein Problem darstellen, das gesondert thematisiert werden müßte. Diese Untersuchung hat dagegen gezeigt, daß es dringend erforderlich ist, mit dieser Minderheit in einen stadtteilöffentlichen Austausch über ihre reale Situation zu kommen und daraus ggf. Folgerungen zu erarbeiten.

Viertens ist es für die Entwicklung eines Stadtteils wichtig, daß das geäußerte Interesse an diesem Stadtteil als ganzem aufgegriffen und in praktische Vorhaben umgesetzt wird. Alle Gruppendiskussionen in dieser Untersuchung ließen große Bereitschaft erkennen, sich mit der Entwicklung des Stadtteils zu identifizieren und es nicht bei dem „Nebeneinanderherleben" zu belassen. Offensichtlich ist derzeit in diesem Stadtteil die GWA die einzige Institution, die in der Lage wäre, die vorhandenen Impulse zu einem sozialen „Gemeinwesen" zu koordinieren und organisieren. Durch die kommunale Sanierung ist eine erhebliche Fluktuation der Bewohner in Gang gesetzt worden, der gegenläufige soziale Prozeß ergibt sich angesichts der Inhomogenität der „Nordstädter Mischung" der Bevölkerung nicht von allein.

Die Praxis des Kulturvereins Çağdaş Dostlar

Die Untersuchung hat gezeigt: Çağdaş Dostlar will gleichermaßen eine Brücke *und* eine Insel sein.

Die Brückenfunktion ist als wesentlicher Vereinszweck in der Satzung genannt: „Der Zweck des Vereins ist die Unterstützung sozialer, kultureller, politischer Aktivitäten mit dem Ziel, die gegenseitige Verständigung, Toleranz, Akzeptanz und Gleichberechtigung zwischen deutschen und nicht-deutschen BürgerInnen in der Bundesrepublik Deutschland zu fördern. Der Satzungszweck wird insbesondere verwirklicht durch … Förderung der Zusammenarbeit von Deutschen und Nichtdeutschen (z. B. Gründung einer gemischten Theater- und Musikgruppe), … Förderung der Toleranz, Akzeptanz und Gleichberechtigung zwischen deutschen und ethnischen Minderheiten durch geeignete Veranstaltungen wie Diskussionen, Kurse, Seminare und Referate" (Satzung, C7).

Diese Aufgabe sucht Çağdaş Dostlar auf doppelte Weise einzulösen: Als Verein möchte er bei öffentlichen, insbesondere kulturellen Veranstaltungen präsent sein. Es sind vor allem die politischen Anlässe, bei denen seine Gruppen auftreten, z. B. Kundgebungen zum 1. Mai, Demonstrationen gegen Rassismus o. ä. Er bemüht sich dabei um Kooperation mit anderen Organisationen. Für seine Mitglieder bietet er Informationen und Diskussionen als Hilfen, sich in der deutschen Gesellschaft zurechtzufinden. Er spricht generell solche MigrantInnen an, die für sich und ihre Kinder eine langfristige Lebensperspektive in Deutschland suchen. Mit seinen Theater- und Video-Produktionen greift er Themen auf, die die hiesige widersprüchliche Situation von MigrantInnen behandeln. Er hatte den Wunsch, der sich dann aber als illusorisch erwies, daß es in seinen Veranstaltungen zu regelmäßigen Begegnungen zwischen MigrantInnen und Deutschen kommt und auch Deutsche Mitglieder bei Çağdaş Dostlar werden. Insofern bildet dieser Verein eine Brücke, auf der MigrantInnen ihren Weg in die deutsche Gesellschaft gehen können.

Andererseits beruht die Attraktivität dieses Vereins für seine Mitglieder darin, daß sie hier eine Insel vorfinden. Hier können sie über den Rahmen der Kleinfamilie hinaus in größerem Kreis zusammenkommen. Sie finden eine annehmende, herzliche Atmosphäre. Sie können ihre Situation unter ihresgleichen diskutieren, wobei durchaus konträre politische Meinungen toleriert werden. Hier leisten sie gegenseitige Unterstützung in schwierigen Fragen, die z. B. bei Krankheiten oder Behinderungen auftreten. Es ergeben sich viele Gelegenheiten zu ehrenamtlichem Engagement über den privaten Kreis hinaus, vor allem für nicht berufstätige Frauen. Sie hören und sprechen die Sprache ihrer Herkunft und können in den Mustern ihrer Kultur leben. Çağdaş Dostlar stellt eine Insel dar und bietet Möglichkeiten, die MigrantInnen andernorts, etwa in deutschen Vereinen oder Institutionen, nicht finden.

Brücke und Insel zugleich ist der Verein auch für seine jugendlichen Mitglieder und deren kulturelle Aktivitäten. Die erwachsenen Mitglieder, insbesondere der Vorstand, haben die Vorstellung, daß die Kultur in diesem Verein eine Brückenfunktion bekommt und zu gegenseitigem Verständnis zwischen Deutschen und Nichtdeutschen führt, wie sie es in der Satzung aufgeschrieben haben. Vor allem die jugendlichen MigrantInnen in dem Verein sollen diese Brücke schlagen und mit ihrer Musik und Theater dazu beitragen, daß sie als MigrantInnen toleriert und akzeptiert werden, also das erreichen, was ihnen sonst vorenthalten wird.

Während es bei Theater- und Videoproduktion offensichtlich eher gelingt, die Zwischen-Existenz der MigrantInnen kulturell auszudrücken, ist dies in den Musikgruppen des Vereins schwieriger. Die Jugendlichen wollen Instrumente gebrauchen, Klänge und Rhythmen übernehmen, die sie bei anderen Musikern hier vorfinden, u. a. in der internationalen Popkultur. Der Vorstand vertritt aber die Ansicht, daß die musikalischen Traditionen des Herkunftslandes gelernt und übernommen werden. Es fällt den Erwachsenen schwer zu akzeptieren, daß die

Jugendlichen Beifall finden für eine Musik, die nicht die ihrige ist. Der Generationenkonflikt bekommt dadurch eine zusätzliche Dimension.

Die Funktion als Brücke und Insel führt zu Mißverständnissen und Spannungen im Verhältnis zwischen Çağdaş Dostlar und deutschen Partner-Institutionen. Die Interviews mit Schlüsselpersonen der Kulturarbeit ergab, daß diese ExpertInnen wenig über Çağdaş Dostlar wußten und unsicher waren, was sie von dem Verein erwarten konnten. Am ehesten waren die deutschen Institutionen bereit, die Gruppen von Çağdaş Dostlar mit folkloristischen Beiträgen in die eigenen Programme und Veranstaltungen einzubauen. Aber Çağdaş Dostlar wollte nicht nur „als ein bunter Vogel" auftreten, er wollte bei der Entwicklung von Konzeptionen und Programmen beteiligt werden.

Deutlich war zu erkennen, wie sehr Çağdaş Dostlar dadurch verletzt war, daß er fast gar keine materielle Förderung erhalten hatte. Denn, so war er überzeugt, vergleichbare deutsche Vereine finden Unterstützung, Migranten-Organisationen wird sie versagt. Verletzt war er aber auch deshalb, weil er öffentlich so wenig wahrgenommen wurde und daß auch die „ExpertInnen" nicht auf den Verein zugingen und ihn bei seinen Veranstaltungen besuchen. Aber wenn es nicht (nur) die traditionellen Tänze und Lieder waren, was sollte dann der Beitrag, den der Verein in die Begegnungen einbringen wollte, sein? Da wurde wieder das Problem sichtbar, das von Deutschen in der gemeinsamen Auswertung im Stadtteil angesprochen wurde: „Wir haben die Schwierigkeit, daß wir vielfach Konkretes von den Ausländern gar nicht wissen, da fehlen uns die Informationen, da wird zu wenig an uns herangetragen" (N10, 3). Oder, in offenherziger Befangenheit formuliert: „Man müßte rauskriegen, was sie denn wollen" (ebd., 4).

Das Fazit aus der Untersuchung lautet: Die Funktion des Vereins als Brücke und Insel zugleich entspricht der gesellschaftlichen Situation der MigrantInnen, die nach einer Perspektive in der deutschen Gesellschaft suchen, aber auf den Sonderstatus als „Ausländer" festgelegt und damit vielfach verunsichert bleiben. In ihrer Kultur wollen gerade die selbstbewußten unter den MigrantInnen ihre Herkunft nicht verdrängen, sondern dann, wenn ihre Herkunft Anlaß zu Diffamierungen bietet, sich mit Stolz dazu bekennen. Andererseits sehen sie in ihrer Kultur eine Möglichkeit, sich in die hiesige Gesellschaft einzubringen.

Erstens ist erforderlich, daß der Verein sich selber darüber klar wird, wo die Brücke in der deutschen Gesellschaft aufliegen soll. Auf Grund der Untersuchungen bildet der Stadtteil einen günstigen Brückenkopf: Die Mitglieder des Migranten-Vereins sind zugleich BewohnerInnen ihres Stadtteils. Ihre Kinder gehen dort in die Kindertagesstätte, in die Schulen, in die Jugendzentren, Bibliotheken u. a.m. Hier kennen sie sich seit Jahren aus, hier können sie mitreden. In den Interaktionen des Stadtteils erleben sie Demütigungen und Benachteiligungen. Im Stadtteil können sich die MigrantInnen kompetent in den Prozeß der deutschen Gesellschaft einbringen.

Offensichtlich sind hier wechselseitig Vorbehalte auszuräumen. Die Untersuchung hat gezeigt, daß nicht nur Çağdaş Dostlar, sondern generell Migranten-

Organisationen wenig beteiligt sind an Stadtteilgremien und Koordinationsrunden. Andererseits ist zu fragen, ob die deutschen Organisationen von sich aus deutlich genug auf die MigrantInnen zugegangen sind. Es ist keineswegs üblich, die Einladungen in verschiedenen Sprachen zu formulieren und Dolmetscher bereitzuhalten und auf diese Weise zum Ausdruck zu bringen, daß in der Nordstadt die Organisationen der MigrantInnen willkommen und gleichberechtigt sind.

Zweitens: Ein Verein wie Çağdaş Dostlar erfüllt als Insel und Brücke Funktionen, die im gesellschaftlichen Interesse liegen. Einer demokratischen Entwicklung schaden nationalistische, fundamentalistische Organisationen bei Deutschen und MigrantInnen gleichermaßen. Çağdaş Dostlar braucht aber materielle Förderung: geeignete Räume, Materialien für die Theater-, Video- und Musikproduktionen sowie professionelle Mitarbeiter für fachlich gute Jugendarbeit. Es stehen inzwischen genügend MigrantInnen als qualifizierte SozialpädagogInnen zur Verfügung. Mit seinen zahlreichen Kultur- und Sportgruppen bietet Çağdaş Dostlar wichtige Jugendarbeit. Bislang wird diese nur ehrenamtlich geleistet, allerdings von den Eltern bzw. denjenigen Erwachsenen, mit denen die Jugendlichen ihren Generationenkonflikt austragen müssen.

Es wird oft als Vorbehalt gegen finanzielle Förderung von Migranten-Organisationen geltend gemacht, daß man nicht wisse, ob es wirklich eine demokratische Vereinigung sei und die Jugendarbeit nicht etwa nationalistische Zielsetzungen verfolge. Abgesehen davon, daß bei deutschen Jugendorganisationen selten Untersuchungen über den Inhalt der Arbeit angestellt werden bzw. nicht von einem derartigen Mißtrauen ausgegangen wird, gibt es ein deutliches Kennzeichen für die Förderungswürdigkeit, nämlich die Mitwirkung der MigrantInnen in den offenen Gremien des Stadtteils.

Drittens müßte überlegt werden, warum die bisherigen, meist folkloristischen Beiträge von MigrantInnen auf öffentlichen Veranstaltungen oft als langweilig erlebt werden. Liegt es nur daran, daß bei öffentlichen Vorführungen im Freien oder in großen Sälen die Feinheiten der traditionellen Lieder und Tänze nicht wahrgenommen werden können? Oder liegt es daran, daß die Musiker, Tänzer und Zuschauer eine Wiederholung von Vergangenem erleben? Spannend sind dagegen immer solche Auftritte, in denen etwas riskiert wird, wenn etwa politische Kontrahenten wie Kurden und Türken sich auf ein gemeinsames Vorhaben einlassen, wenn in den kulturellen Produktionen die gesellschaftlichen Konflikte erkennbar werden, wenn religiöse Gruppen ihre Unterschiede nicht verdecken, aber Gemeinsamkeiten suchen. Zwar wird häufig gerade in der Kultur Gewißheit und eindeutige Identität gesucht. Spannend aber wird es, wenn Unsicherheiten, Übergänge und Ambivalenzen zur Darstellung kommen.

Die Praxis der Kindertagesstätte „Mäuseburg"

Das Team der „Mäuseburg" hatte die Vorstellung entwickelt, daß in der Arbeit dieser Einrichtung die Kulturen der MigrantInnen in gleicher Weise präsent sein sollen wie die deutsche Kultur. Geplant war, daß die verschiedenen religiösen und nationalen Feste gefeiert werden, daß es „ausländische Wochen" gibt, in denen je eine Nation durch die Ausgestaltung der Räumlichkeiten, mit ihren Speisen, durch Musik, Tänze, Erzählungen und Spiele vorgestellt wird. Durch diese Vorhaben sollte nicht nur in der „Mäuseburg", sondern im Stadtteil „selbstverständlicher" werden, daß in der Nordstadt Menschen verschiedener Herkunft, kultureller und religiöser Zugehörigkeit leben und alle die gleichen Chancen haben müssen, sich zu präsentieren und den Austausch zu suchen. Damit hatte das Team einen politisch wichtigen Aspekt der Alltagspartizipation aufgegriffen.

Das Team hat den Begriff „interkulturelle Arbeit" nie verwendet und sich nicht auf dieses Handlungskonzept berufen, wie überhaupt alle drei untersuchten Einrichtungen kein Interesse daran zeigten, ein in der Fachliteratur vorliegendes Konzept in der Praxis „anzuwenden". Andererseits hat das Team mit seinem Vorhaben, anderen Kulturen gleichberechtigte Chancen der Präsentation und Begegnung einzuräumen, einen zentralen Aspekt der „interkulturellen Arbeit" aufgegriffen. Das zeigt, daß in einer bestimmten gesellschaftlichen Situation, sofern die gleichen demokratischen Leitziele vorausgesetzt sind, bestimmte Handlungskonzepte „in der Luft liegen" und nur an manchen Orten mehr, an anderen Orten weniger ausformuliert sind.

Das Team der „Mäuseburg" war zunächst überrascht und enttäuscht, als sein Vorhaben auf Widerstand stieß. Unter den Migranten-Eltern war – mit Ausnahme eines Vaters – niemand, der sich offen und eindeutig mit den Traditionen seines Herkunftslandes identifizieren konnte. Insofern waren diese Eltern in ihrer lebensgeschichtlichen Entwicklung auf einer anderen Stufe als die Eltern des Kulturvereins Çağdaş Dostlar. Die Vorbehalte der „Mäuseburg"-Eltern entsprachen eher den Tendenzen der Jugendlichen bei Çağdaş Dostlar, die sich – vorsichtig und Konflikte mit den Eltern vermeidend – von den traditionellen kulturellen Mustern abzusetzen begannen. Es war keineswegs so, daß diese Eltern sich deshalb von ihrer Herkunftskultur distanziert hätten, um sich deutschen Lebensweisen zu assimilieren. Sie feierten fast alle selber noch in privatem Rahmen die traditionellen Feste, aber mit einigen wesentlichen Veränderungen, und gaben dadurch den Überlieferungen einen neuen Sinn. Sie beschrieben ihre Situation häufig mit dem Wort „zwischen". Eine Mutter war geradezu stolz darauf, daß ihre Tochter als Heimat sowohl Hannover wie auch Madrid angibt. Diese Eltern hatten die spannungsvolle Aufgabe übernommen, sich von Traditionen des eigenen Elternhauses zu lösen und neue kulturelle Formen für ihre Kinder zu entwickeln. „Warum trägst du eigentlich kein Kopftuch?" „Warum hörst Du als Iranerin deutsche Musik?" In den Interviews kam zum Ausdruck, daß die MigrantInnen es leid waren, immer wieder solche Fragen beantworten zu müssen, dabei die eigene Unsicherheit zu erklären, und zwar in einer fremden Sprache. Sie berichteten von dem überwiegenden Eindruck, daß die eigenen Antwortversuche von den deutschen GesprächspartnerInnen doch nicht verstanden werden.

Das Team der Erzieherinnen der „Mäuseburg", überwiegend junge Frauen, hat sensibel die Widerstände der MigrantInnen gespürt und lange darüber beraten. Die jungen deutschen Frauen konnten Verständnis für die Migranteneltern entwickeln. Auch ihnen wurde bewußt, daß sie sich von den Traditionen und kulturellen Mustern ihrer Eltern gelöst hatten und z. B. Weihnachten und Ostern heute anders feiern als im Elternhaus. Ihnen wurde die Schwierigkeit bewußt, wie sie überhaupt eine „deutsche Woche" ausgestalten sollten.

Die MigrantInnen entwickelten Widerstände gegen Stereotypenbildung. Dies taten auch die deutschen Eltern, aber diese bildeten dabei ein anderes Stereotyp: „Wir leben hier als Menschen zusammen". Beide Sichtweisen führen dazu, daß die reale gesellschaftliche Situation nicht wahrgenommen und verhandelt wird. Mit dem Stereotyp „Die MigrantInnen sind Menschen wie wir" vermeiden die deutschen Eltern, die unterschiedlichen Lebensbedingungen, die Benachteiligungen und Diffamierungen wahrzunehmen, denen MigrantInnen ausgesetzt sind, sowie den eigenen Anteil daran selbstkritisch zu reflektieren. In einem Interview, das nur mit MigrantInnen durchgeführt wurde, kam deutlich heraus, wie von ihnen derartiges Nichtverstehen seitens der Deutschen als Verletzung empfunden wird.

Andererseits hat sich gezeigt, daß eine Kindertagesstätte ein geeigneter Ort ist, wo Eltern die eigene Situation, das eigene Erleben und eigene Überlegungen mit anderen Eltern und Erzieherinnen austauschen können. Es ist nur scheinbar ein Widerspruch, wenn MigrantInnen sich einerseits dagegen wehrten, bei einem festgesetzten Termin die eigene Kultur darzulegen, aber andererseits immer wieder nach Gelegenheiten suchten, den Erzieherinnen und anderen Eltern etwas von sich zu erzählen und zu erklären, wie in der Familie und im Freundeskreis gefeiert und was dabei erlebt wurde. Die MigrantInnen hatten offenkundig ein großes Bedürfnis, von den Erzieherinnen hinsichtlich ihrer kulturellen Eigenarten verstanden und nicht diffamiert zu werden.

Eine Kindertagesstätte ist insofern für solchen Austausch ein geeigneter Ort, weil jeder selber bestimmen kann, wann und wieviel er erzählt. Man kann über die Kinder reden und dabei von sich erzählen, aufhören, wann man es selber für richtig hält. Man kann die diffizile Balance von Nähe und Distanz selber austarieren.

Die Untersuchung ergab folgendes Fazit:

Erstens zeigte sich die Schwierigkeit einer fürsorglichen Ausländerfreundlichkeit. Die Erzieherinnen hatten sich etwas ausgedacht, was sie zugunsten der MigrantInnen praktizieren wollten. (Auch Çağdaş Dostlar berichtete mit bitterem Unterton, wie deutsche Institutionen Veranstaltungen „zugunsten von Ausländern" konzipieren und durchführen und im Rahmen dieses Programmes dann den Migranten-Organisationen einen Auftritt zuweisen. Zudem bekommen die deutschen Institutionen dafür finanzielle Förderung, die einem Migranten-Verein nicht zugestanden wird, wenn er als Veranstalter auftreten will.)

Angesichts einer weit ausdifferenzierten kulturellen Situation ist es erforderlich, ein Vorhaben, mit dem die Anwesenheit der MigrantInnen im Stadtteil „selbstverständlicher" werden soll, mit ihnen gemeinsam zu entwickeln. Dann werden nicht mehr die für bestimmte Nationen, Religionen oder Kulturen als „typisch" geltenden Feste, Speisen oder Tänze vorgeführt, manche Stereotypen z. B. über „die Spanier" oder „die Afrikaner" werden hinfällig. Aber die Eltern können selber zeigen, welche Überzeugungen und kulturellen Ausdrucksmuster für sie wichtig geblieben oder geworden sind. Das kann zu sehr lebendigem Austausch führen. Möglicherweise stellen Eltern, die aus unterschiedlichen Ländern stammen, aber jetzt in einem gemeinsamen Stadtteil leben, überraschende Gemeinsamkeiten fest. Solche Begegnungen enthalten Risiken des Mißverstehens. Aber derartige riskante Begegnungen sind nicht so langweilig wie die Vorführung von Stereotypen. Sie führen eher zum Abbau von Vorurteilen und zu einem persönlichen, offenen Austausch darüber, welche kulturellen Werte und Formen geeignet sind, den offenen Fragen, den Sorgen und Hoffnungen der Gegenwart Ausdruck zu verleihen.

Zweitens bietet gerade eine Kindertagesstätte besondere Möglichkeiten einer „Gemeinwesenarbeit". Oben war an die GWA die Anforderung gerichtet, sie solle stadtteilöffentliche Orte organisieren, wo über die realen Lebensbedingungen der MigrantInnen in der Nordstadt informiert und darüber so diskutiert wird, daß Folgerungen gezogen werden können, welche Änderungen im Stadtteil, in Schulen, Behörden usw. vorzunehmen sind. Eine Kindertagesstätte bietet andererseits einen Ort für informellen Austausch. Beide Orte des Austausches und der Information ergänzen sich.

Es ist angesichts der Bereitschaft der Eltern in der „Mäuseburg" erforderlich, daß ein geeigneter Raum für derartige informelle Treffs der Eltern eingerichtet wird. Vorstellbar ist, daß die Eltern (bzw. der Elternbeirat) Schlüssel- und Verfügungsgewalt über einen solchen Raum erhalten und hier eine nichtprofessionelle Gemeinwesenarbeit aus der Initiative von Eltern entsteht. Andererseits ist mit dem Träger auszuhandeln, daß angesichts der demokratischen Zielsetzung der Arbeiterwohlfahrt die Erzieherinnen ein festes Kontingent ihrer Arbeitszeit für Elternarbeit einsetzen können.

Drittens hatte die Elternbefragung ergeben, welche Kompetenz die Eltern für eine kindgerechte Stadtteilentwicklung haben. Die Eltern kennen die Gefährdungen und Defizite auf den Straßen und Plätzen, sie wissen, wie Kinder spielen und welche Anregungen sie brauchen, die öffentlich arrangiert werden müssen. Das Team der „Mäuseburg" hatte sich in der Vergangenheit u. a. im Jugendforum aktiv für kinderpolitische Belange eingesetzt. Ein neu zu bildendes „Elternforum", möglicherweise in Zusammenarbeit mehrerer Kindertagesstätten, wäre eine wichtige Form der Alltagspartizipation, zugleich ein neuer Ansatz für Politik aus der Alltagskompetenz der BewohnerInnen eines Stadtteils.

Die Untersuchung hat ergeben, daß es zwischen den drei Einrichtungen kaum

Zusammenarbeit gibt. Çağdaş Dostlar hat bislang mit den beiden anderen Einrichtungen überhaupt nicht kooperiert. Die „Mäuseburg" und die GWA haben sich gelegentlich im „Jugendforum" getroffen, die GWA hat mit allen Kindertagesstätten der Nordstadt den Laternenumzug organisiert.

Für die Zukunft erscheint es erforderlich, daß die GWA sich verstärkt bemüht, die MigrantInnen-Organisationen in die Stadtteilrunden einzubeziehen und daß sie mit ihnen zusammen überlegt, wie die Situation der MigrantInnen thematisiert werden kann. Außerdem sollte überlegt werden, wie professionelle GWA die von den „Mäuseburg"-Eltern getragene Gemeinwesenarbeit unterstützen kann, so daß die Ressourcen eines Stadtteils genutzt werden.

Die Forschungsfrage lautete: „Wie handeln pädagogische, soziale und kulturelle Einrichtungen eines Stadtteils, die sich die Aufgabe gestellt haben, Möglichkeiten der Alltagspartizipation für Deutsche und MigrantInnen zu erweitern?"

Zur Beantwortung dieser Frage wurde die Praxis von drei Einrichtungen in ihren spezifischen institutionellen und situativen Kontexten untersucht. Die Handlungsmuster, die sich dabei konstruieren ließen, differieren in einem breiten Spektrum, eine Zusammenfassung würde die Kontextbezogenheit dieser Praxis wieder unkenntlich machen. Es lassen sich aber die Hindernisse und Handlungschancen folgendermaßen bündeln:

Die Förderung von Alltagspartizipation der untersuchten Einrichtungen wird durch drei Widersprüche erschwert:

1. Einerseits wohnen in dem Untersuchungsgebiet Deutsche und MigrantInnen so dicht zusammen, daß sich deren alltägliche Lebenswelten im Stadtteil vielfältig überschneiden. Sie begegnen sich in den Wohnhäusern, Kindertagesstätten, Schulen, sozialen Dienststellen, Geschäften usw. Andererseits wissen die Deutschen wenig über die MigrantInnen in ihrer räumlichen Nachbarschaft. Sie nehmen deren Lebenslagen und spezifischen Lebensweisen kaum wahr. Die Kenntnisse der Deutschen über die MigrantInnen sind weithin durch Stereotypen bestimmt.

2. Einerseits akzeptieren die deutschen BewohnerInnen, daß sie in diesem Stadtteil mit einem relativ hohen Anteil von MigrantInnen zusammenleben. Offene, gewalttätige Diskriminierungen von MigrantInnen sind kaum festzustellen. Andererseits ist ein Gesellschaftsbild handlungsleitend, in dem als selbstverständlich gilt, daß MigrantInnen als „Fremde" sich in Deutschland anzupassen haben. Konflikte zwischen Deutschen und MigrantInnen werden als nicht gelungene Anpassung der MigrantInnen interpretiert.

3. Einerseits wird häufig Bereitschaft geäußert, sich an der Organisation und inhaltlichen Gestaltung von halböffentlichen und öffentlichen Bereichen im Stadtteil zu beteiligen. Andererseits gibt es für Alltagspartizipation in den Lebenswelten und im Stadtteil kaum Strukturen und wenig Initiative der BewohnerInnen, derartige Strukturen zu schaffen.

Es gehört zum Selbstverständnis der an der Untersuchung beteiligten Institutionen, daß sie partizipative Prozesse fördern und Benachteiligungen von MigrantInnen überwinden wollen. Aber auch die MitarbeiterInnen dieser Institutionen haben nur geringe Kenntnisse von den MigrantInnen und gehen wenig auf deren Vorstellungen von Partizipation ein.

Allerdings läßt die untersuchte Praxis wichtige Ansatzpunkte einer Förderung von Alltagspartizipation erkennen:

1. Die Einrichtungen stellen wichtige Treffpunkte dar, in denen Menschen aus unterschiedlichen Submilieus zusammenkommen, sich über ihre Situation im Stadtteil austauschen und als zugehörig erleben können. Die sozialen, pädagogischen und kulturellen Einrichtungen können sich zu wichtigen Orten der sozialen Integration entwickeln.

2. Die genannten Einrichtungen bieten mit ihrer Fachkompetenz und ihren materiellen Ressourcen die Möglichkeiten, Benachteiligungen teilweise auszugleichen und Marginalisierungen entgegenzuwirken.

3. Die genannten Einrichtungen bilden Schnittstellen zwischen den Lebenswelten und dem öffentlichen Bereich im Stadtteil. Darin liegen Chancen für MigrantInnen, aber auch für deutsche BewohnerInnen, daß sie Probleme und Kompetenzen aus ihrer Lebenswelt in weiterreichende, politische Zusammenhänge einbringen und auf diese Weise an der Gestaltung ihrer Lebensbedingungen im Stadtteil partizipieren.

Die Förderung von Alltagspartizipation durch die pädagogischen, sozialen und kulturellen Einrichtungen im Stadtteil sind ein Aspekt kommunaler Friedensarbeit. Sie kann dazu beitragen, daß für das Zusammenleben von Deutschen und MigrantInnen demokratische Strukturen entwickelt werden.

Kapitel 10

Literatur zu Teil B

Atteslander, Peter 1991: Methoden der empirischen Sozialforschung. Berlin

Bade, Klaus 1992: Ausländer, Aussiedler, Asyl in derBundesrepublik Deutschland. Bonn

Beck, Annette 1984: Ausländerkinder im Kindergarten. Wege zu einem gegenseitigen Verständnis. Hannover

Brech, Joachim und Rainer Greiff 1978: Bürgerbeteiligung mit Experten. Weinheim

Birth, Friedhelm u. a. 1987: Perspektiven für die Entwicklung der Industriebrachen im Sanierungsgebiet Hannover-Nordstadt am Beispiel des ehemaligen Sprengelgeländes. Hannover

Büsing, Hartmut u. a. 1981: Geschichte der Nordstadt. Hannover

Dettmer, Bettina 1984: Die Nordstadt. Zur Ideologie des sozialen Aufstiegs. Hamburg

Diehm, Isabell 1994: Erziehung in der Einwanderungsgesellschaft – Konzeptionelle Überlegungen in einem Frankfurter Projektkindergarten. In: Institut für Sozialarbeit und Sozialpädagogik (Hrsg.): Informationsdienst zur Ausländerarbeit Nr. 3/4. Frankfurt/M., 91–97

Ebbe, Kirsten und Peter Friese 1989: Milieuarbeit. Stuttgart

Heckmann, Friedrich 1992: Ethnische Minderheiten, Volk und Nation. Stuttgart

Heitmeyer, Wilhelm 1993: Gesellschaftliche Desintegrationsprozesse als Ursachen von fremdenfeindlicher Gewalt und politischer Paralysierung. In: Niedersächsischer Bund für freie Erwachsenenbildung e. V. (Hrsg.): Berichte und Informationen der Erwachsenenbildung in Niedersachsen, Heft 53. Hannover, 2–6

Herlyn, Ulfert u. a. 1991: Armut und Milieu. Basel

Hermann, Thomas 1992: Die sozialen und politischen Strukturen Hannovers in kleinräumlicher Gliederung. Hannover

Hernando, Conchita nach Eva Weber 1988: In zwei Welten. Frankfurt/M.

Hinte, Wolfgang 1994: Intermediäre Instanzen in der Gemeinwesenarbeit – die mit den Wölfen tanzen. In: Maria Bitzan und Tilo Klöck (Hrsg.): Jahrbuch Gemeinwesenarbeit 5. München, 77–89

Hinte, Wolfgang und Fritz Karas 1989: Studienbuch Gruppen- und Gemeinwesenarbeit. Neuwied

Heiner, Maja 1994: Aufbau und Nutzung politischer Netzwerke in der Gemeinwesenarbeit. In: Maria Bitzan und Tilo Klöck (Hrsg.): Jahrbuch Gemeinwesenarbeit 5. München, 90–116

Hoffmann, Lutz 1992: Die unvollendete Republik. Köln

Hradil, Stefan 1987: Sozialstrukturanalyse in einer fortgeschrittenen Gesellschaft. Opladen

Jäger, Siegfried 1992: BrandSätze. Duisburg

Jakubeit, Gudrun 1988: Materialien zur Interkulturellen Erziehung im Kindergarten, Band 1, Kinder. Berlin

Jakubeit, Gudrun 1989: Materialien zur interkulturellen Erziehung im Kindergarten, Band 2, Eltern Stadtteil Fortbildung Heimatländer. Berlin

Kietzell, Dieter von 1991: Kommunale Gemeinwesenarbeit in Hannover. Hannover

Kodolitsch, Paul von und Kristina Schuleri-Hartje 1987: Ethnische Vereine und Kommunalverwaltung. In: Institut für Sozialarbeit und Sozialpädagogik (Hrsg.): Informationsdienst zur Ausländerarbeit Nr. 3–4. Frankfurt/M., 45–48

Kromrey, Helmut 1994: Empirische Sozialforschung. Opladen

Küper-Basgöl, Sabine 1992: Frauen in der Türkei zwischen Feminismus und Reislamisierung. Münster

Lamnek, Siegfried 1989: Qualitative Sozialforschung, Band 2, Methoden und Techniken. München

Landeshauptstadt Hannover (Hrsg.) 1980: Statistischer Vierteljahresbericht Hannover, Jahresübersichten 1978–1980. Hannover

Landeshauptstadt Hannover (Hrsg.) 1981: Sanierung Nordstadt. Hannover

Landeshauptstadt Hannover (Hrsg.) 1988: Statistischer Vierteljahresbericht Hannover, Sonderband. Hannover

Landeshauptstadt Hannover (Hrsg.) 1989a: Statistischer Vierteljahresbericht Hannover, Sonderband. Hannover

Landeshauptstadt Hannover (Hrsg.) 1989b: Die Nordstadt. Hannover

Landeshauptstadt Hannover (Hrsg.) 1990: Statistischer Vierteljahresbericht Hannover, Jahresübersicht 1990. Hannover

Landeshauptstadt Hannover (Hrsg.) 1991: Sozial-Atlas. Hannover

Landeshauptstadt Hannover (Hrsg.) 1994: Statistischer Vierteljahresbericht Hannover, Sonderband. Hannover

Landeshauptstadt Hannover (Hrsg.) 1995: Bevölkerungsentwicklung (unveröffentlichtes Manuskript). Hannover

Legewie, Heiner 1991: Feldforschung und teilnehmende Beobachtung. In: Uwe Flick u. a. (Hrsg.): Handbuch Qualitative Sozialforschung. München, 189–193

Martin, Ernst und Uwe Wawrinowski 1991: Beobachtungslehre. Weinheim

Mayer, Wolf-Dieter 1987: Integration im Stadtteil. Berlin

Mayring, Philipp 1990: Einführung in die qualitative Sozialforschung. München

Merten, Klaus 1986: Das Bild der Ausländer in der deutschen Presse. Ergebnisse einer systematischen Inhaltsanalyse. Frankfurt/M.

Merten, Klaus 1987: Das Bild der Ausländer in der deutschen Presse. In: Bundeszentrale für politische Bildung (Hrsg.): Ausländer und Massenmedien. Bonn, 69–78

Merten, Klaus 1987: Das Bild der Ausländer in der deutschen Presse. Ergebnisse einer systematischen Inhaltsanalyse. Frankfurt/M.

Metin, Mehmet 1990: Ausländerstereotypen in der Sprache. Frankfurt/M.

Oelschlägel, Dieter 1994: Politikverständnis in der Gemeinwesenarbeit im Wandel. In: Maria Bitzan und Tilo Klöck (Hrsg.): Jahrbuch Gemeinwesenarbeit 5. München, 12–23

Özcan, Ertekin 1989: Türkische Immigrantenorganisationen in der Bundesrepublik Deutschland. Berlin

Papulias, May nach Eideneier 1992: Poetische Sprache der Fremde. In: Gabriele Pommerin-Götze u. a. (Hrsg.): Es geht auch anders. Frankfurt/M., 148–158

Pfeiffer, Christian und Peter Wetzels 1994: Die Explosion des Verbrechens? Zu Mißbrauch und Fehlinterpretation der polizeilichen Kriminalstatistik. In: Neue Kriminalpolitik. Heft 2/1994. Baden-Baden

Pfriem, Ruth und Jan Vink 1981: Materialien zu interkulturellen Erziehung. Stuttgart

Pfeiffer, Christian 1995: Das Problem der sogenannten „Ausländerkriminalität". Empirische Befunde, Interpretationsangebote und (kriminal-)politische Folgerungen. Hannover

Preußer, Norbert 1984: Dreizehn Thesen zur Neuorganisation sozialer Dienste. In: Dieter Oelschlägel (Hrsg.): Jahrbuch 1 Gemeinwesenarbeit. München, 64–77

Puskeppeleit, Jürgen und Dietrich Thränhardt 1990: Vom betreuten Ausländer zum gleichberechtigten Bürger. Freiburg

Räthzel, Nora und Ülkü Sarica 1994: Migration und Diskriminierung in der Arbeit: Das Beispiel Hamburg. Hamburg

Schulte, Axel 1993: Von der Gastarbeiter- und Ausländerpolitik zur Minderheiten- und Zuwanderungspolitik? In: Bernhard Blanke (Hrsg.): Zuwanderung und Asyl in der Konkurrenzgesellschaft. Opladen, 113–139

Seiwert, Inge 1994: Kleider und Kosmetika aus dem Orient. In: Ulrika Evers-Hultsch: Frau und Tanz im Zeichen des Halbmondes. Schriftenreihe des Kreismuseums Peine Nr. 11. Peine, 66–73

Sideri, Dadi nach Eideneider 1992: Poetische Sprache der Fremde. In: Gabriele Pommerin-Götze u. a. (Hrsg.): Es geht auch anders! Frankfurt/M., 148–158

Sternipark e. V. 1993: Das Projekt „Tausend Kindergartenplätze für Hamburg", unveröffentlichtes Manuskript. Hamburg

Thränhardt, Dietrich 1988: Die Bundesrepublik Deutschland – ein unerklärtes Einwanderungsland? In: Aus Politik und Zeitgeschichte. Beilage zur Wochenzeitung „Das Parlament", Nr. B 24/88, 3–13

Warnken, Alke und Karin Merkel 1993: Modellprojekt zur Verbesserung der Wohnraumversorgung für Zuwanderer. Hannover

Ziegler, R. 1984: Norm, Sanktion, Rolle. In: Kölner Zeitschrift für Soziologie und Sozialpsychologie, Nr. 36, 433–436

Teil C

Alltagsfriedensforschung in der Kommune

Konzepte und Anregungsmaterialien für die Praxis

> Das Maß des Friedens ist der Frieden selbst.
>
> *Kant*

Ähnlich wie bei Senghaas (1995) soll hier davon ausgegangen werden, daß Frieden ein ständig (neu) zu gestaltendes Projekt darstellt.

Im Anschluß an unsere theoretischen Überlegungen zur Beziehungs- und Lernarbeit mit Kindern sowie zu den veränderten Lebenswelten von Kindern sollen im folgenden exemplarisch *Praxisbausteine* für verschiedene Bereiche der Friedensarbeit mit Kindern in der Kommune konzeptioniert und entwickelt werden. Dabei wird sowohl versucht, die notwendigen Voraussetzungen für eine am positiven Frieden orientierte Beziehungs- und Lernarbeit mit Kindern zu klären als auch konkrete Projekte für die praktische Arbeit mit Kindern zu entwerfen.

Die dargestellten Konzepte beschränken sich auf die Friedensarbeit mit Kindern der Altersgruppe der ca. Fünf- bis Vierzehnjährigen und auf die kommunalen Einrichtungen der Kindertagesstätten und der Grundschulen.

Ziel ist es dabei, Anregungen für Kinder, ErzieherInnen, GrundschullehrerrInnen, SozialpädagogInnen sowie Eltern zu geben, wie Projekte des positiven Friedens in Kindertagesstätten und Grundschulen eine produktive Anwendung finden können. Insofern sind die im folgenden dargestellten Konzeptansätze auch als *Anregungen für Kinder und PraktikerInnen zu verstehen, selbst eigene Projekte zu entwerfen und zu erproben.*

Kapitel 1

Praxisbaustein 1: Kinder entwickeln Friedensstrukturen

Damit sich Kinder an der Gestaltung von Friedensstrukturen von Anfang an und grundlegend beteiligen können, bedarf es einer kurzen Analyse einiger Prämissen über die Entwicklung von Kindern.

Kinder orientieren sich an Vorbildern, ahmen Gesten und Verhaltensweisen nach und bauen sie in ihre Handlungen, insbesondere in ihre Spiele, mit ein. Insofern ist es wichtig, darauf zu achten, welche direkten Angebote den Kindern gemacht werden, aber auch, wie sich Erwachsene – sei es bewußt oder unbewußt – verhalten. Das allerdings, was die Kinder von den expliziten oder impliziten Angeboten aufnehmen, für sich verarbeiten, in eigenes Verhalten umsetzen, was sie kopieren und was sie im Widerstand ins Gegenteil verkehren, hängt vom jeweiligen Kind ab.

Aber nicht nur von und mit Erwachsenen lernen und entwickeln sich Kinder, sondern gerade auch dort, wo keine Erwachsenen in der Nähe sind, im gemeinsamen Spiel auf dem Schulhof, in der Nachbarschaft und an vielen anderen Orten.

Wenn nun Kinder Friedensstrukturen gestalten, was auch bedeutet, daß sie sich über das hinausgehend entwickeln, was sie vorfinden, bedarf es orientierender Anleitungen und Eingriffe in soziales Verhalten an solchen Stellen, wo es Kinder zulassen wollen und können. Dies erfordert seitens der Erwachsenen, die mit Kindern arbeiten, nicht nur ein hohes Maß an Sensibilität, sondern auch fundierte Kenntnis kindlicher Erfahrungen und einen analytischen Blick für Eingriffsmöglichkeiten, die von den Kindern als Vorschläge verstanden werden und die sie nicht zu etwas zwingen.

1.1 Offene Arbeit mit Kindern

Ein produktives Beispiel für eine solche Gestaltung der Arbeit mit Kindern, die als Prozeß verstanden wird, wobei Ziele und Schritte nicht vorher festgelegt werden, stellt die Kindertagesstättenarbeit in (der italienischen Kommune) Reggio Emilia dar (vgl. Krieg 1993). Darin wird davon ausgegangen, daß Kinder von sich aus ihre Erkenntnisse und Erfahrungen erweitern wollen. Die Kinder werden in ihren Problemlösungen so lange wie möglich sich selbst überlassen. BetreuerInnen greifen nur ein, um weitere Experimente vorzuschlagen, die zur Problemlösung beitragen können. Sie geben dem Kind keine Antworten vor.

Es wird in geeigneten Situationen versucht, Zusammenhänge herzustellen, die den bisherigen Erkenntnissen der Kinder widersprechen, damit die Kinder die

Chance erhalten, bestimmte Situationen von verschiedenen Seiten zu betrachten. Dies soll zur Erweiterung der Erkenntnisse dienen.

Kinder lernen so, sich in kleinen Gruppen kooperativ die Gesellschaft anzueignen, in einer Weise, die man als forschend bezeichnen kann (vgl. Kapitel 12.6.3). Kinder formulieren Thesen, prüfen und verwerfen sie, formulieren neue, bis das Problem gelöst ist. Sie erfinden so die Welt, die sie umgibt, ein Stück neu und lernen dabei zugleich Zusammenhänge kennen. Hier bietet sich die Chance für Kinder zu lernen, darauf zu achten, daß alle am Problemlösungsprozeß beteiligt sind.

Eine solche Arbeit mit Kindern läßt sich nicht als konkretes Konzept formulieren, sondern kann nur durch die Praxis erfahren und an Hand von Beispielen erläutert werden.dennoch sollen im folgenden allgemein gehaltene, orientierende Kriterien für die Arbeit mit Kindern vorgeschlagen werden, die als grobe Leitlinien unterstützend wirken können.

1.2 Leitende Kriterien für die Friedensarbeit mit Kindern

Für Friedensarbeit mit Kindern kann es keine rezeptartigen Vorschläge geben, da es auch immer darum geht, Kinder an Entscheidungen, Lösungen und Konzeptionierungen zu beteiligen. Dabei ist allerdings zu berücksichtigen, daß auch Kinder im Rahmen ihrer Sozialisation bereits Wertmaßstäbe, Vorurteile u.v.a. entwickelt haben.

Deshalb werden in Konkretisierung der bisherigen Ergebnisse einige leitende Kriterien in fünf Aspekten für die Friedensarbeit von BetreuerInnen, Eltern, SozialpädagogInnen, LehrerInnen, und mit Kindern angeführt. Hierbei beschränken wir uns auf kognitive Aspekte:

1. Immer, wenn soziale Ausgrenzungen in den Wortbeiträgen von Kindern aufscheinen, sollte versucht werden, einzuhaken und diese Ausgrenzungen in Frage zu stellen und/oder nach Begründungen zu fragen und dies zu erörtern.
2. Treten Widersprüche auf, sollte darauf hingewiesen und versucht werden, den betreffenden Gegenstand oder die Situation von verschiedenen Seiten zu beleuchten. Auf diese Weise lernen Kinder, sich ein umfassendes Bild einer Problematik zu machen.
3. Einfache und vorschnelle Erklärungen oder Behauptungen über Zusammenhänge sollten in einen komplexeren Kontext und andere Seiten sollten zur Diskussion gestellt werden, indem z. B. eine Situation geschaffen wird, in der Widersprüche zu bisherigen Erkenntnissen deutlich werden.
4. Es sollte versucht werden, auf klare (kognitive) Argumentationslinien und nachvollziehbare Darstellungen hinzuarbeiten. Dies stellt eine Voraussetzung dar, sich anderen verständlich zu machen.
5. Aussagen, die von Kindern als allgemeingültige behauptet werden, sollten mit den Kindern zusammen auf ihre Verallgemeinerbarkeit überprüft werden; oder es sollte versucht werden, über die impliziten Ausschlüsse zum Beispiel von

bestimmten Personengruppen und die Folgen zu sprechen. Dies könnte Fall sein, wenn von *allen* Kindern die Rede ist, aber MigrantInnen aus der Gruppe, die schlecht deutsch sprechen, gar nicht beteiligt werden können.

1.3 Konzeptansätze für eine praktizierte Streitkultur als Bestandteil von Friedensstrukturen

Als eine Grundlage für die Arbeit mit Kindern am positiven Frieden wird die Bedeutung einer Streitkultur herausgearbeitet (vgl. Kapitel 12.5.2).

Hier zeigt sich, daß Argumentieren eine wichtige Voraussetzung zur Entwicklung einer Streitkultur ist, die einen produktiven Umgang mit Konflikten ermöglicht.

BetreuerInnen bzw. ErzieherInnen kommt dabei eine Art ModeratorInnenfunktion zu:

1. Sie sollten darauf achten, daß Kinder ihre Probleme nachvollziehbar formulieren.
2. Dazu gehört, daß sie in der Darstellung von anderen nicht unterbrochen werden bzw. selbst andere nicht unterbrechen.
3. Die Diskussion sollte bei einem Thema bleiben, damit alle Kinder, die dazu etwas beizutragen haben, die Chance erhalten, zu Wort zu kommen.
4. Sie sollten versuchen, eine Diskussion anzuregen, worin deutlich wird, inwiefern die Interessen oder Wünsche eines einzelnen Kindes verallgemeinerbar sind.
5. Oder anders gesagt: Wer wird benachteiligt, wenn sich ein Kind oder eine Kindergruppe durchsetzt?

Der schwierigste Punkt ist dabei sicherlich der erste. Schließlich setzt die Möglichkeit, ein Problem ansprechen zu können, voraus, daß das Problem den Betroffenen so deutlich ist, daß sie es sofort artikulieren können. Hier beginnt die Arbeit der Erwachsenen (Eltern, SozialpädagogInnen und LehrerInnen), den betreffenden Kindern zu helfen, ihre Probleme erkennen und artikulieren zu lernen.

Eine Schwierigkeit besteht darin, mit solchen Bedürfnissen umzugehen, die entweder nicht sogleich sorgfältig artikulierbar sind oder mit solchen, die man lieber nicht anführen möchte, weil man schon im vorhinein annimmt, daß sie von den anderen abgelehnt werden. Letzteres ist z. B. der Fall, wenn sich ein Kind auf Kosten von anderen bereichern möchte. Auch hier ist die Vermittlung von Erwachsenen (Eltern, SozialpädagogInnen und LehrerInnen) gefordert, Widersprüche und Interessengegensätze zu erkennen und klar zu benennen, damit Kinder auf Dauer lernen, selbst Widersprüche zu erkennen.

Als potentielle Leitlinien für ErzieherInnen, Eltern und LehrerInnen lassen sich fünf Aspekte für den Umgang mit Kindern anführen, die im Alltag zu einem wesentlichen Teil Friedensstrukturen definieren können:

1. Achtung vor sich selbst und anderen.
2. Zuhören und Verständnis praktizieren.
3. Sich einmischen.
4. Fair streiten.
5. Zeit füreinander haben und Zeit für Reflexionen schaffen.

1.4 Friedensarbeit mit Kindern in Institutionen/Einrichtungen

Da sich Konzepte für die Arbeit mit Kindern am positiven Frieden als Orientierung für Friedensstrukturen für bestimmte Altersgruppen aufgrund der jeweiligen psycho-sozialen Entwicklungen von Kindern bestimmter Altersstufen unterscheiden (müssen), werden im folgenden Ansätze für die Institution der Kindertagesstätten und der Grundschulen entwickelt.

1.5 Konzeptanregungen für Kindertagesstätten

Auch wenn Kinder im Vorschulalter noch wenig von Politik in gesamtgesellschaftlichen Zusammenhängen verstehen, spielt beides doch *implizit* eine Rolle bei der Gestaltung der Arbeit mit Kindern in Kindertagesstätten. Oft ist eine Kindertagesstätte (angesichts der vielen Einzelkinder) der erste Ort, wo Kinder in größeren Gruppen zusammenkommen.

Grundsätzlich gehen Vorstellungen der ErzieherInnen über die Gesellschaft in ihre Arbeit mit Kindern ein – auch außerhalb ihrer expliziten Konzepte. Kinder im Vorschulalter lernen viel durch aktives Tun und über Vorbilder. Das heißt, daß auch die impliziten Signale und die selbstverständlichen Haltungen sowie Handlungen der ErzieherInnen bewußt oder unbewußt von den Kindern registriert und verarbeitet werden.

Schließlich kommen auch die Kinder bereits mit einem Vorwissen oder mit für sie selbstverständlichen Haltungen und Erwartungen, die sie z. B. im Elternhaus erworben haben, in die Kindertagesstätten. Widersprüchliche Orientierungen sind dabei nicht auszuschließen. Von daher ist eine enge Zusammenarbeit zwischen ErzieherInnen und Eltern unerläßlich.

1.5.1 Verhaltensdimensionen

„Entwicklung von Kreativität, Intelligenz und Interesse am Leben entfaltet sich [...] in einem Milieu verständnisvoller Auseinandersetzung um menschliche Bedürfnisse, wie Liebe und Anerkennung, dem Kampf um Verwirklichung von Wünschen und Träumen, der Entdeckung von Freundschaft, dem Interesse an anderen Menschen. Um das aber verwirklichen zu können, bedarf es zumindest entsprechender Kommunikationsstrukturen und der genügenden Anzahl von qualifizierten Menschen, die sich für die Erfüllung dieser elementaren Bedürfnisse der Kinder zur Verfügung stellen können." (Storm 1994)

Es ist davon auszugehen, daß bestimmte Kommunikationsstrukturen in einer Kindergruppe erst hergestellt werden müssen, indem man auf jedes Kind eingeht und nach Wegen sucht, es in seiner Persönlichkeit ernstzunehmen.

Hier zeigt sich ein weites Feld für die Gestaltung von Friedensstrukturen durch Kinder. So werden sich Kinder in Kindertagesstätten nicht nur mit Konflikten untereinander auseinandersetzen müssen, sondern auch mit den Vorstellungen der Erziehungsberechtigten und denen der Kinder. Aber auch der Einfluß der Medien ist nicht zu unterschätzen (vgl. Deutsches Jugendinstitut 1994 und 1995; Jörg 1994).

Die ständige Herausforderung für die Erwachsenen, sich selbst in allen Handlungen als Vorbild für die Kinder darzustellen, hat aus der Perspektive der Arbeit am positiven Frieden insgesamt die produktive Dimension, dazu zu motivieren, den Arbeitsalltag und das Arbeitsklima in der Kindertagesstätte so zu gestalten, daß positive Konfliktlösungen auch unter den Erwachsenen, sei es nun zwischen den ErzieherInnen oder sei es zwischen ihnen und den Eltern, möglich sind und in jedem Fall auch angestrebt werden.

1.5.2 Politisches Handeln in der Kindertagesstätte

Es soll im folgenden zwischen politischem Handeln in einer Binnen- und in einer Außensicht der Kindertagesstätte unterschieden werden. Zu ersterem gehört die Veränderung von Organisation bezogen auf Arbeitsprobleme, Verhaltensprobleme und Lebensinhalte von Menschen in der Einrichtung. Zweitens ist politisches Handeln in der Außensicht der Kindertagesstätte auf öffentliches, hier auf nachbarschaftlich-kommunales Handeln zu beziehen, das sich qualifiziert in lokale Probleme einmischt und das nach Prüfung und Konzeptentwicklung soziale Lebensbedinungen zu verbessern sucht – durch Kinder, SozialpädagogInnen und Eltern.

Für die praktische Arbeit im Kontext der Kindertagesstätte können fünf Fragen handlungsleitend sein:

1. Wie können Kinder an der Gestaltung der Kindertagesstätte maßgeblich beteiligt werden? Inwiefern unterscheiden sich die diesbezüglichen Möglichkeiten in städtischen und in ländlichen Räumen voneinander?
2. Was können Kinder aus Konflikten, die sie in der Kindertagesstätte erleben, für andere soziale Bereiche lernen?
3. Wie können die Interessen von Kindern in kommunale Parteipolitik eingebracht, durchgesetzt und umgesetzt werden?
4. Inwieweit können Kinder, Eltern und SozialpädagogInnen sinnvolle Kooperationen eingehen, um Interessen von Kindern durchzusetzen?
5. Wie können neue Lebensräume für Kinder dazu gewonnen werden in einer Situation, in der versucht wird, ihre Lebensräume einzuengen (z. B. durch den Bau weiterer Verkehrsstraßen oder die Schließung von Freibädern)?

Hierzu ist allgemein ein erweitertes Verständnis von Demokratie notwendig. Dazu gehören:

1. mehr Autonomie in den Kindertagesstätten,
2. eine verstärkte Kooperation der Einrichtungen untereinander (z. B. in der Kommune),
3. die Entwicklung eines Grundkonsenses in Fragen nach sozialen und politischen Zielen,
4. eine weitere Entbürokratisierung in den Einrichtungen.

Um Veränderungen in Kindertagesstätten vornehmen zu können, muß an den Lebensbedingungen der Kinder angesetzt werden. Hierzu bedarf es der Analyse der jeweiligen Lebensbedingungen der Kinder in einer Einrichtung:

1. Über welche Aktionsräume verfügen Kinder im Wohngebiet?
2. Wie gestaltet sich die räumliche Verteilung und Qualität dieser Aktionsräume?
3. Inwieweit werden diese Aktionsräume von den Kindern genutzt?
4. Was hat sich daran in letzter Zeit verändert?
5. Welche Vorstellungen haben Kinder von für sie idealen Aktionsräumen?
6. Inwiefern können sie selbst entsprechende Veränderungen vornehmen?
7. Was könnte oder sollte die Stadt- bzw. Kommunalverwaltung tun?

Um insgesamt in Kindertagesstätten etwas verändern zu können, bedarf es auch einer Analyse der Arbeitsbedingungen der Beschäftigten. Hierzu muß mehr Raum und Zeit für Analysen, Konzeptionierungen und Kooperationen gewonnen werden.

Hinzu kommt aber noch eine alternative persönliche Haltung, die es zu entwickeln gilt. Eine Erzieherin, die sich nicht als jemand begreift, die alles weiß und die die Ruhe aufbringt, Kinder selbst herausfinden zu lassen, wie sie korrekt einen Tisch vermessen können und dafür vier Tage brauchen, muß selber eine experimentelle Haltung zum Lernen mitbringen, muß problemlösendes Handeln kennen oder gewohnt sein. Sie muß selbstbewußt, offen und flexibel mit den Fragen, Antworten und Vorstellungen der Kinder umgehen können. So stellt sich die Frage, wie ErzieherInnen und andere eine solche Haltung erwerben können.

Dies soll an einem praktischen Projekt verdeutlicht werden.

1.5.3 Projekt: Gebrauchswerte statt Statussymbole entwickeln

Häufig entstehen Konflikte zwischen Kindern und Eltern im Konsumbereich. Insgesamt lernen Kinder früh zu konkurrieren, sich am Konsum zu orientieren und entsprechende Bedürfnisse zu entwickeln, deren Realisierung zu Unfrieden führen kann.

So verzweifeln z. B. viele Eltern an den Kleiderwünschen der Kinder, wenn diese sich solche einer bestimmten Herstellerfirma wünschen. Nicht grundlos sind dies zumeist Markenartikel, also sehr teure Produkte. Kindern nehmen an, daß die „richtige" Kleidung wichtig ist und reproduzieren dies. Es wird dann nicht mehr nach dem Gebrauchswert einer Ware gefragt, sondern nach ihrem Prestige.

Hier sollte nun versucht werden, mit Kindern über größere gesellschaftliche Zusammenhänge zu diskutieren: Wer hat ein Interesse daran, daß viele das Kleidungsstück einer bestimmten Firma tragen? Inwiefern trägt dies zur Reproduktion von Vorurteilen bei, z. B. wenn sich einige Kinder solche Kleidung nicht leisten können? Welche Gefühle vermittelt den Kindern das Tragen eines solchen Kleidungsstücks? Wie kann produktiv mit diesen Gefühlen umgegangen werden?

Bereits weiter oben angesprochen wurde ein Thema, das immer wieder für Unfrieden zwischen Kindern und Eltern sorgt. Gemeint ist die Anfälligkeit von Kindern für bestimmte Statussymbole, die über Gegenstände kenntlich werden. Das gilt sowohl für Kleidungsstücke als auch für Fahrräder, Spielzeug u.v.a.

Hier kann Friedensarbeit mit Gruppen in der Kindertagesstätte zur Entwicklung von Friedensstrukturen beitragen, die über die Kindergruppe hinaus bis ins Elternhaus wirken. So könnte man sich in einer Kindergruppe darauf einigen, daß man alle Herstellerhinweise auf der Kleidung oder den Spielsachen oder anderen Utensilien (z. B. Buntstifte) entfernt oder überklebt, um danach diese Dinge in ihrer Funktionalität zu vergleichen und zu beurteilen.

Auf diese Weise kann sichtbar werden, daß es auf den Menschen und die Funktionsweise von Gegenständen ankommt, weniger auf bestimmte Herstellerfirmen. Auf Dauer können die Kinder auf diese Art auch lernen, daß ein bestimmtes Sozialverhalten den anderen Kindern gegenüber wichtiger sein kann als ein teures Fahrrad.

1.6 Konzeptanregungen für Grundschulen

Aufgrund vielfältiger Probleme von LehrerInnen ist auch die Grundschule in die öffentliche Kritik geraten.

1.6.1 Neue Ziele und Kompetenzen im Unterricht

Kritisiert wird z. B., daß das deutsche Schulsystem am Mangel einer „Vision" krankt, d. h. es ist unklar, auf welches gesellschaftliche Ziel Grundschule heute die Kinder vorbereiten soll oder will.

In diesem Zusammenhang kann an die sechs Kompetenzen erinnert werden, die Negt (1994) angesichts der veränderten gesamtgesellschaftlichen Situation als handlungsleitend für Schule vorgeschlagen hat. Schulsystem und Grundschule haben

1. Denken in Zusammenhängen,
2. Kompetenz der Selbst- und Fremdwahrnehmung,
3. technologische Kompetenz,
4. historische Kompetenz und
5. Gerechtigkeitskompetenz (vgl. ebd.; vgl. Kapitel 13.2.3) zu vermitteln.

Ähnlich wie in der Kindertagesstätte ist es auch in der Grundschule notwendig, daß LehrerInnen oft miteinander kooperieren, daß sie versuchen, Unterricht mit den SchülerInnen gemeinsam vorzubereiten, ihre Vorhaben transparent machen und daß sie Vorschläge der SchülerInnen in ihre Konzepte mit einbeziehen.

Ein weiteres Problem stellen auch Defizite z. B. in den Elternhäusern dar, die die Grundschule auffangen muß. So müssen SchülerInnen oft erst lernen zu feiern, wenn dies über Würstchengrillen hinausgehen soll, damit sie z. B. auch in die Lage versetzt werden, einem kurdischen Dichter zuhören zu können.

Wichtig ist hierbei, z. B. bei der gemeinsamen Vorbereitung einer Feier, daß Erfahrungen und Vorschläge aller beteiligten SchülerInnen akzeptiert und diskutiert werden und daß die SchülerInnen gemeinsam ausprobieren, welche Vorschläge am praktikabelsten sind oder welche den meisten Kindern Spaß machen.

Kommunale Friedensarbeit mit Kindern heißt vor allem, dort anzusetzen, wo Kinder sind, in ihrer Lebenswelt und Kultur. Im folgenden soll exemplarisch angeführt werden, was im Unterricht getan werden kann, um zugleich perspektivisch Friedensstrukturen zu gestalten und um an bestehende Lebenswelten von SchülerInnen anzuknüpfen.

1.6.2 Projekt gegen den Konsumterror in der eigenen Seele

Wünsche und Bedürfnisse nach Konsumartikeln ändern sich ständig. Die Werbung versucht hier, verstärkt Einfluß auf Kinder zu nehmen. Insbesondere die privaten Fernsehsender sind am Nachmittag voll mit Werbespots für Spielwaren und Süßigkeiten.

Auch über die Bedürfnisse im Konsumbereich sollten SchülerInnen forschend lernen. Man könnte sie dazu anregen, Geschichten zu erzählen, was und warum sie sich dies wünschen. Hierzu kann die These aufgestellt werden, daß sich in diesem Kontext in den letzten Jahren etwas verändert hat. Ging es vor ca. 20 Jahren noch um Farben und Rocklängen, müssen heute bestimmte Krokodile auf den Hemden sein.

Es bietet sich an, von Kindern erzählte Geschichten in diesem Kontext zu verwenden, weil sie nahe an den derzeitigen Moden orientiert sein werden. So kann man sie erzählen lassen, was sie sich zum Geburtstag gewünscht haben und was sie erhielten, warum es sie traurig oder glücklich machte. Die so geäußerten Gefühle können dann in der Klasse gemeinsam bearbeitet und mit denen der anderen verglichen werden. Hier wird man sowohl auf geschlechtsspezifische Unterschiede stoßen als auch auf solche bezogen auf die kulturelle und soziale Herkunft. D. h. die bearbeiteten Wünsche werden auch das Milieu der SchülerInnen verdeutlichen, so daß die Gespräche zum einen zu einem besseren Verständnis von anderen Gefühlen beitragen können und zum anderen Informationen über verschiedene Lebensweisen im Privathaushalt vermitteln. Der Wunsch eines Flüchtlingskindes nach einem eigenen Zimmer z. B. könnte auch Anlaß sein, über die schwierige Lage von Flüchtlingen in Deutschland zu sprechen und zu solidarischen

Handlungen unter den Kindern anregen, indem sie MitschülerInnen aus beengten Wohnverhältnissen zu sich einladen, um gemeinsam Hausarbeiten zu machen.

1.6.3 Projekt: Antiwerbung

Eine andere Strategie in diesem Bereich kann darin bestehen, daß man Videoaufzeichnungen von Werbspots mit der Klasse gemeinsam diskutiert. Man könnte die SchülerInnen dazu anregen, über die vermeintlichen Zielsetzungen eines Spots zu sprechen, z. B.: Welche Kindergruppe soll angesprochen werden? Wie sehen die darin vorkommenden Kinder aus? Was tun sie? Welchen Eindruck vermitteln sie über das angebotene Produkt? Warum werden zusammen mit Früchtequark gleichzeitig fliegende Untertassen „verschenkt"? Können die zuschauenden Kinder diese Zusatzgaben überhaupt gebrauchen? Denken sie, daß der Früchtequark besser schmeckt, wenn er Plastikspielwaren enthält?

Wie kann es z. B. sein, daß Schokolade für die Zähne schädlich ist, aber in der Werbung als gesund für Kinder verkauft wird? Warum darf in der Werbung ein Kind einen Schokoriegel, der in Milch schwimmt, vor dem Mittagessen zu sich nehmen, und einen, der in der Milch untergeht, nicht? Warum sind z. B. Überraschungseier so beliebt, wenn die enthaltenen Konstruktionen für die Spielwaren manchmal so schwierig sind, daß viele Erwachsene sie nicht zusammenbauen können?

Welche Atmosphäre versucht die Werbung jeweils herzustellen, und was hat dies mit dem zu verkaufenden Produkt zu tun?

Wenn es die Ausstattung der Schule zuläßt, kann man mit den Kindern Anti-Werbespots drehen. Man könnte SchülerInnen Süßwaren in ihre Bestandteilen zerlegen lassen, die ja zumeist auf der Packung stehen, und für jedes Einzelteil überlegen, was es bewirkt.

In beiden skizzierten Projekten sind die SchülerInnen sowohl darauf angewiesen zu kooperieren als auch eigene Selbstverständlichkeiten in Frage zu stellen.

Werden im *Projekt gegen den Konsumterror in der eigenen Seele* die eigenen Wünsche bearbeitet, geht es im *Projekt Antiwerbung* um Wünsche, die von außen lanciert werden. Die SchülerInnen können so exemplarisch lernen, Gegebenes und Selbstverständliches zu bezweifeln. Dies kann auf Dauer dazu beitragen, daß sie lernen, Unterschiede zwischen Menschen anders wahrzunehmen und damit anders umzugehen.

Praxisbaustein 2: Direkte Gewalt im Kind-Erwachsenenverhältnis und bei Kindern untereinander

Direkte oder körperliche Gewalt stellt ein Hindernis bei der Gestaltung von Friedensstrukturen dar und soll deshalb im folgenden explizit für die Friedensarbeit in Kindertagesstätten und Grundschulen thematisiert werden.

Wie in Kapitel 13.1.2 herausgearbeitet wurde, beruht das Erwachsenen-Kind Verhältnis strukturell von Grund auf auf Gewalt in unserer Gesellschaft. Eltern haben das Recht, direkte Gewaltanwendung in einem bestimmten Rahmen als Erziehungsmittel zu praktizieren. Das bedeutet, zugespitzt formuliert, daß Kinder in Gewaltverhältnisse hineingeboren werden und in ihnen aufwachsen.

So ist es nicht verwunderlich, daß Kinder früh lernen, andere Kinder zu verletzen, z. B. durch Hänseleien aufgrund verschiedener Merkmale: körperliche Abweichungen, Kleidung, Körpergröße, Geschlecht, ethnische Zugehörigkeit... kurz: alles, was sichtbar ist, kann als Grund für Hohn und Spott dienen. Hier können Kinder Pauschalisierungen, Bewertungen, Vorurteilsbildungen, Vereinfachungen, Reproduktionen von Feindbildern einüben. Indem man Kinder als Subjekte sieht, die sich ihre eigenen Strukturen schaffen, liegt hier auch ein Ansatzpunkt für Veränderungen.

2.1 Gewalt als Verarbeitungsweise von Angst

Gewalt kann aber auch als Verarbeitungsweise von Ängsten auftreten. Überhaupt sind Ängste ein wichtiges und bestimmendes Thema im Kontext von direkter Gewalt für den Alltag von Kindern. Über offensichtliche und verdeckte Ängste sollte, wann immer möglich, in Kindertagesstätten und in Grundschulen gesprochen werden, wobei immer wieder zu beachten ist, daß mit Ängsten sehr unterschiedlich umgegangen werden kann. Das gilt für eine Angst, die durch Gewalt oder Dominanz verdeckt wird ebenso wie für eine Angst z. B. vor direkter Gewalt, die zur Zurückhaltung, Flucht oder Unterordnung führt.

Hierzu ist es wichtig, aufmerksam Mienenspiel und verbale Äußerungen von Kindern wahrzunehmen und darauf einzugehen. Dazu ein Beispiel: Frank hört eine Geschichte über Militärs, die gegen Riesen kämpfen, wobei die Generäle die anderen Soldaten vorschicken. Frank sagt leise: „Die haben selber Angst."

Hier bietet sich die Möglichkeit, über Krieg, Soldaten und das, was genau in der gehörten Szene passiert, kritisch zu diskutieren. Aber auch darüber, daß alle Menschen in vielen Situationen Angst haben und daß sie dies mehr oder weniger zeigen, sollte besprochen werden.

Wichtig ist es zu verdeutlichen, daß Angst zum einen als überlebensnotwendig angesehen wird, woraus folgt, daß alle Menschen Ängste entwickeln. Zum anderen sollte es darum gehen zu lernen, so produktiv mit Angst umzugehen, daß sie die einzelnen nicht lähmt.

Ein produktiver Umgang mit Angst kann so bereits im Vorwege zur Gewaltprävention beitragen.

2.2 Gewalt als Ausdruck eingeschränkter Motorik

Einen weiteren wichtigen Aspekt stellt die kindliche Motorik bzw. der Bewegungsdrang vieler Kinder dar. Gugel und Jäger verweisen auf den Aspekt, daß aggressives Verhalten von Kindern oft auf eine Beschränkung kindlicher Motorik zurückzuführen ist.

> „‚Tobe-Ecken‘, in denen auch Raufereien, die nach gemeinsam festgelegten Regeln ausgetragen werden (z. B. nicht boxen, beißen oder kratzen), kommen nicht nur dem kindlichen Bedürfnis nach Kräftemessen und körperlicher Auseinandersetzung entgegen, sondern können auch motorische Unruhe auffangen." (Gugel und Jäger 1994, 228). In eine ähnliche Richtung verweisen auch Schnack und Neutzling (1993), wenn sie davon ausgehen, daß insbesondere Jungen ihre Ängste in Form von Unruhe oder Aggression ausleben (vgl. auch Kapitel 10).

Auch und gerade die häusliche Situation von Kindern in Städten, wo Kinder weder in der Wohnung noch außerhalb Möglichkeiten haben, sich auszutoben, macht es notwendig, Kindern in und außerhalb von Institutionen und Einrichtungen die Möglichkeit zu geben, sich viel und ausgiebig zu bewegen.

Kindertagesstätten und anderen Einrichtungen kommt so die Aufgabe zu, einen Mangel an kindgerechten Bewegungsmöglichkeiten auszugleichen. Zugleich ergibt sich die Gelegenheit, genauer zu beobachten, welche Funktion Bewegung tatsächlich für kindgerechte Entwicklung hat. Das würde bedeuten, daß experimentell in der Praxis ausprobiert werden kann, inwiefern Kinder mit größerem Bewegungsraum besser mit Aggressionen umzugehen lernen.

2.3 Gewaltprävention in der Kindertagesstätte

Gerade für die Friedensarbeit mit Kindern in der Kindertagesstätte ist es wichtig, ihnen soviel Bewegungsräume wie möglich zu schaffen und auf ihre Ängste einzugehen.

2.3.1 Projekt: Fotos in Kindertagesstätten

Bezogen auf Gewalt, Vorurteile und Feindbilder bietet sich für Kinder in Kindertagesstätten die Arbeit mit Fotos an, wie sie Cohen (1994) vorschlägt. Mit Hilfe von Fotos können Kinder Situationen und eigenes Verhalten distanziert betrachten, auch wenn sie noch nicht lesen oder schreiben können. Zudem schauen die meisten Kinder gerne Bilder an.

„Fotografien von Situationen [...] helfen Konflikte bearbeiten, die durch Schikanen, Beleidigungen, Ausschluß und Einschluß im Kontext von Sexismus und Rassismus enstehen." (ebd., 106)

Cohen schlägt u. a. vor, solche gewalttätigen Szenen auf den Fotos mit Kindern dahingehend zu diskutieren, wie sie eingreifen könnten, oder ob es Vorlieben gibt, einzugreifen oder nicht. Die Distanz, die zeitweilig über Fotos hergestellt wird, kann es Kindern erleichtern, eine Situation von allen Seiten zu betrachten und z. B. nach alternativen Lösungen zu suchen. Sie können so lernen, über Gewalt zu sprechen und Probleme zu formulieren, statt sich der Gewalt von anderen zu unterwerfen bzw. statt selbst einfach zuzuschlagen.

2.3.2 Projekt: Krieg und Gewalt spielen in der Kindertagesstätte

Trotz der vielen früheren Debatten um Kriegsspielzeug und Spielzeugwaffen gelingt es Eltern, die ihren Kindern keine Kriegsspielzeuge besorgen, kaum zu verhindern, daß ihre Kinder, insbesondere die Jungen, Krieg und Gewalt spielen (vgl. Sommerfeld 1991; Deutsches Jugendinstitut 1995).

Geeignet für Kindertagesstätten ist der Vorschlag z. B. von Ulmann, Kinder bei ihren Kriegs- und Gewaltspielen zu beobachten, um gegebenenfalls einzugreifen und die Kehrseite der vielen Kampfhandlungen ins Spiel einzubringen, z. B. die vielen verletzten Menschen, die gepflegt und getröstet werden müssen. Ulmann schlägt z. B. vor, mit Kindern ein Lazarett aufzubauen. Die Beschäftigung mit den möglichen Schmerzen von TeilnehmerInnen am Kriegs- und Gewaltspiel könnte so dazu beitragen, eine Verklärung von Krieg und Gewalt zu verhindern.

Eine andere Möglichkeit vor allem für Hortkinder besteht darin, auch die Seite der KriegsgegnerInnen ins Spiel zu bringen. So könnte man versuchen, die Kindergruppe in zwei Lager aufzuteilen, in solche, die weiter Krieg spielen, und in solche, die den Part einer Friedensinitiative übernehmen. Letztere könnten dann versuchen, gegen die Handlungen der anderen durch Sitzblockaden oder durch die Einberufung einer Debatte einzuwirken. Wahrscheinlich haben Kinder ganz konkret in der Situation selbst noch viel bessere Ideen.

2.3.3 Sozialpädagogik in Kindertagesstätten

Sich im Sinne von Kindern bei einer Friedensarbeit ins Spiel der Kinder einzumischen erfordert Beobachtung und viel Phantasie, aus den gängigen Denkbahnen auszubrechen. Dies ist häufig von überlasteten ErzieherInnen nicht zu leisten. Hier könnte es sich als günstig erweisen, arbeitsteilig vorzugehen. Während eine Erzieherin in der Mitte des Spielgeschehens steht, könnte eine andere zunächst einmal beobachten.

Über ihre so gewonnenen Vorschläge könnten sie sich dann mit ErzieherInnen verständigen. D. h. eine sinnvolle Arbeit für SozialpädagogInnen in Kindertagesstätten ist nur möglich, wenn Zeiten und Räume geschaffen werden, um sich mit ErzieherInnen auseinanderzusetzen, gegenseitig von den jeweiligen Erfahrungen zu lernen und schließlich zu kooperieren.

2.4 Gewaltprävention in der Grundschule

Möchte man Verhaltensänderungen im Sozialverhalten von Kindern anregen, führt ein möglicher Weg verstärkt in der Grundschule über Einsicht und Analyse.

2.4.1 Projekt: Gewaltfreier Unterricht in der Grundschule

So könnte man das Problem der Auseinandersetzung über direkte Gewalt auf dem Schulhof zu einer Art Forschungsprojekt für eine Schulklasse machen.

Man stattet die Kinder mit Fotoapparaten aus und läßt sie das Geschehen (wie ein Detektiv) auf dem Schulhof in der Pause beobachten. Dabei hätten die SchülerInnen bzw. DetektivInnen die Aufgabe, Situationen zu fotografieren, in denen direkte Gewalt ausgeübt oder vorbereitet wird.

Eine ganze Serie von Fotos könnte Aufschluß darüber geben, wie es überhaupt z. B. zu einer Prügelei gekommen ist und wie die umstehenden Kinder reagiert haben. Diese Fotos könnten dann in ihrer Abfolge gemeinsam in der Klasse diskutiert werden.

Wichtig ist zu analysieren, was genau passiert ist: Wer übt wann und wie direkte Gewalt aus? Was tun diejenigen, die (am Rand) die Szene verfolgen? Wer greift wie ein? Warum wird nicht eingegriffen?

Besonders wichtig ist es aber auch, in diesem Kontext anzusprechen, wie die SchülerInnen selbst reagiert hätten und welche Reaktion sie für die beste halten. So könnte schon einmal im Klassenzimmer, vielleicht auch durch Nachspielen von Situationen, geübt werden, was draußen auf dem Schulhof erforderlich ist.

Auch Ausschnitte aus Fotos machen zu lassen, die von gewaltfreien Situationen handeln, und dann zu diskutieren, in welchem Rahmen die Szene stattfindet, würde es Kindern ermöglichen, ihr eigenes Verhalten zu analysieren.

Es soll hier davon ausgegangen werden, daß es leichter ist, über eine Bilderszene zu sprechen als über die eigenen Ursachen für eine ausgelebte Aggression, da zu vermuten ist, daß zugeschlagen wird, wenn den Betreffenden nichts anderes einfällt.

2.4.2 Projekt: Versteckte Gewalt in Schule und Freizeit

Ein weiteres Problem stellt die Gewalt unter SchülerInnen dar, die von LehrerInnen und SozialarbeiterInnen unbemerkt bleibt. Erpressungen, Drohungen mit Gewaltanwendung, Schutzgeldforderungen sind keine wirklich neuen

Phänomene, sondern z. B. aus der Literatur bekannt. So hat schon Erich Kästner in seinen Kinderromanen (z. B. in „Emil und die Detektive") Kinderbanden beschrieben, die sich gegenseitig bekämpfen. Darin kommen Kinder vor, die andere verprügeln, einsperren oder Forderungen stellen. Kinder spielen manchmal in ihrem Alltag nach, was sie in den Medien sehen oder hören. Oder wer erinnert sich nicht an Geschichten aus Internaten, worin Jüngere unter der direkten Gewalt und Bedrohung durch Ältere zu leiden hatten. Entgegen einer Annahme der Gewaltzunahme unter Kindern kommen Greszik, Hering und Euler (1995) in einer empirischen Untersuchung zu dem Ergebnis, daß Gewalt an Schulen nicht zugenommen hat. Verändert haben sich heute die Formen und wohl auch die Mittel. Zudem stellt sich die Frage, was Kindern den InterviewerInnen erzählen und was nicht.

Vieles passiert auf dem Schulhof oder in der Freizeit und zumeist nicht in Anwesenheit von Erwachsenen. Hier die Kinder anzuregen, selbst zu forschen, würde sicher anderes zutage fördern, als Aufsichtspersonen auf Schulhöfen sehen können.

So könnte man SchülerInnen einer Klasse dahingehend motivieren, Gewalt selbst zu definieren und ihre Vorannahmen zu deren Entstehung zu diskutieren. Es besteht die Möglichkeit, daß sie einen kurzen Fragebogen unter Anleitung von Erwachsenen entwickeln, ihre MitschülerInnen interviewen und die Ergebnisse gemeinsam mit LehrerInnen und/oder SozialpädagogInnen auswerten.

2.4.3 Projekt: Gewalt in Medien

Ein anderes Problem, worauf im Unterricht immer wieder eingegangen werden sollte, sind Gewaltdarstellungen in Medien. Fast jeden Tag werden Bilder direkter Gewalt in den Nachrichten übermittelt. Auch in diesem Kontext stellt sich wieder die Frage, wie Kinder in diesem Fall lernen können, produktiv mit ihren Ängsten vor Bedrohungen umzugehen.

Für den Umgang mit Medien, die immer wieder als Verursacher von Gewaltbereitschaft verteufelt werden, schlagen auch Gugel und Jäger (1994) einen aktiven und gestalterischen Umgang vor. Das hat perspektivisch den Vorteil, daß Kinder bewußter verarbeiten können, was sie sehen und hören, ohne daß ihnen z. B. Fernsehen untersagt wird.

Ein erster Schritt im Unterricht könnte sein, über die Nachrichten des vergangenen Tages zu sprechen oder sie sich in der Klasse gemeinsam anzusehen. Hier bietet sich auch die Diskussion über Kindernachrichtensendungen (wie z. B. „Logo") an, da diese bereits kindgerecht aufgearbeitet sind.

Im Anschluß daran könnten Berichte von Kindern, z. B. aus einem vorher diskutierten Kriegsgebiet, gemeinsam besprochen werden. Bei der Sicht von betroffenen Kindern, z. B. im Krieg, anzusetzen, hat den Vorteil, daß SchülerInnen an Hand ihrer eigenen Gefühle und Ängste nachvollziehen können, was mit Kindern im Krieg passiert.

2.4.4 Grundschulsozialpädagogik und direkte Gewalt

Weisen die oben vorgeschlagenen Projektansätze vor allem in Richtung einer Gewaltprävention, sollte auch überlegt werden, wie mit Situationen umgegangen werden kann, wenn direkte Gewalt bereits ausgeübt wird, und vor allem, wenn SchülerInnen sich gegenseitig ernsthaft verletzen.

Das häufig praktizierte Verfahren, einen einzelnen gewalttätigen Schüler durch zeitweiligen Ausschluß vom Unterricht zu bestrafen, greift eindeutig zu kurz, wenn man das komplexe Netz von Sozialbeziehungen der SchülerInnen untereinander in Betracht zieht. Wird ein einzelner gewalttätig, befinden sich in der Regel viele MitschülerInnen in seinem sozialen Kontext, die dies zulassen.

Hier bietet sich ein weites Feld für SozialarbeiterInnen und -pädagogInnen insbesondere an Grundschulen. So fordert z. B. die Gewerkschaft Erziehung und Wissenschaft (GEW) eine Ausweitung der Schulsozialarbeit. „Eine Beschränkung auf bestimmte Schularten oder bestimmte Schulformen (wie z. B. die Ganztagsschule oder die Hauptschule) ist jedoch heute nicht mehr zu rechtfertigen." (GEW 1995, 14)

Andere, z. B. Paffrath, gehen davon aus, daß soziale Erziehung in der Grundschule angesichts von Fremdenfeindlichkeit und Gewalt „heute über den Nahbereich des eigenen abgeschlossenen Raumes hinausgehen und eine Ahnung von Mitverantwortung und Solidarität in der Einen Welt anbahnen" muß (1994, 131). Hierbei können SozialarbeiterInnen oder SozialpädagogInnen die LehrerInnen unterstützen.

Häufig sind LehrerInnen allein mit den Problemen überfordert, da die Methoden der sozialen Arbeit in der Regel nicht zur LehrerInnen-Ausbildung gehören. Hinzu kommen die oft sehr großen Klassenverbände von ca. 30 SchülerInnen, die es kaum zulassen, daß sich z. B. ein Klassenlehrer oder eine Klassenlehrerin ausführlich um die sozialen Probleme der Gruppe bzw. einzelner SchülerInnen kümmern kann.

Das heißt, es müssen Maßnahmen überlegt werden, wie SozialpädagogInnen z. B. verstärkt an Grundschulen eingestellt werden können, und wo dies bereits der Fall ist, sie auch Gelegenheit erhalten, sinnvoll eingreifen zu können.

Das heißt, daß sich der soziale Kontext so verändern muß, daß die betroffenen SchülerInnen auf Dauer in die Lage versetzt werden, Bedingungen zu schaffen, die Gewalt nicht mehr zulassen oder selbst als soziale Gruppe sinnvoll mit gewalttätigen Ausschreitungen umgehen. Schließlich ist auch Passivität eine Tat.

Das aber bedeutet, daß sich die Bedingungen auch dort verändern müßten, wo bereits SozialpädagogInnen an Grundschulen tätig sind. Solange zwar Fachunterricht in Schulklassen stattfindet, soziale Probleme aber individuell verhandelt werden, können auch SozialpädagogInnen nicht unbedingt sinnvoll tätig werden.

Es stellt sich hier die Frage, ob nicht mehr Zeit und Raum dafür geschaffen werden müßte, sozialpädagogisch mit ganzen Klassenverbänden zu arbeiten. Dazu aber wäre eine an den Kindern orientierte Kooperation der Schulleitung und der LehrerInnen mit den SozialpädagogInnen unerläßlich.

Dies erweist sich oft als besonders schwierig, weil viele LehrerInnen die Anliegen der SozialpädagogInnen als einen Angriff auf ihre pädagogischen Fähigkeiten sehen, statt Gewaltprävention als eine gemeinsame Aufgabe aller Beteiligten an der Schule zu begreifen.

Es reicht also nicht, einzelne SozialpädagogInnen in die Grundschulen zu setzen, sondern es müssen Wege gefunden werden, wie LehrerInnen und SozialpädagogInnen sich gegenseitig akzeptieren und im Sinne einer Gewaltprävention kooperieren können.

Der Einsatz von SozialarbeiterInnen oder SozialpädagogInnen an jeder Grundschule würde nicht nur die Arbeit mit Kindern erleichtern, sondern er könnte auch zu einer allgemeinen Akzeptanz von Sozialarbeit und -pädagogik bei LehrerInnen und Eltern beitragen. Dann würde Sozialarbeit und -pädagogik an Grundschulen nicht mehr zur Stigmatisierung einzelner Schulen dienen, sondern *Grundschulen ohne sozialarbeiterisches Fachpersonal könnten dies als Mangel sehen und entsprechende öffentliche Forderungen stellen.*

Kapitel 3

Praxisbaustein 3: Fremdenfeindlichkeit – Lernschritte von Kindern

Die Ausübung von direkter Gewalt durch Kinder hängt oft auch mit verschiedenen Ausprägungen von Fremdenfeindlichkeit[1] zusammen. Wie bereits ausgeführt (vgl. Kapitel 11), hat sich gezeigt, daß es schwer ist, sich in westlichen, von Weißen dominierten (Industrie-)Gesellschaften nicht fremdenfeindlich zu verhalten, selbst wenn man dies möchte.

So war z. B. eine schwarze US-amerikanische Professorin für das Fach Englisch anläßlich eines von ihr mitinitiierten Treffens von Lehrenden und PädagogInnen darüber entsetzt, wieviel Energie immer noch nötig ist, um Fremdenfeindlichkeit zu verlernen, selbst wenn die TeilnehmerInnen ein großes Interesse daran bekunden (Hooks 1994, 38).

3.1 Aufwachsen in der Fremdenfeindlichkeit

Schon Martin Luther King jr. sah einen engen Zusammenhang zwischen struktureller Fremdenfeindlichkeit und gesamtgesellschaftlicher Entwicklung von Industriestaaten, der bis heute fortbesteht.

> „Wir müssen sofort damit beginnen, von einer an Dingen orientierten zu einer Gesellschaft überzugehen, die sich an Personen orientiert. Solange wie Maschinen und Computer, Profitorientierung und Eigentumsrechte als wichtiger angesehen werden als Menschen, solange sind wir unfähig, das gigantische Dreieck von Rassismus, Materialismus und Militarismus wirksam zu bekämpfen." (Martin Luther King jr., zit. n. Hooks 1994, 27; Übersetzung Barbara Ketelhut)[2]

Arbeit gegen Fremdenfeindlichkeit beinhaltet für King anti-militaristische Arbeit und den Einsatz für andere gesellschaftliche Strukturen überhaupt. Das bedeutet für Kinder, daß sie bereits in fremdenfeindliche gesellschaftliche Strukturen hineingeboren werden, an deren Gestaltung sie nicht beteiligt waren.

Es stellt sich also auch für eine grundlegende Arbeit mit Kindern am positiven Frieden die Frage, wie zumindest zum Teil verhindert werden kann, daß Kinder sich gar nicht erst fremdenfeindliches Verhalten aneignen, das sie dann später als Erwachsene mühsam wieder verlernen müssen.

---

[1] Zur Begründung für die Verwendung des Begriffs Fremdenfeindlichkeit siehe Kapitel 11.

[2] „We must rapidly begin the shift from a ‚thing'-oriented society to a ‚person'-oriented society. When machines and computers, profit motives and property rights are considered more important than people, the giant triplets of racism, materialism and militarism are incapable of being conquered." (Martin Luther King jr., zit. n. Hooks 1994, 27)

Dieses Vorhaben stößt auf immense Probleme. Schließlich wachsen Kinder bereits in eine fremdenfeindliche Gesellschaft hinein. Von Erwachsenen lernen sie, daß Menschen mit dunkler Hautfarbe anders seien als solche mit heller. Kinder bekommen mit, wenn Erwachsene implizit den MigrantInnen solche Lebensweisen als minderwertig vorwerfen, die oft erst durch eine diskriminierende Behandlung in unserer Gesellschaft zustande kommen. Zu denken ist hierbei z. B. an beengte Wohnverhältnisse vieler MigrantInnen, die keine adäquaten Wohnungen finden und/oder die sie nicht bezahlen können. In diesem Rahmen wird Kindern manchmal untersagt, mit Kindern aus solchen Verhältnissen zu spielen, wobei bereits unterstellt ist, daß die betroffenen MigrantInnen ihre Wohnsituation selbst verschuldet oder gar „verdient" hätten, wobei diskriminierende Behandlungen von MigrantInnen außer acht gelassen werden.

Das aber bedeutet, daß Kinder bereits auch dann in fremdenfeindlichen gesellschaftlichen Verhältnissen aufwachsen, wenn nicht dauernd auf MigrantInnen geschimpft wird. Für Institutionen und Einrichtungen wie Kindertagesstätten und Grundschulen zeigt sich hier ein großes Problem. Sie sollen Kinder zu etwas anleiten, das in der Regel nicht einmal die Erwachsenen zustande bringen. Diese Erwachsenen sollen nun Kinder daraufhin orientieren, Wege zu finden, um alternative Umgangsformen mit Fremden leben zu können, was bisher kaum den Erwachsenen gelungen ist.

Dies kann nur gelingen, wenn Kinder als Subjekte in den Vordergrund rücken und somit die Möglichkeit erhalten, an gesellschaftlichen Veränderungen zu partizipieren.

3.2 Gegen das Schweigen – Zur Überwindung von Fremdenfeindlichkeit

Dazu ist es unerläßlich, daß auch in Kindertagesstätten und Grundschulen die Erfahrungen von Kindern jedweder ethnischer Zugehörigkeit thematisiert werden. Es müssen also Wege gefunden werden, die Kinder über sich und ihre Lebensweisen, ihre Selbstverständlichkeiten, aber auch über ihre Ängste und Probleme sprechen zu lassen. Das gilt für alle Kinder gleichermaßen. Schweigen Kinder, dann bedeutet das nicht unbedingt, daß sie nichts zu sagen haben.

Schon Paulo Freire hat vor über 20 Jahren betont, daß das Schweigen ein Mal der Unterdrückung ist oder es zumindest sein kann (vgl. Freire 1980). Wichtig in einer Gruppe werden demnach die Fragen: Wer spricht? Wann spricht er oder sie? Worüber spricht wer?

Überwindung von Schweigen muß daher zu einem wichtigen Lernziel gegen Fremdenfeindlichkeit (und jedwede Unterdrückung überhaupt) werden. Ein weiterer wichtiger Punkt, der von Hooks (1994) betont wird, liegt darin, Fremdenfeindlichkeit explizit zu thematisieren, und zwar immer wieder.

Es reicht nicht, einmal eine Unterrichtseinheit zu diesem Thema durchzuführen oder es an einem Tag in der Kindertagesstätte anzusprechen. Ein solches

Vorgehen würde die Frage nach Fremdenfeindlichkeit genauso marginalisieren, wie MigrantInnen allgemein in der Bundesrepublik an den Rand gedrängt werden. Vielmehr sollte grundsätzlich dann auf Fremdenfeindlichkeit eingegangen werden, wenn Kinder Situationen ansprechen, die damit zusammenhängen.

Alle Kinder immer mal wieder über ihre Erfahrungen in bestimmten Bereichen ihres Alltags sprechen zu lassen, kann dabei sehr hilfreich sein, um die Vielfalt der kindlichen Erlebnisse, Ängste, aber auch Vorurteile zu Wort kommen zu lassen, um sie gemeinsam zu bearbeiten.

Entsprechend sollten ErzieherInnen, SozialpädagogInnen und LehrerInnen Kinder darauf aufmerksam machen, wenn es zu Marginalisierungen bestimmter Gruppen oder einzelner Kinder kommt (z. B. aufgrund von sozialer und ethnischer Herkunft, Geschlecht, Behinderungen). Es müßte auch versucht werden, Kinder dieser verschiedenen Gruppen gemeinsam im Spiel zu integrieren. Dabei ist darauf zu achten, die Differenzen kindlicher Identitäten produktiv ins Spiel einzubauen.

3.3 Gegen Fremdenfeindlichkeit in der Kindertagesstätte

Von sich aus haben Kinder in der Regel keine Vorurteile, sondern sie eignen sich diese im Verlauf ihrer Sozialisation erst an. So kann Friedensarbeit mit Kindern in der Kindertagesstätte dazu beitragen, daß weder Vorurteile gegen MigrantInnen noch Feindbilder bezogen auf andere Kulturen aufkommen. Eine Möglichkeit besteht darin, mit Kindern die Vielfalt von Lebensweisen als Selbstverständlichkeit und Bereicherung der Gruppe im Alltag zu erarbeiten und zugleich alle Kinder die Kommunikation gestalten zu lassen.

3.3.1 Fotoprojekt

Um ins Gespräch über die sozialen Beziehungen zwischen Kindern von Einheimischen und MigrantInnen zu kommen, bieten sich Fotos an, die bestimmte Szenen mit Kindern unterschiedlicher Herkunft zeigen. Fotos haben den Vorteil, daß sie von allen Kindern verstanden werden, unabhängig von ihren Sprachkenntnissen. Kinder können dann berichten, was sie auf dem Foto sehen, in welchem Kontext sie sich die Szene denken usw. (vgl. hierzu Cohen 1994).

Man könnte Kinder anregen, ein Foto aus ihrem Elternhaus, auf dem Mitglieder des gemeinsamen Haushalts abgebildet sind, in die Kindertagesstätte mitzubringen. Jedes einzelne Kind kann dann mit Hilfe des Fotos entweder vom Alltag zu Hause oder von einer besonderen Gelegenheit, z. B. einem Fest, sprechen.

Wenn jedes Kind Gelegenheit erhält, dies zu tun, dann ergibt sich insgesamt ein vielfältiges Bild möglicher Lebensweisen, Kulturen und Haushaltskonstellationen. Auf diese Weise erfahren Kinder etwas über das Leben ihrer SpielgefährtInnen außerhalb der Kindertagesstätte, und sie können so von Anfang an einen Eindruck darüber gewinnen, daß ihre eigene Lebensweise nicht die einzig mögliche ist.

3.3.2 Vielfalt der Spiele

Eine andere Möglichkeit, gleich von Anfang an eine gegenseitige Verständigung unter Kindern von Deutschen und von MigrantInnen herzustellen, ergibt sich aus der Vielfalt der Spiele. Jede Kultur und jedes Land hat eigene Traditionen zu spielen. Viele Spiele kommen ohne Sprache aus, so daß darüber auch eine nonverbale Verständigung unter den Kindern zustande kommen kann. Das hat den Vorteil, daß sich auch diejenigen Kinder mit ihren Vorschlägen einbringen können, die kein oder wenig Deutsch sprechen.

Ermutigen ErzieherInnen dazu, daß jedes Kind ein Spiel, das es zu Hause gelernt hat, den anderen beibringen soll, kommt nicht nur eine Vielfalt interkultureller Spielmöglichkeiten zum Ausdruck, sondern auch die Vielfalt der Spiele im je eigenen Land. Auf diese Art können ErzieherInnen neue Spiele von Kindern lernen und sich zugleich mit den ihnen bekannten Spielen einbringen.

Jedes Kind und jedes Spiel, das es mitbringt, ist dann genauso wichtig wie die anderen und ihre Spiele. Jedes Kind kann so vom anderen lernen und ist selbst Lehrender oder Lehrende zugleich. (vgl. hierzu auch das Kapitel 8 in Teil B.)

3.4   Gegen Fremdenfeindlichkeit in der Grundschule

Grundschulkinder haben bereits mehr Möglichkeiten, sich zu artikulieren als Vorschulkinder. Hier bietet es sich an, an ihr Interesse an fernen Welten und Abenteuern anzuknüpfen, indem LehrerInnen spannende Rahmenhandlungen vorschlagen, in die die GrundschülerInnen dann ihre eigenen Erfahrungen einbauen können. Die Phantasien über andere Welten können auch dazu beitragen, kindliche Wünsche und Bedürfnisse zum Ausdruck zu bringen, die sonst oft von Erwachsenen übersehen werden.

3.4.1   Projekt: Geschichten aus fernen Ländern

Um über die besondere Lage von MigrantInnen, z. B. von Flüchtlingskindern, zu sprechen, kann eine Geschichte erfunden werden, die z. B. in einem afrikanischen Land spielt und die so endet, daß ein afrikanisches Kind nach Deutschland flieht.

Kinder können dann weitererzählen, was mit dem Kind passiert, wenn es in einem deutschen Ort ankommt, z. B. in der Kommune, in der sie sich gerade befinden. Kinder von MigrantInnen hätten so die Möglichkeit, ihre eigenen Erfahrungen einzubringen, und deutsche Kinder könnten anstreben, ihre eigenen Verhaltensweisen in Frage zu stellen, indem sie versuchen, sich zumindest ein Stück weit in die schwierige Lage von MigrantInnen zu versetzen.

Solche kurzen Geschichten können durch Kinder auch nachgespielt werden. Man kann Deutsche und MigrantInnen die gleiche Situation spielen lassen, so daß die Unterschiede in den Vorstellungen, insbesondere in den Selbstverständlichkeiten, deutlich werden und gemeinsam mit der Schulklasse besprochen werden können.

Man kann auch versuchen, mit Kindern über Verbesserungsmöglichkeiten zu sprechen bzw. sie im Spiel auszuprobieren, wie es z.B. Flüchtlingskindern zu erleichtern ist, sich in Deutschland zurechtzufinden und sich einzuleben. Auch eine Zukunftswerkstatt zu diesem Thema wäre denkbar (zu Zukunftswerkstätten vgl. Kapitel 1 in Teil D).

Sinnvoll ist es, auch Kinder von MigrantInnen erzählen zu lassen, wie sie sich hier fühlen, was ihnen Freude macht, was sie nicht verstehen und womit sie Probleme haben. Ebenso könnten deutsche Kinder über ihre Probleme, Ängste oder Unsicherheiten beim Umgang mit Kindern von MigrantInnen sprechen. Auf diese Weise würde nicht nur die Verständigung gefördert, sondern es könnten auch gemeinsam Lösungen für die Probleme auf den verschiedenen Seiten gefunden werden.

3.4.2 Projekt: Im Universum sind alle gleich

Viele Kinder sind neugierig auf Fremdes und wollen in unbekannte Domänen vordringen. Sie interessieren sich häufig für das Leben auf anderen Planeten, für Raumfahrtabenteuer überhaupt.

Angesichts der derzeitigen globalen politischen Lage gibt es jedoch kaum noch positive Utopien. Vielleicht kann es hier und da gelingen, Kinder dazu anzuregen, solche positiven utopischen Gesellschaften in Ansätzen selbst zu erfinden.

Die Vorstellung, daß Menschen nicht die einzige Spezies im Universum sind, kann dazu verhelfen, sich solidarisch mit allen Menschen zu fühlen.

Sprachliche, kulturelle und soziale Unterschiede zwischen Angehörigen verschiedener Herkunft werden immer unwichtiger, stellt man sich vor, die „Erdenkinder" müßten mit kleinen Wesen eines anderen Planeten kommunizieren. Kein Erdenkind ist im Vorteil, weil alle erst die Sprache der außerirdischen Wesen lernen müßten. Läßt man Kinder eine solche Situation spielen, in der die Außerirdische Kontakt zu Erdenkindern aufnehmen wollen, können alle in ihrer Sprache berichten, was ihnen wichtig ist, was sie spielen, was sie ängstigt usw.

Man kann diese Vision in der Grundschule auch umdrehen und fragen: Wie müßte z.B. eine Kommune auf einem fernen Planeten aussehen, die keine Kinderfeindlichkeit, keine Fremdenfeindlichkeit kennt? Was, denken Kinder, ist hierfür wichtig? Wer sollte wo und wie arbeiten? Wie werden die Kinder versorgt und von wem? Wie stellen sich die sozialen Beziehungen zu BewohnerInnen anderer Planeten dar? Wichtig ist auch hierbei wieder, daß alle Kinder zu Wort kommen und somit an der Gestaltung der außerirdischen Kommune im Spiel teilhaben.

Vergleichen die Kinder hinterher die außerirdische Kommune mit ihren irdischen Gegebenheiten, so wird deutlich, was sich auf Erden für Kinder leicht ändern läßt, welche Probleme eine Mitarbeit von Erwachsenen erfordern und wo es darum gehen muß, gesellschaftliche Strukturen zu verändern.

Hilfreich für die Vorstellungen von Erwachsenen, die solche Spiele mit Kindern anregen wollen, können Romanvorlagen sein, in denen positive Utopien dargestellt sind, wie z. B. von Ursula Le Guin.

3.5 Aufgaben für SozialpädagogInnen in Kindertagesstätten und LehrerInnen in Grundschulen

Obwohl seit Jahren Kinder von MigrantInnen deutsche Einrichtungen und Institutionen besuchen, insbesondere Kindertagesstätten und Grundschulen, sind bis heute zum Teil elementarste Probleme nicht gelöst.

Zum einen trifft das auf einige Eltern zu, die selbst keine vergleichbaren Schulerfahrungen wie ihre Kinder heute in der Bundesrepublik gemacht haben. Das bringt oft Probleme bei der Einhaltung der Stundenpläne in der Grundschule mit sich, wenn Kinder bereits in den unteren Grundschulklassen zu verschiedenen Zeiten in die Schule gehen sollen.

Auch DolmetscherInnen sind in Kindertagesstätten und Grundschulen immer noch eine Ausnahme, so daß gar nicht erst die Möglichkeit einer Verständigung für viele MigrantInnen wegen ihrer Kinder mit ErzieherInnen und LehrerInnen geschaffen wird.

Das heißt, viele Probleme der MigrantInnen kommen als solche gar nicht vor. Eine Partizipation in Mitbestimmungsgremien, wie z. B. den Elternräten, wird so bereits im Effekt und Ansatz ausgeschlossen, bevor überhaupt die Möglichkeit der Teilnahme geschaffen wird.

Der Zirkel schließt sich: Indem viele MigrantInnen nicht mitbestimmen können, bleiben ihre spezifischen Probleme unsichtbar. Indem diese Probleme unsichtbar bleiben, werden auch die Voraussetzungen von Partizipation nicht verändert.

Hier ergibt sich insgesamt ein weites Feld für SozialpädagogInnen in Kindertagesstätten und LehrerInnen in Grundschulen, spezifische Probleme von MigrantInnen zu sehen, Lösungsvorschläge zu entwickeln und in der Einrichtung oder Institution, in der sie beschäftigt sind, durchzusetzen.

Kapitel 4

Praxisbaustein 4: Friedensfähigkeit von Mädchen und Jungen

In Kapitel 10 hat es sich als produktiv erwiesen, beide Geschlechter als GestalterInnen ihrer Verhältnisse zu sehen. Jungen und Mädchen werden nicht einfach geschlechtsspezifisch manipuliert, sondern sie nehmen Bilder und Verhalten von anderen wahr und verarbeiten ihre Eindrücke. D. h. sie tragen auch selbst dazu bei, geschlechtsspezifische Verhaltensweisen zu entwickeln und weiterzugeben. Das beginnt bei den Hänseleien auf dem Schulhof (vgl. Thorne 1993) und setzt sich fort bis hin zu geschlechtsspezifischen Arbeitsteilungen.

Auf der anderen Seite besteht für Kinder auch die Möglichkeit, produktive soziale Haltungen zu entwickeln, wenn sie entsprechende Erfahrungen machen können, z. B. wenn Mädchen erleben, daß Fußballspielen Spaß machen kann und wenn Jungen sehen, daß auch Mädchen das können oder wenn Jungen sich für „Mädchenspiele" wie z. B. Gummitwist begeistern.

Zugleich lernen die Kinder aber auch von „Vorbildern" im Elternhaus, auf der Straße und von den Medien. In der Schule werden sie häufig als Geschlecht wahrgenommen, d. h. auf ihr Geschlecht hin als Jungen oder Mädchen angesprochen, in Gruppen eingeteilt usw. (vgl. Thorne 1993). Auch die Berufswünsche können bereits bei 11jährigen geschlechtsspezifisch unterschiedlich sein, indem Mädchen Familien- und Partnerbeziehungen in ihre Planungen miteinbeziehen (vgl. Haug 1991[4]). Dies setzt sich dann oft in der Pubertät fort (vgl. Flake 1993).

Angst als ein wesentlicher Faktor, der bei der Entwicklung von Friedensfähigkeit zu berücksichtigen und produktiv zu wenden ist, wird von Jungen und Mädchen häufig unterschiedlich verarbeitet (vgl. Wollmann 1991; Schnack und Neutzling 1993).

In Kapitel 10 wurde die These aufgestellt, daß Kinder in den bestehenden gesellschaftlichen Verhältnissen ein Bedürfnis nach Frieden und Gewalt zugleich entwickeln.

Dieser Widerspruch wird über die unterschiedlichen Verarbeitungen und Verhaltensweisen von Jungen und Mädchen lebbar, wenn jedes Geschlecht vorwiegend die eine Seite auslebt, Jungen aufgrund ihrer Sozialisation weniger Probleme als Mädchen haben, direkte Gewalt anzuwenden, während Mädchen durch ihre Zurückhaltung dazu beitragen, daß Gewaltverhältnisse aufrechterhalten werden können.

Über eine solche Verteilung von Gewalt kann sich im Effekt eine Unfriedenskultur stabilisieren, die auf struktureller Gewalt in den Geschlechterverhältnissen basiert. Nicht nur die Entwicklung von Friedensstrukturen wird so von Grund auf behindert, sondern auch die Entwicklung der Kompetenz zur Friedensfähigkeit (vgl. Kapitel 3).

4.1 Orientierungen für die Praxis in Kindertagesstätte und Grundschule

Für die Praxis stellt sich demnach die große Anforderung, diese strukturelle Gewalt in den Geschlechterverhältnissen zu unterminieren, d. h. sie stückweise abzubauen oder gar nicht erst entstehen zu lassen, um bereits Kinder auf eine Friedenskultur hin zu orientieren.

Eine wichtige Möglichkeit, zum Abbau dieser Gewalt beizutragen, besteht darin, daß ErzieherInnen und LehrerInnen ihren eigenen Umgang mit Kindern überprüfen und entsprechend versuchen zu verändern.

Es gilt dann,

– zu vermeiden, die Kinder in Jungen- und Mädchengruppen einzuteilen,
– beide Geschlechter aufzufordern, sich an allen Spielen zu beteiligen und
– die Kinder auf geschlechtsspezifische Hänseleien aufmerksam zu machen.

Geschlechtsspezifische Verhaltensweisen sollten in Frage gestellt werden, so z. B. die Dominanz von Jungen in gemischten Gruppen ebenso wie die Zurückhaltung von Mädchen. Gemeinsame Spiele von Mädchen und Jungen sollten *explizit* angeregt werden.

4.2 Friedensfähigkeit von Mädchen und Jungen in der Kindertagesstätte

Die Arbeit mit Kindern in Vorschuleinrichtungen, insbesondere in Kindertagesstätten, bietet die Möglichkeit, Grundlagen dafür zu legen, daß sich Kinder viele geschlechtsspezifische Verhaltensweisen gar nicht erst zu eigen machen. Eine Möglichkeit besteht darin, darauf zu achten, daß Spielzeug von Mädchen und Jungen gleichermaßen genutzt wird.

4.2.1 Fotoprojekt in der Kindertagesstätte

Für eine Arbeit mit Kindern in Kindertagesstätten, die Marginalisierungen und Diskriminierungen von Mädchen entgegenwirken will, bietet sich auch hier wieder die Arbeit mit Fotos an. Die Betrachtung von Szenen, in denen nur Jungen oder nur Mädchen abgebildet sind, kann zum Anlaß genommen werden, darüber zu sprechen, warum keine Jungen oder keine Mädchen vorkommen, was Kinder davon halten und wie sie dies verändern wollen.

Fotografieren BetreuerInnen bestimmte Szenen in der Kindertagesstätte, in der sie tätig sind, können Kinder über ihr eigenes Verhalten sprechen und so auch lernen, es in Frage zu stellen. Wenn z. B. auf einem Bild nur Jungen Fußball spielen, könnte man nach den Mädchen fragen, oder wenn nur Mädchen auf einem Schwebebalken turnen, könnte nach den Jungen gefragt werden.

Auch hier eignen sich wieder Szenen, die Gewalt unter Kindern darstellen, z. B. Prügeleien, Rempeleien o. ä. Wer ist aktiv daran beteiligt, wer schaut zu? Dies sollte anregen, mit den Kindern allgemein darüber zu sprechen, warum sie sich prügeln, aber auch zu klären, warum wer zuschaut und nicht eingreift. Da davon auszugehen ist, daß öfter Situationen festzuhalten sind, in denen sich Jungen prügeln und Mädchen dabeistehen, als dies umgekehrt der Fall sein wird, kann versucht werden anzuregen, über verschiedene Arten der Konfliktaustragung zu reden. Im Effekt könnten dann Jungen von Mädchen lernen, Konflikte ohne körperliche Gewalt zu regeln, und Mädchen könnten von Jungen lernen, sich besser durchzusetzen.

4.2.2 Kindertagesstättenprojekt: Antisexistische Werbung

Zunehmend gerät Werbung für Kinder, z. B. im Fernsehen, in die Kritik, wobei allerdings überwiegend beklagt wird, daß bereits Vorschulkinder zum Konsum angehalten werden.

Darüber hinaus ist aber zu bedenken, daß bereits einzelne Werbespots, in denen Kinder die DarstellerInnen sind und die für Kinder als Zielgruppe produziert werden, traditionelle geschlechtsspezifische Verhaltensweisen darstellen. Zu denken ist hierbei z. B. an einen Werbespot für eine Tütensuppe, worin ein Junge als Mafiaboß verkleidet am Tisch sitzt und ein Mädchen in Spitzenkleider gehüllt die Terrine mit Suppe auf den Tisch stellt, für die geworben werden soll.

Eine Möglichkeit für die Arbeit mit Kindern am positiven Frieden, in der Kindertagesstätte produktiv mit solchen Werbesendungen umzugehen, besteht darin, Kinder die Werbespots nachspielen zu lassen, aber die Geschlechter auszutauschen. Auf diese Weise würde das Familienbild mit der oben angeführten geschlechtsspezifischen Arbeitsteilung nicht einfach als Selbstverständlichkeit stehenbleiben, sondern könnte so von ErzieherInnen und Kindern spielerisch hinterfragt werden.

Ähnlich kann auch mit Werbesendungen für geschlechtsspezifisches Spielzeug vorgegangen werden. Dann würden Jungen sich beim Nachspielen des Werbespots z. B. für Puppenkleider oder Mädchen für Raumschiffe begeistern. Auf diese Art können Kinder etwas über Werbestrategien lernen und zugleich für Sexismus in den Medien sensibilisiert werden.

4.3 Friedensfähigkeit von Mädchen und Jungen in der Grundschule

Spätestens wenn Kinder in die Schule kommen, leiden sie unter geschlechtsspezifischen Zuweisungen (auch seitens ihrer MitschülerInnen), insbesondere, wenn ihnen aufgrund des Geschlechts bestimmte Handlungen untersagt oder eingeschränkt werden. Dies ist z. B. der Fall, wenn Jungen ihre Tränen unterdrücken sollen oder sich nicht trauen, ihre Puppe in die Grundschule mitzunehmen, weil sie Sanktionen ihrer Mitschüler erwarten. Mädchen leiden oft darunter, daß sie z. B. auf dem Heimweg von der Grundschule nicht soviel toben dürfen wie Jungen oder darunter, daß sie – anders als ihre Brüder – direkt nach der Schule nach Hause gehen müssen.

Es soll also zunächst festgehalten werden, daß GrundschülerInnen beiderlei Geschlechts nicht immer mit den Attributen ihres sozialen Geschlechts zufrieden sind. Sie können diese durchaus als Beschränkung im Alltag und im Spiel erleben und sind in der Lage, dies zu artikulieren.

Auf der anderen Seite wird aber ein Desinteresse von Kindern an feministischen Märchen konstatiert (vgl. Davies 1992). Das sind Geschichten, in denen die Geschlechter nicht ausschließlich auf traditionelle Verhaltensmuster der Geschlechter verwiesen werden, in denen Mädchen Abenteuer erleben und Jungen sich nicht jeder Gefahr aussetzen müssen, sondern auch Angst zeigen.

Hier werden ihnen also Geschlechterverhältnisse vorgegeben, die sie so nicht kennen, die sie aber zum Teil implizit anstreben, wenn sie an geschlechtsspezifischen Zuschreibungen leiden. Offensichtlich kollidiert hier der Wunsch nach einem gerechteren Leben von Mädchen und Jungen mit dem Wunsch nach Normalität, das heißt, es den Erwachsenen gleichtun zu wollen.

Dieser Widerspruch kann am ehesten erfolgreich durchbrochen werden, wenn Kinder den Gewinn von Veränderungen praktisch in ihren Lebenswelten erfahren können, also durch Spaß an der Gestaltung der eigenen Verhältnisse im Alltag.

4.3.1 Grundschulprojekt: Das doppelte Karlchen

Vielleicht ist es lustvoller für Kinder, diese Märchen oder Geschichten selbst zu produzieren, indem sie z. B. eine narrative Umgestaltung ihrer Welt *selbst* vornehmen. Das hätte den Vorteil, daß Kinder bei den Aspekten beginnen können, die sie selbst in ihrem Alltag als störend erleben. D. h. die Jungen und Mädchen könnten gemeinsam ein Märchen so umerzählen und solange um Handlungen ringen, bis sie sich mit allen Figuren einverstanden erklären können, das heißt, bis sich alle selber vorstellen können, in dieser Geschichte zu leben und zu handeln.

Auch hier bietet sich eine Art Geschlechtertausch an. So könnten klassische Kinderbücher oder -filme in der Grundschule besprochen werden, wie z. B. die Geschichte von Erich Kästner über das doppelte Lottchen.

In diesem Kinderbuch treffen sich zwei gleich aussehende Zwillingsmädchen in einem Zeltlager in den Ferien und freunden sich an. Dabei finden die Mädchen allmählich heraus, daß sie Zwillingsschwestern sind, die man bei der Scheidung der Eltern getrennt hat. Die eine, Lotte, lebt bei ihrer Mutter in relativ einfachen materiellen Verhältnissen. Die andere, Luise, wächst bei ihrem Vater, einem wohlsituierten und bekannten Künstler auf. Die Mädchen beschließen, den jeweils unbekannten Elternteil kennenzulernen, indem Lotte heimlich zu ihrem Vater fährt und Luise zu ihrer Mutter. Die beiden Kinder nutzen den Ferienaufenthalt, um gegenseitig die Gewohnheiten der anderen auswendig und spielen zu lernen.

In dieser Geschichte können Kinder zunächst auch heute noch etwas über soziale Ungleichheit lernen, da das eine Mädchen in relativ armen Verhältnissen bei ihrer Mutter aufwächst und das andere in der Oberschicht bei ihrem Vater. Zugleich kann über die Situation der Mutter diskutiert werden. Warum verarmt sie nach der Scheidung, und warum hat ihr geschiedener Mann viel mehr Geld und Ansehen?

In einem zweiten Durchgang kann man nun SchülerInnen die Geschichte nacherzählen lassen, nachdem die beiden Zwillingsmädchen durch Zwillingsbrüder, z. B. mit Namen Karl und Heinz, ausgetauscht worden sind. Erleben Karl und Heinz, die sich nicht kennen, im Zeltlager dasselbe wie Luise und Lotte? Stellen sich für die Jungen dieselben Probleme beim Einüben der Gewohnheiten des jeweils anderen? Hierbei wird sich zeigen, daß sich auch heute noch kulturelle und alltägliche Selbstverständlichkeiten für Jungen und Mädchen unterschiedlich darstellen.

Eine weitere Möglichkeit besteht darin, aus dem Schwesternpaar ein Zwillingspaar zu machen, das aus einem Jungen und einem Mädchen besteht. Beim Vertauschen der Wohnorte müßten die Kinder auch das soziale Geschlecht tauschen. Das heißt, aus der Kleidung, dem Habitus und den Gewohnheiten des Mädchens müßten die des Jungen werden und umgekehrt. Welche Probleme kommen dabei auf die Kinder zu? Was genau muß der Junge und was das Mädchen umlernen? Wie bewerten die Kinder dies? Auf diese Art und Weise könnte letztlich spielerisch deutlich werden, daß das soziale Verhalten der Geschlechter nicht biologisch gegeben ist, sondern kulturell bestimmt.

Ein ähnliches Vorgehen bietet sich auch mit den Geschichten von Pippi Langstrumpf an, die für ihr Geschlecht sehr emanzipiert durch die Kommune läuft und reitet. Wären die Abenteuer und Späße eines Bübchen Langstrumpf genauso lustig? Was halten GrundschülerInnen von einem Mädchen, das ein Pferd stemmen kann, und was von einem Jungen, der dasselbe tut?

4.3.2   Grundschulprojekt: Indianergeschichten

Ein beliebtes Thema bei Kindern, das sowohl unmittelbar Krieg und Frieden als auch direkte Gewalt und eine ausgeprägt traditionelle männliche Heldenverehrung an den Tag legt, findet sich in Western und Indianerfilmen und -geschichten.

Auffällig ist dabei, daß sich Kinder beiderlei Geschlechts für diese Geschichten und Filme interessieren. Dabei ist frappierend, daß sich sowohl Jungen als auch Mädchen mit Winnetou identifizieren können, aber dessen Schwester kaum von Interesse ist.

Eine Untersuchung zu der Frage, warum sich auch Mädchen für Indianerfilme und -geschichten begeistern, hat ergeben, daß es im Falle von Karl Mays Geschichten und deren Verfilmungen der alternative Umgang der Männer untereinander ist, der einige Mädchen faszinierte. Der Indianer Winnetou steht dann weniger für eine harte Männlichkeit, sondern für eine bessere Sozialbeziehung (vgl. Ippen 1995).

Hier ist es interessant, Vergleiche zwischen der Verarbeitungsweise von Jungen und Mädchen zu den gleichen Filmszenen vorzunehmen. So könnte sich z. B. eine Grundschulklasse gemeinsam einen solchen Film anschauen, um dann darüber zu sprechen, was ihnen an Winnetou so gefällt. LehrerInnen oder SozialpädagogInnen hätten die Aufgabe, im Verlauf der Diskussion die Aussagen von Jungen und Mädchen zusammenzufassen und in ihrer Geschlechtsspezifik zur Diskussion zu stellen.

Eine weitere Möglichkeit besteht darin, nach den Frauen im Filmgeschehen zu fragen. Was verkörpern Frauen im Film bei den Weißen und bei den IndianerInnen? Wie sehen Kinder die Cowboy-Frauen und die Squaws?

Da Frauen in solchen Filmen oft nur am Rande vorkommen, können Kinder angeregt werden, die unsichtbare Geschichte der Frauen sichtbar zu machen. Was passiert mit den Indianer-Frauen nach einer großen Schlacht mit der weißen Armee? Wie sieht der Alltag einer Squaw aus, z. B. während ihr Mann in den Kampf oder zu Friedensverhandlungen zieht? Was tun männliche und weibliche Indianerkinder? Womit spielen sie? An welchen Arbeiten der Erwachsenen beteiligen sie sich? Wie sehen die geschlechtsspezifischen Arbeitteilungen eines bestimmten Indianerstammes aus? Was essen sie, und wer bereitet die Nahrung zu (vgl. z. B. Eastman 1981)?

Da anzunehmen ist, daß die Kinder dabei oft die Geschlechterverhältnisse zugrunde legen, die ihnen aus ihrem kulturellen Umfeld bekannt sind, könnte diese Vorgehensweise auch dazu genutzt werden, durch die Distanz über den Indianerstamm eigenes Verhalten und eigene Werte in Frage zu stellen.

Kapitel 5

Praxisbaustein 5: Kinder machen Friedenspolitik in der Kommune

In den Kapiteln 12 und 13 wurden bereits erste Formen von Kinderpolitik, angesprochen. Im folgenden soll es nun um die friedenspolitischen Möglichkeiten von Kindern in der Kommune gehen. Auch für Friedenspolitik von Kindern gilt, was von PraktikerInnen in der Kinder- bzw. Jugendarbeit immer wieder hervorgehoben wird. Die bestehenden Politikformen, wie sie Erwachsene praktizieren, können und sollen nicht einfach von Kindern übernommen werden.

Friedenspolitik von Kindern in der Kommune zu entwickeln birgt zum einen die schwierige Aufgabe, neue politische Formen zu finden und zum anderen die Chance, der bestehenden Politik eine politische Form entgegenzusetzen, *die den demokratischen Anspruch der Partizipation aller Kinder einlöst und die dort ansetzt, wo sich die Subjekte befinden. Eine so verstandene Kinderpolitik hätte die Möglichkeit, bei den realen Problemen anzusetzen und lösungsorientiert statt verwalterisch zu fungieren.* Dabei kann es dann nicht nur darum gehen, auf Mißstände zu reagieren, sondern vor allem darum, Alternativen im Sinne eines positiven Friedens zu entwerfen (vgl. Kapitel 1 in Teil C).

Das heißt, Kindern müssen Räume und Möglichkeiten zur Verfügung gestellt werden, damit sie eigene Formen einer kommunalen Friedenspolitik erproben und finden können. Den Erwachsenen kommt dabei lediglich eine unterstützende Funktion zu.

5.1 Friedenspolitik mit Kindern der Kita

Die Kindertagesstätte ist nicht frei von Politik. Allerdings wäre es – anders als für Hortkinder – eine Überforderung von jüngeren Kindern, die sechs Jahre alt oder jünger sind, zu erwarten, daß sie selbst Friedenspolitik entwerfen und durchführen. Hier sind sicherlich ErzieherInnen und SozialpädagogInnen in den Kindertagesstätten gefordert, einen Umgang mit Kindern zu entwickeln, der sie in Richtung eines positiven Friedens orientiert. Ein Beispiel aus der jüngeren Vergangenheit stellen die Laternenumzüge mit Kindern aus Kindertagesstätten dar, die einen Protest gegen Fremdenfeindlichkeit zum Ausdruck bringen.

Solche Anlässe bieten z. B. Gelegenheit, mit Kindern über eigene Ängste vor Fremden zu sprechen. Auch sollten Probleme und Fragen der Kinder, die in eine friedenspolitische Richtung weisen, ernstgenommen und im Rahmen des Möglichen beantwortet werden.

5.2 Friedenspolitik für und von GrundschülerInnen

Für Grundschulkinder, darüber hinaus insbesondere jedoch für die Altersgruppe der über 10 - bis 14jährigen, stellt sich die Situation anders dar. Sie können nicht nur lesen und schreiben, sondern sie sind auch in der Lage, z. B. Nachrichtensendungen in Rundfunk und Fernsehen zu verfolgen.

5.2.1 Nachrichten für Kinder

Eine wichtige Voraussetzung, um überhaupt politisch agieren zu können, stellt die Information dar. Aufgrund der Fülle des inhaltlichen Stoffes, der etwa in der Grundschule vermittelt werden soll, kommen oft aktuelle Bezüge auf politische Ereignisse zu kurz. Zugleich sind aber Kinder bereit, auf solche politisch zu reagieren, denkt man z. B. an Demonstrationen von Kindern in vielen Städten angesichts des Golfkrieges 1991.

Das heißt, über den gängigen Schulunterricht und über Nachrichten in den Medien sind Kommunikations- und Informationsquellen für Kinder erforderlich. So gibt es bereits nachmittags Nachrichtensendungen für Kinder im Fernsehen, die den Vorteil haben, Nachrichten so aufzubereiten, daß sie von Kindern verschiedener Altersstufen auch verstanden werden.

Auffällig bereits bei solchen Sendungen ist allerdings, wie sich Informationen verändern können, wenn jemand versucht, sie sehr allgemeinverständlich unter Einbeziehung von Motiven, Interessen und Ursachen aufzubereiten. Somit stellen Nachrichten, die explizit für Kinder aufbereitet werden, auch eine – dem positiven Frieden förderliche – Gefahr für den Status quo dar. Die umfangreichen und verständlichen Erklärungen haben zum Teil aufklärerische Momente, die auch für Erwachsene nützlich sein könnten, wenn sie es sich abgewöhnt haben zu fragen, aus Angst, ihre Unwissenheit könnte zutage treten.

Man denke z. B. an einen „einfachen" Zusammenhang: In einem sogenannten Entwicklungsland sind nicht genug Ressourcen für die Schulbildung aller Kinder vorhanden. Dann muß diese einfache Information für Kinder (die vielleicht selbst nicht immer gerne zur Schule gehen) so aufbereitet werden, daß für sie nachvollziehbar wird, warum die Schulbildung auch für afrikanische Kinder so wichtig ist.

Konkret könnte gefragt werden: Was tun die Kinder, die vormittags nicht zur Schule gehen? Was werden sie ohne Schulabschluß als Jugendliche und Erwachsene tun? Warum ist das betroffene afrikanische Land im Vergleich zur Bundesrepublik Deutschland so arm, wo die schulpflichtigen Kinder notfalls im Konfliktfall mit Polizeigewalt in die Schule gebracht werden? Auf diese Weise kommt man schnell zu weiteren Themen: materielle Armut, Kinderarbeit, ungerechte Verteilung und Ausbeutung von Ressourcen zwischen nördlichen und südlichen Ländern usw.

Kinder selbst kommen in Kindernachrichtensendungen zwar auch zu Wort, aber die Strategien der Nachrichten werden von JournalistInnen entwickelt. Diese entscheiden zum Beispiel darüber, welche Nachrichten überhaupt aufbereitet werden sollen und welche nicht.

5.2.2 Projekt: Nachrichten von Kindern für Kinder

Kinder haben die Angewohnheit, nach jeder Antwort immer weiter zu fragen. Ließe man also Kinder selbst ihre Nachrichten aufbereiten und würden sich Erwachsene den nie endenden „Warum-Fragen" stellen, ständen plötzlich viele Selbstverständlichkeiten in Frage. Damit würde für Kinder ein Ansatzpunkt geschaffen, nicht nur Skandale zu veröffentlichen, sondern auch alternative Forderungen zu stellen.

Gerade ein überschaubarer geographischer Raum wie eine Kommune (oder ein Stadtteil) eignet sich dafür besonders. Schließlich sehen Kinder als Betroffene am ehesten solche Mängel, die ihnen problematisch erscheinen. Dazu gehört die Schließung von Einrichtungen wie z. B. Schwimmbädern ebenso wie Spielplätze, die nicht an Bedürfnissen von Kindern ausgerichtet sind, oder für Kinder ungünstig gelegene Haltestellen des öffentlichen Personennahverkehrs. Hier könnten Kinder die zuständigen Erwachsenen mit ihren Fragen verfolgen, Lösungsmöglichkeiten vorschlagen und Öffentlichkeit für ihre Probleme herstellen.

Auf diese Weise tragen Kinder sowohl zur eigenen friedenspolitischen Entwicklung bei als auch zu der entsprechenden Entwicklung in der Kommune bzw. in der Kommunalpolitik. Orientierung, die hier zugrunde gelegt wird, ist dann nicht die Grenzsetzung zwischen Erwachsenen und Kindern. Kinder erhalten so vielmehr die Möglichkeit, als Voraussetzung für Autonomie und zivilen Ungehorsam Grenzen zu überschreiten (vgl. Hooks 1994).

In Grundschulen müßte weiter geprüft werden, inwiefern es möglich ist, Kindern Nachrichtensendezeiten im lokalen Rundfunk oder im Fernsehen einzuräumen.

Eine weitere Möglichkeit besteht auch in der Form von Zeitungen, die über die bekannten SchülerInnen-Zeitungen hinausgehen. Letzteres hat allerdings den Nachteil, daß Kinder schon relativ sicher im schriftlichen Ausdruck sein müssen. Mündliche Interviews durchzuführen könnte ihnen leichter fallen.

Eine andere Form, die weniger materielle Ressourcen erfordert, stellt die Wandzeitung dar. Grundschulkinder könnten wichtige Informationen bekanntgeben, Nachrichten an durch sie bestimmte Orte in der Kommune anbringen oder Handzettel verteilen und gegebenenfalls zu öffentlichen Anhörungen aufrufen.

5.2.3 Projekt: Grundschulpolitik von Kindern

Am ehesten zu organisieren müßte die Partizipation von SchülerInnen an dem Ort sein, wo sie sich täglich aufhalten – in der Grundschule. Eine von SchülerInnen vorbereitete Versammlung an bestimmten Tagen im Monat oder ein Runder Tisch könnte dazu dienen, aus SchülerInnensicht sowohl Mißstände an der Grundschule zu besprechen als auch z. B. Aktionen o. ä. zu planen.

Dies könnte ein separater Raum für SchülerInnen sein, ohne Anwesenheit von LehrerInnen. Letztere werden auf Wunsch der Kinder bei bestimmten Problemen hinzugezogen.

Eine solche separate Versammlung von GrundschülerInnen kann dazu beitragen, daß sich die Kinder selbst neue Formen ausdenken, wie sie ihre Belange am besten durchsetzen. Dies hätte den Vorteil, daß keine ungeduldigen Erwachsenen hinter ihnen stehen.

SchülerInnen können die von ihnen entwickelten Vorgehensweisen solange ausprobieren, bis sie damit zufrieden sind. Allerdings sollte nicht einfach auf die Erfahrungen von Erwachsenen verzichtet werden. Diese werden immer dann einbezogen, wenn SchülerInnen den Eindruck haben, daß sie diese brauchen.

LehrerInnen und SozialpädagogInnen an Grundschulen kommt dann die Aufgabe zu, dafür zu sorgen, daß keine einzelnen oder Gruppen von Kindern de facto ausgeschlossen werden. Ihnen käme auch die Aufgabe zu, den SchülerInnen dabei zu helfen, die Voraussetzungen zu schaffen, daß auch Kinder, die noch nicht flüssig deutsch sprechen, die Möglichkeit der Partizipation erhalten.

Das könnte entweder über SchülerInnen organisiert werden, die zwei Sprachen sprechen (gegebenenfalls auch aus höheren Klassen oder anderen Schulen), oder wenn sich dies nicht realisieren läßt, müßten notfalls Erwachsene dolmetschen. Auch sollten die Kinder dafür sensibilisiert werden, daß darauf zu achten ist, daß Mädchen und Jungen gleichermaßen zu Wort kommen.

Sollten die SchülerInnen selbst keine Ideen haben oder von den Erwachsenen wissen wollen, wie sich Vorstellungen über Mitbestimmung und Partizipation entwickeln lassen, könnte seitens der LehrerInnen und SozialpädagogInnen angeregt werden, (unter Anleitung) eine Zukunftswerkstatt durchzuführen, die in Teil D in Kapitel 1 exemplarisch dargestellt ist.

5.2.4 Projekt: GrundschülerInnen erforschen Kommunalpolitik

Allgemein wird angesichts der geringen Wahlbeteiligung von ErstwählerInnen von einer Politikverdrossenheit ausgegangen, zugleich waren aber Kinder nie besser über politische Themen informiert. Das gilt insbesondere für die Bereiche Ökologie, Gewalt u.v.a.m. Sie finden z. T. andere Wege des Protestes gegen Mißstände als die Stimmabgabe, wenn sie sich in zivilem Ungehorsam üben und sich z. B. an Demonstrationen gegen Krieg oder gegen AusländerInnenfeindlichkeit beteiligen, statt zum Unterricht zu gehen.

Es stellt sich also die Frage, wie Ansätze politischen Engagements schon bei GrundschülerInnen produktiv weiter gefördert werden, und wie sie auf Dauer lernen können, bestehende politische Räume zu nutzen und zugleich über diese hinauszugehen. Auch hier bietet sich Kommunalpolitik als ein relativ überschaubares Feld an.

Ideen und Vorstellungen erwachsen nicht losgelöst von gesellschaftlichen Errungenschaften. Bekanntlich ist häufig aber Unterricht über bestehende politische Formen recht trocken und abstrakt. Eine Alternative könnte sein, eine Grundschulklasse selbst die Vorgänge der Politik in der Kommune, in der sie zur Schule gehen, erforschen zu lassen.

So besteht die Möglichkeit, BürgermeisterInnen und ParteienvertreterInnen danach zu fragen, was diese unter Kommunalpolitik verstehen und was sie tatsächlich tun. Die SchülerInnen lassen sich dann berichten, wie z. B. ein bestimmter Tag des Bürgermeisters oder der Bürgermeisterin abläuft. Hierbei bietet sich für SchülerInnen auch die Gelegenheit, nach aktuellen und veralteten Themen zu fragen.

Vor allem haben die forschenden SchülerInnen die Möglichkeit, sich über die für sie relevanten Themen zu erkundigen. Sie können nach Sport und Spielstätten oder nach anderen Freizeiteinrichtungen für Kinder fragen.

Besonders geschickt ist es, wenn sie sich Kommunalpolitik an Hand eines kinderpolitischen Aspektes erläutern lassen. Dies bietet eventuell die Gelegenheit, solche Lücken in der Kommunalpolitik zu entdecken, die GrundschülerInnen motivieren können, selbst kommunalpolitische Initiativen zu ergreifen, indem sie Vorschläge entwickeln, in welchen Aktionen, Sitzungen oder Versammlungen sie eine Mitsprachemöglichkeit anstreben wollen. Die Konzepterstellung für einen Kinderstadtplan durch Grundschulklassen wäre sicherlich auch ein interessantes Projekt.

Zu denken wäre hierbei z. B. an die Mitsprache bei der Standortbestimmung für eine AsylantInnenunterkunft. Die GrundschülerInnen könnten dann mit VertreterInnen der Kommune darüber diskutieren, welcher Ort am besten für die Kinder der AsylantInnen geeignet wäre, damit sie rasch Kontakt zur Gleichaltrigen in der Kommune bekommen.

Auf diese Weise eignen sich die SchülerInnen nicht nur die bestehenden Strukturen kommunaler Politik an, sondern es kann so auch sichtbar werden, was unbefriedigend funktioniert. Aus der Kritik könnten GrundschülerInnen dann versuchen, Verbesserungsvorschläge einzubringen oder zumindest allgemein darüber zu informieren.

Kapitel 6

Literatur zu Teil C

amnesty international (Hrsg.) 1989: Kinder sind k(l)eine Menschen! Kinder haben Rechte. Mülheim/Ruhr

Becker, Georg F. und Ursula Coburn-Staege (Hrsg.) 1994: Pädagogik gegen Fremdenfeindlichkeit, Rassismus und Gewalt. Weinheim und Basel

Claussen, Detlev 1994: Was heißt Rassismus? Darmstadt

Cohen, Philip 1994: Verbotene Spiele. Theorie und Praxis antirassistischer Erziehung. Hamburg

Davies, Bronwyn 1992: Frösche und Schlangen und feministische Märchen. Hamburg

Deutsches Jugendinstitut (Hrsg.) 1993: Gewalt gegen Fremde. Rechtsradikale, Skinheads und Mitläufer. München

Deutsches Jugendinstitut (Hrsg.) 1994: Handbuch Medienerziehung im Kindergarten. Teil 1: Pädagogische Grundlagen. Opladen

Deutsches Jugendinstitut (Hrsg.) 1995: Handbuch Medienerziehung im Kindergarten. Teil 2: Praktische Handreichungen. Opladen

Doehlemann, Martin 1979: Von Kindern lernen. Zur Position des Kindes in der Welt der Erwachsenen. München

Dolci, Danilo 1969: Die Zukunft gewinnen. Gewaltlosigkeit und Entwicklungsplanung. Bellnhausen

Eastman, Charles 1981: Ohijesa. Jugenderinnerungen eines Sioux-Indianers. Frankfurt/M.

Esser, Johannes 1978: Unterricht über Gewalt. München

Esser, Johannes 1992[2]: Mit Kindern Frieden und Zukunft gestalten. Grundlagen für die Kindertagesstättenarbeit. Mülheim/Ruhr

Esser, Johannes 1995: Demokratie von unten. Politisches Handeln in der Kita als Gewaltprävention. In: Theorie und Praxis der Sozialpädagogik. Nr. 3/95, 157–159

Flake, Karin 1993: Weibliche Adoleszenz – Verführung zur Selbstbeschränkung? In: Karin Derichs-Kunstmann und Brigitte Müthing (Hrsg.): Frauen lernen anders. Theorie und Praxis der Weiterbildung für Frauen. Bielefeld, 61–72

Freire, Paulo 1980: Erziehung als Praxis der Freiheit. Beispiele zur Pädagogik der Unterdrückten. Reinbek

Freire, Paulo 1981: Pädagogik der Unterdrückten. Bildung als Praxis der Freiheit. Reinbek

Fuhs, Burkhard und Peter Büchner 1993: Freizeit von Kindern im großstädtischen Umfeld. In: Landesarbeitsgemeinschaft Kulturpädagogische Dienste/Jugendkunstschulen NRW e. V. (Hrsg.): Kinder- und Jugendkulturarbeit in NRW. Unna, 13–80

GEW 1995: Schulsozialarbeit. Brücke zwischen Schule und Jugendhilfe. In: Klein & Groß, Heft 2, 14–15

Grasse u. a. 1994: Phantastische Seiten. Frieden, Umwelt, Gerechtigkeit. Textheft zur Ausstellung. München

Grefe, Christiane und Ilona Jerger-Bachmann 1992: „Das blöde Ozonloch". Kinder und Umweltängste. München

Gronemeyer, Marianne 1988: Die Macht der Bedürfnisse. Reflexionen über ein Phantom. Reinbek

Gugel, Günther und Uli Jäger 1994: Gewalt muß nicht sein. Eine Einführung in friedenspädagogisches Denken und Handeln. Tübingen

Haucke, Karl 1995: Das Projekt „Multiplikatoren-Fortbildung Tageseinrichtungen für Kinder – MFT". In: Klein & Groß 48, 20–21

Haug, Frigga (Hrsg.) 1991⁴: Erziehung zur Weiblichkeit. Hamburg

Hoffmann, Hilmar 1995: Kein Kurs wie jeder andere. In: Klein & Groß 48, 20–21

Höhn, Michael 1995: Immer Ärger mit den Kids? Köln (Vorabdruck in neue deutsche schule (nds) 3/95, 10–13)

Hooks, Bell 1994: Teaching to Transgress. Education as the Practice of Freedom. New York

Hurrelmann, Klaus, Christian Palentin und Walter Wilken (Hrsg.) 1995: Anti-Gewalt-Report. Handeln gegen Aggressionen in Familie, Schule und Freizeit. Weinheim und Basel

Ippen, Laura 1995: Weibliches Vergnügen an Indianergeschichten. In: Frigga Haug und Brigitte Hipfl (Hrsg.): Sündiger Genuß? Filmerfahrungen von Frauen. Hamburg, 130–147

Jäger, Siegfried 1992: Brandsätze. Rassismus im Alltag. Duisburg

Jörg, Sabine 1994: Kindliche Entwicklung und die Rolle des Fernsehens. In: Ministerium für Bildung, Jugend und Sport des Landes Brandenburg (Hrsg.): Kita Debatte. Schwerpunkt Konzeptentwicklung. 2/1994, 47–57

Kißler, Mechtilde und Cornelia Keller-Ebert 1994: Kinder und Jugendliche in der Stadt. Zur Lebenssituation von Familien unter besonderer Berücksichtigung der Stadt Köln. Köln

Klawe, Willy und Jörg Matzen (Hrsg.) 1993: Lernen gegen Ausländerfeindlichkeit. Weinheim und München

Korte, Jochen 1994: Lernziel Friedfertigkeit. Vorschläge zur Gewaltreduktion in Schulen. Weinheim und Basel

Krieg, Elsbeth (Hrsg.) 1993: Hundert Welten entdecken. Die Pädagogik der Kindertagesstätten in Reggio Emilia. Essen

Le Guin, Ursula 1976: Der Planet der Habenichtse. München

Paffrath, Hartmut F. 1994: Soziale Erziehung – Fiktion oder Ideologie? Eine kritische Anfrage. In: Gerd E. Schäfer (Hrsg.): Soziale Erziehung in der Grundschule. Rahmenbedingungen, soziales Erfahrungsfeld, pädagogische Hilfen. Weinheim und München, 125–132

Posselt, Ralf-Erik und Klaus Schumacher 1993: Projekthandbuch: Gewalt und Rassismus. Mülheim/Ruhr

Pyerin, Brigitte 1989: Mädchenlektüre und Emanzipation. Jugend und Medien Band 16. Frankfurt/M.

Ruddick, Sara 1993: Mütterliches Denken. Für eine Politik der Gewaltlosigkeit. Frankfurt/M.

Schäfer, Gerd E. (Hrsg.): Soziale Erziehung in der Grundschule. Rahmenbedingungen, soziales Erfahrungsfeld, pädagogische Hilfen. Weinheim und München

Schnack, Dieter und Rainer Neutzling 1993: Kleine Helden in Not. Auf der Suche nach Männlichkeit. Reinbek

Senghaas, Dieter 1995: Frieden als Zivilisierungsprojekt. In: Dieter Senghaas (Hrsg.): Den Frieden denken. Frankfurt/M., 196–223

Sommerfeld, Verena 1991: Krieg und Frieden im Kinderzimmer. Über Aggressionen und Action-Spielzeug. Reinbek

Stiftung Mitarbeit (Hrsg.) 1993: Kinder als Mitbürger. Ein dänisches Projekt zur Teilnahme, Mitbestimmung und Mitverantwortung von Kindern am gesellschaftlichen Leben. Bonn

Thorne, Barrie 1993: Gender Play. Girls and Boys in School. Buckingham

Ulmann, Gisela 1987: Über den Umgang mit Kindern. Orientierungshilfen für den Erziehungsalltag. Frankfurt/M.

UNICEF 1994: Ich träume vom Frieden. München

Verlagsinitiative gegen Gewalt und Fremdenhaß (Hrsg.) 1993: Schweigen ist Schuld. Frankfurt/M.

Winkel, Rainer 1994: Die Schule neu denken und neu machen. In: Erziehung und Wissenschaft 11/94, 6–8

Wollmann, Eva 1991: Kinderängste. In: Frigga Haug und Kornelia Hauser (Hrsg.): Die andere Angst. Hamburg, 210–249

Zimmer, Jürgen 1993: Modellvorhaben „Weiterentwicklung der pädagogischen Arbeit in Tageseinrichtungen für Kinder in den neuen Bundesländern und im Ostteil Berlin". Berlin (unveröffentlichtes Manuskript)

Teil D

Innovatorische Perspektiven und Entwürfe für Alltagsfrieden

Im folgenden soll an Hand verschiedener Entwürfe *exemplarisch* dargestellt werden, auf welchen Wegen eine Arbeit am positiven Frieden in Stadtteilen und Kommunen beschritten werden kann.

Es handelt sich in allen Entwürfen um erste grundlegende Überlegungen, die insbesondere in kleinen bis mittelgroßen Gemeinden eine plastische Anregung für eine praktische Arbeit zwischen den Generationen, Geschlechtern und Ethnien geben sollen.

Schließlich stellen sich die jeweiligen Bedingungen und Möglichkeiten in jeder Kommune, in jedem Stadtteil und in jeder Institution anders dar, so daß eine Arbeit am positiven Frieden, die perspektivisch partizipative und gewaltpräventive Ansätze für die Basis bereitstellen will, keine fertigen, bloß zu kopierenden Konzepte liefern kann, sondern vielmehr an exemplarisch durchgeführten Konzepten Vorstellungen über die oftmals noch ungenutzten und wenig bekannten gesellschaftspolitischen Möglichkeiten anregen will.

Dabei ist davon auszugehen, daß Versuche in ähnlicher Weise in den Kommunen und Stadtteilen zu erarbeiten nicht nur bereits als solche einen Schritt in Richtung positiver Friedensprozesse bedeuten, sondern daß sich im Prozeß der aktiven Gestaltung weitere modifizierte Konzepte entwickeln können, die dazu beitragen, langfristig überall Friedensstrukturen zu errichten.

Kapitel 1

Die Zukunftswerkstatt mit Kindern in der Friedensarbeit

1.1 Der Stellenwert der Zukunftswerkstatt

Seit Kindheit als eigenständige Lebensphase Beachtung findet, ist sie mit unterschiedlichsten Bedrohungen und Belastungen konfrontiert.

In der „Risikogesellschaft" der modernen Industriegesellschaften sind zwei
Dimensionen dieser Bedrohungen und Belastungen in den Vordergrund getreten.
Erstens handelt es sich um Bedrohungen durch die von Menschen verursach-
ten Umweltzerstörungen. Zweitens sind Belastungen der modernen Kommuni-
kationsgesellschaft anzusprechen, die zur Folge haben, daß globale wie lokale
ökologische Katastrophen, Kriege, Aggression und Gewalt – wo immer sie auch
stattfinden – direkt an Kinder herangetragen werden.

Weil Kinder diese Bedrohungen in ihrer Art wahrnehmen und ihnen auch
Erwachsene oftmals keine Bewältigungs- und Lösungskonzepte anbieten können,
verspüren sie in einem noch nicht dagewesenen Ausmaß Angst vor der Zukunft.
Die von Kindern erlebten teils diffusen Ängste, teils konkreten Befürchtungen
sind dokumentiert (vgl. Rusch 1989; Grefe und Jerger-Bachmann 1992) und analysiert (vgl. Richter 1990; Unterbrunner 1991).

Verantwortliche Eltern, ErzieherInnen, SozialarbeiterInnen, LehrerInnen und
PolitikerInnen dürfen Kinder nicht mit ihren negativen Zukunftsentwürfen allein
lassen. Dabei geht es nicht darum, Kinder mit düsteren Zukunftsprognosen zu
konfrontieren, wenn sie diese gar nicht selbst empfinden, sondern darum, die von
Kindern wahrgenommenen Zukunftsbedrohungen nicht zu ignorieren und mit
Kindern gemeinsam an *positiven* Zukunftsentwürfen zu arbeiten.

1.2 Zum Konzept von Zukunftswerkstätten

Das Modell Zukunftswerkstatt, dessen Konzept in den 60er Jahren erstmals von
Robert Jungk entwickelt wurde, hat sich zu einer Methode herausgebildet, die
ebenso für offene und selbstbestimmte Lernprozesse und innovative Zukunftsgestaltung wie für kooperative Aktivierung von Betroffenengruppen steht.

Zentraler Leitgedanke ist, daß Betroffene in ganz besonderer Weise ExpertInnen für eigene Belange sind, wobei die wenig genützten Energiequellen von
Träumen, Wünschen und Utopien, von Einfallsreichtum und Erfindergeist, aber
auch von Verärgerung und Angst für die Bewältigung von Problemen nutzbar
gemacht werden. Ganz gleich ist es, ob diese Probleme individueller, gruppen-
spezifischer oder struktureller Natur sind, ob lokale und regionale Fragen, etwa

zur Umwelt- und Technikgestaltung oder ob persönliche, soziale und berufliche Probleme aufgegriffen werden. Kreativität, Phantasie und Gedanken über eine positive Zukunft werden dabei als Katalysator für eine entwicklungsfähige Gesellschaft und lebendige Demokratie gesehen.

Das Modell Zukunftswerkstatt hat gezeigt, daß das Engagement und das Durcharbeiten von Alltagsproblemen auch Spaß macht und persönlich befreiend wirkt, daß solidarische Bewältigung von Problemen möglich ist und daß neue Lösungswege und -strategien nicht nur entdeckt, sondern auch umgesetzt werden können.

Dementsprechend ist unter Zukunftswerkstatt eine Projektveranstaltung zu verstehen, die auf die Bewältigung von Alltags-, Institutions- und Gesellschaftsproblemen, auf die Entfaltung von sozialer und politischer Phantasie sowie auf die eigenaktive und kreative Zukunftsgestaltung ausgerichtet ist. Mit der Methode Zukunftswerkstatt sollen also Orientierungsgrundlagen und Maßnahmen gegen gesellschaftliche und subjektive Entwicklungshindernisse und friedensfördernde Alternativen erarbeitet werden.

In der Zukunftswerkstättenarbeit hat sich mittlerweile eine Vielzahl von methodischen Varianten entwickelt; immer mehr gesellschaftliche Problem- und Handlungsfelder dienen ihr als Ansatzpunkte. Ungeachtet dessen hat sich in bald drei Jahrzehnten Zukunftswerkstättenarbeit mit verschiedensten Zielgruppen und Themen ein *Grundmodell* mit drei aufeinander aufbauenden Hauptphasen, zusätzlich einer Einstiegs- und Abschlußphase, herausgebildet und bewährt (vgl. Lechler 1993, 10; Arbeitskreis Zukunftswerkstätten 1991, 9 ff.):

1. *Einstiegs-Phase:* Dazu zählen Sich-Kennenlernen, soziales Warmwerden, Interessensammlung; Erklärung der Zukunftswerkstatt-Methoden und -regeln, Beschlußfassung zum konkreten Ablauf der Zukunftswerkstatt-Veranstaltung.
2. *Kritik-Phase:* Hier geht es um ein Panorama der Probleme im Themenbereich, ferner um Kritikpunkte, Störungen, Unbehagen, Ängste, Empörungen und Protest – ohne sich in Diskussions- und Theoriestreitigkeiten „zu verbeißen".
3. *Phantasie-Phase:* Hier erfolgt die Freisetzung von Veränderungswünschen, Phantasien, Ideen und Gruppenkreativitätseffekten, ferner die Gestaltung von Szenarien und Utopien mit verschiedensten Mitteln (z. B. Spiele, Brainstorming, Phantasiereise, Szenenspiel, Erzählung, Visualisierung, Plastizieren) – wobei das kritisch-realistische Machbarkeitsdenken ausdrücklich „auf Pause" geschaltet wird.
4. *Realisierungs-Phase:* In dieser Phase erfolgt die Rückkopplung des Wünschbaren mit den realen Verwirklichungsbedingungen, die Umsetzung in machbare Schritte, Projektkonzepte und konkrete Vorhaben.
5. *Abschluß-Phase:* Schließlich soll der Verlauf der Zukunftswerkstatt mit einer Bewertungsrunde reflektiert werden und ein Ausblick auf Folgeaktivitäten bzw. auf konkrete Vorhaben stattfinden.

Es gibt *kürzere und längere Zukunftswerkstätten*, von einigen Stunden bis zum 14tägigen oder monatelangen Arbeitszyklus. Im Normalfall sollte für die drei

Hauptphasen je ein Tag zur Verfügung stehen. In der Praxis finden Zukunftswerkstätten jedoch meist als Wochenendveranstaltungen statt, eingerahmt von kürzeren Einstiegs- und Abschlußphasen.

Die optimale *TeilnehmerInnenzahl* liegt bei 15–25 Personen, größere Veranstaltungen können in parallele Werkstattgruppen aufgeteilt werden, so daß auch Großkongresse in Zukunftswerkstatt-Form möglich sind.

Die Zukunftswerkstätten werden von *Zukunftswerkstatt-ModeratorInnen* angeleitet. Sie sind für die Erklärung der Methoden und Regeln verantwortlich und leiten in die Arbeitsphasen und Einzelschritte ein. Gemäß dem Leitziel der Zukunftswerkstatt, die Eigenaktivität und Selbstverantwortung der Betroffenen zu starken, halten sich die ModeratorInnen mit inhaltlichen Beiträgen weitgehend zurück und versuchen, auch die Kontrolle über die Regelbeachtung so weit wie möglich an die TeilnehmerInnen abzugeben.

In Zukunftswerkstätten werden *Methoden* wie Intuitionsübungen, Visualisierungen und Phantasiereisen ebenso eingesetzt wie Entspannungs-, Gestalt-, Encounter- und Körperübungen. Ohne die diskursiven Kommunikationsformen zu vernachlässigen, wird auf diese Weise versucht, die Spannungen zwischen Intellekt und Intuition, zwischen Idee und Emotion nutzbar zu machen. Die Methoden sollen sowohl die persönliche Reflexion als auch kooperatives Arbeiten und ganzheitliches Denken fördern.

Folgende vier *konzeptionelle Elemente* finden besondere Berücksichtigung:

Erstens ist der persönliche Zugang zum Thema wichtig, und er sollte sorgfältig behandelt werden.

Zweitens sollten die Vorgehensweise und die Methoden mit den TeilnehmerInnen besprochen und im Idealfall von ihnen selbst bestimmt werden, so daß die ModeratorInnen „nur noch" den Prozeß strukturieren.

Drittens sollte die Zukunftswerkstatt konkrete Konsequenzen haben, die auch umsetzbar sind.

Und *viertens* ist eine Nachbereitung anzustreben, die die geplanten Realisierungsschritte mitverfolgt und unterstützt.

Aufgrund der Maßgabe durch das KJHG finden Kinder heutzutage als eigenständige Persönlichkeiten Anerkennung und sind bei Belangen, die sie selbst betreffen, als ExpertInnen zu hören und in Planungsprozesse einzubinden. In der Theorie und Praxis von Zukunftswerkstätten findet diese Zielgruppe jedoch fachwissenschaftlich und in Form von Veröffentlichungen noch wenig Berücksichtigung. Allerdings besteht der Eindruck, daß sich inzwischen unterschiedlichste Einrichtungen der Kinder- und Jugendarbeit dafür interessieren, Zukunftswerkstätten mit Kindern durchzuführen.

Das Thema Zukunft steht heutzutage in einem ambivalenten Spannungsverhältnis. Wie der unverminderte Zulauf von Bürgerinitiativ- und Selbsthilfegruppen zeigt, erkennen einerseits immer mehr Menschen die Notwendigkeit, sich gegen die gravierenden sozialen und ökologischen Bedrohungen zur Wehr zu setzen. Andererseits finden diese Menschen gegenüber den undurchsichtigen politischen Strukturen und den international vernetzten Kapitalinteressen oftmals keine Mittel und Wege, diese Erkenntnis in Handlung umzusetzen, so daß sich Zukunftsangst und Resignation breitmachen.

In diesem Spannungsverhältnis spielen die Kinder eine besondere Rolle, die es erforderlich macht, ihre Auseinandersetzung mit möglichen und wünschenswerten Zukünften zu fördern und ihnen Gehör bei Zukunftsplanungen zu verschaffen. Von den heute getroffenen politischen Entscheidungen wird, gemessen an dem potentiellen Lebenszeitraum, vor allem die Zukunft der Kinder bestimmt. Demgegenüber ist aber das politische Mitbestimmungsrecht der Kinder an Zukunftsentscheidungen noch gering. Naheliegend orientieren sich die politischen EntscheidungsträgerInnen an dem demoskopischen Übergewicht von älteren BürgerInnen mit tendenziell besitzstandswahrenden Interessen. Entscheidungen und Planungen darüber, ob die Zukunft ein lebenswertes und menschenwürdiges Dasein ermöglichen wird, dürfen deshalb nicht ausschließlich in den Händen von Erwachsenen liegen. Bevor eine größere Mitsprache von Kindern überzeugend und ungelenkt öffentlich und politisch vorgetragen werden kann, erscheint es sinnvoll, ihnen eigenständige Möglichkeiten zur Auseinandersetzung mit der Zukunft anzubieten. Diese eigenständige Auseinandersetzung ist auch deshalb notwendig, weil die zunehmende Zukunftsangst und Resignation unter Erwachsenen deutliche Auswirkungen auf die seelische Entwicklung der Kinder hat. Wenn Erwachsene über ihre Ängste, über ihre Ohnmacht schweigen, regt sich in Kindern das Gefühl der Verachtung, weil sie meinen, daß Erwachsene ihnen vormachen, die Welt sei in Ordnung. Oder sie kommen zu dem Schluß, daß Erwachsene sich keine Sorgen und Gedanken über die Zukunft machen. Kinder reagieren dann mit Abgrenzung und Verunsicherung (vgl. Macy 1986, 31 f.).

Erwachsene in pädagogischen Arbeitsfeldern müssen Kindern deshalb ermöglichen, sich mit der Zukunft, mit ihren Wünschen und Hoffnungen, aber auch mit ihren existentiellen Ängsten durch soziale und ökologische Bedrohungen auseinanderzusetzen, wenn sie Formen der „seelischen Erstarrung" unter Kindern verhindern und ihrem Bedürfnis nach zuversichtlicher Lebensplanung Rechnung tragen wollen. Petri (1987) hat schon vor Jahren empirisch belegt, daß Kinder, die oft über Bedrohungen aller Art mit Eltern, LehrerInnen und Freunden sprechen, sich zwar mehr Sorgen um die Zukunft machen, gleichzeitig aber auch optimistisch sind, daß diese Bedrohungen aufgehalten werden können. Hierin ist die wichtigste Bedeutung des „Modells Zukunftswerkstatt" zu erkennen, die ihm im Zusammenhang einer sinnstiftenden Friedensarbeit zukommt.

Es ist eine Friedensarbeit mit und von Kindern, von der auch die Erwachsenen profitieren. Denn die Erfahrung hat gezeigt, daß Kinder *unverstellter* Lebensfragen angehen und sich nicht mit „Aussichtslosigkeiten" abfinden. Kinder haben den Drang, dem Negativen – unmittelbar und nicht erst in ferner Zukunft – etwas entgegenzusetzen (vgl. Arbeitskreis Zukunftswerkstätten 1991, 7 f.). Erwachsene müssen aber erst lernen, Kinder als Partner zu sehen, die in *eigener* Weise denken, fühlen und handeln. Eben darin liegt die Kompetenz von Kindern und die Chance, mit der Zukunftsprobleme anders gelöst werden können.

Offensichtlich werden mit dem Konzept der Zukunftswerkstatt die Fähigkeiten von Kindern zur Selbstbestimmung und Partizipation gefördert. Durch die Wahrnehmung ihrer Person als Expertin bzw. Experte für persönliche und gemeinschaftliche Belange erfahren Kinder, daß ihre Bedürfnisse und Interessen ernstgenommen und als solidarische Lösungswege für soziale Probleme erarbeitet werden können.

1.3   Die Zukunftswerkstatt am Beispiel [1]

1.3.1   Vorüberlegungen

Im folgenden sollen anhand einer Zukunftswerkstatt am Beispiel des Freiburger Kinderbüros die konzeptionellen Überlegungen und der Verlauf einer solchen Projektveranstaltung vorgestellt werden. Das Konzept baut auf einer vorausgegangenen Zukunftswerkstatt auf (vgl. Freiburger Kinderbüro 1993).

Bei der Entscheidung und auf dem Hintergrund der positiven Erfahrungen aus der Zukunftswerkstatt von Januar 1993, eine weitere Zukunftswerkstatt durchzuführen, stellen sich folgende Fragen:

– Für welche Altersgruppe richten wir die Zukunftswerkstatt aus, wie lange brauchen wir für die Planungsphase?
– Zu welchem Thema soll die Zukunftswerkstatt diesmal stattfinden?
– Wie viele Kinder können teilnehmen?
– Wer hilft bei der Planung der Zukunftswerkstatt, wer übernimmt die Moderation, wer kümmert sich um die Verpflegung und um die Dokumentation?
– Welchen Termin und Ort setzen wir für die Zukunftswerkstatt an?
– Wie und wo werben wir für die Zukunftswerkstatt?
– Wie finanzieren wir die Zukunftswerkstatt (Materialien, Honorare, Ausgaben für Dokumentation und Essen)?

Das Alter setzen wir auf 8–14 Jahre fest. Für diese relativ breite Altersspanne spricht die Überlegung, daß sich Kinder eher angesprochen fühlen, wenn ihr Alter nicht an der „Grenze" liegt. Die Planungsphase wird auf ca. sechs Monate angesetzt.

Am schwierigsten gestaltet sich die Themenfindung. In der engeren Wahl stehen die Themen „Spielräume" und „Der kinderfreundliche Erwachsene". Während wir annehmen, daß Kinder dieser Altersspanne zum ersten Thema einen besseren Zugang finden, bietet das zweite Thema eine größere Originalität, d. h. es ist ein Thema, mit dem Kinder oft konfrontiert sind, aber keine Möglichkeiten für sie bestehen, sich mit diesem Thema auseinanderzusetzen.

Wir entscheiden uns für das zweite Thema und formulieren konkretisierende Fragestellungen:

---

[1] Die Zukunftswerkstatt wurde unter Anleitung von Beate Gramm und Holger Hofmann durchgeführt und ausgewertet.

Was erwarten Kinder von den Erwachsenen, was machen Erwachsene falsch im Umgang mit Kindern, und wofür wollen Kinder Verantwortung übernehmen? Als Richtgröße für die Projektveranstaltung setzen wir 20–30 Kinder fest. Der erste Konzeptionsvorschlag wird von zwei Personen erarbeitet, einer Diplomandin der Sozialarbeit und einem Sozialarbeiter mit Vorerfahrungen aus zwei Zukunftswerkstätten mit Kindern. In die weitergehende Planung werden drei weitere Fachkräfte einbezogen, eine Praktikantin des Freiburger Kinderbüros, eine Lehramtsstudentin mit Vorerfahrungen in einer Zukunftswerkstatt für Kinder und ein Lehramtsstudent. Diese fünf sind neben der Planung auch für die Moderation der Zukunftswerkstatt verantwortlich; eine weitere Person wurde für die Verpflegung und für die fotografische Dokumentation während der Zukunftswerkstatt gewonnen.

Der Termin für die Zukunftswerkstatt wird auf den 2. und 3. November 1994 festgelegt, zwei Tage in den Herbstferien, an denen jeweils von 10 bis 16 Uhr gearbeitet werden soll. Als Veranstaltungsort bietet sich das „Haus der Jugend" an, weil es als städtische Einrichtung kostenneutral genutzt werden kann und über gute Voraussetzungen verfügt (größere und kleinere Räume, Küche, Werkraum, hauseigener Materialraum und Musikinstrumente).

Für die Werbung wird ein Flugblatt entworfen, das an Freiburger Schulen und an Einrichtungen der Kinder- und Jugendarbeit verteilt wird. Angeschrieben werden ferner Kinder und Erwachsene, die schon an anderen Veranstaltungen und Aktionen des Freiburger Kinderbüros teilgenommen haben. Es wird dazu aufgefordert, daß die interessierten Kinder sich im Kinderbüro für die Veranstaltung anmelden und eigene Musikinstrumente mitbringen.

Schließlich wird die örtliche Presse auf unser Vorhaben aufmerksam gemacht und auch zur Abschlußveranstaltung eingeladen. Resonanz dieser Pressearbeit ist, daß in zwei örtlichen Radios (FR1 und Radio Dreyeckland) über die Zukunftswerkstatt berichtet wird sowie in der Badischen Zeitung eine Vorankündigung und ein Artikel erscheint.

Für die Teilnahme an der Zukunftswerkstatt wird ein Unkostenbeitrag in Höhe von 10 DM erhoben. Die damit noch nicht abgedeckten Kosten für Essen, Material und Honorar werden aus dem Etat des Freiburger Kinderbüros finanziert.

Die Zielsetzung der Zukunftswerkstatt ist, mit Kindern sowohl ihre Alpträume als auch ihre Wunschträume zum Zusammenleben mit Erwachsenen zu ermitteln und diese der Öffentlichkeit zu präsentieren. Ausgangsüberlegung ist, daß Erwachsene meistens eine genaue Vorstellung davon haben, wie Kinder sein sollen. Kinder dürfen jedoch umgekehrt meistens nicht sagen, was Erwachsene im Umgang mit Kindern falsch machen, was sie von Erwachsenen erwarten, wo sie mitreden, mitbestimmen und Verantwortung übernehmen wollen.

Mit dieser Zielsetzung wird die Zukunftswerkstatt auf der Grundlage des skizzierten Konzepts strukturiert. Allerdings wird größerer Wert auf spielerische und handlungsorientierte Elemente gelegt wie Werken, Musizieren, Fotografieren und Theaterspielen. Dies ist notwendig, weil Kinder ihre Intuition, Ideen und Kreativität auf diese Weise besser entfalten können. Die Realisierungs-Phase des Grundmodells wird auf die Präsentation der Ergebnisse in der Öffentlichkeit beschränkt, um damit den Anliegen der Kinder Gehör zu verschaffen. Eine weiterreichende „Realisierung" ist nicht vorgesehen, da die Zukunftswerkstatt mit diesen zwei Tagen zu einem Abschluß zu bringen ist und die Präsentation in der Öffentlichkeit einen Schritt darstellt, der – im Gegensatz zu weitgesteckten Aktionen oder Strategien – für die Kinder überschaubar und erreichbar ist, der sie damit vor Frustrationen schützt.

1.3.2 Verlaufsplan und Kommentierung

Nachdem am Morgen noch ausreichend Zeit veranschlagt wird, um die letzten Vorbereitungen zu treffen, erwarten wir mit Spannung die Kinder. Es kommen 18 Kinder, 9 Mädchen und 9 Jungen, davon 9 unter 10 Jahren, 7 im Alter von 10–12 Jahren, und nur 2 sind über 12 Jahre.

Verlauf der Zukunftswerkstatt

Phase I („Kritik/Utopie", 1. Tag am Vormittag, 10–12.30 Uhr)

Diese Phase gliedert sich in:

1. *Begrüßung* Tagesplan, Vorstellung der Zukunftswerkstatt-ModeratorInnen, Lied („Trau dich")

2. *Namensschilder-Spiel* zum ersten Kennenlernen: Wäscheklammern mit Namen werden in den Raum geworfen, und jedes Kind sucht zum Namen das entsprechende Kind.

3. *„Schreispiel"* Zum Zweck der Aufwärmung und Einstimmung. Das Spiel verläuft folgendermaßen: Zwei Gruppen bilden: eine Gruppe, die „Erwachsenen", schreit stehend eine gängige Erwachsenenposition („Mach Dich nicht schmutzig"), die auf einem Karton zu lesen ist. Die andere Gruppe, die „Kinder", erwidert eine gängige Kinderposition („Ja, ich paß' auf") dieser entgegen – Gruppenwechsel und gleicher Durchgang – anschließend sollen sich beide Gruppen eine neue Kinderposition überlegen – daraufhin weiterer Durchgang wie gehabt, nur daß diesmal auch die „Kinder" stehen.

4. *„Mit dem Raumschiff nach Kinderania"* Kinder sollen sich an einem Seil fassen und in einen anderen Raum gehen, in dem ein „Raumschiff" die Kinder nach Kinderania bringt. Der Raum ist verdunkelt, die Vorstellung einer Reise durch das All wird durch Wunderkerzen, Duftlampen und sphärische Musik unterstützt.

Im „Raumschiff" wird eine Geschichte vorgetragen: Die Kinder erleben den Start aus Freiburg... sinnliche Eindrücke der Fahrt durch das All... und erfahren in der Geschichte etwas über „Gonni und Bofolu", zwei Kinder aus Kinderania, die sie eingeladen haben, um zu erfahren, wie es sich auf der Erde lebt... Ferner erfahren sie etwas über die „kinderfreundlichen Zustände" in „Kinderania": In Kinderania können die Kinder z. B. selbsttätig etwas produzieren und verkaufen, in der Schule können sie die Rolle des Lehrers, der Lehrerin einnehmen, und auch die Erwachsenen gehen hin und wieder in die Schule [Anm.: Über diese Beispiele sollen die Kinder von einfachen, bekannten Argumentationen wegkommen, neue Aspekte kennenlernen und angeregt werden, ihre Kritik unter diesen Gesichts-

Kommentar

Wir wollen keine lange Diskussionsrunde an den Anfang setzen. Doch vielleicht müßte mehr Platz sein für die Fragestellungen „Was ist eine Zukunftswerkstatt?" und „Wozu setzen wir uns mit der Zukunft auseinander?"

Die Kinder lassen sich mit ihrer ganzen Energie auf das Spiel ein, was eine befreiende Wirkung hat. Allerdings ist es zu laut, so daß sich die Gruppenmitglieder in ihrer Gruppe zu wenig wahrnehmen und zu wenig miteinander agieren.

Die Kinder können sich sehr gut auf die Phantasiereise einlassen, die Reise durch das All übte schnell Faszination aus, und die Welt in Kinderania stößt auf großes Interesse. Auch das Gespräch mit den beiden Kinderaniern ist geeignet, um sich ungehemmt über den Ärger mit Erwachsenen auszulassen. Als Ärger wird genannt: „Erwachsene kommen ins Zimmer, ohne anzuklopfen" (13 Pkt.), „Autofahrer sind rücksichtslos" (14 Pkt.), „Die Erwachsenen achten nicht auf die Verkehrsregeln" (13 Pkt.), „Die Spielplätze sind nicht so, wie wir sie wollen" (12 Pkt.), „Wenn die Erwachsenen ihre Ruhe haben wollen, müssen wir unser Zimmer aufräumen" (7 Pkt.), „Erwachsene bestrafen" (5 Pkt.), „Sie sind nicht immer lieb" (3 Pkt.) u. a.

Ein grundsätzliches Problem, das schon in der Kritik-Phase seinen Ausdruck findet ist, daß die jüngeren Kinder (7–9jährige) der Ausdrucksfähigkeit und dem Intellekt der Größeren nicht folgen können.

Verlauf

punkten zu erweitern.]... Sie erfahren, daß es so in Kinderania nicht immer war, sondern ehemals Kinder und einzelne Erwachsene die alten Zustände beklagt hatten und in einer großen Versammlung Veränderungen beschlossen wurden... Schließlich landet das „Raumschiff" auf Kinderania.

Dort treffen sie „Gonni und Bofolu", die als Kinder verkleidet in den Raum kommen. Die beiden beginnen mit ihnen ein Gespräch über das Leben der Kinder auf der Erde, über das Zusammenleben mit Erwachsenen und darüber, was ihnen an den Verhaltensweisen der Erwachsenen auf der Erde nicht gefällt.

Die Kritikpunkte werden von ModeratorInnen auf Kartons geschrieben und nach dem Gespräch auf einen „Ärger-Erwi" (Papierfigur) geklebt. Zunächst werden die Aussagen der Kinder nicht kommentiert. Allerdings wird nachgefragt, wo die Kritik bei Wunsch- und Zustandsbeschreibungen liegt.

Die beiden Kinderanier führen anschließend eine Bewertung der Aussagen durch, die zuvor alle laut vorgelesen werden. Die Punkte werden für die Aussagen vergeben, über die sich die Kinder am meisten ärgern. Eine Aussage kann von einem Kind bis zu drei Punkte erhalten. Wenn es ähnlich lautende Aussagen gibt, werden diese zusammengefaßt; gleiches gilt, wenn es über 20 Aussagen sind. Für die halbe Anzahl von Aussagen werden Klebepunkte verteilt. [Anm.: Über die Bewertung soll herausgefunden werden, wo Mehrheiten in der Gruppe liegen, und es soll die Chance für schüchterne Kinder bestehen, die bisher nicht zu Wort kommen, ihre Meinung zu äußern. Durch die Bepunktung werden die Kinder ferner aufgefordert, ihre persönliche Meinung zu bilden und Prioritäten zu setzen.]

Mit dem „Raumschiff" geht es dann zurück nach Freiburg, um sich dann beim Mittagessen von der erlebnisreichen Reise zu stärken.

Während des Mittagessens wird von den ModeratorInnen überlegt, wie die entstandene „Kritik-Prioritäten-Liste" in die Workshopangebote eingebunden werden kann, d. h. inwieweit sich die Themen in den Workshops an den genannten Kritikpunkten orientieren.

Phase II („Utopie", 1. Tag am Nachmittag, 13.15–16 Uhr)

Nach dem Mittagessen werden die Workshopangebote von den jeweiligen ModeratorInnen kurz vorgestellt und die Workshopgruppen eingeteilt. Bei weniger als 4 und mehr als 8 TeilnehmerInnen entscheidet der/die WorkshopleiterIn, wie verfahren wird. Bei einer geringeren Gesamtzahl von Kindern (bspw. unter 25) wird es ohnehin sinnvoll sein, nicht alle Workshops durchzuführen. Kinder entscheiden sich für ein Medium (Interviews mit dem Tonbandgerät, Theater, Foto, Musik oder Werken) und bleiben auch am Donnerstag in dieser Gruppe.

[Anm.: In den Workshops soll mit einem der genannten Medien eine Wunschsituation über kreatives Darstellen entwickelt werden bzw. das Medium soll dazu dienen, einen Aspekt aus der „Kritikphase" durchzuarbeiten. Der Einsatz von

Kommentar

Ein anderes Problem bei der Bewertung ist, daß die Kinder zwar begeistert an dieser teilnehmen, aber dicht gedrängt vor „Ärger-Erwi" stehen. Dadurch versperren sie sich gegenseitig die Sicht und drängeln. Auch ist zu beobachten, daß durch die lange Gesprächsdauer die Konzentration bei einigen Kindern merklich nachläßt. Aus diesem Grund wird vor der Bewertung ein Spiel eingeschoben. Dadurch, daß das ModeratorInnen-Team pädagogisch nicht aufeinander eingespielt ist, entstehen Unsicherheiten bei Störungen (z. B. im Umgang mit Kindern).

Das Mittagessen hat eine wichtige Funktion, um sich weiter kennenzulernen und um in lockerer Atmosphäre Gesprächsthemen aufzugreifen.

Verlauf

attraktiven Materialien und Medien soll dabei die Bearbeitung des Themas erleichtern und die Phantasie anregen. Notwendig kann es sein, Spiele zum Auflockern zusätzlich einzufügen.]

Die Workshops

A. „Interviews"

1. Kinderania-Interviews Phantasiefragen stehen auf Kärtchen, die umgedreht in der Mitte liegen. Nacheinander bedienen die Kinder den Kassettenrecorder, jeweils ein anderes Kind befragt die einzelnen Kinder der Gruppe. Am Ende wird die Aufnahme angehört. [Anm.: Ziele sind: Phantasien anregen, Vertrautwerden in der Gruppe, Handhabung des Geräts einüben.]

2. Comics Jedes Kind bekommt eine Kopie mit sechs Comicszenen, deren Sprechblasen unausgefüllt sind. Aufforderung: Schreibt in die Sprechblasen, was ihr wünscht, was die Leute zueinander sagen sollen, überlegt dabei nicht lange. JedeR liest seinen, ihren Comic vor. Anschließend erfolgt ein Gespräch über Wünsche und Situationen, die Kinder gerne anders hätten.

3. Interview-Fragen formulieren Gemeinsam werden mit Hilfe der Comics und unter Bezug auf das vorhergegangene Gespräch Fragen formuliert. Jedes Kind schreibt auf, letztlich einigt man sich auf vier Fragen.

4. Interviews in der Stadt Die Kinder befragen abwechselnd Erwachsene in der Stadt und nehmen die Antworten getrennt nach den Fragen auf einzelne Kassetten auf.

B. „Theater" und „Musik" [*]

1. *Körperübungen*
   Zu instrumentaler Begleitung werden verschiedene Bewegungsarten ausgeführt, die Angst, Mut, Stärke oder Scheu ausdrücken.
2. *Probe mit Gesang und Instrumenten* (auch zur Entspannung)
3. *Gemüsetheater*
   JedeR schreibt einen Steckbrief zu einer bestimmten Gemüsesorte, allein oder zu zweit. Dieser wird vorgelesen, z. B. der „geizige Lauch ..."
   Spontanes Spielen einer Szene mit „verschiedenen Gemüsesorten".
4. *Probe mit Gesang und Instrumenten*

---

[*] Die Workshops werden aufgrund der TeilnehmerInnenzahl kurzfristig zusammengelegt.

Kommentar

Phantasien über das Leben in „Kinderania" können angeregt werden, jedoch wird der Umgang mit dem Gerät und der Interviewsituation „Befragen und Befragtwerden" nur unzureichend eingeübt. Günstiger wäre es eventuell, die Phantasiephase zunächst ganz vom Medium abzukoppeln.

Wunschvorstellungen und Unzufriedenheiten kamen zur Sprache. Allerdings geben die einzelnen Comics teilweise zu deutlich eine Richtung vor. Kreativste Ideen werden zum Bild „Ministerin für..." entwickelt (Minister für Zirkus, für Obdachlose, für Tiere etc.).

Bevorzugte Fragen der Kinder sind die nach der Schule (z. B.: Kann man kommen und gehen, wann man will? Sollte es neue Fächer geben?) und die nach der Mitwirkung von Kindern in der Politik (z. B.: Wann sollen Kinder wählen dürfen?).

In bezug auf das Verhalten ihrer Eltern kamen die Kinder in einen Loyalitätskonflikt, d. h. sie hatten trotz geäußerter Unzufriedenheit die Tendenz, deren Verhalten zu rechtfertigen.

Die Kinder können sich gut auf die Theater- und Musikelemente einlassen. Eine Schwierigkeit liegt darin, die Kritik, die im Gemüsetheater und in der

Verlauf

5. *Körpermodellage einer Problemsituation mit Kind und Erwachsenem*; d. h. ein Kind modelliert, die beiden anderen nehmen die Rolle des Kindes bzw. des Erwachsenen ein.
6. *Austausch in der ganzen Gruppe*

C. „Werken"

1. *Erläuterung des Ziels*
   „Es soll das Denkmal eines kinderfreundlichen Erwachsenen aus Kinerania gebaut werden. Dieses Denkmal soll später öffentlich aufgestellt werden, um den Erdenbürgern einen Ideal-Erwachsenen aus Kinerania vorzustellen".
2. *Eigenschaften des Ideal-Erwachsenen*
   Auf dem Hintergrund der Kritik-Phase wird in der Gruppe überlegt, welche Eigenschaften der Ideal-Erwachsene haben soll und welche er nicht haben soll. Die Überlegungen werden auf einem Plakat gesammelt.
3. *Entwurf eines Denkmals*
   Die nächste Überlegung ist, wie dies am Denkmal dargestellt werden kann. Nach dieser Überlegung soll jedeR einen Plan zeichnen.
4. *Bau des Denkmals*
   Daraufhin kann der Bau mit den Materialien Holzlatten, Maschendraht, Papier, Kleister, Dispersionsfarben beginnen.

D. „Foto"

1. Findung des Themas über das Gespräch
2. Einweisung in den Gebrauch des Fotoapparates
3. Fotosafari zum Thema (zu kinderfreundlichen und kinderunfreundlichen Plätzen)
4. Entwickeln der Fotos (mit Nachtservice)

Phase III („Utopie/Realisierung", 2. Tag am Vormittag, 10–12.30 Uhr)

Begrüßung, Erläuterung des Tagesplanes

Lied („Trau Dich")
   Weiterarbeit in den Workshops. Zielperspektive ist jetzt, wie die Arbeit der einzelnen Gruppen in eine Aktion auf dem Rathausplatz oder bei schlechtem Wetter z. B. in der Stadtbibliothek einfließen kann.

A. „Interviews"

1. Fortführung der Interviews mit Erwachsenen
2. Auswertung der Interviews im Gespräch

Kommentar

Körpermodellage ihren Ausdruck findet, später im Gespräch verbal zu fixieren.

Einige Kinder können sich nicht auf die Vorgabe einlassen, sondern haben vielmehr Wünsche, die sich nicht mit einem „Erwachsenen-Denkmal" in Einklang bringen lassen.

Die Utopie kommt zu kurz, weil die Kinder sich mit einer Verbalisierung ihrer Utopien noch schwer tun, und weil sie über das Werken allein wenig Phantasie zur Themenstellung entwickeln.

Wichtig ist, daß allen Kindern eine Arbeitsmöglichkeit angeboten wird und keine langen Pausen des „Nichtstuns" entstehen.

Für diesen Workshop interessiert sich bei der Einteilung nur ein 13jähriges Mädchen, so daß dieser ausfallen muß. Maßgebend für das Desinteresse ist u. U. die geringe Zahl von älteren Kindern in der Gesamtgruppe.

Die Kinder werden im Zuge der Interviewerfahrungen auf der Straße zunehmend freier und mutiger, so daß aus den anfänglich kurzen Befragungen Gespräche entstehen, in denen sich die Kinder mit den Antworten der Erwachsenen auseinandersetzen. Dabei fühlen sich die Kinder ernstgenommen und sehr wichtig.

Verlauf

B. „Theater und Musik"

1. *Brainstorming*: „Wie sieht der kinderfreundliche Erwachsene aus?"
2. Aus den Impulsen des Brainstormings soll eine *Geschichte* entwickelt werden, indem ein Kind anfängt und andere weitermachen.
3. *Spiel und Lied*
4. *Vorübungen für ein Standbild*
   Bewegung mit Musik nach verschiedenen Tempi und Bewegung auf einen bestimmten Punkt hin.
5. *Eigenschaften des kinderfreundlichen Erwachsenen*
   Gespräch darüber und Anfertigung von entsprechenden Schildern.
6. *Entwickeln eines Standbildes* mit eigener Aussage
   Kontrolle des Standbildes über Einsatz einer Sofortbildkamera.
7. *Schminken, Verkleiden und anschließendes Einüben des Standbildes mit Einsatz der Schilder und Musikbegleitung.*

C. „Werken" Weiterarbeit am Denkmal
Mittagessen

Phase IV („Realisierung", 2. Tag am Nachmittag, 13.15–16 Uhr)

Wir gehen gemeinsam zur Aktion auf dem Rathausplatz (bzw. bei schlechtem Wetter in die Stadtbibliothek).

Die eingeladenen Eltern, PolitikerInnen und die Presse werden empfangen. Es wird dafür gesorgt, daß sie nicht zu dominant werden.

Die verschiedenen Präsentationen (Denkmal, Interviewergebnisse, Lied, Standbild, Plakate) werden dargeboten.

Zum gemeinsamen Abschluß der Zukunftswerkstatt lassen wir imaginäre Raketen steigen.

Aus den Produkten der Zukunftswerkstatt wird eine kleine Ausstellung zusammengestellt, die in der Stadtbibliothek für einige Zeit präsentiert wird.

Kommentar

Zwar können die Kinder die Geschichte phantasievoll entwickeln, jedoch gelingt es darüber hinaus nicht, eine realistische Vorstellung des kinderfreundlichen Erwachsenen zu entwerfen.

Die Kopplung eines Standbildes mit dem Thema gelingt den Kindern nicht. Hier wird nochmals deutlich, daß es gerade jüngeren Kindern schwerfällt, den kinderfreundlichen Erwachsenen realistisch zu gestalten. Es ist anzunehmen, daß zwei Tage nicht ausreichen, um bereits eine klare Trennung zwischen phantasievollen Vorstellungen und realitätsnahen Bezügen herzustellen.

Da die Aktion, abgesehen vom Theater, wenig aktive Elemente für die Kinder bereithält, werden die Kinder nach kurzer Zeit unruhig.

Eine gelungene Präsentation ergibt sich durch die Idee, in das Denkmal einen Cassettenrecorder einzusetzen, aus dem die Antworten der Erwachsenen aus den Interviews ertönen und die jeweiligen Fragen der Kinder auf Plakaten neben dem Denkmal hochgehalten werden.

Die Resonanz auf die Ausstellung in der Stadtbibliothek wird dagegen von den dortigen Mitarbeiterinnen als mäßig eingestuft. Ohne die direkte Beteiligung der Kinder hat die Präsentation dort wohl ihre Attraktivität verloren.

1.4 Gesamteinschätzung und Perspektiven

Ein zentrales Fazit der Zukunftswerkstatt lautet, daß es den Kindern leicht fällt, sich während der Phantasiereise nach „Kinderania" losgelöst vom Alltag auf eine phantastische Situation einzulassen. Die Entwicklung einer eigenständigen Utopie vom kinderfreundlichen Erwachsenen ist aber dagegen durchgängig von dem Problem bestimmt, daß die Kinder Vorstellungen und Wünsche entwerfen, die mit den eigentlichen Problemen ihrer Lebenswirklichkeit wenig zu tun haben bzw. die einen oberflächlichen und allgemeinen Charakter haben (z. B. „Der ‚kinderfreundliche' Erwachsene, der an alle Kinder überall Bonbons verteilt"). Auch die konkreten Zukunftsvisionen, die in die Phantasiereise eingebaut werden, können daran nichts ändern. Denkbar ist, diesen Ansatz in eine weitergehende Auseinandersetzung zu führen, an der sich die Kinder reiben können, um später kreativere Zukunftsvorstellungen zu entwickeln.

In diesem Zusammenhang muß natürlich berücksichtigt werden, daß sich Kinder – insbesondere die jüngeren – zum Zusammenleben mit Erwachsenen im Alltag gewöhnlich wenig Gedanken machen und von daher die Kopplung der Phantasie mit der Realität auf wenig Problembewußtsein aufbauen kann. Vielleicht würden insbesondere die jüngeren Kinder besser mit einer kreativen Bearbeitung des Themas zurechtkommen, wenn das Thema besser strukturiert wäre. Dies könnte erfolgen, indem die Situation in der Familie, beim Spielen im Freien, in der Schule usw. getrennt bearbeitet wird. Vielleicht müßten auch mehr die persönlichen Erfahrungshintergründe und Wünsche der Kinder berücksichtigt werden. Dem stehen jedoch die ungünstigen Rahmenbedingungen, in nur zwei Tagen mit einer neuen Gruppe zu arbeiten, entgegen.

Das führt zu einem weiteren Aspekt. Freiwilligkeit und Bereitschaft aller Beteiligten zur Mitarbeit am Thema sind wichtige Voraussetzungen. Demgegenüber ist auf Nachfrage zu erfahren, daß einige Kinder mit der Zukunftswerkstatt vor allem die Langeweile in den Ferien überbrücken wollen. Sinnvoll erscheint deshalb, anstelle einer „Ferienveranstaltung für eine zusammengewürfelte Gruppe" die Zukunftswerkstatt für eine bestimmte Gruppe auszurichten, die im Umgang miteinander schon vertraut ist und die das Thema der Zukunftswerkstatt aus einer vorhandenen Problemsituation herleitet. Dadurch ist es auch möglich, die Zukunftswerkstatt mit den Kindern gemeinsam zu planen, um darüber einen höheren Identifikationsgrad zu erzielen.

Außerdem kann die Zukunftswerkstatt für eine Gruppe von Kindern, über die schon Informationen vorliegen, besser vorstrukturiert werden. Denn gerade bei Kindern sind Problem- und Interessenlagen, Problembewußtsein zu einem bestimmten Thema, Entwicklung von Intellekt und Kreativität, Konzentrationsfähigkeit, verbale Ausdrucksfähigkeit sowie soziale Fähigkeiten individuell verschieden ausgeprägt und vom Alter abhängig. Unter die altersspezifische Problematik ist auch einzureihen, daß jüngere Kinder bei ihrer Kritik an Erwachsenen in Loyalitätskonflikte zu ihren Eltern geraten und dazu neigen, das Verhalten ihrer Eltern zu rechtfertigen.

Zielperspektive für eine weitere Zukunftswerkstatt ist damit, diese nicht nur für eine bestimmte Gruppe oder zumindest für eine bestimmte Einrichtung auszurichten, sondern auch die Altersspanne mehr zu begrenzen, etwa auf drei Jahre. Sinnvoll ist auch, sich bei der Zukunftswerkstatt auf ein konkretes Thema zu konzentrieren, da die Intensität der Auseinandersetzung größer ist als bei einer weit gefaßten Themenstellung oder gar bei einer Auseinandersetzung mit Zukunft im allgemeinen (vgl. dazu die negativen Erfahrungen im Arbeitskreis Zukunftswerkstätten 1991, 40 f.).

Unterschiedliche Auffassungen gibt es unter den ModeratorInnen während der Nachbereitung darüber, inwieweit das ausgewählte Thema „Erwartungen, Wünsche und Einstellungen gegenüber Erwachsenen" für eine Zukunftswerkstatt mit Kindern ungeeignet ist. Während einerseits vorgebracht wird, daß dieses Thema für Kinder zu abstrakt ist, wird anderseits dem entgegengehalten, daß das Thema sehr wohl mit der Alltagswirklichkeit der Kinder zu tun hat, bisher Kinder jedoch nur wenig angeregt werden, sich zu diesem Thema Gedanken zu machen. Einigkeit besteht wieder darüber, daß sich das Thema gewinnbringender mit einer Gruppe bearbeiten läßt, in der ein gemeinsamer Erfahrungshintergrund besteht, wodurch sich leichter Problemsituationen mit Erwachsenen konkretisieren lassen.

Als positives Fazit ist festzuhalten, daß die Zukunftswerkstatt im Problembewußtsein der Kinder zum gewählten Thema einen Stein ins Rollen gebracht hat. Beispielsweise haben die Kinder begonnen, die Rolle der ModeratorInnen, die ihnen auferlegten Regeln und die ihnen gesetzten Grenzen zu hinterfragen. Relevant und spannend könnte sein, in solchen Situationen das Spannungsfeld zwischen Fremdbestimmung durch Erwachsene und Eigenverantwortlichkeit der Kinder zu diskutieren und aufzuarbeiten.

Doch auch bei dieser Überlegung werden durch die zeitlichen Rahmenbedingungen Grenzen gesetzt, zumindest wenn der Anspruch verfolgt wird, den gesetzten Zeitplan einzuhalten, wofür sicherlich gute Gründe sprechen. Innerhalb der Zeitvorgabe ist es auch nicht möglich, eine Nachbereitung mit den Kindern durchzuführen, aus der weitergehende Einschätzungen getroffen werden können. Kurze verbale Statements haben hier keine hohe Aussagekraft.

Es bleibt noch offen und kritisch zu hinterfragen, ob die geringe Beeinflussung der realen Lebenssituation bei den Kindern durch die stark beschränkte Realisierungsphase nicht dazu geführt hat, daß ihr Interesse an Zukunftsgestaltung generell geschwunden ist. Gerade für Kinder ist es wichtig, daß eine Zukunftswerkstatt ernsthaften und nachvollziehbaren Charakter hat und daß die Realisierung nicht in ferne Zukunft verschoben wird. Perspektivisch ist deshalb eine Nachbereitung anzustreben, die sowohl individuelle Bewußtseinserweiterungen als auch weiterreichende Realisierungsschritte mitverfolgt und unterstützt.

Eine weitere kritische Einschätzung ist die, daß nicht hinreichend Wert darauf gelegt worden ist, „Zukunft" den Kindern zu vergegenwärtigen. Damit ist gemeint, grundsätzliche Aspekte zu behandeln, um Zukunft als etwas Gestaltbares zu vermitteln, das nicht schicksals- und ereignishaft über Kinder hereinbricht, sondern Ergebnis ihrer eigenen Ideen, Vorstellungen, Entscheidungen und Handlungen ist, die in der Gegenwart angelegt sind. Im Nebeneffekt wird darüber der Zukunft ein bedrohlicher Charakter genommen.

Schließlich ist nicht zu übersehen, daß die Anforderungen einer Zukunftswerkstatt-Moderation ein erfahrenes und eingespieltes Team erfordern. Vorteilhaft erscheint deshalb, sich vorab ausreichend über die pädagogische Linie zu verständigen und mögliche Problemsituationen im Verlauf der Zukunftswerkstatt gemeinsam zu überdenken.

Mit dieser Zukunftswerkstatt für Kinder wurde teilweise Neuland betreten. Die hier vorgelegte Reflexion formuliert begehbare und unbegehbare Wege in ersten richtungsweisenden Ansätzen.

Kapitel 2

Konzept für ein kommunales Solidaritätszentrum

2.1 Leitziele

In einer Zeit des Funktionsverlustes gesellschaftlicher Großinstitutionen (Parteien, Kirchen, Gewerkschaften, Vereine), der Zerstörung von gewachsenen und dem Entstehen neuer Stadtstrukturen, von zunehmenden sozialen Spannungen, Individualisierung und sinkender Milieubindungen besteht dringender Bedarf an innovativen sozialen Stützsystemen, die zu kollektivem Handeln befähigen, um kommunale und überregionale Notlagen und Bedrohungen zu bewältigen. Solidarität und solidarisches Handeln stellen dabei zum einen soziale und politische Lebens- und Gestaltungsprinzipien in der Kommune dar, die im Alltag sinnstiftend wirken, und die zum anderen als innovative Veränderungskomponenten der Betroffenen gelten können.

Für alle ist das Solidaritätszentrum offen. Ohne Altersbegrenzungen und mit niederschwelligen Zugangsmöglichkeiten will das Solidaritätszentrum die umfangreichen Kompetenzen, Erfahrungen und anderweitige Selbsthilfepotentiale von Kindern, Jugendlichen, Erwachsenen und von lokalen Gruppen und Initiativen aktivieren und in handlungsorientierte Einmischungen kanalisieren. D. h. es sind Bedürfnisse, Probleme, Wünsche als Gestaltungsinteressen durchzuarbeiten, um sowohl individuelle Notlagen und pathogene Alltagsstrukturen zu überwinden als auch über individuelle Ohnmachtsgefühle und kollektive Handlungsunfähigkeit gegenüber überregionalen und globalen Krisen hinwegzukommen.

Das Solidaritätszentrum ist von daher der Ort, um „Betonstrukturen" und festgefahrene soziale und politische Normen des kulturellen Lebens aufzubrechen, damit sich qualifiziertes und vorurteilsfreies solidarisches Verhalten herausbilden und diskursiv kommunale Lebensqualität (vgl. Kapitel 3.5 und 8.2 ff.) und ermutigende Zukunftsentwürfe entwickeln können.

Solidarität in der postindustriellen Gesellschaft zu leben ist offensichtlich ein recht mühsamer und schwieriger Erfahrungs- und Lernprozeß, der sich weder in Bildungseinrichtungen, die mit gegenläufigen Anforderungen besetzt sind, noch durch segregierte soziale Dienstleistungen in erforderlichem Maße umsetzen läßt.

Dieser Prozeß kann aber gelingen, wenn die Vielfalt der individuell und professionell unterschiedlichen Lebenswelten nicht als Gegensatz, sondern als gewinnbringende Einheit gesehen wird.

Durch die Aktivierung individueller und kollektiver Ressourcen wird der eingangs angedeuteten Gesellschaftsentwicklung ein innovatives Konzept gegenübergestellt, das soziale Netzwerke stärkt, Autonomie und soziale Verantwortung fördert und weiterentwickelt. Damit erhält das Solidaritätszentrum in Zeiten knapper Haushaltsmittel auch unter finanzpolitischen Gesichtspunkten einen zukunftsweisenden Stellenwert.

2.2 Inhaltliche Schwerpunkte zum Aufbau eines sozialen Stützsystems für die Bewältigung von individuellen Notlagen und sozialen Problemen

Das Solidaritätszentrum soll Menschen bei der Problemveröffentlichung und -bearbeitung unterstützen. Es gilt (wieder neu) zu lernen, daß Probleme, mit denen man allein nicht fertig wird, ausgesprochen und Hilfe von MitbürgerInnen eingefordert werden können; individuelle und kollektive Alltagshilfe haben sinnstiftende und problemmindernde Wirkung.

Dabei geht es z. B. darum, durch solidarisches Bereitstellen materieller Ressourcen von MitbürgerInnen (Werkzeug, billiges Essen, Gebrauchtwarenmarkt etc.) oder durch die Organisation von Eigenarbeit neue Wege aus der Armut zu finden.

Durch informelle Sozialbezüge und Selbstorganisation können Notlagen erfahrbar, Anonymität durchbrochen und verschüttete soziale Netzwerke reaktiviert werden.

2.3 Solidaritätszentrum als Kommunikationszentrum zur Bewältigung von existentiellen Problemen und zur Kulturentwicklung

Als anregendes und lebensnahes Forum kann das Zentrum helfen, Ängste und Sorgen zu bearbeiten sowie Hoffnungen und Wünschen als existentielle und inspirierende Lebensgefühle zum Durchbruch zu verhelfen, um Einsichten zu sozialem Miteinander herauszuarbeiten, die in kollektive Lebensbewältigung und -gestaltung münden.

Damit wird das Solidaritätszentrum nicht nur Raum und Gelegenheit für Begegnungen, Anregungen und Informationen, sondern ebenso Ort zur kollektiven Bewältigung der vielfältigsten Formen individueller Ohnmacht, der Bearbeitung von Tabus (z. B. Homosexualität, Alter, Aids).

Im Unterschied zu gängigen Bildungseinrichtungen ist das Solidaritätszentrum auch Plattform für die künstlerischen Fähigkeiten und Ressourcen der NutzerInnen selbst. Dazu gehören eigenständig organisierte und durchgeführte Ausstellungen, Feste, Gruppenangebote und Aktionen, die der Förderung einer lebensnahen und eigenständigen kommunalen Kultur und zur Wiedergewinnung kultureller Aneignungs- und Ausdrucksformen von benachteiligten und ausgegrenzten Bevölkerungsgruppen dienen.

2.4 Soziale und politische Erfahrungen und Aktionen

Arbeitsdimension ist hier, die Fähigkeit und Bereitschaft zu gemeinsamen Handlungen in kleineren und größeren Gruppen und das Bewußtsein der Zusammengehörigkeit und der Erkenntnis der gemeinsamen Lage zu entwickeln, z. B. durch Kinder und Jugendliche.

Das Zentrum soll die Chance bieten, dort all die Aspekte lernen zu können, die in einschlägigen örtlichen Institutionen nicht immer beachtet, weggeschoben werden oder die angeblich unwichtig sind: z. B. Formen der solidarischen Konfliktbearbeitung und der Zivilcourage, Methoden der Gestaltung einer „Demokratie von unten", Umgang mit Frustrationen in der politischen Arbeit, Auseinandersetzung mit Macht, Amtsautorität und Gewalt durch neue gewaltfreie Konfliktlösungen u. a. m. (vgl. weiter Kapitel 12 und 13).

2.5 Leben lernen in der multikulturellen Gesellschaft und in der „Einen Welt"

Die Wirklichkeit der multikulturellen Gesellschaft und der relevanten Interaktionsprozesse in der „Einen Welt" beginnen vor der eigenen Haustür. Demgegenüber wird aber das Denken und Handeln darin nicht reflektiert und begriffen.

Deshalb gilt es, diesbezüglich Ängste, Widersprüche sowie Problem- und Handlungsbewußtsein im kommunalen, bundesweiten und internationalen System über die zuvor genannten Ansätze herauszuarbeiten und realistische, praktisch-exemplarische Projekte und Konzepte zu strukturieren, die auf *praktische* lokale Problemlösungen setzen und die damit Aufgaben und Perspektiven der „Kommunalen Außenpolitik" der Stadt/der Region strukturieren.

2.6 Erste Überlegungen zur Organisationsform des Solidaritätszentrums

Zu denken ist z. B. auch an einen Trägerverein verschiedener schon bestehender Initiativen vor Ort, in dem etwa nicht organisierte NutzerInnen des Solidaritätszentrums weitgehende Mitsprache- und Entscheidungskompetenzen innehaben sollen.

Mindestens ein bis zwei hauptamtlicher Fachkräfte bedarf es zur Aktivierung und Koordination der Aktivitäten sowie nach Bedarf zur Ausführung bestimmter Arbeitsleistungen (Anlauf- und Kontaktfunktion, Presse- und Öffentlichkeitsarbeit, Anleitung der Ehrenamtlichen, Kompensation von Problemen und Widerständen im Innen- und Außenfeld des Solidaritätszentrums).

Räumlichkeiten und Ausstattung bestimmen wesentlich die Attraktivität und das Spektrum der Handlungsmöglichkeiten eines solchen Zentrums. Deshalb sollte darauf ein hinreichendes konzeptionelles und finanzielles Augenmerk gelegt werden.

Das Zentrum kann vor allem auch BewohnerInnen im Wohnumfeld einbinden, um etwa an bestehende Sozialbezüge anzuknüpfen und um eine heterogene Zusammensetzung von NutzerInnen zu gewährleisten.

Kapitel 3

Kinder- und jugendfreundliche Entwicklung in öffentlichen Räumen

3.1 Einleitung

Das hier dargelegte Konzeptionsdesign stellt ein Angebot für EntscheidungsträgerInnen (z. B. aus Stadtverwaltung oder Jugendhilfeausschuß) von mittelgroßen Städten oder kleineren Landkreisen dar, mit dem diese unter Einbezug einer externen Planungsberatung eine kinder- und jugendfreundliche Planung von Kommunen und Kreisen strukturieren können. Instrument einer solchen Stadtentwicklung sind Bausteine sowie die erweiterten methodischen Erkenntnisse der Jugendhilfeplanung (vgl. u. a. Arbeitsgemeinschaft für Jugendhilfe 1993; Gläss und Herrmann 1994).

Eine allgemeine Zielbestimmung für die Jugendhilfe lautet nach dem KJHG „dazu beizutragen, positive Lebensbedingungen für junge Menschen und ihre Familien sowie eine kinder- und familienfreundliche Umwelt zu erhalten oder zu schaffen" (§1 Abs. 3, Nr. 4). In der Begründung des Gesetzes durch die Bundesregierung ist ausgeführt, daß „ein staatlicher Auftrag ausgesprochen wird, der über den Verantwortungsbereich der Jugendhilfe hinausreicht, dessen Verwirklichung aber häufig einer Initiative der Jugendhilfe bedarf". Weiter heißt es: „Jugendhilfe muß künftig noch stärker auf die Erfüllung aller öffentlichen Aufgaben Einfluß nehmen, die die Lebenssituation von Kindern, Jugendlichen und Eltern entscheidend beeinflussen. Dies gilt in besonderer Weise für Entscheidungen im Bereich der Stadtentwicklung" (zit. nach Kreft 1990, 204).

Eine kinder- und jugendfreundliche Stadt ermöglicht Kindern und Jugendlichen größtmögliche Entwicklungschancen und vermag ihre sozialen, humanen und solidarischen Verhaltensweisen zu fördern.

Die Entwicklung zu einer kinder- und jugendfreundlichen Stadt kann sich über ein von der Gesellschaft bereitzustellendes System von direkten, indirekten und politischen Leistungen und Angeboten der Jugendhilfe vollziehen, die sowohl Ungleichheiten und Benachteiligungen verringern als auch Entwicklungsdefizite beheben helfen. Offensichtlich ist es aufgrund der sich daraus ergebenden vielfältigen Anforderungen für die Jugendhilfe einerseits und durch die Knappheit der finanziellen und personellen Möglichkeiten andererseits notwendig, die vorhandenen Kapazitäten rationell einzusetzen und die Anstrengungen der freien und öffentlichen Jugendhilfe mittel- und langfristig aufeinander abzustimmen. Ein zentrales Instrument, um diese an die Jugendhilfe gerichteten Anforderungen umzusetzen, ist die Jugendhilfeplanung.

Mit dem KJHG ist die Jugendhilfeplanung zur Pflichtaufgabe für alle Kommunen gemacht worden. In §79 Abs. 2 wird nicht nur die Gesamtverantwortung, sondern ausdrücklich auch die Planungsverantwortung des Trägers der öffentlichen Jugendhilfe festgelegt. In §71 Abs. 2, Nr. 2 wird zudem die Jugendhilfeplanung als Aufgabe des Jugendhilfeausschusses hervorgehoben.

In der bisherigen Praxis hat sich jedoch die Jugendhilfeplanung als spezifische Fachaufgabe nicht flächendeckend durchgesetzt (vgl. Jordan und Schone 1992, 14 ff.). Dies darf auf dem Hintergrund von fehlenden Handlungskompetenzen und mangelnden Zeitressourcen der Akteure im Praxisfeld nicht verwundern. Gleichzeitig fehlt es vielen, vor allem kleineren Jugendämtern an finanziellen Ressourcen für umfassendere Planungsvorhaben. Ein praxisrelevantes Untersuchungsdesign muß deshalb die finanziellen und personellen Möglichkeiten der Kommunen berücksichtigen, ohne dabei die Planungsverantwortung für *alle* Aufgabenfelder der Jugendhilfe zu vernachlässigen. Gleichzeitig ist zu erkennen, daß die finanziell schwierige Situation, wie sie sich derzeit für viele Kommunen darstellt, nicht dazu führen darf, daß im Bereich der Jugendhilfeplanung unverhältnismäßige Einsparungen getroffen werden. Die ausländerfeindlichen Ausschreitungen in verschiedenen Stadtsiedlungen lassen den Zusammenhang zwischen mißlungener Stadtgestaltung, Gewalt und hohen „Folgebelastungen" offensichtlich werden. Wenn auf sich ständig verändernde Anforderungen der Jugendhilfe nicht zu spät oder kurzatmig – und damit ökonomisch ineffizient – reagiert werden soll und wenn berechtigte Interessen der Jugendhilfe auf eine plausible Argumentationsbasis gestellt werden sollen, dann muß Planung Basis und Voraussetzung für die Jugendhilfe sein.

3.2 Grundlegende Kriterien der Jugendhilfeplanung

Planung in der Jugendhilfe ist notwendig zur Steuerung der verschiedenen Hilfeprozesse zum Beispiel bezüglich des vorhandenen Hilfeangebots, seiner Erweiterung oder des Umbaus bei veränderten Problemlagen. Planung schafft sowohl Voraussetzungen für qualifizierte Entscheidungen über Hilfeformen für Betroffene als auch notwendige Rahmenbedingungen für Sozialarbeit und für die Sozial- und Jugendhilfeverwaltung. Mittels Planung kann geklärt werden, wem nach welcher Priorität und mit welchen Diensten materielle Hilfen beziehungsweise psychosoziale Unterstützungen angeboten werden sollten.

Jugendhilfeplanung hat nach §80 Abs. 1 KJHG

– den *Bestand* an Einrichtungen und Diensten zu erheben,
– den *Bedarf* unter Berücksichtigung der Wünsche, Bedürfnisse und Interessen junger Menschen und ihrer Personensorgeberechtigten zu ermitteln und
– die zur Bedarfsdeckung notwendigen Vorhaben *rechtzeitig* und *ausreichend* so *flexibel* zu planen, daß auch eventuell unvorhergesehener Bedarf befriedigt werden kann.

Nach §80 Abs. 2 KJHG soll die Planung der Einrichtungen und Dienste so erfolgen, daß insbesondere

- Kontakte in der Familie und im sozialen Umfeld erhalten und gepflegt werden können,
- ein möglichst wirksames, vielfältiges und aufeinander abgestimmtes Angebot von Jugendhilfeleistungen gewährleistet ist,
- junge Menschen und Familien in gefährdeten Lebens- und Wohnbereichen besonders gefördert werden,
- Mütter und Väter Aufgaben in der Familie und Erwerbstätigkeit besser miteinander vereinbaren können.

Schließlich haben nach §80 Abs. 3 KJHG die Träger der öffentlichen Jugendhilfe die anerkannten Träger der freien Jugendhilfe in allen Phasen ihrer Planung frühzeitig zu beteiligen. Als weitere wichtige Orientierungen für die Jugendhilfeplanung sind Ausführungen aus dem ersten Teil des KJHG zu berücksichtigen, wie die „Gemeinwesenorientierung", die „Pluralität des Leistungsangebots" oder nach §9 Nr. 3 „die unterschiedlichen Lebenslagen von Mädchen und Jungen zu berücksichtigen, Benachteiligungen abzubauen und die Gleichberechtigung von Mädchen und Jungen zu fördern" sind.

3.3 Fortschrittlicher Planungsansatz unter Berücksichtigung bisheriger Planungsansätze

In der bisherigen Praxis der Jugendhilfeplanung haben sich eine Reihe von Versuchen herauskristallisiert, die Aufgabe der Jugendhilfeplanung unter Berücksichtigung verschiedener Schwerpunkte und Zielsetzungen zu bearbeiten. Das Institut für Soziale Arbeit (1990) unterscheidet nach einer Auswertung vorliegender kommunaler Jugendhilfepläne vor allem folgende Ansätze:

- Bereichsorientierte Planung:
  Bei diesem Planungsansatz wird von vorfindbaren Arbeitsfeldern und Aufgaben der Jugendhilfe nach dem KJHG ausgegangen.
- Zielorientierte Planung:
  Hier wird die Planung aus sozialpädagogischen Wertansätzen abgeleitet.
- Zielgruppenorientierte Planung:
  Bei diesem Ansatz geht es um spezifische Zielgruppen und um deren Bedürfnisse.
- Sozialraumorientierte Planung:
  Der Ausgangspunkt dieses Planungsansatzes liegt in der „sozialräumlichen Analyse" über Lebenslagen, Handlungspotentiale und Defizitlagen der Adressaten.

Allen Ansätzen ist gemeinsam, daß über einen Ist-Soll-Vergleich der Bedarf an Angeboten und Leistungen der Jugendhilfe ermittelt wird. Deshalb ist es notwendig, sowohl der Bestandsaufnahme als auch der Zielentwicklung ausreichende Beachtung zu schenken (vgl. Gernert 1993, 189 ff.).

Die bisherigen Erfahrungen in der Jugendhilfeplanung sprechen dafür, in der Grundorientierung von einer „bereichsorientierten Planung" auszugehen. Die Vorteile einer alle Arbeitsfelder der Jugendhilfe einschließenden Bestandsaufnahme und dem darauf aufbauenden „Ist-Soll-Vergleich" sind darin zu erkennen,

– daß ein schneller Zugang zu einer Jugendhilfeplanung ermöglicht wird, insbesondere dort, wo bislang noch gar keine Planungsaktivitäten erfolgten;
– daß schnelle und kurz- bis mittelfristig verwertbare Ergebnisse ermittelt werden;
– daß weitgehend vorhandene Ressourcen (mit Ausnahme einer externen Planungsberatung) ausreichend sind;
– daß dort, wo es notwendig erscheint, andere Planungsansätze unkompliziert aufgegriffen werden können, eine sozialräumliche Differenzierung ebenso wie eine differenzierte Betrachtung spezifischer Zielgruppen.

Für diese Grundorientierung spricht außerdem, daß durch das KJHG ein neues Aufgabenverständnis, neue Aufgabenschwerpunkte und Leistungsverpflichtungen begründet wurden, worin eine neue „Geschäftsgrundlage" der kommunalen Jugendhilfe zu sehen ist. Mit der „bereichsorientierten Planung" wird dieser „Geschäftsgrundlage" Geltung und Gewicht verschafft.

Jordan (1993, 485 f.) weist darauf hin, daß die mit der Orientierung an einer bereichsorientierten Planung möglicherweise verbundenen Probleme und Gefahren nicht übersehen werden dürfen. Die Orientierung an vorfindbaren Aufgabenfeldern, den entsprechenden Einrichtungen und Diensten, kann außer acht lassen, daß Reformen und Innovationen über vorhandene Strukturen hinaus notwendig sind. Ferner kann durch Parzellierung der Jugendhilfe eine ganzheitliche Betrachtungsweise und Veränderungsperspektive abhanden kommen und insgesamt eine Dominanz institutioneller Problemsichten begünstigt werden. Mit einer Verknüpfung der verschiedenen Planungsansätze und mit fortschrittlicher Planungsorganisation kann diesen Gefahren und Reduktionen Rechnung getragen werden.

Die „bereichsorientierte Planung" gliedert sich entlang der Systematik des KJHG in:

– Jugendarbeit, Jugendsozialarbeit, erzieherischer Kinder- und Jugendschutz (§§11–15 KJHG),
– Förderung der Erziehung in der Familie (§§16–21 KJHG),
– Förderung von Kindern in Tageseinrichtungen und Tagespflege (§§22–26 KJHG),
– Hilfe zur Erziehung, Hilfe für junge Volljährige (§§27–41 KJHG),
– andere Aufgaben der Jugendhilfe (§§42–58 KJHG).

Der Gesamtansatz kann sich wiederum auf verschiedene Planungsbereiche beziehen, die Nikles (1990, 25) nach

- Infrastrukturplanung,
- Programmplanung,
- Organisationsentwicklung,
- Personalentwicklung,
- Haushalts- und Finanzplanung

unterscheidet.

Einen besonderen Stellenwert innerhalb dieser Planungsbereiche nimmt in den letzten Jahren die Organisationsentwicklung ein, weil sie die innere Reform des Jugendhilfesystems voranzubringen versucht. Jordan (1994, 16) meint, daß der Wandel von einer interventionsorientierten zu einer Jugendhilfe, die sich primär als soziale Dienstleistung versteht, nur gelingen kann, „wenn auch die Verfassungen, die Abläufe und die Ressourcensteuerung in den Institutionen selbst Gegenstand der Jugendhilfeplanung werden".

3.4 Fortschrittliche Planungsorganisation und zukunftsweisende Planungskriterien

Als zentraler Mangel und als Ursache des Scheiterns von Planungen muß erkannt werden, daß diese losgelöst von der konkreten Arbeits- und Organisationsweise der kommunalen Verwaltung und losgelöst von der kommunalpolitischen Diskussion stattfanden (vgl. Jordan 1993, 486). Resultat ist, daß die Planungsergebnisse weder in der Verwaltung noch bei politischen EntscheidungsträgerInnen auf Resonanz stoßen. Eine solche aus dem Alltag des Fachamtes (Jugendamt) und der mit diesem kooperierenden Träger herausgelöste Planung wird zumeist verantwortet durch Dominanz zentraler Planungsstäbe und externer Institute oder den Einsatz von BerufsanfängerInnen (vor allem im Rahmen von ABM-Projekten).

Um diesen Problemen entgegenzuwirken, sollte in jedem Fall sichergestellt werden, daß die *Jugendhilfeplanung eindeutig im zuständigen Fachamt (Jugendamt) und den dort tätigen MitarbeiterInnen verankert ist,* dort also auch die Planungsverantwortung verbleibt. Dies darf allerdings nicht verwechselt werden mit einer autoritären Planungsführung durch die Verwaltung (Jugendamt).

Ferner darf sich das Jugendamt die institutionell vorgegebenen Problemperspektiven der öffentlichen Träger nicht zu eigen machen. Vielmehr muß es vorrangiges Ziel der Jugendhilfeplanung sein, sich an den Bedürfnissen und Entwicklungsmöglichkeiten von Kindern, Jugendlichen und deren Familien zu orientieren – auch gegen die zementierten Ansprüche von Diensten und Einrichtungen. Neben der Verankerung der Planung im Jugendamt ist deshalb eine *distanzierte Planungsberatung und die Hinzunahme von Sachverständigen in den Planungsprozeß* notwendig.

Jugendhilfeplanung kann keine endgültigen Lösungen bieten, sondern sie ist als *permanenter Planungsprozeß* zu organisieren. Dies bedeutet, daß es nicht *den* fertigen Jugendhilfeplan geben kann. Dem gegenüber steht das Interesse von

Kommunen nach abgeschlossenen Handlungsgrundlagen, mit denen sie auf Jahre hinaus planen können. Ein solches Planungsverständnis vernachlässigt jedoch die schnellen Veränderungen und vielgestaltigen Wechselprozesse sozialer Problemlagen. Ein permanenter Planungsprozeß kann nicht nur angemessener auf Veränderungen und Wechselprozesse reagieren, sondern auch Maßnahmen, die aus dem Planungsprozeß entstehen, evaluieren und qualifizieren. Als kontinuierliches Instrument eingerichtet, ist eine solche Jugendhilfeplanung offensichtlich auch finanziell rentabler, zumal Fehlplanungen schnell entgegengewirkt werden kann. Praktisch ist dieses Planungsverständnis durch einen *Planungsbericht* umzusetzen, der periodisch

– nach aktuellen Sozialinterventions- und Leistungsdaten erstellt wird,
– die bisherigen Beschlüsse evaluiert und bilanziert und
– auf der aktuellen Grundlage von fachlichen und politischen Diskussionen und Entscheidungen Empfehlungen und Lösungsperspektiven strukturiert.

Die zur Umsetzung von anspruchsvollen Planungsansätzen notwendige *Kontinuität* kann durch eigens für Planungsaufgaben eingesetzte MitarbeiterInnen in Jugendämtern sichergestellt werden. Außerdem kann auf Ressourcen, Einsichten und Kompetenzen anderer Verwaltungsressorts, die Berührungspunkte zur Jugendhilfeplanung haben, zurückgegriffen werden. Dies sind vor allem die Ressorts Planung von Kommunen und Kreisen, Soziales, Gesundheit, Schule, Kultur, Finanzen, aber auch die Liegenschaftsverwaltung, das Gartenbauamt, das Hoch- und Tiefbauamt und die Verwaltungsstellen für Wohnungswesen und Wirtschaftsförderung.

Als weiteres wichtiges Kriterium einer zukunftsweisenden Planung sollte die *Einbeziehung der freien Jugendhilfe* in den Planungsprozeß institutionell abgesichert werden. Dies kann in Form eines ständigen Arbeitsausschusses, eventuell als Unterausschuß des Jugendhilfeausschusses, oder durch die nach §78 KJHG möglichen Arbeitsgemeinschaften geschehen. Letztere haben den Vorzug, daß hier nicht nur die anerkannten Träger der freien Jugendhilfe, sondern auch sonstige geförderte freie Träger mitwirken können. Darüber können diese Träger qualifiziert, eine Ökonomisierung der vorhandenen Ressourcen gefördert und eingefahrene Strukturen überwunden werden.

Deutlich wird damit die Bedeutung und die Notwendigkeit einer *Querschnittsfunktion und Vernetzung,* die Jugendhilfeplanung zu erfüllen hat.

Ein fortschrittliches Planungsverständnis orientiert sich bei der Analyse von Problemen an *sozialräumlichen Besonderheiten,* um die spezifischen Bedingungen im Lebensfeld von Kindern und Jugendlichen einer ganzheitlichen Betrachtungsweise zu unterziehen. Dabei sind alle relevanten Handlungsbereiche der Adressaten wie Wohnen, Aktionsräume, Freizeit und im jeweiligen Lebensfeld tätige Institutionen und Organisationen (Schule, Nachbarschaft, Vereine und Verbände) in den Blick zu nehmen und in ihren gegenseitigen Wechselwirkungen zu sehen. Hierfür sind entsprechende Sozialdaten zu ermitteln.

Eine Möglichkeit zur Vertiefung der sozialräumlichen Perspektiven stellen *Stadtteilkonferenzen* dar, die den öffentlichen Diskurs über örtliche Probleme und Problemlösungsvorstellungen zwischen interessierten BürgerInnen und VertreterInnen aus Fachämtern und Politik anregen.

Damit im Gegensatz zu einer autoritären Planungsführung die Planungsergebnisse auf Akzeptanz bei den betroffenen Diensten, Einrichtungen und HilfeempfängerInnen stoßen, sind die jeweiligen Akteure und Betroffenen möglichst weitreichend in den Planungsprozeß und in die Planungsverantwortung einzubeziehen. Maßgeblich ist hierfür ein *pädagogischer und politischer Diskurs anstatt statistischer Auswertungskriterien*. Neben den Stadtteilkonferenzen können Veröffentlichungen (z. B. allgemeinverständliche Auszüge aus dem Planungsbericht) Transparenz und Identifikation bezüglich des Planungsprozesses herstellen.

Schließlich ist der pädagogische und politische *Diskurs direkt mit den Betroffenen* zu führen. Für die Jugendhilfeplanung bestimmt das KJHG, daß der „Bedarf unter Berücksichtigung der Wünsche, Bedürfnisse und Interessen der jungen Menschen und der Personensorgeberechtigten" (§80 Abs. 1) zu ermitteln ist und daß „die Planungen insgesamt den Bedürfnissen und Interessen der jungen Menschen und ihrer Familien Rechnung tragen" (§80 Abs. 4) sollen.

Programmatisch war die Notwendigkeit der Beteiligung der Adressaten in der Jugendhilfeplanung weniger umstritten, jedoch bleibt die Planungsrealität demgegenüber bis heute weit hinter den formulierten Ansprüchen zurück.

Fortschrittliche Jugendhilfeplanung ist deshalb aufgefordert, kinder- und jugendspezifische Beteiligungsformen zu entwickeln. Dies stellt neue Anforderungen an den Planungs- und Ausführungsprozeß. Notwendig ist, daß solche neuen Formen der Betroffenenbeteiligung zum Einsatz kommen, die durch Handlungsorientierung, Dezentralität und Niederschwelligkeit gekennzeichnet sind. Solche methodischen Bausteine können Videostreifzüge, Tagebuchprotokolle oder z. B. ein „Bauwagenprojekt" oder Kreativitäts- und Zukunftswerkstätten, sein. Ferner muß ein verändertes Rollenverständnis von PlanerInnen einsetzen, das sich am besten mit „von Kindern und Jugendlichen lernen" beschreiben läßt.

Kapitel 4

Literatur zu Teil D

Arbeitsgemeinschaft für Jugendhilfe (Hrsg.) 1993: Neue Wege in der Jugendhilfe. Entwicklungen, Trends und Erfahrungen aus der Jugendhilfe in den neuen Bundesländern. Bonn

Arbeitskreis Zukunftswerkstätten 1991: München – Werkstatt der Zukunft. Aktionen, Projekte und Erfahrungen mit Kindern, Jugendlichen und Erwachsenen. Dokumentation (Bezug: Kinder- und Jugendforum München)

Freiburger Kinderbüro 1993: Dokumentation der Zukunftswerkstatt vom 7. und 8. Januar 1993. Freiburg (Bezug: Freiburger Kinderbüro)

Gernert, Wolfgang 1993: Jugendhilfe. Einführung in die sozialpädagogische Praxis. München und Basel

Gläss, Holger und Franz Herrmann 1994: Strategien der Jugendhilfeplanung. Theoretische und methodische Grundlagen für die Praxis. Weinheim und München

Grefe, Christine und Jerger-Bachmann, Ilona 1992: Das blöde Ozonloch. Kinder und Umweltängste. München

Hafeneger, Benno 1995: In der Sackgasse? Perspektiven der Jugendhilfe in der neuen Unübersichtlichkeit. In: sozial extra, Heft 5, 19–20

Institut für soziale Arbeit e. V. (Hrsg.) 1990: Jugendhilfeplanung in Nordrhein-Westfalen: Expertise zum 5. Jugendbericht der Landesregierung Nordrhein-Westfalen. Schriftenreihe des MAGS. Düsseldorf

Institut für soziale Arbeit e. V. (Hrsg.) 1994: Soziale Praxis. Hilfeplanung und Betroffenenplanung. Münster

Jordan, Erwin 1993: Jugendhilfeplanung zwischen Organisationsentwicklung und Jugendhilfepolitik. In: Zentralblatt für Jugendrecht, Nr. 10/93, 483–489

Jordan, Erwin 1994: Jugendhilfe als Organisationsentwicklung. In: Sozialmagazin, Heft 9, 16–18

Jordan, Erwin und Reinhold Schone 1992: Jugendhilfeplanung. Aber wie? Eine Arbeitshilfe für die Praxis. Münster

Jungk, Robert und Norbert R. Müllert 1989: Zukunftswerkstätten – Mit Phantasie gegen Routine und Resignation. München

Kreft, Dieter (Hrsg.) 1990: Das neue Kinder- und Jugendhilfegesetz. Einführung und Materialien. Nürnberg

Lechler, Michael 1993: Zukunftswerkstätten. Kreativität und Aktivierung für lokales Bürgerengagement. Brennpunkt-Dokumentation Nr. 14 der Stiftung Mitarbeit. Bonn

Macy, Joanna 1986: Mut in der Bedrohung. München

Nikles, Bruno W. 1990: Jugendhilfeplan der Stadt Hilden.

Petri, Horst 1987: Angst und Frieden. Psychoanalyse und gesellschaftliche Verantwortung. Frankfurt/M.

Richter, Horst Eberhard 1990: Umgang mit aktuellen Kinderängsten. In: ders.: Leben statt machen. Einwände gegen das Verzagen. Aufsätze, Reden, Notizen. München

Rusch, Regine (Hrsg.) 1989: So soll die Welt nicht werden. Kinder schreiben über ihre Zukunft. Kevelaer

Schmitz-Peick, Maya 1993: Wenn Kindern die Luft ausgeht und Kinder Angst vor der Zukunft haben. Düsseldorf

Stange, Waldemar und Wolf Paschen 1994: Praxishandbuch Zukunftswerkstätten. Methoden, Materialien, Konzepte. Kiel

Unterbrunner, Ulrike 1991: Umweltangst – Umwelterziehung. Vorschläge zur Bewältigung der Ängste Jugendlicher vor Umweltzerstörung. Linz

Autorin und Autoren

Prof. Dr. Johannes Esser, Dipl.-Päd., Fachhochschule Nordostniedersachsen, Fachbereich Sozialwesen, Lüneburg; Leiter der Forschungsstelle „Kommunale Friedensarbeit und Gewaltprävention" am Fachbereich Sozialwesen; Arbeitsschwerpunkte: Familien- und Jugendarbeit; Straffälligenhilfe; Aktionskonflikte; Friedensarbeit mit Kindern und Jugendlichen.

Prof. Dieter von Kietzell, Evangelische Fachhochschule Hannover, Fachbereich Sozialwesen; Vorstandsmitglied im „Institut zur Erforschung von Veränderungen in der Alltagswelt", Arbeitsschwerpunkte: Sozialethik, Gemeinwesenarbeit, Praxisberatung.

Dr. Barbara Ketelhut, Hamburg, Soziologin, Lehrauftrag an der Universität Hamburg, Fachbereich Soziologie.

Joachim Romppel, Hannover, Dipl.-Sozialarbeiter, hauptberuflich tätig bei der Stadt Hannover; Lehrauftrag an der Evangelischen Fachhochschule Hannover, Fachbereich Sozialwesen.

Holger Hofmann, Berlin-Zehlendorf, Dipl.-Sozialarbeiter; hauptberuflich tätig im Nachbarschaftszentrum Wannseebahn.